国家社科基金
GUOJIA SHEKE JIJIN HOUQI ZIZHU XIANGMU
后期资助项目

马克思劳动价值论及其当代阐释

Marx's theory of labor value and its contemporary interpretation

赵庆元 著

经济科学出版社
Economic Science Press

问题是时代的格言，是表现时代自己内心状态的最实际的呼声。

——马克思

一个人如果力求使科学去适应不是科学本身（不管这种科学如何错误）而是从外部引出的、与科学无关的、由外在利益支配的观点，我就说这种人"卑鄙"。

——马克思

序　言

　　马克思的劳动价值论是马克思主义政治经济学的理论基础，也是整个马克思主义理论体系的重要理论基础。赵庆元老师的《马克思劳动价值论及其当代阐释》一书，以辩证唯物主义与历史唯物主义为基本的世界观和方法论为指导，以坚持和捍卫马克思劳动价值论的基本理念和价值立场为原则，对新时期马克思劳动价值论争论的各主要问题进行了系统的分析和深入的研究，并在这种系统分析和深入研究的基础上形成了具有自己学术见解的理论观点。

　　该书将新时期马克思劳动价值论的争论归结四个方面的问题：一是商品价值概念的内涵规定问题；二是社会财富价值向量的巨量增长与活劳动投入量减少之间的矛盾问题；三是马克思劳动价值论的历史适用性与生产价格转形问题；四是私营企业主以利润形式存在的非劳动收入的合理性问题。根据以上四个方面的问题，本书作出了这样的阐述：

　　——该书认为，商品价值在其社会形式上表现为人与人之间的关系，而人与人之间的关系在其物化的形式上就是以供求关系为其实质内涵的物与物之间的关系，这种关系同抽象劳动的价值实体一样是商品价值之质与量的内在规定因素，这就是它是内涵在商品中的一般人类劳动是否能够转形（质）以及在多大程度上转形（量）为商品价值的决定因素。因此，商品价值概念的完整内涵应是抽象劳动与表现为供求关系的社会关系的辩证统一。因此，必须通过从抽象上升到具体的方法，说明事物的本质和现象之间的内在联系，这是当前劳动价值论研究中需要加以重视的问题。

　　——该书认为，在新时期马克思劳动价值论争论中被热议的所谓社会财富价值向量的巨量增长与活劳动投入量减少之间的矛盾实质上并不存在，这一矛盾在形式上的存在既以 GDP 作为价值计量方式的局限性有关，也与人们在思考问题时有意无意地忽略如劳动密集型产业的国际转移等问题的片面的思维视角相连。这也就是说，如果排除上述的技术因素，则马克思的劳动价值论与社会财富价值向量巨量增长之间的矛盾就可以被消解。

——马克思的劳动价值论并不仅仅适用于物物交换的简单商品经济时代，但也不是以其原生形态无条件地适用今天的新的历史条件，它是以一种历史的形态适用于今天的新的历史条件，这就是由价值转形而来的生产价格。因此，生产价格转形问题将是解决马克思劳动价值论之历史适用性的核心问题。该书认为，生产价格转形问题的关键，是上一期劳动产出品以市场交换行为投入下一期生产过程，这意味着以物物交换为物化形式的社会关系对于生产价格转形问题的解决具有关键的意义。与此相联系，马克思劳动价值论在今天新的历史条件下的历史适用性也必须在商品价值的社会关系内涵中求得解决。

——该书对价值的生产和价值的分配之间的内在联系进行了有益的探讨，认为马克思分配理论的核心理念既不是现在某些论点所狭义理解的以价值创造决定价值分配为基础的"按劳分配"，也不是传统历史唯物主义所理解的生产资料所有制形式决定分配形式，而是物质资料的生产方式决定产品的分配方式。与此相联系，对私营企业主以利润形式存在的非劳动收入的合理性问题，既不能像"生产要素按贡献参与分配论"那样简单地从价值创造的生产过程中寻求说明，也不能像"按生产要素所有权分配论"那样单纯地从生产资料所有制形式的所谓产权关系中寻求解释，而只能从物质资料的生产方式中寻求解释。

在对上述四个方面的问题所进行的系统分析与论证中，作者提出了许多富有启发意义的理论观点。例如，在对"虚假的社会价值"问题的分析中，作者摒弃传统的解决思路，认为只有对经济活动做全局的动态的理解才能从根本上解决"虚假的社会价值"问题，维护马克思劳动价值论的基本理念；在劳动生产力与商品价值量之间关系问题的分析中，作者借助于对相对剩余价值问题的分析指出，劳动生产力与商品价值量之所以呈现反比关系，是因为相关的论证悄然改变了社会需求相对稳定的基本条件；在对复杂劳动还原问题的分析中，作者认为由于以机器生产为物质技术基础的资本主义生产方式所造成的劳动的同质化，马克思的劳动价值论中并不存在复杂劳动的还原问题。虽然这些观点并不一定都能够在学术界获得广泛的认同，但其分析问题的思路无疑是具有启发意义的。

如果说提出这些富有启发意义的理论观点是该书的一个鲜明特色，那么对新时期马克思劳动价值论争论所做的全景式分析就是其另一个特色。在这方面，作者不仅对新时期马克思劳动价值论争论的现状、特点以及实质等问题进行的全面的清理，而且对新时期马克思劳动价值论争论的一系列重大问题，从理论维度上价值创造、价值分配，到现实维度上的两极分化与私营企业主以利润形式存在的非劳动收入的合理性等问题都进行深入的分析，因而可以看作是一部着眼于对新时期马克思劳动价值论的争论做全面系统的回顾、反思与总结的著作。

此外，善于对理论问题做思辨的分析也是该书的一个特色。例如，在对抽象劳动作为价值实体的分析中，作者并不是停留于对商品价值本身的分析方面，而是从对商品价值的分析入手，进一步分析作为商品价值主要构成的生产资料价值，以及作为生产资料价值构成的原材料价值的来源，从而说明商品价值的实体不可能是商品的使用价值或效用，而只能是生产商品所耗费的一般人类劳动。作者在这里所体现出来的细致缜密的分析具有鲜明的哲学思辨的特征，这种哲学思辨的特征无疑在相当的程度上强化了作者对相关问题分析与论证的深刻性与说服力。

当然，正像所有的理论成果一样，该书也存在一些需要进一步研究、探讨或改进的问题：如"从根本上否决作为第三产业主要劳动形式的管理劳动以及某些服务劳动和科技劳动不仅作为生产劳动创造价值、而且作为复杂劳动创造更多的价值的理论使命，而使其恢复到非生产劳动的本来面目之中"这样的提法，似乎和现实生活中的距离相差较远；还有，私营企业主存在剥削的"历史合理性"等的提法，都有进一步深入探讨和研究的空间。

自 2001 年江泽民同志提出"结合新的实际，深化对社会主义社会劳动和劳动价值理论的研究和认识"以来，我国理论界关于马克思劳动价值论的争论已经历整整十年。在这十年中，关于马克思劳动价值论的争论已逐渐地由初始的热炒转归今天的沉寂。赵庆元老师的《马克思劳动价值论及其当代阐释》一书不仅通过它在深入研究基础上的一系列理论观点，而且更通过它所提出的有待进一步深入探讨的问题激发和启发我们做进一步的思考。因此，希望该书的出版能够再一次激活新时期马克思劳动价值论的研究，并能有力地推进马克思劳动价值论在今天新的社会历史条件下的深化与发展！

朱炳元

2012 年 10 月

中国社会科学院世界社会主义研究中心常务理事、苏州大学马克思主义研究院院长、政治与公共管理学院教授、博士生导师

目　录

第一章　新时期马克思劳动价值论的
争论及其意义

　　劳动价值论是马克思主义政治经济学的理论基石，也是马克思主义整个理论体系的重要组成部分。进入 21 世纪之后，以江泽民同志在纪念中国共产党成立 80 周年大会上的讲话为契机，在马克思劳动价值论的一系列问题上产生了一场激烈的理论争论。分析、研究在这场争论中所暴露出来的理论与实践问题，推进马克思劳动和劳动价值论在今天新的历史条件下的深化与发展，是马克思主义政治经济学当前研究的重要课题。在这里，我们首先对这场关于马克思劳动价值论争论的缘起、实质及一般特点等问题做一简要的分析。

第一节　新时期马克思劳动价值论争论的状况、
实质及其特点

一、新时期马克思劳动价值论争论的一般状况与实质

　　自 1949 年新中国成立以来，在中国政治经济学研究领域曾经发生过多次有关马克思劳动价值论的激烈争论，但真正可以用"新时期"来冠名的争论则只能追溯到 20 世纪 90 年代由谷书堂所著《社会主义经济学通论》一书的出版引发的谷书堂与苏星等人之间关于"价值创造源泉"的争论。进入 21 世纪之后，以党的十五届五中全会和江泽民同志在纪念中国共产党成立 80 周年大会上的讲话中关于"结合新的实际，深化对社会主义社会劳动和劳动价值理论的研究和认识"的论述为契机，[1] 在中国马克思主义政治经济学理论界再次展开了一场无论在广度上还是深度上都远远超过以往任何一次的关于马克思劳动价值论的激烈争论。

---

　　[1]　江泽民：《论"三个代表"》，中央文献出版社 2001 年版，第 170 页。

作为马克思主义政治经济学的理论基础，马克思的劳动价值论不仅包括传统认为属于劳动价值论的商品二重性、生产商品的劳动二重性、价值的质的规定和量的变化规律以及价值形式的发展等在总体上属于价值实体和价值形式理论的内容，而且还包括与这些内容具有直接或间接关联的生产劳动理论、价值实现与价值分配理论以及作为劳动价值论变化形式的生产价格（转形）理论等内容，因此，或许正如有论者所指出的，马克思劳动价值论的内容绝不仅限于《资本论》第 1 卷的第 1 章，而是贯穿于整个《资本论》三卷本、《剩余价值理论》的三个分册，三大经济学手稿以及马克思恩格斯的许多其他著作之中。① 从这样一个"广义"的劳动价值论的观点来看，这次关于马克思劳动价值论的争论与以前争论的重要区别就在于，它并没有将争论聚焦在某一特定的理论问题上，而是将范围扩散到了关于马克思劳动价值论从生产劳动理论到价值分配理论的几乎所有领域。例如，在生产劳动内涵与外延的界定方面，有论者根据马克思的相关论述认为应该将生产劳动严格限定于物质产品生产领域内的劳动，而另一些人则认为不仅生产有形物质产品的劳动是生产性劳动，那些生产用于交换的无形产品的劳动同样属于生产性劳动，甚至还有论者主张将科研、教育、文艺、卫生以及党政军、公检法部门的劳动一并纳入生产劳动的范围。在价值实体与价值形式的理论方面，则既有仍然坚定地固守马克思劳动价值论关于价值实体是劳动者的活劳动凝结的传统观点，也有试图在恩格斯早期关于"价值是生产费用对效用的关系"② 的论述中求解价值实体之谜的尝试，更有干脆抛弃劳动价值论立场而回归到事实上是庸俗资产阶级政治经济学的效用价值论立场上的观点。在价值创造与价值决定的问题上，则既有坚持马克思关于活劳动是商品价值创造唯一源泉的一元价值论，也有在一种发展的意义上将商品价值看作是由劳动、资本、土地等生产要素共同创造的多元价值论的观点。在价值分配问题上，关于价值分配与价值创造、价值决定之间的关系，关于按劳分配、按生产要素所有权分配和生产要素按贡献参与分配之间的关系，私营企业主的非劳动收入以及私营企业的剥削现象等问题上也都存在着激烈的对立与争论。

虽然上述的问题涵盖了马克思劳动价值论在理论内涵上从生产劳动理论到价值分配理论的几乎所有主要领域，但这并不意味着单单这些问题就

---

① 卫兴华：《深化劳动价值论研究要有科学的态度与思维方式》，载《高校理论战线》2002 年第 3 期。

② 《马克思恩格斯全集》第 1 卷，人民出版社 1965 年，第 603 页。

可以完全反映出这次争论的性质与特点。事实上，这次关于马克思劳动价值论的争论已不仅限于劳动价值论的理论内涵方面，而是从理论内涵方面进一步扩散到了马克思劳动价值论的研究方法以及理论或历史前提方面，而只有研究方法以及理论或历史前提方面的争论与关于劳动价值论理论内涵方面的争论一起，才能够更为完整地反映和体现新时期马克思劳动价值论争论的真正的宽幅与广谱性质。众所周知，马克思劳动价值论的研究方法也是一个由多种方法构成的整体，这其中既有马克思独特的以从抽象上升到具体为主要内涵的历史唯物主义方法，也有继承自资产阶级古典政治经济学的社会关系分析方法以及经济剩余分析方法。而在这次关于马克思劳动价值论的争论中，这些马克思劳动价值论的基本方法论也几乎都成为质疑的对象。例如，有论者质疑马克思关于商品价值的抽象方法，认为既然可以将价值归结为一般的劳动，为什么不可以归结为一般的使用价值；而马克思取自古典经济学的社会关系分析方法则更是常常成为理论诟病的主要对象，认为这种事实上是阶级关系分析方法的社会关系分析方法在其理论的原点上就背离了实证科学研究客观、公正、中立的价值立场。在经济剩余分析方法方面，虽然有些人并不否认资本家与工人之间剥削关系的客观存在，但对于西方边际效用价值论的完全认同，却使他们几乎完全否认了剩余价值或利润的创造及其所承载着的剥削关系。应该看到，尽管对马克思劳动价值论研究方法上的质疑有的不过是某些近代与现代资产阶级庸俗经济学家理论观点的翻版，但这些观点在政治经济学进一步实证化发展的历史与理论背景之下却并不具有完全相同的意义。与在马克思劳动价值论研究方法上的争论不同，对劳动价值论历史与理论前提的争论事实上是作为劳动价值论适用性问题的配附主题而被提出的。而在这个问题上，尽管有从无产阶级革命与社会主义建设的角度论述劳动价值论历史前提的理论趋向，也有从传统工业经济与现代知识经济的角度论述劳动价值论适用性的理论趋向，但在这方面最具理论意味的则是从有关劳动价值论理论前提的争论中所牵引出来的生产价格转形问题，而由此所涉及的诸如两对总量能否同时相等的问题、平均利润率的假设问题、复杂劳动的还原问题以及劳动价值理论与生产价格理论的关系问题等，同样是一个极其复杂的问题集群。

作为关于价值创造与价值决定的一般科学理论，劳动价值论是马克思政治经济学最深刻的理论基础，而劳动价值论作为马克思主义政治经济学最深刻理论基础的地位也就意味着它如同哲学领域中的本体论一样，是一个离社会现实最为遥远的领域。可是，为什么恰恰是在这个离社会现实最为遥远的"本体论"领域却爆发了如此激烈的争论呢？显然，问题不能单单从一种科学理论自身逻辑发展的角度来做理解，而必须从不断变革的社会现实中求解答案，因为任何理论上的争论都不过是社会现实问题的观念反映。这也就是说，要理解这次产生于21世纪初期的关于马克思劳动价值论的理论论争，我们就必须将思维视角回落到中国20世纪80年代由改革开放政策的实施所引发的整个社会经济生活的深刻变革之中。

其实，如果认真审视关于马克思劳动价值论争论的各种理论问题，我们是不难体味到它们与诸多现实经济问题之间或明或暗的逻辑关联的。例如，由于中国从无产阶级革命到社会主义建设的历史转换，由于中国逐渐开始的从以机器制造业为主体的传统工业经济向以科学技术为主导的现代知识经济的转向，就提出了马克思的以传统工业经济为产业基础、以无产阶级革命为其理论使命的劳动价值论在新的历史时期的适用性问题；由于伴随着世界经济从传统工业经济向现代知识经济的转向而出现的传统"夕阳产业"的衰落和以服务性行业为主体的第三产业的兴起，就提出了对马克思生产劳动理论内涵的重新定义问题和外延的重新界划问题。但是，由于所由引发争论的这些现实问题之间似乎并没有什么内在的关联，因而关于马克思劳动价值论争论的各种问题似乎也就缺少一种理论上的内在的关联，它似乎是完全无序地在马克思劳动价值论的各个理论要点上为了各自特定的理论意图而随意地爆发的。但是在我看来，这样的一种印象尽管是经验上可直观的，但在根本上却是错误的，而其错误的根源就在于它没有透过这种表面的、经验的外观内省到真正的实质，而一旦我们内省到这种真正的实质，那些在经验的直观上似乎是被随意牵引到劳动价值论理论争论中来的各种理论与现实问题就会在一种内在的逻辑关联中被归拢到这一真正实质的名下。

那么，新时期马克思劳动价值论争论的真正实质是什么呢？

众所周知，在中国传统的计划经济体制之下，由于"一大二公"、"平均主义"被当作社会主义经济制度的基本特征的认识误区，中国在新中国成立之后逐步在全社会范围内实现了由全民所有制和集体所有制所构成的单一的生产资料公有制结构体系，而各种非公有制经济形式则完全被作为自发地、经常地产生资本主义和资产阶级的因素而被割除。实践证明，这种单一的所有制结构体系并不符合中国生产力发展的现实状况，不利于生产力水平的健康发展。十一届三中全会以来，中国共产党认真总结以往中国在所有制关系问题上的经验教训，指出应该坚持一切从实际出发，通过逐步调整所有制结构实现生产力的解放和发展的基本指导思想。

在这一思想指导下，中国逐步确立了坚持公有制经济为主体，大力发展多种所有制经济的基本方针，并最终在 1997 年中国共产党第十五次代表大会上将以生产资料公有制为主体，多种所有制经济共同发展作为"中国社会主义初级阶段的一项基本经济制度"。但是，如果说在非公有制经济仅仅作为社会主义经济的必要的、有益的补充，因而尚需要在公有制经济的呵护中才能健康发展的情况下，它还能够与占主导地位的公有制经济实现和平共处与共同发展，那么当它在公有制经济的呵护中不断地发展壮大并最终由必要的、有益的补充上升到社会主义市场经济的重要组成部分的时候，这种和平共处与共同发展的局面就不可避免地要被打破，因为私营经济所具有的贪婪本性使它必然地要在与公有制经济争夺原材料基地、争夺商品销售市场，甚至争夺在某些经济领域中的主导地位的过程中求得壮大的发展。例如，近年来在中国经济理论界出现的关于"国进民退"问题的争论就可以从一个侧面反映公有制经济与非公有制经济而特别是私营经济之间矛盾与冲突的状况。世纪之交，党中央、国务院根据国内外形势作出对经济结构进行战略性调整的重大方针政策，一些人将这种方针政策不适当地解读为"国退民进"，认为国有企业只有退出一般竞争性领域，才能为私营经济的发展预留生存与发展的空间，而山西煤企的重组、山钢收购日钢、中粮入股蒙牛等国企兼并、整合的个案在国家一系列经济刺激政策之后的出现则被指责为是在搞"国进民退"，挤压民营经济的生存空间。但是，这种指责显然不能获得坚持发展公有制经济的人们的认同，在这些人看来，并不是国有经济在"国进民退"中挤压私营经济，反倒是私营经济在长期的发展中挤压了公有制经济的发展空间，以至于在中国目前的所有制结构中非公有制经济的比例已经远远高于公有制经济。不难发现，所谓"国进民退"问题的争论不过是公有制经济与以私营经济为代表的非公有制经济之间激烈矛盾与冲突的反映。另外，正如马克思所指出的："消费资料的任何一种分配都不过是生产条件本身分配的结果；而生产条件的分配，则表现生产方式本身的性质。"① 随着社会主义所有制结构在中国经济体制改革中的不断调整以及由此引起的生产方式的深刻变革，劳动产品的分配关系及分配形式从而人们的个人收入分配形式也发生了深刻的变化，并逐步形成了以按劳分配为主体、多种分配形式并存的基本分配制度，其中，私营企业主以利润形式存在的非劳动收入正是这种新型的基本分配制度的重要组成部分。但是我们知道，无论是在马克思主义

---

① 《马克思恩格斯选集》第 3 卷，人民出版社 1995 年版，第 306 页。

政治经济学中还是在无产阶级为推翻资本主义剥削制度而进行的社会主义革命中，资本家获取直接劳动者的剩余价值都一直是以被批判的形式出场的。这样，如何看待私营企业主以利润形式存在的非劳动收入就自然成为人们关注和议论的焦点。当然应该说，这个问题也并不是在其初始的阶段就引起人们极大的关注，相反，相对于传统计划经济体制下带有浓重平均主义色彩的分配形式来说，各种非劳动收入最初作为按劳分配的重要补充形式却是得到了广大人民群众的极大拥护和支持的。这非常类似于恩格斯曾经指出过的状况："一个社会的分配总是同这个社会的物质生存条件相联系，这如此合乎事理，以致经常在人民的本能上反映出来。当一种生产方式处在自身发展的上升阶段的时候，甚至在和这种生产方式相适应的分配方式下吃了亏的那些人也会欢迎这种生产方式。"① 但是，进入 20 世纪 90 年代之后，一方面是由于分配方式的变革所导致的整个社会贫富分化的日趋加剧；另一方面则是各种非公有制经济形式的进一步发展所导致社会现实与马克思主义经济理论之间在其最初就以或明或暗的形式存在着的矛盾与冲突不断地加深和激化，以及由此引起的人们思想上的迷茫与困惑，私营企业主以利润形式存在的非劳动收入就逐渐成为人们关注的焦点并成为理论论争的核心问题。而尤其需要指出的是，大力发展包括私营经济和个体经济在内的非公有制经济是中国共产党根据中国社会主义的性质和初级阶段的基本国情所作出的长远的历史决策，而这也就意味着，大力发展包括私营经济和个体经济在内的非公有制经济并不是在今天中国社会生产力发展水平相对低下的国情条件下所采取的权宜之计，而是将在一个相当长的历史时期内所采取的基本国策。如果不能从理论上合理地解释私营企业主的非劳动收入及其与马克思主义经济理论之间的矛盾和冲突，中国大力发展非公有制经济的基本国策就将失去理论的根基。由此可见，正如私营经济的产生与发展一样，私营企业主以利润形式存在的非劳动收入的合理性问题无论如何都是新时期马克思劳动价值论争论的核心问题。

当将私营经济由于其不断地发展壮大所引发的与公有制经济之间在经济结构以及分配形式等方面的矛盾与冲突作为一种逻辑视点来审视新时期马克思劳动价值论争论的时候，我们发现，在表观与现象上错综复杂的关于马克思劳动价值论的争论，除了由这一问题所引申出来因而相对遥远的个别问题之外，几乎都是以或隐或现的方式围绕这一问题而梯次展开的，因而所谓新时期马克思劳动价值论的争论，正如马克思政治经济学中其他

---

① 《马克思恩格斯选集》第 3 卷，人民出版社 1995 年版，第 491 页。

一系列问题上的争论一样不过是这种矛盾与冲突的反映。因此，不仅价值创造与价值分配等劳动价值论争论的核心问题是直接为着说明私营企业主非劳动收入的合理性的，甚至生产劳动内涵与外延的重新定义以及复杂劳动的还原也是以某种含蓄的方式为私营企业主非劳动收入的合理性问题辩护的。正是在这样的意义上，我们将私营经济的产生与发展以及由此引起的与公有制经济之间在生产与分配等一系列问题上的矛盾与冲突看作是引发新时期马克思劳动价值论争论的深层根源，从而也看作是新时期马克思劳动价值论争论的内在实质。

当我们将私营经济的产生与发展以及由此引起的与公有制经济之间在生产与分配等一系列问题上的矛盾与冲突看作是新时期马克思劳动价值论争论的内在实质的时候，它具有一种与以往任何一次争论完全不同的特点也就变得非常容易理解了，因为它所具有的不同于以往争论的特点不过就是这种内在实质的表现。那么，新时期马克思劳动价值论争论到底具有怎样的特点呢？

二、新时期马克思劳动价值论争论的一般特点

自从马克思主义政治经济学于 19 世纪 50 年代创立以来，马克思的劳动价值论就始终身处马克思主义理论内部与外部激烈论争的漩涡之中，西方经济学界自 19 世纪 90 年代开始的关于生产价格转形问题的延续一百多年而毫无结果的争论自不必说，就是在中国，马克思的劳动价值论也曾经在之前的几十年中，在诸如"生产劳动"、"价值规律"、"社会必要劳动时间"等问题上发生过多次激烈的争论。但是，正如历史上的每一次争论大都带有自己时代的印记那样，发生在 21 世纪的这次关于马克思劳动价值论的争论也带有着鲜明的理论特色与时代特征。

第一，新时期马克思劳动价值论的争论以辩护社会现实为基本理论意图。如前所述，新时期马克思劳动价值论的争论发生在政治经济学理论体系的深层，但其深刻的根源与真正实质却密切关联着社会的现实问题，而核心则在于私营经济的发展以及由此引起的不同经济成分在生产与分配等一系列问题上的矛盾与冲突。由于私营经济的发展以及由此引起的不同经济成分在生产与分配等一系列问题上的矛盾与冲突在其直接的逻辑基点上关联着中国自改革开放以来逐步确立的以生产资料公有制为主体、多种经济形式共同发展的基本经济制度以及与此相适应的按劳分配为主体、多种分配方式并存的基本分配制度的正当性，而在更深刻的现实层面上则关联着中国为实现中华民族的伟大复兴而确立的鼓励和支持非社会主义性质经

济成分发展的长期国策，因而解读党的现实方针政策和在这种现实方针政策指导之下形成的社会现实就成为马克思主义政治经济学面临的重大理论课题；而护航党的方针政策，辩护中国自改革开放以来通过变革传统的经济体制而形成的基本经济制度也就必然地成为马克思劳动价值论研究的基本理论意图。在这种条件下，如果党的方针政策及社会现实表现出与传统马克思劳动价值论在主体理论意向上的基本统一，那么马克思劳动价值论研究辩护社会现实的理论意图也许会以隐匿的形式存在，而一旦两者之间出现像我们现在这样的形式上的尖锐矛盾与冲突，马克思劳动价值论研究辩护党的方针政策及社会现实的理论意图就会以极其张扬与外显的方式表现出来。例如，在马克思主义政治经济学以劳动价值论为基础的剩余价值学说中，作为剩余价值的转化形态，资本家所获得的利润收入不过是对雇佣工人剩余劳动的无偿占有，而作为对雇佣工人剩余劳动的无偿剥夺，资本家的利润收入显然是不合理的并因而应该从理论上和实践上加以彻底否定的，马克思主义的剩余价值学说及整个政治经济学体系也正是从这一基点上确立了对资本主义理论批判与实践批判的意愿。而毋庸置疑的是，尽管是在中国社会主义市场经济的体制下生存与发展，私营经济仍然不过是资本主义性质的经济成分，而私营企业主则不过是以盈利为目的的资本的人格化的化身，或者如马克思所说只不过是"经济范畴的人格化"，因而私营企业主的利润收入同资本主义社会中资本家所无偿占有的工人的剩余价值一样也是不合理的并因而应该从理论上甚至实践上彻底否定的。这本来是一个从马克思劳动价值论与剩余价值理论的角度来看显而易见且无需证明的问题。但是，为什么在涉及中国私营企业主以利润形式存在的非劳动收入问题时，许多人却极力为其做理论上的辩护，并不惜背离马克思劳动价值论的基本原理寻找出诸如资本、土地同雇佣工人的活劳动一样创造价值，甚至资本家的经营管理劳动是一种复杂程度极高的、高氧耗的智力劳动[1]等近乎荒唐的理由来说明私营企业主利润收入的合理性呢？仔细想来，原因却极其简单：资本主义社会的资本主义和资产阶级是由马克思主义做理论上的发动而开始的无产阶级革命的目标与对象，而在中国伴随改革开放而崛起的作为资本主义经济成分的私营经济却早已不再是任何意义上的革命目标和对象，而是社会主义市场经济借以建立和发展的形式。在这里，劳动价值论争论之辩护社会现实的理论意图是一目了然的。我们这

---

① 程恩富、汪桂进、朱奎：《劳动创造价值的规范与实证研究》，上海财经大学出版社2005年版，第267页。

里先不忙于说明辩护社会现实理论意图的正当性与合理性，在事实胜于雄辩等带有明显经验论色彩的观念之下，社会现实如此强势地介入劳动价值论的争论所由产生的影响是不难想见的，这就是它不仅使一切关于马克思劳动价值论的争论都以此为展开的基点，而且还常常被认做是评判理论观点是非曲直的标尺与准绳，以至于似乎只有能够合理地解释社会现实的理论观点才是值得高扬的科学真理。正是在这样的意义上，我们将辩护社会现实作为新时期马克思劳动价值论争论首先的特点。

第二，新时期马克思劳动价值论的争论以否定劳动价值论为基本价值取向。众所周知，中国自新中国成立以来曾发生过多次有关马克思劳动价值论的争论，但无论是关于"两种社会必要劳动时间"问题的争论还是关于"生产劳动"问题的争论，每一次争论基本上都是围绕着如何准确理解马克思的相关论述而展开的，绝少涉及劳动价值论本身的存废问题。但是，在这次由社会现实问题的强力牵引而引发的关于马克思劳动价值论的争论中，尽管"两种社会必要劳动时间"、"生产劳动"等微观领域问题仍然是争论的焦点，但其所内涵的价值取向却与以往的争论有着本质上的区别，这就是在总体上，尽管也存在着执着地坚持和捍卫马克思的相关论述，坚持和捍卫马克思劳动价值论的科学性和真理性的观点，但否定马克思劳动价值论的观点却破天荒地第一次成为争论的基本价值取向。在一些人看来，任何一种经济理论都是由于能够解释现实经济问题而获得存在的价值。如果一种经济理论不能对现实经济问题作出合理的解释，它就必须被修正、否定甚至被抛弃。而马克思的劳动价值论与现实经济问题之间的矛盾与冲突说明，它已经不能对现实经济问题作出合理的解释；或者，要获得对现实经济问题的合理解释，就必须抛弃旧有的理论而代之于新的理论。正是在这种观念的支配下，各种在发展、新探名义下批判、否定马克思劳动价值论的新的劳动的和非劳动的价值理论就如雨后春笋一般涌现出来。据有论者的不完全统计，最近几年单单作为专著出版的价值理论就有十几种之多，其中较有影响的如"社会劳动价值论"、"大系统价值论"、"新劳动价值论"、"新劳动价值论一元论"、"社会主义劳动价值论"、"财富价值论"、"经济引力价值论"、"广义价值论"、"支配价值论"、"客观效用价值论"等。① 这真是"一场辞藻的盛宴"，"纷然斑驳的集贸市场"。在这些花样翻新的价值理论中，固然并不缺乏仍然坚持和维护马克思劳动价值论基本理念的立场与观点，但如果要说在经济理论界

---

① 蔡继明：《从按劳分配到按生产要素贡献分配》，人民出版社 2008 年版，前言第 2 页注。

占主流地位的核心话语，则只能是那种以各种形式批判和否定马克思劳动价值论的观点。在这些观点中，有的是从马克思劳动价值论的某些局部理论构件中展开批判与否定的思路，而有的则不再局限于某一局部的理论构件，而是对马克思劳动价值论的理论整体都采取批判与否定的态度。于是，从商品二重性（价值与使用价值）到劳动二重性（具体劳动与抽象劳动），从价值实体（抽象劳动）到价值形式（交换价值），从劳动价值论到以劳动价值论为基础的剩余价值理论和生产价格理论等，都无一例外地成为了理论批判的对象，被指责为"颠来倒去、自相矛盾的说法"、"随心所欲的假设和判断"和"浪漫的幻想"。① 由此可见，新时期马克思劳动价值论的争论绝不仅仅是对马克思劳动价值论某些局部理论构件的争论，更不是对马克思个别论述理解上的分歧，而是一场涉及是坚持还是否定马克思劳动价值论的基本价值取向的争论，而否定马克思的劳动价值论则是这场争论的基本价值取向。2002 年，卫兴华在《高校理论战线》2002 年第 3 期发表《深化劳动价值论研究要有科学的态度与思维方式》一文，对晏智杰在马克思劳动价值论问题上的一系列观点展开批判，由此拉开了以卫兴华与晏智杰为主角而有诸多经济学专业人士参与其间的激烈争论。无独有偶，2005 年，刘国光在《高校理论战线》2005 年第 9 期发表《对经济学教学和研究中一些问题的看法》的文章，在中国经济理论界掀起一阵强劲的"刘国光旋风"，但由此也招致了铺天盖地的"否定改革"声音的指责。这两场围绕马克思劳动价值论的争论既是新时期马克思劳动价值论争论的缩影，从中也可以使我们以极其典型的形式窥见否定马克思劳动价值论之作为一种基本价值取向的存在。那么，为什么在坚持将马克思政治经济学作为"主流经济学"的中国，否定马克思劳动价值论会成为一种主流的价值取向呢？这除了现实经济问题的强力牵引之外，就涉及争论在理论资源方面的显著特征了。

第三，新时期马克思劳动价值论的争论以西方反马克思主义经济理论为基本理论资源。在这场以否定马克思劳动价值论为基本价值取向的争论中，尽管中国社会主义市场经济的客观现实以及世界经济从传统工业经济向现代知识经济的时代交替常常成为理论批判的事实依据，如果认真反思劳动价值论的历史发展我们却不难发现，虽然这些批判常常带有以往难得一见的激愤态度，但这并不意味着它们真正找到了社会现实以外决定马克思劳动价值论是非曲直的逻辑上的问题。正如马克思所批判的以无产阶级

---

① 郑克中：《两大价值理论正误》，山东人民出版社 2008 年版，第 210 页。

的乞食袋为旗帜的"封建的社会主义"的臀部总不免会带有旧的封建纹章那样，这些否定和批判马克思劳动价值论的理论观点，也总不免会带有西方各种非马克思主义与反马克思主义的经济理论，而特别是 19 世纪 70 年代以后发展起来的以边际效用价值论为理论基础的现代资产阶级经济理论的痕迹。我们知道，自从在批判地继承资产阶级古典经济学劳动价值论的基础上实现自身的创立以来，马克思的劳动价值论就一直身处激烈论争的漩涡之中，这种争论不仅产生在资产阶级经济学与马克思主义经济学之间，而且也产生在马克思主义经济学的阵营内部。我们发现，正是在这些争论中所提出而在当时就已经遭到批判的理论上的论据，经过一些论者的重新包装，变成了在新的历史时期批判和否定马克思劳动价值论的理论工具。例如，有的论者从马克思关于价值决定的三步分析逻辑质疑马克思劳动价值论的科学性，认为马克思从两种不同商品按照一定比例进行交换的观点来说明它们之间存在着某种等量的共通物，并最终将价值实体归结为抽象的人类劳动的分析逻辑是不能成立的。但是仔细想来，论者分析与论证的方式与步骤却几乎就是一百多年以前庞巴维克攻击马克思劳动价值论逻辑的翻版。如果说许多论者是从百多年来马克思主义政治经济学与资产阶级庸俗政治经济学的相互攻伐中搜寻批判与否定马克思劳动价值论的新的理论根据，那么他们在否定马克思劳动价值论之后所建立的各种花样翻新的价值理论就更是只能从以边际效用价值论为理论基础的现代西方经济理论中寻找理论原型了。例如，为了说明私营企业主非劳动收入的合理性，一些论者强调除劳动以外的非劳动生产要素在价值创造与价值决定中的决定作用，并在此基础上形成了"广义价值论"、"全要素价值论"之类的新的价值理论，但如果作认真的辨识就不难发现，这种"广义价值论"、"全要素价值论"之类的新的价值理论不过是现代西方经济学中边际效用价值论的翻版。而在这些为翻版而进行的理论克隆中，许多人不仅丧失了在各种具有鲜明价值倾向性的经济理论中本应具有的立场，甚至也不顾边际效用价值论在西方经济学界 40 年以前就已经被指证出来的理论缺陷，以至于有人略带戏谑的口吻说，"这种在西方经济学界 40 年前就有明确结论的问题，中国经济学界中的相当部分人却仍然要证明它的存在性和合理性，对他们这种'敢为不可为之事'的勇气真不知是该佩服还是悲哀。"① 那么，为什么在马克思主义政治经济学作为主流经济学的社

---

① 杨文进：《市场经济的分配决定》，载王振中：《市场经济的分配理论研究》，社会科学文献出版社 2004 年版。

会主义国家，各种非马克思主义的政治经济学及其价值理论会成为攻击马克思劳动价值论的基本理论资源呢？正如许多人所敏锐地指出的那样，这与中国一段时间以来理论经济学教学与研究中，西方经济学的影响逐渐上升而马克思主义经济学的指导地位逐渐被削弱和边缘化的状况存在着极大的关系。改革开放之后，随着中国社会主义市场经济改革目标的确立和社会主义市场经济体制的逐步建立，深入研究社会主义市场经济作为市场经济的一般规律，弥补以社会主义经济制度为制度基础的社会主义经济学所缺少的理论构成成为马克思主义政治经济学的重要理论任务，而正是在这样的意义上，随着改革开放而传入中国的西方经济学理论逐渐成为我们发展和完善社会主义市场经济理论的重要理论资源。但是，惮于所谓马克思劳动价值论与现实经济问题之间的矛盾与冲突，一些人认为以劳动价值论为基础的马克思主义政治经济学已不能解释中国社会主义市场经济的现实问题，而西方的资产阶级政治经济学而特别是作为现代西方经济理论主流的新自由主义经济理论却是我们分析与研究现实经济问题的颇为得力的工具。于是，马克思主义政治经济学就逐渐地被边缘化，而西方资产阶级的经济理论则大有反客为主，甚至成为中国经济改革与发展指导思想的阵势。显然，在这样的现实背景中，各种反马克思主义经济理论成为新时期马克思劳动价值论争论的基本理论资源也就不足为怪了。

在我们概括和总结新时期马克思劳动价值论争论的三个基本特征中，否定马克思劳动价值论的基本价值取向无疑是其区别于以往任何一次争论的最重要特征，而在这个意义上，辩护社会现实的基本理论意图和西方反马克思主义经济理论的基本理论资源不过是为这种基本价值取向所提供的事实和理论上的依据。如果说否定劳动价值论的价值取向是新时期马克思劳动价值论争论的最主要特征，那么新时期马克思劳动价值论的争论也就绝不是以往任何一次争论的历史重演，而是马克思主义政治经济学发展史上具有深远影响的理论事件。那么，新时期马克思劳动价值论的争论到底会产生怎样深远的影响呢？

三、新时期争论中否定马克思劳动价值论的形式及其影响

如前所述，新时期马克思劳动价值论的争论可以追溯到20世纪90年代的苏谷之争，并且在这场作为序幕的争论中事实上就已经出现了批判和否定马克思劳动价值论构建逻辑的学理偏向。不过，在这一时期的理论争论中，批判与否定马克思劳动价值论构建逻辑的倾向也只能称之为一种"学理偏向"，因为它既未能形成一种占主导地位的学术话语，也未能形

成一种彻底否定马克思劳动价值论的基本价值取向。然而，新时期马克思劳动价值论的争论则通过将批判与否定演绎成为一种主导性的学术话语从根本上动摇了马克思劳动价值论的基础理论地位以及整个马克思主义政治经济学的主流意识形态地位。正如有论者所指出的："在中国现阶段，实践中出现的诸多新情况造成了一种类似李嘉图学派解体前夕的景象。一方面，经典形态的劳动与劳动价值论已经难以用来直接分析和解释现实的变化和社会主义生产关系；另一方面，学术界出现了全盘否定马克思的劳动与劳动价值论对现实的适应性的观点。"① 那么，新时期马克思劳动价值论的争论对马克思劳动价值论的否定是通过何种形式来实现的呢？我认为主要是通过以下三种形式来实现的：

以西方边际效用价值论为代表的效用价值论对马克思劳动价值论的外部否定是否定马克思劳动价值论的第一种表现形式。众所周知，效用价值论是一种与劳动价值论相对立而具有悠久历史传统的价值理论，但在从威廉·配第直到李嘉图的古典经济学以及马克思主义政治经济学阶段，由于劳动价值论的相对成熟的发展，效用价值论的影响受到削弱；而由于以生产资料公有制为主体的社会主义经济制度的确立和马克思主义政治经济学的广泛传播，效用价值论在中国的政治经济学领域甚至根本就没有容身的场所。但是，伴随着中国改革开放政策的实施、各种非公有制经济成分的发展以及由此产生的诸多亟待解释的现实经济问题，各种形式的效用价值论作为马克思劳动价值论的理论对立物出现了明显复兴的迹象。这表现在，在中国的理论界出现了许多作为效用价值论或边际效用价值论改装版本的价值理论，如客观效用价值论、广义价值论、物化劳动创造价值论、生产要素创造价值论等，这种价值理论的基本特点在于首先对作为政治经济学专有术语的"价值"做一种完全的或部分的效用论的解释，然后在此基础上再形成它们关于生产要素、物化劳动创造价值之类的观点，借以解释在传统马克思劳动价值论中似乎不能合理解释的各种经济现象。这些作为效用价值论或边际效用价值论改装版本的所谓新的价值论理论，假借其从单纯经验论角度对经济事实的似乎更为"合理"的解释实质地构成了从外部否定马克思劳动价值论的主要因素。

在深化和发展的名义下出现的新劳动价值论对传统马克思劳动价值论的否定是否定马克思劳动价值论的第二种表现形式。如前所述，随着中国以公有制为主体、多种所有制经济共同发展的所有制格局的形成和以按劳

① 赵凌云：《劳动价值论新探》，湖北人民出版社 2002 年版，第 109 页。

分配为主体多种分配方式并存的分配制度的建立，在人们的印象中，马克思的传统的劳动与劳动价值理论由于面临着越来越多难于应付的问题与挑战而不能适应新时代的需要。但是，劳动价值论是马克思主义政治经济学以及整个马克思主义体系的理论基础，如果对劳动价值论采取断然否定的态度，则不仅会动摇马克思主义政治经济学的理论基础，而且还有可能危及马克思主义在中国意识形态领域中的正统地位。这样，在原有理论体系的框架中通过修正和补充马克思的劳动价值论以适应时代的需要就成为一种合理的选择，而如何深化和发展马克思的劳动价值论也因此成为一个极其重要的时代课题。正是在这种背景之下，在中国政治经济学的研究中就出现了各种异质于马克思劳动价值论的新的劳动价值论，如"新的活劳动价值一元论"、"社会劳动价值论"以及"新劳动价值论"等。但是，这些新的形式虽然都被含纳在马克思劳动价值论或一般劳动价值论的共名之下，但它们相互之间却往往存在着难于弥合的分歧与对立。这不仅造成了原本作为一个统一整体的劳动价值论自身内部的分裂，更由于其往往存在着或明或暗迎合现实问题的心理而存在着不同程度对马克思劳动价值论基本理念的背离，因而构成了从马克思劳动价值论阵营内部否定劳动价值论的因素。

通过对正统马克思劳动价值论的重读、新探构成对马克思劳动价值论的自我否定是否定马克思劳动价值论的第三种表现形式。在深化与发展马克思劳动价值论的名义下出现的各种新的劳动价值论使马克思的劳动价值论进入一个多元化发展的时代，但由此也就提出了一个什么才是原生形态的马克思劳动价值论的问题。由此，如何通过对马克思政治经济学经典文本的深度耕犁准确理解和把握马克思劳动价值论的原始本义就成为一个极端迫切的理论工作。在这种背景下，在中国理论界就出现了与深化和发展马克思劳动价值论相对应的以各种形式重读马克思劳动价值论的理论趋向。但是，由于辩护社会现实的明显的功利主义目的，在一些人那里重读马克思、准确把握马克思劳动价值论原教旨意义的理论努力常常演变成为自己的某种理论观点寻找文本论据的实用主义操作。如有的论者从对马克思劳动价值论的"新探"中得出的三个暗含前提的结论就不过是支持了某种劳动价值论仅仅适用于前资本主义社会阶段的结论；而有的论者从对马克思劳动价值论"本义"的理解中得出参加劳动产品生产的各个生产要素共同创造价值是马克思劳动价值论的应有之义的观点根本就是在用要素价值论曲解马克思的劳动价值论。从新时期马克思劳动价值论的逻辑发展来看，回到马克思的经典文本准确理解马克思劳动价值论的本质与真义无疑是必要的，但现今所谓的重读与新探却常常在搅乱人们正确认识的过程中否定真正意义上的马克思劳动价值论。显然，这是一种比从单纯的外部否定更为危险与严重的倾向。

当然，我们并无意全盘否定在这场争论中真正坚持与发展马克思劳动价值论的趋向的实际存在，也无意全盘否定这种趋向对于新时期马克思劳动价值论争论逻辑走向的实际影响。但是，单是前述各种以或明或暗、或隐或显的方式批判与否定马克思劳动价值论的研究趋向的存在及其泛滥，就可以使我们了解在今天的新的历史条件下真正坚持和发展马克思劳动价值论的研究倾向已经退缩到何等猥琐的地步。因此，如果这种研究趋向不能得到有效的遏制和扭转，以深化和发展马克思劳动价值论为开端的新时期马克思劳动价值论的研究就必然走到彻底否定马克思劳动价值论的对极。那么，彻底否定马克思的劳动价值论将会产生怎样深刻的社会影响呢？

众所周知，与此前同样作为剥削阶级社会的奴隶社会和封建社会一样，资本主义社会也是一个以剥削关系为本质特征的不平等社会，但是，正如西方《新帕尔格雷夫经济学大辞典》所指出的那样，资本主义有它的历史特点，这就是它的剥削关系几乎完全被交换关系的表面现象所掩盖。因此，如何透过以等价交换为原则的商品交换关系的表面现象，揭示在这种自由与平等的表面现象下面所掩盖着的资本家与工人之间的剥削关系就成为以觉悟无产阶级为历史使命的马克思主义政治经济学的基本理论任务；而马克思揭示在表面的交换关系下所掩盖着的剥削关系的理论武器正是在古典经济学中就已经实现相对成熟发展的劳动价值论。从劳动价值论关于劳动者的活劳动是商品价值创造的唯一来源的观点出发，马克思深刻地揭示了在资本主义社会中以利润、利息、地租等具体形式存在的经济剩余并不是参与生产过程的相关生产要素的共同创造，而是单一地由雇佣工人的活劳动创造并最终为剥削阶级所无偿占有的剩余价值的具体转化形式，这就从根本上揭示了资本家与工人之间的剥削与被剥削关系，还原了资本主义剥削制度的真相。由此可见，正如我们通常所理解的，马克思的劳动价值论是马克思主义政治经济学的理论基础，正是借助于科学的劳动价值论，马克思主义政治经济学才创立了科学的剩余价值学说，深刻地说明了资本主义生产过程的本质，揭示了资本家剥削工人的秘密。但是，马克思的劳动价值论并不仅仅是马克思主义政治经济学的理论基础，它还通过剩余价值学说在更广泛和更深刻的意义上构成作为马克思主义完整理论体系的科学社会主义的理论基础，构成无产阶级革命以及社会主义制度的理论基础。众所周知，作为一个完整严密的科学理论体系，马克思的科学社会主义是社会主义学说从空想到科学发展的历史结果，而社会主义学说之所以能够在经过 16～17 世纪的早期空想社会主义、18 世纪的空想平均共产主义和 19 世纪初期的批判的空想社会主义的漫长历史之后实现科学化的发展，除了以机器工业为标志的社会化生产所提供的社会历史条件之外，正如恩格斯所指出的，主要的就是由于马克思唯物主义历史观和剩余价值学说这两大理论的创立。就唯物主义历史观来说，它之所以作为社会主义从空想到科学发展的重要理论支柱主要是由于揭示了人类历史发展的一般规律，从而在人类思想发展史上第一次将社会主义的政治理想建立在符合人类历史发展客观规律的基础之上；而就剩余价值学说来说，它之所以作为社会主义从空想到科学发展的重要理论支柱则主要是由于通过对资本家与工人之间剥削关系的科学分析发现了"现代资本主义生产方式和它所产生的资产阶级社会的特殊运动规律"，① 并进而找到了实现社会主义政治理想的阶级力量。而尤其需要指出的是，按照列宁的观点，当马克思恩格斯在 19 世纪 40 年代创立唯物主义历史观的时候，它在当时还不过是一种科学的假设，只是马克思于 60 年代在劳动价值论的基础上最终创立剩余价值学说之后，唯物主义历史观才从科学的假设变成"科学地证明了的真理"，成为适用于各个社会形态的"唯一地科学的历史观"。② 因此，如果否定马克思的劳动价值论，不仅将动摇马克思的剩余价值学说以及整个马克思主义政治经济学的理论基础，而且还将动摇唯物主义历史观以及马克思整个科学社会主义体系的理论基础。另外，社会主义从空想到科学的发展揭示了社会主义作为一种政治理想终将实现的客观必然性，但这并不意味着社会主义理想将在这种客观必然性的作用之下自然而然地实现，相反，它只有通过"现存世界革命化"的自觉无产阶级革命才能实现，而作为社会主义理想的自觉实现形式，无产阶级革命的发动同样有赖于马克思的以劳动价值论为基础的剩余价值学说。作为人类历史上最广泛、最彻底和最深刻的社会革命，无产阶级革命的根本目的在于"消灭私有制"。但是，无产阶级革命并不是要消灭"一般的所有制"，而是要消灭在资本与雇佣劳动的对立中运动的"资产阶级的所有制"。因为作为资产阶级所有制的私有财产并不是像资产阶级财产出现以前的小资产阶级的、小农的财产那样，是通过劳动得来的、个人挣得的、自己赚来的财

---

① 《马克思恩格斯选集》第 3 卷，人民出版社 1995 年版，第 776 页。
② 《列宁选集》第 1 卷，人民出版社 1972 年版，第 10 页。

产，它在本质上是由雇佣工人创造而被资本家无偿占有的剩余价值；而无产阶级以消灭资本主义私有制为目的的社会主义革命也并不是要将个人财产变为社会财产，它在本质上不过将作为社会全体成员共同活动产物的私有财产重新变为公共的、属于社会全体成员的财产。① 因此，如果否定马克思的劳动价值论，那么地主和资本家占有事实上由雇佣工人创造的以地租、利润、利息等形式存在的剩余价值就将在学理上合法化了，而无产阶级以消灭资产阶级私有制为目的的社会主义革命则将失去理论上的合理性和实践上的正当性。同时，由于社会主义的生产资料公有制正是通过无产阶级革命消灭资产阶级私有制的结果，如果无产阶级以消灭资产阶级私有制为目的的社会主义革命失去了理论上的合理性和实践上的正当性，那么社会主义的生产资料公有制以及以生产资料公有制为基础的社会主义制度也都将失去理论上的合理性和实践上的正当性，而最终的结果必然是对社会主义制度以及社会主义制度的建设和发展的全盘而彻底的否定。

对于否定马克思劳动价值论所由产生的深刻影响，卫兴华先生曾经说过一段颇具警醒意义的话，他在谈到怎样看待私营企业主的劳动与收入的问题时指出，当前，从中国社会主义初级阶段的现实出发，根据"三个有利于"的标准，正面鼓励非公有制经济的发展是必要的，但"如果理论和宣传工作突出宣扬'生产要素价值论'和'无剥削论'，否定劳动价值论与剩余价值论，则会产生深远的严重的政治上自我否定的消极后果。不仅马克思主义的经济学和科学社会主义会被彻底否定，中国共产党领导的消灭地主富农阶级的民主革命和进行三大改造的社会主义革命，以及搞公有制为主体的有中国特色的社会主义，乃至共产党的建立和发展本身，都失去了原有的理论支持，成为多余的不应有的事情。所以共产党人应十分严肃地对待这个问题。"② 如果深入到马克思劳动价值论与马克思主义政治经济学及科学社会主义的理论体系之间的逻辑关联之中，深入到马克思劳动价值论与无产阶级以推翻资本主义制度为目的的革命实践以及社会主义制度的建立与发展之间的理论关联中，我们就不难发现，卫兴华先生的话绝不是一种淆乱视听的耸人之言。

在前面的分析中，我们将否定马克思的劳动价值论确定为新时期马克思劳动价值论争论的基本价值趋向，并详细地分析了在这场争论中实际存在着的批判与否定马克思劳动价值论的各种表现形式，但是，这并不意味

---

① 《马克思恩格斯选集》第 1 卷，人民出版社 1995 年版，第 286～287 页。

② 卫兴华：《怎样看待私营企业主的劳动与收入》，载《高校理论战线》2002 年第 2 期。

着对马克思劳动价值论的否定已成为既成的事实，因为在中国当前的马克思主义经济学研究中毕竟还存在着真正坚持和维护马克思劳动价值论的强大力量。而另外，我们也必须看到，如果马克思主义的经济学家们不能严肃地面对劳动价值论在新时期劳动价值论争论中所遭遇的挑战，那么马克思主义经济学的主流经济学地位就将有丧失的危险，在这方面任何掉以轻心和隐忍麻木的心态都将导致严重的理论后果。但是，如果马克思劳动价值论在新时期争论中面临着的危难局面能够激发起坚持与捍卫马克思劳动价值论的马克思主义经济学家们的历史使命感与历史责任感，那么马克思的劳动价值论未必不能克服目前的危难，赢得新生的发展。而在这中间，首先的问题也许是，我们必须探寻到一条深化和发展马克思劳动价值论的正确途径。

第二节　新时期深化和发展马克思劳动价值论研究的正确思路与基本问题

一、新时期深化和发展马克思劳动价值论研究的基本思路及其局限

自从江泽民同志提出结合新的实际深化和发展对马克思劳动和劳动价值论的研究和认识以来，如何深化和发展马克思的劳动价值论已经成为当前马克思劳动价值论研究中的重大理论课题。正如在新时期马克思劳动价值论的争论中不可避免地出现各种不同观点的分歧与对立那样，在马克思劳动价值论的争论中也不可避免地出现了关于深化和发展马克思劳动价值论研究的各种具有明显分歧与对立色彩的思维路向。分析各种不同思维路向的特点及其局限是我们确定深化和发展马克思劳动价值论研究正确路向的基本前提。

如果说马克思劳动价值论在新时期所面临着的深刻危机在于理论与现实之间的矛盾与冲突，那么深化与发展马克思劳动价值论研究的基本要义也就必然是通过对马克思劳动价值论结合新的历史条件的深化与发展的认识来克服理论与现实之间的矛盾。这样，人们所理解的所谓发展就首先是指那种立足于社会现实而对原有理论观点的补充、完善甚至修正。在这种观点看来，马克思劳动价值论之所以出现与社会现实之间的尖锐冲突，主要是由于理论自身的严重缺陷或相对于不断发展的社会现实的严重滞后。因此，要克服理论与现实之间的矛盾，获得对社会现实问题的合理解释，

就必须立足社会现实，打破对马克思价值理论的传统的教条主义理解，实现政治经济学价值理论基础的新的发展。我们知道，在长期的革命和建设的实践中，我们党在总结正反两方面经验教训的基础上，形成了一切从实际出发、理论联系实际、实事求是、在实践中检验真理与发展真理的思想路线。如果说一切从实际出发、理论联系实际、实事求是的思想路线的基本要求就是要从不断发展变化着的客观实际出发，按照客观世界的本来面目认识世界而不附加任何外部的主观成分，就是要在马克思主义的指导下打破陈旧观念和主观偏见的束缚，研究新的情况，解决新的问题，那么，立足社会现实，打破对马克思价值理论的传统的教条主义理解，建立和发展更加适合于新的历史条件的价值理论无疑就是一条正确的思路。但是，当我们将不断发展的社会现实作为科学理论形成与发展的基本立足点，当作评价与判别一种科学理论是否科学的基本准绳的时候，我们也就将客观的事实置于比理论更为优先的地位，如果说这种观点在较为温和的意义上是符合一般唯物主义的基本要求的话，那么当客观事实被强化到一种不容置辩而毋庸置疑的地步的时候，这种观点就往往会走向自己理论初衷的反面，将需要立足于它而不断深化与发展的理论置于极端相对主义甚至怀疑主义的境地。19 世纪末 20 世纪初，第二国际的伯恩施坦根据科学技术的进步与生产力的发展所引起的资本主义经济关系的一系列新变化，对马克思的劳动价值论以及包括剩余价值理论、资本积累理论和经济危机理论所构成的整个政治经济学理论体系提出怀疑和否定，并最终走向背离马克思主义的修正主义路线。现在，面对着中国在改革开放和社会主义市场经济建设中出现的一系列新的情况和新的问题，有些人与当年的伯恩施坦一样对马克思的劳动价值论提出质疑甚至否定，并试图用一些在他们看来是丰富和发展了马克思劳动价值论的新的价值理论取代马克思的劳动价值论。然而，同伯恩施坦的修正主义一样，这些在依据新的事实发展马克思劳动价值论的名义下所建构起来所谓价值理论，尽管在形式上合理地解释了不断变化的经济事实，却常常在最基本的理论理念上背离马克思的劳动价值论。从伯恩施坦的修正主义到现在的各种新的价值理论，尽管存在着百多年的历史间隔，但他们却有着一个基本的共同点，这就是对于事实的极度崇拜和对于理论的极度贬抑。在他们那里，只要理论与事实之间出现矛盾与冲突，那就一定是理论本身出现了问题，因而解决理论与事实之间的矛盾与冲突的唯一方法就是修正旧有的理论而代之于新的理论。在这里，事实对于理论具有一种在波普的证伪主义那里"一票否决"的刚性特质。事实上，客观事实固然有其外在于人且不依人的意识为转移的刚性特质，但理论也绝不是一种任由事实随意裁判的被动对象，它一方面需要随着客观事实的不断发展而发展；另一方面又具有其抵御客观事实的顽强的韧性特质，正如作为证伪主义者的波普所说的："尽可能地坚持一个理论的教条主义态度具有重要意义，否则，我们不可能知道这个理论的价值，我们在发现它的力量的机会到来之前会放弃它，其结果是，没有理论能够给予世界以秩序，能够使我们对付将来的事件，能够使我们注意到无法以其他方式观察到的事件。"① 因此，如果说到对于马克思劳动价值论的第一种发展思路的主要局限，那就是它常常在对事实的极度崇拜和对于理论的极度贬抑中走向背离马克思劳动价值论的极端。当然，当说到这种发展思路的局限时，我们是以它正确地理解了不断变化和发展的客观事实为前提的，它并不包括有意无意误读客观事实以达到修正和否定马克思劳动价值论目的的趋向。而事实上，在以后对许多相关问题的分析中我们将会看到，所谓马克思劳动价值论与客观经济事实之间的矛盾与冲突常常就是建立在这种对于客观事实有意无意地误读的基础之上的。

有了这种常常走到背离马克思劳动价值论的极端的发展思路，也就必然产生作为这种发展思路理论反拨的另一种发展思路，这就是坚决反对一切修正和否定马克思劳动价值论的倾向，坚定地固守马克思劳动价值论的基本理念来理解和解释现实经济问题的发展思路。在这种发展思路看来，作为商品经济的一般理论抽象，劳动价值论是对于商品与价值的原理与规律的最一般、最抽象、最简单的规定，只要存在商品生产，不管在什么样的社会制度下，劳动价值论都会起作用。因此，马克思的劳动价值论不仅是我们分析资本主义市场经济的理论基石和有效方法，而且也无条件地是我们分析社会主义市场经济的理论基石和有效方法。那么，如何看待马克思劳动价值论由于无法解释中国社会主义市场经济建设与世界经济从传统到现代的转形中所出现的新情况和新问题以及由此导致的理论与现实的矛盾与冲突呢？在这种发展思路看来，这主要是由于对马克思劳动价值论从内涵、方法到功能的误识与曲解，只要能够完整、准确、全面地理解马克思的劳动价值论，它就一定能够合理地解释各种矛盾与冲突。因此，所谓对马克思劳动价值论的深化与发展，就不是立足社会现实，建立和发展更加适合于新的历史条件的新的价值理论，而是转向马克思政治经济学的经典理论文本，通过更加深入细致的文本释读和理论考据理解和把握马克思

---

① 转引自赵敦华：《当代英美哲学举要》，当代中国出版社1997年版，第281页。

劳动价值论的理论本义。如果说立足于社会现实建立和发展更加适合于世界和中国经济发展现实的新的价值理论常常走到马克思劳动价值论的反面，那么通过对经典文本的释读与考据全面准确把握马克思的劳动价值论的思维路向就是这种发展思路的最合适的解毒剂，而且我们不能否定，许多所谓理论与现实之间的矛盾并不是由于马克思劳动价值论存在着必须通过发展和修正才能克服与消除的先天缺陷，而是由于对马克思劳动价值论无意或有意的误识与曲解。但是，无论马克思的劳动价值论与社会现实之间的矛盾与冲突是否都由对马克思劳动价值论的误识与曲解所引起，一个必须确认的事实是，相对于马克思创立劳动价值论时期以机器大工业为标志的社会历史条件，我们今天的社会历史条件，从科学技术到生产力，从生产要素到产业结构都发生了深刻的变化，而根据这些不断变化和发展的社会历史条件深化和发展马克思的劳动价值论既是其作为一种科学理论的基本要求，又是作为其基本指导原则的历史唯物主义的基本要求，而拒绝劳动价值论必须伴随着社会历史条件而实现的发展则势将堵塞马克思劳动价值论发展的道路。从这个意义上说，试图通过对经典文本的深度释读深化和发展马克思劳动价值论的思维路向的根本局限在于对马克思劳动价值论的过于教条主义的理解，它一方面坚持马克思劳动价值论的价值立场与理论观点，并在与各种对立倾向的斗争中彰显着马克思劳动价值论的科学性；另一方面却又在这种与对立面的斗争中将马克思劳动价值论提升到了一种如恩格斯所说的"除了袖手一旁惊愕地望着"它出神之外"就再也无事可做了"的"绝对真理"的完满境地，从而也就从最根本的基点上堵塞了马克思劳动价值论进一步发展的道路。我们知道，教条主义是一种曾经在马克思主义发展史上产生过灾难性影响的思想倾向，也正是因为由此形成的沉痛教训，在我们党的历史上就逐渐形成了以一切从实际出发、理论联系实际、实事求是为基本内涵的思想路线。但是，如果反思新时期马克思劳动价值论争论中坚持与否定倾向之间的交锋与激辩，我们就总是不难发现那种在隐约中存在着的对马克思劳动价值论的教条主义理解。在他们那里，从经典作家的经典文本中寻章摘句是最基本的理论研究工作，理论的探寻更多的是对所寻摘的章句的绝不越雷池一步的注释与阐发；与现实问题相关的资讯与材料在这里并不缺少机智、巧妙的堆砌与罗列，但更多地并不是作为推进理论深化与发展的客观基础，而是对理论作注释性说明的事实论据。正如恩格斯所明确指出的："马克思的整个世界观不是教义，而是方法。它提供的不是现成的教条，而是进一步研究的出发点和供这种研究使用的方法。"① 对于这种以释读经典文本为基础的发展思路来说，如何努力克服和消除在与各种对立观点的论战中出现的对马克思劳动价值论的教条主义理解无疑又是最重要的问题，而在这方面，立足社会现实，建立和发展更加适合于新的历史条件的劳动价值论似乎又恰是其最合适的中和剂。

鉴于前述两种发展思路的局限，就产生了一种试图通过综合来克服其局限的第三种发展思路，这就是试图在坚持与发展相统一的基础上，推进马克思劳动价值论的深化与发展。在这种发展思路看来，第一种思路似乎能够解释现实的经济问题，但却不能坚持马克思的劳动价值论，从而也就谈不上真正的深化与发展；而第二种发展思路虽然坚持了马克思的劳动价值论，却无法或只能非常牵强地解释某些经济问题，因而也不能实际地推进马克思劳动价值论的深化与发展。因此，要在新的历史条件下结合新的实际，深化与发展对马克思劳动和劳动价值论的研究和认识，就必须努力克服将坚持与发展机械割裂开来的倾向，在对新的实际的深入而理性地思考的基础上将坚持的立场与发展的方向有机地结合起来。从理论上说，将坚持与发展作有机统一的理解无疑是一条正确的发展思路，因为作为对商品经济的一般理论抽象，马克思的劳动价值论同一切自然科学与社会科学的真理一样都是绝对性与相对性、确定性和不确定性的有机统一，因此，对于马克思的劳动价值论正如对待一切以绝对性和相对性为其基本属性的真理的态度一样，也应该采取既要坚持又要发展的正确态度：对于马克思劳动价值论中仍然适合于商品经济而具有绝对性与确定性的东西自然应该加以坚持，而对于其中已经不能适应商品经济发展事实的具有相对性与不确定性的东西自然就需要加以发展，只有这样才能使马克思的劳动价值论逐步实现从相对真理向绝对真理的飞跃。但是，绝对真理与相对真理又是相互渗透和相互包含的，真理也正是在这个基础上表现为一个从相对到绝对不断转化的动态过程。因此，对于马克思劳动价值论的坚持与发展是不能而事实上也不可能作为两种相互分离甚至相互敌对的理论立场，而必须将坚持与发展有机地统一起来，即必须在坚持中求发展，在发展中讲坚持。只讲发展不讲坚持，最终必然发展为否定马克思劳动价值论的修正主义倾向，而只讲坚持不讲发展则最终必然蜕变为机械地固守马克思劳动价值论的教条主义倾向。实际上，在前述两种发展思路指导下产生的各种自称坚持和发展了马克思劳动价值论的观点，正是对将坚持与发展机械割裂

---

① 《马克思恩格斯选集》第 4 卷，人民出版社 1995 年版，第 742 页。

最终必然导向修正主义和教条主义的最好注脚。但是，是否能够在思维实践中将坚持与发展有机地统一起来，不仅要看我们在主观上是否真正将坚持与发展的统一作为基本的指导原则，还要看客观上所要坚持与发展的观点之间是否具有相融与统一的可能性，否则不仅不能将坚持与发展有机地统一起来，反而有可能将对立观点之间的矛盾与冲突带进新的思想观点之中。我们知道，在新时期马克思劳动价值论的争论中存在着各种不同理论观点的矛盾与冲突，但所有观点之间的矛盾与冲突归结起来不外是劳动价值论与效用价值论之间的矛盾与冲突。而劳动价值论与效用价值论作为两种根本对立的价值理论，不仅在价值理论的基本内涵上存在着质的区别，而且在思维方法与理论功能等方面也存在着质的区别，它们无论在何种形式上都不可能实现坚持与发展有机统一的发展思路所希望达到的有机统一。但是，有的论者为了弥合将坚持与发展割裂开来所导致的认识上的分歧，却人为地将在劳动价值论与效用价值论中根本对立的一些观点机械地撮合在一起。例如，有论者提出的"联合劳动创造价值"的观点即认为，片面地主张物化劳动创造价值与片面地强调活劳动创造价值都是不全面的，所以只有把商品的使用价值和价值、活劳动与物化劳动辩证地统一起来，才能创造和实现使用价值和价值，才能正确处理商品的内在矛盾和不同所有者之间的经济利益关系，促进社会主义市场经济和社会生产力的发展。① 从形式上来看，这种观点似乎将马克思劳动价值论关于活劳动创造价值的观点与效用价值论关于物化劳动创造价值的观点在坚持与发展的原则上统一了起来。但是，这种观点显然没有能够真正理解马克思劳动价值论与一切效用价值论之间的深刻矛盾与冲突，因此，当他将这两者机械地粘连在一起的时候，他也就将它们之间的矛盾与冲突带进了这种"联合劳动创造价值论"的理论肌体之中，从而使这种似乎在坚持与发展马克思劳动价值论的原则下形成的新的价值理论变成了一种无论是从马克思的劳动价值论的观点来看还是从效用价值论的观点来看都显得不伦不类的东西。

那么，为什么从一种正确的原则出发形成的发展思路却没有能够形成真正促进我们对马克思劳动价值论深化和发展的认识呢？我认为，根本的原因在于所谓坚持与发展的有机统一并不就是各种不同观点的简单拼接或机械嫁接，而必须是据以坚持的一定理论观点按照其内在逻辑关系的必然

---

① 吴朝震：《〈资本论〉的辩证法与联合劳动价值论》，载《当代经济研究》2001 年第 6 期。

趋向于事实的发展。这实际上也正是我们认为的深化和发展马克思劳动价值论的研究和认识的唯一正确的发展思路。

二、新时期深化和发展马克思劳动价值论研究的正确思路

如果说在当前关于马克思劳动价值论的研究中出现的修正主义与教条主义倾向分别体现了一种以现实经济问题和马克思的劳动价值论为基本立足点的思维路向，那么，我们所谓据以坚持的一定理论观点按照其内在逻辑关系的必然趋向于事实的发展的思维路向，就是以马克思劳动价值论的正统理解为思想源泉，按照其内在的逻辑必然性引领其理论的发展，而对现实经济问题的合理解释则是这种由其内在的逻辑必然性所引领的理论发展的必然依归。在这里，一方面马克思劳动价值论以现实经济问题为依归的发展将受到理论发展内在逻辑的牵制，因而不会出现以现实经济问题为基本立足点的发展思路很容易滑向的修正主义倾向；而另一方面，理论按其内在逻辑的发展又将受到现实经济问题的引导，从而也不会出现马克思劳动价值论的深化与发展研究不过是在自身内部不停旋转的教条主义倾向，因而能够有效地克服上述各种发展思路的局限。当然，在马克思的劳动价值论而至政治经济学的整个理论体系之中，这种发展思路绝不是一种新鲜的创意，因为它不过是马克思在政治经济学研究中所使用的逻辑与历史相统一方法的具体表现形式。

在为马克思《政治经济学批判》第一分册所写的书评中，恩格斯指出："对经济学的批判，即使按照已经得到的方法，也可以采取两种方式：按照历史或者按照逻辑。既然在历史上也像在它的文献的反映上一样，大体说来，发展也是从最简单的关系进到比较复杂的关系，那么，政治经济学文献的历史发展就提供了批判所能遵循的自然线索，而且大体说来，经济范畴出现的顺序同它们在逻辑发展中的顺序也是一样的。这种形式看来有好处，就是比较明确，因为这正是跟随着现实的发展，但实际上这种形式至多是比较通俗而已。历史常常是跳跃式地和曲折地前进的，如果必须处处跟随着它，那就势必不仅会注意许多无关紧要的材料，而且也会常常打断思想进程；并且，写经济学史又不能撇开资产阶级社会的历史，这就会使工作漫无边际，因为一切准备工作都还没有做。因此，逻辑的方式是唯一适用的方式。但是，实际上这种方式无非是历史的方式，不过是摆脱了历史的形式以及起扰乱作用的偶然性而已。历史从哪里开始，思想进程也应当从哪里开始，而思想进程的进一步发展不过是历史进程在抽象的、理论上前后一贯的形式上的反映；这种反映是经过修正的，然而

是按照现实的历史过程本身的规律修正的，这时，每一个可以在它完全成熟而具有典型性的发展点上加以考察。"例如，恩格斯指出，政治经济学从商品开始，即从产品由个别人或原始公社相互交换的时刻开始。但是，如果我们从不同的方面来考察商品，并且所考察的是充分发达了的商品，而不是在两个原始共同体之间的自然形成的物物交换中刚在艰难地发展着的商品，那么，它在我们面前就表现出使用价值和交换价值两个方面，因而也就需要我们分析使用价值与交换价值以及它们之间的相互关联。在说明了使用价值与交换价值之后，商品就被按照它进入交换价值过程时那样作为使用价值和交换价值的直接统一来叙述，而正是在这里产生了使用价值与交换价值之间的矛盾。但是，这些矛盾不只有理论的抽象的意义，而且同时反映出从直接的交换关系，即简单的物物交换的本性中产生出来的困难，反映出这种最初的粗糙的交换形式所必然遇到的不可能性。解决这种不可能性的办法，就是把代表一切其他商品的交换价值的特性转给一种特殊的商品——货币。然后，则是对货币和简单流通以及从货币到资本的转化等问题叙述。① 恩格斯同时指出，采用逻辑与历史相统一的方法时，逻辑的发展完全不必限于纯抽象的领域。相反，它需要历史的例证，需要不断接触现实。因此这里插入各种各样的例证，有的指出各个社会发展阶段上的现实历史过程，有的指出经济文献，以便从头追溯明确作出经济关系的各种规定的过程。② 从恩格斯的说明来看，逻辑与历史相统一方法的基本特点在于，以一种与历史上曾经有过的、独立的历史存在具有对应关系而包含着能够推动其发展的内在矛盾的简单范畴作为思想的逻辑起点，然后再通过对这种范畴自身内在矛盾的分析推动其从最简单的关系范畴进到比较复杂的关系范畴；而由于范畴从简单到复杂的逻辑过程并不仅仅是只在我们头脑中发生的抽象的思想过程，而是在某个历史时期确实发生过或者还在发生着的现实的矛盾过程，因此，思想以自身内在矛盾所推动的逻辑发展就不能仅限于纯抽象的领域，它必须不断地接触社会的现实和历史的例证，以保证作为历史过程在抽象的、理论上前后一致的形式上的反映的思想过程与现实的历史过程之间的具体与历史的统一。

如果说据以坚持的一定理论观点按照其内在逻辑关系的必然趋向于事实的发展的正确发展思路不过是逻辑与历史相统一方法的具体表现形式，那么它就必须按照逻辑与历史相统一方法的具体要求展开其在深化和发展

---

① 《马克思恩格斯选集》第 2 卷，人民出版社 1995 年版，第 44～45 页。
② 《马克思恩格斯选集》第 2 卷，人民出版社 1995 年版，第 45 页。

马克思劳动价值论研究中的实际运用。当然，这并不意味着我们必须不考虑任何思想对象的实际特点而要求思想方法具体运用的完全绝对的统一与一律。实际上，由于各个研究对象的不同特点，逻辑与历史相统一的方法往往会变异出针对不同思想对象的不同的逻辑程式。就作为逻辑与历史相统一方法在深化与发展马克思劳动价值论研究中的实际运用来说，其逻辑程式主要有两个方面的基本点：一是深刻揭示在新时期马克思劳动价值论的争论中所暴露出来，借以推进马克思劳动价值论深化与发展的自身矛盾；二是准确理解和把握借以引领马克思劳动价值论深化与发展的客观事实。

唯物辩证法认为，同如任何事物的发展都主要是由于其内部的矛盾推动一样，人类思维的发展也主要是通过其内部矛盾的推动来实现的，而人类思维由其内部矛盾的推动所实现的发展就是自我肯定、自我否定和否定自我否定的过程，就是由两个互相矛盾的思想即肯定和否定之间通过互相均衡，互相中和，互相抵消而融合成一个作为其合题的新的思想，然后这个新的思想又由于自身内部两个彼此矛盾的思想之间的互相均衡，互相中和，互相抵销而再融合成一个新的思想。如此等等。在这里，自身内部矛盾的生成、融合与更新无疑是人类思维发展的基本的和决定的因素。因此，要在新的历史条件下深化和发展对马克思劳动价值论的研究和认识，就必须首先揭示出在马克思劳动价值论的争论中所暴露出来的、借以推进马克思劳动价值论深化和发展的自身矛盾。我们知道，虽然人类思维内部的矛盾在黑格尔的客观唯心主义逻辑中表现为人类思维的自我设定，但实在说来它不过是客观事物的自身矛盾在人们思想观念上的反映，而正是由于对客观事物自身矛盾的反映，人类思维在相互矛盾中的自我设定才表现为一种合理与必然的逻辑。在《贫困的哲学》一书中，作为小资产阶级经济学家的蒲鲁东曾经试图将黑格尔的辩证法应用到政治经济学的研究中去，但是，他不是将经济范畴看作是生产的社会关系的理论表现即其抽象，而是相反，现实的经济关系却被看作是与此相对应的原理和范畴的化身。由于否定了生产的社会关系对于经济范畴的先在性，经济范畴的自身矛盾就不再是现实经济关系中的矛盾的理论表现，而是蒲鲁东先生的主观臆造。正如马克思所批判地指出的，两个相互矛盾方面的共存、斗争以及融合成一个新范畴，就是辩证运动，而我们在蒲鲁东先生那里看到的已经不是由于自己的矛盾本性而设定自己并把自己与自己相对立的范畴，而是在范畴的两个方面中间转动、挣扎和冲撞的蒲鲁东先生。① 那么，在作为完整理论体系的马克思的劳动价值论中是否存在着这种并不需要像蒲鲁东那样人为地制造的自身矛盾呢？对于趋向于做教条主义理解的人们来说，马克思的劳动价值论是不存在这种自身矛盾的，如果它在我们今天的认识中存在这样或那样的矛盾，那也绝不是在马克思劳动价值论内部的客观而实际的存在，而是人们由于其立场与视角的不同所造成的曲解与误识。我们不应该像蒲鲁东那样通过人为的方式臆造经济范畴并不存在的矛盾，也不应该像有些人那样轻率地宣布在马克思的劳动价值论中发现了所谓严重的逻辑矛盾，但是，正如恩格斯在提到真理问题所指出的"今天被认为是合乎真理的认识都有它隐蔽着的，以后会显露出来的错误的方面"那样，在今天急剧变革的社会历史条件下，长期以来一直被认为绝对正确的马克思的劳动价值论也必然会暴露出以前以隐匿的方式存在着的矛盾与问题，而正是这些客观地存在着的矛盾与问题将指明马克思劳动价值论在新的历史条件下深化与发展的方向和道路。例如，关于私营企业主的管理劳动、第三产业的服务劳动是否创造价值的问题，关于供求关系与价值决定之间的关系问题等，这些问题长期以来并没有引起人们太多的关注，因而在马克思关于相关问题的论述中存在着的未能保持"思想的首尾一贯性"的问题也就不可能被人们所发现。但是，当我们借助今天新的历史条件所提升的重要性来重新认识和研究马克思的相关论述的时候，过去以隐匿的方式存在着的矛盾与问题就可能以直观的方式表现出来。显然，深入地分析和研究这些问题正是推动马克思劳动价值论在新的历史条件下的深化与发展的基本前提。因此，如果否定马克思的劳动价值论所存在的这些问题，或者将这些问题统统归咎于某种不应有的曲解与误识，都将不可避免地堵塞马克思劳动价值论在新时期深化与发展的道路。

在依据新的历史条件揭示出马克思劳动价值论所隐含着的矛盾之后，推动马克思劳动价值论的相关原理以解决这种矛盾为指向的发展就是极其重要的后续工作，这实际上也就是黑格尔所提出并在马克思主义政治经济学中得到典型运用的辩证逻辑。乔恩·埃尔斯特在《理解马克思》一书中指出，黑格尔《逻辑学》中的各种本体论范畴起源于一些直到今天仍然和分析相对立的演绎原则。这些关联既不是原因和结果的关联，也不是公理和定律的关联，更不是既定事实和其可能性的条件的关联。"概念的自决"似乎不过是一种松散的事后模式，也就是说它不过是黑格尔根据

---

① 《马克思恩格斯选集》第 1 卷，人民出版社 1995 年版，第 144 页。

他所发现的不同现象强加的。乔恩·埃尔斯特认为，黑格尔的辩证逻辑方法对马克思有重要的影响，他也相信经济范畴彼此可能以一种使人联想起黑格尔在本体论中所运用过的方法相还原。① 乔恩·埃尔斯特的论述从某种意义上说出了辩证逻辑之既不同于演绎逻辑也不同于归纳逻辑的鲜明特点。而这种既不同于演绎逻辑也不同于归纳逻辑的辩证逻辑正是我们在马克思劳动价值论所存在的矛盾与问题的基础上推进其进一步发展的基本方法。它一方面并不像归纳逻辑所形成的结论那样不过是对客观对象的经验主义的概括；而另一方面又不同于演绎逻辑那样不考虑内容而只做思维的逻辑形式的单纯推演，它是思维之各个内容之间的辩证矛盾在其形式的逻辑推演中以纯粹必然的方式所实现的发展。因此，在形式上它好像是一个在纯粹思维中进行的过程。但是在实质上，正如恩格斯所指出的，绝不能将以辩证逻辑推进马克思劳动价值论的进一步发展完全限于纯抽象的领域，它必须不断地接触客观的事实，并以客观事实和历史的例证引领矛盾与问题在辩证逻辑方法论中的发展，只有这样，才能使所引申出来的理论结论与社会现实保持一致，从而获得对现实经济问题的合理解释。

但是，这里似乎存在着一个思想自身的逻辑发展与客观事实的引领之间的一致性问题。如果思想自身的逻辑发展与客观事实的引领是一致的，那么它们之间就会形成一种相互印证的良性互动关系；而如果思想自身的逻辑发展与客观事实的引领并不一致，那么它们之间就可能产生相互牵制的恶性互动关系。而如果是这样，则必然的结果只能是，或者不断接触的客观的事实强制地引领、干扰甚至截断思想自身的逻辑发展过程，从而使思想的发展完全臣服于客观的事实，成为单纯地为社会现实辩护的相对主义的工具；或者思想执拗地按照自己的内在逻辑实现其必然的发展却不能保持与客观事实的一致性，并最终蜕变为被客观事实所摒弃或淘汰的教条主义。尽管埃尔斯特也曾指责马克思并没有能够提供一种关于观念的次序和历史发展的次序之间"如何相关的问题"的一以贯之的答案，但是，我们认为，逻辑与历史相统一的方法绝不会使马克思主义政治经济学甚至整个马克思主义理论体系处于这种尴尬的境地，因为马克思逻辑与历史相统一的方法与黑格尔之间的本质区别正是在于，在黑格尔那里，思维过程，即他称为观念而甚至把它转化为独立主体的思维过程，是现实事物的创造主。而现实事物只是思维过程的外部表现。而马克思的看法则相反，

---

① 乔恩·埃尔斯特：《理解马克思》，中国人民大学出版社 2008 年版，第 32 页。

观念的东西不外是移入人的头脑并在人的头脑中改造过的物质的东西而已。① 这就是说，由于在逻辑与历史相统一的方法中表现为一个必然性过程的思想的发展不过是在某个时候确实发生过或者还在发生的现实过程的反映而已，因而在它们之间必然是一致的，并且这种一致只能是观念的东西与移入人的头脑并在人的头脑中改造过的物质的东西的一致，而绝不是黑格尔的唯心主义的辩证逻辑所理解的现实事物与作为其创造主的绝对观念之间的一致；如果说这其中有可能存在不一致，那也只能是思想过程对现实历史过程本身的规律所作的摆脱那些起干扰作用的偶然性的修正而已。这正是马克思辩证逻辑之不同于黑格尔的唯物主义性质的真正意义。当然，即使是唯物主义意义上的反映，人们的思想过程的发展也有其由内在矛盾所决定的有别于现实历史过程的特点，这就是它一方面要在不断地接触到的客观事实的引领下发展；另一方面更在其内在矛盾所决定的逻辑框架中前行。按照西方近代哲学唯理论或融贯论的观点，一个命题的真假取决于其内部各个支命题之间的融贯性，当且仅当一个命题中各个支命题之间相互一致的时候才是真的，而其命题的真不仅意味着它与对象之间的符合与一致，而且也意味着命题所反映的客观对象的客观的实际存在性。因此，即使从单纯思想观念的角度来看，如果一个思想体系的确是正确的，那么它由其内在矛盾所推动的必然的逻辑发展也就一定与它所反映的客观事物的实际的历史发展过程相一致，而引领观念发展的客观事实的实际发展过程则相反地只具有"从属的意义"；如果在这两者之间真正出现了难于弥合的鸿沟，那就说明作为逻辑推演前提的理论本身出现了问题，在这种情况下，抛弃旧有的理论而代之于新的理论或许就只能是唯一正确的选择了。②

三、新时期深化和发展马克思劳动价值论研究的基本问题

在 2006 年 2 月由中国社会科学院马克思主义研究院常务副院长程恩富就马克思主义理论与现实问题所举行的记者答问会上，曾有记者提出这样的问题："我们认为中国现在的市场经济制度对广大劳动群众是一种剥削，而政府是支持这种剥削的，那你们为什么要在马克思主义里寻找这种理论基础？"③ 撇开所谓中国政府支持对广大劳动群众的剥削中所包含着

---

① 马克思：《资本论》第 1 卷，人民出版社 1975 年版，第 24 页。
② 白暴力也认为，马克思价值理论的发展思路应该是在其内在矛盾推动之下的辩证发展。参阅白暴力：《劳动创造价值论》，中国人民大学出版社 2004 年版，第 13～17 页。
③ 刘贻清、张勤德：《"刘国光旋风"实录》，中国经济出版社 2006 年版，第 434 页。

的误解的成分，记者的提问实际上提出了一个恰恰也是推进新时期马克思劳动价值论深化与发展研究的基本理论问题，这就是为以社会主义市场经济制度为核心的现实经济问题提供理论辩护的问题。

如前所述，虽然新时期马克思劳动价值论的争论发生在价值实体、价值决定以及价值分配等深层的理论问题领域，但也恰是这些深层次的理论问题在强力的逻辑链条上密切地关联着社会的现实问题，并进而使新时期马克思劳动价值论的争论浸染上了浓重的意识形态色彩。的确，正如有论者所分析指出的，由分配问题而延伸到的价值理论的争论，从形式上来看不过就是劳动价值论与要素价值论这两种传统价值理论的争论，但依据这两种不同的价值理论对诸如价值、剥削以及非劳动收入等问题所作出的必然不同的解释，不仅关系到对私有财产、私营企业主以及整个社会主义和资本主义制度的再认识，而且还直接关系到如何理解"三个代表"重要思想，如何看待私营企业家当劳模甚至入党，如何判断先进生产力发展的要求，如何确定先进生产力的代表等一系列现实的经济与政治问题。① 如果这些问题不能从理论上，其中首先是从作为马克思主义政治经济学理论基础的劳动价值论中得到合理的说明，那么，中国共产党目前并在相当长时间内所采取的建设社会主义市场经济的基本政策就将被动摇。举一个历史的例证。在新中国成立初期的20世纪50年代，中国的东北地区由于相对于其他地区较早地完成土地改革，农民经济生活得到明显改善，其中在有些经济生活改善的农户，包括党员农户中出现了添置车马、雇佣长工、买卖土地的现象，这样就出现了党员是否可以雇工等棘手的问题。许多党员不了解党员可以不可以雇工，有些党员在听了党员不应剥削雇工的党课之后出卖牲口，解雇长工，因而影响了农业生产。这一问题最终在党的中央组织内部引发激烈的争论。高岗等当时东北局的领导认为，党员是不允许剥削人的，党员雇工时要说服他不雇工；而刘少奇等中央领导则认为，党员雇工与否应有完全的自由，党组织不得强制，其党籍亦不得因此而停止或开除，认为党员便不能有剥削是一种教条主义。② 显然，党员是否可以雇佣长工、存在剥削，对于刚刚从推翻旧社会的革命硝烟中走出来的中国共产党来说是一个全新的问题，而有关这一问题的争论在多大程度上影响了党的农村政策的走向，从以后农村合作化发展的实际过程就可以很清

---

① 参阅蔡继明：《从按劳分配到按生产要素贡献分配》，人民出版社2008年版，第74页。
② 参阅薄一波：《关于重大决策与事件的回顾》（上卷），中共中央党校出版社1991年版，第195～198页。

楚地看得出来，而薄一波直到90年代仍不同意刘少奇在"富农党员"问题上的观点，认为共产党员不能有剥削行为，这是党的性质所决定的。① 这一事例非常典型地告诉我们党的方针政策的理论基础问题的极端重要性。

但是，按照一般科学或科学哲学的观念，实证科学作为对客观对象的真理性认识具有价值上的中立性。这就是说，就其自身的价值取向而言，实证科学的理论观点并不具有，而事实上也不应该具有为特定社会集团或特定阶级辩护的特征。它对于任何特定的社会集团或阶级而言都应该是等价与平权的。例如，历史哲学家沃尔什就曾经对实证科学的价值中立性作过这样的说明：科学假说的真与假通常被认为是独立于那些建立它们的人的个人境遇或个人观点之外的；而根据这一解释，科学的陈述就要求人们普遍接受，它们不是一个显示任何党派性的适当领域。② 显然，如果马克思的劳动价值论在其理论肌体及其在新的历史条件下的发展中表现出过于明显地为社会现实辩护的色彩，人们就有可能同时也就有理由质疑其理论的科学性及其沿着科学道路的发展。而事实上，无论是在当代西方主流经济学还是中国目前的劳动价值论研究中，都曾经有人以此为据质疑马克思劳动价值论的科学性，认为马克思劳动价值论关于劳动是商品价值创造的唯一源泉的观点纯粹是为无产阶级推翻资本主义剥削制度的社会革命提供理论支持的，说什么马克思劳动价值论这种带有极其明显的为论证阶级斗争和无产阶级专政服务的意识形态色彩的理论的"真理性和适用性"即使在它所诞生的战争与革命的时代都没有得到证明，更遑论和平与发展的新时代了。③ 马克思的劳动价值论确是代表无产阶级利益的，但西方主流经济学也绝不是不涉及意识形态的问题，只研究资源配置和经济运行一般规律和原理的"普世"价值；而中国的一些经济学家在指责马克思劳动价值论为民主革命时期被神圣化了的"劳工"辩护的同时，自身在批判和否定马克思劳动价值论基础上所形成的从价值问题到分配问题的一整套经济理论之为现实经济政策辩护的色彩却丝毫不比它们所指责的马克思的劳动价值论逊色多少。其实，问题的关键并不在于是否为社会的现实与政策提供理论上的论证与辩护，在这方面无论是西方从古典到现代的政治经济学还是中国目前的在各种矛盾与冲突中挣扎的马克思主义政治经济学，其作为一种与自然科学具有明显区别的社会科学理论都不可能超脱其为特

---

① 薄一波：《关于重大决策与事件的回顾》（上卷），中共中央党校出版社1991年版，第199页。

② 沃尔什：《历史哲学——导论》，广西人民出版社2001年版，第30页。

③ 晏智杰：《经济剩余论》，北京大学出版社2009年版，第184页。

定的利益集团辩护的职责，因为它本身就是为着这种职责而存在的，而在于它以怎样的方式和方法实现这种职责。而在这方面，在中国目前的政治经济学研究中，而特别是在那些指责马克思劳动价值论的意识形态色彩而自己却在以更为明显的意识形态色彩为现实经济问题辩护的人们中间，恰是存在着必须被质疑的严重问题。

无论是为历史上某一特定社会集团的政治行为提供理论上的支持还是在今天为某一现实的经济与政治政策提供学理上的说明，所谓意识形态辩护都是指立足于一种作为辩护依据的意识形态理论对所要辩护的社会集团的经济与政治利益所做的深层阐释。但是，意识形态的辩护绝不是意识形态理论对其所代表的社会集团利益盲目地屈就或顺从，如果一种意识形态理论为了要达到辩护的目的而盲目地屈就或顺从其所代表的社会集团，那么它也就必然在抛弃自身的、客观的、真理性的过程中蜕变成为寡廉鲜耻的欺人之谈。而作为一种寡廉鲜耻的欺人之谈，意识形态理论尽管也可能在某种意义上提供某种短期的维护功能，但绝不可能提供对于社会集团利益的令人心悦诚服的辩护。因为当意识形态理论蜕变为寡廉鲜耻的欺人之谈时，它也就只能是一堆"掩盖社会和政治行动的真正动机"而被合法化的政治"谎言"。但是，谎言终究也只能是谎言，它不可能在千遍万遍的重复中变成真理。因此，如果一种意识形态理论要能够真正起到为一定社会集团辩护的目的，它就必须不是、至少必须不完全是寡廉鲜耻的欺人之谈，而必须还是一种具有客观真理性的科学理论。正是在这个意义上，西方马克思主义在20世纪50～60年代关于意识形态与科学问题的争论中就已经基本形成这样的共识，这就是，尽管作为特定利益集团思想体系的意识形态理论具有鲜明的阶级倾向性，但它绝不是寡廉鲜耻的欺人之谈，而是还在相当的程度上代表着一种对于其所反映的对象的客观的因而也是真理性的认识。因此，如果要对辩护事项提供一种更具效力的辩护，这种意识形态理论就必须不能是一种寡廉鲜耻的欺人之谈，而必须是一种具有客观真理性的科学学说；而所谓的意识形态辩护也绝不是意识形态理论对一定社会集团利益的盲目地屈就或顺从，而是意识形态理论据以自身客观真理性的逻辑演绎与社会集团利益之间的有机统一。例如，自从社会主义的理想在起先是空想的社会主义思潮中被提出以后，为社会主义的政治理想提供合理性和必然性的说明就是一个极其重要的理论问题。空想社会主义者仅仅将对社会主义政治理想的辩护建立在空洞的道德说教上，因而未能为这种政治理想提供合理性的说明。而马克思主义则坚决地抛弃空洞的道德说教，力图通过对人类历史一般发展规律的揭示说明社会主义理想的历史必然性。通过对于人类历史的深刻的科学研究，马克思最终揭示了生产力与生产关系、经济基础与上层建筑的基本矛盾与基本规律，并将社会主义的政治理想建立在符合人类历史发展一般规律的基础之上，从而说明社会主义的政治理想并不是空洞的道德呼唤而是人类历史发展的必然；而通过对社会主义理想的基于人类历史发展一般规律的科学说明，马克思的科学社会主义也为社会主义的政治理想提供了远胜于空想社会主义的理论辩护，并使无数的仁人志士为这种政治理想前赴后继、英勇献身。同样，作为一种为无产阶级政治斗争提供理论辩护的意识形态理论，马克思的劳动价值论也绝不像有些人理解的那样仅仅是一种对于无产阶级而言的趋附性说辞，而是具有客观真理性的科学理论，这表现在它在古典经济学劳动价值论基础上对商品经济一般发展规律的进一步科学揭示。由于对于商品经济一般发展规律的科学揭示，马克思对无产阶级政治斗争所提供的辩护就不是基于某种道德说教，也不是基于无产阶级的阶级立场，而是商品经济的一般发展规律；而其所由生发的辩护本身，也绝不仅仅是马克思本人主观立场上的自觉，而是科学规律客观逻辑的必然。

但是，在新时期马克思劳动价值论的争论中，那些通过批判和否定马克思的劳动价值论而比对马克思劳动价值论的教条式的理解表现出更为急迫的辩护现实的心态的人们，无论是在能力方面还是在技巧方面，却像恩格斯曾经批判过的到处卖弄只从老师的辩证法那里学会最简单的搬弄技巧，并拿来到处运用的官方黑格尔学派一样"常常笨拙的可笑"。① 从形式上来看，那些否定马克思劳动价值论的人们也是从一种理论观点的立场上引申出对社会现实的辩护的，其中特别是利用了现代西方资产阶级主流经济学的（边际）效用价值论，但实际上，边际效用价值论的理论基础仅仅是他们为辩护社会现实所寻找到的实用主义的工具，他们辩护的真正基础并不是边际效用价值论，甚至根本就不是这种或那种价值理论，而是试图通过一定的理论基础加以辩护的社会现实本身。在这种意义上，所谓的辩护也就不可能是立足于一定的作为这种辩护依据的理论观点对所要辩护的客观或主观事项的深层阐释，而是对社会现实本身如中国的生产资料所有制结构以及与此相联系的分配结形式的基于一定理论观点的注释性说明。或许在一些人看来，既然理论辩护的目的在于论证与说明所要辩护的客观或主观事项的合理性，那就越是直接立足于这种所要辩护的客观或主观事项本身，辩护的效能也就越是显著。但是在我看来，情况却恰恰相

---

① 《马克思恩格斯选集》第 2 卷，人民出版社 1995 年版，第 40 页。

反。由于在这种辩护思路中，原本作为辩护依据的理论观点变成了辩护事项的被动的说明工具，而所要辩护的客观或主观事项则逆转而变成了立论的依据，辩护也就丧失了其应有的价值中立的科学立场。因为如果说作为论证出发点的理论也总是必然内含着一定的价值立场，这种立场还是以一种内隐的形式存在的，它必须在形式上保持价值中立的科学形象，这甚至对于公开申明为无产阶级服务的马克思主义也是如此。但上述的辩护则不仅在形式上丧失了价值中立的立场，而且直接地站在了其所要辩护的客观与主观事项上。这样，正如马克思主义的意识形态理论所指出的那样，辩护必将蜕变成为颠倒黑白、混淆是非的欺人之谈，它不仅不能达到其为某种客观与主观事项辩护的目的，而且最终必将为真正的意识形态所抛弃，因为虽然"占统治地位的意识形态是统治阶级的意识形态。但统治阶级并不同占统治地位的意识形态保持一种功利性的或纯粹策略性的外在关系，尽管这种意识形态是它自己的意识形态。"① 不仅如此，以一定理论为出发点的辩护还涉及理论系统内部诸多理论构件之间的复杂关系，因而不能也不应为了达到某种实用的辩护目的而轻率地否定其他的理论，否则将引起理论自身内部的巨大混乱。但是，在上述的辩护思路中，由于理论观点与辩护事项之间关系的逆转，所要辩护的客观与主观事项变成了理论本身的证伪主义的工具，只要理论不能对辩护事项作出合理的解释，那就意味着这种理论观点在与辩护事实的对照中被证伪，因而就需要断然地抛弃这种理论而代之于新的理论，这样，理论就失去了它甚至在证伪主义者的波普那里也具有的教条主义气质，变成了伴随不断变化的事实而在瞬息间生灭变化的相对主义的东西，而由此造成的结果，正如波普所说的，没有理论能够给予世界以秩序，能够使我们对付将来的事件。例如，有论者在对我们党的现时方针政策以及改革开放以来逐渐建立起来的经济制度的辩护中，由于感觉到马克思传统的劳动与劳动价值论与社会现实之间的某些矛盾与冲突而不能成为一种称手的工具，就对马克思的劳动价值论大加挞伐。这种方法是否真正起到了为社会现实辩护的目的暂且不论，单是这种辩护思路直接将今天的社会现实与党的方针政策作为理论依据所制造出来的被人称为是"当代马克思主义和传统马克思主义的对立"以及由此引起的人们思想观念的巨大混乱，就必须从根本上予以否定。

总之，如何为中国以社会主义市场经济体系为目标的改革开放政策提供理论上的支持，以证明中国改革开放政策的必要性和合理性，是新时期

---

① 阿尔都塞：《保卫马克思》，商务印书馆1984年版，第205页。

深化和发展马克思劳动价值论研究和认识的基本问题，而坚定地立足于马克思的劳动价值论并从这一基本理论质点上引申出中国改革开放政策的必要性和合理性才是对社会现实最具强效的辩护。而那种基于社会现实实用主义地圈定的与马克思劳动价值论直接敌对的西方资产阶级价值理论所进行的辩护，无论其处于何种主观的动机与目的——这里，我们并不怀疑他们为党的现实方针政策服务的坚强党性和真诚意愿——最终都必将走到其理论初衷的反面。不过，辩护社会现实为什么会成为新时期深化和发展马克思劳动价值论研究和认识的基本问题，社会现实为什么在今天发展到如此需要加以理论辩护的地步，在我看来，概由于在改革开放中所形成和建构起来新的社会现实与马克思劳动价值论之间的矛盾与冲突。然而，在它们之间是否存在这种必须通过辩护才能化解的矛盾，就首先需要我们深刻理解和准确把握马克思劳动价值论的原始本义。因此，我们对新时期深化和发展马克思劳动价值论的研究和认识就首先应该从对劳动价值论历史演变与原始本义的译解开始。

第三节　本书研究的主要问题、基本观点和基本结构

一、本书研究的主要问题与基本观点

根据对新时期马克思劳动价值论争论的主要特点以及内在实质的分析，本书主要围绕以下四个方面的理论问题展开相关的研究工作，并在对这些问题进行深入研究与探讨的基础上深化和发展对马克思劳动价值论的研究和认识：

第一，关于价值概念的含义界定与马克思劳动价值论的前提澄清。在马克思的劳动价值论中，价值概念的内涵问题是一个具有前提与基础意义的重要理论问题，这表现在对价值内涵的理解直接或间接地决定着对劳动价值论其他范畴的认识和理解，影响着对马克思劳动价值理论研究的基本理论走向。例如，有论者正是依据对"价值"概念所做的效用论的解释而在对马克思劳动价值论的"新探"中走向效用价值论的对极。应该说，在马克思的劳动价值论中价值概念的内涵是相对较为清晰的，但由于在传统马克思主义政治经济学以及马克思自己对价值内涵的诠释中所出现的某些偏颇以及由此造成的与现实经济问题之间的某种非契合性，价值概念的内涵问题也成为新时期马克思劳动价值论研究中激烈争论的问题。鉴于对

深化和发展马克思劳动价值论研究的基础的重要性，本书把价值概念的内涵界定作为首先思考的理论问题，力图通过对其内涵的全面梳理矫正人们认识上的某些偏颇，还原马克思价值概念的本真内涵。当然，供求关系与价值决定，两种社会必要劳动时间概念及其相互关系等问题也将在与价值概念含义问题的关联中得到思考。

第二，关于社会财富价值向量巨量增长与活劳动投入量减少之间的矛盾问题。马克思的劳动价值论认为，从事生产劳动的劳动者的活劳动是商品价值创造的唯一源泉，这一基本理念意味着，商品的价值量是与生产劳动中直接劳动者的活劳动投入量成正比的。但是，随着知识经济时代的到来，一方面，在传统经济学观念中归属于生产劳动的第一产业和第二产业所投入的活劳动量呈明显下降趋势；而另一方面，以货币形式计算的整个社会的商品价值总量却在迅猛地增长。这一矛盾在新的历史条件下以日渐显化的方式的存在，构成了许多在背离其基本理念前提下所谓深化和发展马克思劳动价值论的观点的重要事实依据。而与这一问题相关联的生产劳动的定义问题，劳动生产率与价值量之间的关系问题，复杂劳动及其还原问题等同样是新时期马克思劳动价值论研究的重要问题。本书将把这些问题作为关乎马克思劳动价值论兴废存续的基本理论问题，力图通过对相关问题的深入研究消解上述的矛盾。

第三，关于马克思劳动价值论的适用性及生产价格转形问题。关于马克思劳动价值论的适用性问题的争论事实上是在一个多元化的理论平台上展开的，而其最具理论色彩的研究界面却是晏智杰在《劳动价值学说新探》中提出的关于劳动价值论的三个暗含前提问题。但事实上，所谓劳动价值论的三个暗含前提不过是在西方理论界已争论百年之久的生产价格转形问题的另一种表述。正如西方关于生产价格转形问题百年争论的历史轨迹所显示的那样，晏智杰关于劳动价值论的三个暗含前提的论述也不过是为在他看来劳动价值理论因"过时"而必须予以"新探"的说辞。本书认为，以劳动价值论适用性为核心的生产价格转形问题绝不仅仅是一个技术关系问题，它在更重要的意义上是一个社会关系问题。这一逻辑定位将为生产价格转形问题的解读提供新的思路。而由此引申出来的劳动价值论的社会关系分析方法及其意义也是本书极其重要的理论关注点。

第四，关于价值分配与私营企业主非劳动收入的合理性问题。如前所述，随着中国以按劳分配为主体、多种分配方式并存的分配制度的逐步建立，各种非劳动收入而特别是私营企业主以利润形式存在的非劳动收入逐渐成为中国分配体系的重要组成部分。但是，由于在马克思主义政治经济学中资本家获取直接劳动者的剩余价值一直是以被批判的形式出场的，因而与剩余价值具有同质意味的私营企业主以利润形式存在的非劳动收入就成为人们关注的焦点；而由这一问题所牵引出来的价值创造与价值分配的关系问题、私营企业主管理劳动的复杂性问题等诸多深层次的理论问题，自然也就成为新时期马克思劳动价值论研究的核心问题。本书把私营企业主的非劳动收入问题作为反映和体现新时期马克思劳动价值论争论内在实质的核心理论问题，力图通过对相关理论问题的深刻解读作出既符合马克思劳动价值论的基本理念而又无碍于改革开放政策深入贯彻的合理解释。

本书在上述相关理论问题上的基本观点可归结如下：

第一，本书认为，虽然马克思以及传统马克思主义政治经济学重视与强调价值概念作为社会关系的内涵意义，但在对价值作为一种社会关系的诠释中却过分强调社会关系作为人与人之间关系的内在实质，而忽视其借以发生与存在的物与物之间关系的外在形式，这种偏颇导致在对价值内涵的理解中过分强调作为商品价值实体的抽象劳动的意义而忽视供求关系对商品价值（质与量）的影响。本书认为，商品价值在其社会形式上表现为人与人之间的社会联系或社会关系，而人与人之间的社会联系或社会关系在其物化的形式上就是以供求关系为其实质内涵的物与物之间的关系，这种关系与抽象劳动的价值实体一样是商品价值之质和量的内在规定因素。因此，商品价值并不是只具有作为价值实体的抽象劳动的单一质点，而是抽象劳动与表现为供求关系的社会关系之双重内涵的辩证统一。与此相联系，本书认为，以社会关系为其实质内涵的供求关系绝不是与商品价值完全无关的外在因素，而是与抽象劳动的价值实体一样是商品价值的重要决定因素，并且这种决定作用不仅体现在对商品价值的质的规定方面，也体现在量的规定方面。尽管这种决定作用在根本上不同于供求关系决定论的价值观。

第二，本书认为，在新时期马克思劳动价值论研究中被热议的所谓活劳动投入量减少与社会财富价值向量巨量增长之间的矛盾实质上并不存在，这一矛盾在形式上的存在既以 GDP 作为价值计量方式的局限性有关，也与人们在思考问题时有意无意地忽略如劳动密集型产业的国际转移等问题的片面的思维视角相联系。这也就是说，如果排除上述的技术因素，则马克思劳动价值论关于活劳动是商品价值创造的唯一源泉的观点与社会财富价值向量巨量增长之间的矛盾就可以被消解。自然，社会财富价值向量巨量增长与活劳动投入量减少之间所谓矛盾的并不需借助于复杂劳动还原问题的被消解，本书也就将从根本上否决管理劳动以及某些服务劳动和科技劳动不仅作为生产劳动创造价值，而且作为复杂劳动创造更多的价值的理论使命。而使其恢复到非生产劳动的本来面目之中。此外，在复杂劳动的还原问题上，本书坚决摒弃各种关于复杂劳动还原的技术的或社会的研究思路，认为资本主义以雇佣劳动关系为其全部性质的生产方式以及作为这种生产方式之物质技术基础的机器生产将最终平抑掉各种劳动在复杂程度上的差别而实现劳动的完全同质化，因而在马克思的劳动价值论中不应该存在复杂劳动的还原问题。

第三，本书认为，马克思的劳动价值论并不像有论者所理解的那样仅仅适用于物物交换的简单商品经济时代，但也绝不像有些论者所理解的那样以其原生形态无条件地适用今天的新的历史条件，它是以一种历史的形态适用于今天的新的历史条件，而这种历史的形态也就是由商品价值（抽象劳动）转形而来的生产价格。因此，生产价格转形问题将是解决马克思劳动价值论之历史适用性的核心问题。本书认为，生产价格转形问题的关键，是上一期劳动产出品以市场交换行为投入下一期生产过程，这意味着以物物交换为物化形式的社会关系对于生产价格转形问题的理解将具有重要意义；与此相联系，马克思劳动价值论在资本主义生产价格阶段的历史适用性问题也必须在借助于这种从劳动的社会形式中引申出来的社会关系中求得解决。需要说明的是，本书并无意纠缠于生产价格转形的百年难题，而是试图通过这一问题的解析揭示其隐含的社会关系分析方法对于中国剧烈分层的现实社会的深刻意义。因此，在对生产价格转形问题的分析中凸显出社会关系作用的基础上，本书系统地分析了马克思劳动价值论所贯穿的社会关系分析方法的理论内涵与科学实质，并通过对中国如两极分化等现实经济问题深层根源的分析揭示了马克思社会关系分析方法对解决现实经济问题的重要意义。

第四，本书根据《资本论》和历史唯物主义基本原理对马克思分配理论相关论述的深刻分析认为，马克思分配理论的核心理念既不是现在某些论点所狭义理解的以价值创造（劳动价值论）决定价值分配为基础的"按劳分配"，也不是传统历史唯物主义基本原理取自列宁和斯大林的所谓所有制形式决定分配形式，而是物质资料的生产方式（或劳动方式）决定分配方式。与此相联系，对私营企业主以利润形式存在的非劳动收入的合理性问题，既不能简单地从价值创造的生产过程中寻求说明，也不能单纯从生产资料所有制形式的所谓产权关系中寻求解释，而只能从一定社会获取物质生活资料具体样式或形式的生产方式中寻求说明与解释。此外，本书还依据马克思的相关论述对"生产要素按贡献参与分配论"进行了深入的分析，指出"生产要素按贡献参与分配论"将生产要素的"贡献"理解为在商品价值创造过程中的作用的观点包含着与马克思劳动价值论的严重冲突；而将生产要素的"贡献"理解为对生产资料效能的充分利用和对剩余劳动力的有效吸纳则可以很好地协调马克思劳动价值论与中国支持与鼓励私营经济发展的方针政策之间的关系。

二、本书的基本结构

根据所要研究的主要问题和基本观点，本书在基本结构上分为六个部分：

第一部分（第一章），新时期马克思劳动价值论的争论及其意义。本部分简要回顾马克思劳动价值论自 2001 年江泽民同志提出"深化对社会主义劳动和劳动价值理论的研究和认识"以来所引发的争论的历史与现实状况，分析新时期马克思劳动价值论研究的一般特点，指明深化与发展马克思劳动价值论研究的基本理论问题，提出深化和发展马克思劳动价值论研究的正确途径。

第二部分（第二章），劳动价值论的历史演变与理论内涵。本部分简要分析劳动价值论从威廉·配第经由亚当·斯密、大卫·李嘉图的古典经济学和空想社会主义政治经济学的两次理论转折直到马克思主义政治经济学所实现的历史发展；解析古典经济学劳动价值论的局限以及马克思主义政治经济学在劳动价值论及其方法论方面实现的突破；分析与概括劳动价值论的一般理论内涵。

第三部分（第三章），价值概念的内涵与劳动价值论的前提澄明。本部分主要依据马克思的相关论述，深入分析作为马克思劳动价值论核心概念的价值的理论内涵，阐明价值概念之抽象劳动的价值实体与社会关系的社会形式双重内涵之间的辩证关系，说明价值概念的社会关系内涵所具有的物化形式及其对商品价值之质与量的决定的深刻意义，实现对马克思劳动价值论的前提澄明。

第四部分（第四章），生产劳动与价值创造。本部分主要通过对亚当·斯密的生产劳动理论以及马克思关于生产劳动的相关论述的深刻分析，厘定马克思生产劳动理论的基本内涵；在此基础上，以个案分析方式具体分析科技劳动、管理劳动和服务劳动与生产劳动之间的关系；反思马克思的复杂劳动理论，评析在复杂劳动还原问题上的各种观点，实现对复杂劳动还原问题的全新解读。

第五部分（第五、六、七章），劳动价值论适用范围与理论前提的现代解析。全面系统地分析与批判马克思劳动价值论"过时论"的各种观点，揭示所谓马克思劳动价值论的三个暗含前提与生产价格转形问题之间的内在关联，说明劳动价值论借助于生产价格转形问题而在资本主义生产价格阶段的历史适用性；分析生产价格转形问题所内隐的社会关系分析方法及其对中国剧烈分层的现实社会的深刻意义。

第六部分（第八章），价值创造、价值分配与马克思的分配理论。深刻分析价值创造与价值分配之间的关系，反思传统马克思主义哲学历史唯物主义对马克思分配理论的误读，重建更加符合其精神实质的科学的马克思主义分配理论；论证私营企业主以利润形式存在的非劳动收入的历史合理性；分析马克思关于资本主义生产方式下社会总产品分配的一般程式；评析现代西方主流经济学"经济人"假设的特点与局限。

第二章 劳动价值论的历史演变与理论内涵

作为政治经济学最深刻的理论基础，劳动价值论是经历了一个长期的历史发展过程才告形成的，而马克思的劳动价值论无疑又是这一长期形成与发展过程中最具有划时代意义的超越。马克思的劳动价值论之所以能够实现对在古典经济学那里已经具有相对完整形态的"古典"劳动价值论的超越，除了其在劳动价值论理论内涵方面的继承基础上的发展之外，还得益于马克思劳动价值论中所使用的以唯物主义历史观为根本指导原则的科学方法论。对于劳动价值论从资产阶级古典经济学到马克思主义政治经济学阶段的历史与理论考察，将构成我们对劳动价值论理论实质科学概括的基本前提，也构成我们在一个更广视域中考察马克思劳动价值论诸多理论问题的基本前提。

第一节 劳动价值论的历史演变与理论转折

一、劳动价值论产生的历史与理论条件

正如马克思所指出的："真正的现代经济科学，只是当理论研究从流通过程转向生产过程的时候才开始。"[①] 同样，作为现代经济科学理论基础的劳动价值论的产生也只是在政治经济学的理论研究从流通过程转向生产过程之后才有可能，而这又需要资本主义生产方式的相对成熟的发展，这就是资本主义生产方式通过相对成熟的发展成为掩盖一切其他色彩的"普照的光"。因为最一般的抽象只能产生在最丰富的具体发展的场合，在那里，一种东西为许多东西所共有，为一切所共有；只有在资本主义生产方式发展成为掩盖一切其他色彩、决定其他一切生产的地位和影响的

---

① 马克思：《资本论》第3卷，人民出版社1975年版，第376页。

"普照的光"的时候，人们才有可能抛开创造财富的活动的一切具体规定性而上升到创造财富的活动的抽象一般性，从而形成劳动价值论的创立所必需的"劳动一般"概念。因此，如果我们要探寻劳动价值论产生的历史条件，就绝不能抛开资本主义生产方式这一最为切近的基础。但是，要探寻资本主义生产方式的产生和发展又必须首先说明商业贸易的发展以及作为其理论反映的重商主义的出现，这不仅是因为商业资本是资本在历史上最为古老的自由存在方式，而重商主义则是对现代资本主义生产方式最早的理论探讨，而且还因为正是商业贸易的发展和商人资本的积累刺激了资本主义生产方式的产生和发展。正如马克思所明确指出的："在十六世纪和十七世纪，由于地理上的发现而在商业上发生的并迅速促进了商人资本发展的大革命，是促使封建生产方式向资本主义生产方式过渡的一个主要因素。"① 那么，为什么商业资本能够成为刺激资本主义生产方式产生和发展的主要因素呢？这就需要我们注意长期被忽视的关于资本主义生产方式的产业基础问题。

众所周知，资本主义经济是高度发达的商品经济形式，而商品经济又是以交换为目的而进行生产的经济形式，因此，尽管在发生生产资料私有制和社会分工的条件下所有的物质与非物质生产形式都将被纳入以交换为目的的商品经济形式中，却只有那种直接以交换为目的而进行生产的生产形式才能成为商品经济，从而也成为资本主义生产方式的产业基础。而如果分析社会的各种生产形式我们就不难发现，尽管在最初的社会大分工中产生的农业、畜牧业等产业部门的生产构成了人类社会生产中最古老的生产形式，但却只有城市手工业这一工业制造业的前身才是直接以交换为目的而进行生产的生产形式。因为虽然从人类历史上来看在农业和畜牧业等生产形式的基础上就产生过发达的商业贸易和商品交换，但由于农业和畜牧业等产业部门所生产的劳动产品所具有的在其直接的形式上就可以成为人们满足自身生存与发展需要的生活资料的特点，在农业和畜牧业基础上发展起来的甚至是非常发达的商品交换一般都是以存在劳动产品的剩余为基础的。恩格斯在讲到"中世纪的社会，特别是在最初几世纪"的生产特点时也特别提到这一点，他说，在这一时期生产基本上是为了供自己消费，以满足生产者及其家属的需要。农民家庭差不多生产了自己所需要的一切：食物、用具和衣服。只有在当他们满足自己需要并向封建主缴纳实物租税以后还能生产更多的东西时，他们才开始生产商品；这种投入社会

---

① 马克思：《资本论》第3卷，人民出版社1975年版，第371～372页。

交换即拿去出卖的多余产品就成了商品。① 因此，尽管在农业等古老的生产方式的基础上很早就出现了商品交换，而没有定居下来的游牧民族按照马克思的说法还是以商业的精神与商业资本为其"固有的特征"，它们却不是也不可能是以交换为目的的商品经济的真正产业基础，因而也不可能成为资本主义生产方式的产业基础。然而，与农业等生产方式不同，城市手工业从一开始就必然地是为交换而生产的，尽管它们自己也生产自己所需要的大部分东西。② 因为相对于农业畜牧业等生产形式而言，手工业的劳动产品一般都并不具有作为生产者直接生活资料的特征，它只有通过交换才能获得生产者生存与发展所需要的生活资料。正是在这个意义上，我们认为，资本主义生产方式的真正的产业基础只能是作为资本主义机器制造业前身的城市手工业。当然，我们将城市手工业看作是资本主义生产方式的产业基础，并不是说它在其直接的形式上就构成了这种基础，资本主义生产方式的直接基础是由城市手工业发展而来的机器制造业，而从城市手工业到机器制造业的发展还有相当长的一段历史，而机器制造业的生产方式扩散到包括农业在内的一切其他部门并成为资本主义世界占统治地位的生产方式则是这种生产方式产生以后很久的事情了。

如果认真分析马克思的相关论述，我们就会发现，马克思实质上也是将在资本主义阶段主要表现为工场手工业的城市手工业作为资本主义生产方式的产业基础的。马克思在分析 16、17 世纪由地理上的发现所引起的商人资本大革命促使封建生产方式向资本主义生产方式过渡的问题时指出，这只有在现代生产方式，它的最初时期即工场手工业的各种条件在中世纪内已经形成的地方才得到了发展。因此，现代生产方式所固有的以越来越大的规模进行生产的必要性，这并不是由于商业使工业发生革命，而是工业不断使商业发生革命。当然，需要指出的是，虽然只有城市手工业才是商品经济从而也是资本主义生产方式的产业基础，但它在相当长的时间之内却并没有发展成为哪怕是工场手工业这样的初期形式的资本主义生产方式，因而也并没有构成以机器制造业为代表的资本主义生产方式的直接基础，这一方面是由于城市手工业长期以自给自足的农业经济的附属形式存在的历史境遇使其不能不受到农业经济发展的牵制和影响；另一方面则是由于还没有产生 16、17 世纪地理大发现这样的似乎是外在因素的影响所造成的世界市场的突然扩大，而正

---

①② 《马克思恩格斯选集》第 3 卷，人民出版社 1995 年版，第 623 页。

是在这一点上，商业资本为资本主义生产方式的形成与发展创造了条件。

如果说城市手工业是资本主义生产方式的产业基础，那么所谓商业资本成为刺激资本主义生产方式产生和发展的主要因素，也就主要是指其促使作为资本主义生产方式产业基础的城市手工业向资本主义生产方式的发展。那么，商业资本到底在怎样的意义上促进了城市手工业向资本主义生产方式的发展呢？大致上说来主要有两个方面：首先，商业资本专事商品交换中介作用的职能使手工业的生产活动越来越具有为交换而生产、以交换价值为目的的性质。马克思指出，在任何一种生产方式的基础上，商业都会促进那些为了增加生产者的享受或储藏货币而进入交换的剩余产品的生产，因为不论以商人为媒介进行商品交换的各生产部门的社会组织如何，以货币形式存在的商人的财产总是在执行着资本的职能，在这个通过G—W—G′形式来实现的职能中，作为交换价值独立形式的货币是出发点，而增加交换价值则是独立的目的。但是，产品作为商品而不是作为直接的生活资料来生产的规模取决于一定的生产方式。在农业等劳动产品可以直接作为生活资料的生产部门，即使是商业能够促使其生产具有以交换价值为目的的性质，这种性质也会在相当大的程度上受到农业生产特点的影响，因为它基本上不可能将作为生活必需品的农产品也纳入交换价值的范围。而城市手工业本身就具有为交换而生产的目的，因而不仅它的除维持生产者基本生活需要以外的剩余产品需要以商业为媒介来出售，甚至它的属于生产者基本生活必需品的产品部分也必须通过交换才能获得。这样，商业的发展在根本上要依赖于城市手工业的发展，而城市手工业的发展也必然要依赖于商业的发展，并通过与商业的结合发展与放大其为交换价值而生产的目的。由于资本主义生产方式的前提是为贸易而生产，是大规模的销售，而不是面向个别顾客的销售，因而需要有这样的把许多人的购买行为集中到它的购买行为上的商人。因此，商业资本所促使的城市手工业的发展趋向就必然地是资本主义的生产方式。① 其次，商业资本以各种方式榨取商业利润实现货币财产的集中是城市手工业生产从个体生产转化为资本主义社会化生产的先决条件。众所周知，无论是在其初期的简单协作与工场手工业阶段还是在发达形式的机器大工业阶段，资本主义生产方式都是一种以生产与资本的集中为前提的社会化生产，如果没有生产资料与资本在个别资本家手中的集中，社会化生产是不可能进行的。而生产

---

① 马克思：《资本论》第3卷，人民出版社1975年版，第365～366页。

与资本的集中除了马克思所说的通过各种合法与非法手段所进行的资本的原始积累之外，就是商业资本通过侵占和欺诈手段所赚取的商业利润。马克思指出，撇开商业资本榨取不同国家生产价格之间的差价不说，商业资本通过侵占和欺诈所赚取的商业利润也造成了这样的结果：商人资本占据了剩余产品的绝大部分。这一方面是由于商人资本是各个共同体之间的媒介，这些共同体基本上还是生产使用价值；另一方面则是因为商人与之做生意的剩余产品的主要占有者，即奴隶主、封建主、国家代表供人享受的财富。对于这些财富，商人会设下圈套来进行那些在经济学家看来也属于非基督教徒的盗窃抢劫的不义行为，而由此所赚取的商业利润就成为城市手工业通过扩大生产规模发展成为资本主义社会化生产所必需的物质前提。在此基础上，商业对于那些互相进行贸易的共同体来说，会或多或少地发生反作用：它由此使旧的关系解体。它增进了货币流通，它已经不再仅仅攫取生产的余额，而且是逐渐地侵蚀生产本身，使整个生产部门依附于它。当然，正如马克思所说的，这种接替作用在很大程度上取决于从事生产的共同体的性质，这就是说，商业贸易只有对手工业这一现代资本主义生产方式的产业基础才会发生这样的作用，而对于其他的生产形式它则常常成为真正资本主义生产方式的障碍。① 此外，商业资本以侵占和欺诈方式榨取商业利润的动机与实践还是手工业生产的自给自足形式发展成为以获取剩余价值为目的的资本主义生产方式的主要中介因素。众所周知，资本作为一种能够带来剩余价值的价值是以获取剩余价值为其固有本性的，但这种在其成熟阶段表现为生产资本本性的东西实质上不过是商业资本通过侵占和欺诈而获取的商业利润的转化形式。作为产业资本产业基础的城市手工业尽管从一开始就是为交换而生产的，但它最初也与小农经济一样以自给自足为其主要的特征。而商业资本作为资本最早的自由存在形式却是以榨取在形式上表现为商业利润的剩余价值为根本目的，这种目的性不仅完全合于资本榨取剩余价值的本性，而且还是这种本性的最初表现形式。因此，当商业资本逐步浸入城市手工业的生产过程时，它也就必然地把这种获取商业利润的本性带进城市手工业的生产之中，并使手工业生产在逐步地发展为以交换价值为目的的生产的过程中转向以剩余价值为目的的生产。当商业资本在晚期重商主义发展城市手工业政策的影响下逐步转身为产业资本时，商业资本诈取商业利润的本性就成为以资本家为人格化形式的产业资本的本性。

---

① 马克思：《资本论》第 3 卷，人民出版社 1975 年版，第 369～371 页。

如果说商业资本的发展是资本主义生产方式产生与发展的历史前提，那么，作为商业资本理论表现的重商主义则是资本主义生产方式产生的重要理论条件。在 14 世纪末开始的资本主义生产方式的形成与发展过程中，商业资本曾经起到过非常重要的作用，而随着商业资本的发展也就出现了适应这一时期社会经济发展需要、反映商业资产阶级经济利益而作为封建国家重要经济政策支柱的重商主义。虽然重商主义只是根据商业资产阶级的实践经验去研究"从流通过程独立化为商业资本运动时呈现出的表面现象"，因而只是抓住了假象，① 但它通过一系列的经济学说和经济政策不仅为商业资本的存在与发展提供了理论基础，而且也提供了实践的依据，因而大大促进了商品货币关系的发展。当从 16 世纪末开始进入晚期的重商主义不再像早期重商主义那样局限于商品流通领域认识财富的增长，而是逐步转向生产领域，积极鼓励、扶植和保护本国工场手工业的发展的时候，重商主义对于资本主义生产方式的积极作用就更为明显地表现了出来。此外，在经济理论研究将其思考的中心从流通领域转向生产领域的半途还有一个极其重要而必须提及的中介环节，这就是被马克思称为近代资产阶级政治经济学真正鼻祖的重农学派。如前所述，重商主义作为商业资本的理论反映曾经在资本主义生产方式的产生和发展过程中发挥过重要的作用，而作为对现代资本主义生产方式最早的理论探讨，重商主义对于资产阶级古典政治经济学产生与发展的作用主要在于形成了以商业利润为标志的经济剩余观念。但是，正如古典经济学在以后的发展中所批判指出的那样，重商主义所关注的流通领域并不是经济剩余的真正来源，作为资本主义经济活动投入与产出之间差额的经济剩余不论是重商主义的让渡利润还是马克思主义政治经济学所说的剩余价值都是来自于资本主义的生产过程，来自于资本主义生产过程这个劳动价值论的诞生地。而正是在这里，产生于 18 世纪 50 年代以弗朗斯瓦·魁奈为代表的法国的重农学派通过对农业资本主义生产过程的"第一个系统的理解"② 为经济剩余来自于资本主义的生产过程提供了最为直观而形象的说明，这对于资产阶级古典经济学将理论研究的视野从流通领域转向生产领域具有非常重要的作用。尽管重农学派在否定流通领域作为社会财富源泉的同时又将工业制造业排除在增加社会财富的源泉之外是一个不容忽视的局限，但也恰恰是这种局限刺激了重农学派以后以亚当·斯密和大卫·李嘉图为代表的古典经济学

---

① 马克思：《资本论》第 3 卷，人民出版社 1975 年版，第 376 页。
② 马克思：《资本论》第 2 卷，人民出版社 1975 年版，第 399 页。

通过构建劳动价值论的经济理论基础来说明工场手工业和机器大工业作为社会财富源泉的性质，并最终牢固地确立了劳动价值论作为古典经济学理论基础的地位。因此，从某种意义上说，如果没有重农学派的理论中转也就不可能有劳动价值论伴随古典经济学发展的最终确立。对于重农学派为经济剩余来自于资本主义的生产过程提供了怎样直观而形象的说明，我们将在以后的相关内容中加以分析。

总之，一方面是由商业资本所推动的城市手工业经过简单协作与工场手工业向机器大工业的发展；另一方面则是重商主义和重农学派对于现代资本主义生产方式的初步探索，为劳动价值论的产生和发展创造了历史与理论的双重条件。而在这双重条件的促动之下，作为资产阶级政治经济学理论基础的劳动价值论就首先在17世纪经济最为发达的英国诞生了。

二、劳动价值论的产生与第一次理论转折

虽然由商业资本所推动的生产方式从城市手工业向工场手工业而至机器大工业的发展为首先萌发于资产阶级古典经济学的劳动价值论提供了历史前提，但如果要在更为直接的历史前提中解说劳动价值论的产生与发展，就必须提及由这种生产方式的变化与发展所引起的整个社会阶级关系与阶级结构的变化，因为不仅劳动价值论的产生，而且劳动价值论的发展以及在这种发展中所必然出现的价值立场与价值导向的转折都与阶级关系与阶级结构的状况存在着密切的关联。

众所周知，虽然古希腊和罗马时期以及中世纪时期的神学家和重商主义者就已经提出过一些模糊的和初步的劳动价值论思想，但作为资产阶级政治经济学理论基础的劳动价值论却是在英国古典政治经济学的创始人威廉·配第那里才开始萌芽，并最终在它的建立者和完成者亚当·斯密和大卫·李嘉图那里形成完整的理论体系的。那么，为什么劳动价值论的真正诞生与发展是在英国呢？这就需要分析英国资本主义生产方式的产生以及由此引起的社会阶级结构的深刻变化。

从17世纪初期开始，英国的封建制度开始走上瓦解的道路，到17世纪中叶，在重商主义理论与政策的促动之下，英国的工业已经有了相当程度的发展，这具体表现在：一方面，纺织、采煤、冶金、炼铁、造纸、造船以及玻璃制造业等都有了显著的进展；另一方面，在许多工业部门里都有了较为集中的手工工场，工场手工业已经成为当时英国城市手工业占主导地位的生产形式。到17世纪下半叶，由于工商业的发展所引起的对粮

食和原料需求的不断扩大，农村的资本主义生产关系也得到了快速的发展，原来的贵族集团发生了深刻的分裂，一部分贵族，其中主要是中小贵族通过雇佣劳动者经营农场、开办工场、经营商业，或者出租土地取得资本主义地租而变成了资产阶级化了的"新贵族"。但是，虽然资本主义经济成分在英国的工业和农业中都有了相当程度的发展，封建制度却仍然存在并严重地阻碍着资本主义生产的进一步发展。这样，就形成英国资产阶级与新贵族所构成的反封建联盟与国王和封建贵族为代表的封建势力之间的阶级矛盾与阶级斗争，这种阶级矛盾与阶级斗争不仅在政治上引发了最终夺取封建专制政权的资产阶级民主革命，而且也引发了人们思想观念上的深刻变革，资产阶级为了自身利益要求把社会生产力从封建制度的束缚下解放出来，要求发展科学技术，认识自然与社会规律的思想观念逐渐战胜了封建教会的经院哲学成为思想领域的主导。古典政治经济学的劳动价值论就是在这样的历史条件下，适应资本主义与封建主义之间矛盾斗争的需要而产生的。

在从威廉·配第到亚当·斯密和大卫·李嘉图的这一长时期内，在资本主义生产方式下不断增长的社会财富的分配始终是古典经济学研究的主要课题。例如，李嘉图就认为应当把阐明社会产品如何分配为地租、利润和工资以及这些收入的动态规定为政治经济学的对象。他说："确立支配这种分配的法则，乃是政治经济学研究的主要问题。"[①] 但是，资产阶级政治经济学将财富的分配作为主要的研究课题，并不是意味着它们要在资本主义生产方式下分化开来的不同阶级之间寻求一种更为公平的分配方式，而是为了探讨最有利于国民财富增长的因素，确定最有利于资本主义生产发展的条件，正如马克思所指出的："亚当·斯密和大卫·李嘉图这样的经济学家……的使命只是表明在资产阶级关系下如何获得财富，只是将这些关系表述为范畴和规律并证明这些规律和范畴比封建社会的规律和范畴更便于进行财富的生产"。[②] 也正是由于这一点，"力求在一定的社会结构中来理解现代生产并且主要是研究生产的经济学家李嘉图，不是把生产而是把分配说成是现代经济学的本题。"[③] 那么，如何才能实现社会财富的增长呢？在古典经济学家们看来，资本积累是社会财富增殖的根本原因，而资本积累的源泉来自于作为社会纯收入而在社会各阶级之间进行分

① 大卫·李嘉图：《政治经济学及赋税原理》，商务印书馆 1976 年版，第 3 页。
② 《马克思恩格斯全集》第 4 卷，人民出版社 1958 年版，第 156 页。
③ 《马克思恩格斯选集》第 2 卷，人民出版社 1995 年版，第 14 页。

配的社会财富。因此，要从根本上实现社会财富的增长，就必须使作为纯收入的社会财富的分配有利于资本积累。而正是在这里，资产阶级的古典经济学家们发现了资本与地产之间的深刻矛盾。在资产阶级古典经济学家们看来，资本主义生产特别是农业的资本主义生产需要有土地、资本与劳动三个要素的相互结合，而地租、利润和工资则表现为与上述三个生产要素相对应的收入分配形式。由于为了保证劳动力所有者的工人能够按照一定的质量与数量要求投入生产所必要的劳动量而不能将工人的工资压低到维持其生存与发展的基本生活需要以下，因而对于直接租用土地而进行生产的资本家来说，为扩大生产规模而必须进行的资本积累的来源就只能是社会纯收入在抛开工人工资之后在资本的利润与地产的地租之间进行分配的部分。不难发现，在地租与利润之间恰是存在着地主阶级与资产阶级之间经济利益的深刻矛盾，而地租也因此成为影响资本积累的最主要因素。对于始终站在产业资产阶级立场上思考问题的古典经济学来说，所谓确立支配最有利于资本主义生产发展的分配法则，就是要通过分析地主获取地租的不合理性来为产业资本家的资本积累提供理论支持。

正如李嘉图研究经济问题的心路历程所显示的那样，要研究工资、利润和地租之间的分配问题，就不仅需要了解作为生产要素的劳动、资本与土地在生产过程中的实际作用，而且需要说明在不同社会阶级之间分配的社会财富的实体内涵，即这些用于分配的社会财富究竟是什么，而要说明这些问题没有关于价值问题的正确认识是不可能的。这样，李嘉图就从最初试图直接研究的分配问题转向了更为基本的价值问题。① 由此可见，古典经济学的劳动价值理论就其最初的产生而言实际上是服务于与地主阶级处于经济与政治对立之中的产业资产阶级利益的。也正是因为这一点，我们看到，越是到斯密和李嘉图的古典政治经济学的建立和完成时代，其立足于劳动价值论而对地主阶级及其地租收入的分析与批判也就越是尖锐。例如，亚当·斯密正是在劳动价值论的基础上将地主的地租收入看作是地主依据对土地的私人占有对劳动所创造的价值在工资与利润之外的一种扣除，看作是对他人劳动成果的无偿占有。他说，一国土地，一旦完全成为私有财产，有土地的地主，像一切其他人一样，都想不劳而获，甚至对土地的自然生产物，也要求地租。因此，劳动者："必须把他所生产或所采集的产物的一部分交给地主。这一部分，或者说，这一部分的代价便构成土地的地租"。因此，地主是国民财富增加的最大受益者，"他们不用劳

---

① 参阅陈孟熙、郭建青：《经济学说史教程》，中国人民大学出版社 1992 年版，第 170 页。

力，不用劳心，更不用任何计划与打算，就自然可以取得收入。这一阶级所处的安乐稳定地位，使他们自然流于懒惰。"① 与斯密相比较，李嘉图更是坚决而坚定地站在工业资产阶级的立场上反对地主阶级，他以劳动价值论为基础揭示资产阶级与地主阶级之间的矛盾，并以地租学说动员整个社会来反对地主阶级。他说，利润始终取决于工资，工资取决于劳动的需求与供给而主要受到粮食价格的支配。粮食的价格则取决于使用在土地上的最后一笔资本生产力，即取决于耕种劣质土地所必需的生产成本。粮食价格提高，工人的货币工资提高，资本的利润相应下降，地主阶级所得地租则上升。李嘉图还认为，劳动者的货币工资虽有提高，但并不如地主幸运，因为当粮食价格上涨 10% 时，工资上升总是少于 10%，地租提高则大于 10%，以实物表示的工资则下降，劳动者的生活状况普遍恶化，地主阶级的生活状况总是提高。这就是说，地主阶级不用劳神费力就在社会发展、人口增长的过程中，无论在产品份额，以及以货币表示的地租上都得到更多的利益。所以地主的利益总是同社会中其他阶级的利益相对立的。② 我们知道，《政治经济学及其赋税原理》发表以后，李嘉图的劳动价值论曾受到资产阶级庸俗经济学家马尔萨斯的激烈反对，而马尔萨斯实质上正是 19 世纪英国资产阶级化的土地贵族阶级利益的代表者，因而他与李嘉图在劳动价值论问题上的剧烈争论不过是 19 世纪最后 30 年英国工业资产阶级在不断增加资本积累的愿望驱策之下与土地贵族之间激烈政治斗争的反映。这一点极其鲜明地说明了劳动价值论作为资产阶级理论武器的性质。

但是，正如马克思所指出的："只要政治经济学是资产阶级的政治经济学，就是说，只要它把资本主义制度不是看作历史上过渡的发展阶段，而是看作社会生产的绝对的最后的形式，那就只有在阶级斗争处于潜伏状态或只是在个别的现象上表现出来的时候，它还能够成为科学。"③ 在李嘉图将劳动价值论推进到它在古典经济学框架内最完善的阶段的时候，也恰是资产阶级在英国取得政治上的胜利并通过工业革命进入到它真正的凯歌行进时期的时候。伴随着资产阶级在政治上的胜利和工业革命所推进的资本主义的快速发展，一方面，资本主义与封建主义之间的矛盾逐渐退居到次要的地位，在这种情况下，劳动价值论作为由资产阶级所锻造的反封

---

① 亚当·斯密：《国民财富的性质和原因的研究》上卷，商务印书馆 1972 年版，第 44、241 页。

② 陈孟熙、郭建青：《经济学说史教程》，中国人民大学出版社 1992 年版，第 187~188 页。

③ 马克思：《资本论》第 1 卷，人民出版社 1975 年版，第 16 页。

建主义的理论武器也就逐渐完成了它的历史使命。这样，伴随着李嘉图之后资产阶级政治经济学从古典阶段向庸俗阶段的发展，劳动价值论就逐渐地被效用价值论所替代并最终退出了资产阶级政治经济学的视野。另一方面，在此之前以潜伏的方式存在于资本主义生产方式内部的资产阶级与无产阶级之间的矛盾则开始上升为社会的主要矛盾，而伴随着资产阶级与无产阶级之间矛盾地位的上升与激化，社会主义这一与资本主义相伴相生的社会思潮则发展到了它在空想社会主义系列中的最后阶段，即以圣西门、傅立叶和欧文为代表的批判的空想社会主义阶段。虽然正如马克思所指出的，思想从来也不能超出旧世界秩序的范围，在任何情况下它都只能超出旧世界秩序的思想范围，批判的空想社会主义对资本主义的批判也不可能跃出资本主义旧世界秩序的范围，但也恰恰是在资产阶级古典经济学这一"旧世界秩序的范围"内，批判的空想社会主义发现了批判资本主义的强有力理论武器，这就是被资产阶级庸俗经济学所抛弃了的古典经济学的劳动价值论。而伴随着空想社会主义对古典经济学劳动价值论的借用，劳动价值论就发生了它自产生以来在价值趋向上的第一次理论转折。

在古典经济学从威廉·配第创始直到亚当·斯密的发展阶段，尽管资产阶级的地位不断地发生着与政治斗争态势相对应的微妙变化，资产阶级与无产阶级却一直被作为资本主义生产方式以雇佣劳动关系连接起来的者双重主体而与封建主义的生产方式相对峙，因而也是与无产阶级一起被作为劳动价值论中创造价值的"劳动"一方来看待的。例如，威廉·配第坚持劳动价值论关于劳动决定商品价值的观点，但他在其分配理论中解释地租的来源时却将作为剩余价值的地租与作为独立生产者的生产品在扣除消费后的剩余混为一谈，这实际上是将农业资本主义生产中的农业资本家与农业工人一起看作是类似于独立生产者一样的商品价值的创造者；弗朗索瓦·魁奈在其社会阶级结构理论中，虽然将工商业资本家和工人归属于不生产阶级，但却将从事农业生产的农业资本家和农业工人都直接归属于生产阶级的范畴。所有这些理论上的认识都反映资产阶级与无产阶级之间的矛盾尚处于潜伏状态的特点。但是，在李嘉图的经济理论中，虽然资产阶级与封建主义之间的矛盾仍然是劳动价值论关注的焦点，但相对而言，资本与劳动之间的关系却是以更为直接而简洁的方式被置于一种敌对的状态中，这就是被马克思进一步完善和发展了的劳动力价值和剩余价值的"三个规律"。[①] 但是，由劳动力价值和剩余价值之间的"三个规律"所

---

① 马克思：《资本论》第1卷，人民出版社1975年版，第570页。

表征的资本主义生产方式中劳动与资本之间的阶级关系，与李嘉图更为彻底与一贯地坚持的劳动价值论并不是完全和谐的，相反，甚至李嘉图本人似乎也已经朦胧地意识到在它们之间有可能存在的矛盾与冲突。因此，当资本主义世界出现了虽然还没有实现成熟发展但却已经确确实实实现发展了的作为无产阶级利益理论反映的空想社会主义的时候，李嘉图的劳动价值论就自然而然地成为了空想社会主义批判资本主义生产方式的理论武器。

正如恩格斯所指出的，现代社会主义，不论哪一派，只要从资产阶级政治经济学出发，几乎没有例外地都同李嘉图的价值理论相衔接。[①] 这也就是说，李嘉图的价值理论并不是只在洛贝尔图斯的《关于中国国家经济状况的认识》中才被用于社会主义的目的。恩格斯指出，在整个（19世纪）20 年代，在为无产阶级的利益而利用李嘉图的价值理论和剩余价值理论来反对资本主义生产，以及用资产阶级自己的武器来和资产阶级进行斗争的全部文献中，欧文的整个共产主义在进行经济学论战时是以李嘉图为依据的，而《国民困难的原因及其解决办法》的匿名作者以及莱文斯登、霍吉斯金、汤普逊、格雷和勃雷的著作也几乎都是以李嘉图的价值学说为依据的。[②] 这就是所谓以李嘉图学说为基础的空想社会主义经济学家，他们利用李嘉图的价值学说批判资本主义与资产阶级，指证资本主义的分配制度违背以等价交换为原则的价值规律。这些空想社会主义经济学家认为，既然劳动是商品价值创造的唯一源泉，利润就是劳动创造的价值的一部分，那么资本家获取的利润就是对别人劳动产品的无偿占有；既然劳动是商品价值创造的唯一源泉，劳动者就有权获得全部的劳动产品，而资本家获取利润和利息，土地所有者获取地租就是违背价值规律的。在他们看来，要遵从价值规律进行等价交换，就必须消灭一切剥削收入，消灭这些剥削收入赖以存在的基础。无论这种理论上的借用是否合理，空想社会主义经济学家们利用李嘉图的价值理论对资本主义制度的批判都确切无疑地表明，由资产阶级所锻造的用来反对封建制度的理论武器的劳动价值论，现在却对准资产阶级自己了。

但是，尽管展开了对资本主义更为理性的批判，空想社会主义经济学家们对劳动价值论的理论借用却并不是成功的，这主要体现在，它除了据此说明资本主义分配制度上的不合理以及引起资产阶级对劳动价值论作为

---

① 《马克思恩格斯全集》第 21 卷，人民出版社 1965 年版，第 206 页。
② 马克思：《资本论》第 2 卷，人民出版社 1975 年版，第 18 页。

一个"错误而又危险的学说"的恐惧之外，并没有在资本主义必然灭亡的问题上前进哪怕是小小的一步。这种状况正如恩格斯所指出的，是与不成熟的资本主义生产状况以及不成熟的无产阶级状况相适应的。当然，这也绝不是说劳动价值论不能被用来反对资本主义的经济制度，而仅仅是说这依赖于资本主义生产状况以及无产阶级状况的相对成熟的发展。但是，在资本主义生产状况以及无产阶级相对成熟发展的条件下，对资产阶级古典经济学劳动价值论的理论借用就不再是空想社会主义经济学的历史使命，而只能是马克思主义政治经济学的历史使命了。

三、劳动价值论的再一次理论转折与马克思劳动价值论的形成

虽然马克思的思想从一开始就表现出在同一时期展开对资本主义批判的思想派别那里所没有而且也不可能达到的理论深度，但他对资本主义的批判却同批判的空想社会主义一样是以李嘉图的价值理论为基础的。而马克思不同于空想社会主义者的地方则在于，他从一开始就意识到了李嘉图价值理论的某种局限。因此，在马克思那里，立足于李嘉图价值理论而对资本主义制度的批判事实上是同推动价值理论的完善和发展的理论努力相统一的。

如果要追溯马克思以经济学的视角所展开的对资本主义制度的批判，我们就一定要提到《1844 年经济学哲学手稿》这部堪称马克思思想的"真正诞生地和秘密"的著作。尽管马克思的经济学思考事实上比手稿所标志的时期还要早些，但人们一般认为，在《1844 年经济学哲学手稿》时期马克思并没有接受古典政治经济学的劳动价值论，或者仅仅是在哲学人本主义的意义上才作出一种"肯定和称赞"的表示。我认为这种认识是不能成立的。在我看来，马克思在《1844 年经济学哲学手稿》中就已经表现出对劳动价值论基本理念的认同并在此基础上展开了对资本主义制度的批判，但在这一时期他还是作为一个受英国和法国各种空想社会主义思潮影响因而其思想还带有空想性质的社会主义追随者来认知劳动价值论的，这也就是说，马克思在这一时期还是作为一个空想社会主义者与其他空想社会主义者一样以劳动价值论为基础展开对资本主义制度的批判的。而被许多人认为是马克思接受李嘉图劳动价值论标志的 1847 年的《哲学的贫困》一书，事实上已经是马克思致力于建构自己劳动价值论的时候了。当然，即使是在空想社会主义者的阶段，马克思对古典经济学劳动价值论的借用也绝不同于英、法各国的空想社会主义者，否则就不可能有他自己独立知识产权的劳动价值论的创立了。

与其他的空想社会主义者一样，受空想社会主义思想影响的马克思也是利用古典经济学劳动价值论的自身矛盾来展开对资本主义的批判的。马克思指出，根据亚当·斯密国民经济学的观点，"劳动的全部产品本来属于劳动者，并且按照理论来说也是如此。但他同时又说，实际上劳动者得到的是他绝对不可缺少的最小一部分产品，也就是说，只得到他不是作为人而是作为劳动者的生存，以及不是为了繁衍人类而是为了繁衍劳动者这个奴隶阶级所必要的那一份"；根据这位国民经济学家的观点，"劳动是人能够用来增大自然产品的价值的唯一的东西，劳动是人的能动的财产。但是按照同一个国民经济学的意见，土地所有者和资本家，凭着土地所有者和资本家的资格，不过是养尊处优的和优游岁月的神仙，可是他们却到处凌驾于劳动者之上，对劳动者发号施令"。"分工提高劳动的生产力，增进社会的财富和文明，然而却使劳动者陷于贫困以致沦为机器。劳动促进资本的积累，从而也促进社会福利的增长，然而却使劳动者日益依附于资本家，加剧劳动者间的竞争，把劳动者拖到生产过剩的疯狂竞赛中去；而接着生产过剩而来的则是同样猛烈的生产衰落。"① 虽然马克思的这几段论述基本上是在重复"国民经济学家的原话"，但从其将以劳动价值论为基础的国民经济学所潜伏着的内在矛盾以与其他空想社会主义几乎一样的方式表达出来的复述中，我们却并不难体会到他对资本主义矛盾社会的以劳动价值论为基础的批判。而如果没有对古典经济学劳动价值论的与其他空想社会主义者一样的认知与认同，他也就不可能有据以这种矛盾性而对资本主义制度的批判。不仅如此，现在被一些人认为是马克思最具批判色彩的异化劳动思想事实上也是以古典经济学劳动价值论的自身矛盾为基础的。因为无论马克思在其后续的论述中将异化劳动的表现解析为三条还是四条，他所依据都是"劳动者生产的财富越多，他的生产的能力和规模越大，他就越贫穷"的基本事实。而这一基本事实实质上不过是对古典经济学劳动价值论所潜伏矛盾的确认。由于从这种潜伏的矛盾中所引申出来的对资本主义制度的批判，马克思将劳动价值论把人类的财富归结为一般的抽象劳动看作是一个必要的进步。马克思指出，重商主义学说只是把贵金属看作财富，而重农主义理论虽然将财富归之于土地和耕作并由于把劳动宣布为财富的本质而否定了特殊的、外部的、纯对象性的财富，但劳动还没有从它的普遍性和抽象性来加以把握，它还同作为它材料的一个特别的自然要素结合在一起，因而还仅仅在一种特殊的、具有自然规定性

---

① 马克思：《1844 年经济学哲学手稿》，人民出版社 1979 年版，第 10～11 页。

的存在形式中被认识。而古典经济学的劳动价值论则通过把具有完全绝对性即抽象性的劳动提高为原理这一"必要的进步"向重农学派表明，农业同其他一切生产部门毫无区别，因而，财富的本质不是某种特定的劳动，不是与某种特殊要素结合在一起的某种特殊的劳动表现，而是一般的劳动。①

当然，马克思并没有无条件地接受古典经济学的劳动价值论，因为在他看来，尽管资本主义制度在古典经济学劳动价值论的映射中暴露出必须批判和否定的矛盾性质，但古典经济学的劳动价值论，而特别是亚当·斯密的劳动价值论中却也存在着在由承认人的劳动作为私有财产的"主体的本质"的假象所掩盖着的对人的"彻底的否定"。马克思指出，作为"国民经济学的路德"，亚当·斯密把私有财产的本质从财产的客体形式中移植到主体中来，从而扬弃了财产的这种外在的、无思想的对象性的形式。但也正因为这个缘故，人本身被当成了私有财产的规定，因而以劳动为原理的国民经济学在承认人这种假象下面，无宁说不过对人进行了彻底的否定，因为人本身已经不是同私有财产的外在本质处于外部的紧张关系中，而是人本身成了私有财产的紧张的本质。马克思的这一批判似乎是针对亚当·斯密关于劳动价值论只适用于"初期蒙昧社会"而不适用于"进步社会"的不彻底性而言的。但是，马克思又指出，当亚当·斯密之后的经济学家特别是李嘉图的经济学说比斯密更加明确而彻底地发挥了关于劳动是财富的唯一本质的论点，从而使"他们的科学变得更加彻底和更加真实"的时候，它也就必然地不顾这种理论使它陷入的那一切有目共睹的矛盾，在自己的这个学说所推演的结论中抛弃这种伪善性而将其敌视人的性质发挥到极致。② 因此，如果说空想社会主义者们只是利用了劳动价值论关于劳动是财富的唯一本质这一有利于无产阶级的初始逻辑，那么在马克思看来，从这一初始逻辑在李嘉图的相对完善的劳动价值论中所推演出来的具有敌视人的性质的结论则恰恰说明它不能像空想社会主义那样被直接用来作为无产阶级批判资本主义制度的理论武器，而这同时也是马克思构建新的劳动价值理论和新的马克思主义政治经济学的逻辑起点。

在《1844 年经济学哲学手稿》之后就是我们所熟悉的事实上是马克思自己劳动价值论的建构过程了。但是，要建立自己的新的劳动价值论，一方面，由亚当·斯密开其端而在李嘉图经济理论中获得相对完善形式的

---

① 马克思：《1844 年经济学哲学手稿》，人民出版社 1979 年版，第 68～69 页。
② 马克思：《1844 年经济学哲学手稿》，人民出版社 1979 年版，第 67 页。

古典经济学的劳动价值论无疑是唯一可以借用的形式，但所谓借用绝不是机械地照搬和原样的复制，而是在其理论局限基础上新的理论结论的逻辑推演，而这也就意味着，对古典经济学特别是李嘉图劳动价值论局限的认识是借用的关键环节；另一方面，正如马克思所指出的："叙述方法必须与研究方法不同。研究必须充分地占有材料，分析它的各种发展形式，探寻这些形式的内在联系。只有这项工作完成以后，现实的运动才能适当地叙述出来。这点一旦做到，材料的生命一旦观念地反映出来，呈现在我们面前的就好象是一个先验的结构了。"① 要破解李嘉图劳动价值论的局限就必须首先分析在其逻辑前提基础上的"各种发展形式"以及"这些形式的内在联系"。因此我们看到，在 1847 年《哲学的贫困》这部论战性的著作中，马克思并没有直接从李嘉图劳动价值论的基本理念处展开批判性的分析，而是一方面在宏观上肯定李嘉图的劳动价值论，认为"李嘉图的价值论是对现代经济生活的科学解释"；另一方面则从事实上是劳动价值论顶端的生产价格等问题处指证李嘉图价值理论的局限。马克思指出，根据李嘉图的学说，一切物品的价格归根到底取决于包括产业利润在内的生产费用，或者换句话说取决于所用劳动时间。但是由于自由竞争必然产生市场价格，产生一种一切同类产品的共同价格。因此，要使李嘉图的理论普遍正确，就必须使资本能够自由运用于各市场部门；资本家之间高度发展的竞争必须使利润达到同一水平；必须使租佃者变成产业资本家，他要从他投入劣等地的资本中取得相当于他投资于例如棉纺工业时所能取得的利润；必须使土地的耕作按照大工业制度进行；最后，还必须使土地所有者本人只想得到货币收入。② 此外，马克思还指出，在对地租的分析中，尽管李嘉图已经假定资产阶级的生产是规定租的必要前提，但他仍然把他的租用于一切时代和一切国家的土地所有权。这就是把资产阶级的生产关系当作永恒范畴的一切（古典）经济学家的通病。③ 这一点对于后来关于价值是一种历史现象的认识的形成具有重要的理论意义。

伴随着对古典政治经济学劳动价值论的批判，马克思构建自己劳动价值论的历程也就开始了。在 1845 年与恩格斯合著的《神圣家族》中，马克思指出："生产某个物品所花费的劳动时间属于这个物品的生产费用，某个物品的生产费用也就是它值多少，即它能卖多少钱（如果撇开供求

---

① 马克思：《资本论》第 1 卷，人民出版社 1975 年版，第 23～24 页。
② 《马克思恩格斯选集》第 1 卷，人民出版社 1995 年版，第 180～181 页。
③ 《马克思恩格斯选集》第 1 卷，人民出版社 1995 年版，第 183 页。

竞争的影响）。"① 这就是说，如果撇开供求竞争的影响，在直接的物质生产领域，价值取决于生产费用。在《哲学的贫困》一书中，马克思指出："只要承认某种产品的效用，劳动就是它的价值的源泉。"19 世纪 50 年代，伴随着理论研究的重心再次转向政治经济学领域，马克思的劳动价值论也进入到了基本理论框架的构建阶段。在 19 世纪 50 年代初期的《伦敦笔记》中，马克思对货币理论、价值理论进行了深入研究，而《1857—1858 年经济学手稿》和 1859 年《政治经济学批判》（第一分册）中关于商品二因素和劳动二重性学说的创立，则是马克思劳动价值论基本建立的标志。针对古典经济学在价值与使用价值、价值与交换价值等劳动价值论基本范畴上的理论混乱，马克思从批判蒲鲁东的"劳动货币"入手逐步揭示了商品、价值、交换价值、价格、货币等一系列重要范畴的本质规定，提出了劳动价值论以商品二因素为逻辑基点的建构思路。在《1857—1858 年经济学手稿》中，马克思由商品和货币的对立分析到商品内部的矛盾，揭示了商品的两重存在：一方面是作为商品使用价值的自然属性；另一方面是作为交换价值的社会属性，并指出商品内部的这种矛盾必然发展为商品与货币的对立，并因而包含着未来资本主义制度一切矛盾的萌芽。然后，马克思又从考察商品的社会属性入手分析生产商品的劳动的社会性质，指出劳动的社会性质只有通过交换才能表现出来，从而把创造商品价值的劳动归结为无差别的一般人类劳动即抽象人类劳动。《1857—1858 年经济学手稿》关于商品社会属性以及创造商品价值的劳动的社会性的这些观点，为在《政治经济学批判》（第一分册）里系统地阐明商品二因素和生产商品的劳动二重性学说，彻底揭示商品价值的实体与本质做了充分的理论准备。在 1859 年《政治经济学批判》（第一分册）中，马克思第一次系统地阐述了他在古典经济学基础上进一步发展了的劳动价值论。他从作为资本主义社会财富元素形式的商品开始，通过对商品内部的使用价值与交换价值的矛盾，它们之间的辩证关系以及发展过程的深刻分析，首先科学地阐明了商品的二因素学说，继而又从对商品的分析深入到对生产商品劳动的分析，从而第一次系统地阐述了生产商品的劳动二重性质，制定了科学的劳动二重性学说。劳动的二重性学说被马克思称为是"理解政治经济学的枢纽"，它的建立标志着马克思劳动价值论基本建构的最终完成。此外，在商品二因素与生产商品的劳动的二重性学说的基础上，马克思还对价值的量的规定及其变化规律、价值形式的发展和货币的

---

① 引自顾海良：《马克思经济思想的当代视界》，经济科学出版社 2005 年版，第 173 页。

起源、以私有制为基础的商品经济的基本矛盾等问题进行了深刻的分析，并最终使他的劳动价值论形成了完整严密的"科学的体系"。

19世纪60年代以后，随着马克思《资本论》各卷的顺序出版，作为马克思主义政治经济学理论基础的劳动价值论最终建构完成。由于按照原先"六册结构"的写作计划，在1867年出版的《资本论》第1卷仅仅是1859年《政治经济学批判》（第一分册）的后续篇章，因而即使按照《资本论》第1卷第二版跋的补充性说明，马克思在《资本论》第1卷"商品与货币"的第一篇中对劳动价值论内容更加科学与严密地阐述也仍然仅仅是为了叙述的"连贯与完整"而对《政治经济学批判》（第一分册）内容的概述，而从这个意义上说，《资本论》似乎并没有对在《政治经济学批判》（第一分册）中就已经系统阐述的劳动价值论作出什么新的理论创新。事实上，这种认识是非常错误的，这不仅是因为通过叙述方式的改进，马克思的劳动价值论成为一个更加完整而严密的科学理论体系，从而为马克思主义政治经济学理论大厦的建立创造了理论条件，而更重要的是因为，正如有论者所指出的，马克思劳动价值论的完整内容并不仅限于《资本论》第1卷的第一篇，而是贯穿在由《资本论》第1至3卷，《剩余价值理论》三个分册，三大经济学手稿以及马克思和恩格斯的许多其他经济学著作中的庞大体系，其中关于价值交换、价值分配以及生产价格转形等内容在广义上均属于劳动价值论的范畴，而这些内容显然是《政治经济学批判》（第一分册）所不能涵盖的。因此，从某种意义上说，只有19世纪60年代以后马克思《资本论》各卷的顺序出版才是马克思劳动价值理论最终完成的标志。

马克思劳动价值论的创立是价值理论发展史上划时代的事件，这一方面是因为正是马克思的劳动价值论克服了古典经济学劳动价值论的局限，并将其推进到前所未有的理论高度；另一方面则是因为，正是借助于这种前所未有的理论高度，马克思完成了继空想社会主义之后劳动价值论的再一次理论转折。通过这次理论转折，马克思大大提升了在古典经济学的劳动价值论中就已经被初步意识到了的对劳动与资本对抗性矛盾的认识，为剖析资本主义生产方式的对抗性质以及这种生产方式的历史趋势奠定了基础。当然，要进一步认识马克思劳动价值论为实现这些理论意图而达到的理论高度，我们还需要分析古典经济学劳动价值论的理论局限以及马克思劳动价值论为克服这些理论局限而实现的理论突破。这些内容将构成第二节理论分析的重心。

第二节 劳动价值论的历史发展与理论实质

一、古典经济学劳动价值论的历史发展与理论局限

如前所述，虽然古希腊和罗马时期以及中世纪时期的神学家和重商主义者就曾经提出过一些模糊的和初步的劳动价值论思想，但作为资产阶级政治经济学理论基础的劳动价值论的提出却要归功于英国古典政治经济学的创始人威廉·配第，从那时起直到古典经济学理论体系的完成者大卫·李嘉图构成了劳动价值论在古典经济学阶段的完整的历史发展脉络。而我们所要分析其理论局限的也就主要是在这一历史发展阶段上的劳动价值论。

在资产阶级古典经济学的理论框架内，劳动价值论的基本命题是由被马克思称为是"最有天才的和最有创见的经济研究家"的威廉·配第第一次提出来的。在1662年的《赋税论》第一次提出的价值理论中，威廉·配第将商品的价格区分为随市场发生涨落变化而事实上是市场价格的"政治价格"和"政治价格"绕其涨落而事实上是商品价值的"自然价格"，并在此基础上提出了他关于劳动价值论的基本命题。威廉·配第指出："假如一个人在能够生产一蒲式耳谷物的时间内，将一盎司白银从秘鲁的银矿中运来伦敦，那么，后者便是前者的自然价格。"① 这就是说，在威廉·配第看来，一盎司白银是一蒲式耳谷物的自然价格。从这个例子中不难发现，配第不仅已经认识到一种商品的价值由生产它所耗费的劳动时间所决定，而且还认识到商品之间的交换是以商品所内含的以持续时间来测量的劳动量为基础的。这是威廉·配第对劳动价值论的一个重大贡献。此外，在其价值理论中，威廉·配第还初步认识到了价值量大小与劳动生产率之间的反比关系，他说："自然价格的高低，决定于生产自然必需品所需要的人手的多少。谷物的价格，在一个人能生产十人所需的谷物的时候，要比一个人只能生产六人所需的谷物的时候，来得低廉。"又说，"一百个农民所能作的工作，如果由二百农民来作的话，谷物就会涨价一倍。"② 不过从总体上来看，尽管威廉·配第着重研究的是自然价格

---

① 威廉·配第：《赋税论、献给英明人士、货币略论》，商务印书馆1978年版，第48页。
② 威廉·配第：《赋税论、献给英明人士、货币略论》，商务印书馆1978年版，第95页。

即价值问题，并把这种自然价格作为观察与分析其他经济现象的基础，劳动价值论在他那里却并没有形成完整的理论体系，这主要是因为劳动价值论的基本命题在他那里只是为了说明某些个别实际问题而零星提出来的。① 1776年，伴随着以亚当·斯密《国民财富的性质和原因的研究》为标志的古典经济学理论体系的创立，在继承和发展英法两国经济理论基础上所形成的劳动价值论也进入它相对成熟的发展阶段。亚当·斯密将国民财富的增加作为其政治经济学研究的核心课题，将劳动分工作为提高劳动生产率，从而增加国民财富的重要途径。在此基础上，亚当·斯密以什么是交换价值的真实尺度、构成真实价格的各部分是什么以及何种原因造成真实价格有时高于有时又低于自然价格的情况三个问题为核心，系统地阐述了交换、货币、价值等问题及其相互关系，从而建立起较为完备的劳动价值论体系。对于劳动与商品价值之间的关系，亚当·斯密明确指出"劳动是衡量一切商品交换价值的真实尺度"的观点。他说："任何一个物品的真实价格，即要取得这物品实际上所付出的代价，乃是获得它的辛苦和麻烦。"② 而"获取各种物品所需要的劳动量之间的比例，似乎是各种商品相互交换的唯一标准。……一般地说，二日劳动的生成物的价值二倍于一日劳动的生产物。"③ 这也就是说，商品的价值量同生产商品中所耗费的劳动时间的量成正比。显然，对于商品价值与生产商品的劳动量之间的关系，亚当·斯密的论述比威廉·配第要清晰而严密得多。但是，亚当·斯密并不认为商品价值与生产商品的劳动量之间的关系适用于任何条件，相反他认为，商品价值与劳动量之间的这种关系仅仅适用于"初期蒙昧社会"，而不适用于资本累积和土地私有权产生以后的"进步社会"即资本主义社会。亚当·斯密认为，在资本主义的"进步社会"中，商品的价值量并不取决于生产商品所直接耗费的劳动量，而是取决于这个商品在交换中所能够购买或支配的劳动量。斯密的这一见解虽然坚持了对于劳动价值论的似乎是历史主义的观点，但却由于在形式上背离了其在对"初期蒙昧社会"的分析中所确立的劳动价值论的一般原则而受到大卫·李嘉图而特别是马克思的尖锐批判，认为亚当·斯密关于资本主义社会商品的价值量取决于这个商品在交换中所能够购买或支配的劳动量的观点造成了其价值理论的二元论色彩，并为后来资产阶级政治经济学的庸俗化发

① 鲁友章、李宗正：《经济学说史》（上册），人民出版社1979年版，第100页。
② 亚当·斯密：《国民财富的性质和原因的研究》上卷，商务印书馆1972年版，第25页。
③ 亚当·斯密：《国民财富的性质和原因的研究》上卷，商务印书馆1972年版，第42页。

展提供了理论前提。以 1817 年《政治经济学及其赋税原理》一书而登上古典经济学理论舞台的大卫·李嘉图批判亚当·斯密劳动价值论的二元论色彩，坚持劳动时间决定商品价值这一劳动价值论的基本原理。李嘉图指出："亚当·斯密如此精确地说明了交换价值的原始源泉，他要使自己的说法前后一贯，就应该认为一切物品价值的大小和它们的生产过程中所投下的劳动量成比例；但他自己却又树立了另一个价值标准尺度，并说各种物品价值的大小和它们所能交换的这种标准尺度的量成比例。……好像这两种说法是相等的；也好象是，因为一个人的劳动效率增加了一倍，因为他所能生产的商品量因此增加一倍，他用这商品来进行交换时所获得的量也必然会比以前增加一倍。"[①] 与此相联系，李嘉图也不同意亚当·斯密关于劳动价值论仅仅适用于原始状态社会的观点，认为商品价值由劳动时间来决定的原理不仅适用于资本主义以前的社会，而且也适用于资本主义的当期社会。除了对劳动价值论基本原理的始终一贯的坚持以外，李嘉图还在其他一些方面克服了亚当·斯密理论的局限，进一步丰富和发展了古典经济学的劳动价值论。例如，斯密为了强调交换价值不是由使用价值决定曾断言没有效用的商品也有交换价值。而李嘉图则一方面明确指出使用价值不能成为交换价值的尺度，因为"使用价值无法用任何已知的标准加以衡量，不同的人对它有不同的估价"；另一方面，他又指出使用价值对于交换价值来说是不可缺少的，因为"一种商品如果全然没有用处，或者说，无论从哪一方面说都无益于我们欲望的满足，那就无论怎样稀少，也无论获得时需要费多少劳动，总不会有交换价值。"[②] 在价值量的决定方面，李嘉图初步认识到了商品价值量不是由生产某种商品所实际耗费的劳动量决定，而是由社会必要劳动量决定，尽管他还没有搞清楚社会必要劳动量到底如何来确定。总之，作为亚当·斯密古典经济学理论的直接继承者，大卫·李嘉图从探讨亚当·斯密的价值理论开始，批判和否定了斯密劳动价值论的不合理成分，继承和发展了斯密劳动价值论的正确内容，最终对劳动价值论关于"交换价值决定于劳动时间这一规定作了最透彻的表述和发挥"。[③]

但是，从威廉·配第到大卫·李嘉图这一漫长的历史跨度并没有能够使劳动价值论达到"思想的首尾一贯性"这一科学理论的基本要求，这

---

① 大卫·李嘉图：《政治经济学及赋税原理》，商务印书馆 1976 年版，第 9 页。
② 大卫·李嘉图：《政治经济学及赋税原理》，商务印书馆 1976 年版，第 368、7 页。
③ 《马克思恩格斯全集》第 13 卷，人民出版社 1972 年版，第 51 页。

也就是说，与任何只要站在资产阶级的立场上就不可能达到完满科学境界的一切资产阶级科学理论一样，经过一个长时期的历史发展而在大卫·李嘉图那里达到在古典经济学框架之内的理论高峰的劳动价值论也存在着必须被质证的理论局限。这些理论局限经过只限于"从经济现象表面所见到的似是而非的外在联系"来观察问题的资产阶级庸俗经济学家萨伊等人的放大，变成了以西斯蒙第为代表的小资产阶级经济学和马克思主义政治经济学批判与改造的对象。那么，古典经济学的劳动价值论到底存在着怎样的理论局限呢？我认为主要表现在以下几个方面：

首先，古典经济学的劳动价值论没有能够正确理解价值与交换价值等核心概念之间的关系，实现对价值本质或价值实体的正确理解。在劳动价值论的理论内涵中，价值本质或价值实体的认定无疑具有关键的意义，只有将价值实体定义为以持续时间来计量的（抽象）劳动量的凝结，才能在价值与生产商品的劳动之间建立其必然的联系，也才能借助于这种必然的联系建立起劳动价值论关于价值是由生产商品所耗费的劳动时间来决定的基本理念。但是，在从威廉·配第到大卫·李嘉图的这一长时期内，古典经济学的劳动价值论虽然正确地区分了使用价值与交换价值，但却始终没有能够在此基础上进一步从商品的交换价值中抽象出价值，形成价值是凝结在商品中的一般无差别的人类劳动的概念。例如，亚当·斯密虽然已经认识到商品价值的内在尺度与外在尺度以及商品的价值与交换价值，并从外在尺度和内在尺度两个方面论述了商品的价值，但他既没有能够在这两者之间作出明确的区分，更没有能够正确理解它们之间的关系。而斯密混同劳动作为价值实体意义上的价值的内在尺度与价值外在尺度的现象，在劳动价值论最为成熟发展的李嘉图的著作中"有些地方也会碰到"。①与斯密相比较，李嘉图更为自觉地在价值与交换价值，即他所谓的"绝对价值"与"比较价值"之间作出区分，但由于并没有能够真正理解它们之间的区别，因而又常常忘记这种区别并固执地在相对价值或比较价值即交换价值的意义上理解价值。李嘉图甚至在去世前几周所写的《绝对价值和交换价值》一文中还试图探讨绝对价值和交换价值之间的关系，但他除了继续坚持价值由劳动时间决定的原理之外，对于价值和交换价值并没有作出比以前更加深刻和更加科学的分析。② 由于没有能够正确区分价值与交换价值等概念之间的关系，实现对价值本质或价值实体的正确理

---

① 《马克思恩格斯全集》第26卷Ⅰ，人民出版社1972年版，第140页。
② 参阅鲁友章、李宗正：《经济学说史》（上册），人民出版社1979年版，第252页。

解，古典经济学的劳动价值论最终通过亚当·斯密三种收入决定价值的观点走向了资产阶级庸俗政治经济学的效用价值论的对极。其次，古典经济学的劳动价值论没有能够正确理解价值与生产价格之间的关系，实现对劳动价值论适用范围的正确理解。劳动价值论作为关于商品经济的本质及其一般规律的理论无疑是适用于一切以交换为目的的商品经济形式的，但是，商品经济形式同任何其他的经济形式一样"不是坚实的结晶体，而是一个能够变化并且经常处于变化过程中的机体"，① 它也在这种经常不断的变化中发生着从落后到先进，从不发达到发达的历史演进与变革。显然，由于商品经济伴随各种条件的不断变化，普遍适用于商品经济的劳动价值论也必然要不断地改变自己的形式和特点。而在这种形式和特点的不断变化中，从简单商品经济到发达资本主义商品经济的历史转换以及由此引起的劳动价值论在资本主义条件下的适用性问题无疑具有关键的意义，因为古典经济学正是试图以劳动价值论作为资本主义社会的分析工具。众所周知，这个问题正是在马克思劳动价值论中演变而成的生产价格转形问题，其核心在于价值（抽象劳动）与生产价格之间的关系问题。而古典经济学在亚当·斯密与大卫·李嘉图之间理论观点的矛盾与冲突说明，他们并没有能够合理地解决这个问题，获得对劳动价值论适用范围或适用条件的正确理解。例如，亚当·斯密认为劳动价值论只适用于资本累积和土地私有尚未发生以前的"初期蒙昧社会"而不适用于资本主义的"进步社会"，这似乎正确地认识到了经济形式由不发达的简单商品经济到发达的资本主义商品经济的历史转换，但由此形成的三种收入决定价值的观点却说明他不仅背离了劳动价值论的基本观点，而且排除了劳动价值论对于资本主义商品经济的历史适用性；而大卫·李嘉图虽然坚持了劳动价值论在资本主义历史条件下的适用性，但由此所造成的李嘉图体系的两大矛盾却最终导致了李嘉图学派的解体。最后，古典经济学的劳动价值论没有能够正确理解批判与辩护的关系，实现对资本主义历史暂时性的正确理解。如前所述，古典经济学创立劳动价值论的主要理论意图在于反对以土地私有制为基础的封建主义生产方式，为新生的资本主义生产方式提供理论辩护。但是，古典经济学在为资本主义生产方式辩护的过程中无视资本主义社会在劳动价值论中所反映的在简单商品经济阶段就已经以潜在的方式存在着的矛盾，从而在对资本主义生产方式的辩护中将其看作是一种自然的、永恒的生产方式，将以这种自然的、永恒的生产方式为基础的资本主

---

① 马克思：《资本论》第 1 卷，人民出版社 1975 年版，第 12 页。

义社会看作是一种自然的、永恒的理想社会。例如，李嘉图在他的劳动价值论中将交换价值作为研究的重心，致力于说明商品价值量与生产商品所耗费的劳动量之间的关系，但他却完全忽视了交换价值作为价值表现形式的历史变化所承载着的经济形式的变化，这就将他所实际研究的资本主义生产方式从他的时代前推到了人类社会的原始形态。于是就出现了这样的时代性错误：他将原始的猎人和渔夫手中的简单工具与资本家手中用于榨取剩余价值而以资本形式存在的生产资料混为一谈，他让原始的猎人与渔夫直接以商品所有者的身份依照物化在这些交换价值中的劳动时间为比例交换鱼和野味，他让原始的猎人和渔夫在计算他们的劳动工具时去查看1817 年伦敦交易所通用的年息表。正如马克思所指出的，古典经济学的根本缺点之一，就是它始终不能从商品的分析，而特别是商品价值的分析中，发现那种使价值成为交换价值的价值形式。由此造成了它们忽视价值形式的特殊性，忽视商品形式及其进一步发展——货币形式、资本形式等的特殊性。而由于看不到价值形式的历史发展，只具有历史暂时性的资本主义生产方式在李嘉图那里也就被看作是社会生产的永恒的自然形式。因此，尽管李嘉图比斯密更为清楚地认识到了资本主义社会各个阶级之间经济利益的对立，他还是"天真地把这种对立看作是社会的自然规律"。①

正如恩格斯所指出的，从历史的观点来看，我们只能在我们时代的条件下进行认识，而且这些条件达到什么程度，我们便认识到什么程度。②古典经济学劳动价值论的理论局限既有其自身认识方法与阶级立场的梗阻，更有其所处的社会历史条件的羁绊，因而只有从主观与客观两个方面才能得到科学的理解。但是无论如何，正是这种理论局限为马克思劳动价值论在继承基础上的进一步发展提供了条件。于是，伴随着资本主义生产方式的进一步发展以及各种主客观条件的日渐成熟，马克思的科学的劳动价值论也就应运而生了。那么，马克思的更为科学的劳动价值论到底在哪些方面克服了古典经济学劳动价值论的局限，并据此推进了劳动价值论的发展呢？

二、马克思对古典经济学劳动价值论的继承与发展

在批判地继承古典经济学劳动价值论科学成分的基础上，马克思通过

---

① 马克思：《资本论》第 1 卷，人民出版社 1975 年版，第 16 页。
② 《马克思恩格斯选集》第 4 卷，人民出版社 1995 年版，第 337～338 页。

对商品经济以及资本主义经济关系的深入研究创立了科学的劳动价值论，为揭示资本主义社会的剥削本质以及必将为社会主义所取代的历史趋势提供了科学的理论基础。正如我们在前面对古典经济学劳动价值论理论局限的分析所显示的那样，我们也可以将马克思对古典经济学劳动价值论在继承基础上的发展归结为三个主要的方面：

首先，通过对价值与交换价值、具体劳动与抽象劳动等一系列基本概念的科学规定，深刻地揭示了价值的本质，建立起了更为完整严密的劳动价值论体系。针对古典经济学劳动价值论在基本范畴及其关系上的混乱，马克思从商品的基本分析入手构建其劳动价值论的理论体系。马克思指出，一切商品首先具有通过自己的属性来满足人的某种需要的功能，这就是商品的使用价值，它构成社会财富的物质内容；另一方面，在有社会分工的条件下，一切作为商品的劳动产品的使用价值又都只有通过与其他商品的交换才能实现"靠自己的属性来满足人的某种需要"的功能，而一种使用价值与另一种使用价值相交换的量的关系或比例就是商品的交换价值。交换价值作为一种使用价值与另一种使用价值相交换的量的关系或比例，意味着在相交换的商品中内含某种"共同东西"。那么，这个"共同东西"到底是什么呢？马克思指出，在商品的交换关系或交换价值中表现出来的"共同东西"不可能是作为商品使用价值基质的几何的、物理的、化学的或其他的天然属性，而"只是无差别的人类劳动的单纯凝结，即不管以哪种形式进行的人类劳动力的单纯凝结"。而在生产上耗费了人类劳动力的商品，"作为它们共有的这个社会实体的结晶，就是价值——商品价值。"① 由于从商品交换价值中抽象出价值这一关键范畴，马克思就并不是像古典经济学劳动价值论所说的那样将商品简单地看作是使用价值与交换价值的统一体，而是进一步看作使用价值与价值的统一体，正如马克思所说："我不是把价值分为使用价值和交换价值，把它们当作'价值'这个抽象分裂成的两个对立物，而是把劳动产品的具体社会形式分为这两者；'商品'，一方面是使用价值，另一方面是'价值'——不是交换价值，因为单是表现形式不构成其本身的内容。"② 对商品作为使用价值与价值的统一体的认识，为马克思劳动价值论的进一步推演奠定了基础。马克思指出，虽然古典经济学家们提出了劳动创造价值的思想，但他们却"毫无例外地都忽略了这样一个简单的事实：既然商品有二重

---

① 马克思：《资本论》第1卷，人民出版社1975年版，第51页。
② 《马克思恩格斯全集》第19卷，人民出版社1963年版，第412页。

性——使用价值和交换价值，那么，体现在商品中的劳动也必然具有二重性，而像斯密、李嘉图等人那样只是单纯地分析劳动，就必然处处都碰到不能解释的现象。实际上，这就是批判地理解问题的全部秘密。"① 因此，问题的关键是不能像古典经济学的劳动价值论那样简单地分析商品所表现出来的二重形式，而是必须进一步分析商品的二重存在所体现出来的生产商品的劳动的二重性质。马克思指出，我们直观中的劳动总是一种通过某种专门的、使特殊的自然物质适合于特殊的人类需要的、有目的的生产活动，而由于生产活动的特定目的以及由这种特殊目的所决定的操作方式、对象、手段的不同，其所生产的劳动产品也就具有不同的使用价值。但是，如果把生产活动的特定性质撇开，从而把劳动的有用性质撇开，生产活动就只剩下一点：它是人的脑、肌肉、神经、手等人类劳动力的耗费。虽然人类劳动力的实际耗费不能脱离具有特定性质的生产活动，但人类劳动力的耗费却是撇开各种具体的有用的形式的一切生产商品的劳动的共同特点。这就是马克思劳动价值论的劳动二重性学说。正如马克思所说的，商品中包含的劳动的这种二重性"是理解政治经济学的枢纽"。在商品二因素与生产商品的劳动二重性学说的基础上，马克思还分析了商品价值量的决定及其规律、商品经济的基本矛盾与基本规律等问题，形成了劳动价值论的科学理论体系，为进一步分析和揭示资本主义社会中资本家与工人之间由剩余价值所标志的剥削关系奠定了理论基础。

其次，通过对生产价格转形问题的系统分析，科学地解决了劳动价值论在资本主义条件下的历史适用性问题，坚持了彻底的劳动价值论立场。如前所述，亚当·斯密曾由于觉察到从简单商品经济过渡到资本主义商品经济时劳动价值论与利润和地租起源之间的矛盾而认为劳动价值论仅仅适用于简单商品经济的"初期蒙昧社会"，而不适用于资本累积和土地私有权产生以后的资本主义"进步社会"，这一理论立场上的转变曾经被看作是对劳动价值论的背离而遭到李嘉图的激烈批判，但李嘉图却由于试图将劳动价值论作直接适用于资本主义社会的理解而造成劳动价值论（价值规律）与平均利润规律（生产价格规律）之间的深刻矛盾，并最终导致了李嘉图学派的解体。对于马克思主义政治经济学来说，劳动价值论与平均利润规律之间的关系也即所谓生产价格转形问题同样是一个极其重要的理论问题，因为马克思正是将在对简单商品经济分析中所建立起来的"原生形态"的劳动价值论作为分析资本主义生产方式的理论基础并最终

---

① 《马克思恩格斯全集》第 32 卷，人民出版社 1974 年版，第 11～12 页。

揭示剩余价值的秘密的，如果不能通过劳动价值论与平均利润规律之间的关系的分析合理地解决生产价格转形问题，马克思对资本主义以剩余价值理论为中心的分析就将失去理论根据。对此，马克思首先对李嘉图价值理论的矛盾进行了分析，指出李嘉图价值理论的困难在于未能理解价值如何转化为生产价格，没有认识到在资本主义条件下，由于剩余价值转化为利润、利润转化为平均利润，商品交换并不是以生产商品所实际耗费的劳动量所决定的价值量为基础，而是以包含着按照等量资本得到等量利润原则所获得的平均利润的生产价格为基础的。那么，李嘉图为什么会混同商品价值与生产价格呢？马克思认为，这除了其始终将简单商品经济与资本主义商品经济做完全同质的经济形式来看待以及认识方法方面的因素之外，就是他始终没有在其分配理论中从利润、利息和地租等剩余价值的特殊形式中抽象出剩余价值的一般概念；由于没有能够抽象出剩余价值的一般概念，也就不可能理解在资本主义自由竞争条件下剩余价值的一般形式向利润与平均利润的特殊形式的转化。基于前述分析，马克思从剩余价值转化为利润、剩余价值率转化为利润率的分析入手，首先分析不同生产部门的资本的不同有机构成以及由此引起的利润率的差别，然后进一步分析这些不同的利润率通过自由竞争而平均化为一般利润率，揭示商品由不变资本、可变资本和剩余价值所构成的原初价值（C + V + M）向由不变资本、可变资本和平均利润所构成的生产价格（C + V + P）的转化，最终说明了"相等的平均利润率怎样能够并且必须不仅不违反价值规律，而且反而要以价值规律为基础来形成"，因而生产价格规律只是价值规律的转化形式的特征。① 生产价格转形问题的根本解决科学地解释了劳动价值论在资本主义条件下的历史适用性问题，为马克思将劳动价值论运用于分析资本主义的生产方式提供了充足的理论依据。

最后，通过对商品价值形式的历史性分析，科学地说明资本主义生产方式的历史暂时性，恢复和保持劳动价值论的批判性和革命性。马克思指出："商品的'价值'只是以历史上发展的形式表现出的那种在其他一切历史社会形式内也存在的、虽然是以另一种形式存在的东西，这就是作为社会劳动力的消耗而存在的劳动的社会性。"② 这就是说，在一切历史地存在着的社会形式中都存在着按一定比例分配和消耗社会劳动力的必要性，而只是"在社会劳动的联系体现为个人劳动产品的私人交换的社会

---

① 马克思：《资本论》第 2 卷，人民出版社 1975 年版，第 25 页。
② 《马克思恩格斯全集》第 19 卷，人民出版社 1963 年版，第 420 页。

制度下，这种劳动按比例分配所借以实现的形式"才变成"这些产品的交换价值"。① 那么，为什么社会劳动力的消耗在"在社会劳动的联系体现为个人劳动产品的私人交换"的商品经济中会以价值的形式存在呢？马克思指出，这主要是因为商品经济中私人劳动与社会劳动之间必须通过交换来解决的矛盾。而这也就意味着，在那种还不存在由于私有制和社会分工所导致的私人劳动与社会劳动之间矛盾的时候和地方，也就不可能存在商品的价值形式以及由于这种价值形式而使劳动产品所采取的商品形式。正是基于这种分析，马克思批判古典经济学将货币看作商品价值天然形式的固有观念。他一方面列举了孤岛上的鲁宾逊、欧洲昏暗的中世纪、农村家长制生产以及未来自由人联合体的历史例证，说明在不存在商品关系的地方，"人们同他们的劳动和劳动产品的社会关系，无论在生产上还是在分配上，都是简单明了的"事实；② 另一方面则深刻地分析了商品价值形式从简单的价值形式，经过扩大的价值形式、一般价值形式再到货币形式的历史与逻辑发展，说明商品价值形式不过是人类劳动内在矛盾的历史表现，是具有历史特殊性的生产关系的产物。当然，分析商品价值形式从简单的价值形式开始最终到货币形式的历史与逻辑发展并不仅仅是为了获得对价值形式的历史认识，而且还是为商品价值的资本形式提供历史的铺垫，因为"如果撇开商品流通的物质内容，撇开各种使用价值的交换，只考察这一过程所造成的经济形式，我们就会发现，货币是这一过程的最后产物。商品流通的这个最后产物是资本的最初的表现形式。"③ 马克思的进一步分析说明，当商品的价值形式经过必然的历史发展进入其资本的最后形式的时候，它也就在自身内部培植起扬弃自身的力量，因为由商品价值的资本形式所承载着的资本主义生产方式内含着生产社会化与生产资料私人占有之间的深刻矛盾，这一矛盾通过生产资料公有制的确立而实现的解决也将最终消解使人类社会劳动力借以获得商品价值形式的私人劳动与社会劳动之间的矛盾。因此，正如马克思在其政治经济学研究的最终结论中所显示的，商品价值形式的历史发展正是隐含着对资本主义生产方式历史暂时性的理论确证。而借助于对资本主义生产方式历史暂时性的理论确证，马克思也就重新恢复了古典经济学的劳动价值论在反封建的革命斗争中所孕育的批判性和革命性，使其变成了无产阶级批判资本主义经济与

---

① 《马克思恩格斯选集》第4卷，人民出版社1995年版，第580页。
② 马克思：《资本论》第1卷，人民出版社1975年版，第96页。
③ 马克思：《资本论》第1卷，人民出版社1975年版，第167页。

政治统治的强有力武器。

　　由于西方古典政治经济学在李嘉图学派以后的庸俗化转向，马克思的劳动价值论事实上成为崛起于古典经济学的劳动价值论的最后形式，而马克思对古典经济学劳动价值论的继承与发展也因此变成劳动价值论历史发展中的理论绝响。那么，我们应该如何看待马克思对古典经济学劳动价值论的继承和发展呢？在现代西方经济学中占主导地位的观点是完全或基本否定马克思对古典经济学劳动价值论继承与发展的意义的，认为马克思的劳动价值论不过是古典经济学劳动价值论的翻版。例如，罗尔即认为："劳动价值学说只不过是在充分竞争之下，静止平衡的极为特殊条件下的最为原始的价格学说"，"基本论点的提法应归功于斯密和李嘉图。随着马克思的'重新发现'这些提法而来的热情也许是自动启蒙的一种典型经验。"马克思的劳动价值论学说，"看来比起150年前斯密所讲的学说，讲得既不多，也没有讲完善。"①我们当然不能认同将马克思的劳动价值论看作是古典经济学理论翻版的观点，因为这种观点无视古典经济学劳动价值论的理论缺陷，否认马克思劳动价值论在古典经济学基础上所实现的发展和超越。但是，我们显然也不能认为通过一种在继承基础上的发展与超越，马克思就将古典经济学的劳动价值论带到了绝对完满而无需发展的至高境界，因为马克思的劳动价值论的确存在着只有在今天新的历史条件所促动的深刻反思中才能暴露出来的矛盾与问题，而正是这些矛盾与问题构成了马克思劳动价值论在今天新的历史条件下进一步深化与发展的理论前提。例如，在关于劳动价值论的理论内涵方面，尽管马克思在对商品价值量的分析中完全排除了供求关系的影响，而事实上即使从马克思的相关论述来看，两者之间也存在着极为复杂的逻辑关联；再如，在马克思的劳动价值论看来，生产价格转形问题已通过数学的逻辑推演得到解决，但其在西方经济学界持续百多年的争论以及在这种争论中所暴露出来的问题却也不能只做一种简单而独断的回应；又如，马克思为了论证资本主义生产方式的历史暂时性而详细地考察了商品价值形式的历史发展，但却似乎又在强调这种历史的变异中忽视了其作为劳动产品商品化必然形式的永恒性质。所有这些问题我们都将在以后的相关内容中涉及，并将在尽可能遵从马克思恩格斯的相关论述、坚持马克思劳动价值论基本原理的基础上求得合理的理解。但是，我们所谓马克思劳动价值论的理论局限，绝不是像有

---

① 转引自朱炳元、朱晓：《马克思劳动价值论及其现代形态》，中央编译出版社2007年版，第70页。

些人所理解的那样，似乎马克思的劳动价值论存在着必须通过对全新的客观事实的分析与说明才能加以弥补与充实的理论硬伤。恩格斯在晚年的历史唯物主义通信中，曾对历史唯物主义的理论缺陷做过这样的解释，他说："我们大家首先是把重点放在从基本经济事实中引出政治的、法的和其他意识形态的观念以及以这些观念为中介的行动，而且必须这样做。但是我们这样做的时候为了内容方面而忽视了形式方面，即这些观念等等是由什么样的方式和方法产生的。这就给了敌人以称心的理由来进行曲解和歪曲。"① 这就是说，历史唯物主义的理论缺陷主要是由于现实理论与政治斗争的需要而忽视对某些内容的深入阐发所引起的，而并不是由于历史唯物主义自其理论肌体上就存在着这些内容的天然缺失。同样，马克思劳动价值论的以前述几个方面为例证的缺失也主要是由于马克思针对古典经济学的局限，在阐发劳动价值论的基本原理、构建劳动价值论的理论体系中重心偏移的结果。只要完整准确地理解马克思的劳动价值论，将其由于理论重心的偏移所造成的某些理论缺失充实起来，我们就一定能够还原马克思劳动价值论的理论整体，恢复马克思劳动价值论的科学形象，在这方面，我们的确需要一种发掘马克思劳动价值论理论本义的"回到马克思"的原教旨主义情结。

三、劳动价值论核心理论实质的抽象及其意义

如前所述，劳动价值论表现为一种从资产阶级古典经济学的劳动价值论到马克思主义政治经济学的劳动价值论的历史发展过程，但这个过程既不是一个完全重复旧有观点的理论循环，也不是完全抛弃旧有观点的异质替换，而是批判与继承、肯定与否定的辩证统一。而在劳动价值论以批判与否定为主题的历史发展中始终不渝地加以继承与肯定的东西就构成了劳动价值论的理论实质。那么，通过一种横跨历史的宏观维度的考察，我们可以对劳动价值论的理论实质作出怎样的概括呢？我们认为大致可以概括为以下几个方面。

首先，凝结在商品中的劳动是商品价值的唯一实体。众所周知，在政治经济学的学科领域中存在着各种各样作为其理论基础的价值理论，而不同的价值理论又往往具有对价值实体的完全不同理解。例如，无论是在萨伊的古典形态那里还是在边际效用学派的现代形态那里，效用价值论都具有对于价值实体的完全不同于劳动价值论的认定。在萨伊看来，所谓生

---

① 《马克思恩格斯选集》第 4 卷，人民出版社 1995 年版，第 726 页。

产，不是创造物质而是创造效用；人们给某种物品以价值，并不是根据产品的长短、大小和轻重，而是根据其是否或在多大程度上满足了人们的需要、嗜好或者虚荣。没有用的东西，是谁也不肯给予价值的。因此，"物品的效用就是物品价值的基础"。① 边际效用价值论尽管引入了数量化的边际分析方法，并将作为效用基础的物品属性标定为客观价值而排除于政治经济学的研究范围，但它将商品的（主观）价值理解为物品满足人的欲望的能力或人对物品效用的主观心理评价的观点仍表明它与其古典形态一样将以商品的客观效用作为理解价值的基础，只不过效用在这里并不是商品的总效用而是在被满足和不被满足的欲望之间的边际上表现出来的边际效用。与此相反，劳动价值论从一开始就坚定地认为，商品的价值实体并不是商品基于某种属性而能够满足人们需要的客观或主观效用，而是在生产商品的劳动过程中所耗费的以持续时间来计量的劳动量。例如，在配第关于在相同时间内生产的 20 盎司白银与 20 蒲式耳谷物必然具有相等的价值的论述中就已经清楚地表明价值的实体与相交换的商品的效用无关而只与以一定时间来计量的劳动量有关，尽管他还没有从交换价值中抽象出价值，因而不是用商品所实际凝结的劳动量，而是用"商品中包含的劳动的比较量来确定商品的价值。"② 与配第相比较，斯密的劳动价值论更为明确地提出了商品的价值实体在于生产商品所耗费的劳动的观点。斯密首先明确区分了使用价值和交换价值概念并将寻找人们在以货币交换货物或以货物交换货物时所遵循的法则作为政治经济学研究的中心课题，这就从根本上排除了将使用价值或效用作为商品价值实体的可能性。在此基础上，斯密通过"任何一个物品的真实价格，即要取得这物品实际所付出的代价，乃是获得它的辛苦和麻烦"的著名论述将商品价值的实体明确地定位在生产商品所耗费的劳动上。尽管斯密的第二个价值定义即认为商品价值量取决于商品所能购买和支配的劳动量的观点表现出与第一个价值定义内涵上的某种不一致，但就将劳动理解为商品价值的唯一实体这一点而言，斯密的观点却是始终一贯的。在劳动价值论的发展史上，马克思是最明确、坚决而彻底地坚持劳动是构成商品价值的唯一实体的观点的经济学家。他一方面坚持自斯密和李嘉图以来就已经形成的基本观点，指出作为交换价值，商品不包含任何一个使用价值的原子而只是以这种或那种形式进行的人类劳动力耗费的单纯凝结；另一方面则进一步分析指出，如果

① 萨伊：《政治经济学概论》，商务印书馆 1963 年版，第 59 页。
② 《马克思恩格斯全集》第 26 卷 I，人民出版社 1972 年版，第 380 页。

把商品体的使用价值撇开从而使其只剩下劳动产品这个属性，那么这也就是把那些使劳动产品成为使用价值的生产商品的劳动的具体形式抽象掉。这样，商品体在撇开使用价值之后所剩下的劳动产品的属性，就只是完全同质化了的、无差别的抽象人类劳动。因此，作为商品价值实体的，并不是古典经济学劳动价值论所笼统地理解的劳动，而是撇开劳动的具体形式的无差别的抽象人类劳动。马克思关于商品的价值实体不是具体形式与抽象内涵的混沌体，而是撇开具体形式的无差别的抽象人类劳动的观点，不仅坚持了劳动是商品价值的唯一实体的基本理念，而且克服了古典经济学的劳动价值论由于没有能够将具体劳动与抽象劳动分离开来所导致的不彻底性，为以后对商品价值量的规定等一系列理论问题的分析奠定了坚实的基础。

其次，体现在商品中的劳动量是价值量决定的唯一因素。既然劳动是构成商品价值的唯一实体，那么商品中所凝结的劳动量自然也就是决定商品价值量的唯一因素，无论是在配第、斯密、李嘉图还是马克思那里，这一观点也同样是坚定不移而始终如一的，而马克思无疑又是这一观点的最为全面而系统的阐释者。具体说来，马克思主要从三个方面系统地论述了劳动量与商品价值量之间的唯一决定关系：第一，商品的价值量与体现在商品中的社会必要劳动的量成正比。在分析了商品的价值量并不是由生产商品的个别劳动时间决定而是由社会必要劳动时间决定之后，马克思指出，既然生产使用价值的社会必要劳动时间决定该使用价值的价值量，那么商品的价值量就与体现在商品中的社会必要劳动的量成正比，这种正比关系意味着，生产一种商品的必要劳动时间越少，凝结在该商品中的劳动量就越小，该商品的价值量也就越小；反之，生产一种商品的劳动时间越多，凝结在该商品中的劳动量就越多，该商品的价值量也就越大。例如，马克思指出，尽管英国的手工织布工人把纱织成布仍旧要用与以前同样多的时间，但由于英国采用蒸汽织布机使社会必要劳动时间比过去减少一半，因而手工织布工人的相同的劳动时间所代表的价值却只有过去的一半。① 第二，商品的价值量与生产商品的劳动生产力成反比。马克思指出，商品的价值量与体现在商品中的社会必要劳动的量成正比，而与劳动的生产力成反比。具体说来，商品价值量与劳动生产力之间的反比关系表现在：劳动生产力越高单位商品的价值量就越低；劳动生产力越低，则单位商品价值量越高。因为商品的价值量与体现在商品中的社会必要劳动的

---

① 马克思：《资本论》第1卷，人民出版社1975年版，第52页。

量成正比的，劳动生产力越高，生产一种商品所需要的劳动时间就越少，凝结在该商品中的劳动量也就越小，该商品的价值量也就越小。反之，劳动生产力越低，生产一种商品所需要的必要劳动时间就越多，该商品的价值量也就越大。① 不难发现，商品的价值量与生产商品劳动生产力成反比不过是商品的价值量与体现在商品中的社会必要劳动的量之间正比关系的进一步体现。第三，商品的价值量与劳动的复杂程度成正比。马克思指出，生产商品的劳动有复杂劳动与简单劳动的区别。所谓简单劳动是指不需要经过专门训练和培养的一般劳动者都能从事的劳动；而所谓复杂劳动则是指需要经过专门训练和培养，具有一定文化知识和技术专长的劳动者所从事的劳动。由于从事复杂劳动的劳动者的劳动力比从事简单劳动的劳动者的劳动力需要更多的训练与培养的费用，它的生产需要花费更多的时间，因而具有较高的价值。而既然这种劳动力的价值较高，它也就表现为较高级的劳动，因而能够在同样长的时间内物化较多的价值。② 商品的价值量与劳动的复杂程度之间的正比关系意味着，劳动的复杂程度越高，在相同的时间内所创造的价值也就越多，劳动的复杂程度越低，在相同的时间内所创造的价值也就越少。需要指出的是，马克思关于商品价值量与劳动量之间关系的论述在古典经济学的劳动价值论中也或多或少被论述到。例如，关于商品价值量与体现在商品中的劳动量之间的正比关系，李嘉图明确指出："如果体现在商品中的劳动量规定商品的交换价值，那末，劳动量每有增加，就一定会使在其上施加劳动的商品的价值增加，劳动量每有减少，也一定会使之减少。"③ 关于商品价值量与劳动复杂程度之间的关系，斯密指出，两种不同的工作所费去的时间，往往不是决定这比例的唯一因素，它们的不同困难程度和精巧程度，也须加以考虑。一个钟头的困难工作，比一个钟头的容易工作，也许包含有更多的劳动量；需要十年学习的工作做一小时，比普通业务做一月所含劳动量也可能较多。④ 由此可见，体现在商品中的劳动量是价值量决定的唯一因素的观点绝不是只在马克思的劳动价值论中才获得阐释。

最后，生产商品的劳动过程是商品价值创造的唯一源泉。如前所述，凝结在商品中的劳动是商品价值的唯一实体，而体现在商品中的劳动量则是价值量决定的唯一因素。但是，无论是抽象劳动在劳动产品中的凝结还

<hr />

① 马克思：《资本论》第 1 卷，人民出版社 1975 年版，第 53 页。
② 马克思：《资本论》第 1 卷，人民出版社 1975 年版，第 223 页。
③ 大卫·李嘉图：《政治经济学及赋税原理》，商务印书馆 1976 年版，第 9 页。
④ 亚当·斯密：《国民财富的性质和原因的研究》上卷，商务印书馆 1972 年版，第 27 页。

是抽象劳动的量的变化都只有通过生产商品的劳动过程才能实现。这样，就只有生产商品的劳动过程以及在劳动过程中实现的劳动量的耗费才是商品价值创造的唯一源泉。如果说劳动价值论在其基本的理论理念上表达了一种劳动创造价值的观点，那么，生产商品的劳动过程是商品价值创造的唯一源泉无疑就是劳动价值论最为基础和最为核心的观点。正是由于这一观点在劳动价值论中的基础与核心地位的确立，我们看到，从古典经济学的初始开始，劳动价值论就一直强调商品的价值只能是指生产商品的劳动过程中的劳动消耗。古典经济学的创始人配第虽然用生产金银货币的劳动而不是直接以生产商品的劳动来标定商品的价值，但他关于商品与金银货币在交换中形成的等式却已经表明他是用商品生产中的劳动消耗来说明商品价值的。斯密虽然不再像重商主义和重农学派那样认为只有商业劳动或农业劳动才创造价值，但同样强调商品价值只有在生产或劳动的过程中才能形成，这就是他所说的通过付出一定的"辛苦和麻烦"而取得物品的劳动过程。与斯密相比较，李嘉图更为坚决而彻底地坚持了生产商品的劳动过程是商品价值创造的唯一源泉的观点，他一方面承认物化劳动在商品生产过程中的作用；另一方面又明确地否认物化劳动和太阳、空气等自然因素创造价值的观点，认为这些因素"尽管会大大增加商品的使用价值，但是从来不会使商品增加萨伊先生所说的交换价值。"[1]马克思对于李嘉图的这个见解给予很高的评价，认为李嘉图"强调指出劳动是人的、而且是社会规定的人的活动，是价值的唯一源泉。李嘉图和其他经济学家不同的地方，恰恰在于他前后一贯地把商品的价值看作仅仅是社会规定的劳动的'体现'。"[2] 与古典经济学相比较，马克思的劳动价值论不仅强调生产商品的劳动过程是商品价值创造的唯一源泉，而且还在其生产商品的劳动二重性学说中，详细地分析了生产商品劳动过程的具体特点以及价值创造的内在机制，指出只有生产商品的劳动过程中的抽象劳动的凝结才形成商品的价值，从而使劳动价值论关于生产商品的劳动过程是商品价值创造的唯一源泉的观点得到了前所未有的深化和发展。如果说古典经济学强调商品价值来源于生产商品的劳动过程是对劳动是商品价值创造的唯一源泉基本理念的狭义诠释，那么它们的生产劳动理论则是对这一理念的广义诠释。虽然劳动价值论认为劳动是价值创造的唯一源泉，但这并不意味着所有的劳动形式都能够创造价值。在劳动价值论看来，只有那种具有生产

---

① 大卫·李嘉图：《政治经济学及赋税原理》，商务印书馆1976年版，第243页。
② 《马克思恩格斯全集》第26卷Ⅲ，人民出版社1974年版，第197页。

性因而被称为生产劳动的劳动形式才能够创造价值并成为价值创造的客观来源。在古典经济学中，最早提出生产劳动理论的大概要算是威廉·配第了。配第将劳动区分为生产金银的劳动和生产其他普通商品的劳动两种类型，并认为只有开采金银的劳动才能直接生产交换价值。这种认识应该是重商主义之后对生产劳动理论的最初探索。威廉·配第之后，生产劳动理论经过重农学派的理论中介在亚当·斯密的经济学理论中得到完善和发展，并为马克思的生产劳动理论提供了直接的理论来源。劳动价值论的生产劳动理论进一步强调了商品价值与生产商品的劳动过程之间的内在关联，是对劳动价值论关于劳动是商品价值创造唯一源泉的观点的进一步理论表达。

在新时期深化和发展马克思劳动价值论的理论争论中，对劳动价值论的理论实质的抽象与概括具有十分重要的理论意义，这不仅是因为对劳动价值论理论实质的抽象与概括有助于在各种价值理论的对立和斗争中，准确地理解劳动价值论的基本理念，自觉地坚持马克思劳动价值论的基本立场，而且还因为只有准确理解劳动价值论的理论实质才能为我们反思劳动价值论提供坚实的理论质点，而对劳动价值论的理论反思恰是新时期深化和发展马克思劳动价值论所必需的。因为当我们将上述的理论质点概括为劳动价值论的理论实质的时候，这也就意味着它是各种不断发展的劳动价值论形态所普遍坚持的，但这并不意味着它是不能被反思与批判的，恰恰相反，有关劳动价值论的争论常常指向劳动价值论的理论本身，指向各种劳动价值论形态所普遍持守的理论实质或基本理念。因此，如果我们要推进马克思劳动价值论的深化和发展，就必须将理论反思的视角转向劳动价值论的基本理念本身，通过对这些基本理念的深刻反思找到破解各种矛盾与冲突的关键锁钥，发现马克思劳动价值论深化和发展的理论生长点。举一个简单的例子，人们常常提到生产价格的转形问题，但如果仔细分析就会发现，生产价格转形问题之所以在一些人那里成为一个"问题"，就是因为生产价格"背离"了商品价值由生产商品所耗费的劳动时间所决定的基本理念，因此，只有反思劳动价值论的基本理念，我们才能找到求解生产价格转形问题的正确思路。

正如劳动价值论的历史发展所显示的那样，马克思劳动价值论的产生无疑是劳动价值论发展史上划时代的变革，因为即使是在劳动价值论的理论实质或基本理念方面也是马克思的劳动价值论对之做了最好的说明。那么，为什么只有马克思的劳动价值论能够实现劳动价值论发展史上划时代的变革呢？这除了由社会历史发展所提供的经济与政治条件之外，就主要是由于马克思政治经济学在研究方法方面的创新与突破的。因此，要理解马克思的劳动价值论在劳动价值论以及政治经济学发展史上所实现的变革，就必须进一步深刻理解马克思政治经济学的研究方法。

第三节　马克思政治经济学研究的方法论内涵及其意义

一、历史唯物主义作为马克思政治经济学研究的基本方法论

马克思恩格斯于 1845 年合著的《德意志意识形态》是马克思政治经济学研究史上具有转折意义的理论事件，因为正是以这部著作作为标志而诞生的历史唯物主义为马克思政治经济学的研究提供了新的世界观和方法论，开创了马克思主义政治经济学研究的崭新局面。但是，对于历史唯物主义在怎样的意义上表现为马克思主义政治经济学研究的基本方法论，历史唯物主义如何会合于政治经济学的研究以及如何实现向马克思主义政治经济学研究的实际贯彻等问题，都还需要作一种理论上的辨识与清理。

长期以来，基于列宁关于马克思主义三个组成部分和三个理论来源的观点，人们一直将历史唯物主义看作是马克思 19 世纪 40 年代哲学批判与哲学变革的理论成果，从而在将历史唯物主义认定为马克思原生态（历史）哲学思想的同时，将历史唯物主义与马克思主义政治经济学研究之间的关系理解成一种方法论上的学科间外部支持关系，这不仅在马克思哲学思想的研究中为"青年马克思"与"老年马克思"的对立埋下了伏笔，而且也使马克思主义政治经济学的"真正的实证科学"与历史的思辨哲学之间方法论上的契合性成为问题。通过对马克思政治经济学研究历史的认真反思，我们发现，历史唯物主义并不是马克思主义政治经济学研究的哲学方法论，而是马克思试图建立的政治经济学理论体系的具有宏观指导意义的"总论"。

众所周知，以四卷本《资本论》形式呈现在我们面前的马克思主义政治经济学体系是经历了一个极其复杂的历史发展过程才告形成的，而马克思在 1857 年 8 月的《〈政治经济学批判〉导言》中提出的"五篇结构计划"则是这个复杂历史过程中的关键一环。在阐述了政治经济学的研究方法之后，马克思指出："显然，应当这样来分篇：（1）一般的抽象的规定，因此它们或多或少属于一切社会形式，不过是在上面所阐述的意义上。（2）形成资产阶级社会内部结构并且成为基本阶级的依据的范畴。

资本、雇佣劳动、土地所有制。它们的相互关系。城市和乡村。三大社会阶级。它们之间的交换。流通。信用商业（私人的）。（3）资产阶级社会在国家形式上的概括。就它本身来考察。'非生产'阶级。税。国债。公共信用。人口。殖民地。向国外移民。（4）生产的国际关系。国际分工。国际交换。输出与输入。汇率。（5）世界市场和危机。"① 那么，这个"五篇结构计划"中第一篇"一般的抽象的规定"的具体内涵到底是什么呢？人们一般认为就是在最后演变中成为《资本论》"绪论性章节"的价值、货币等关于"交换价值一般"的内容。但是，从马克思在1857年12月对"五篇结构计划"的再一次说明来看，"一般的抽象的规定"的具体内涵显然并不是这些属于劳动价值论的东西，而是"生产一般"。大约在1857年12月中、下旬再次提到"五篇结构计划"时，马克思指出："在第一篇《关于生产一般》和第二篇第一部分关于交换价值一般中，应当包括那些内容，这只有在全部阐述结束时并且作为全部阐述的结果才能显示出来。"② 如果说第一篇"一般的抽象的规定"的具体内涵应该是"生产一般"而非"交换价值一般"，那么这个"生产一般"的具体内容又应该是什么呢？虽然马克思在这里并没有对此作出明确的说明，但他在1857～1858年《〈政治经济学批判〉导言》中紧接"五篇结构计划"而列出的一个由五节内容构成的标题，却可以基本断定这就是马克思所说的"生产一般"的具体内容，因为这个由五节内容构成的标题恰是概述了一切生产的一般条件。

这个六节标题的具体内容是：

4. 生产。
生产资料和生产关系。
生产关系和交换关系。
国家形式和意识形式同
　生产关系和交往关系的关系。
法的关系。家庭关系。③

那么，为什么马克思要在其早期政治经济学理论体系的设想中增加一个"关于生产一般"的内容呢？从马克思1857～1858年《〈政治经济学批

① 《马克思恩格斯选集》第2卷，人民出版社1995年版，第26页。
② 《马克思恩格斯全集》第46卷（上），人民出版社1979年版，第286页。
③ 《马克思恩格斯选集》第2卷，人民出版社1995年版，第27页。

判〉导言》所披露的信息来看，这是受古典政治经济学理论体系影响的结果。马克思指出，正如约·斯·穆勒的《政治经济学原理》那样，现在资产阶级政治经济学的时髦做法，是在经济学的开头摆上一个"总论"部分——就是标题为《生产》的那部分，用来论述一切生产的一般条件，这个总论部分主要包括进行生产所不可缺少的条件和或多或少促进生产的条件，而这实际上不过是把一切生产的基本要素归结为几个十分简单的规定。对于资产阶级政治经济学的这种时髦做法，马克思首先是持一种批评的态度，认为一切生产阶段所共有的、被思维当作一般规定而确定下来的规定是存在的，但是所谓一切生产的一般条件，不过是这些抽象的要素，而用这些抽象的要素不可能理解任何一个现实的历史的生产阶段。因为说到生产，总是在一定社会发展阶段上的生产，总是一定社会中的个人在一定社会形式中并借这种社会形式而进行的对自然的占有。但是另外马克思又认为，虽然生产总是在一定社会发展阶段上的生产，但生产的一切时代又都有某些经过比较而抽出来的共同标志，共同规定，没有它们，任何生产都无从设想。因此，生产一般虽然只是一个抽象，但是只要它真正把共同点提出来，定下来，免得我们重复，它就是一个合理的抽象。① 由此可见，虽然马克思并不十分满意资产阶级政治经济学开头部分对一切生产的一般条件的抽象，但也并没有像有些人所理解的那样完全否定这种抽象的合理性。如果前述的分析是合理的，那么我们借此可以推断，《〈政治经济学批判〉导言》中五节内容构成的标题就是马克思仿效资产阶级政治经济学的时髦做法而为自己的政治经济学体系预设的关于"生产一般"的"总论"。

但是，问题还远不止此。通过进一步的分析我们发现，作为"生产一般"的由五节内容构成的标题同马克思在《德意志意识形态》中对唯物主义历史观的第一次系统论述有惊人的相似之处，因为马克思在《德意志意识形态》中对唯物主义历史观的论述也是先讲生产力与生产关系，然后再讲经济基础与上层建筑。② 这就使我们有理由进一步推断，《〈政治经济学批判〉导言》中五节内容构成的标题实际上是对马克思在《德意志意识形态》中第一次系统阐发的历史唯物主义基本内容的概括。而如果五节内容构成的标题就是历史唯物主义基本内容的概括，而五节内容构成的标题同时也是马克思"五篇结构计划"体系的"总论"，那么，历史唯物主义也就在实质上构成了马克思为其政治经济学理论体系所预设的像

① 《马克思恩格斯选集》第 2 卷，人民出版社 1995 年版，第 5、6、3 页。
② 参阅《马克思恩格斯选集》第 1 卷，人民出版社 1995 年版，第 92 页。

资产阶级政治经济学体系中的"生产一般"一样的"总论"。自然地，如果说历史唯物主义是马克思政治经济学关于"生产一般"的"总论"，那么它与马克思政治经济学之间也就绝不是传统观点所理解的学科间的外部支持关系，而是一种学科内部的自支持关系，更确切地说是一种学科内部方法论上的自支持关系。①

我们知道，在其一生的理论活动中，马克思一共只有两次系统地论述到历史唯物主义的基本原理，其中 1859 年《〈政治经济学批判〉序言》中的论述更是被看作是对历史唯物主义基本原理的经典表述。马克思指出："人们在自己生活的社会生产中发生一定的、必然的、不以他们的意志为转移的关系，即同他们的物质生产力的一定发展阶段相适应的生产关系。这些生产关系的总和构成社会的经济基础，即有法律的和政治的上层建筑竖立其上并有一定的社会意识形式与之相适应的现实基础。物质生活的生产方式制约着整个社会生活、政治生活和精神生活的过程。不是人们的意识决定人们的存在。相反，是人们的社会存在决定人们的意识。社会的物质生产力发展到一定阶段，便同它们一直在其中活动的现存生产关系或财产关系（这只是生产关系的法律用语）发生矛盾。于是这些关系便由生产力的发展形式变成生产力的桎梏。那时社会革命的时代就到来了。随着经济基础的变更，全部庞大的上层建筑也或快或慢地发生变革。"②当我们通过对马克思政治经济学理论体系历史发展过程的分析确定历史唯物主义与政治经济学之间作为一种学科内部方法论上的自支持关系之后，它们之间的契合性或融贯性也就可以得到更为顺畅的说明，因为政治经济学的研究对象将表明它更合于历史唯物主义所内含的方法论意义。从马克思的经典论述来看，历史唯物主义所内含的方法论意义主要有两个方面：其一，不是人们的意识决定人们的存在。相反，是人们的社会存在决定人们的意识。这是历史唯物主义中的唯物主义原则在方法论上的要求。其二，由于自身内部的固有矛盾，社会存在是不断变化的。而随着社会存在的不断变化，反映社会存在的人们的社会意识以及作为社会意识"物质附属物"的社会政治结构也就必然不断地发生变化。这是历史唯物主义中的历史主义原则在方法论上的要求。在这两方面的方法论要求中，唯物主义的方法论要求或许仅仅是一种前提或基础性的东西，而历史主义的方

① 参阅赵庆元：《论唯物主义历史观在马克思思想体系中的地位》，载《理论界》2010 年第 6 期。

② 《马克思恩格斯选集》第 2 卷，人民出版社 1995 年版，第 32～33 页。

法论要求才更具有核心和关键的意义。现在我们来看政治经济学研究对象如何契合于历史唯物主义所体现的这种方法论意义。

正如恩格斯所指出的，政治经济学，从最广的意义上说，是研究人类社会支配物质生活资料的生产与交换的规律的科学。在这里，生产和交换这两种虽然不同却又在每一瞬间都互相制约并且互相影响的职能，作为经济曲线的横坐标与纵坐标构成了政治经济学研究的首先的对象。① 但是一方面，在一定社会生产和交换的方式与方法的基础上必然产生相应的产品分配的方式方法；另一方面，这种产品分配的方式方法也并不仅仅是生产与交换的消极产物，而是会反过来影响生产和交换的方式方法的产生和发展。这样，一定社会的生产方式、交换方式以及与之相适应的分配方式就构成了政治经济学的研究对象。如果说，社会存在决定社会意识，那么这也就是说，构成政治经济学体系的一定的经济范畴必须是对这种在经济范畴之外客观地存在着的经济关系的反映。这正是历史唯物主义中唯物主义方法论原则的基本要求。事实上，我们知道，正如恩格斯所指出的，目前有关经济科学的东西，是"只限于研究资本主义生产方式的产生和发展"而被恩格斯称为狭义政治经济学的东西，这种政治经济学已经在 18 世纪被重农学派以及亚当·斯密和大卫·李嘉图做了正面的阐述。无论这些狭义的政治经济学家们是否承认，他们之所以能够通过对既定的现代资产阶级社会的研究获得对"狭义的政治经济学"的"正面阐述"，正是因为他们在有意或无意间遵循和坚持了这种唯物主义的方法论原则。但是，这些狭义的经济学家们又犯了同 18 世纪的启蒙学者一样的错误：他们不是把新的科学看作是他们那个时代的关系和需要的表现，而是看作永恒理性的表现；不是把新的科学所发现的生产和交换的规律看作历史地规定的形式的规律，而是看作永恒的自然规律；他们不是从当时的历史地规定的关系中，而是从人的本性中引申出这些规律。② 但是，从历史唯物主义的历史主义原则来看，作为政治经济学研究对象的一定的生产和交换并不是一成不变的，而是伴随着它所处的条件不断变化的；而随着一定社会的生产方式和交换方式的变化，与之相适应的产品分配的方式方法也就必然不断地发生变化，因而没有一种生产方式、交换方式以及与之相适应的分配方式是一成不变的"坚实的结晶体"。由于研究对象的不断的变化，作为这种不断变化的对象的理论反映的政治经济学也就必须不断地变化。因此，正

---

① 《马克思恩格斯选集》第 3 卷，人民出版社 1995 年版，第 489 页。
② 《马克思恩格斯选集》第 3 卷，人民出版社 1995 年版，第 493 页。

如恩格斯明确指出的，"政治经济学本质上是一门历史的科学"：它不仅要像狭义的政治经济学那样唯物主义地研究现代的资本主义社会的生产、交换和分配的形式，而且需要历史主义地对发生在这些形式之前的或者在比较不发达的国家内和这些形式同时并存的那些形式加以研究和比较，至少是概括地加以研究和比较。① 当我们从上述的分析中引出恩格斯关于"政治经济学本质上是一门历史的科学"这一关键性结论的时候，历史唯物主义为什么是一种更加契合于政治经济学研究对象的方法论也就得到了最终的说明，这就是，从根本上说这是由政治经济学所研究的对象的历史性本质所决定的；而狭义的资产阶级政治经济学恰是在这一点上误入了歧途。

但是，作为政治经济学研究的基本方法论，历史唯物主义绝不能只对政治经济学研究做一种外在的君临之势，它必须实际地贯彻到政治经济学的实证研究之中。那么，马克思是如何将历史唯物主义的方法论原则真正贯彻到政治经济学的研究中的呢？具体说来，马克思将历史唯物主义的基本方法论原则贯彻到政治经济学的研究之中是通过从抽象上升到具体的逻辑程式来实现的。因为从形式上来看，从抽象上升到具体的过程是一个人的思维以概念自身的矛盾为动力的、纯粹的自我演绎过程，但它更深刻的基础则是通过逻辑与历史相统一的原则而与历史之间的致密关联，这种关联就历史不是表现为某种想象的空无的历史，而是表现某种实在存在的历史而言是唯物主义的；而就这种实在的存在并不是一种"坚实的结晶体"，而是一种处于不断变化和发展之中的"过程的集合体"而言则是历史主义的。因此，从某种意义上说，从抽象上升到具体的方法，在真正坚持逻辑与历史相统一原则的基础上，就是历史唯物主义的基本逻辑表达式；而历史唯物主义的基本方法论在政治经济学研究中的实际贯彻也就是从抽象上升到具体方法的实际运用。但是，一方面，从抽象上升到具体的方法在政治经济学研究中的实际运用，正如其在一切科学研究中的运用那样并不仅仅是为了对客观实在的历史发展作一种思维的或逻辑的表达，更是为了透过事物的表面现象揭示其内在的本质和规律，没有这种自觉目的的先行确定，从抽象上升到具体的方法也就失去了认识论上的意义。另一方面，虽然理性具体表现为从抽象上升到具体的思维运演过程的逻辑终点，但它却必须将作为它对立面的抽象视为初始的起点，而这个作为初始起点的抽象却并不是任意得出的，在其抽象的过程方面，它必须在坚实而

---

① 《马克思恩格斯选集》第 3 卷，人民出版社 1995 年版，第 489、491 页。

丰富的实在的基础上进行；在其抽象的结果方面，它必须包含着在以后的历史过程中不断地发展开来的各种矛盾的胚胎与萌芽。而更为重要的是，从抽象上升到具体的方法只有在坚持逻辑与历史相统一的原则的基础上才能避免它在黑格尔那里变成"从无，经过无，到无"的逻辑游戏的结局。与这三个方面的要求相对应，从抽象上升到具体的方法就需要有对应的本质分析方法、抽象分析方法以及逻辑与历史相统一的原则的相互配合。因此，从总体上说，历史唯物主义的基本方法论在马克思政治经济学研究中的实际贯彻是一个包含本质分析方法、抽象分析方法和逻辑与历史相统一原则，而以从抽象上升到具体的方法为基本逻辑程式的方法论总成。

鉴于历史唯物主义的基本方法论在政治经济学研究中的实际贯彻是以从抽象上升到具体的逻辑程式通过本质分析方法、抽象分析方法和逻辑与历史相统一的原则来实现的，我们对马克思政治经济学研究方法的具体分析就以这三种方法为主要的对象。

二、本质分析方法

严格说来，本质分析并不是指一种认识论上的思维方法，而是指借助于一系列认识论上的思维方法所要达到的揭示事物与现象相对应的本质规定的目的论要求。虽然本质分析并不是一种具体的思维方法，但它却作为一种灵魂和主线贯穿于一切具体的认识方法与思维方法之中，规定并影响这些认识方法与思维方法在具体认识过程中的逻辑走向，因而在方法论上表现出比一切具体的思维方法更为重要的方法论特性。鉴于人们对马克思政治经济学中本质分析方法存在着诸多的曲解与误识，而这些曲解与误识又实际地影响到人们对马克思劳动价值论实体内涵的正确理解，我们对马克思政治经济学研究方法的分析就首先从本质分析方法开始。

如果说只有本质才是事物的真实存在，亦如黑格尔所说"本质是存在的真理"，那么一切科学研究的根本目的就都在于透过事物的表面现象揭示其内在的本质和规律，而现象分析方法——如果确实存在着一种与本质分析方法相对应的现象分析方法的话，——那也不过是本质分析方法借以揭示事物本质与规律的前提和条件。这对于从一开始就作为"真正的实证科学"而被塑造的马克思主义政治经济学以及劳动价值论来说自然也不例外。但是，即使是简单的历史回顾我们也很容易发现，对马克思政治经济学研究本质分析方法的曲解与误识几乎贯穿马克思政治经济学产生与发展的整个历史过程，而这种曲解与误识最典型的表现又莫过于两种观点的尖锐对立。众所周知，还在《资本论》第1卷刚刚出版之后不久的

1868 年，巴黎的《实证论者评论》即发文责备马克思"形而上学地研究经济学"，而没有为未来的食堂开出调味单。① 虽然这种指责得到马克思的直接回应并在以后不断地受到对立观点的批判，但类似的指责却不仅没有消失，反而在资产阶级庸俗经济学的影响下进一步扩散和发展，并成为今天质疑马克思政治经济学本质分析方法的重要趋向。例如，在新时期马克思劳动价值论的争论中即有论者在批判亚当·斯密价值理论的名义下指责马克思的价值理论。这种指责认为，在商品经济条件下，人们所能观察到的只是商品、商品生产以及不同商品在交换中的相对价格。然而，亚当·斯密等古典经济学者受到 18～19 世纪盛行的乐观开朗的理性主义的影响，他们总想为社会经济生活寻找到他们所谓的"自然秩序"。就商品的价值构成及其源泉的决定问题而言，他们试图在日常的商品交换及其相对价格背后找出一条不变的法则或衡量尺度——商品的交换价值及其本质。实际上，古典经济学的价值理论不过是一种超出作为经验科学的一般经济学所能涉足范围的"带有相当形而上学色彩的论题"。② 如果我们注意到西方形而上学思辨哲学在 19 世纪初期就已经出现的颓势以及马克思对形而上学思辨哲学的激烈批判，所谓"形而上学地研究经济学"无疑是对马克思本质分析方法的非常严厉的指责。但是，正如我们同时指出的，这种观点从一开始就受到对立观点的尖锐批判。这种批判认为，客观的经济事物同任何其他事物一样是表现形式与内在联系也即现象与本质的有机统一，而就经济事物的现象与本质来说，"前者是直接地自发地作为流行的思维形式再生产出来的，而后者只有通过科学才能揭示出来"；而经济科学的根本任务就在于透过表面现象发现经济事物的内在联系，揭示其本质和运动的规律性。如果事物的表现形式和事物的本质会直接合而为一，一切科学就都成为多余的了。这种观点同时指出，如果马克思主义政治经济学不透过经济事物的表面现象揭示其内在的本质和规律，就必然像马克思所指责的资产阶级庸俗经济学那样"只是在表面的联系内兜圈子"。不难发现，与第一种观点相反，这种观点恰恰是对马克思的本质分析方法做了完全相反的理解与评价。可是，既然一切科学研究的根本目的都在于透过事物的表面现象揭示其内在的本质和规律，为什么对于马克思的本质分析方法却存在着如此尖锐对立的理解呢？问题的关键显然并不在于本质分析

---

① 马克思：《资本论》第 1 卷，人民出版社 1975 年版，第 19 页。
② 林金忠：《经济学三种分配理论评析》，载俞可平等：《马克思主义研究论丛》（第四辑），中央编译出版社 2006 年版。

方法本身，而在于对作为本质分析方法所指谓对象的本质的理解。

自近代实证自然科学从传统的形而上学哲学中成功地分化出来并借助于实证主义获得理论上的认证以来，对于本质这一传统形而上学哲学的认识论对象就始终存在着思辨哲学和实证主义（实证科学）两种截然相反的理解：思辨哲学继承传统本体论哲学的思维定势，将本质理解为被事物的现象所掩盖着的形而上学的超验存在，认为只有通过形而上学的思辨方法透过事物的表面现象才能以理性的眼睛窥见到以超验形式存在着的本质；而实证主义则坚持现代实证科学的认识论旨趣，否认现象背后超验本质的客观存在，认为本质不过是现象之间"合乎常规的先后关系和相似关系"。由于对本质的理解不同，思辨哲学与实证主义之间的尖锐冲突也就不可避免：思辨哲学指责实证主义将科学研究滞留于事物的表面而不去揭示事物的深刻本质，并在一种肤浅或浅薄的研究趋向中流于纯粹的形式主义和庸俗主义；而实证主义则指责思辨哲学丢掉了作为科学研究实在基础的经验事实而去探究一种虚拟存在的本质，并在对一种虚假深刻性的盲目追逐中滑向了独断主义和怀疑主义。不难发现，对马克思政治经济学本质分析方法理解上的对立不过是思辨哲学与实证科学两种本质观之间的对立在马克思政治经济学领域中的反映和体现，两者之间唯一的共同点在于，它们似乎都认为马克思认同一种带有形而上学色彩的隐藏在现象背后的超验本质的存在，只不过一个从实证科学的角度否认这种超验本质的存在，而另一个则从思辨哲学的角度认可这种至少也是准超验形式的本质的存在。那么，马克思到底是在怎样的意义上理解本质的呢？

从形式上来看，马克思的确在他的政治经济学研究中贯彻着一种思辨哲学的本质观，这不仅体现在他对始终将"事物的表现形式和事物的本质会直接合而为一"并"只是在表面的联系内兜圈子"的资产阶级庸俗经济学的批判方面，更体现他对作为政治经济学研究对象的商品社会经济事实的认定方面。例如，马克思认为，生产交换价值的劳动有一个特征，那就是"人和人之间的关系可以说是颠倒地表现出来的，就是说，表现为物和物的社会关系……因此，如果交换价值是人和人的关系这种说法正确的话，那么必须补充说：它是隐藏在物的外壳之下的关系。"① 由于在马克思主义政治经济学中人与人之间的关系一直是被作为经济事实的内在本质来理解的，因而在许多人看来，由于资本主义经济现实中客观发生的颠倒性和复杂性，要揭示经济事实的内在本质，就必须采取一种类似于思

---

① 《马克思恩格斯全集》第13卷，人民出版社1962年版，第22页。

辨哲学的方法，透过一层层物化假象所编制的帷幕。当然，马克思在政治经济学研究中对黑格尔哲学方法论的借用也很容易使人们将马克思政治经济学的研究方法论与思辨哲学的方法论联系在一起。但是，如果我们脱离前述论述的狭隘视域而在一种更广的领域中思考问题就会得出完全相反的结论：在马克思政治经济学研究中实际行政的并不是思辨哲学或类思辨哲学的本质观而是"真正的实证科学"的本质观。

首先，从马克思思想的整体性质来看，马克思反对思辨哲学的建构思路而认同实证科学的发展方向。众所周知，在其思想发展以博士论文为代表的初期阶段，马克思对于思辨哲学，而特别是对于具有鲜明辩证色彩的黑格尔的思辨哲学表现出一定程度的认同，但是，随着做《莱茵报》编辑日渐接触到社会现实，马克思发现被青年黑格尔学派奉为"不可侵犯的圣物"的黑格尔思辨哲学，常常把一切外部的感性斗争都变成纯粹观念的斗争，因而逐渐产生了对思辨哲学的排斥与反感的心态，这由此开启了马克思从《1844 年经济学哲学手稿》、《神圣家族》到《德意志意识形态》批判青年黑格尔学派及其思辨哲学的心路历程。另外，与马克思在这一时期逐渐产生的对思辨哲学的排斥与反感心态相对应，以实证科学在近代的巨大发展为背景的实证主义思潮的兴起以及政治经济学在社会历史领域所开启的实证的科学研究道路则使马克思逐渐认识到，正如在自然世界领域实证的自然科学取代自然哲学那样，在社会历史领域，实证的社会科学或历史科学同样是思辨的历史哲学的最合理的替代。于是，从《1844 年经济学哲学手稿》开始，马克思逐渐表现出对于实证科学理论趋向的认同，并将"实证的批判"看作是批判地研究国民经济学的唯一科学的方法。① 当马克思恩格斯在《德意志意识形态》中指出"在思辨终止的地方，在现实生活面前，正是描述人们实践活动和实际发展过程的真正的实证科学开始的地方"② 的时候，他们就已经明确抛弃了思辨哲学的建构思路而认同"真正的实证科学"的发展思路。不难发现，这里所谓的"真正的实证科学"就是他们以《资本论》为标题的批判的政治经济学。显然，如果说马克思恩格斯从《德意志意识形态》开始就已经明确而坚定地认同实证科学的发展思路，并在他们思想的历史发展中致力于构建一种在主体性质上属于"真正的实证科学"的政治经济学，那么他们就不可能再认同一种思辨哲学的本质观，更不可能在这种思想体系中建构

---

① 马克思：《1844 年经济学哲学手稿》，人民出版社 1979 年版，第 2 页。
② 《马克思恩格斯选集》第 1 卷，人民出版社 1995 年版，第 73 页。

一种同这种总体性质相背离的思辨哲学的本质观。其次，从对于本质内涵的认定方面来看，马克思反对思辨哲学的超验本质而认同实证科学的经验本质。马克思并没有关于本质问题的直接论述，但从他对以费尔巴哈为代表的青年黑格尔学派的批判以及对某些有关《资本论》方法论评论的回应中，我们还是可以很清楚地理解其所认同的本质的内涵。例如，在《关于费尔巴哈的提纲》和《德意志意识形态》中，马克思一方面明确地否定被德意志意识形态想象为异己力量的形而上学超验实体的存在，他指出，被德意志意识形态作为人类历史必须遵循的外在尺度而以异己形式存在的形而上学"实体"，不过是"由人们的相互作用产生的"，随着现存社会制度被共产主义革命所推翻，这种对德国理论家来说如此神秘的力量就将被人们自觉地加以控制和驾驭；① 另一方面则在批判费尔巴哈的抽象的人的本质观中明确指出，人的本质并不是单个人所固有的抽象物，在其现实性上，它一切社会关系的总和，从而在对人的本质的理解中明确地将本质定义在现实的（或经验的）而非抽象的（或超验）的层面上。《资本论》出版之后，伊·伊·考夫曼在《欧洲通报》上发表评论马克思《资本论》方法的文章，指出："在马克思看来，只有一件事情是重要的，那就是发现他所研究的那些现象的规律。……不仅是在这些现象具有完成形式和处于一定时期内可见到的时候支配着它们的那种规律。除此之外，最重要的是这些现象变化的规律，这些现象发展的规律……他一发现了这个规律，就详细地来考察这个规律在社会生活中表现出来的各种后果……所以马克思竭力做的只有一件事：通过准确的科学研究来证明社会关系的一定秩序的必然性，同时尽可能完善地指出那些作为他的出发点的根据的事实。"马克思认为，考夫曼对《资本论》方法的描述是恰当的。② 但是，如果我们仔细品读考夫曼的描述就会发现，他所谓《资本论》发现的"现象的规律"恰是与实证科学对本质与规律的认定相一致的，因为实证科学所认为的本质与规律就是现象之间的"合乎常规的先后关系和相似关系"。因此，马克思对考夫曼《资本论》方法评论的认可实即意味着对实证科学本质意涵的认可。最后，在本质分析方法的具体运作程式上，马克思反对思辨哲学以纯粹概念为起点的研究思路而认同实证科学以现实经验为起点的研究思路。还在《1844 年经济学哲学手稿》时期，马克思即表现出对于实证科学以现实经验为起点的研究思路的认同。他一方

---

① 《马克思恩格斯选集》第 1 卷，人民出版社 1995 年版，第 89～90 页。

② 马克思：《资本论》第 1 卷，人民出版社 1975 年版，第 20、23 页。

面批评资产阶级的国民经济学声称以经济事实为出发点，而在事实上却将自己置身于"一种虚幻的原始状态"的虚假的实证主义；另一方面则在此批判的基础上明确指出自己的批判的政治经济学必须从无须借助于任何形而上学繁琐证明的"现有的经济事实出发"，并最终形成了其独特的异化劳动理论。① 在《德意志意识形态》中，马克思第一次明确而坚定地将"可以用纯粹经验的方法来确认"的人们的"能动的生活过程"作为其人类历史研究的现实前提。他说，我们开始要谈的前提不是任意提出的，不是教条，而是一些只有在想象中才能撇开的现实前提。这是一些现实的个人，是他们的活动和他们的物质生活条件，包括他们已有的和由他们自己的活动创造出来的物质生活条件。因此，这些前提可以用纯粹经验的方法来确定；而只要描绘出这个可以用纯粹经验的方法来确定的人们的"能动的生活过程"，历史就不再像那些本身还是抽象的经验论者所认为的那样，是一些僵死的事实的汇集，也不再像唯心主义者所认为的那样，是想象的主体的想象的活动。② 由于实证科学将人们的感性经验所能达及的现象视界作为科学研究的基本出发点并致力于解释现象之间"合乎常规的先后关系和相似关系"，马克思将用纯粹经验的方法来确定的人们能动的生活过程作为其科学研究的出发点，实即意味着马克思实证科学本质观的最终确立。

对于实证科学的具有明显经验论色彩的本质观还有一点必须澄清的误解，这就是认为实证科学对本质的经验主义认定将把事物的表现形式与事物的本质直接地合而为一从而取消了一切科学研究的必要。事实上，在实证科学的本质观中被重新定义的"本质"并不是指现象本身而是指现象之间"合乎常规的先后关系和相似关系"，这种"合乎常规的先后关系和相似关系"用列宁所引黑格尔的话来说就是，"现象中巩固的（保存着的）东西"、"现象的中介中的肯定的东西"、"现象中同一的东西"或"现象的静止的反映"等。③ 显然，作为"现象中巩固的（保存着的）东西"或"同一的东西"的本质并不是一种像一些人肤浅地理解的那样可以以经验的方式被直观到的东西，而是只有通过在分析、归纳和概括基础上的科学抽象才能被认识的东西。因此，对本质的带有经验论色彩的认定丝毫不会取消科学研究的必要。而马克思在《资本论》中一再提到的人

---

① 马克思：《1844 年经济学哲学手稿》，人民出版社 1979 年版，第 44 页。
② 《马克思恩格斯选集》第 1 卷，人民出版社 1995 年版，第 67、73 页。
③ 列宁：《哲学笔记》，人民出版社 1974 年版，第 158～159 页。

与人之间社会关系的本质被物的关系所掩盖的状况，也绝不意味着他所认定的本质就是一种被现象的帷幕所掩盖着的抽象的超验的东西，而只是认为科学的研究绝不应该像庸俗经济学那样停留于对事物表现形式的经验描述，而应该借助于对现象的抽象与概括揭示它们之间"合乎常规的先后关系和相似关系"。

三、抽象分析方法

如果说本质分析方法是马克思政治经济学研究方法目的论要求的体现，那么抽象分析方法就是这种目的论要求借以实现的基本手段，因为无论是将本质理解为现象背后的超验存在还是现象之间"合乎常规的先后关系和相似关系"，对本质的把握都需要通过抽象分析方法来实现。正如黑格尔所指出的："对事物的认识性的关照并无意要消灭事物的个体或是从事物得到感官的满足，或是利用它们来维持自己的生命，而是要学会认识事物的普遍性，找出它们的本质和规律，理解它们的概念。……理性的理智并不象欲望那样只属于单纯的个别主体，而是属于既是个别的而又含有普遍性的主体。人在按照这种普遍性对事物发生关系时，那就是他的普遍的理性在设法在自然中找到它自己，从而把事物的内在本质重新显示出来，感性存在虽然是根据这种内在本质，却不能把它直接显示出来"，所以，理智要探求对象的普遍性，规律，思想和概念，就不仅要把"个别事物丢自在后面，而且把它转化为内在的，从一个感性的具体的东西转化为一种抽象的思考的东西，这就是把它转化为和感性现象根本不同的东西。"① 但是，正如马克思的本质分析方法在人们现实认识中的遭遇那样，马克思的抽象分析方法也存在着诸多被曲解与误识的问题，这些曲解与误识在直接的层面影响到我们对马克思抽象分析方法的正确理解，而在更深的层面则影响到我们对马克思劳动价值论以及政治经济学基本原理的正确理解。在这些曲解与误识中，早期的观点是将马克思的抽象分析方法与旧哲学的形而上学思辨方法混为一谈，认为马克思在其《资本论》中所使用的抽象分析方法实质上不过是黑格尔唯心主义概念辩证法的翻版，它离开实证科学研究必须倚重的感性经验的现实基础而只在观念本身的范围内做纯形式的推演，因而是与一切真正实证科学的方法论原则相背离的。例如，作为实证主义的哲学和社会学学派的拥护者，第二国际修正主义者伯恩施坦就将马克思的抽象分析方法指认为"黑格尔的矛盾辩证法的残

---

① 黑格尔：《美学》第1卷，商务印书馆1980年版，第46~47页。

余"，看作是马克思学说中的"叛卖性因素"。① 伯恩施坦之后，由于哲学领域中自卢卡奇之后"以黑解马"模式的兴起，对马克思抽象分析方法的黑格尔主义指责逐渐沉寂下去，但以实证科学方法为基点而对马克思抽象方法的误解却在新时期劳动价值论的争论中重新出现。例如，有论者认为，马克思的抽象方法就是抽象掉任何社会形态或社会条件，从而在最抽象或最一般的意义上研究问题，因此这种研究的结论对任何社会形态和条件都有适用性。劳动价值论就是如此。它是首先在最纯粹的状态或最典型的环境中，通过科学实验式的研究揭示市场经济条件下社会经济关系的本质和经济运动的一般原理。② 从形式上看，这种观点是为了维护马克思劳动价值论在发达商品经济条件下的历史适用性，但由于认为马克思劳动价值论的理论结论是通过抽象方法借助于严格的约束条件构想出来的理论抽象，因而从另一个方面来看就变成了不与任何历史阶段的商品经济相对应因而也不适用于任何一个现实社会形态的抽象的东西。不难发现，这种误解在将马克思的抽象分析方法与实证科学研究的经验描述方法做截然区隔的同时，完全割裂了马克思政治经济学的理论结论借助于抽象分析方法而与经验事实之间的认识论关联，这不仅使马克思的抽象分析方法变成了没有任何感性经验基础的形而上学方法，而且也使政治经济学以抽象分析方法为方法论基础的理论结论变成了在形式上具有普遍的适用性而在事实上却不具有任何适用性的、纯粹的形而上学命题。

那么，我们应该怎样理解马克思的抽象分析方法呢？在分析马克思的抽象分析方法之前，我们首先需要知道，在政治经济学的研究领域曾经有两种非科学的抽象分析方法干扰着我们对马克思科学抽象方法的正确理解，这就是蒲鲁东主义抄袭黑格尔辩证法所形成的"随意的抽象"和李嘉图的非历史主义的"强制的抽象"。

马克思在谈到政治经济学研究方法时明确指出，研究必须充分地占有资料，分析它的各种发展形式，探寻这些形式的内在联系。然而，充分地占有的并需详细地加以分析的资料不过是对现实社会关系的经验的描述，因此，研究必须充分地占有资料实即意味着由此形成的理论结论必须是对现实社会关系的反映，正如马克思所指出的，经济范畴不过是生产的社会关系的理论表现，即其抽象。但是，如果研究割断了由必须充分地占有资

---

① 参阅顾海良、张雷声：《20世纪国外马克思主义经济思想史》，经济科学出版社2006年版，第21页。

② 引自晏智杰：《经济剩余论》，北京大学出版社2009年版，第190页；参阅罗雄飞：《转形问题与马克思劳动价值论拓展》，中国经济出版社2008年版，代序第3页。

料而与现实社会关系之间的联系,那么所谓抽象就必然地由于失去现实的客观基础而变成随意的。当然,作为黑格尔辩证法的拙劣抄袭者,蒲鲁东并没有通过简单地抛弃必须充分地占有的资料而忽略经济范畴与生产的社会关系之间的联系,他的主要问题在于同黑格尔一样唯心主义地颠倒了经济范畴与生产的社会关系之间的联系,把现实的社会关系仅仅看作是一些曾睡在"无人身的人类理性"的怀抱里的原理和范畴的化身。这样,现实关系就不是理论抽象借以展开而必须倚重的客观基础,而是其按照自己的主观逻辑随意处置的思想素材。例如,马克思曾批判过的蒲鲁东主义者达里蒙的"理论抽象"就是蒲鲁东"随意的抽象"的典型运用。达里蒙曾引用法兰西银行贵金属储备和银行贴现证券数量变动的统计表得出银行金属储备的减少额就是银行贴现证券的增加额的结论,并认为两者成反比例关系。而马克思通过对这一时期法兰西银行金属货币储备和银行贴现证券变动的统计资料的科学分析,认为这两者之间根本不存在什么反比例关系,根本不存在什么始终不变的规律,也没有什么因果关系。而达里蒙的货币理论不过是对统计资料的滥用和随意解释。正如马克思所指出的:"经济事实并没有验证他们的理论,而是证明他们不会掌握和利用事实,他们对待事实的方式倒是表明了他们的理论抽象是怎样产生的。"①

作为古典政治经济学理论体系的完成者,大卫·李嘉图在研究资本主义经济时较之于亚当·斯密更为科学地使用了抽象分析的方法。正如马克思所说的:"李嘉图有意识地把竞争形式,把竞争造成的表面现象抽象化,以便考察规律本身。"他摒弃了亚当·斯密的外在观察法,继承并发扬了亚当·斯密的内在观察法,以深入到资本主义经济的"生理过程"中探察资本主义经济现象之间的本质联系。② 他首先抓住商品的价值量由生产中所耗费的劳动时间决定这一正确原理,并由此出发去考察资本主义的其他经济范畴,看看这些其他经济范畴同这个原理是否符合,或者在什么程度上需要修正这个原理。但是,李嘉图的抽象方法却存在着被称为"强制的抽象"的严重缺陷,这种"强制的抽象"的缺陷有时表现为不彻底的抽象,即抽象没有将需要抽象的东西完全抽象掉因而使不同历史阶段的理论问题人为地交织在一起,如李嘉图在研究价值理论时把工资、利

① 引自顾海良:《马克思经济思想的当代视界》,经济科学出版社 2005 年版,第 192 ~ 193 页。

② 参阅陈孟熙、郭建青:《经济学说史教程》,中国人民大学出版社 1992 年版,第 169 页。

润、地租等问题塞进来，从而使问题人为地复杂化；而有时又形成过度的抽象，即在抽象中简单地跳过了许多必要的中间环节而直接去论证各种经济范畴的一致性。例如，他还未研究证明价值如何通过利润率平均化转化为生产价格，就直接把价值与生产价格等同起来，因而导致其理论体系的诸多矛盾并遭到理论论敌的致命攻击。抽象分析方法在李嘉图的经济理论那里之所以变成"强制"的，并不是由于它首先抓住的商品的价值量由生产中所耗费的劳动时间决定的原理而在直接的意义上疏离了与现实经济关系之间的内在关联，因为这一原理本身直接地就是对资本主义经济关系的抽象，而是由于他与一切资产阶级经济学家一样把资本主义的生产方式看作是永恒的、自然的生产方式，忽略了资本主义生产方式以及作为这种生产方式之理论表现的经济范畴的历史的、暂时的性质。因为当原始社会的渔夫和猎人与资本主义社会中的资本家被人为地置于同一个历史场景之中的时候，抹杀它们之间的历史差别而表现为或不彻底或过度的抽象的"强制的抽象"也就不可避免。

抽象分析方法在蒲鲁东和李嘉图那里以"随意的抽象"和"强制的抽象"形式的存在并不意味着它不适用于对现实资本主义经济关系的研究。正如马克思所指出的："物理学家是在自然过程表现得最确实、最少受干扰的地方观察自然过程的，或者，如有可能，是在保证过程以其纯粹形态进行的条件下从事实验的。"① 但是，要使经济形式达到科学研究所必需的纯粹的形态却并不能像自然科学那样以物理的方式人为地制造一种自然过程最确实、最少受干扰的环境，而必须通过抽象思维的"生动的机构和复杂的机制"在思维中撇开非主流的和非本质的因素，分离出一般的、本质的、必然的因素。因此，马克思指出："分析经济形式，既不能用显微镜，也不能用化学试剂。二者都必须用抽象力来代替。"② 但是，这绝不意味着马克思的抽象分析方法就是蒲鲁东和李嘉图那里"随意的抽象"或"强制的抽象"的翻版，恰恰相反，马克思的抽象分析方法与这种"随意的抽象"或"强制的抽象"有着本质的区别，而正是这些本质的区别保证了马克思抽象分析方法的科学性。首先，马克思的抽象分析方法以"最顽强的事实"为抽象分析的现实基础。众所周知，马克思的抽象分析方法来自于思辨哲学大师黑格尔，这种理论上的出生使过去和今天的许多人将马克思的抽象分析方法看作是黑格尔形而上学思辨方法的翻版。但是，正如马克思所指出的："我的辩证方法，从根本上说，不仅和

①② 马克思：《资本论》第 1 卷，人民出版社 1975 年版，第 8 页。

黑格尔的辩证方法不同，而且和它截然相反。在黑格尔看来，思维过程，即他称为观念而甚至把它变成独立主体的思维过程，是现实事物的创造主，而现实事物只是思维过程的外部表现。我的看法则相反，观念的东西不外是移入人的头脑并在人的头脑中改造过的物质的东西而已。"① 具体来说，黑格尔的抽象方法是从作为纯粹思维的"绝对观念"出发的，这种绝对观念通过外在自然界的异化阶段最终回归自身实现周期式的发展，而黑格尔的所谓抽象实质上也正是在绝对观念趋向自身的周期运动中实现的。但由于绝对观念所外化的自然界不过是抽象的自然界，不过是名为自然界的思想物。这样，绝对观念经过自然界的外在态阶段而回归自身的运动，就变成"从无，经过无，到无"的过程，变成了绝对观念"在自身内部的纯粹的、不停息的旋转"。与黑格尔的抽象方法不同，马克思的抽象分析方法则是从"最顽强的事实"出发的。因为在马克思看来，物质生活的生产方式制约着整个社会生活、政治生活和精神生活的过程。不是人们的意识决定人们的存在。相反，是人们的社会存在决定人们的意识。这就是说，在历史上出现的一切社会关系和国家关系，一切宗教制度和法律制度，一切理论观点，只有理解了每一个与之相应的时代的物质生活条件，并且从这些物质条件中引申出来的时候，才能理解。因此，只有坚持从作为"最顽强的事实"的一定时代的物质生活条件中才能找到一切科学的理论结论借以抽象的最坚实的基础。其次，马克思的抽象分析方法产生于最丰富的具体发展的场合。科学的抽象自然要依赖于"最顽强事实"的客观基础，但它并不因此就仅仅是对某一单称事实的经验描述。科学抽象的目的在于揭示事物内在的本质和规律，但这些本质和规律绝不是像费尔巴哈所理解的人的本质那样只是单个物体"所固有的抽象物"，而是在相对充分的发展中所形成的一类事物的通过抽象概括出来的共同属性。显然，如果没有抽象借以展开的客观事实的一定程度的充分发展，科学的抽象是不可能的。正是在整个意义上，马克思指出："最一般的抽象只能产生在最丰富的具体发展的场合，在那里，一种东西为许多东西所共有，为一切所共有。"② 例如，马克思举例说，商品在古亚细亚和古希腊罗马的生产方式下就已经存在并"取得了社会生活自然形式的固定性"，然而两千多年来人们在这方面进行探讨的努力却并未得到什么结果，究其原因，主要是因为商品生产在古亚细亚和古希腊罗马社会中尚处于从属的地位，

---

① 马克思：《资本论》第 1 卷，人民出版社 1975 年版，第 24 页。
② 《马克思恩格斯选集》第 2 卷，人民出版社 1995 年版，第 22 页。

而没有像它在资本主义社会那样通过其主导地位获得"典型的形式"，取得掩盖一切其他色彩的"普照的光"的地位。因此，尽管科学的抽象所形成的不过是一些极其简单的范畴，但它所对应的却并不因此就是一个极其简单的历史存在或自然存在。当然，科学的抽象必须产生于最丰富的具体发展的场合，绝不仅仅是因为只有通过具体的丰富的发展才能为借以展开的抽象提供一种外在的坚实基础，而且还因为只有在其最丰富的具体发展的场合，那些原先只是一种征兆的东西才能发展到具有充分的意义。正如马克思所比喻指出的，人体解剖对于猴体是一把钥匙，低等动物身上表露的高等动物的征兆，只有在高等动物本身已被认识之后才能理解。① 最后，马克思的抽象分析方法以向历史原点的回归为最终归宿。如前所述，在有些论者的理解中，马克思的抽象分析方法是一种抽象掉一切社会条件而在最抽象最一般的意义上研究问题的方法，因此它所形成的理论结论对于任何的社会形态和条件来说都是适用的。但是，用马克思的话来提问，这些抽象出来的简单范畴在比较具体的范畴之前是否有一种独立的历史存在或自然存在呢？答案自然只能是否定的。这可以从另一种关于劳动价值论适用性的观点中得到进一步的确证。在这种观点看来，由于劳动价值论是在严格约束条件下形成的，因此如果严格地将马克思的劳动价值论与现实相对照，那么劳动价值论即使是对于商品经济的"原始状态"也是不适用的。这种观点显然是对马克思抽象分析方法的严重误解。这不仅是因为这种观点在自己对抽象分析方法的严重误解中割断了理论结论与现实基础之间的关联，而且还因为它并没有真正理解抽象分析方法在马克思政治经济学总体研究方法即从抽象上升到具体方法论中的意义。在马克思的从抽象上升到具体的研究方法中，抽象是人的思维向具体推演也即是马克思所说的"抽象的规定在思维中导致具体的再现"的逻辑起点，但也正因为如此，抽象分析方法以及通过这种方法所要实现的"完整的表象蒸发为抽象的规定"就绝不是事物某种共同属性的简单概括，它在本质上是事物从简单到复杂、从低级到高级的历史发展过程在思维中的逆向还原。而由于抽象分析方法实际上不过是事物实际发展过程在思维中的逆向还原，抽象的规定就绝不仅仅是一些思维形态的简单范畴，而是必然在具体的历史过程中具有对应的独立的历史存在和自然存在。否则，我们对马克思抽象分析方法的理解必然落入形而上学思辨方法的窠臼。

---

① 《马克思恩格斯选集》第2卷，人民出版社1995年版，第23页。

四、逻辑与历史相统一的原则

如前所述，抽象分析方法密切地关联着从抽象上升到具体的方法论原则，因为抽象的规定作为从"完整的表象蒸发为抽象的规定"的逻辑结论同时又是"抽象的规定在思维中导致具体的再现"的逻辑起点。因此从某种意义上说，对抽象分析方法的曲解与误识必然造成对从抽象上升到具体方法论原则的曲解与误识。但是，除了抽象分析方法以外，对于从抽象上升到具体方法的曲解与误识还表现在作为其基本原则的逻辑与历史相统一的原则方面。

众所周知，在哲学史上，逻辑与历史相统一的原则是由黑格尔第一次在哲学范畴的历史发展与哲学体系的逻辑建构相统一的意义提出来的，不过需要注意的是，即使在黑格尔的哲学中，逻辑与历史的统一也绝不仅限于哲学史的狭隘领域，而是具有适用于更为宽泛的领域的深刻意义；而在这种更为深刻的意义上，逻辑与历史相统一的原则主要是指黑格尔唯心主义的思辨哲学体系与他天才地猜测到的自然界与人类历史辩证发展过程之间的辩证统一。但是，正如马克思所批判地指出的："在黑格尔那里，世界上过去发生的一切和现在还在发生的一切，就是他自己的思维中发生的一切。因此，历史的哲学就是哲学的历史，即他自己的哲学的历史。没有'与时间次序相一致的历史'，只有'观念在理性中的顺序'。"① 这说明，黑格尔所谓逻辑与历史的统一是虚假的，是逻辑与逻辑自身的历史或逻辑与他想象中的历史在他想象之中的统一。在政治经济学领域中，蒲鲁东或许是运用黑格尔的辩证法研究经济问题的第一人，而在试图用辩证法研究经济问题的过程中，蒲鲁东也曾试图用黑格尔以矛盾为主体的概念辩证法作为串联经济范畴逻辑顺序的导线。但是，同黑格尔一样，蒲鲁东的范畴的逻辑顺序也并不是现实的、与时间次序相一致的历史，即蒲鲁东先生所认为的范畴在其中出现的历史顺序的理论表现。因为在他看来，经济范畴的逻辑顺序完全是在理性的纯粹以太中进行的。② 但是，当蒲鲁东将黑格尔由矛盾推动的概念的辩证运动归结为好的方面和坏的方面的比较并最终消除坏的方面这样一个简单的过程的时候，那些范畴就不再有自发的运动，不再有内在的生命了：观念既不能再把自己设定为范畴，也不能再把自己分解为范畴。于是，辩证法不再是绝对理性的运动，而变成了我们达

---

① 《马克思恩格斯选集》第 1 卷，人民出版社 1995 年版，第 141 页。
② 《马克思恩格斯选集》第 1 卷，人民出版社 1995 年版，第 146 页。

到科学境界的"一种脚手架"。蒲鲁东指出，真理本身并不以这些辩证的图形为转移，而且不受我们思想的种种组合的束缚。这似乎意味着蒲鲁东要突破黑格尔的绝对理性而去追求一种与时间次序相一致的现实的历史。但是，正如马克思所批判的，蒲鲁东先生给以我们的到底是什么呢？是现实的历史，即蒲鲁东先生所认为的范畴在时间次序中出现的顺序吗？不是。是在观念本身中进行的历史，即黑格尔所认为的范畴通过辩证法在理性的纯粹以太中进行的历史吗？更不是。这就是说，他既没有给我们范畴的世俗的历史，也没有给我们范畴的神圣的历史。那么，到底他给了我们什么历史呢？是他本身矛盾的历史，即蒲鲁东先生在范畴的好坏两个方面的困境中转动、挣扎和冲撞的历史。由此可见，虽然蒲鲁东试图通过经济范畴的逻辑顺序说明一切关系在其中同时存在而又互相依存的社会有机体的历史，但最终却在他自己编制的逻辑与历史相统一的幻境中根本否定了历史的真实存在。

蒲鲁东最终背弃黑格尔的唯心主义辩证法遭到马克思的批判与指责，但蒲鲁东抛弃黑格尔的唯心主义辩证法而只将其作为达到科学境界的脚手架，从某种意义上说，是因为他在某种程度上已经意识到由黑格尔辩证法所构建的范畴的逻辑序列并不能天然地保证与他追求的现实的、世俗的历史之间的一致。这从某种意义上说是蒲鲁东对黑格尔辩证法失去信心的表现。但是，与蒲鲁东由怀疑而至否定黑格尔辩证法的心路历程不同，自从西方马克思主义的实践哲学推崇马克思以"批判的和革命的"为其本质特征的辩证法以来，[1] 在马克思主义哲学领域中又出现了对于黑格尔辩证法过度崇拜的倾向。在这种倾向看来，黑格尔的概念辩证法作为一个以概念的自身矛盾为基础的自足演绎系统，单凭概念之间的辩证的而非形式的逻辑演绎关系就可以保证思想的首尾一贯性以及思想与思想所反映的对象之间的主客观一致性，根本无需再将逻辑与历史的统一作为一种必须遵循的基本原则。于是，没有经过严格唯物主义改造而实质上仍然是黑格尔的唯心主义的从抽象上升到具体的方法就被作为马克思主义认识论的基本原则，看作是科学上唯一正确的方法；而马克思《资本论》中以商品为逻辑起点所建构的范畴体系则被看作是一个由辩证逻辑严格规定了的思维过程的反映。如果说在这种由辩证逻辑所严格规定的范畴序列中还有逻辑与历史相统一原则的地位，那也不过是为这种由辩证逻辑严格规定的思维过程提供的可有可无的事实上的例证。

---

① 马克思：《资本论》第 1 卷，人民出版社 1975 年版，第 24 页。

但是，也正是在新时期马克思劳动价值论的争论中，我们看到了事实上恰是针对马克思以商品为起点而构建的范畴体系的质疑。例如，晏智杰在《劳动价值学说新探》一书中分析马克思关于价值决定的三步分析逻辑时即质疑指出，如果说，两种商品按照一定的比例交换说明它们之间存在着某种等量的共同物是一种科学的常识，那么，说这种共同物不可能是商品的几何的、物理的、化学的或其他的天然属性，而只能是人的体力和脑力的生理学意义上耗费的抽象劳动就不完全正确甚至是根本错误的。因为既然可以把价值归结为一般的劳动，为什么不能归结为一般的使用价值？而且商品不一定只具有抽象劳动这一种共同属性，还可以有其他的共同属性，例如，商品都是供求的对象，资源的稀缺性所决定的商品的稀缺性等。① 显然，在晏智杰的质疑中，在某些人看来马克思从商品二因素到劳动二重性的思维推断过程失去了严密的逻辑性而变成了一种纯粹主观随意的东西，变成为了某种特定的意识形态目的而主观取舍的结果，其结果是，正如马克思为了论证无产阶级在资本主义社会中的被剥削而抽象掉使用价值，并在此基础上形成劳动价值论那样，资产阶级经济学家也可以为了论证资本主义制度的合理性而抽象掉价值并在此基础上形成效用价值论。正如许多人所看到的，晏智杰的上述指责并不是什么新鲜的观点，而不过是一百多年以前庞巴维克质疑马克思劳动价值论观点的翻版。而我们也知道，针对庞巴维克对马克思劳动价值论的质疑，著名的马克思主义经济学家希法亭曾专门撰文予以批判。但希法亭的批判显然并没有击中要害，否则庞巴维克的观点就不可能在今天新的历史条件下几乎以其原始的样态实现翻版。那么怎样回应这种指责呢？我认为要回应这种指责就必须回到马克思逻辑与历史相统一的原则中去，因为这种指责在将抽象思维过程看作是一种主观随意的操作中所否定的恰恰是思维行程必须始终与其保持一致的现实历史过程。

在马克思逻辑与历史相统一原则的要求中，人的思维从抽象上升到具体的过程既不像黑格尔所理解的那样是思维借助于其自我综合、自我深化的运动而创造客观实在的过程，也不是人的思维撇开外部预先存在的客观实在而随意创造思想具体从而实现用思维来掌握思想具体的过程。正如恩格斯所指出的，历史从哪里开始，思想进程也应当从哪里开始，而思想进程的进一步发展不过是历史过程在抽象的、理论上前后一贯的形式上的反映；这种反映是经过修正的，然而是按照现实的历史过程本身的规律修正

---

① 晏智杰：《劳动价值学说新探》，北京大学出版社 2001 年版，第 35～36 页。

的，这时，每一个要素可以在它完全成熟而具有典型性的发展点上加以考察。因此，"所谓的客观辩证法是在整个自然界中其支配作用的，而所谓的主观辩证法，即辩证的思维，不过是在自然界中到处发生作用的、对立中的运动的反映，这些对立通过自身的不断的斗争和最终的互相转化或向更高形式的转化，来制约自然界的生活。"① 恩格斯指出，具体地说，"我们采用这种方法（逻辑的方法），是从历史上和实际上摆在我们面前的、最初的和最简单的关系出发，因而在这里是从我们所遇到的最初的经济关系出发。我们来分析这种关系。既然这是一种关系，这就表示其中包含着两个相互关联的方面。我们分析考察每一个方面；由此得出它们相互关联的性质，它们的相互作用。于是出现了需要解决的矛盾。但是，因为我们这里考察的不是只在我们头脑中发生的抽象的思想过程，而是在某个时候确实发生过或者还在发生的现实过程，因此这些矛盾也是在实践中发展着，并且可能已经得到了解决。我们研究这种解决的方式，发现这是由建立新关系来解决的，而这个新关系的两个对立面我们现在又需要展开说明，等等。"② 由于以逻辑方式表现出来的思想进程不过是历史过程在抽象的、理论上前后一贯的形式上的反映，因而思想行程不能像黑格尔那样完全限于纯抽象的领域；相反，它需要历史的例证，需要不断接触现实，以便从头追溯明确作出经济关系的各种规定的过程。从这个意义上说，马克思在政治经济学中以商品为起点，从价值形式到货币，再从货币到资本的思维过程绝不是一个纯粹的逻辑推演过程，它在更主要的意义上是商品经济从最初在两个原始共同体之间自然形成的偶然的物物交换的不发达状态，经过以货币为媒介的相对发达状态，再到资本主义的高度发达状态的历史过程的反映。

现在我们来看最初由庞巴维克提出，而后又在晏智杰那里被翻版的对劳动价值论的质疑。如果说在马克思主义政治经济学中以逻辑方式表现出来的思想进程不过是历史过程的反映，那么我们对马克思从商品交换必然存在着的某种交换借以进行的共同物进展到商品的价值在实体上只能表现为抽象劳动的理解，也就绝不能仅限于纯抽象的领域并为此作一种完全随意的理解，而必须联系商品经济产生与发展的历史过程。众所周知，商品经济作为一种以交换为目的的经济形式是以作为商品的劳动产品为交换标的的，而商品交换即使是在最初原始共同体之间的正常进行也首先需要确

---

① 《马克思恩格斯选集》第4卷，人民出版社1995年版，第317页。
② 《马克思恩格斯选集》第2卷，人民出版社1995年版，第43～44页。

定商品之间的能够进行量的比较的共同物。那么，这种能够进行量的比较的共同物是作为商品价值实体的抽象劳动还是作为商品使用价值实体的客观效用呢？如果说在由商品交换所催动的价值形式在货币出现以前的各个阶段的发展还不能确定的话，因为这时商品之间的交换无论是简单的、偶然的价值形式还是以后较为高级的一般价值形式，从某种意义上说都还是一种直接的物物交换即使用价值之间的交换，那么当价值形式从一般价值形式最终过渡到货币这一价值形式的高级阶段的时候，商品交换的共同物只能是商品所内含的抽象劳动的这一特点就几乎以纯粹的形式表现了出来，因为从商品世界中分离出来而以货币形式存在的贵金属是作为相交换商品的共同物的表征和度量单位来使用的，如果说这种共同物是商品的客观效用，那么作为贵金属的货币就必须具有使用价值，因为只有当它本身具有使用价值并实际地作为一种使用价值来运行的时候，它才能作为一种共同物度量在效用价值论看来相交换商品之间的使用价值的量的关系，正如没有长度的东西不能衡量其他物品的长度一样。但是我们发现，虽然作为一般等价物的货币也是一种具有使用价值的特殊商品，但当它被从商品世界中抽象出来并单纯地作为商品交换的媒介来使用的时候，它的特殊使用价值就随着商品经济的发展而日渐萎缩并最终蜕变成了一种不具有任何使用价值的纯粹的度量单位。在这种历史条件下，如果说货币还具有一种使用价值的功能，这种功能也只能是它作为商品交换媒介的使用价值。因此，马克思在政治经济学研究中从商品二因素中抽象出作为一般人类劳动的共同物绝不仅仅是一种纯粹的逻辑演绎，它在更重要的意义上是商品经济历史发展过程的反映；而货币作为商品所内含的一般人类劳动的客观表征也绝不仅仅是一种单纯的思维抽象，而是在商品价值形式的历史发展过程中所出现的客观的"历史抽象"过程的体现。正如马克思所指出的："商品并不是由于有了货币才可以通约。恰恰相反。因为一切商品作为价值都是物化的人类劳动，它们本身就可以通约，所以它们能共同用一个特殊的商品来计量自己的价值，这样，这个特殊的商品就成为它们共同的价值尺度或货币。"① 当然，商品经济的客观的"历史抽象"过程之所以表现为一个在逻辑上像马克思的政治经济学研究所反映的那种过程，主要还是由商品经济的本质特征所决定的。如果说商品经济在它不发达的物物交换阶段还没有鲜明地体现出其区别于自然经济的以交换为目的的特征，因为物物交换的直接的目的仍然在于使用价值，只不过相对于自然经济而言

---

① 马克思：《资本论》第1卷，人民出版社1975年版，第112页。

采取了一种交换的间接形式，那么当商品经济进入到以交换为媒介的相对发达阶段的时候，它的这种特征就明显地表现了出来，从这样的阶段开始，商品生产者生产商品的目的就既不是为了生产更多的使用价值以求自己消费的方便，也不是为了生产更多的商品以求精神上的愉悦，而是为了商品的以交换价值为其表现形式的价值，商品经济的历史抽象过程正是在这一内在本性的驱动下展开与发展的。因此，如果说在马克思政治经济学中所展现的思维的抽象过程植根于商品经济的"历史抽象"过程，那么这种"历史抽象"的深刻基础则存在于商品经济区别于自然经济的内在本性之中。这是我们理解马克思政治经济学研究方法的基本立足点。

如果将逻辑与历史相统一的原则与历史唯物主义的基本方法论相联系，我们就会发现，逻辑历史相统一的原则不仅是历史唯物主义基本方法论的必然要求，而且是历史唯物主义基本方法论的具体体现，而一切对逻辑与历史相统一原则的曲解与误识也大都是由于在这方面或那方面偏离了历史唯物主义基本方法论的要求。因此，我们只有正确理解历史唯物主义的基本方法论，并在对每一个具体理论问题的研究与认识中自觉地贯彻这种理解，才能有对马克思主义政治经济学及劳动价值论方法论的正确理解。

第三章　价值概念的内涵与劳动价值论的前提澄明

如果说从逻辑与历史相统一原则的角度来看马克思将商品价值归结为一般人类劳动的抽象是正确的，那么，商品的价值就只能单一地是指凝结在商品中的无差别的一般人类劳动。但是，这绝不能使我们完全排斥掉商品使用价值对于理解商品价值的纠缠。相反，正是这种挥之不去的纠缠通过各种各样的方式干扰着我们对劳动价值论最基础的价值问题的正确理解。因此，我们必须把价值与使用价值之间的关系作为一个主要的前提性问题予以澄明，并为以后对诸多相关问题的分析提供理论前提。

第一节　抽象劳动与价值转形

一、抽象劳动与价值实体

在马克思的以及古典经济学的劳动价值论中，价值问题无疑是最具基础意味的理论问题，也正因为如此，在新时期马克思劳动价值论的争论中，对劳动价值论的质疑也首先表现在对价值实体或价值本质的理解方面，而将价值理解为（抽象）劳动或效用则是这个问题上最具对立色彩的两种观点。这一事实使我们必须跟随争论的脚步将对价值实体的理解作为深化和发展马克思劳动价值论的首选的问题。前面我们已经提及晏智杰从方法论角度对马克思劳动价值论关于价值实体理解的质疑，但正如我们所指出的，晏智杰从方法论角度所提出的质疑更多的还是庞巴维克观点的并没有多少新意的翻版，而晏智杰具有完全独立知识产权的对价值实体问题的质疑主要还是体现在对于劳动价值论的所谓"三个暗含前提"的观点中。因此，我们对马克思劳动价值论关于价值实体的理解也就首先从对晏智杰关于劳动价值论的所谓"三个暗含前提"的分析入手。

众所周知，与效用价值论执拗地将效用作为商品价值的实体或本质不同，劳动价值论坚持将生产商品所耗费的劳动作为商品价值的唯一实体，这一理论观点从古典经济学创始人的威廉·配第到古典经济学理论体系完成者的大卫·李嘉图是一以贯之的。但是我们也知道，在古典政治经济学那里，作为价值实体的劳动事实上是一个还未将具体劳动与抽象劳动作出明确逻辑区分的劳动的混沌体，这种认识从有利的方面来说就是比较直观，但其不利的方面也是众所周知而毋庸置疑的。正是因为如此，马克思在《资本论》中通过被庞巴维克归结为三个步骤的论证逻辑将劳动价值论对价值实体的理解推进到撇开具体劳动形式的抽象劳动层面："第一步，因为在交换中，两件商品是彼此相等的，所以他们二者必定含有数量相等的一种共同原素，交换价值的原则必然是包含在这个共同原素里。第二步，这个共同原素不能是使用价值，因为在商品的交换关系中，使用价值是没有关系的。第三步，把商品体的使用价值丢开来看，它们就还只留下一种属性，那就是劳动生产物的属性。所以劳动是价值的本原。或如马克思所说：一个使用价值或财货有价值，只因为有抽象的人类劳动，对象化或物质化在它里面。"① 但是，在庞巴维克看来，马克思以排除法和抽象法为主体的论证只是一种不充分的、轻率的"消极的论证"。于是，晏智杰先生在《劳动价值学说新探》关于劳动价值论的"三个暗含前提"中提出了他对于劳动价值论关于价值实体的进一步质疑。晏智杰指出，劳动价值论第二个暗含的前提条件是，假定劳动以外的要素都是无偿的，即除了劳动这一要素之外，其他一切用于交换的对象诸如树上的果实、河中的鱼、森林中的野兽、土地上的树木都不必付出代价就可以无偿地获得。交换的双方在相互交换各自的商品时也不把这些要素作为交换的条件予以考虑。在晏智杰看来，马克思之所以在其交换价值的分析中没有土地、资本等要素的地位，目的只有一个，即认为商品的交换价值只与劳动相关而与其他生产资料无关。

　　晏智杰关于劳动价值论暗含前提的观点遭到许多坚持马克思劳动价值论观点的学者的批判甚至愤怒，而有的论者甚至援引马克思的大量相关论述说明马克思（的劳动价值论）并没有说过除劳动以外的一切生产要素都是无偿获得的，也没有否认这些生产要素在使用价值甚至价值形成过程中的重要作用。但是在我看来，尽管这些学者对马克思的相关论述的理解是正确的，但对晏智杰关于劳动价值论暗含前提条件的理解却是错误的。

---

① 庞巴维克：《资本与利息》，商务印书馆 1959 年版，第 312 页。

众所周知，劳动价值论认为劳动是商品价值创造的唯一源泉，但是当具体地分析某一商品的生产过程时我们却会发现，商品的生产过程并不能由劳动者劳动量的投入单一地决定，而是劳动者运用一定的劳动资料作用于劳动对象的结果，这样人们就理所当然地会像晏智杰那样提出问题：新商品的价值怎么能只由劳动者所投入的抽象劳动所单一地确定呢？由劳动资料和劳动对象所构成的生产资料（的价值）难道不同样构成新产品价值的组成部分吗？但是，这样的问题显然误解了劳动价值论的意义。因为如果说这些生产资料也是有价值的，并且按照马克思的说法，它的价值在它作为新产品原材料而进行的生产中会转移到新产品中并成为新产品价值构成的一部分，那么劳动价值论关于劳动是商品价值创造的唯一源泉的理念就必须从对新产品价值源泉的追问转向对原材料价值源泉的追问。通过进一步地追问我们将会发现，作为新产品原材料的产品同样是前一期劳动过程的产物，它同样不仅是劳动者活劳动耗费的产物，而且是劳动者运用一定的劳动资料作用于劳动对象的结果。于是，我们就必须再将对原材料价值源泉的追问转向对作为原材料的原材料价值来源的追问，这样一步步向前追溯的结果就是马克思所说的只剩下“一种不借人力而天然存在的物质基质”，① 亦如晏智杰所说的树上的野果、森林中的野兽等。从劳动价值论的观点来看，这些“不借人力而天然存在的物质基质”并没有价值，因为它不是劳动的产品，因而人们将它作为原材料投入下一期劳动过程的时候也不必为此付出什么代价，用晏智杰的话来说就是无偿的。也许有人会质疑说，当人们将野果、野兽之类的“天然存在的物质基质”拿到市场上出售的时候却是有价值的。但是，它们所具有的价值却并不是自身的天然存在而是人们为获取这些“天然存在的物质基质”（包括将其运输到市场上）所付出的“辛苦和麻烦”；它们在其天然的形态上只有一种“价值”，这就是它们能够满足人们某种需要的“价值”，并且这种“价值”在人们只有通过一定量的“辛苦和麻烦”而非无偿获得之前仅仅是潜在而非实有的。这就是说，这种“价值”从潜在形式向实有形式的转换也必须借助于在劳动价值论看来形成价值的劳动来实现。而当人们通过一定的“辛苦和麻烦”获得这种无须付出其他任何代价的“天然存在的物质基质”并因而赋予其一定量的价值的时候，他们也就同时获得了这时已经变成自己劳动产品的东西的所有权，因为“劳动的生产物构成劳动的

---

① 马克思：《资本论》第 1 卷，人民出版社 1975 年版，第 56 页。

自然报酬或自然工资",① 从而人类历史也就从亚当·斯密所说的"初期蒙昧社会"过渡到了发生资本累积和土地私有的"进步社会"。在这个"进步社会"的阶段，由于原先没有价值的"天然存在的物质基质"通过劳动的注入变成了某些人私人占有的劳动产品，因而当作为一种新产品的原材料被纳入新的生产过程的时候，它就不可能再像还作为"天然存在的物质基质"时那样不付任何代价，而必须作为一种已经内含了获取它的"辛苦和麻烦"的价值物根据市场交换的一定规则从相应的所有者手中索取。这样，正如前面的质疑所指出的那样，新产品的价值就绝不能再像初期那样由劳动过程所注入的劳动量单一地决定，而必须由新的劳动投入与原材料的价值共同决定。这种状况在资本主义社会中由于私人所有的原材料作为资本进入生产过程所引起的价值构成的深刻变化，使亚当·斯密认为劳动价值论仅仅适用于资本累积和土地私有尚未发生的"初期蒙昧社会"而不适用于资本累积和土地私有产生以后的"进步社会"。众所周知，这种观点遭到了作为其后继者的大卫·李嘉图的激烈批评，认为亚当·斯密没有能够坚持彻底的劳动价值论。李嘉图认为，劳动是商品价值创造的唯一源泉，但这并不意味着商品的价值就单一地取决于直接的商品生产过程所投入的劳动量。换言之，除了生产该商品所耗费的直接劳动量之外，还有生产该商品时耗费掉的作为生产资料价值的间接劳动量。他说："生产出来的商品的交换价值与投在它们生产上的劳动成比例；这里所谓劳动不仅是指投在商品的直接生产过程中的劳动，而且也包括投在实现该种劳动所需要的一切器具或机器上的劳动。"② 撇开生产资料作为资本投入生产以利润形式所造成的商品价值构成上的质性变化，如果将重新投入生产过程的生产资料价值转换成为一种与直接生产过程所投入直接劳动量相对应的间接劳动量，新的劳动产品的价值就可以由生产商品所耗费的直接劳动量与间接劳动量的统一而在劳动价值论基本理念的基础上得到完全的说明。但是，由于生产资料价值完全被转换成为间接的劳动量，而生产资料在抽象掉这种劳动量之后就恢复到了"天然存在的物质基质"的状态，因而也就恢复到了如晏智杰所说的"无偿"状态。这样，我们就会发现我们对于商品价值的理解一方面坚持了劳动价值论的基本理念，另一方面又并没有否认生产资料在商品价值形成过程中的作用。

从上述的分析可以说明，晏智杰对马克思劳动价值论所谓劳动以外的

---

① 亚当·斯密:《国民财富的性质和原因的研究》上卷，商务印书馆 1972 年版，第 58 页。
② 大卫·李嘉图:《政治经济学及赋税原理》，商务印书馆 1976 年版，第 19 页。

要素都是无偿的理解，从他将其作为劳动价值论的暗含前提条件来说是正确的，而从他将其作为劳动价值论必须予以质疑的缺陷来说则是错误的，因为劳动价值论在其彻底被理解的基础上已经将在资本累积与土地私有发生之后必须有偿使用的生产要素的价值转换成了间接劳动量，从而使其除劳动量之外只剩下一个既无主也无价的"天然存在的物质基质"。这种"天然存在的物质基质"的确是无偿的，而且也不能是有偿的，因为我们既不能知道例如地下矿藏中一吨煤的自然形成要花费多少"价值"，也不知道这种根本无法计算的"价值"应该偿付给何人；而当它作为一种有偿使用的生产资料被投入下一期生产过程的时候，它的有偿也只是相对于为获取它而付出的"辛苦和麻烦"而言，而并不意味着它作为一种"天然存在的物质基质"必须在有偿中被使用。

　　当然，晏智杰对劳动价值论所谓劳动以外的要素都是无偿的质疑显然并不是要我们的思维做上述的还原，因为在他看来即使被还原成为"天然存在的物质基质"的生产资料也还存在着一种非劳动性质的"价值"，这就是这种"天然存在的物质基质"的使用价值。正如我们所知道的，这一点正是引出一切与劳动价值论相对立的效用价值论的基本前提。但是，正如我们在前面的分析所指出的，在这种"天然存在的物质基质"尚未通过人们的劳动被实际的占有和控制的时候，它的效用只是潜在的而非实有的，而人们为获得这种实有的效用而必须支付的唯一的东西就是人的劳动。在这个意义上，为实际占有和控制这种"天然存在的物质基质"而必须支付的劳动不仅是它作为商品之后所衍生出来的价值的唯一来源，而且也是这种商品使用价值的深刻根据。如果说对于树上的果实、森林中的野兽或地下的矿藏来说，人们还总是觉得它即使在人们的劳动之外也还有一个具有使用价值的天然存在，那么，对于大多数制造业的劳动产品来说，它们的使用价值就几乎完全来自于人的劳动对自然物质的改造了。因此，即使从作为物质财富的使用价值的角度来看，人的劳动也在重要的甚至主要的程度上构成商品效用的源泉。

　　如果将上述的分析看作是一种与庞巴维克所谓"消极的论证"相对应的积极的论证，那么这一论证与我们对晏智杰关于劳动价值论暗含前提的分析所隐含着的论证相结合，就是对马克思劳动价值论关于抽象劳动是商品价值唯一实体的全部分析，它极其清晰地说明抽象劳动是关于商品价值实体的唯一的东西，它甚至还是效用价值论所说的商品使用价值的主要的东西。但是，对于在马克思劳动价值论那里已经被推进到抽象劳动层级的关于商品价值实体的认识来说，还有一些问题需要作进一步地辨识。

如前所述，只是在马克思的劳动价值论中，对商品价值实体的认识才从具体劳动与抽象劳动的混沌体推进到单纯抽象劳动的层面，这一推进对于劳动价值论的彻底化具有决定性的意义，因为资产阶级古典经济学在19世纪上半期滑向庸俗化的歧途或多或少都可以从这种创造价值的混沌"劳动"中找到根源。在马克思的劳动价值论中，作为价值实体的抽象劳动原本是一个含义非常清晰的概念，但是，在新时期马克思劳动价值论的争论中，抽象劳动的概念也成为一些人质疑劳动价值论的口实。在一些人看来，在将价值实体从劳动推进到抽象劳动的思维逻辑中，马克思先是使用排除法把效用排除，接下来又使用抽象法对劳动进行抽象。那么如何进行抽象呢？这就是让那些像木匠、瓦匠、纺纱等具体劳动形式消失。这样，各种各样的劳动就只剩下一个孑然独立而没有任何物质内容的东西——（抽象）劳动。但是，经过这样一番形式逻辑的抽象，所谓的抽象劳动也就只能是人不可触摸到的存在，一个只存在于思维形式之中的概念。由于抽象劳动只不过是一个概念，因而马克思劳动价值论所谓抽象劳动创造价值也就是概念创造价值。这就是问题的实质。①

撇开论者在个别与一般关系问题上几近于公孙龙子的观点不谈，因为马克思的抽象劳动与具体劳动从某种意义上说还不是论者所理解的个别与一般之间的关系，马克思对于抽象劳动概念的解析是极其简单明了的。马克思指出，如果把商品体的使用价值撇开，商品体就只剩下一个属性即劳动产品的属性，而在这个意义上商品就失去了它作为桌子、房屋或纱或别的什么东西所具有的一切可感觉的属性而变成了相同的人类劳动、抽象的人类劳动。② 但是，这里所谓抽象劳动仅仅是指这些商品都是无差别的人类劳动的单纯凝结而言的，用马克思在劳动二重性学说中的话来说就是，它是人的脑、肌肉、神经，手等等的生产耗费。因此，抽象劳动在马克思那里并不像论者所理解的那样仅仅是一个抽象的概念，而是人们在任何商品的生产中都能够真切地体会与感受到的脑力与体力的耗费。因此，将抽象劳动理解为一个只在人的思维形式中存在的抽象概念绝不是马克思概念本身的原义而是论者自己非逻辑的创造。说到所谓个别与一般的关系，我们也必须指出，人们也绝不会像论者那样说他们从来没有见到过"人"，因为"人"不仅以其观念的形式存在于思维之中，而且也以其实有的形式存在于个别之中，因此，看到了真实存在着的男人、女人也就看到了真

---

① 郑克中：《两大价值理论正误》，山东人民出版社 2008 年版，第 171~172 页。
② 马克思：《资本论》第 1 卷，人民出版社 1975 年版，第 50~51 页。

实存在的"人"。说什么谁也没见过"人",因为它仅仅是存在于人头脑中的一个概念,纯粹是一种酒醉之后的胡话。公孙龙子尽可以辩称他骑是白马而不是马,因为他从来就没有看到过"马",但把关的士兵可不会理会他这一通不合逻辑的思维狡辩。

我们结合马克思的论述分析与论证了抽象劳动作为商品价值实体的存在。但是,这并不意味着抽象劳动直接地就是商品的价值即那种作为商品交换依据的价值,因为在抽象劳动与商品价值之间还横亘着价值形式这一关键的理论问题,而正是这一理论中介内含着商品价值本质的另一重理论意义,即价值作为一种社会关系的存在的意义。鉴于马克思劳动价值论所研究的并不是一般意义上的抽象劳动而是作为商品价值实体的抽象劳动,我们就必须进一步分析抽象劳动通过价值形式实现价值转形的问题。

二、抽象劳动的价值转形与价值作为社会关系范畴的存在

如前所述,作为价值实体的抽象劳动并不是一个抽象的概念,而是无差别的人类劳动借助于生产劳动一定形式的单纯凝结。但是,如果将价值直接理解为无差别的人类劳动的单纯凝结,那么我们将会发现,由于一切劳动产品都必然地同商品一样表现为人的脑力和体力的耗费,作为价值与使用价值统一体的就不仅仅是指商品而应该包括一切劳动产品;而如果像马克思的劳动价值论那样坚持只有商品才是价值与使用价值的统一,则必然遭遇到例如原始共同体和未来社会中的人的非商品性劳动产品只具有具体劳动的形式特征而没有抽象劳动的凝结的尴尬。因此,作为价值实体的抽象劳动与一般意义上的抽象劳动,即人们在任何生产劳动过程中都必然存在的脑力和体力耗费并不能在完全同等的意义上被理解。

正如马克思所指出的,商品的"价值"只是以历史上发展的形式表现出的那种在其他一切历史社会形式内也存在的、虽然是以另一种形式存在的东西,这就是作为社会劳动力的耗费而存在的劳动的社会性。那么,为什么在一切历史社会形式内都会存在的"作为社会劳动力的耗费而存在的劳动的社会性"在商品中会以"价值"的历史形式存在呢?这显然并不能直接从商品中,而只能从劳动产品借以以商品形式存在的商品经济中求得说明。我们知道,商品经济是一种以交换为目的而进行生产的经济形式,而交换作为目的在生产过程中的存在又是以分工与私有制(或生产资料属于不同的所有者)为前提的。由于分工与私有制的存在,人类赖以生存的原先以直接而统一形式存在的社会劳动就分化成了以私有制为基础的私人劳动。但是,一方面是由于分工所造成的劳动产品的单一而使

生产者必须通过与其他生产者的交换才能满足自己必然是多方面的需求；另一方面则是生产者只有通过等价交换才能补偿自己劳动过程的消耗从而维持其生产与生活的正常进行，使分工状态下的生产者不仅必须建立与其他生产者之间的产品交换关系，而且必须确定产品的量的规定性并使产品交换在一定的量的关系和比例的基础上正常进行。但是，在社会分工的状态下，生产者所生产的总是具有特殊使用价值的劳动产品，它们在其直接的形式上是不能同约因而也无法交换的；要使它们能够相互同约而至交换，就必须将其化为同质的社会劳动形式。我们发现，正是在这里，即在被马克思称为商品经济基本矛盾的私人劳动与社会劳动的矛盾转换处，作为人类劳动的单纯凝结的抽象劳动被商品经济的特定形式从具有不同使用价值的劳动产品中抽离出来，并以商品基本属性之一的价值的形式作为劳动产品之间量化交换的基础。因此，经济以"商品"而非"自然"形式的存在是"作为社会劳动力的耗费而存在的劳动的社会性"以"价值"形式存在的基本前提。

在商品经济具体的技术操作层面，由私人劳动和社会劳动之间的矛盾所决定的商品交换是通过作为价值形式的交换价值来实现的，因而抽象劳动的价值转形又离不开对交换价值或价值形式在其中所发挥的作用。马克思指出："商品的价值对象性不同于快嘴阿嫂，你不知道对它怎么办。同商品体的可感觉的粗糙的对象性正好相反，在商品体的价值对象性中连一个自然物质原子也没有。因此，每一个商品不管你怎样颠来倒去，它作为价值物总是不可捉摸的。但是如果我们记住，商品只有作为同一的人类劳动的表现才具有价值对象性，因而它们的价值对象性纯粹是社会的，那末不用说，价值对象性只能在商品同商品的社会关系中表现出来。我们实际上也是从商品的交换价值或交换关系出发，才探索到隐藏在其中的商品价值。"① 抽象劳动之所以不同于快嘴阿嫂，是因为抽象劳动作为人类劳动的单纯凝在其直接形式上并没有像商品使用价值那样具有一种可以直观的粗糙对象性。但是我们知道，作为商品基本属性之一而在其实体形式上同样是一定量的抽象劳动的价值却必须具有这种直观的粗糙对象性，因为商品价值被从使用价值的粗糙形式中抽象出来正是为商品交换的目的服务的，如果抽象劳动不能取得一种外在的粗糙对象性，即不在一种直观的形式上表明自己所凝结的抽象劳动量，甚至像马克思所说的以观念的方式表明这种抽象劳动量，它就不能作为商品交换的基础发挥作用，因而也就不

---

① 马克思：《资本论》第 1 卷，人民出版社 1975 年版，第 61 页。

能作为价值存在。因此，正如前面所指出的，抽象劳动绝不直接就是价值；它必须通过取得外在的粗糙对象性才能变身或转形为商品的价值。那么，抽象劳动怎么才能取得这种外在的粗糙对象性呢？这就是必须借助于商品同商品之间交换的社会关系。这样，对抽象劳动对象性形式或价值形式的思考就必然地会涉及商品的交换价值。按照马克思的理解，所谓交换价值首先表现为一种使用价值同另一种使用价值相交换的量的关系或比例，如1夸脱小麦等于x量鞋油或20码布等于1件上衣等等。在这里，一方面，两种不同的使用价值取得了可以比较的数量关系；另一方面，一种商品的价值通过另一种一定量的商品取得了直观的粗糙对象性，而借助于这种直观的粗糙对象性，抽象劳动也就转形成了商品的价值并据此构成商品交换的前提与基础。因此，正如我们不能脱离开作为价值实体的抽象劳动理解价值那样，我们也不能脱离开作为价值形式的交换价值理解商品的价值。

但是必须注意，当我们联系交换价值来理解商品价值时，这绝不能像有些人所理解的那样，似乎交换价值作为价值形式的意义仅仅在于使价值本身获得了一种现实的存在性，而是说交换价值使在一切历史社会形式内都会存在的"作为社会劳动力的耗费而存在的劳动的社会性"获得"价值"的存在形式。同样，如果没有交换价值也绝不意味着价值就没有了借以表现和实现的形式因而只能以内在的无对象性的形式存在，而是意味着根本就不可能存在作为人类劳动力单纯凝结的商品价值。这就是所谓抽象劳动的价值转形问题。因此，联系交换价值来理解商品价值的真实含义实即意味着交换价值就是唯一现实存在着的价值。这倒并不是说我们要否定抽象劳动作为价值实体的意义，而是说只有体现在交换价值的价值形式中并以现实的对象性的形式存在着的抽象劳动才是商品的真正价值，用马克思的话来说就是，"'价值'概念的确是以交换为前提的"。① 从这个意义上说，以斯密和李嘉图为代表的古典政治经济学直接在交换价值的意义上理解价值应该是正确的，而马克思劳动价值论有时常常在交换价值之外设定价值倒多少有些叠床架屋的感觉。但是，责怪马克思的劳动价值论在交换价值之外设定价值绝不意味着我们完全不能在交换价值之外设定价值，只是我们不能在交换价值之外设定过去的传统理解所设定的那种在价值形式之中所内隐的价值。众所周知，马克思劳动价值论超越于古典政治经济学的地方在于它没有停留在交换价值的层面，而是从商品的交换价值

---

① 《马克思恩格斯全集》第26卷Ⅲ，人民出版社1972年版，第139页。

或交换关系出发进一步探索到隐藏在其中的作为商品价值实体的抽象劳动，但是，马克思这种带有浓厚思辨色彩的话语迷惑了许多人，使他们总是像试图从事物的表面现象的背后寻找事物的内在本质的形而上学的思辨哲学家那样，从交换价值的背后寻找商品价值存在的踪迹并将商品价值理解为一种不借助于一定的价值形式就天然存在的自在形式，他们在不经意间落入了思辨哲学本质观的窠臼。但是，如果将商品的价值理解为交换价值是否会将商品价值变成一种恩格斯在批判洛利亚时所说的纯粹偶然的、从外部飞到商品上来的东西呢？或者像有些人所质疑的那样将价值与价格混为一谈呢？要说明这一点我们就必须进一步指出，商品的价值在本质上是交换价值，但它并不是商品在与各种不同商品相交换中所形成的即时变换的交换价值，而是商品在与各种不同商品相交换中所表现出来的相对稳定的交换价值，用现代西方经济学家马歇尔的观点来说就是商品的长期均衡价格，这种作为价值的长期均衡价格一方面不同于传统马克思主义政治经济学所理解的与交换价值根本不同的形而上学存在；另一方面也不同于在商品交换中常常即时变化的个别价格。因此，即使在交换价值的意义上理解，商品的价值也既不会像恩格斯根据洛利亚的观点所作的推论那样变成一种完全偶然的东西，也不会与价格混为一谈。

　　如果说抽象劳动以价值形式为中介的价值转形引出了我们对商品价值的全然不同于传统观点的理解，那么这还仅仅是这一问题深刻意义的第一个方面，它的另一个方面的深刻意义在于抽象劳动与商品价值之间数量关系的变化。我们知道，由于生产的不同技术条件，任何一种商品的生产都会耗费一定量的抽象劳动，但是由于这种抽象劳动量既不可能同其他与之相交换的商品所耗费的劳动量完全相同，也不一定与作为价值的长期均衡价格所代表的抽象劳动量相同。但是，无论这种商品的生产耗费怎样的抽象劳动量，它的所有者都只能在认可其抽象劳动量的限度之内交换自己的商品，这样就会造成一种商品所实际消耗的劳动量与其价值所代表的劳动量之间的不一致。例如，一种商品的生产实际耗费了 10 小时的抽象劳动量，但由于其生产者生产技术条件相对于社会平均生产条件的落后，它可能只能以代表 8 小时劳动量的社会价值与其他商品相交换，这样就会造成商品所实际消耗的劳动量与其价值所代表的劳动量之间的不一致。在新时期马克思劳动价值论的争论中，这一问题常常在所谓价值创造与价值分配（或价值实现）的关系问题上被思考。在一些论者看来，"人类一般劳动"是价值的实体和源泉，价值由活劳动创造，而社会必要劳动时间以及以社会必要劳动时间为基础的商品交换，在本质上只是一个商品价值的"量的决定"问题，或商品的已经形成的价值在不同生产者之间的分配问题，它并不涉及商品价值的"质"的问题。显然，正如我们在前面的分析所指出的，这种观点是将商品价值理解为一种不通过价值形式的转形就已经自在存在的对象。但是，如果从抽象劳动以价值形式为中介的价值转形的角度来看，这种观点显然是错误的。实际上，内含着一定劳动量的个别商品无论是直接与同样内含着一定劳动量的其他个别商品相交换还是以社会必要劳动时间与其他商品相交换，都不单纯地是价值本身的实现问题或分配问题，它在首先的意义上是抽象劳动借助于交换价值所实现的价值转形问题，因而也是关于商品价值的"质"的规定问题；但由于这种"质"的规定同时也意味着一定量的抽象劳动量转形为一定量的商品价值，因而又同时具有"量"的规定的意义。因此，一种商品所实际消耗的劳动量与其价值所代表的劳动量之间在抽象劳动价值转形过程中所出现的不一致并不是单纯的"质"的规定，也不是单纯的"量"规定，而是质的规定与量的规定的统一。如果一定要牵连到所谓的分配问题，那也只能按马克思的说法，是一定"社会劳动"在社会范围内的分配。当然，这里还会涉及如供求关系与价值决定之间的关系等诸多深层次的理论问题，我们将在以后的相关问题中作进一步的分析。

但是，由联系交换价值来理解价值问题所引申出来对价值的质的规定和量的规定的不同于传统观点的理解仍然不是我们所分析的深刻意义的全部，甚至也不是借以分析价值本质问题的主要内容。相反，我们在这里真正要说的是，在这一问题的关键环节即作为价值形式的交换价值中内含着价值本质的与抽象劳动的价值实体全然不同的另一种内涵，这就是人与人之间的社会关系。如前所述，交换价值表现为一种使用价值与另一种使用价值相交换的量的关系或比例，但是，商品只是一个没有自己自由意志的物，它不能自己跑到市场上去同其他同样作为物的商品相交换；但商品虽然不能自己到市场上去同其他商品相交换，但它却是有它的"监护人"即商品所有者的。因此，要使这些物作为商品彼此发生关系，商品的"监护人"就必须作为有自己的意志体现在这些物中的人彼此发生关系。①可见，通过交换价值表现出来的商品使用价值之间的量的关系或比例在本质上并不是它直观上表现出来的物与物之间的关系，而是通过这种物与物的关系所表现出来的商品所有者之间相互交换其劳动的经济关系，而使用价值之间的关系无论是按照传统的观点被看作是人与人之间关系的物化遮

① 马克思：《资本论》第 1 卷，人民出版社 1975 年版，第 102 页。

蔽还是我们这里所谓的物化表征，都不过是商品所有者人与人之间经济关系的物质载体。当然，正如马克思同时指出的，尽管从形式上来看，商品生产者之间借助于商品交换所发生的关系只有通过双方的意志行为才能进行，但这绝不意味着商品所有者之间的关系就是一种纯粹的意志关系。相反，这种意志关系是一种反映客观的经济关系并因反映经济关系而决定于经济关系的意志关系，商品所有者所扮演的经济角色不过是客观的经济关系的人格化。

当通过对交换价值的分析揭示出其中所蕴含的人与人之间社会关系的意义时，我们对商品价值本质的分析也就从抽象劳动的价值实体进一步推进到社会关系的层面上，这就是说，商品价值从一方面来说是抽象劳动，而从另一方面来说则是人与人之间的社会关系。正如马克思在分析资本的本质时所指出的，资本不是一种物，而是一种以物为中介的人和人之间的社会关系。如果说马克思主义政治经济学区别于资产阶级经济学家的地方就在于，他总是能够在资产阶级经济学家看到物与物关系的地方揭示出人与人之间的关系，那么，在人类（抽象）劳动单纯凝结基础上进一步将商品价值归结为人与人之间的一定社会关系就是马克思劳动价值论对商品价值本质认识的深化和发展。需要指出的是，虽然马克思主义政治经济学的传统理解比资产阶级政治经济学更为强调并从而也相对地突出了马克思对价值本质认识的这一特点，但它们在对诸多与商品价值直接或间接相关的具体问题的理解中却常常因强调以时间来计量的抽象劳动量而忽视商品价值作为社会关系的本质特性，并因而使其对相关问题的理解误入歧途。这是我们在这里必须指出并将在以后的相关问题中加以说明的。

三、商品价值之内在形式与外在形式的区分及其意义

我们知道，在马克思的劳动价值论中，在与资产阶级古典政治经济学相对应的意义上，价值形式问题是一个重要的理论问题，但是，在与作为价值实体的抽象劳动相对应的意义上，价值形式问题则并不是一个具有同等重要性的问题，因为在马克思的劳动价值论中，价值形式借以实现或表现的价值才是问题的核心与灵魂。但是，当我们将价值形式作为分析价值问题的起点并据此将价值看作是抽象劳动借助于价值形式而实现转形的客观生成物时，价值形式的问题就立刻凸显出它相对于价值问题更为重要的特点。因为由此推论的观点并不像传统观点所理解的那样，认为没有价值形式价值也能以非对象性的形式存在，而是说如果没有价值形式，抽象劳动就不能转形为价值，因而价值也就根本不可能存在。但是由此我们也发

现，当我们将价值形式置于一种关乎商品价值存在与否的关键地位时，价值形式就通过它与价值（抽象劳动）之间逻辑关系的颠倒取得了商品价值的必然存在形式的地位，变成了商品价值的是其所是、成其所成的根本规定性。但是，价值形式作为商品价值的必然存在形式的性质似乎内含着与马克思所强调的价值形式的历史性问题的尖锐冲突，并牵连着深刻而复杂的理论问题。

我们知道，按照马克思的说法，无论是在威廉·配第的劳动价值论的初始阶段还是大卫·李嘉图的劳动价值论的完成阶段，资产阶级古典政治经济学的劳动价值论始终没有能够将价值、交换价值和价格区分开来，在他们那里，这三个概念基本上是作为同义词来使用的。但是，古典经济学对这几个基本概念混淆的关键并不在于他们没有能够像马克思那样从商品的交换价值或价格的价值形式出发探索到隐藏在其中的商品价值，从而将商品价值与作为价值形式的交换价值或价格混为一谈，尽管这种混淆也是一个常常引起严重混乱的问题，而在于他们在将价值形式从最初的交换价值形式到高级的价格形式的混淆中，隐匿了价值形式的历史发展，正如我们所知道的，这种历史发展在马克思的劳动价值论中曾有过极为详尽的论述。① 古典经济学的劳动价值论对价值形式历史性的隐匿遭到马克思的严厉批判。马克思指出："古典政治经济学的根本缺点之一，就是它始终不能从商品的分析，而特别是商品价值的分析中，发现那种正是使价值成为交换价值的价值形式。恰恰是古典政治经济学的最优秀的代表人物，像亚当·斯密和李嘉图，把价值形式看成是一种完全无关紧要的东西或在商品本性之外存在的东西。这不仅仅因为价值量的分析把他们的注意力完全吸引住了，还有更深刻的原因。劳动产品的价值形式是资产阶级生产方式的最抽象的，但也是最一般的形式，这就是使资产阶级生产方式成为一种特殊的社会生产类型，因而同时具有历史的特征。因此，如果把资产阶级生产方式误认为是社会生产的永恒的自然形式，那么就必然会忽略价值形式的特殊性，从而忽略商品形式及其进一步发展——货币形式、资本形式等等的特殊性。"② 从马克思的批评可以看出，资产阶级古典政治经济学隐匿价值形式的历史性之所以应该受到批判，是因为它把价值的某一特定的历史存在形式（货币形式）看作价值的永恒的自然存在形式，从而也就把这一特定价值形式借以形成的一定生产方式看成是永恒的自然

---

① 马克思：《资本论》第 1 卷，人民出版社 1975 年版，第 61~87 页。
② 马克思：《资本论》第 1 卷，人民出版社 1975 年版，第 98 页。

形式。而马克思之所以为它的价值形式与交换价值理论规定出"做资产阶级经济学从来没有打算做的事情：即指明这种货币形式的起源，就是说，探讨商品价值关系中包含的价值表现，怎样从最简单的最不显眼的样子一直发展到炫目的货币形式"的理论任务的目的，① 也无非是要从价值形式的历史发展中窥测到资本主义生产方式的历史暂时性，并借以生发出对资本主义生产方式的批判。从这里我们也不难发现马克思的劳动价值论与古典政治经济学劳动价值论之间的尖锐冲突。同样的，当我们将价值形式理解为价值是其所是、成其所成的根本规定性时，它似乎也就像资产阶级的古典经济学那样抽象掉了价值形式在马克思那里已经被丰富地揭示出来的历史性质，因而也就与马克思的劳动价值论构成了对立。

马克思对古典政治经济学的批判无疑是正确的。但问题还存在着必须注意的另一个方面。正如马克思的价值形式理论所揭示的，商品的价值形式绝不像古典政治经济学劳动价值论所认为的那样以例如货币的一种价值形式贯通商品经济从原始共同体时期的不发达状态到资本主义的发达状态的整个历史过程，它是经历了一个从简单的或偶然的价值形式，经过扩大的价值形式、一般价值形式到货币形式的长期历史发展过程的。否认价值形式的这种历史发展，像李嘉图那样将原始时代的猎人捕猎鸟兽的工具也当作资本家手中的资本显然是荒唐的。但是，无论价值形式有怎样的历史发展，它们作为抽象劳动转形为商品价值的社会形式却是共同的，这就是说，价值形式从简单的或偶然的价值形式直到货币形式虽然间隔着漫长的历史跨度，但它们却有作为价值形式即作为抽象劳动转形为商品价值的共同特征，并且也正是这种共同特征使其仍然作为一种价值形式存在于价值形式历史发展的序列之中；而价值形式的历史发展既没有改变它作为价值形式的这种共同性，也不可能改变它所反映的经济形式的"商品"的而非"自然"的属性。因此，尽管像资产阶级古典经济学那样完全否认价值形式的历史发展是错误的，但如果对价值形式的历史发展做完全相对主义的理解，认为各种历史形态的价值形式之间存在着根本性的历史变异并内含着对价值形式从而商品经济的根本否定则同样是错误的。从这个意义上说，古典经济学的劳动价值论将货币的特定形式看作商品价值的永恒形式虽然是错误的，但如果从货币形式在它们那里实际所发挥的是一般价值形式的作用并在此意义上将实际上是作为一般价值形式发挥作用的货币形

---

① 马克思：《资本论》第 1 卷，人民出版社 1972 年版，第 61 页。

式看作是一种具有永恒性的形式来说却又是正确的，这正如古典政治经济学常常将利润的特定形式等同于剩余价值的一般形式固然是错误，但就其利润的特定形式在他们那里实际发挥着一般剩余价值形式的作用的角度来说却又并非是完全错误的。在这里必须注意的历史事实是，由于将商品经济的交换本性发展到极致以及单一地将获取价值作为唯一的生产目的所造成的"劳动产品分裂为有用物和价值物"，① 资本主义的商品经济并不是一般意义上的商品经济而是货币经济，这种特点固然不能否定货币形式从前资本主义商品经济发展而来的历史性质，但它却确定无疑地使货币及其价格变成了资本主义商品生产中所耗费的抽象劳动借以实现价值转形的唯一因而也是必然的形式。这就是说，资本主义商品经济中以货币形式所表现出来的商品价格实质上就是商品的价值，只不过这种价值并不是各经济实体根据自己对市场形势的研判所人为制定的偶然价格，而是在商品偶然价格的长期波动中所表现出来的长期均衡价格。因此，在资本主义商品经济条件下，完全混淆商品价值（长期均衡价格）与作为价值形式的价格（个别偶然价格）之间的区别固然是错误的，但将两者完全割裂开来并刻意地在价格之外去寻求价值，却的确不能避免神秘主义的指责。②

事实上，古典政治经济学的劳动价值论隐匿价值形式的历史性只是其非历史思维的一种表现，但这种表现既非是唯一的甚至也非是主要的。在我看来，古典政治经济学的劳动价值论隐匿价值形式的历史性更主要的还是体现在它们将商品的价值形式看作是人类劳动的唯一社会形式，这一点既在李嘉图将原始时代的猎人捕猎鸟兽的工具当作资本家手中的资本中获得形象的说明，更在马克思对古典政治经济学以下述问题所发起的质疑中得到理论的表现，这就是，在一切社会状态中，劳动产品都是使用物品，但只是在历史上一定的发展阶段，生产一个使用物所耗费的劳动才表现为该物的"对象的"属性即它的价值；而资产阶级的古典政治经济学虽然曾经分析了价值和价值量，揭示了这些形式所掩盖的内容即人类劳动的耗费，但它甚至却从来没有提出过这样的问题：为什么这一内容要采取这种形式呢？为什么劳动表现为价值，用劳动时间计算的劳动量表现为劳动产品的价值量呢？③ 顺便说一下，在其交换价值与价值形式的理论中，马克

① 马克思：《资本论》第 1 卷，人民出版社 1975 年版，第 90 页。
② 晏智杰：《灯火集：劳动价值学说研究论文集》，北京大学出版社 2002 年版，第 449 页。
③ 马克思：《资本论》第 1 卷，人民出版社 1975 年版，第 97 页。

思试图通过对价值形式历史发展过程的分析揭示资本主义的历史暂时性，生发对资本主义非人道社会的批判维度，但这并不意味着资本主义的历史暂时性存在于价值形式的历史发展中，因为价值形式的发展不可能超越自身由商品经济所规定的性质。资本主义的历史暂时性存在于人类劳动的社会形式从原始社会的直接形式，经过包括资本主义在内的商品经济的间接的价值形式，到未来共产主义社会复归原始社会的直接形式的整个历史发展中，存在于由这种历史发展所反映的整个人类社会经济形式从自然经济，经过商品经济再到未来共产主义社会的产品经济的历史发展之中。但是，在同样作为一个历史过程而存在的商品经济时代，无论是简单商品经济还是发达的资本主义商品经济，人类劳动的社会形式都将采用价值这样的变异形式，但它采取价值形式并不与这种形式是简单的或是货币的相关，因为这种价值形式的变化并不会改变人类劳动以商品价值形式的存在，而只与在各种价值形式的历史发展中表现出来而作为一种共同性存在的一般价值形式有关。显然，古典政治经济学的合理性正是在于通过将货币（价格）理解为一般价值形式而准确地把握住了人类劳动的价值转形问题，尽管它在事实上并没有能够真正从货币这一具体价值形式中剥离出一般价值形式。

将分析的矛头转向传统马克思主义政治经济学我们发现，传统马克思主义政治经济学虽然认识到了在马克思那里已被详细分析了的价值形式的历史发展，但它却并没有从这种历史发展中至少是自觉地认识到作为各种价值形式的历史共同性的一般价值形式，因而在事实上是从对价值形式历史发展的理解中滑向了与古典政治经济学截然对立的相对主义一边，而其与古典政治经济学之间的对立也就是我们在前面所刻意指出的历史性与永恒性的冲突问题。但是，一般价值形式是否能够被深刻地认识到的真正意义并不在于所谓历史性与永恒性冲突的被揭示，而在于，如果一般的价值形式不能从价值形式的历史发展中被抽象出来，在一般价值形式本身中所内含着的对于抽象劳动的价值转形的意义就不能被深刻地认识到，将价值看作是与价值形式完全无关的自在存在的观点自然也就难于避免。现在的问题是，为什么在马克思那里被论述的价值形式的历史发展并不会引起人类劳动以价值形态的存在与变异，而只有一般价值形式的变化才会引起这种改变呢？

众所周知，在一般辩证法关于范畴问题的部分中，形式与内容是一对非常重要的矛盾关系。在这对矛盾关系中，所谓内容是指构成事物的一切内在要素的总和，而所谓形式则是指把内容诸要素统一起来的结构和表现内容的方式。人们一般认为，在内容与形式之间的辩证关系中，内容是事物存在的深刻基础，决定着事物存在和发展的基本方向；而形式作为事物存在和表现的方式，只有在一定内容的基础上适合内容的需要才会产生和出现。因此，对于任何一个具体的事物而言，内容是主要的和决定的方面而形式则是次要的和从属的方面。但是，如果说这种观点在一般的意义上还是正确的话，那么在我们对形式所做的更趋详细的分析中则必须要做认真的辨识。虽然任何一种形式都与内容有密切的关联，与内容毫无关联的纯粹形式是不存在的，但不同形式与内容之间联系的密切程度又是不同的，而根据与内容联系的密切程度的不同，我们可以将形式区分为外在形式和内在形式：所谓外在形式是指与事物的内容没有必然联系的非本质的形式，而所谓内在形式则是指与事物的内容具有必然联系的本质的形式。例如，对于水这一特定的事物而言，H_2O 是水的内在形式，这就是说，氢元素和氧元素只有以这样的形式结合起来才能构成水，而它的变化也将直接影响到水的本质的存在；而固体、液体和气体则是水的外在形式，它的变化并不会影响到水的本质的存在。由于外在形式表现为一种不会影响到事物本质存在的非本质的形式，因而人们常常将事物的外在形式同事物的与本质相对应的现象合为一谈。由于内在形式表现为事物的本质的形式，它的形式的变化将直接关系到事物本质的存在，因而从某种意义上说，事物的内在形式实质上也就是事物的本质。如果我们知道近代的唯物主义哲学家培根曾沿用亚里士多德的"形式"概念，将其定义为事物的本质及其运动规律，我们就不会对这种观点感到奇怪了。

如果说任何事物的与内容相对的形式都可以区分为内在形式和外在形式，那么商品的价值形式也就可以区分为内在形式和外在形式两个方面。在这里，所谓外在形式自然是指与商品价值的本质规定没有必然联系的非本质形式，而所谓内在形式则是指与商品价值的本质规定具有必然联系的本质形式。从这种区分中不难判断，在马克思的价值形式理论中所揭示的价值形式的各种具体形态只是商品价值的外在形式，这种形式变化与发展尽管反映着商品经济的不同发展阶段，但它既不可能改变经济形式的商品属性，也不可能改变人类劳动以与自然经济条件不同的价值形式的存在；而一般意义上的价值形式则是商品价值的内在形式，因为一旦这种一般的价值形式发生变化，人类劳动以商品价值形式的存在就必然发生变化，而这种变化不过是经济形式从商品经济向非商品经济形式变化的反映。

从对商品价值形式的内在与外在区分来反观古典政治经济学与传统马克思主义政治经济学之间永恒性与历史性的冲突我们发现，古典政治经济学注意到了商品价值的内在形式而忽略了其外在形式，而传统马克思主义政治经济学则注意到了商品价值的外在形式而忽略了内在形式。而要正确地理解商品的价值形式问题就必须将外在形式与内在形式有机地统一起来。实际上，尽管马克思在其劳动价值论中因详细地分析价值形式的历史发展而凸显了一种历史性的维度，但他并没有像传统马克思主义政治经济学那样完全忽略商品价值内在形式的意义，这不仅可以从他关于"物的价值只能在交换中实现"① 之类的论述中得到说明，更可以从他将交换价值看作是价值的"必然的表现方式或表现形式"② 中得到体现，因为在价值形式的历史发展中，无论哪一种形式都不可能在其具体的形式上成为商品价值的"必然的表现方式或表现形式"。

四、马克思劳动价值论关于价值本质问题的科学解释

基于上述对相关问题的深入分析，我们大致可以将马克思劳动价值论关于价值本质的认识归结为两个方面：其一，价值是凝结在商品中的无差别的一般人类劳动；其二，价值是通过交换价值或价值形式所体现出来的商品生产者之间的一定社会关系。显然，这两个方面是从不同的角度对商品价值本质的分析：前者是从价值实体的角度分析价值，后者则是从社会形式的角度分析价值。在这两个方面中，我们都可以从马克思那里找到他基于价值总体或价值的各种具体表现形式而对相关内涵的论述。例如，就商品价值的总体来说，马克思一方面强调价值规定的内容就是人们在生产中耗费的以持续时间来计量的劳动量，这就是，"不管有用劳动或生产劳动怎样不同，它们都是人体的机能，而每一种这样的机能不管内容和形式如何，实质上都是人的脑、神经、肌肉、感官等等的耗费。这是一个生理学上的问题"。③ 另一方面又在分析商品的拜物教性质及其秘密时强调，虽然商品形式在人们面前把人们本身的社会性质反映成劳动产品本身的物的关系，但它在本质上仍然不过是以物与物的关系的虚幻形式反映出来的人们自己的一定的社会关系。而就商品价值的各种具体表现形式来说，无论是对资本、工资还是利润，马克思也都强调它们既作为抽象劳动也作为社会关系存在的意义。例如，对于资本，马克思一方面指出资本是一种能够到来剩余价值的价值，这种价值无论最初如何来自于自己的勤俭和祖上

---

① 马克思：《资本论》第 1 卷，人民出版社 1975 年版，第 100 页。
② 马克思：《资本论》第 1 卷，人民出版社 1975 年版，第 51 页。
③ 马克思：《资本论》第 1 卷，人民出版社 1975 年版，第 88 页。

的阴德，最终都表现为资本家对工人剩余劳动的无偿占有；而另一方面则明确指出，资本不是一种物，而是一种以物为媒介的人和人之间的社会关系。因此，在马克思劳动价值论的理解中，商品价值的真正本质既非仅仅是无差别的一般人类劳动的单纯凝结，也非仅仅是人们之间一定社会关系的反映，而是一般人类劳动的单纯凝结和人们之间一定社会关系的辩证统一。我们知道，在新时期马克思劳动价值论的争论中，商品价值也曾经被演绎成为一个极具争议的问题，而如果认真分析相互争论的各种观点我们就会发现，争议的焦点事实上正是起因于由马克思两个方面的分析所导致的对价值理解的自我分裂。

有感于古典政治经济学疏失价值问题所表现的人与人之间，特别是阶级与阶级之间的社会关系的意义，从某种意义上说这也是对古典政治经济学的误解，因为意大利的经济学家加利阿尼就已经认识到价值是人与人之间的一种关系。① 传统马克思主义政治经济学非常强调马克思价值概念所承载的社会关系的意义，并将其看作是马克思的价值概念区别于古典政治经济学价值概念的本质所在。如果说凡是在资产阶级经济学家看到物与物关系的地方，马克思都试图揭示人与人之间的关系，那么传统马克思主义政治经济学对马克思价值概念的理解无疑就是正确的。但奇怪的是，当有论者将马克思的价值范畴直接解读为一个关系范畴时，甚至当有论者据此将马克思的劳动价值论解读为一种"社会关系决定价值的理论"时，这种观点却又遭到了传统观点的严厉批评。这又是为什么呢？

在《劳动价值论学说新探》等以"新探"为理论主旨的论著中，晏智杰认为商品价值并不是某种实体，而是主客体之间的一种关系，并据此提出重新界定马克思劳动价值论的价值概念，即将其界定为商品与商品满足消费者的需要之间的关系的问题。在晏智杰看来，商品体正是在与人的需要两者的组合中构成价值的，商品有没有价值，价值是多少是以其能够满足人的需要及其能在多大程度上满足这种需要为转移的。因此，离开其中的任何一个方面，价值关系便不能成立。② 那么，为什么晏智杰无视马克思价值概念所承载的抽象劳动的意义而强调要在关系范畴的意义上重新界定马克思的价值概念呢？这一方面是因为在晏智杰看来经济学上的价值概念应该与哲学上价值概念保持一致，而哲学上的价值概念的含义就是指

---

① 参阅马克思：《资本论》第 1 卷，人民出版社 1975 年版，第 91 页。
② 晏智杰：《本本主义不是科学的研究态度和思维方式》，载《高校理论战线》2002 年第 9 期。

主体与客体之间的关系；另一方面则是因为晏智杰认为马克思的"抽象劳动"概念是一个不合理的抽象。当然，晏智杰也并没有隐瞒他重新界定马克思政治经济学价值概念的深层意图，这就是将供求关系明确而自觉地引入价值决定的关系之中，因为在晏智杰看来，劳动价值论的价值概念只谈供给而脱离需求是明显不合理的。如果综合上述几个方面来看待晏智杰对马克思劳动价值论价值概念的重新界定，那么它遭到传统马克思主义政治经济学的严厉批判也就毫不奇怪了：它一方面通过对作为价值实体的抽象劳动的批判否定了抽象劳动决定商品价值这一劳动价值论的基本理念；另一方面又通过供求关系与抽象劳动的置换将供求关系作为商品价值决定的关键因素。而在这种批判与置换的基础上，晏智杰的所谓"新探"已经完全背离了劳动价值论的基本理念，蜕变成了以效用为本体的效用价值论和供求关系决定论。此外，柳欣在《马克思经济学与古典一般均衡理论》等著作中也认为，马克思关于价值所表示的只是人们之间的社会关系，而不包含任何使用价值的原子的观点，实则表达的是一种"社会关系决定价值的理论"，从而表达了与晏智杰极为类似的观点。但是，也正是在对晏智杰等人观点的批判中，传统马克思主义政治经济学的观点也暴露出自身的局限，这就是在对马克思关于价值本质的理解中所实际表现出来的强调价值作为抽象劳动凝结的意义而忽视其作为人与人之间社会关系的意义的片面化倾向。从表面上来看，传统马克思主义政治经济学与晏智杰所代表的"新探"的区别与对立在于它们述说的是两种不同的社会关系，即前者述说的是以供求关系为实质内容的物与物之间的关系，而后者述说的则是以阶级关系为实质内容的人与人之间的社会关系。但是，无论传统马克思主义政治经济学的观点在怎样的意义上将价值的本质理解为人与人之间的社会关系，而将物与物之间的关系仅仅看作是对人与人之间社会关系的遮蔽，人与人之间的社会关系都只有借助于物与物之间的关系才能获得其存在和表现的形式，正如马克思所说，"价值对象性只能在**商品同商品**的社会关系中表现出来"。① 因此，传统马克思主义政治经济学立意排斥物与物之间的关系最终势必将人与人之间的关系排斥在价值的本质规定之外。在这方面，丁堡骏将马克思劳动价值论的价值概念定义为商品的由个别劳动时间决定的个别价值，从而完全排斥了价值概念所承载的社会关系的意义的观点无疑是一个以极端形式表现出来的典型例证。②

---

① 马克思：《资本论》第 1 卷，人民出版社 1975 年版，第 61 页。
② 丁堡骏：《马克思劳动价值论与当代现实》，经济科学出版社 2005 年版，第 150 页。

但是，如果将传统马克思主义政治经济学看作是对马克思劳动价值论的最正版的传承，那么，马克思劳动价值论的上述缺陷也就必然地在马克思的相关论述中得到体现。事实正是如此。虽然马克思既论述过商品价值作为以持续时间来计量的抽象劳动的意义，也论述过其作为人与人之间或物与物之间社会关系的意义，但他却常常有意无意忽略它们之间必然具有的内在关联，从而使价值本质的两个方面的含义常常处于一种分离甚至对立的状态之中。例如，在强调价值实体意义上的含义时，马克思常常有意无意地忽视其作为一种社会关系的意义，而将价值本质简单地理解为"人的脑、神经、肌肉、感官等等的耗费"，从而混淆了作为价值的抽象劳动与不以价值形态存在的抽象劳动之间的区别，并使价值在事实上变成了一个贯通人类历史的永恒范畴；而在强调价值的社会关系的意义时，马克思又常常有意无意地忽视其作为抽象劳动凝结的意义，而将价值理解为一种人与人之间的纯粹关系，从而形成如"资本不是物，而是一定的、社会的、属于一定历史的社会形态的生产关系"这样一些明显极端的论述。而在涉及价值本质双重规定的关系时，马克思或者将其作一种混乱的甚至颠倒的理解，或者将其作一种外在的表征关系来理解。例如，马克思一方面将作为价值形式的交换价值看作是"价值的必然的表现方式或表现形式"，这意味着如果脱离这种"必然的表现方式或表现形式"抽象劳动就只能以其原生形态而非价值形态存在；另一方面则又颠倒两者的关系，认为"商品的价值形式或价值表现由商品价值的本性产生，而不是相反，价值和价值量由它们的作为交换价值的表现方式产生"，① 从而又在事实上否定了交换价值作为价值必然表现方式的观点。在这样一种认识的导引下，我们就看到了在传统马克思主义政治经济学中将价值看作是游离于价值形式之外的独立自存的观点，以及在晏智杰、柳欣等人那里将社会关系看作是一种不借助于任何实体而独立自存的单纯形式的观点。

那么，我们应该如何理解商品价值本质的双重规定之间的关系呢？首先，就价值的质的规定而言，价值本质的双重规定是相对于价值而言的内容与形式的关系。但是，抽象劳动与价值形式作为内容与形式的关系，既不是一般意义上的内容与形式的关系，更不是内容与非本质的外在形式之间的关系，而是内容与内在形式之间的关系。在这种关系中，抽象劳动作为价值存在的深刻基础决定着价值存在和发展的基本方面；而社会关系作为价值的内在的本质的存在形式则决定着抽象劳动的价值转形，决定着价

---

① 马克思：《资本论》第 1 卷，人民出版社 1975 年版，第 75 页。

值存在由可能性向现实性的转化。因此，就其作为事物内容与内在形式之间的关系来说，抽象劳动与社会关系既不是一种外在的游离性关系，也不是一种外在的表征关系，而是一种内在的、本质的、必然的联系。在这种内在的、本质的、必然的联系中，商品的价值本质既不是单纯地由抽象劳动的实体规定所决定，也不是单纯地由社会关系的形式规定所决定，而是抽象劳动与社会关系的双重规定的统一。因此，没有抽象劳动的实体性内存，固然不能形成商品的价值，但仅仅具有抽象劳动的实体性内存而没有社会关系的价值形式所实现的转形，商品价值同样不可能存在。其次，在价值的量的规定方面，价值本质的双重规定是一种相互规定和相互制约的关系：一方面，抽象劳动是价值本质的实体性规定，因而商品价值量的大小首先取决于以持续时间来计量的抽象劳动量的多少；另一方面，商品生产者之间的社会关系作为价值本质的形式性规定又决定着抽象劳动的价值转形，从而也决定着转形为价值的抽象劳动的数量。由于商品生产者之间的社会关系在形式上是一种以商品的供求关系为主要内涵的关系，商品的供求关系并不取决于某一商品生产所实际消耗的劳动量的微观经济因素，而是取决于商品的生产、消费等宏观经济因素，这意味着由价值形式所决定的抽象劳动转形价值的数量关系不是单纯地取决于商品所内含的抽象劳动量，而且还取决于在商品生产者之间在交换中所表现出来的供求关系。因此，商品价值的量同商品价值的质一样不能由其所凝结的抽象劳动的量单独确定，而同样是抽象劳动与社会关系双重规定的有机统一。

在上述两个方面的基础上，我们将商品价值定义为人与人之间（即商品生产者之间）互相交换其劳动的社会关系。在这个定义中，商品价值首先表现为人与人之间即商品生产者之间的一定社会关系或社会联系，但这种社会关系或社会联系并不是一种纯粹的关系，而是一种以劳动量为媒介的交换关系，这样，就避免了早在"复兴的重商主义体系（加尼耳等人）"那里就已经出现的只看到价值的"这种社会形式的没有实体的外观"的倾向；① 另一方面，由于这里的劳动量是表现在社会关系之中的，因而这里所说的劳动量已经不单纯地是凝结在劳动产品之中的劳动量，而且是经过社会关系的价值转形而表现为价值的劳动量，这样就避免了传统观点在将价值理解为凝结在商品中的劳动量的时候忘却社会关系的意义的倾向。当然，从某种意义上，这个定义似乎偏离了将价值理解为一般人类劳动的传统观点而更倾向于将价值等同于交换价值的古典政治经济学的观

---

① 马克思：《资本论》第1卷，人民出版社1975年版，第98页。

点，但是，如果我们承认马克思坚持了一种截然有别于思辨哲学的实证科学的本质观，那么我们就必须对这种观点表示认同。需要指出的是，侯雨夫先生在新近出版的《马克思的劳动价值论研究——理解、坚持、完善、发展》一书中表达了与我们在这里所表达的极为相似的观点。他根据马克思的大量论述强调，商品的价值在商品生产出来但还没有进入交换过程之前是不存在的，只有在商品按照包含的人类一般劳动量的比例进行交换的过程中，商品的价值性质才能确定，生产商品的劳动才成了商品的价值。但侯雨夫先生在这个问题上的观点有时又表现得前后不一。例如，他一方面批评丁堡骏关于"价值就是个别价值"的观点；另一方面却又批判晏智杰对"企图在价格之外还去寻求价值"的神秘主义的指责，从而又在某种程度上背离了自己的初衷。①

如前所述，作为人与人之间社会关系的价值在其现象层面表现为物与物之间以供求关系为内涵的关系，因此，如果在劳动价值论中强化价值作为人与人之间社会关系的意义，则势必要将使用价值及其供求关系带进劳动与价值之间的决定性关系中。但是，长期以来，供求关系决定价值一直是作为劳动价值论的对立面出现的，而在新时期马克思劳动价值论争论中出现的各种歪曲与否定马克思劳动价值论的观点也常常是以供求关系在价值决定中的作用作为重要的理论发源地。因此，在实现对价值本质的科学理解之后，我们就必须将供求关系与价值决定之间的关系问题作为分析的重心。

第二节　供求关系与价值决定

一、供求关系向价值决定的介入

如前所述，在马克思的劳动价值论中，商品价值在实体意义上表现为凝结在商品中的无差别的一般人类劳动。由于商品价值在质上表现为无差别的一般人类劳动的凝结，商品的价值量就只能由它所包含的"形成价值的实体"的抽象劳动的量来计量，而劳动本身的量又是用劳动的持续时间来计量的，因此，商品的价值量最终就只能由生产商品劳动的持续时

---

① 参阅侯雨夫：《马克思的劳动价值论研究》，社会科学文献出版社 2010 年版，第 165 ~ 167、456 ~ 457、346 页。

间来决定。但是，正如马克思所指出的，如果将劳动持续时间的长短作为商品价值量的基本决定因素，将不可避免地出现这样荒唐的结论，这就是一个人越懒，越不熟练因而制造商品所花费的时间越多，他的商品就越有价值。因此马克思指出，商品的价值量并不是由生产商品的个别劳动时间来决定，而是由生产商品的社会必要劳动时间来决定的。所谓社会必要劳动时间是指，在现有的社会正常的生产条件下，在社会平均的劳动熟练程度和劳动强度下制造某种使用价值所需要的劳动时间。① 但是，尽管有似乎是清晰与专义的文本解释，人们总还是有对于社会必要劳动时间明显歧义的理解，而这种歧义理解的主要之点首先在于，无论是马克思还是其他人总是将社会必要劳动时间理解为一种恒定不变的东西，正如李嘉图一生追求的"绝对价值"那样。例如，马克思对约·布罗德赫斯特对劳动价值论的批评所提出的反批评就表现出这种观点的鲜明倾向。布罗德赫斯特指出："如果承认，A 由于同它相交换的 B 提高而降低，虽然这时在 A 上所耗费的劳动并不比以前少，这样，你们的一般价值原理就破产了……如果承认，由于与 B 相对而言，A 的价值提高，所以与 A 相对而言，B 的价值就降低，那末，李嘉图提出的关于商品价值总是取决于商品所体现的劳动量这个大原理就站不住脚了；因为既然 A 的费用的变化不仅改变了本身的价值（与同它相交换的 B 相对而言），而且也改变了 B 的价值（与A 的价值相对而言），虽然生产 B 所需要的劳动时间并未发生任何变化，那末，不仅确认商品生产所耗费的劳动量调节商品价值的学说要破产，而且断言商品的生产费用调节商品价值的学说也要破产。"马克思批评指出："布罗德赫斯特先生也可以说：看看 $\frac{10}{20}$、$\frac{10}{50}$、$\frac{10}{100}$ 等等分数罢。即使10 这个数字不变，但它的相对量，它与分母 20、50、100 相对而言的量却不断下降。可见，整数（例如 10）的大小由它包含的单位数来'调节'这个大原理破产了。"② 从马克思的批评不难看出，他不同意商品价值量像布罗德赫斯特所理解的那样可变，而是认为商品价值量应该像无论分母如何变化都始终保持不变的"分子"。但是，也正是在《资本论》的同一个地方，马克思又详细地分析了商品价值量的几种变化情况，这就是在"20 码麻布 ＝1 件上衣"这一价值关系中，由麻布价值变化，上衣价值不变、麻布价值不变，上衣价值变化以及麻布与上衣价值同向与反向

---

① 马克思：《资本论》第 1 卷，人民出版社 1975 年版，第 52 页。
② 马克思：《资本论》第 1 卷，人民出版社 1975 年版，第 69 页。

变化所引起的商品价值量的变化，但马克思明确地将这种变化归结为商品"相对价值"的变化。马克思指出，商品价值量的实际变化不能明确地，也不能完全地反映在价值量的相对表现即相对价值量上。即使商品的价值不变，它的相对价值也可能发生变化。即使商品的价值发生变化，它的相对价值也可能不变，因而商品的价值量和这个价值量的相对表现"完全不需要一致"。① 可见，在马克思的理解中，商品的价值量正是表现为与可变的"相对价值"相对应的不变的"绝对价值"。当然，这并不是说商品的与"相对价值"相对应的绝对价值的量是绝对不变的，由于商品价值量表现为生产商品所耗费的必要劳动时间，随着生产商品的生产力的变化以及生产商品所耗费的劳动时间的变化，商品的价值量也就会相应地发生变化。因此，商品价值量只是随着"生产力的变化而变化的"。

但是，如果商品价值量并不随其相对表现的变化而变化但却与生产它的劳动生产力之间存在着即时变化的敏感关系，那么我们考察其量的变化的商品"价值"就绝不可能是马克思所说的由社会必要劳动时间决定的社会价值而只能是由个别劳动时间决定的个别价值，② 这一方面是因为，只有商品的个别价值从而生产商品的个别劳动时间才与个别商品生产者生产商品的由其客观条件与主观条件所决定的生产力之间存在即时变化的关系，只要商品生产者通过改善生产的客观条件与主观条件提高劳动生产力，生产商品的个别劳动时间就会变化；另一方面则是因为，只有商品的个别价值从而生产商品的个别劳动时间才由个别商品生产者的生产条件所单一地决定，一旦商品生产者完成其生产过程，生产商品的个别劳动时间就变成凝固而僵死的东西，它不可能再随以后生产条件的变化而变化，当然更不可能随着市场条件的变化而变化。例如，丁堡骏关于"价值决定和创造是属于生产领域的范畴"、③ "价值就是个别价值"之类的观点就是这种思维逻辑的必然结果。但是，商品的价值量并不是由生产商品的个别劳动时间决定而是由社会必要劳动时间决定的，而社会必要劳动时间从理论上来看是因被抽象而同质化了的"同一的人类劳动力"的结果，但从其作为一种市场行为的结果来看则不过是市场上无数商品生产者生产商

---

① 马克思：《资本论》第 1 卷，人民出版社 1975 年版，第 69 页。
② 如果说生产商品的个别劳动时间只有在交换价值所反映的一定社会关系中才能转形为价值，那么商品的个别劳动时间就不能被称为是商品的个别"价值"。侯雨夫先生也曾经正确地指出，价值一词只在广义上包括个别价值在内。参阅侯雨夫：《马克思的劳动价值论研究》，社会科学文献出版社 2010 年版，第 184 页。
③ 丁堡骏：《马克思劳动价值论与当代现实》，经济科学出版社 2005 年版，第 138 页。

品个别劳动时间的平均值，正如马克思所指出的："物化为价值的劳动，是社会平均性质的劳动，也就是平均劳动力的表现。但是平均量始终只是同种的许多不同的个别量的平均数。"① 显然，这个平均数并不在其初始的阶段就表现一种完全同质化了的东西，而只是在个别生产者生产商品的个别劳动时间由或长或短的偏离而造成的相互抵消中才能形成，只是在这种相互抵消的形成中，社会必要劳动时间才变成一种相对于个别商品生产者而言完全外在而异己的力量。如果说社会必要劳动时间只是个别劳动时间的平均值，那么它本身的量的规定就必然直接决定于诸多个别商品生产者的个别劳动时间，并必然随着个别劳动时间的变化而变化。因此，生产商品从而决定商品社会价值的社会必要劳动时间绝不会像商品的个别价值和个别劳动时间那样只要一脱离直接的生产过程就一成不变。不过，有时马克思也表现出与在批评布罗德赫斯特时不同的观点，这就是他并不完全否认商品社会价值以及社会必要劳动时间与个别劳动时间相伴随的可变。例如，他曾举例说明，在英国采用蒸汽织布机以后，把一定量的纱织成布所需要的劳动可能比过去少一半，而实际上，英国的手工织布工人把纱织成布仍旧要用以前那样多的劳动时间，但这时他一小时的个人劳动的产品却只代表半小时的社会劳动，其产品价值也相应地降到以前的一半。② 在马克思的理解中，生产商品的社会必要劳动时间是随着劳动生产力的每一变动而变动的，而劳动生产力又是由个人的平均熟练程度，科学的发展水平和它在工艺上的应用的程度，生产过程的社会结合，生产资料的规模和效能，以及自然条件等因素决定的。因此，随着这些因素的变化，由这些因素所决定的劳动生产力以及社会必要劳动时间都将发生变化。但是，如果我们这样来理解社会必要劳动时间由劳动生产力所引发的变化，那就仍然不能区分生产商品必要劳动时间的"个别"与"社会"，因为生产商品的个别劳动时间也是随着"劳动生产力的每一变动而变动"的。事实上，如果严格地在生产商品个别劳动时间的平均值的意义上理解我们就会发现，社会必要劳动时间与劳动生产力之间并不存在像个别劳动时间与劳动生产力之间那样的敏感的即时变化关系，因为在整个社会范围内并不存在一个统一的劳动生产力，只存在由个别商品生产者的客观与主观生产条件所决定的个别劳动生产力，因此，由劳动生产力的变化所即时引起的只能首先是个别商品生产者生产商品的个别劳动时间；只有在这种变化了的个

---

① 马克思：《资本论》第 1 卷，人民出版社 1975 年版，第 359 页。
② 马克思：《资本论》第 1 卷，人民出版社 1975 年版，第 52 页。

别劳动时间在市场的交换行为中作为一种"平均值"而存在的社会必要劳动时间的平均化基础的时候，它的变化才有可能在间接且并不十分敏感的程度上引起社会必要劳动时间的变化。但是，作为基数的个别劳动时间的总体状况显然并不是可以由某一商品生产者的生产条件或技术条件所单一地确定的，因此，某一商品生产者个别劳动时间的变化是否会引起社会必要劳动时间的变化以及将引起怎样的变化往往是难于确定的。事实上，在一个商品生产者基数极其庞大的商品生产领域，某一单个商品生产者的劳动生产力，只有在它被更多的商品生产者所采用并快速而普遍地提高整个社会劳动生产力的时候，其对社会必要劳动时间的影响才会明显地表现出来，而这实际上也意味着，劳动生产力对于社会必要劳动时间的影响只有在较长的历史过程中才能体现出来。因此，在一般情况下，个别劳动生产力对社会必要劳动时间的影响是可以忽略不计的。可是，我们一方面说社会必要劳动时间并不会像个别劳动时间那样随着生产过程的结束而凝固不变；另一方面又说它的变化并不像我们依据马克思的相关论述所理解的那样主要是由于劳动生产力的变化所引起，这样就引出一个问题，社会必要劳动时间的变化到底是由何种因素引起的。从我们接下来对马克思相关论述的分析可以看出，这个因素就是人们在对劳动价值论的理解中所极力排斥的供求关系。我们先来看马克思对于市场价值和市场价格之间，而事实上也就是商品绝对价值与相对价值之间关系的说明。

在《资本论》第3卷中，马克思曾详细地分析了由供求关系的变化所引起的市场价值与市场价格之间关系的三种变化情况，这就是，当供过于求时商品按低于市场价值的市场价格出售，当供不应求时商品按高于市场价值的市场价格出售，当供求平衡时商品按与市场价值相一致的市场价格出售，而其中所谓高于、低于和一致于市场价值的市场价格实际上也就是在较好、较坏和中等条件下生产商品的个别劳动时间。在市场价值与市场价格的这种关系中，市场价格表现为随供求状况不断变化的存在，表现为商品的与"绝对价值"相对应的相对价值，而市场价值则构成市场价格围之环绕的中心，表现为商品的与相对价值相对应的"绝对价值"。那么，作为商品"绝对价值"的市场价值是如何决定的呢？马克思指出，这个市场价值是由特殊生产部门在一定劳动生产率基础上生产商品所需要的一定量社会劳动时间决定的，而事实上是由中等生产条件商品生产者生产商品的个别劳动时间来调节的。这就是说，马克思是将中等生产条件商品生产者生产商品的个别劳动时间作为一种平均化了的社会价值。但是，正如马克思分析指出的，作为社会价值的市场价值是否能够由中等生产条件的个别劳动时间来调节并不仅仅取决于它是否是一种各个或高或低的个别劳动时间的中间数，而且还取决于整个社会商品生产（供给）与社会需要之间的关系，因为社会对于某种商品，从而对于生产某种商品的社会劳动总是会有一个定量的需要。如果某种商品的产量超过了当时的社会需要，商品就必然必要以低于它们市场价值的市场价格出售，事实上也就是商品市场价值由较好条件的个别劳动时间来调节；相反，如果某种商品的生产与要由这种产品来满足的特殊社会需要的规模相比太小，那么商品就必然要以高于它们市场价值的市场价格出售，事实上也就是商品市场价值由较坏条件的个别劳动时间来调节。而当用来生产某种物品的社会劳动的数量和要满足的社会需要的规模相适应，从而产品也和需求不变时在生产的通常规模相适应，那么商品就会按照它的市场价值来出售，而事实上也就是商品市场价值由中等条件的个别劳动时间来调节。从这里的分析可以看出，一方面，马克思是将供求关系的平衡与否作为区分市场价值与市场价格的依据，这就是将供过于求和供不应求两种状况下的商品价值表现称为市场价格，而只将供求平衡状态下的商品价值表现称为市场价值；另一方面，马克思不仅在对市场价格的说明中而且也在对市场价值的说明中确切无疑地引入了供求关系，因为市场价值正如市场价格一样是供求关系变化（即供求平衡状态）的结果。

但是，对于有意无意引入的供求关系，马克思始终保持着高度的理论警觉，这种警觉使他一方面承认供求关系对市场价值的影响；另一方面则始终只将供求状况与价值决定之间的关系限定在自己理解的范围之内，并时时不忘强调市场价值相对于供求状况的独立性。例如，为了印证供求平衡状态下市场价格环绕的市场价值的存在，马克思引用和评述了庸俗经济学家马尔萨斯的一段话："但是〈供求之间的〉这个比例——如果'需求'和'自然价格'这两个词的意义，正好和我们引用亚当·斯密时所说的意义一样的话——必然总是相等的，因为只有在供给同实际需求，也就是同不多不少正好会支付自然价格的那种需求相等的时候，自然价格才会在实际上被支付；结果是，同一商品在不同时期可以有两个极不相同的自然价格，但供求比例在两个场合能够是一样的，即相等的。"在马克思看来："既然在这两个场合，供求关系没有差别，而'自然价格'本身的量有差别，那就很明显，'自然价格'的决定同供求无关，因此也极少可能由供求来决定。"[①] 但是，如果仔细阅读马尔萨斯这段话我们就会发现

_____

① 马克思：《资本论》第 3 卷，人民出版社 1975 年版，第 214～215 页。

与马克思的解析完全不同的另一种含义。因为马尔萨斯所谓供求必然总是相等的是指，当供求不平衡时商品会通过不同时期"自然价格"的调节使其倾向于一致。例如，当商品需求增加而供给不足导致供求失衡时，商品"自然价格"就会上涨并通过一种上涨了的"自然价格"抑制过于旺盛的需求，并使其在高位上保持与供给状况的一致。因此，马尔萨斯所说的斯密的"自然价格"实际上就是商品的市场价值而不是马克思所理解的与市场价值不一致的市场价格，它在不同时期的不一致恰恰是由于供求状况出现在马克思的理解中所发生那种不一致所造成的。换言之，在马尔萨斯以至亚当·斯密那里，市场价值和市场价格实际上是一个东西。马克思之立意排斥供求关系的影响的目的无非是想在市场价格之外找到一种市场价值的类形而上学存在，但市场价格而事实上是市场价值在不同时期由于供求关系所导致的不一致状况实际上又确定无疑地否定了他的前提。

如果说马克思在对市场价格与市场价值之间关系的分析中还是在刻意地剔除供求关系的影响，那么他关于第二种含义社会必要劳动时间的论述则被许多论者明确地解读为引入了供求关系。由于供求关系的引入，商品价值就不是单一地决定于生产商品所耗费的社会必要劳动时间即第一种含义的社会必要劳动时间，而且还同时决定于供求关系即第二种含义社会必要劳动时间，而马克思劳动价值论关于价值决定的问题也由此陷于一种似乎是二元决定的矛盾困境之中。鉴于在马克思劳动价值论的争论中，供求关系与价值决定的问题是在两种社会必要劳动时间概念的关系问题中具体体现和展开的，我们对供求关系与价值决定之间关系的分析就不能回避两种含义社会必要劳动时间之间的关系问题。

二、两种含义社会必要劳动时间的关系及其统一

社会必要劳动时间概念是马克思在《资本论》第 1 卷论述价值问题时首先提出来的，这一概念作为马克思对商品价值决定的核心论点在马克思劳动价值论占有非常重要的地位。但是，在《资本论》第 3 卷阐述"流通中的价值规律"时，马克思又从社会需求的角度提出了另一种含义的社会必要劳动时间概念，这就是"社会平均生产条件下生产市场上这种商品的社会必需总量所必要的劳动时间"。① 这就是所谓的两种含义的社会必要劳动时间概念的问题。两种含义的社会必要劳动时间概念在马克思主义政治经济学领域内引发了持久而激烈的争论。有论者认为，两种含

---

① 马克思:《资本论》第 3 卷，人民出版社 1975 年版，第 722 页。

义社会必要劳动时间概念的含义是完全一致的，即都是指现有的社会平均生产条件下，当某种商品的生产与需求总量一致时生产商品所需要的社会必要劳动时间，而所谓第二种含义社会必要劳动时间概念则是不能成立的。因此，商品价值是单一地由马克思在《资本论》第 1 卷中提出的第一种含义的社会必要劳动时间所决定的。而有论者则认为，在马克思提出第二种含义社会必要劳动时间概念之后，第一种含义的社会必要劳动时间就不能再起作用了，这就是说，商品价值是单一地由第二种含义的社会必要劳动时间所决定的。此外，还有的论者倾向于认为两种含义的社会必要劳动时间共同决定商品价值，认为承认两种含义社会必要劳动时间共同决定价值是对马克思劳动价值论关于价值决定问题的更全面的理解。

对于第二种含义社会必要劳动时间的具体内涵的理解问题，在各种不同观点之间其实并没有多大的分歧，这就是马克思在这里的确引入了在第一种含义社会必要劳动时间中似乎被抽象掉了的供求关系，而事实上马克思也的确是在与供求关系的关联中引出第二种含义的社会必要劳动时间概念的。在马克思看来，在商品经济这样一个以分工为基础的经济形式中存在着一个按比例分配社会劳动的规律，它要求社会在一定的生产条件下只能将社会总劳动时间的一定比例运用到某种产品的生产上，而这个一定比例的量则取决于社会对这种特殊产品特定数量的需要。因此，按照马克思说法，社会需要，即社会规模的使用价值，对于社会总劳动时间分别用在各个特殊生产领域的份额来说是有决定意义的。① 但是，也恰恰是因为第二种含义的社会必要劳动时间概念隐匿着供求关系的内涵，它才导致关于两种含义社会必要劳动时间概念之间的激烈争论。因为在人们的理解中，第一种含义社会必要劳动时间概念的提出意味着商品价值单一地决定于生产商品所耗费的以持续时间来计量的抽象劳动量，而第二种含义社会必要劳动时间概念的引入则意味着供求关系也将参与到商品价值的决定关系之中，这显然是与劳动价值论的基本理念相背离的。② 正是由于这种缘故，我们看到，有的论者极力弱化第二种含义社会必要劳动时间概念的作用，或仅仅将其归入到价值实现的问题之中，以期坚定地固守劳动价值论关于价值决定的基本理念；而有的论者则通过强化第二种含义社会必要劳动时间概念而将马克思的劳动价值论引向供求决定论或流通决定论的极端，认为由第二种含义社会必要劳动时间所决定的价值实际上已经完全丧失了同

---

① 马克思：《资本论》第 3 卷，人民出版社 1975 年版，第 716 页。

② 参阅卫兴华：《卫兴华经济学文集》第 3 卷，经济科学出版社 2005 年版，第 195 页。

劳动的任何实质性联系；还有的论者则直称马克思的第二种含义社会必要劳动时间概念的提出是马克思劳动价值论中一个非常严重的逻辑矛盾，这种矛盾体现在，马克思在建立劳动价值论时坚决地排斥"需求决定价值"的观点，而在他论述第二种含义社会必要劳动时间概念时却又悄然回到了"需求决定价值"的立场上。① 可见，两种含义社会必要劳动时间概念争论的实质在于，在马克思关于商品价值决定的问题中到底是否存在着与劳动时间决定相背离的供求关系的因素。由于人们一般认为供求关系是马克思通过第二种含义社会必要劳动时间概念所牵引出来的，我们就首先有必要确定马克思是否通过第二种含义的社会必要劳动时间概念引入了供求关系的因素。

如前所述，马克思关于商品价值的论述是以第一种含义的社会必要劳动时间为基础的，而第一种含义的社会必要劳动时间作为在现有的社会正常的生产条件下，在社会平均的劳动熟练程度和劳动强度下制造某种使用价值所需要的劳动时间，实际上是诸多商品生产者生产商品的个别劳动时间的平均值，因此从理论上来说，只要知道诸多商品生产者生产商品的个别劳动时间，就可以通过简单平均数方法或加权平均数方法等数学方法计算出某种商品的社会必要劳动时间。但是，正如有论者所指出的，这样的一种社会必要劳动时间的计算显然并没有考虑到这种商品的生产与社会对它的需要之间的关系，如果要考虑到整个社会对该商品的需要，那就必须提出这样的问题：按照第一种含义社会必要劳动时间计算的商品价值"一定能够得到充分的市场认可吗？假若一个社会中的所有劳动力都集中起来以社会必要劳动时间生产某一种商品……这样生产出来的物品能够获得全面的市场认可吗？"② 因此，通过对个别劳动时间的简单平均数方法或加权平均数方法等数学方法计算出来的社会必要劳动时间只能是理论上的。有论者根据马克思关于第一种含义社会必要劳动时间的论述认为，通过对个别劳动时间的简单平均数方法或加权平均数方法等数学方法计算出来的社会必要劳动时间就已经是商品实际的社会价值，而供求关系仅仅在这种基础上影响商品价值的实现程度，这种观点意味着即使脱离实际的市场供求关系而单凭个别劳动时间的算术基础就可以计算出某种商品实际的社会价值。实际上这种观点是不能成立的。因为商品价值是只有在作为价值实体的无差别的人类劳动通过商品交换的社会关系获得社会的对象性形

① 樊纲：《现代三大经济理论体系的比较与综合》，上海人民出版社1994年版，第175页。
② 郭京龙等：《聚焦劳动价值论在中国理论界》，中国经济出版社2003年版，第109页。

式之后才能存在的，而抽象劳动借商品交换的社会关系获得对象性形式实即意味着获得社会或市场的认可。因此，无论是单个商品生产所耗费的以持续时间来计量的个别劳动时间还是某一部门商品生产所耗费的以算术平均方法计算的社会必要劳动时间，它是否合于整个社会的需要从而是否能够顺利地实现与其他异质商品之间的交换，绝不仅仅是一个已经转形的价值的实现问题，而首先是抽象劳动能否转形为价值的问题。如果其抽象劳动不能在商品的"惊险的跳跃"中得到市场的认可，它就只能是不能生成商品价值的无用劳动。因此，并不仅仅是价值的实现，而首先是作为社会必要劳动时间的价值本身的存在都不能够完全摆脱时时干扰我们的思维的供求关系。而如果联系到供求关系来计算社会必要劳动时间，我们对社会必要劳动时间的分析就必然地要从社会必要劳动时间的第一种含义过渡到第二种含义。

马克思指出，在存在作为商品经济基础的社会分工的条件下，商品的生产总是根据这个社会内部的分工按比例进行的，而由于商品生产按比例地进行，"事实上价值规律所影响的不是个别商品或物品，而总是各个特殊的因分工而互相独立的社会生产领域的总产品；因此，不仅在每个商品上只使用必要的劳动时间，而且在社会总劳动时间中，也只把必要的比例使用在不同类的商品上。这是因为条件仍然是使用价值。但是，如果说个别商品的使用价值取决于该商品是否满足一种需要，那末，社会产品总量的使用价值就取决于这个总量是否适合于社会对每种特殊产品的特定数量的需要，从而劳动是否根据这种特定数量的社会需要按比例地分配在不同的生产领域。（我们在论述资本在不同的生产领域的分配时，必须考虑到这一点。）在这里，社会需要，即社会规模的使用价值，对于社会总劳动时间分别用在各个特殊生产领域的份额来说，是具有决定意义的。"① 由于社会需要所具有的这种决定的意义，社会必要劳动时间也就具有了完全不同的另一种含义，这就是生产市场上这种商品的社会必需总量所必要的劳动时间，而单位商品的社会必要劳动时间则是社会需要的商品（价值）总量与商品实际供应量之间的比值。于是，从表面上看人们好像是先确定单价，而后再乘以商品总量得出商品总价值量，但事实上却是只有先确定总价值量，而后再通过总价值量除以商品总产量，才能得出单位商品的价值，亦如马克思所说的：资本家以为"他是先确定单个商品的价格，然后用乘法决定总产品的价格，可是本来的过程是除法的过程……而且乘法

① 马克思：《资本论》第3卷，人民出版社1975年版，第716页。

只是作为第二步即以这种除法为前提才是正确的。"① 由于社会必要劳动时间具有了另一种意义，商品也就具有了似乎与第一种含义社会必要劳动时间相对应的价值不同的另一种含义，这就是在这个部门的平均生产条件下生产的、按整个社会对这种商品的需要量平均到单个商品身上的价值。具体说来，在整个社会存在较好、较坏和中等三种商品生产条件的情况下，如果供求处于平衡状态即供给恰好能够满足通常的需求，则商品的市场价值就按接近于中等条件生产商品的个别劳动时间来调节，而更为具体的调节因素则视较好、较坏和中等三种商品生产条件的比例关系而有所不同，即如中等生产条件生产商品的比例较大则倾向于中等生产条件下生产商品的个别劳动时间；如较好生产条件生产商品的比例较大则倾向于较好生产条件下生产商品的个别劳动时间；如较差生产条件生产商品的比例较大则倾向于较差生产条件下生产商品的个别劳动时间。如果需求超过通常的供给，或者供给低于通常的需求，那么，商品的市场价值就会向较坏条件下生产商品的个别劳动时间移动；如果所生产的商品量大于这种商品按中等的市场价值可以找到销路的量，那么，商品的市场价值就会向较好条件下生产商品的个别劳动时间移动。我们借用卫兴华关于皮鞋生产的例子来做说明。假定生产皮鞋的部门实际生产皮鞋为 10000 双，其在优等条件下生产 2000 双，每双花费 8 小时；在中等条件下生产 6000 双，每双花费 10 小时；在劣等条件下生产 2000 双，每双花费 12 小时。10000 双皮鞋共花费 100000 小时，平均每双皮鞋花费 10 小时。现在假定社会需要的皮鞋数量是 15000 双，超出市场实际生产的皮鞋数量。那么，每双皮鞋的社会价值则为（15000 双鞋 × 10 小时）÷10000 双 = 15 小时。② 相反，如果生产皮鞋的部门实际生产皮鞋为 10000 双，但社会需要的皮鞋只有 8000 双，小于市场实际生产的皮鞋数量，那么，每双皮鞋的社会价值则为（2000 双鞋 × 8 小时 + 6000 × 10 小时）÷8000 双 = 9.5 小时。不难发现，相对于第一种含义社会必要劳动时间来说，只有第二种含义的社会必要劳动时间

---

① 马克思：《资本论》第 3 卷，人民出版社 1975 年版，第 257 页。

② 侯雨夫等人不同意这种计算方法。他们认为在这种情况下，商品价值只能由最好生产条件下生产商品的**个别劳动时间**来调节，因为社会需要多于实际产量的 5000 双皮鞋并不是实际存在的，而商品价值不可能由这种现实中并不存在的劳动时间来决定。侯雨夫这种理解的目的在于消解马克思所说的没有劳动实体的"虚假的社会价值"问题。但是，这种理解并不能从根本上消解"虚假的社会价值"，而且还会造成与他主张的在供求平衡和供大于求时商品价值量必须按照"应该花费的社会劳动时间"而不能按照实际花费的劳动时间来计算的立场之间的严重不一致。我认为，消解"虚假的社会价值"的关键并不在于劳动时间的如何计算，而在于必须对经济活动做动态的理解。参阅本书对"虚假的社会价值"问题的相关分析。

才能对商品价值作出的实际的而非理论上的说明，因为只有在这种社会价值的基础上，由各个生产部门所生产的皮鞋才能全部销售出去，其所耗费的劳动时间才能全部转形为价值。而第二种含义社会必要劳动时间之所以能够做到这一点，正是因为它引入了在一些人看来在第一种含义社会必要劳动时间被抽象掉了的供求关系。因此，问题的结论只能是，劳动价值论对于商品价值决定的说明绝不能像人们通常所理解的那样完全脱离供求关系。

但是，在一些人的理解中，单纯地借助于抽象掉供求关系的第一种含义的社会必要劳动时间同样可以对商品价值作出实际的而非理论的说明，因为马克思关于第一种含义的社会必要劳动时间的论述就已经包含着对商品价值作出实际说明的全部必要条件。这种观点是明显不能成立的，这不仅是因为上述的分析已经明确地显示出供求关系对于价值决定实际说明的重要性，而且还因为马克思的第一种含义的社会必要劳动时间其实并没有像人们所理解的那样完全抽象到供求关系的存在。按照马克思的论述和据此形成的人们的理解，第一种含义的社会必要劳动时间作为各个个别劳动时间的平均值同时也是指社会必要劳动时间由占主导地位的中等条件个别劳动时间来调节的状态，而中等条件个别劳动时间调节社会必要劳动时间的状态实际上正是马克思在分析商品价值时所设定的供求平衡状态之下的情形。这就说明，第一种含义的社会必要劳动时间并没有抽象掉供求关系的存在，而仅仅是马克思认定的供求关系三种状态中唯一平衡状态的特例。而事实上，当马克思在分析市场价格与市场价值由供求关系的变化所导致的三种情况的时候，他也明确地指出第一种含义的社会必要劳动时间实际上内含着供求平衡的条件，他说："当我们只是说到单个商品时，我们可以假定，存在着对这种特定商品的需要，——它的量已经包含在它的价格中，——而用不着进一步考察这个有待满足的需要的量。"① 实际上，两种含义的社会必要劳动时间远不像它在争论中所显示的那样处于一种截然对立的状态中，因为无论是第一种含义的社会必要劳动时间还是第二种含义的社会必要劳动时间都仅仅是马克思从不同角度对商品价值决定的说明。例如，从第一种含义的社会必要劳动时间的角度来看，第二种含义的社会必要劳动时间不过是作为抽象的理论表达的第一种含义的社会必要劳动时间的具体演绎状态；而从第二种含义的社会必要劳动时间的角度来看，第一种含义的社会必要劳动时间则不过是马克思所认定的在整个社会

---

① 马克思：《资本论》第3卷，人民出版社1975年版，第206页。

存在较好、较坏和中等三种商品生产条件的情况下投到市场上的该商品的总量与社会对这种商品的特定数量的需求相一致的特定状态。因此，正如马克思所明确指出的：社会劳动时间可分别用在各个特殊生产领域的份额的这个数量界限，"不过是已经在单个商品上表现出来的同一规律"的进一步发展的表现："为了满足社会需要，只有这样多的劳动时间才是必要的。在这里界限是通过使用价值表现出来的。社会在一定生产条件下，只能把它的总劳动时间中这样多的劳动时间用在这样一种产品上。"①

总之，两种含义的社会必要劳动时间的统一说明，无论是借助于哪一种含义的社会必要劳动时间说明商品的价值，马克思都没有而事实上也不可能脱离供求关系这一非劳动的因素。但是，尽管无论哪一种含义的社会必要劳动时间对商品价值的说明都确定无疑地引入了供求关系的非劳动因素，马克思在其自觉的意识中却始终坚定地将供求关系排斥在商品价值的决定因素之外，这不仅表现在他对第一种含义的社会必要劳动时间概念的说明中，甚至也表现在他对第二种含义的社会必要劳动时间概念的说明之中。这又是为什么呢？

三、供求关系作为商品价值决定的内生因素与"虚假的社会价值"问题

如前所述，对于在说明商品价值时不得不引入的供求关系因素，马克思始终保持着高度的理论警觉，他一方面不得不借助于供求关系来对商品价值作出实际的而非纯理论的说明，另一方面却又时时不断地试图将供求关系剔除于商品的价值决定之外。那么，为什么马克思一定要将供求关系的影响剔除于价值决定之外呢？从相关论述来看，这主要是因为在马克思的理解中供求关系始终只是一个相对于价值决定而言的外在因素，这种外在性决定了商品价值不能由供求的互相作用来说明；由于规律只有在供求不再发生作用因而也就是达成一致时才纯粹地实现，因而为了对各种现象要在它们的合乎规律的、符合它们的概念的形态上来进行考察，就必须撇开由供求变动所引起的假象。② 但是，如果我们做进一步的分析就会发现更深层次的隐忧，这就是，商品价值决定于生产商品所耗费的劳动时间和商品价值决定于供求关系是分离于劳动价值论与效用价值论的两种完全不同的价值理念，如果在劳动价值论的理论肌体中植入效用价值论所倚重的供求关系，马克思的劳动价值论就将被引领到反劳动价值论的立场上，这

---

① 马克思：《资本论》第3卷，人民出版社1975年版，第716~717页。
② 马克思：《资本论》第3卷，人民出版社1975年版，第212页。

不仅对于试图借此论证无产阶级政治斗争合理性的马克思的劳动价值论来说是不可接受的，即使对于坚持一般劳动价值论立场的古典经济学来说也是不可接受的。而事实上，这两个方面又是一个问题。因为劳动价值论的基本理念就是商品价值决定生产商品所耗费的劳动时间，如果要坚持劳动价值论的基本理念就不仅需要坚持劳动时间对于商品价值的单一决定作用，而且必须排斥各种非劳动因素对商品价值的决定作用，否则劳动在商品价值决定中的作用就必然会被稀释和淡化；而供求关系，正如它在政治经济学历史发展中所显示的那样，始终都是作为一种与劳动相对立的非劳动要素而存在和发挥作用的。因此，在分析与说明商品价值时排斥供求关系是劳动价值论的基本要求。那么，借助于供求关系说明商品价值是否会导致对劳动价值论的根本否定呢？这显然是一个需要在更大的理论视域中思考的问题。

马克思指出，如果商品都能够按照它们的市场价值出售，供求就是一致的；而如果供求一致，那就意味着有两种力量按照相反的方向发生相等的作用，它们就会互相抵消，从而不会对外界发生任何影响，因而也就不再能说明任何问题。① 在对这一问题的进一步说明中马克思指出，之所以对商品价值的说明不能借助于供求关系，是因为供求关系正是需要通过市场价值来说明的。他在批评马尔萨斯关于在生产一种商品所需要的生产费用发生变化时商品的自然价格也会变化的观点时指出，在这种情况下，正好是生产费用的变化，因而正好是价值的变化引起需求的变化，从而引起供求关系的变化，并且需求的这种变化也能够引起供给的变化："这正好会证明我们这位思想家想要证明的事情的反面，就是说，这会证明，生产费用的变化，无论如何不是由供求关系来调节的，而是相反，生产费用的变化调节着供求关系。"② 从这种观点出发，马克思在市场价值与市场价格的关系问题中将一个部门在"平均条件下生产的、构成该部门的产品很大数量的那种商品的个别价值"设定为市场价值，③ 而将以此为研判基准的所谓供求失衡状态所造成的对中等条件生产商品的个别劳动时间的背离看作是市场价格。这样，由于作用就被局限在了市场价格的范围之内，供求关系就变成了一个相对于市场价值而言的完全外在因素了。在更为具体的分析中，马克思主要从两个方面分析价值决定与供求关系的外在性关

---

① 马克思：《资本论》第3卷，人民出版社1975年版，第211页。
② 马克思：《资本论》第3卷，人民出版社1975年版，第214页。
③ 马克思：《资本论》第3卷，人民出版社1975年版，第199页。

系，即价值决定相对于供求关系的外在性以及供求关系相对于价值决定的外在性。在价值决定相对于供求关系的外在性方面，马克思指出，由每个产业部门所生产的商品不仅有一个满足社会对这种商品需要的量，而且还有一个市场价值，但是这个市场价值与市场上出现的商品数量之间并没有必然的联系。因为商品的这种市场价值是由每个特殊生产部门制造一定量商品所需要的社会劳动时间所决定的，如果某种商品的产量超过了当时的社会需要，社会劳动时间的一部分就浪费掉了，这时，这个商品量在市场上代表的社会劳动量就比实际包含的社会劳动量小得多，这些商品就必然要以低于它们的市场价值的市场价格出售；相反，如果用来生产某种商品的社会劳动的数量，同要由这种产品来满足的特殊的社会需要的规模相比太小，结果就会相反。① 而在供求关系相对于价值决定的外在性方面，马克思认为供给和需求之外在于商品价值决定主要表现在供给和需求均主要是由外在于价值决定的各种因素所决定的。例如，在需求方面，马克思并不否认由商品的货币价格的变化所引起的社会需要的变化，但他认为，调节需求原则的东西本质上是由不同阶级的相互关系和它们各自的经济地位决定的，因而也就是，第一是由全部剩余价值和各自的比率决定的，第二是由剩余价值所分成的不同部分的比率决定的；② 而在供给方面，马克思认为，作为处在市场上的产品或者能提供给市场的产品，供给主要是由在社会分工基础上耗费社会劳动的一部分来生产满足社会需要的某种物品的比例来决定，因为既然社会要满足某种需要并为此目的而生产某种物品，在以分工为前提的商品生产条件下，它就必须把它所能利用的社会总劳动的一定比例用来生产这种物品。显然，在马克思的理解中，供给同样是与由制造商品所耗费的社会劳动时间所决定的价值无关的。也正是在这个意义上马克思指出，例如，有些商品的价值特别高，另一些商品的价值特别低，因而一定的价值额可以表现为一种商品的很大的量，也可以表现为另一种商品的很小的量。③ 但是，如果作进一步引申的分析我们就可以发现，商品的价值决定与供求关系之间并非是一种完全外在的关系。

正如马克思所指出的，任何一种商品的生产都必然地要耗费一定量的劳动时间，这种劳动时间是由某一商品生产者或某一特殊的商品生产部门的物质技术条件决定，而与社会对这种商品的需要量无关。这具体表现

---

① 马克思：《资本论》第3卷，人民出版社1975年版，第208～209页。

② 马克思：《资本论》第3卷，人民出版社1975年版，第203页。

③ 马克思：《资本论》第3卷，人民出版社1975年版，第208页。

在，在生产商品的物质技术条件既定因而生产单位商品所耗费的劳动时间既定的情况下，所生产的商品越多，其所耗费的劳动时间也就越多，生产的商品越少，其所耗费的劳动时间也就越少。因此，在其他条件完全相同的情况下，如果 a 量的某种商品花费劳动时间 b，na 量的商品就花费劳动时间 nb。但是正如前面所指出的，在以分工为前提的商品生产条件下，社会只能将它所能利用的社会总劳动的一定比例用来生产这种物品，这种一定的比例作为社会分配于某种商品生产的劳动量同时也是社会所需要的某种商品在一定期限内的价值总量，因而也是在存在分工条件下社会所能够承受的某一商品的供应极限。在这样的前提下，无论一个商品生产者或一个生产部门在一定物质技术条件下的商品生产需要花费多少劳动时间，它能够被社会所认可的社会价值量都只能以这个比例为限，超过这个比例而花费的劳动时间将不可能得到社会的认可，从而也就不可能具有商品价值所具有的社会意义。相反，如果抽象掉社会分工分配于某一商品生产的社会劳动的一定比例而单纯由某一商品生产领域个别商品生产者之间或特定生产部门内在一定物质技术条件下生产商品所花费的劳动时间来说明商品的必须具有社会意义的价值，则必然又陷于前面分析所指出的没有实际意义的纯理论说明中，除非我们假定由这种物质技术条件所决定的劳动时间恰好等于社会分工分配于这一商品生产的社会劳动的一定比例，而这实际上又不过是社会分工分配于这一商品生产的社会劳动的比例在生产过程中的体现。由此可见，无论从怎样的意义上，对于商品价值的说明都不可能脱离社会分工分配于这一商品生产的社会劳动的比例这一供求关系的关键质点，或者说，商品价值实际上不过是供求关系的产物和结果。

如果价值决定不可能脱离于供求关系之外，那么供求关系也不可能完全外在于价值决定。马克思指出，耗费在一种社会物品上的社会劳动的总量，即总劳动力中社会用来生产这种物品的部分，也就是这种物品的生产在总生产中所占的数量，和社会要求用这种物品来满足的需要的规模之间没有任何必然的联系，而只有偶然的联系。① 由于耗费在一种社会物品上的社会劳动的总量，即总劳动力中社会用来生产这种物品的部分既是社会分工条件下某一商品的价值标准，又是社会生产供应某种商品的数量界限，因此，马克思所谓它与社会要求用这种物品来满足的需要的规模之间没有任何必然的联系实际上不仅意味着商品价值决定与社会需要的规模无关，而且还意味着商品的社会生产和社会供给与社会需求无关。如果说从

---

① 　马克思：《资本论》第 3 卷，人民出版社 1975 年版，第 209 页。

一种自然的或生理的意义来看，无论是简单商品经济时代的商品生产者还是发达商品经济时代的资本家和工人都只有借助于反映为一定社会需要的物品才能生存，那么这种社会需要的规模的确是外在于商品生产的，因为无论具有怎样的生产与供应条件，这种社会需要的规模都是客观存在并随着人口的变化而变化。但是，商品的社会需求从来都不是一个单纯的自然或生理概念，如果说一定的社会需求只有通过商品的生产和供给才能满足，那么商品的生产和供给在满足这种社会需求的同时还能够创造新的社会需求，这不仅体现在商品生产会借助于不断增长的商品数量在降低商品价值的意义上刺激社会的需求程度，而且还体现在商品生产可以通过不断创新的商品扩张社会需求的领域。萨伊从生产可以给产品创造需求的观点出发否认资本主义存在经济危机的可能性显然是错误的，但完全否认生产与社会需求之间存在的某种必然的联系则显然也是片面的，否则就不会有我们今天从资本主义国家到社会主义国家普遍通行的通过进一步扩大生产规模刺激经济需求的反危机措施了。如果社会需求不是一个完全外在于商品生产与供给的量值，而是必然会随着后者的变化而变化；而社会需求的这种变化，又会借助于其所引起的供求关系的变化引起作为供求关系的产物和结果的商品价值的变化，那么就如同价值决定并不外在于供求关系一样，供求关系也绝不是价值决定的局外存在。

总之，供求关系并不是马克思为了对某些问题作出更具体的说明而所做的外部植入，而是马克思劳动价值论关于价值决定问题的自有内存，因而它在例如第二种含义的社会必要劳动时间等具体问题中的出现并不违背由第一种含义的社会必要劳动时间以及由价值等初始概念所决定的马克思的劳动价值论。实际上，如果我们联系到马克思价值范畴不仅具有抽象劳动的实体意义而且具有社会关系的形式意义，那么供求关系作为马克思劳动价值论的原始本义就很容易得到理解。因为尽管马克思经常将这种物与物之间的关系看作是人与人之间关系的物化遮蔽，作为价值之形式意义的这种人与人之间的社会关系在物质的内涵方面就是物与物之间的关系，就是商品以使用价值为标的的供求关系；如果没有这种供求关系的实存内涵，价值概念就不可能在马克思的劳动价值论中以社会关系的内涵实现存在。

不过，这里还有一个需要进一步说明的问题，这就是由供求关系引起而被马克思称为"虚假的社会价值"的问题。所谓"虚假的社会价值"是马克思在分析地租问题时提出来的，[①] 它是指由第二种含义的社会必要

---

① 马克思：《资本论》第 3 卷，人民出版社 1975 年版，第 744~745 页。

劳动时间所决定的商品价值量高于商品实际耗费的劳动量的状况，或者按马克思的话来说，就是"商品在市场上代表的社会劳动量"高于其"实际包含的社会劳动量"的状况。"虚假的社会价值"可分为两种情况：一种是在供求平衡条件下单位商品社会价值高于商品个别劳动时间所造成的"虚假的社会价值"，由于这种"虚假的社会价值"从一个商品生产部门的整体来看并不虚假，因而并不在我们的分析之内；① 另一种情况则是指在需求大于供给条件下由社会需求所决定的商品价值总量高于全部商品生产所实际耗费的劳动时间，以及由此导致的单位商品社会价值高于其个别劳动时间所造成的"虚假的社会价值"。我们这里所分析的主要就是指这种在需求大于供给条件下出现的"虚假的社会价值"。仍以前述卫兴华关于皮鞋生产的例子来作说明。假定 10000 双皮鞋共花费 100000 小时，平均每双皮鞋花费 10 小时，而现在社会需要的皮鞋数量是 15000 双，超出市场实际生产的皮鞋数量。那么，由社会需要即社会"应该花费的社会劳动时间"所决定的皮鞋价值总量为 15000 双鞋 × 10 小时 = 150000 小时，而每双皮鞋的社会价值则为（15000 双鞋 × 10）÷ 10000 双 = 15 小时。不难发现，花费 100000 小时劳动量生产的皮鞋要按照 150000 小时的社会价值来出售，而花费 10 小时生产的一双皮鞋却要按照 15 小时的社会价值来出售。这里出现的社会价值与实际花费的劳动时间的差额就是没有劳动实体支撑的"虚假的社会价值"。尽管马克思在指出"这是由在资本主义生产方式基础上通过竞争而实现的市场价值所决定的"并由"市场价值规律造成"之后并没有做进一步的深究，② 但"虚假的社会价值"对于马克思的劳动价值论来说却是一个严峻的理论问题，因为许多观点（如蔡继明的广义价值论）正是在试图填充这个"虚假的社会价值"的没有劳动实体的"社会空壳"中背离了劳动价值论，认为各种非劳动的生产要素也可以创造价值或者干脆认为供求关系本身就可以创造价值。也正是因为如此，卫兴华、侯雨夫等人才试图通过各种方式消解"虚假的社会价值"存在。例如，卫兴华是通过完全否定第二种含义的社会必要劳动时间也即供求关系对商品价值决定的影响来消除"虚假的社会价值"；而侯

---

① 参阅孟氧：《经济学社会场论》，中国人民大学出版社 1999 年版，第 232～244 页。

② 马克思在借助于供求关系说明商品价值的实际决定时，一再强调无论供求关系的哪一种情况发生，商品价值都只能由某种或较好或中等或较差生产条件生产商品的个别劳动时间（个别价值）来调节的观点也具有明显的规避"虚假的社会价值"的理论意图。他说："市场价值，一方面，应看作是一个部门所生产的商品的平均价值，另一方面，又应该看作是在这个部门的平均条件下生产的、构成该部门的产品很大数量的那种商品的个别价值。"参阅马克思：《资本论》第 3 卷，人民出版社 1975 年版，第 199 页。

雨夫先生则试图通过在需求大于供给时商品价值只能按照实际花费的劳动时间而不能按照"应该花费的社会劳动时间"计算来消除"虚假的社会价值",尽管他认为在供求平衡和供大于求时,商品价值量必须按照"应该花费的社会劳动时间"而不能按照实际花费的劳动时间计算①。但是如果做仔细的推演就不难发现,卫兴华和侯雨夫的思路只是"转移"而并不能从根本上消除"虚假的社会价值"的存在。在我看来,消除"虚假的社会价值"的根本出路并不在于卫兴华和侯雨夫先生的思路,而在于对商品生产活动作全局性的动态理解。例如,当整个社会某种商品生产由于需求大于供给而出现"虚假的社会价值"的问题时,由于"虚假的社会价值"也就是商品生产者所获得的超出一般剩余价值之上的超额剩余价值,因而"虚假的社会价值"的存在会驱使更多的商品生产者将资本转投于这种需求大于供给的商品生产,这样就会造成在后续生产过程中的活劳动耗费填充前一期商品生产"虚假的社会价值"的局面,并最终使"虚假的社会价值"获得劳动实体的支撑。因此,如果对经济活动作全局性的动态的理解,那么"虚假的社会价值"问题在事实上就是不存在的。而像卫兴华或蔡继明那样试图通过各种方式消解"虚假的社会价值"的做法事实上也是毫无必要的。

"虚假的社会价值"最终必须通过在不断循环的劳动过程中支出的活劳动来填充的状况说明,虽然我们承认供求关系也是商品价值质与量的决定因素,但这并不意味着我们承认它可以同活劳动一样并与活劳动一起共同创造价值。这也正是马克思劳动价值论与供求关系决定论之间的本质区别。

第三节　劳动生产力与商品价值量之间关系解析

一、劳动生产力与商品价值量之间关系问题争论的起因与实质

如果说供求关系的标的是商品能够满足某种社会需要的使用价值,那么立足于供求关系说明商品的价值也就势必要牵连到商品的使用价值,并进一步牵涉到劳动生产力与商品价值量之间的关系问题,因为劳动生产力

---

① 侯雨夫:《马克思的劳动价值论研究》,社会科学文献出版社 2010 年版,第 107～114 页。

① 侯雨夫:《马克思的劳动价值论研究》,社会科学文献出版社 2010 年版,第 107～114 页。

作为"有目的的生产活动在一定时间内的生产效率"正是与使用价值的生产状况直接相关的。① 那么，当劳动生产力的变化引起商品使用价值量的变化时，这种变化是否会引起商品价值量的相应变化呢？我们发现，正是在这里，在新时期马克思劳动价值论的争论中引起了一场关于劳动生产力与商品价值量之间关系问题的持久而激烈的争论，并且正是在有关这一问题的争论中出现了否定马克思劳动价值论的重要支脉。但是必须指出的是，否定马克思劳动价值论的趋向绝不是这一争论问题必然的逻辑走向；相反，这场争论才是这种否定马克思劳动价值论的理论意图的必然结果。深刻地分析劳动生产力与商品价值量之间关系问题的争论以及在这场争论中出现的各种观点，有助于我们更全面而准确地理解马克思劳动价值论关于价值决定的科学内涵，坚持马克思劳动价值论的基本理念。

在《资本论》第 1 卷关于商品价值量问题的分析中，马克思曾极其明确地提到劳动生产力与商品价值量之间的关系问题。马克思指出，由于商品的价值是由生产商品所需要的社会必要劳动时间决定的，因此，如果生产商品所需要的劳动时间不变，商品的价值量也就不变。但是，生产商品所需要的劳动时间并不是一成不变的，而是随着劳动生产力的每一变动而变动的；而劳动生产力又是伴随着工人的平均熟练程度，科学的发展水平和它在工艺上应用的程度，生产过程的社会结合，生产资料的规模和效能，以及自然条件等多种情况的变动而变动的，② 因此，伴随着劳动生产力的变化，商品的价值量也就必然地会发生变化。那么，劳动生产力与商品价值量之间到底存在着怎样的变动关系呢？这就是："劳动生产力越高，生产一种物品所需要的劳动时间就越少，凝结在该物品中的劳动量就越小，该物品的价值就越小。相反地，劳动生产力越低，生产一种物品的必要劳动时间就越多，该物品的价值就越大。可见，商品的价值量与体现在商品中的劳动的量成正比，与这一劳动的生产力成反比。"③ 马克思举例说，由于发现地壳中稀少的金刚石平均要花很多的劳动时间，很小的一块金刚石往往具有很大的价值，但如果发现富矿，同一劳动量可以生产更多的金刚石，金刚石的价值就会下降；而如果能用不多的劳动将煤变成金刚石，金刚石的价值就会低于砖的价值。由此可见，马克思关于劳动生产力与商品价值量之间的关系的观点是极其明确的，这就是劳动生产力与商

① 马克思：《资本论》第 1 卷，人民出版社 1975 年版，第 59 页。
② 马克思：《资本论》第 1 卷，人民出版社 1975 年版，第 53 页。
③ 马克思：《资本论》第 1 卷，人民出版社 1975 年版，第 53～54 页。

品价值量成反比关系。然而，在新时期马克思劳动价值论的争论中，有论者为了论证生产要素按贡献参与分配原则的合理性，又提出了与此截然相反的"劳动生产力与价值量成正比"的观点。这种观点认为，劳动生产力作为有用的具体的劳动的生产力不仅与商品的使用价值量成正比，而且也与商品的价值总量成正比。① 这就是说，在其他条件不变的情况下，单个生产者的劳动生产力越高，单位时间所创造的使用价值就越多，从而形成的价值总量也就越大；反之，单个生产者的劳动生产力越低，单位时间所创造的使用价值就越少，从而形成的价值总量也就越小。因为如果生产者通过提高劳动生产力而在相同的劳动时间内生产出比其他生产者更多的使用价值，那么其单位商品的个别价值就将低于其由社会必要劳动时间所决定的社会价值。但是，"商品的现实价值不是它的个别价值，而是它的社会价值，就是说，它的现实价值不是用生产者在个别场合生产它所实际花费的劳动时间来计量，而是用生产所必需的社会劳动时间来计量"。② 因此，在单位商品的社会价值给定的情况下，一个由于提高劳动生产力而在相同的劳动时间之内比其他的商品生产者生产出更多的使用价值的商品生产者也将比其他的生产者创造更多的、按社会价值计量的商品价值。在这里，劳动生产力与价值量之间之所以呈现正比关系，正如马克思所说，是因为"生产力特别高的劳动起了自乘的劳动的作用，或者说，在同样的时间内，它所创造的价值比同种社会平均劳动要多。"③

从表面上看，劳动生产力与价值量之间正比与反比关系的争论起因于对马克思的相关论述的不同理解，因为马克思的确曾经在关于商品价值决定问题的论述中提出了劳动生产力与价值量成反比关系的观点，而后又在关于相对剩余价值问题的分析中提出了"生产力特别高的劳动起了自乘的劳动的作用"的观点。但是，劳动生产力与价值量之间的关系问题之所以在新时期马克思劳动价值论的争论中引发持久而激烈的论战，其真正的根源却并不在于马克思这些从表面上看前后不一的论述，而是有着更为复杂的理论与实践的背景，这就是最早由谷书堂提出而被称为"价值总量之谜"的问题。谷书堂指出，就价值论本身而言，它的出现是适应了商品交换的需要。不同使用价值的交换所依据的内在比例就取决于劳动支出的比例，除此之外就没有其他的可能性。从社会发展的角度看，它又适

---

① 参阅蔡继明：《从按劳分配到按生产要素贡献分配》，人民出版社 2008 年版，第 81 页。
② 马克思：《资本论》第 1 卷，人民出版社 1975 年版，第 353 页。
③ 马克思：《资本论》第 1 卷，人民出版社 1975 年版，第 354 页。

应了对社会财富（不同的使用价值）综合计量的需要，价值担当起社会财富加总计量的基本单位。由于价值只能通过交换价值的形式表现出来，在有货币的条件下表现为价格。按道理说，国民生产总值既是社会一年生产出来的财富总和，同时它也应该是价值量的总和。换言之，价值量的总和应该表示一年生产的各种不同使用价值总和。但是，在现实生活中它却变成了只表现一年社会财富的总和，而并非价值量的总和。为什么这样说呢？因为现实生活中国民生产总值直接反映的是按不变价格计算的社会财富的增加。由于科技进步和劳动生产率的提高，在投入的劳动总量基本不变或变化不大的情况下，社会财富量却可能相当客观的增长。这足以说明现在用不变价格计算的国民生产总值代表的是由使用价值构成的社会财富，而不是价值量。但是在一般政治经济学教科书中和政治经济学词典中，却明确无误地把国民生产总值和国民收入写为一年内新生产的价值量的总和和新生产的纯价值量的总和。这种界定与实际情况明显不符。为了进一步说明上述的矛盾，谷书堂还以美国经济学家麦迪逊对美国的相关统计数据为例，分析了美国从 1820 年到 1994 年的人口、就业和 GDP 的变动情况，指出在从 1820 年到 1994 年的 170 多年间，美国的就业量仅增长 20.7 倍，但同一时期的社会财富却增长 474.8 倍，国内生产总值的增幅大约是其总劳动量增幅的 24 倍。谷书堂指出，美国就业人口和 GDP 的变动情况说明，"总价值量（劳动量）的变动大大小于社会财富（使用价值）总量的增长。由于长期以来政治经济学教科书和政治经济学词典的误导，使很多人对这一问题的理解一直是含糊不清的。例如，这些书中从来都是把国民收入（V＋M）解释为一年内新创造的价值总量，但同时又把国民收入的增长因素界定为劳动量的增长、劳动生产率的提高和生产资料的节约等三个因素，并把劳动生产率的提高视为最主要的因素。而按照马克思的分析，价值量与劳动生产率成反比。这怎么能统一起来呢？价值的存在本来是为了表现使用价值交换时的量的比例，是作为社会财富的代表，而在劳动生产率提高的情况下它却日益'缩水'，形成了与使用价值量变化比例的巨大脱节，究竟应该如何解释这种现象？如果断定这个总量是价值总量，那就应该断定它与劳动生产率无关，可是现实却明明白白地表现出劳动生产率确实是它变化的主要因素。因此，只能断定这个总量是使用价值量而不是价值量。"① 如果从世界经济自 20 世纪开始的新变化的

---

① 转引自逄锦聚：《马克思劳动价值论的继承与发展》，经济科学出版社 2005 年版，第 205～207 页。

视角来思考问题我们就不难发现，谷书堂所揭示的"价值总量之谜"问题绝不是只在中国政治经济学教科书和美国一百多年经济发展中才发生的孤独个案，而是今天不断发展变化的世界经济形势的普遍现实。自20世纪中期以后，伴随着第三次科技革命的兴起以及由此所引起的科学技术在经济增长和社会财富增加中作用的日趋显著，世界经济的发展形式与发展样态都发生了深刻的变化：一方面，当代世界各国的经济发展状况表明，传统的第一、第二产业的劳动者就业人数逐渐趋于下降，或者说，直接从事物质产品生产的劳动力人数正随着生产力的发展呈现一种不断下降的趋势，并且这种趋势并不仅仅是一种相对的现象，也即不仅从事物质产品生产的劳动者相对于全体劳动者总数的比例在不断下降，而且这些从事物质产品生产的劳动者的绝对量也处于一种持续下降的状态；另一方面，虽然直接从事物质产品生产的劳动者人数日趋减少，随着社会生产力的发展，不仅整个社会的物质产品（商品使用价值）总量以及单位商品的质量都有了空前的增长和提高，而且以货币形式表现出来的单位商品价值（指排除了通货膨胀因素之后的商品物价水平）和社会新增商品的价值总额却在不断地增长。与此相联系，在现当代资本主义经济发展中，一方面，物质产品生产所雇佣的劳动力不仅占社会总劳动力的比重在不断地趋于下降，而且这些产业部门（第一、第二产业）劳动者的绝对量从而物质产品生产资本中的可变资本量也处于持续下降的状态；另一方面，社会资本的总利润（剩余价值总量）和社会商品的总生产价格（价值总量）却并没有处于下降状态，而是处于持续上升的趋势之中。[①]

　　从形式上看，谷书堂通过对中国政治经济学教科书和美国一百多年经济发展的反思所发现的所谓"价值总量之谜"是指由劳动生产力的变化所策动的商品总使用价值量与商品总价值量之间的反向变动问题，但其实质却在于其所隐含着的马克思劳动价值论与不断发展变化的社会经济现实之间的严重冲突。首先，按照马克思劳动价值论的基本观点，由于生产商品的活劳动耗费是商品价值创造的唯一源泉，商品的价值量与生产商品的活劳动投入量之间以及与体现在商品中的劳动量之间必然成正比的关系。因此，如果商品生产中投入的活劳动量越多则商品的价值量也就越大；相反，如果商品生产中投入的活劳动量越少则商品的价值量也就越小。但现实的经济事实却似乎是，一方面，整个社会以劳动者的就业状况为指标的

　　① 参阅邓本愚：《政治经济学的基础理论创新》，中国经济出版社2008年版，第25~27页。

活劳动投入量呈明显下降趋势；另一方面，商品以及劳务以 GDP 形式计算的价值总量却呈明显上升趋势。其次，按照马克思劳动价值论的基本观点，由于生产商品所投入的活劳动量只能单一地由劳动时间的持续长短来计量，商品的价值量与生产商品所花费的劳动时间之间也就成正比关系，这意味着在同样的劳动时间内生产出来的商品必然具有同样的价值量。但现实的经济事实却似乎是，在劳动生产力提高的情况下，劳动者可以在较少的劳动时间内创造出相同的价值或者在相同的劳动时间之内创造出更多的价值，甚至在较少的时间内创造出更多的价值，并且正是这种状况造成了商品价值量与生产商品的活劳动投入量之间的巨大反差。再次，按照马克思劳动价值论的基本观点，由于劳动生产力仅仅是指劳动过程中的这样一种变化，这种变化能使较小量的劳动获得生产较大量的使用价值，因而劳动生产力的变化与同一时间生产商品的价值总量无关，正如马克思所指出的，有用劳动作为"较富或较贫的产品源泉"，"丝毫也不会影响表现为价值的劳动"；① 而由于提高劳动效能从而增加劳动所提供的使用价值量会缩短生产单位商品所必需的劳动时间，单位商品的价值量则会相应地减少。但现实的经济事实却似乎是，科学技术在生产过程中的广泛运用以及由此引起的劳动生产力的巨大提高，不仅巨大地影响了整个社会表现为社会财富的使用价值量，而且也巨大地影响了作为"社会财富加总计量的基本单位"的商品价值总量，并使整个社会使用价值量与商品价值量呈现出同步正向增长的态势，而这种同步正向增长的态势又意味着在劳动生产力与单位商品的价值量之间也并不存在着马克思劳动价值论所说的反向变动的关系。

马克思劳动价值论所遭遇的理论困境不仅存在于理论与现实之间的严重冲突之中，而且也存在于其理论肌体的内部。例如，马克思的劳动价值论一方面认为"同一劳动在同样的时间内提供的价值量总是相同的"，尽管它在同样的时间内提供的使用价值量会是不同的，② 另一方面又认为由于劳动生产力的提高，同一劳动在同样的时间内所创造的价值比同种社会平均劳动要多；一方面认为劳动"生产力的变化本身丝毫也不会影响表现为价值的劳动"，③ 另一方面又认为生产力特别高的劳动能够起自乘的劳动的作用，因而会直接影响表现为价值的劳动。等等。由于这些前后不

① 马克思：《资本论》第 1 卷，人民出版社 1975 年版，第 59 页。
② 马克思：《资本论》第 1 卷，人民出版社 1975 年版，第 60 页。
③ 马克思：《资本论》第 1 卷，人民出版社 1975 年版，第 53 页。

尽一致的论述，在对劳动生产力与商品价值量关系问题的争论中就出现了各依马克思的不同论述分析与论证自己理论观点的现象：反对劳动生产力与商品价值量之间存在正向变动关系的人们往往抓住马克思关于"同一劳动在同样的时间内提供的价值量总是相同的"之类的论述；而坚持劳动生产力与商品价值量之间存在正向变动关系的人们则常常抓住马克思关于生产力特别高的劳动能够起自乘的劳动的作用，因而在同样的时间内所创造的价值比同种社会平均劳动要多之类的观点。这样，两种观点之间以理论与现实之间的严重冲突为依据的分歧与对立就不可避免地演变成马克思劳动价值论的自我冲突。当然，正是在理论与现实之间的严重冲突的基础上，我们才有可能理解马克思劳动价值论的自我冲突以及所造成的深刻影响。这就是，一方面，这些在理论与现实之间的矛盾与冲突中隐现出来的马克思劳动价值论的自我冲突绝不是仅仅出现在人们对马克思相关论述的不同理解之中，而且也存在于马克思劳动价值论的理论肌体之中；另一方面，这种理论肌体的自我冲突严重地侵蚀了马克思劳动价值论的科学性，销蚀了其对现实经济问题应有的理论解析力。

随着所谓"价值总量之谜"问题在激烈而持久的争论中不断地被加固做实，在中国的经济理论界就出现了求解"价值总量之谜"的各种尝试；同时，也正是在关于"价值总量之谜"问题的激烈而持久的争论中，各种尝试性的求解思路在逐渐暴露出在最初隐而不张的理论企图的同时显露出其对价值元理论问题理解的局限。显然，通过对在这场争论中外显出来的理论企图以及由此显露来的对价值元理论问题理解上的局限的深刻分析，最终回归马克思劳动价值论的正确立场才是我们分析"价值总量之谜"的最终目的。

二、劳动生产力与商品价值量之间关系问题的解读思路及其局限

如果按照有些论者的理解，将劳动生产力与价值量之间的关系看作是只在今天新的历史条件下才出现的新问题，那么马克思的劳动价值论就断难于避免"被"发展的命运，因为理论必须随着实践的发展而发展。但是，对于一个在马克思主义理论框架之内长期被认定为真理的理论来说，我们显然不能在稍微出现一些新的问题之后就轻言发展，否则"我们就不可能知道这个理论的价值"。于是，在理论界就顺理成章地出现了在马克思劳动价值论的理论框架之内求解劳动生产力与价值量关系问题的思路。如果说劳动价值论的基本理念是商品价值量与生产商品的活劳动投入量成正比，那么所谓在劳动价值论的框架之内求解问题的答案也就是通过

在理论计算中"增加"活劳动的投入量来消解由劳动生产力的发展所造成的商品使用价值量与价值量之间的差额。

当谷书堂以他的睿智发现了所谓的"价值总量之谜"问题时，他同时也给出了关于这一问题的求解思路，这种解读思路的基本要点是：第一，重新界划马克思所说的生产性劳动的范围。众所周知，虽然劳动价值论认为劳动是商品价值创造的唯一源泉，但这并不意味着它会认为一切形式或种类的劳动无论其内涵如何都一样平等地创造价值。相反，在劳动价值论看来，只有它所认定的生产性劳动才能够创造价值，而一切非生产性劳动则只能属于价值分配、价值交换甚至价值消费的范畴。这不仅对于马克思的劳动价值论来说是如此，而且对于古典政治经济学的劳动价值论来说也是如此。传统马克思主义劳动价值论认为，在所有的社会经济活动部门中，只有物质生产部门即作为第一产业的农业以及第二产业的工业和建筑业的劳动是创造价值的生产性劳动，其他部门的劳动特别是现在被广泛地纳入第三产业的服务性行业的劳动则不创造价值。谷书堂认为，为了消除"价值总量之谜"，应当将生产性劳动的范围扩大到包括精神生产部门的劳动以及各种直接为生产劳动服务的包括中介性服务在内的劳动。因为这部分劳动尽管并不独立地生产产品，但也是生产劳动不可缺少的一部分。从历史上来看它们原本也是与生产劳动结合在一起的，只是由于后来社会分工的发展才脱离生产而成为独立的部分。第二，扩大理解生产性劳动的不同层次。谷书堂认为，马克思在《资本论》中对生产性劳动的分析侧重于工人阶级的体力劳动，而对于工人内部不同层次的劳动虽然提出了简单劳动与复杂劳动的区别，并提出了复杂劳动是多倍的简单劳动的观点，但对于更高层次的劳动则论述不多。但是，现今社会较之于马克思恩格斯时代已发生了巨大的变化，智力劳动对于生产过程的作用已大到远非当年所能想象。而智力劳动的特点之一，又是很难用简单层次和复杂层次来划分的，他们在创造财富和价值过程中的作用的差距可以说是很难衡量的。因此，不能简单地以衡量普通劳动者的劳动差异标准来界定它。这就是说，在劳动的不同层次上，生产性劳动不仅应包括传统观点所认定的作为简单劳动的体力劳动，而且还应该包括作为复杂劳动而在生产过程中发挥作用的科技人员、管理人员，以及在生产过程之外如生产过程开始之前的策划、设计等技术人员，他们也都是实现生产过程所不可缺少的，因而也都是创造价值的生产性劳动。①

---

① 参阅晏智杰：《经济剩余论》，北京大学出版社 2009 年版，第 29 页。

谷书堂所给出的在劳动价值论框架内求解"价值总量之谜"的思路在许多坚持马克思劳动价值论的人们中间得到了继承和发展。例如，逄锦聚认为，当传统生产部门内部劳动生产率提高时，社会原来分配到这个部门的劳动总量就会出现剩余并使相应的生产能力向其他生产部门的转移。由此造成的结果，一方面是被总括在第三产业名义下的许多新兴的产业部门和行业的大量涌现，另一方面则是复杂劳动在社会总劳动中的比重大大增加。这不仅会增加社会财富的数量和种类即使用价值的总量，而且也会大大增加全社会的价值总量。逄锦聚还通过对美国从 1820 年到 1994 年的人口、就业和 GDP 的反向变动情况的进一步分析，认为虽然从 1820 年到 1994 年的近 200 年时间里美国的人口规模和就业人数只分别增长了 27 倍和 20 倍，但由于在这 200 年时间内科学技术大大发展，劳动生产率大大提高，复杂劳动在社会总劳动中的比例大大上升，所以换算成简单劳动计算的社会总劳动量也将大大增加。这样，其人口与就业以倍数计就绝不是 27 倍或 20 倍，而应该是与按不变价格计算的 GDP 增长倍数相吻合。[1] 而程恩富则认为，劳动生产力的提高首先是由诸如采用新的设备等劳动的客观条件所引起的，而劳动客观条件的任何变化都不可避免地引起劳动强度和劳动复杂程度等劳动主观条件的变化。由于劳动客观条件的变化所引起的劳动主观条件的变化，在同样长的自然时间里所包含的劳动的复杂化和强度是有差别的，这种差别意味着在同样长的自然时间之内所耗费的抽象劳动量是不同的，这样，劳动生产力与商品价值量之间的正向变动关系就可以成立了。[2]

但是我们发现，将以 GDP 形式计算的整个社会的价值总量的增长归结为劳动复杂程度的提高所造成的总劳动投入量的增长，固然可以坚持劳动价值论关于劳动是商品价值的唯一源泉的观点，但却必须抛弃或否定劳动生产力与商品价值量成反比关系这一劳动价值论的基本观点。因此我们看到，首先是谷书堂对劳动生产力与商品价值量的反比关系提出质疑，认为由此造成的使用价值总量与价值总量的脱离使马克思的劳动价值论失去了解释现实问题的应有说服力；而后则是逄锦聚、程恩富等人对劳动生产力与商品价值量反比关系定律的严格限制，认为这一定律或只对部门内部的同类商品成立，或只有在劳动的主观条件引起劳动生产力变化的情况下

① 逄锦聚：《马克思劳动价值论的继承与发展》，经济科学出版社 2005 年版，第 210～212 页。

② 程恩富、汪桂进、朱奎：《劳动创造价值的规范与实证研究》，上海财经大学出版社 2005 年版，第 112～114 页。

才有意义。而到了谷书堂的弟子蔡继明那里，就干脆否定劳动生产力与商品价值量之间的反比关系而只承认它们之间存在着与现实相吻合的正比关系了。

撇开由否定劳动生产力与商品价值量之间的反比关系有可能造成的与劳动价值论其他理论观点之间的冲突不说，通过提升现代劳动的复杂程度是否真的能够解决"价值总量之谜"呢？这里不仅存在着对复杂劳动以及复杂劳动与简单劳动之间换算关系认定的重大理论难题，这种难题使我们不可能像对美国200年间人口、就业和GDP的变动情况那样做真正实证的研究，而且还存在着从结果倒推原因（即从商品价值量增加这一客观结果推断造成这种结果的原因）而只能得出或然性结论的逻辑难题，这种逻辑难题使其形成的理论结论不可能具有充分的理论说服力。也许是本身意识到还存在着这种解释并不能完全弥合劳动生产力与商品价值量之间巨大数量缺口的原因，我们发现，就是那些坚持用劳动的复杂程度来求解"价值总量之谜"的人们也并不是对这种解释具有充分的信心。例如，谷书堂一方面试图用生产劳动范围的重新界划和复杂劳动的宽泛理解求解"价值总量之谜"，另一方面却又提出与劳动价值论截然相对的"新劳动价值论一元论"，认为"劳动自身的生产力与劳动的资本生产力以及劳动的土地生产力共同创造价值";① 逄锦聚一方面用复杂劳动求解"价值总量之谜"，另一方面又借助于对所谓技术进步外生模型与内生模型的分析将价值总量看作是资本、劳动与科学技术的共同产物。显然，如果将劳动是商品价值创造的唯一源泉的观点看作是马克思劳动价值论的基本观点，那么这种将商品价值源泉扩充到资本、土地等非劳动生产要素的观点就是背离马克思劳动价值论的。这说明，由于"价值总量之谜"所隐含着的理论与现实之间的尖锐矛盾，某种"叛卖性"的成分已被悄然放置在了马克思劳动价值论的肌体内部。然而，也正是这种潜含在马克思劳动价值论肌体内部的"叛卖性"成分预示着另一种求解"价值总量之谜"的思路。

对于求解"价值总量之谜"问题的另一种思路，我们首先应该提到的是晏智杰在《劳动价值学说新探》等论著中提出的观点。晏智杰认为，谷书堂等人通过扩充生产劳动的范围和提升劳动的复杂程度求解"价值总量之谜"的思路是不能成立的，因为这种做法仍然是在劳动价值论的框架之内思考问题，而"价值总量之谜"所反映的恰恰是劳动价值论与

---

① 谷书堂：《社会主义经济学通论》，高等教育出版社1989年版，第110页。

经济生活实践之间的深刻矛盾，这种矛盾的根本解决不能依托于劳动价值论的旧有框架，而必须在抛弃和否定劳动价值论的基础上"另起炉灶"，建立更加适应新的历史条件的新的价值理论。晏智杰认为，以使用价值形式表现出来的社会财富作为用来满足人们需要的货物或服务具有"实物"和"价值（价格）"两种基本的存在形式，例如，GDP一方面代表以货币计量的一定价值量，另一方面又表示构成GDP的一定实物量或服务量。由于两种存在形式表现的是同一个对象，所以它们必然是一致的；而在传统劳动价值论的框架之内之所以会出现"价值总量之谜"的问题，根本原因恰是在于马克思的劳动价值论在对商品价值的理解中割裂了商品的使用价值与价值的双重属性。因此，破解"价值总量之谜"的关键就是不能再使商品价值处于价值与使用价值、具体劳动与抽象劳动之间的二元对立之中，而必须将其在新的价值理论中统一起来，并将使用价值置于解释商品价值的更为主要和更为优先的地位。由于将使用价值引入对商品价值概念的理解之中，在晏智杰的新的价值理论中，价值就具有了与劳动价值论完全不同的含义，这就是，价值不再表现为生产商品所耗费的抽象人类劳动，而是表现为货物或服务与人的需要之间的关系，价值量的大小则取决于商品能否满足人的需要及其在多大程度上满足这种需要。由于商品价值在本质上不再表现为一种标志人的脑力与体力消耗的实体范畴，而是一个表示主客体之间需要满足关系的关系范畴，价值的源泉问题也就必须予以重新审定。晏智杰认为，"商品价值的源泉是一个多元的多层次的总和系统。在最广泛的意义上，商品及其价值是人类活动与劳动同自然界相结合的结果，两者都是商品价值的源泉，此即所谓'天人合一论'；在自由竞争市场经济条件下，商品价值又是市场供给和需求相均衡的结果，在垄断竞争和垄断市场条件下，供求决定价格法则就要受到若干修正，修正的程度视垄断的程度而定，此即生产供求均衡论；市场供给和市场需求又各有一系列决定的要素存在。就市场供给价值的决定来说，它是人类劳动和生产资料相结合的产物，此即生产要素论，这种要素价值论在西方经济思想发展中已经存在和发展了300多年，从最初的两要素发展到了现在一般认为的土地、劳动、资本、经营管理、科学技术和知识等五要素论；就市场需求价值的决定来说，也是一个复杂的多元综合系统。社会生产力的发展水平是一个基本前提；社会的阶级和阶层结构是又一个基本制约因素；当然还直接取决于人们的收入水平，还有风俗习惯、心理活动以及地理和气象的条件等等。社会财富及其价值正是在这样一个多元的多层次的关系中被规定的，它是一个系统工程，又是一个动态体系。"① 正如在价值本质规定中所显示的那样，在价值的源泉问题上，劳动者的活劳动投入量也在晏智杰关于价值源泉多元化的理解中被排挤到了极其微末的地步；另外，与价值源泉的多元化相对应，在晏智杰关于价值源泉的问题上还存在着一个从供求决定论到要素价值论的过渡，这一过渡的最为明显的功利主义目的显然在于论证"生产要素按贡献参与分配论"的合理性，而深层的根源则在于解决价值在随供求起伏波动中的来源问题。

与晏智杰相比较，蔡继明"广义价值论"的观点则要更为鲜明与直白得多。在从静态和动态的双重角度论证了劳动生产力与商品价值量之间的正比关系之后，蔡继明进一步指出，劳动生产率与商品价值量成正比关系的关键恰恰在于，劳动生产力的高低并非单纯由劳动这一个因素决定，而是由包括劳动、资本、土地、组织管理和科学技术在内的诸多因素共同决定的。在其他条件不变的情况下，这些因素中任何一个因素的变化，都会引起劳动生产力的相应变化并对商品价值量的决定产生影响。例如，农业部门内甲、乙、丙三个生产者分别使用优、中、劣三个等级的同量土地，在其他条件相同的情况下，尽管甲、乙、丙三个生产者各自投入的劳动量都相等，但甲所生产的产品要多于乙，乙所生产的产品要多于丙，甲乙双方的同量劳动所创造的价值均多于丙。这里，甲乙两者劳动自身的生产力水平并没有提高，他们的产量之所以较多，完全是由于他们使用的较优等土地的较高的自然力发生作用的结果。这就说明自然条件实际上参与了产品价值的决定（创造）。因此，劳动生产力与商品价值量之间的正比关系实即意味着非劳动生产要素与劳动生产要素一同参与了商品价值的创造。蔡继明还指出："由于生产任何一单位使用价值所耗费的劳动时间从来都不单纯是活劳动耗费一个因素决定的，所以，即使断言价值函数是一元的，即断言价值是唯一地由劳动时间决定的，只要承认劳动生产力或生产函数是多元的（即承认劳动生产力本身是由包括劳动和非劳动要素在内的多种因素决定的），最终也会得出非劳动要素参与价值决定的结论。"②

从蔡继明的观点来看，虽然他的"广义价值论"并没有完全抛弃作为晏智杰过渡到其要素价值论前提的供求决定论，这就是他也强调其关于

---

① 晏智杰：《本本主义不是科学的研究态度和思维方式》，载《高校理论战线》2002年第9期。

② 参阅蔡继明：《从按劳分配到按生产要素贡献分配》，人民出版社2008年版，第85~86页。

劳动生产力与商品价值量成正比关系的观点是以供求关系的一致为假定前提的，但相对于晏智杰"新探"中极其鲜明的从供求决定论到要素价值论的"过渡"，蔡继明观点中的供求决定论的因素无疑是大大弱化了，这自然是因为论证"生产要素按贡献参与分配论"合理性的功利主义目的以及解决价值在随供求起伏波动中的来源问题的理论意图的必然的促动。但是，这种假定前提的存在作为一种远非明显的标志也并非没有意义，因为正是这种标志可以使我们很容易地辨识出这种要素价值论的真正出身。

上面简要地分析了在新时期马克思劳动价值论争论中出现的求解"价值总量之谜"的两种不同思路。从对这两种思路的分析比较来看，如果说谷书堂、逄锦聚等人表现为一种试图从作为价值实体的抽象劳动的角度求解问题的思路，那么晏智杰、蔡继明等人则表现为一种试图从作为价值社会形式的供求关系的角度求解问题的思路，只不过论证"生产要素按贡献参与分配论"合理性的功利主义目的以及解决价值在随供求起伏波动中的来源问题的理论意图使其必然地然而也是无奈地在对供求关系的进一步弱化中走向了要素价值论的对极。那么，我们应该如何看待这两种最终走上完全统一立场的求解思路呢？让我们将思绪重新转回到蔡继明作为其"生产要素按贡献参与分配论"的重要理论根据的"广义价值论"中求解问题的答案。

三、劳动生产力与商品价值量之间关系问题的正确理解

在《从按劳分配到按生产要素贡献分配》一书中，蔡继明曾以图例形式对其"广义价值论"所坚持的劳动生产力与商品价值量成正比关系的观点进行了分析与论证。

蔡继明分析指出，在表 3 - 1 中，生产者丙的劳动生产力较高，其商品的个别价值（即单位产品的个别劳动消耗）低于它的社会价值，也就是说，它所消耗的劳动时间少于在社会平均条件下生产同类商品所花费的劳动时间。但是，由于商品的现实价值不是它的个别价值而是它的社会价值，所以生产者丙的同量劳动创造了较多的价值。而生产者丙的同量劳动之所以能够创造较多的价值是因为"生产力特别高的劳动起了自乘的劳动的作用"。蔡继明同时指出，所谓劳动生产力与价值量正相关的原理实际上是包含在马克思劳动价值论"价值量决定于社会必要劳动时间"这一规定之中的，因为在同一部门内部，劳动生产力较高的生产者在单位时间内所创造的使用价值较多，或者说生产单位使用价值所耗费的个别劳动时间较少，但由于商品的价值量是由社会必要劳动时间决定的，所以，他

们在同一劳动时间内会创造较多的价值。反之，劳动生产力较低的生产者，在同一劳动时间内则只能创造较少的价值。①

表 3 – 1 劳动生产力与价值量的关系

生产者	劳动消耗（小时）	使用价值量（产量）	劳动生产力	单位产品劳动消耗（小时）	社会必要劳动时间（小时）	价值量	
						个量	总量
甲	60	1	1/60	60	30	30	30
乙	60	2	2/60	30	30	30	60
丙	60	3	3/60	20	30	30	90
总计	180	6	6/180				180

简单的比较就可以发现，蔡继明对劳动生产力与价值量之间成正相关关系的论证是对马克思关于相对剩余价值和超额剩余价值原理的借用。由于蔡继明的论证牵涉到马克思关于劳动生产力与价值量之间成反比关系的论述，我们对其劳动生产力与价值量之间的正向关系的分析就从马克思关于劳动生产力与价值量之间反比关系的论述开始。

如前所述，在《资本论》第 1 卷关于商品价值量规定的论述中，马克思对劳动生产力与商品价值量之间的反比关系做了清晰的论述。那么，为什么劳动生产力的提高会造成商品价值量的降低呢？马克思认为，这是因为虽然同一劳动在同样的时间内创造的价值量总是相同的，但在同样的时间内提供的使用价值量却是不同的：生产力提高时就多些，生产力降低时就少些，这样，那种能提高劳动效能从而增加劳动所提供的使用价值的生产力的变化就会缩减生产这个使用价值量所必需的劳动时间，从而减少该商品的价值量。但是我们发现，劳动生产力与商品价值量之间正比与反比的争论也正好发生在这里，这就是虽然劳动生产力的提高相应地降低了单个商品的个别劳动时间，并因而相应地降低了该商品的个别价值，但商品的由社会必要劳动时间所决定的社会价值却并没有发生变化。由于商品价值决定于生产商品的社会必要劳动时间而非个别劳动时间，这样，一方面，劳动生产力的提高通过增加相同劳动时间之内的使用价值量而降低了单位商品的个别价值，并从而构成了其与劳动生产力之间的反比关系（有人也正是在此意义上坚称马克思劳动生产力与商品价值量之间反比关系原理的正确性）；另一方面，商品价值还是应该而且也必须按照没有因

---

① 参阅蔡继明：《从按劳分配到按生产要素贡献分配》，人民出版社 2008 年版，第 82 ~ 83 页。

劳动生产力的变化而改变的社会价值来计量，从而又造成了相同劳动时间内创造的价值量随劳动生产力正向变化的情况。但是，为什么劳动生产力的提高没有引起生产商品的社会必要劳动时间以及由此决定的社会价值的变化呢？也许有人会说，这是因为商品的社会价值作为生产某种商品的社会必要劳动时间只有在全社会劳动生产力变化的条件下才会发生变化，正如劳动力商品价值的降低只有通过全社会提高劳动生产力才能实现那样，而单个商品生产者劳动生产力的变化并不足以影响全社会的劳动生产力并进而影响生产商品的社会必要劳动时间。但是，如果说社会必要劳动时间不仅是指现有的社会正常生产条件下生产某种使用价值所需要的劳动时间，它还是指社会平均生产条件下生产市场上这种商品的社会必需总量所需要的劳动时间，那么，当商品生产者通过提高劳动生产力降低商品的个别劳动时间时，它也就同时相应地增加了相同时间内的该商品的使用价值量，并且正是这种使用价值量的增加构成了其单位商品个别劳动时间降低的前提条件；而商品使用价值量的增加必然会打破原有市场上该种商品的供求平衡状态，即使整个社会按社会必要劳动时间来计量的劳动总量超过按比例分配到该部门的劳动时间的总量，从而最终造成单位商品社会必要劳动时间的缩短以及商品社会价值的降低。众所周知，这才是马克思关于劳动生产力与商品价值量之间反比关系原理的本真含义。但是，如果说单位商品社会必要劳动时间的缩短以及社会价值的降低是由于劳动生产力的提高以及由此造成的使用价值量相对于社会需求的剩余性增长，那么，马克思关于劳动生产力与商品价值量之间反比关系的原理就实质地暗含着**社会需求相对稳定**的基本条件。

如果说社会需求相对稳定的基本条件在劳动生产力与商品价值量之间反比关系的原理中还是以暗含的方式存在着，那么当涉及对具体问题的分析的时候，这一条件便会以直观的形式表现出来。例如，在分析相对剩余价值生产的问题时，由劳动生产力的提高所造成的商品供求关系的变化就直接变成了一种前设性条件。马克思分析指出，假定一个资本家在一定的劳动生产力条件下在 12 个小时内制造 12 件商品，每件商品价值为 1 先令，其中每件商品用掉的生产资料、原料等价值是 6 便士，由加工时新增加的价值 6 便士，那么在一个 12 小时工作日中就会生产出 6 先令的价值。现在假定资本家将劳动生产率提高一倍，在一个 12 小时工作日中就不是生产 12 件这种商品而是生产 24 件，在生产资料价值不变的情况下，每件商品的价值就会降低到 9 便士，即 6 便士是生产资料的价值，3 便士是最后的劳动新加进的价值。生产力虽然提高一倍，一个工作日仍然同从前一样只创造 6 先令的价值，但是由于这 6 先令的价值是分散在增加了一倍的产品上，因而每件商品的价值就不是 6 便士而是 3 便士。这样就会造成商品个别价值低于社会价值的状况。那么，在劳动生产力因而商品产量增加一倍的情况下，商品的社会价值是否绝对不变呢？马克思指出，对于这个资本家来说，由于一个 12 小时工作日现在表现为 24 件商品，而不是过去的 12 件商品，因此要卖掉一个工作日的产品，他就需要有加倍的销路或大一倍的市场。在其他条件不变的情况下，他的商品只有降低价格，才能获得较大的市场。因此资本家必须以要高于商品的个别价值但又低于它的社会价值来出售商品。例如一件商品卖 10 便士，这样，资本家从每件商品上仍然赚得 1 便士的超额剩余价值。① 从第二种含义社会必要劳动时间的角度来看，马克思这里所说的为获得较大市场而降低了的价格实际上正应该是商品的社会价值，而这种实际上应该是商品社会价值的价格之所以要降低到原先的社会价值以下显然是同由劳动生产力的提高而造成的供求状况的失衡有关。但是，极其明显的是，如果在劳动生产力因而商品产量增加一倍的情况下，整个社会对该商品的需求也同比正向地增加一倍，那么商品就完全没有必要再为获得加倍的销路或大一倍的市场而将其社会价值降低到原先的社会价值以下。因此，马克思在这里所提到的为获得加倍的销路或大一倍的市场而降低商品实际上是社会价值的价格正是明确地表明了社会需求相对稳定的前提条件在劳动生产力与商品价值量之间反比关系原理中的存在。而从这样一种前提推论开去，那就会得出另一个与这种前提完全等值的结论：如果商品的社会价值并没有因劳动生产力的提高而降低，那就只能说明整个社会对该种商品的需求发生着与劳动生产力正向而同步的变化。

我们知道，在蔡继明关于劳动生产力与商品价值量之正比关系的分析中，商品价值量之所以呈现出与劳动生产力之间的正比关系，其关键正是在于商品的社会价值并没有因劳动生产力的提高而降低；而商品社会价值之所以没有降低，从我们上述的分析可以说明，这是由于在通过提高劳动生产力而相应地增加该商品的使用价值量的同时，整个社会对该种商品的社会需求也在同步且正向地增长。如果说在马克思的劳动生产力与商品价值量之间反比关系的原理中暗含着社会需求相对稳定的基本条件，那么社会对该种商品的需求伴随劳动生产力的提高而同步正向地增长就意味着蔡继明在对劳动生产力与商品价值量之间正比关系的分析中悄然改变了社会

① 马克思：《资本论》第 1 卷，人民出版社 1975 年版，第 353 页。

需求相对稳定的基本条件。因此，蔡继明关于劳动生产力与商品价值量之间的正比关系的原理并不能与马克思关于它们之间成反比关系的原理构成真正的矛盾。当然，必须指出的是，虽然劳动生产力与商品价值量之间反比关系的原理暗含着社会需求相对稳定的基本条件，当马克思为论证相对剩余价值和超额剩余价值而提出"生产力特别高的劳动起了自乘的劳动的作用"时，他也悄然变换了社会需求相对稳定的基本条件，并且也正是这一点被蔡继明"广义价值论"的精明所利用。这不能不说是马克思在对相关问题分析中的一个明显瑕疵。

但是，在社会需求随劳动生产力做相应调整并因而使商品社会价值相对稳定的情况下，由于商品使用价值量随劳动生产力的增长，在相同劳动时间之内生产的商品价值总量确实也在相应地增长，并且正是在这一点上，蔡继明关于劳动生产率与商品价值量成正比关系的模型是成立的，而且马克思对超额剩余价值的论述实际上也是以商品价值总量随劳动生产力的变化而变化为前提的。但是，也正是在这里又引出了这种随劳动生产力提高而比以前增加了的价值量从何而来的问题，并且也正是这一问题最终将蔡继明们引入了歧途。由于蔡继明所谓与劳动生产力正向变化而增量的商品价值实际上不过是马克思主义政治经济学中的超额剩余价值，因此，我们还是先来看一看马克思对相关问题的分析。

在《资本论》第 1 卷关于"相对剩余价值的概念"一章中，在详细地分析了资本家如何通过提高劳动生产力使其商品的个别价值低于社会价值从而获得超额剩余价值的问题之后，马克思指出："然而，甚至在这种场合，剩余价值生产的增加也是靠必要劳动时间的缩短和剩余劳动的相应延长。"马克思分析指出，假定必要劳动时间是 10 小时，或者说，劳动力的日价值是 5 先令，剩余劳动是 2 小时，因而每日生产的剩余价值是 1 先令。但我们的资本家现在是生产 24 件商品，每件卖 10 便士，或者说，一共卖 20 先令。因为生产资料的价值等于 12 先令，所以 $14\frac{2}{5}$ 件商品只是补偿预付的不变资本。十二小时工作日表现为其余的 $9\frac{3}{5}$ 件商品。因为劳动力的价值 =5 先令，所以 6 件产品表现为必要劳动时间，$3\frac{3}{5}$ 件产品表现剩余劳动。必要劳动与剩余劳动之比在社会平均条件下是 5：1，而现在是 5：3。用下列方法也可以得到同样的结果。一个十二小时工作日的产品价值是 20 先令。其中 12 先令属于只是再现的生产资料的价值。因此，剩下的 8 先令是体现一个工作日的价值的货币表现。这个货币表现比同类社会平均劳动的货币表现要多，因为 12 小时的同类社会平均劳动只表现为 6 先令。生产力特别高的劳动起了自乘的劳动的作用，或者说，在同样的时间内，它所创造的价值比同种社会平均劳动要多。但是，我们的资本家仍然和从前一样，只用 5 先令支付劳动力的日价值。因此工人现在要再生产这个价值，用不着象过去那样需要 10 小时，只要 $7\frac{1}{2}$ 小时就够了。这样，他的剩余劳动就增加了 $2\frac{1}{2}$ 小时，他生产的剩余价值就从 1 先令增加到 3 先令。可见，采用改良的生产方式的资本家比同行业的其余资本家，可以在一个工作日中占有更大的部分作为剩余价值。而他个别地做到的，就是资本全体在生产相对剩余价值时所作的。[①]

从马克思的分析可以看出，作为商品个别价值低于社会价值差额的超额剩余价值的确是存在的，但这种超额剩余价值绝不是如蔡继明所理解的那样是由内含着更高劳动生产力的如机器、土地等非劳动要素创造的，它在本质上仍然是由雇佣工人在通过缩短必要劳动时间而相应地延长了的剩余劳动时间中创造的，是雇佣工人在剩余劳动时间阶段之内抽象劳动的耗费与凝结。因此，超额剩余价值绝不是一种可以任由各种非劳动要素的生产能力来加以填充"社会空壳"，而是有充分而坚实的抽象劳动的价值实体的支撑的；而所谓"只要同量同质劳动生产的价值不同……那一定意味着非劳动要素参与了价值的创造"[②] 的观点也因此必然是不能成立的。当然，客观地说，超额剩余价值的获得也并不与机器、土地等非劳动要素完全无关，但是，这种关联是只有在我们将机器、土地等非劳动要素不是看作一般的生产要素而是看作对劳动进行社会控制的资本的时候才能获得正确的理解，因为它们作为资本就是能够为资本家带来更多剩余价值的价值。因此，如果不是有机器、土地等非劳动要素作为资本的存在，资本家是断不能通过提高劳动生产力获得超出一般剩余价值的超额剩余价值的，尽管剩余价值由资本为资本家"带来"绝不意味着就是它自身的创造。从这个意义上说，蔡继明是在模糊机器、土地等非生产要素所具有的资本属性（他始终都没有将内含着更高劳动生产力的非劳动要素当作能够给它的所有者带来剩余价值的资本来看待）的同时将资本的"带来"当作直接就是资本的创造，并且也正是在这一点上无意而更多的是有意地误读了马克思关于相对剩余价值和超额剩余价值的理论。需要说明的是，马克

① 马克思：《资本论》第 1 卷，人民出版社 1975 年版，第 353～354 页。
② 蔡继明、李仁君：《广义价值论》，经济科学出版社 2001 年版，第 200 页。

思在这里只是通过对剩余劳动时间延长的分析说明超额剩余价值具有雇佣劳动者活劳动的支撑，因而并不是由包括资本在内的各种非劳动生产要素的共同创造。但是，如果考虑到剩余劳动时间的延长又是由于劳动生产力的提高使工人可以在更短的时间内再生产出其劳动力的价值，从而造成劳动力商品的个别价值与社会价值之间的差额，那么我们就必须将对超额剩余价值的分析置于一种更为复杂的理论语境之中，这里既有劳动力价值在一定条件下总是一个相对稳定的量的问题，也有劳动力商品的价值量总是以价值为计量单位但其补偿却总是通过实物来实现的问题；而在涉及"虚假的社会价值"的问题时还有我们在前面已经指出的要通过下一期生产过程来填充的问题。只有在联系这些已远远超出本题研究范围的问题时，我们才可能有对超额剩余价值问题的全面而科学的说明。

总之，在马克思劳动价值论关于价值决定的问题中内含着抽象劳动与供求关系的双重说明基点，这种双重的说明基点使我们既不能像马克思劳动价值论的传统理解那样完全抛弃供求关系而以"裸体"形式存在的抽象劳动理解商品价值，也不能像供求决定论那样完全抛弃抽象劳动的价值实体而以纯形式的供求关系来理解商品价值，否则，劳动价值论不是走到自己理论形态的反面，就是在对抽象劳动的机械固守中蜕变为形而上学的思辨命题。这就是我们对马克思劳动价值论价值概念的前提澄明所形成的基本结论。

第四章 生产劳动与价值创造

如果说活劳动是商品价值创造的唯一源泉是劳动价值论的基本理念，那么，生产劳动就是劳动价值论中与价值创造具有必然关联的核心问题，因为只有在劳动具有生产性时，它才能成为劳动价值论所认定的商品价值的创造源泉。与此相联系，生产劳动理论也就必然地是马克思劳动价值论的重要组成部分。同马克思劳动价值论的其他理论构件一样，生产劳动理论也是新时期马克思劳动价值论激烈论争的战场。深化和发展对马克思生产劳动理论的研究和认识，并在此基础上求得对诸多现实经济问题的透彻理解，是新时期深化和发展马克思劳动价值论研究和认识的基本要求。

第一节 马克思生产劳动理论的内涵厘定

一、马克思生产劳动理论的理论来源与基本内涵

在政治经济学的发展史上，生产劳动理论的缘起最早可以追溯到作为资产阶级古典政治经济学理论前身的重商主义，但是最早形成完整的生产劳动理论并将其作为劳动价值论重要理论构件的却是作为古典经济学理论体系建立者的亚当·斯密，亚当·斯密的生产劳动理论也由此成为马克思生产劳动理论的直接理论来源。

众所周知，国民财富的起源及其产生和增长的条件是亚当·斯密经济理论的主题。在亚当·斯密看来，一国国民的全部劳动，就是一国财富的源泉。而生活必需品和便利品对全国居民的供应状况则取决于一国国民每年所拥有的生活必需品和便利品对消费者人数的比例，这个比例又取决于"国民的素质"即一国国民运用劳动的熟练程度、技巧和判断力，以及"从事有用劳动的人数和不从事这种劳动的人数的比例"。这就是说，

要实现国民财富的增长除了提高"国民的素质"以外就是必须提高生产劳动者相对于非生产劳动者的比例。这样，确定生产劳动与非生产劳动的理论界限对于以国民财富增长为研究主题的亚当·斯密的经济理论来说就具有十分重要的意义。当然，由于"有用的生产性劳动者人数，无论在什么场合，都和推动劳动的资本量的大小及资本用途成比例"，①因而要增加生产劳动者的人数就必须相应地增加资本的积累。因此，生产劳动还必然牵连着另一个重要的问题，这就是资本的性质与积累问题。概括起来，亚当·斯密生产劳动理论的具体内涵可归结为以下几个方面。

首先，亚当·斯密认为，物质生产领域的劳动者所从事的劳动是生产劳动，而非物质生产领域的劳动者所从事的劳动则不是生产劳动。如前所述，将劳动区分为生产劳动与非生产劳动并不是从斯密开始的，但斯密之前的经济理论常常从经济活动或生产活动的类别上来划分，因而并没有能够实现对生产劳动与非生产劳动的科学规定。例如，重商主义认为只有商业劳动，特别是对外贸易部门中的商业劳动是生产劳动，而其他部门的非商业劳动则不是生产劳动；稍后的重农学派则认为只有农业部门的劳动才是生产劳动，而农业生产之外的工业与商业活动则不是生产劳动。虽然重农学派由于将生产劳动定义在经济活动的生产领域表现出理论上的进步，但完全排斥稍后伴随着工业革命迅速崛起的工业制造业劳动的生产性质，则又隐含着严重的历史局限。亚当·斯密一方面坚决摒弃将生产劳动局限于某一经济活动部门或某一单一生产领域的传统分析方法，认为确定一种劳动的生产性质既不取决于这种劳动用在何处（是农业还是工业），也不取决于这种劳动生产什么（是农产品还是工业品），而唯一地取决于这种劳动是否具有"创造财富的活动的抽象一般性"。正如马克思在评价中指出的，"亚当·斯密大大地前进了一步，他抛开了创造财富的活动的一切规定性，——干脆就是劳动，既不是工业劳动，又不是商业劳动，也不是农业劳动，而既是这种劳动，又是那种劳动"。② 另一方面则继承重农学派在将生产劳动定义在经济活动的生产领域中所表现出来的理论上的进步，将生产劳动进一步定义为一切物质生产领域中从事生产活动的有用劳动，而那些非物质生产领域的劳动活动则被断然排斥于生产劳动的范围之外，因而他所说的"创造

① 亚当·斯密：《国民财富的性质和原因的研究》上卷，商务印书馆1972年版，第2页。
② 《马克思恩格斯选集》第2卷，人民出版社1995年版，第21页。

财富的活动的抽象一般性"并不是一切领域的劳动活动而仅仅是指物质生产领域的劳动活动。例如,亚当·斯密指出:"君主以及他的官吏和海陆军,都是不生产的劳动者。……在这一类中,当然包含着各种职业,有些是很尊贵很重要的,有些却可说是最不重要的。前者如牧师、律师、医师、文人;后者如演员、歌手、舞蹈家。"① 在斯密看来,这些不生产劳动者不仅不生产财富反而浪费了社会财富,从而妨碍了资本积累的增长。其次,亚当·斯密认为,与资本相交换并因而生产利润的劳动是生产劳动,而与收入相交换因而不能生产利润的劳动则不是生产劳动。斯密在对比工场手工业工人的加工劳动与家仆的家务劳动时指出:"有一种劳动,加在物上,能增加物的价值;另一种劳动却不能够。前者因可生产价值,可称为生产性劳动,后者可称为非生产性劳动。制造业工人的劳动,通常会把维持自身生活所需的价值与提供雇主利润的价值加在原材料的价值上。反之,家仆的劳动,却不能增加什么价值。制造业工人的工资,虽由雇主垫付,但事实上雇主毫无所费。制造业工人把劳动投在物上,物的价值便增加。这样增加的价值,通常可以补还工资的价值,并提供利润。家仆的维持费,却是不能收回的。"② 在斯密看来,之所以只有与资本相交换的劳动才是生产劳动,是因为这种劳动所创造的价值,不仅足以补偿工人自身工资的价值,还能为雇主提供一定的利润或剩余价值。如果把非生产劳动者消费的那部分生活资料分给生产劳动者,那么后者就可以经过一个生产过程,将他所消费的全部价值"连同利润一起"重新生产出来;而家仆的家务劳动等与收入相交换的劳动则不能像与资本相交换的劳动那样为雇主带来利润。例如,资本主义社会的各种社会成员,都可以用自己收入的一部分雇佣家仆为自己或自己的家庭进行劳动,但家仆的劳动既不创造价值也不生产剩余价值,连他自身的维持费也不能通过自己的劳动予以补偿,因而只能是非生产劳动。斯密还据此认为,雇佣工人,是致富的方法,维持许多家仆,是致贫的途径。斯密关于生产劳动是直接与资本相交换并因而生产利润的劳动的观点客观而真实地反映了初期资本主义生产关系的本质,因为对于刚刚经过原始积累之后又通过地理大发现和技术革新而大大激发起"恶劣的情欲"的资本主义来说,剩余价值正是其生产的直接目

---

① 亚当·斯密:《国民财富的性质和原因的研究》上卷,商务印书馆1972年版,第304页。

② 亚当·斯密:《国民财富的性质和原因的研究》上卷,商务印书馆1972年版,第303页。

的，只有通过在本质上是剩余价值生产的资本主义生产，资本主义才能在不断发展与膨胀的生产规模中实现其资本积累的梦想，满足其发财致富的欲望。也正是因为如此，马克思才对斯密的生产劳动定义给予至高的评价，认为他关于"生产劳动是直接同资本交换的劳动"的这样一个定义"触及了问题的本质，抓住了要领"，是斯密的"巨大科学功绩之一"。① 最后，亚当·斯密认为，能够将劳动固定并且实现在商品上的生产物质产品的劳动是生产劳动，而不能将劳动固定并且实现在商品上的生产非物质产品的劳动则不是生产劳动。斯密指出，制造业工人的劳动之所以是生产劳动，一方面是因为它是与资本相交换并因而能够为雇主提供利润的劳动，另一方面则是因为它"可以固定并且实现在特殊商品或可卖商品上，可以经历一些时候，不会随生随灭。"而家仆的劳动之所以不是生产劳动则不仅因为它不是与资本相交换并因而不能为雇主提供利润的劳动，而且还因为它不固定亦不实现在特殊物品或可卖商品上，"家仆的劳动，随生随灭，要把它的价值保存起来，供日后雇佣等量劳动之用，是很困难的。"② 此外，斯密将君主以及他的官吏和海陆军都认定为不生产的劳动者也是因为，在他看来，这些"社会上等阶级人士的劳动，和家仆的劳动一样，不生产价值，既不固定或实现在耐久物品或可卖商品上，亦不能保藏起来供日后雇佣等量劳动之用。"③在许多人看来，斯密关于只有能够将劳动固定并且实现在商品上的生产物质产品的劳动才是生产劳动的定义是令人费解的，但如果我们联系亚当·斯密政治经济学的研究主题这一点就很容易理解。如前所述，国民财富的起源及其产生和增长的条件是亚当·斯密政治经济学研究的主题，而增加国民财富的一个重要途径就是通过增加生产劳动增加资本积累，因为资本一旦在个别人手中累积起来，就会有一些人为了从劳动生产物的售卖或劳动原材料的增加价值上得到一种利润而把资本投在劳动人民身上，以原材料与生活资料供给他们，叫他们劳作。但是，资本要能够在个别人手中累积起来就必须具有能够累积的特性，这种累积特性不仅使它能够在个别人手中积蓄起来做雇佣劳动之用，而且能够使其通过不断地累积表现和实现国民财富的增长；如果这些在初始阶段作为劳

① 《马克思恩格斯全集》第26卷 I，人民出版社1972年版，第148页。
② 亚当·斯密：《国民财富的性质和原因的研究》上卷，商务印书馆1972年版，第303～304页。
③ 亚当·斯密：《国民财富的性质和原因的研究》上卷，商务印书馆1972年版，第304页。

动生产物的劳动产品或商品"随生随灭"，它就既不可能被积蓄起来以作资本雇佣等量劳动之用，也不可能表现和实现国民财富的持续增长。

马克思的生产劳动理论是在批判地继承古典政治经济学，特别是亚当·斯密生产劳动理论的基础上建立起来的，他一方面对斯密将生产劳动定义为直接同资本相交换并因而生产利润的劳动给予高度评价，另一方面又批评他"在区分生产劳动与非生产劳动时给生产劳动下的定义"所带有的"对一切问题的见解都具有的二重性"错误。① 马克思还特别指出，斯密将生产劳动定义为能够将劳动固定并且实现在商品上的生产物质产品的劳动的观点"越出了和社会形式有关的那个定义（指斯密关于生产劳动是与资本相交换并因而生产利润的劳动的观点——引者注）的范围，越出了用劳动者对资本主义生产的关系来给生产劳动者和非生产劳动者下定义的范围。"② 马克思指出，虽然任何形式的劳动都只能而且也必须在一定的社会形式下进行，就像资本主义的生产必须在资本家的监督之下来进行那样，但这种社会形式如影随形的存在并不能改变劳动所具有的一般性质。因此，对于生产劳动首先应该从其社会形式掩映之下的一般性质或"自然属性"中加以理解和规定。马克思指出，在一般性质方面，劳动首先是人和自然之间的过程，是人以自身的活动来引起、调整和控制人和自然之间的物质变换的过程；而作为人和自然之间的物质变换过程，人类劳动的根本目的在于生产能够满足人类生存和发展所需要的生产与生活资料。在这个意义上，所谓生产劳动就是指劳动者借助于表现为生产资料的劳动资料和劳动对象生产能够满足人们生产与生活需要的使用价值的劳动。正如马克思所指出的："如果整个过程从其结果的角度，从产品的角度加以考察，那末劳动资料和劳动对象表现为生产资料，劳动本身则表现为生产劳动。"③ 但是另一方面，如果说"生产工人的概念决不是只包含活动和活动效果之间的关系，工人和劳动产品之间的关系，而且还包含一种特殊社会的、历史地产生的生产关系"，④ 这种特殊社会的、历史地产生的生产关系构成了一定的生产劳动在其中借以展开的社会形式，那么，这个单纯从一般性质的角度得出的生产劳动的定义就是绝对不够的。从马克思对生产劳动的整体分析来看，马克思对生产劳动的以社会形式为角度的分析表现为两个相互联系的层次，即一般商品经济形式下的生产劳动与

---

① 《马克思恩格斯全集》第26卷Ⅰ，人民出版社1972年版，第142页。
② 马克思：《剩余价值论》（第1分册），人民出版社1975年版，第153页。
③ 马克思：《资本论》第1卷，人民出版社1975年版，第205页。
④ 马克思：《资本论》第1卷，人民出版社1975年版，第556页。

资本主义商品经济形式下的生产劳动，而对资本主义商品经济形式下的生产劳动的分析自然是马克思生产劳动理论的重心。同自然经济形式一样，商品经济形式之下的生产劳动也必须首先表现为一种生产使用价值以满足人们生产与生活需要的劳动，但是由于社会分工与生产资料私有制的出现，这一目的只能通过商品生产者劳动产品以价值为基础的等价交换来实现的，这样就出现了与自然经济相对立的以交换为目的而进行生产的商品经济。对于商品经济形式下的商品生产者来说，商品生产的直接目的并不是使用价值而是价值，因为只有通过商品价值的实现，商品生产者才能获得补偿其在生产中消耗的生产资料并获取其生存与发展所需要的生活资料。因此，从一般商品经济的角度来看，对生产劳动的从一般性质所做的规定就还必须加上商品经济形式所特有的要求，这就是生产商品和创造商品价值，正如马克思所指出的："实现在商品中的劳动，对我们表现在生产劳动。"①

在简单商品经济形式的基础上，马克思进一步分析了资本主义商品经济形式下的生产劳动的特点。马克思指出，资本主义商品经济作为商品经济的发达的形式既具有简单商品经济生产劳动的一般性，又具有其作为一种发达形式所具有的特殊性，这具体表现在，资本主义商品经济形式下的生产劳动并不像简单商品经济形式下的商品生产者那样只是为了获得商品价值，而是为了获得超过劳动力商品价值的剩余价值；与此相联系，资本主义的商品生产也不像简单商品经济那样表现为劳动过程与价值形成过程的统一，而是表现为劳动过程与价值增殖过程的统一。在这里，通过获得剩余价值而实现资本的增殖恰是资本主义条件下的生产劳动区别于一般商品经济生产劳动的最本质特征。从这个角度来看，正如马克思所指出的："从单纯的一般**劳动过程**的观点出发，实现在**产品**中的劳动，更确切些说，实现在商品中的劳动，对我们表现为**生产劳动**。但从资本主义生产过程出发，则要加上更切近的规定：生产劳动是直接增殖资本的劳动或直接生产**剩余价值**的劳动。""因为资本主义生产的直接目的和**真正产物是剩余价值**，所以只有直接**生产剩余价值的劳动是生产劳动**，只有直接**生产剩余价值**的劳动能力的行使者是**生产工人**，就是说，只有直接在生产过程中为了资本的价值增殖而**消费**的劳动才是生产劳动。"②

如果将商品经济看作是一个借助于一定社会形式而经常处于变化

---

① ② 《马克思恩格斯全集》第 49 卷，人民出版社 1982 年版，第 99 页。

过程中的经济形式，那么对生产劳动的从社会形式角度所展开的规定也就自然是马克思生产劳动理论的核心规定，这一点作为一种核心的理论质点或许正是马克思生产劳动理论与斯密生产劳动理论的本质区别，尽管从某种意义上说，斯密将生产劳动规定为直接同资本相交换的劳动的观点也包含某种社会形式规定的内涵。但是，对生产劳动的社会形式的分析绝不意味着马克思会抛弃与此相对应的一般性质的分析。相反，马克思明确指出：虽然劳动过程只是资本的价值增殖过程的手段，但"资本主义劳动过程并不消除劳动过程的一般规定。劳动过程生产产品与商品。只要劳动物化在商品即使用价值与交换价值的统一中，这种劳动就始终是生产劳动。"① 因此，我们切不可在对马克思生产劳动理论的理解中由于对社会形式分析方面的关注而忽略一般性质分析的方面。

但是，对于马克思的生产劳动理论，人们远不是始终都能够形成统一和一致的认识，而在面对各种复杂现实问题时则尤其如此，这一点在新时期马克思劳动价值理论的争论中表现得尤其鲜明。当然，由复杂的现实问题所引发的人们对马克思生产劳动理论的认识上的分歧甚至对立绝不是全然负面的。相反，适时分析关于生产劳动理论的各种争论并在通过分析努力整合各种理论资源的基础上形成更加具有客观真理性的理论结论，才是我们推进马克思生产劳动理论深化与发展的正确途径。

二、新时期马克思生产劳动理论的争论及其根源

正如马克思劳动价值论的其他理论构件那样，关于马克思生产劳动理论的争论也可以追溯到 20 世纪 60 年代，但就作为一个真正关涉马克思劳动价值论兴废存续的基本理论问题来说，它的争论却只能以改革开放初期的 80 年代为源头并在新时期马克思劳动价值论的争论中趋向高潮。反思新时期马克思劳动价值论的争论可以看出，关于马克思生产劳动理论的争论主要表现在生产劳动的内涵与外延两个方面，其中，生产劳动内涵方面的争论主要表现在是否应该将各种非物质产品的劳动形式纳入生产劳动的范围之内，而生产劳动外延方面的争论则主要表现在是否应该将各种非物质生产领域的产业类别纳入生产劳动的范围之内。我们首先来看关于生产劳动内涵方面的争论。

如前所述，马克思是从一般性质和社会形式两个方面展开对生产劳

---

① 《马克思恩格斯全集》第 49 卷，人民出版社 1982 年版，第 100 页。

动的内涵规定的，而就资本主义发达商品经济条件下的生产劳动来说，在一般性质上它表现为直接生产使用价值从而能够满足人们某种需要的劳动，而在社会形式上它则表现为直接生产剩余价值从而能够实现资本价值增殖的劳动。对于将生产劳动定义为直接生产剩余价值从而能够实现资本价值增殖的劳动，人们一般并没有什么明显的分歧，人们的分歧主要集中在马克思从一般性质方面对生产劳动的规定。在一些人看来，马克思从一般性质角度对生产劳动的规定存在的问题是：其一，由于与斯密从物质产品角度理解生产劳动之间的渊源关系，马克思从一般性质角度对于生产劳动的规定也是将生产劳动唯一地理解为生产物质产品的劳动活动，这样就将各种非物质产品的劳动活动排斥在生产劳动的范围之外；其二，由于将生产劳动唯一地规定为生产物质产品的劳动活动，也就将生产劳动限定在体力劳动的范围之内，从而将各种精神的或脑力的劳动活动排斥在生产劳动的范围之外，因为物质产品的生产活动是只有通过体力劳动或具有明显体力劳动色彩的劳动活动才有可能实现的；其三，由于将生产劳动唯一地规定为生产物质产品的劳动活动，也就将生产劳动限定在直接生产商品的劳动活动的范围之内，从而将各种直接或间接为生产活动服务的劳动活动排斥在生产劳动的范围之外。于是，关于马克思的生产劳动理论是否包含着对上述劳动活动的排斥以及是否应该将这些被排斥于生产劳动范围之外的劳动活动重新纳入生产劳动范围的问题的争论就在新时期马克思劳动价值论争论的大背景下展开了。例如，有论者认为，虽然马克思将斯密关于生产劳动的第一种见解引申为能够为资本带来剩余价值的劳动，并以实际举例突破了将生产劳动仅限于物质商品生产领域的局限，但他在《资本论》中对劳动价值论以及剩余价值理论的分析却仍然限定在物质商品生产（资本）领域，并将在非物质商品生产领域中所获得的利润看作是对在物质商品生产领域中所创造的社会总剩余价值的分配，这种分析显然与和资本相交换的劳动也即可以为资本带来剩余价值的劳动是生产劳动的定义不相统一。①晏智杰则认为，马克思的价值分析暗含的基本前提之一，是假定生产商品的劳动是简单劳动，而这个简单劳动实质上就是指没有什么"科技含量"的体力劳动。因为马克思所说的简单劳动是劳动者从事生产时体力与脑力的耗费，是劳动者"生理学意义上耗费"。这样，在马克思所理解的生产劳动中就没有知识和技术的地位，也没有经营管理的地位。由

---

① 邓本愚：《政治经济学的基础理论创新》，中国经济出版社2008年版，第60页。

于认为马克思排除上述劳动形式而对生产劳动的理解过于狭隘，许多人认为，马克思的生产劳动理论必须在内涵方面有所扩充，即将生产劳动的内涵扩充到涵盖各种非物质产品的劳动以及高"科技含量"的劳动形式。例如，有学者认为，非物质生产领域这个概念本身不确切，因为"它会给人们这样的印象：就国民经济整体来说，所有劳动都是生产的，都是生产领域。所不同的是一大门类生产物质产品，另一大门类生产非物质产品。所以建议用非生产领域的概念来取代非物质生产领域的提法，以免发生误解。"还有的论者认为，过去所理解的生产劳动和物质生产领域的范畴太窄了一些，应适当加以扩大，但不同意把科、教、文、卫、党、政、军都包括在生产劳动的名义之下。有的学者认为，不仅直接从事商品生产和价值创造的劳动是生产劳动，那些直接或间接服务于商品生产的劳动活动也同样应该被纳入生产劳动的范围，因为在生产过程之外开发研究新技术、新产品、新工艺的科技工作者，虽然置身于生产之外，但他们的工作实际上也是生产过程的一个组成部分，只是要通过出卖专利后，他们在财富和价值创造中的作用才能都发挥出来。此外，还有的学者主张将一切直接为市场交换而生产物质商品和精神商品，以及直接为劳动力商品的生产和再生产服务的劳动，其中包括自然人和法人实体的内部管理劳动和科技劳动，都一并纳入到创造价值的劳动或生产劳动的范围。①

但是，并不是所有的人都认同对马克思生产劳动理论的以局限于物质产品生产基础上所引申的各种认识，也并不是所有的人都同意马克思生产劳动在局限基础上的各种发展。例如，卫兴华在反驳晏智杰对马克思生产劳动理论的认识时即认为，晏智杰将马克思的生产劳动理解为没有什么"科技含量"的体力劳动是强加于马克思的不实之辞，因为马克思关于生产商品和价值的劳动的论述并不是一成不变的，而是随着从简单商品生产到资本主义商品生产的转换与发展而不断深化和拓展的。如果说马克思在关于个体生产者生产劳动的论述中还没有多少独立的脑力劳动者的地位，那么当他分析资本主义协作劳动并据此提出"总体劳动"与"总体工人"的概念时却已明确地将生产过程中的各种脑力劳动都纳入生产劳动的名下。而晏智杰虽然指认出马克思生产劳动理论的

---

① 参阅逄锦聚：《马克思劳动价值论的继承与发展》，经济科学出版社2005年版，第87~88页；程恩富、汪桂进、朱奎：《劳动创造价值的规范与实证研究》，上海财经大学出版社2005年版，第69~70页。

某些局限，但他却并不认同各种通过扩大生产劳动内涵来发展马克思生产劳动理论的做法，因为他认为在马克思分析价值论的前提中并没有劳动以外的要素存在，如果用扩大劳动概念的办法来解决劳动价值论与现实之间的矛盾，将可能把非劳动要素引入价值理论之中并最终导致马克思劳动价值论的破产。

生产劳动内涵规定方面的争论不可避免地影响到其外延方面。生产劳动外延方面的争论主要表现在是否应该把以服务业为主体的第三产业纳入到生产劳动的范围之内。与将生产劳动理解为直接生产物质产品的观点相对应，传统观点一般将生产劳动的产业类别限定于现在所谓三大产业分类中作为第一产业和第二产业的农业和工业（包括建筑业），从而将伴随着新技术革命而迅速崛起的以服务业为主体的第三产业排除在了生产劳动的产业类别之外。而与主张将生产劳动的内涵扩大到各种非物质产品的劳动活动相对应，许多论者也明确主张将生产劳动的产业类别从第一产业和第二产业扩充到第三产业之中。例如，萧灼基认为，过去按照马克思所说的生产劳动理论，第三产业的许多劳动都是被排除在生产劳动之外的。但现在社会的情况已经发生了很大的变化，只有扩大生产劳动的范围，把第三产业的劳动当作创造价值的劳动，才能有利于第三产业的发展。邹东涛也认为，在当代经济科学的研究中，第三产业的劳动应当被认为是生产劳动，它不仅创造价值，而且比第一产业和第二产业能够创造更大的价值。① 当然，也还有论者反对将第三产业列入生产劳动的做法，例如，苏星认为，生产劳动与非生产劳动并不是按照部门而是按照劳动性质来划分的，经济学界之所以对这个问题不能取得一致看法，原因之一是没有按照劳动性质来区分。因此，要根据一元的劳动价值论来判断第三产业中的那些劳动是创造价值的生产劳动。

从形式上来看，马克思生产劳动理论的争论起因于对马克思生产劳动理论的不同理解，因为虽然马克思有大量关于生产劳动与非生产劳动的论述，但这些论述在总体上还不是十分系统，大多是在评述资产阶级经济学家的相关观点时以"举例和论断的形式表达出来的"。但是，如果深入到现实经济问题的层面，有关马克思生产劳动理论的争论就绝不像它在其形式中的表现那样直观与单纯。在这里，不是马克思相关论述的欠缺与疏失，而是由新技术革命所引起的劳动形式的变化以及由此所引起的社会财

① 参阅逢锦聚：《马克思劳动价值论的继承与发展》，经济科学出版社 2005 年版，第 99页。

富价值向量巨量增长与活劳动投入量减少之间的尖锐冲突才是新时期马克思生产劳动理论争论的深刻根源。

马克思的生产劳动理论创立于 19 世纪中期，在这个时期，第一次工业革命已经完成并开始向欧洲大陆迅猛扩张，与此相联系，以机器工业为标志的社会化生产逐渐取代工场手工业成为资本主义占主导地位的生产方式。但是，由于相对于今天以自动化为特征的机器工业来说，19 世纪的机器工业尚处于机器工业的初始阶段，直接从事机器生产的雇佣工人并没有完全从繁重的体力劳动中解放出来，而是仍然像"身负重载的牛马，靠他躯体的劳动来换取生活必需品与消费品"。① 因此，尽管这一时期的生产方式已经从工场手工业转向机器大工业，但体力劳动仍然是生产劳动中普遍的占主导地位的形式，而生产劳动中脑力劳动的要素，无论是工人劳动中的脑力劳动因素还是管理人员和资本家的脑力劳动都还处在与体力劳动相比较的相对次要与相对附属的位置上。但是，随着技术革命的发展以及新的科学技术日益广泛地被运用于生产，以机器为主导的生产方式日益变成了一个以自动化为核心的技术系统或机械系统，这种自动化的技术系统或机械系统，一方面大幅度地减少着花费在劳动中的劳动者的体力的数量和强度，消减着劳动者在劳动过程中的主体的或主导的地位；另一方面则在对技术与管理等智力因素的日渐显见的依存中越来越大地偏向脑力劳动者，从而造成劳动者结构中蓝领工人数量日益减少而白领工人数量逐渐增加的状况。此外，科学技术的深度植入还造成过去一体化的生产劳动过程的各个环节之间日渐细密的分化，这种分化所造成的企业内部的技术性分工不仅使任何单个的生产劳动者的劳动越来越不表现为与作为其劳动成果的劳动产品之间的直接联系，从而否定了在个体生产中只有在与产品的直接联系中才能确定的生产工人的身份，使其必须在一种总体工人的意义上才能理解，而且还使各个因技术分工而割裂开来的生产环节之间的协调成为必要，而这又必然凸显出技术与管理的劳动在社会化生产过程中的极端重要性。所有这一切都强有力地催动着生产劳动方式的变革，从而也必然影响人们关于生产劳动的观念的变革。

但是客观地说，马克思并非没有意识到由技术革命所引发的生产劳动方式的变革。例如，关于生产劳动。马克思指出，就劳动过程是纯粹个人的劳动过程来说，同一劳动是把后来彼此分离开来的一切职能结合在一起的，从而也是将脑力劳动和体力劳动结合在一起的。但是，"随着劳动过

① 马尔库塞：《单面人》，湖南人民出版社 1988 年版，第 16 页。

程本身的协作性质的发展，生产劳动和它的承担者即生产工人的概念也就必然扩大。为了从事生产劳动，现在不一定要亲自动手；只要成为总体工人的一个器官，完成它所属的某一种职能就够了。"因此，单纯从物质生产性质本身中得出的关于生产劳动的最初的定义，对于作为整体来看的总体工人始终是正确的。但是，对于总体工人中的每一单个成员来说，就不再适用了。① 又如，关于管理劳动。马克思指出："凡是有许多个人进行协作的劳动，过程的联系和统一都必然要表现在一个指挥的意志上，表现在各种与局部劳动无关而与工场全部活动有关的职能上，就像一个乐队要有一个指挥一样。这是一种生产劳动，是每一种结合的生产方式中必须进行的劳动。"因此，"凡是直接生产过程具有社会结合过程的形态，而不是表现为独立生产者的孤立劳动的地方，都必然会产生监督劳动和指挥劳动。"② 他还说："随着许多雇佣工人的协作，资本的指挥发展成为劳动过程本身的进行所必要的条件，成为实际的生产条件。现在，在生产场所不能缺少资本家的命令，就象在战场上不能缺少将军的命令一样。"③ 甚至关于服务劳动的问题，也并不是像有些人所理解的那样是因为其发展的落后、同整个生产比较起来微不足道而被完全舍象在马克思生产劳动理论的视野之外。事实上，即使是在马克思甚至更早的亚当·斯密的时代，服务劳动与价值创造之间的关系问题就已经成为劳动价值理论的核心争论问题之一。就马克思对服务劳动的论述而言，如果说在《资本论》中我们还只能找到一些零星的、扼要的分析，那么在《1861—1863 年经济学手稿》中则具有大量对亚当·斯密相关观点的评述以及马克思自己对"服务劳动"、"服务产品"、"服务业"等问题的正面见解。因此，尽管我们不能否认新时期马克思生产劳动理论的争论与生产劳动方式的革命性变革之间的某种关联，但将理论的争论完全归因于由这种变革所引发的与马克思生产劳动理论之间的矛盾与冲突则是片面的。事实上，除了由技术革命所引发的生产劳动方式革命性变革的附因之外，马克思生产劳动理论的争论还有着更为深刻的根源，这就是由谷书堂通过"价值总量问题"之谜所揭示出来的社会财富价值向量巨量增长与活劳动投入量减少之间的尖锐冲突，而许多人立意将各种非物质产品的劳动活动以及以服务业为主体的第三产业纳入生产劳动的框架之内，其根本的目的正是在于试图据此平衡活

---

① 马克思：《资本论》第 1 卷，人民出版社 1975 年版，第 555～556 页。
② 马克思：《资本论》第 3 卷，人民出版社 1975 年版，第 431 页。
③ 马克思：《资本论》第 1 卷，人民出版社 1975 年版，第 367 页。

劳动量投入与价值产出之间在传统理解中的巨大裂痕，维护马克思劳动价值论关于活劳动是商品价值创造的唯一源泉的观点。① 可见，生产劳动内涵与外延的扩展实在是一个关系到马克思劳动价值论的兴废存续的关键问题。但是，通过扩展生产劳动的内涵与外延是否能够真正消解社会财富价值向量巨量增长与活劳动投入量减少之间的尖锐冲突呢？有论者对此表示怀疑。例如，晏智杰就对谷书堂的此种做法表示怀疑，认为这并不足于解释财富总量与马克思劳动价值论所说的价值总量的脱节，因而也并不足于弥合理论与现实之间的尖锐矛盾。但是问题又似乎是，如果不扩展生产劳动的内涵与外延则断然不能够消解这种冲突。这是一个对于许多论者而言颇为踌躇的两难抉择。然而，这样的认识是只有在确认社会财富价值向量巨量增长与活劳动投入量减少之间的尖锐冲突真实存在的前提下才可以成立的，而在这种冲突本身并非真实存在的情况下则显然是不能成立。我们将社会财富价值向量巨量增长与活劳动投入量减少之间的尖锐冲突的问题

---

① 为私营企业主以利润形式存在的非劳动收入提供辩护也是新时期马克思生产劳动理论争论的重要根源，与此有关的争论主要体现在是否应该把资本家和私营企业主的管理劳动纳入生产劳动的范围方面。这是一个相对于社会财富价值向量巨量增长与活劳动投入量减少之间的冲突来说的相对局部的根源。当然，这并不意味着我们可以因此否认它对新时期马克思生产劳动理论争论的深刻影响。此外，在新时期马克思生产劳动理论的争论中，还有一种观点将生产劳动内涵与外延的扩展归因于生产力与市场经济的发展，认为马克思的生产劳动理论之必须将生产劳动的外延扩展到科技劳动、管理劳动和服务劳动的领域，一方面是生产力从前工业时代、工业时代到后工业时代发展的必然要求，另一方面则是市场经济不断扩张其由分工与交换所导致的社会劳动的客观结果（参阅逄锦聚：《马克思劳动价值论的继承与发展》，经济科学出版社 2005 年版，第 227～232 页）。但是，这种观点是应当受到质疑的。因为如果我们做认真的审视就会发现，作为表示生产的规模、效能与资源配置方式的概念，生产力与市场经济同生产劳动之间的内在关联并不强。例如，这种观点将农业劳动与工业制造业的劳动作为生产劳动而从重农学派到古典学派的历史演变看作是生产力发展的结果，并进而推断在今天生产力进一步发展的条件下应该将第三产业的劳动归并于生产劳动的名下。但是在我看来，工业制造业的劳动活动并不是因为生产力的发达才成为生产劳动，正如商业劳动并不是因为生产力的不发达才成为生产劳动一样，它仅仅是在重农学派的错误的生产劳动理论中才不被指认为是生产劳动。因此，这里所反映的并不是生产劳动的外延伴随生产力发展不断扩张的历史，而仅仅是生产劳动理论在人们的认识中不断修正的历史。同样，科技劳动、管理劳动和服务劳动是否是生产劳动也并不与它们是否被卷入资本主义或社会主义商品经济和市场经济的"漩涡"相关，因为这种商品经济或市场经济所内含的"社会形式"或社会关系并不在实质的意义上规定或决定劳动本身的生产性，而仅仅规定或决定劳动的生产性以什么样的方式表现和实现出来，就像资本主义商品经济条件下的生产劳动主要通过资本榨取剩余价值的方式表现出来一样（也正是因为这样的缘故，资本主义的商品经济与市场经济甚至不能使曾经在重商主义那里被认定为生产劳动的商业劳动产生生产劳动所要求的生产性）；何况这些劳动并不是在商品经济和市场经济更为发达的今天，而是早在亚当·斯密的时代就已经被卷入资本主义商品经济的漩涡中了。但是，如果说劳动的生产性并不与生产力与市场经济等因素相关，那么它又与什么因素相关呢？正如我们在下面的分析中将要指出的，它主要与劳动增殖社会财富的性质相关，而其他的因素则仅仅关乎生产劳动的生产能力或实现方式。

暂且放置在一边，先来看一看已经充分地意识到由技术革命所引发的生产劳动方式的变革的马克思的生产劳动理论的真实内涵。

三、马克思生产劳动理论内涵的重新厘定

如前所述，生产劳动理论的创始最早可以追溯到作为资产阶级古典政治经济学理论前身的重商主义，从那时起直到资产阶级古典政治经济学以及马克思主义政治经济学，生产劳动理论都始终是政治经济学最重要的基础理论之一，甚至对于在劳动价值论上几乎没有什么建树的重农学派来说也是如此。但是，在新时期马克思生产劳动理论的争论中，尽管各种观点繁然杂陈、莫衷一是，但却很少有人认真地思考过这样的问题，那就是在传统政治经济学中占据重要地位的生产劳动理论的真正实质是什么。据以此种原因，我们对马克思生产劳动理论的重新厘定就首先从生产劳动理论的真正实质开始。

作为商业资本利益的理论反映，重商主义的生产劳动理论带有鲜明的商业资本的色彩。重商主义反对古代社会和中世纪思想家维护自然经济、鄙视货币财富的观点，认为一切经济活动的根本目的都在于攫取金银。他们坚持金银即货币是社会财富的唯一形态的观点，认为金银即货币的多寡是衡量国家富裕程度的根本尺度。那么，如何才能占有更多的金银财富呢？重商主义并不否认金银矿藏的开采是获得金银财富的重要来源，但他们认为由于西欧一些国家缺少金银矿藏，金银财富的主要源泉只能来自于流通领域，只有依靠流通领域才能实现社会财富的不断增加。因为只有在流通领域的商品交换中才能获得金银，也只有通过流通领域中产品价值的追加即贱买贵卖才能获得"让渡利润"，实现金银财富的增长。因此，重商主义认为，只有遵循多卖少买、多收入少支出原则的商业贸易活动，尤其是对外贸易活动才是创造国民财富的生产劳动。为此，重商主义还提出了一系列保护商业活动，实行货币输入和产品出口、限制或禁止货币输出和商品进口的政策法令。① 但是，重商主义的生产劳动理论遭到了产生于18世纪中叶的重农学派的激烈批判。如果说重商主义的生产劳动理论带有其所代表的商业资本的鲜明色彩，那么，重农学派的生产劳动理论就带有其将理论研究的重心从流通领域转向生产领域的特点。重农学派认为，金银即货币并不是真正的国民财富，因为它既不是消费品也不是能再生产的生产品，货币只是流通手段，如果货币被置于流通之外而不与其他财富相交换，并不能促进国家财富的经常再生产。与此相联系，重农学派也否

---

① 参阅鲁友章、李宗正：《经济学说史》（上册），人民出版社1979年版，第69~70页。

认商业劳动的生产性质。在他们看来，对外贸易无非是以一种具有出售价值的产品去交换另一种价值相等的产品。严格地说，如果从这种交换的纯粹形式来考察，对外贸易对当事者双方都毫无损失也毫无好处。不仅如此，他们还认为，由于货币既不是消费品也不是能再生产的生产品，通过对外贸易输出产品而换回货币，这种货币财富对国家来说用处很小；然而它却使国家失去了生产和消费所需要的产品，而不得不设法再把这些产品运回，否则国家就会感到匮乏。那么，在重农学派看来什么才是真正的生产劳动呢？从其转向的农业生产领域出发，重农学派认为，只有农业部门才是社会唯一的生产部门，只有农业劳动才是真正的生产劳动。他们的论证逻辑是，在各种生产部门中，只有农业生产才能够使物质本身增加即使用价值增加，而其他的经济部门则只不过是把已经存在的各种物质因素结合起来，也就是把各种使用价值结合为一种新的使用价值，它并没有使物质本身增加，所以并没有创造社会财富，这具体体现在，在农业生产中生产出来的产品除了补偿生产过程中耗费的生产资料即种子、工人的生活资料和农业资本家的生活资料之外，还有剩余的产品，所以农业能够引起社会财富的增加。例如，魁奈就曾以种豆为例说明只有农业部门的劳动才是真正的生产劳动。他说，比如有一碗豆，在厨师手里，把豆烧成食品供人享用，这样，一碗豆的数量并没有增加而只是改变了它的形态；但是，如果一碗豆在农民手里，把它种在土地中，同样一碗豆经过土地，就可以收到比播入土地的豆种多出几倍的产品。从将农业劳动视为真正的生产劳动的观点出发，重农学派否认工业（制造业）劳动的生产性质。在他们看来，工业不过是农业原料的加工部门，加工工业不过是农业的附属物，它不生产新的物质，而只是经过加工使农产品具有新的使用价值形态，这种新的使用价值形态并不是新创造的财富。因此，工业部门的劳动并不是创造社会财富的生产劳动。①

当生产劳动理论发展到重农学派阶段时，生产劳动理论的真正实质也就借助于重农学派获得了直观的诠释，这就是社会财富的增加。这就是说，生产劳动理论的真正实质在于增加社会财富，而且，这种社会财富的增加必须并不是像重商主义所理解的那样只是相对于各个商业资本而言的相对增加，而是相对于整个社会财富总量而言的绝对增加，尽管在私有制的社会中这种社会财富总量的绝对增加往往也不得不通过某一代言整个社会的阶级所占有的财富的增加的方式表现和实现出来，就像在重农学派那

---

① 参阅鲁友章、李宗正：《经济学说史》（上册），人民出版社 1979 年版，第 127～128 页。

里社会财富的增加不得不通过其所代表的农业资本家阶级占有财富的增加来表现和实现那样。如果说社会财富总量的增加就是生产劳动理论的真正实质，那么毫无疑问，我们就应该在社会财富增加的意义上，而不能在任何别的意义上理解生产劳动。不过，虽然重农学派借助于农业劳动比重商主义更好地诠释了生产劳动的真谛，但它将工业劳动排斥于生产劳动之外的观点还是更多地反映了农业生产作为一种掩盖其他一切色彩的"普照的光"对其视野的严重局限，尽管农业劳动的这种"普照的光"的地位不久就被实现了社会化生产的工业劳动所取代。鉴于亚当·斯密以后的古典经济学以及马克思主义经济学主要还是在工业制造业的基础上认定生产劳动的，而工业劳动又并不具有重农学派所诠释的农业劳动那样直观的生产性质，我们就首先有必要对工业劳动的生产性质做一番解析。

尽管重农学派诠释的农业劳动的生产性表现为整个社会财富的增加，但这种通过整个社会财富的增加所表现出来的生产性却只有通过农业劳动产出与投入的差额即魁奈所谓的"纯产品"才能具体地表现出来。那么工业制造业的劳动是否也具有这种借助于产出与投入的差额所表现出来的生产性呢？答案自然是肯定的。但是，工业制造业的劳动显然并不具有农业劳动产出与投入的差额所直观地表现出来的生产性，并且正是这一点使重农学派对工业制造业劳动的生产性作出了否定的判断。因此在这里，我们首先以马克思对资本主义商品生产价值增殖过程的分析来具体地说明工业制造业劳动过程所具有的生产性质。

马克思说，假定这个产品是棉纱。生产棉纱首先需要有原料，如棉纱和纱锭。假定棉花为 10 磅价值为 10 先令，相应数量的纱锭价值为 2 先令，并且这 10 先令的棉花和 2 先令的纱锭的生产资料需要花费 24 个劳动小时或两个工作日的纺纱劳动才能变成棉纱。再假定劳动力的日价值是 3 先令，而这 3 先令的日价值体现了 6 个劳动小时。如果纺纱工人在 1 个劳动小时内把 $1\frac{2}{3}$ 磅棉花变成 $1\frac{2}{3}$ 磅棉纱，那么他在 6 小时内就会把 10 磅棉花变成 10 磅棉纱。因此，在纺纱过程中，棉花吸收了 6 个劳动小时，这个劳动时间表现为 3 先令金额。这样，由于纺纱本身，棉花就被加上了 3 先令的价值，棉纱的总价值表现为 15 先令。但是，由于生产资料价值为 12 先令，劳动力日价值为 3 先令，因而 10 磅棉纱的总价值正好等于预付资本的总价值，棉纱的价值只是以前分配在棉花、纱锭和劳动力上的价值的总和。但是，如果说 10 磅棉纱的总价值正好等于预付资本的总价值，那么资本主义生产过程就没有实现价值增殖，而资本主义工业制造业的劳动活动也就不可能具有生产劳动所要求的生产性。也正是在这里，马克思指出，这种状况正是"重农学派关于一切非农业劳动都是非生产劳动的学说借以建立起来的根本命题，这个命题对于专业经济学家来说，是不容反驳的。"因为单纯依靠"已有价值的这种单纯相加，永远也不可能产生剩余价值。"① 但是，马克思指出，劳动力的日价值即劳动力一天的维持费和劳动力一天的消耗是两个完全不同的量，维持一个工人 24 小时的生活只需要半个工作日并不妨碍工人劳动一整天。事实上，工人在工场中遇到的，不仅是 6 小时而且 12 小时的劳动过程所必需的生产资料。如果 10 磅棉花吸收 6 个劳动小时，那末 20 磅棉花就会吸收 12 个劳动小时。如果 1 磅棉纱的价值为 1 先令 6 便士，那末 20 磅棉纱的总价值即为 30 先令。但是，投入劳动过程的生产资料与劳动力价值为 27 先令，其中 24 先令为由棉花和纱锭所组成的生产资料的价值，3 先令为劳动力的日价值。这样，产品的价值就比生产产品而预付的价值增长了 $\frac{1}{9}$ 即 3 先令。这样，资本主义的生产过程就实现了价值的增殖。如果我们将新增殖的 3 先令用来购买 3 磅的棉花，那末，最初为生产棉纱而投入生产过程的 20 磅棉花就可以重新换回 23 磅棉花。在这里，虽然棉花在生产过程中没有，而事实上也不可能像种子在土地中那样实现重农学派所理解的增加，但它却确确实实实现了在价值意义上的增殖，并且也正是在这里，资本主义的工业制造业劳动活动表现出形式上虽不同于农业劳动但在本质上却完全同质的生产性质。当然，资本主义工业制造业劳动的以绝对剩余价值为标志的生产性是以"劳动生产率发展到能够把必要劳动时间限制为工作日的一个部分为前提"的。因此，如果说工业制造业的劳动还没有在重农学派的生产劳动理论中被认定为生产劳动，那多半是由于这种工业制造业还没有通过进一步发展的劳动生产率充分地凸现出自己的生产性质，并且也正是这一点蒙蔽了重农学派经济学家们的眼睛。

在分析了工业制造业劳动生产性的基础上，我们来重新厘定马克思生产劳动理论的基本内涵。如果说生产劳动的真正实质在于整个社会财富绝对量的增加，那么我们评判一种劳动的生产性的基本标准或总的原则，就不仅仅要看这种劳动是否能够实现如商业资本那样的自身价值的增殖，而且尤其要看它是否能够借此实现整个社会财富（价值）总量的增长，只有那种不仅能够实现自身价值量的增殖而且尤其能够借此实现社会财富

---

① 马克思：《资本论》第 1 卷，人民出版社 1975 年版，第 216 页。

（价值）总量的增长的劳动才能成为生产劳动。在此基本原则之下，我们认为：

首先，只有国民经济中生产活动部门的劳动活动是生产劳动，而非生产活动部门的劳动活动则不是生产劳动。众所周知，从生产与再生产运转过程的角度来看，国民经济是一个由生产、分配、交换和消费各环节所构成的有机整体，而不同的环节在国民经济的循环中扮演着不同的角色，发挥着不同的作用，正如马克思所指出的："在生产中，社会成员占有（开发、改造）自然产品供人类需要；分配决定个人分取这些产品的比例；交换给个人带来他想用分配给他的一份去换取的那些特殊产品；最后，在消费中，产品变成享受的对象，个人占有的对象。生产制造出适合需要的对象；分配依照社会规律把它们分配；交换依照个人需要把已经分配的东西再分配；最后，在消费中，产品脱离这种社会运动，直接变成个人需要的对象和仆役，供个人享受而满足个人需要。"① 显然，在这个以生产为起点，以消费为终点，以分配和交换为中间环节的国民经济的循环中，只有生产部门中的劳动活动才是生产劳动，而分配、交换和消费部门的活动则并不是生产劳动，因为这些部门劳动活动的职责并不是通过对自然的占有制造出适合需要的对象，而是那些已经被生产部门生产出来的劳动产品在直接生产过程的体外循环。因此，我们将生产劳动限定在生产活动部门的劳动中并不仅仅是要排斥那些在原则上属于上层建筑部门的活动，因为这是不言而喻的，而尤其是为了排斥经济活动部门中的非生产环节，因为这些部门劳动活动的非生产性已经由它们在国民经济部门中所承担的职责明确地昭示了出来。

其次，只有国民经济中从事物质产品生产的生产部门的劳动活动是生产劳动，而不从事物质产品生产的劳动活动则不是生产劳动。如前所述，在古典政治经济学的生产劳动理论中，斯密曾将生产劳动限定在可以固定并且实现在特殊商品或可卖商品上，因而可以实现保存的劳动，这种观点通过苏联以及中国一些经济学家的强化变成了传统马克思主义政治经济学生产劳动理论的基本观点，并在今天深化与发展马克思生产劳动理论的浪潮中遭到质疑。其实，如果着眼于整个社会财富（价值）总量的增加这一生产劳动理论的真正实质，斯密的观点就不仅是可以理解的而且也必然是合理的。因为生产劳动的实质在于增加整个社会（包括以价值计量）的财富，而社会财富总量的增加一方面要通过预付资本获取更多的剩余价

---

① 《马克思恩格斯选集》第2卷，人民出版社1995年版，第6~7页。

值，另一方面也要通过剩余价值资本化的资本积累实现资本不断壮大的发展。但是，正如前面所指出的，资本要实现积累不仅需要剩余价值资本化，而且还需要以劳动产品形式出现的剩余价值具有累积的特性与效用，否则社会财富的增加与增长就是难于想象的。也正因为如此，政治经济学的基本财富观始终都是以可以在一定时间之内被保存而至储藏的劳动产品为基础的，正如穆勒所说："对于财富这一概念来说，最重要的是可以被积累。我认为，物品生产出来以后，若不能在使用前保存一段时间，则绝不会被人称作财富，因为不管能生产、能享用多少这种东西，受益于这种东西的人也不会变得更富有，境况也不会丝毫有所改善。"① 由于那些不能保存因而也不能积累的劳动产品不被认定为财富，与此相关联的劳动自然也就不能被称为是生产劳动。②

最后，只有物质产品生产的部门中直接与资本相交换并因而实现价值增殖的劳动活动是生产劳动，而与收入相交换的劳动活动则不是生产劳动。对于只有直接与资本相交换的劳动是生产劳动，而与收入相交换的劳动不是生产劳动的问题，亚当·斯密与以及直接承袭亚当·斯密的马克思的生产劳动理论几乎已经说出了全部的真理。唯一需要强调的是，其一，在商品经济而特别是以社会化大生产为产业基础的资本主义和社会主义发达商品经济的研究论域中，生产劳动的界定绝不能脱离与资本的交换而在完全抽象的意义上谈论，像现在一般讨论科技劳动、管理劳动的生产性那样，因为只有与资本相交换才有可能造成劳动本身创造的价值超过自身价值的状况；其二，对于与资本相交换的生产劳动的理解必须严格限定在物质生产领域的范围因而是"生产"或"创造"价值的劳动，而不是与资本相交换的所有领域的劳动。因此，晏智杰认为马克思的生产劳动理论并不排斥同样能够给资本家带来剩余价值的"色情等不正当行业"实在是一种不应有的误解，因为资本能够"带来"绝不意味着就是它自身的创造，更不意味着整个社会财富（价值）总量借助于资本增殖而实现的增长；而生产劳动所指谓的生产性则恰恰只能是一种"创造"而非一般意义上的"带来"。

在重新厘定马克思生产劳动理论内涵的基础上，我们就可以对新时期马克思生产劳动理论争论中的一些劳动的生产性问题进行深层次的分析与辨识了。

---

① 穆勒：《政治经济学原理》上卷，商务印书馆1991年版，第64页。
② 知识与技能等精神性的因素也常常在一种非常宽泛的意义上被称为"财富"，这就是一般所谓的精神财富。但是，这种精神财富既不是政治经济学所说的社会财富，也不能成为政治经济学研究的对象，尽管今天的政治经济学远较马克思时代更为发达。

第二节　科技、管理与服务劳动生产性的个案分析

一、科技劳动生产性的个案分析

科技劳动作为一种以探索客观世界的本质和规律为目的的具有探索性和超前性的劳动形式，是科学研究活动（劳动）与技术开发活动（劳动）的总称。从作为一种具有自身特殊性的劳动形式的角度来看，科学劳动应该是一种同各种非科技劳动（如体力劳动）一样以耗费活劳动为基本内涵的劳动，因而分析科技劳动的生产性也就是分析其在活劳动的耗费中所表现出来的生产性。但是，在新时期马克思生产劳动理论的争论中，关于科技劳动生产性的争论并不仅仅包括作为一种活劳动耗费方式的科技劳动，而且还包括在某种意义上表现为科技劳动物化形式的科学技术。因此，我们对科技劳动生产性的分析就不能完全撇开科学技术本身，而必须将其合并在科技劳动的整体之中。

在新时期马克思生产劳动理论的争论中，关于作为科技劳动物化形式的科学技术是否创造价值的问题，目前主要存在着两种对立的观点，一种观点认为，以物化形式出现在生产过程中并因而作为生产资料发挥作用的科学技术并不创造价值，而只能同所有的生产资料一样将自身的价值通过具体的劳动过程转移到新产品之中；而另一种观点则认为，由于科学技术在生产过程中的运用能够大幅度地提高劳动生产率，而劳动生产力与商品价值量又呈现正比例关系。因此，科学技术与劳动者的活劳动一样是商品价值的创造源泉。与在科学技术问题上截然对立的观点相反，在以活劳动形式参与劳动过程的科技劳动是否创造价值的问题上，各种争论的观点却几乎众口一词，不仅认为科技劳动同一切以其他形式参与生产过程的劳动形式一起创造价值，而且认为科技劳动是一种更高层次的复杂劳动，它在相同的时间内能够创造出比简单劳动更多的价值。

那么，在科技劳动与价值创造的关系问题上，我们到底应该持守一种怎样的观点呢？

首先，作为科技劳动物化形式的科学技术不创造价值，而只能以自身的转移价值构成新产品价值的组成部分。众所周知，在马克思的剩余价值理论中，作为资本家"预储资财"的资本被区分为不变资本和可变资本两种形式，其中，以劳动者活劳动形式参与生产过程的可变资本不仅可以

创造出相当于自身价值的价值，而且还能够创造出超出自身价值的剩余价值；而以生产资料形式存在并参与生产过程的不变资本则并不创造价值，而只能通过直接劳动过程的"自然恩惠"将自身的价值转移到新产品中去。科学技术虽然就其实质而言表现为观念形态，物化的形式只是其观念形态的物质载体，但是，这绝不意味着科学技术可以抛开物质载体而以"裸体"形式介入生产过程并发挥作用，恰恰相反，它必须而且也只有借助于其物质载体才能真正介入由纯粹的物质要素构成的生产过程，而在这个意义上，所谓科学技术也就是那些包含着科学技术的生产资料的同义语。如果说在这种状态下科学技术仍然要执拗地要作为观念形态被理解，那就只能被看作是生产资料的内涵因素。由于只有作为生产资料或生产资料的内涵因素才能发挥作用，科学技术的价值就会同生产资料中非科技部分的价值一起被并入到生产资料的总价值中，并在经济活动的生产、交换、分配与消费的周而复始中实现循环。关于科学技术的运用引起商品价值总量伴随劳动生产力正向增长的问题，我们已经在前面的内容中做过深入的分析，那并不是科学技术的运用实现了商品价值的增殖，而是由于作为初始条件的供求关系的隐性变化所导致的假象。

如果说科学技术与价值创造表现为一种相对简单的关系，那么科技劳动与价值创造之间的关系则要相对复杂得多。实际上，在对由于劳动分工的扩展而造成的与简单劳动过程相对立的复杂劳动过程的分析中，马克思已经在相当的程度上涉及科技劳动与价值创造进而与生产劳动之间的关系问题。他说，就劳动过程是纯粹个人的劳动过程来说，同一劳动者是把后来彼此分离开来的脑力劳动和体力劳动结合在一起的。后来它们分离开来，直到处于敌对的对立状态。产品从个体劳动者的直接产品转化为社会产品，转化为总体工人即结合劳动人员的共同产品。总体工人的各个成员较直接地或者较间接地作用于劳动对象。因此，随着劳动过程本身协作性质的发展，生产劳动和它的承担者即生产工人的概念也就必然扩大。为了从事生产劳动，现在不一定要亲自动手；只要成为总体工人的一个器官，完成他所属的某一种职能就够了。① 而在这种从事总体劳动的总体工人中，"有的人多用手工作，有的人多用脑工作，有的人当经理、工程师、工艺师等等，有的人当监工，有的人当直接的体力劳动者或者做十分简单的粗工，于是劳动能力的越来越多的职能被列在生产劳动的直接概念下，

---

① 马克思:《资本论》第1卷，人民出版社1975年版，第555～556页。

这种劳动能力的承担者也被列在生产工人的概念下……"① 不难发现，在这种对扩展了的生产劳动的分析中，马克思明确地将从事工程师、工艺师等"用脑工作"的人的科技劳动归入创造价值的生产劳动的概念下。但是，必须注意的是，被马克思归入生产劳动概念之下的工程师、工艺师的科技劳动恰恰是那些从纯粹个人的劳动过程中分离出来并最终与体力劳动发展到敌对状态的劳动，这种劳动虽然从最初的个人的劳动过程中分离了出来，但它们仍然是以协作形式存在的复杂劳动过程的必要环节。那么，我们强调这一点的意义何在呢？

如前所述，科技劳动作为一种以探索客观世界的本质和规律为目的的具有探索性和超前性的劳动形式，是科学研究活动（劳动）与技术开发活动（劳动）的总称。但是，在这个构成总体的科技劳动中，尽管所有的科技劳动都具有探索性和超前性的特征，不同的科技劳动却具有并不完全同质的探索性与超前性，而这种并不完全同质的探索性与超前性又往往影响到其劳动过程与成果的确定性。例如，在将科技劳动按照劳动过程的标准所做的基础研究、应用研究和开发研究的分类中，基础理论研究是一种具有远胜于应用研究和开发研究的深度探索性与超前性的科技劳动，因为基础理论研究的目的在于探索自然界、人类社会和人类思维的发展规律，追求新的发明和发现，积累科学知识，创立新的学说，为认识世界和改造世界提供新的理论与方法的支撑。由于这种深度的探索性和超前性，基础理论研究的过程与结果往往具有很大的不确定性：就基础理论研究过程的不确定性而言，一项基础理论研究的周期往往比工农业生产的周期要长，短的一二年、长的几十年，有的甚至需要几代人的努力才能够完成；就基础理论研究结果的不确定性而言，由于面临着前所未有的复杂理论问题，基础理论研究往往存在着失败的巨大风险而并不总是能够获得预想的结果。② 因此，如果说到这种基础理论研究与非基础理论研究的区别，那么这种区别的最主要点或许就在于它贯穿于从研究过程到研究结果的全程的不确定性，这种不确定性使其以劳动时间来计量的价值变得极其困难。例如，就牛顿创立的经典力学而言，即使完全抛开牛顿自己也承认的站在其肩膀上的那些"巨人"所付出的劳动，我们也很难像一件商品那样精确地计算其所耗费的劳动时间以及由这种劳动时间所决定的产品价值。而

---

① 《马克思恩格斯全集》第 49 卷，人民出版社 1982 年版，第 101 页。
② 参阅程恩富、汪桂进、朱奎：《劳动创造价值的规范与实证研究》，上海财经大学出版社 2005 年版，第 212 页。

且实际上，除了承载它们的书籍（现在还有影像制品）等物质载体之外，这一类劳动产品也从来没有被作为商品出卖过。但是，对于作为实证科学的政治经济学来说，它只能以具有鲜明确定性的生产过程为研究对象，这种生产过程的确定性表现在，借助于一定的生产资料与活劳动的投入，我们可以期望在一个确定的时间内生产出相应的劳动产品。因此，即使我们承认基础理论研究中的科技劳动的生产性，这种生产性也绝不是作为政治经济学基础理论构件的生产劳动理论所研究的那种生产性。或许正如现代西方哲学所理解的那样，精神生活的领域直到今天都还只能是人本主义哲学形上思辨的道场。德国历史学派经济学家李斯特曾经指责古典经济学的生产劳动理论，说"按照这个学派的学说，一个养猪的是社会中具有生产能力的成员，而一个教育家却反而不是生产者。……像牛顿、瓦特、刻普勒这样一种人的生产性，却不及一匹马、一头驴或一头拖重的牛。"①如果说这种指责不是故意的曲解，那就只能是对政治经济学作为实证科学研究的无知了。

如果那些具有明显不确定性的基础理论研究中的科技劳动并不是政治经济学生产劳动理论所指谓的生产劳动，那么能够作为生产劳动的就只能是科技劳动中那些具有相对确定性的部分，这主要包括前面科技劳动三分法中的应用研究和开发研究。正如现代企业所显示的那样，这种应用研究与开发研究的科技劳动表现为由各种技术人员承担的产品的研发、设计等工作，它们不仅是产品总体生产过程的必要环节，而且在某种意义上还是整个生产过程具有主控与引导作用的环节。按照程恩富等的解释，应用研究是一种运用基础研究成果和有关科学知识，为创造新产品、新方法、新技术、新材料的技术基础所进行的科技劳动；而开发研究则是指一种将应用研究的成果，通过设计、中间试验等技术性工作，具体运用到研制新产品、改进老产品或生产工艺上去的科技劳动。② 相对于基础理论研究的科技劳动来说，应用研究与开发研究的科技劳动无论是在研究的过程还是研究的结果方面都具有明显的确定性，这具体表现在，基础理论研究的成功率只有5%～10%，而应用研究和开发研究的成功率则分别可以达到50%～60%和90%以上。应用研究与开发研究的科技劳动之所以能够达到相对于基础理论研究的更高的确定性，一方面是由于它并不是基础理论的创

---

① 李斯特：《政治经济学的国民体系》，商务印书馆1997年版，第126页。

② 程恩富、汪桂进、朱奎：《劳动创造价值的规范与实证研究》，上海财经大学出版社2005年版，第209～210页。

新，而仅仅是基础理论的应用，另一方面则是因为它比基础理论研究更适合于对研究过程做技术性分工。如果说基础理论的应用保证了其研究成果的相对确定性，那么研究过程的技术性分工则可以在相当的程度上保证其研究进程的确定性。不过，应用研究与开发研究的科技劳动之所以作为生产劳动绝不仅仅是由于这种确定性，这种确定性只是提供了它作为实证科学的政治经济学研究的条件，更重要的是因为，这种应用研究与开发研究的科技劳动不过是那些在生产过程还处于不发达阶段时内涵在生产过程中的生产环节，在社会的而首先是技术分工条件下与直接生产过程相分离的结果。虽然由于生产过程的技术性分工，应用研究与开发研究的科技劳动变成了总体生产过程的相对独立的环节，但它仍然是各种技术性分工条件下众多相对独立生产环节所构成的总体生产过程的必要环节，这种状况不仅使其作为基础理论的应用环节表现出与生产过程的比基础理论研究更为密切的关联，而且也使其参与总劳动产品的价值创造并构成总劳动产品价值构成的组成部分。在这个意义上，应用研究与开发研究的科技劳动正是应该归入马克思所说由技术分工而产生的协作性生产劳动的范畴。

但是，正如马克思所指出的："处于流动状态的人类劳动力或人类劳动形成价值，但本身不是价值。它在凝固的状态中，在物化的形式上才成为价值。"① 这就是说，要使应用研究与开发研究的科技劳动归入协作性生产劳动的范畴就必须使其在一种"对象性"中实现凝结。然而，要使应用研究与开发研究的科技劳动在"对象性"中实现凝结，又必须使这种在其本质形态上表现为脑力劳动的科技劳动借助于体力劳动实现对劳动对象的实际改造。没有这种一定体力劳动辅助的纯粹脑力劳动不可能实现对劳动对象的实际改造，而不能实现对劳动对象的实际改造也就不可能实现活劳动的凝结并通过凝结形成价值。因此，作为生产劳动的科技劳动一方面必须以生产有形的物质产品为前提，另一方面又必须以一定的体力劳动的为前提。而如果我们将一定的以辅助形式存在的体力劳动看作是活劳动在劳动对象中通过改造而实现凝结的基本前提，那么极其明显的是，生产劳动必须具有一种主体的或辅助形式存在的体力劳动的色彩，正如它在"纯粹个人的劳动过程"中表现为脑力劳动与体力劳动的结合那样。晏智杰将马克思生产劳动理论中的生产劳动限定为单纯的简单劳动或体力劳动固然是片面的，但就他指认马克思的生产劳动必须包含或内涵体力劳动这一点来说却是正确的，因为他的确在某种意义上把握住了马克思生产劳动

---

① 马克思：《资本论》第 1 卷，人民出版社 1975 年版，第 65 页。

概念的实质。当然，在劳动形式随着社会生产力不断变革的条件下，体力劳动辅助脑力劳动并使其表现为生产劳动的形式也是不同的。如果说在纯粹个人的生产劳动中体力劳动表现为与脑力劳动以一体形式的结合，那么在协作性的生产劳动中体力劳动与脑力劳动则表现为在技术分工条件下以协作形式的结合，这种结合尽管扩大了生产劳动的范围，却并没有改变生产劳动的本质。但是，在现今生产力不断发展的条件下，体力劳动与脑力劳动又在发生着新的变化，这就是由协作（技术）形式的结合进一步发展为社会形式的结合（即脑力劳动的产品作为相对独立的商品通过交换与体力劳动实现技术性结合并生产出新的产品），这种结合形式的变化无疑是由于技术分工进一步发展为社会分工的结果。但是，即使在这种社会分工的条件下，作为脑力劳动的应用研究与开发研究的科技劳动也只有在与体力劳动的技术或社会的结合中才能成为生产劳动，问题很简单，如果作为脑力劳动成果的科技劳动不能在与体力劳动的技术的或社会的结合中通过外化付之于形（物化），哪怕这种付形仅仅是图画现身的纸张、影像现身的胶片，它就不可能成为可供交换的商品，因而也不可能成为生产商品的生产劳动。在新时期马克思生产劳动理论的争论中，有一种观点认为，由于科技劳动有有形科技成果和无形科技成果的分类，那些生产无形科学成果因而是以纯粹脑力劳动形式创造的科技劳动在其直接的形式上就是生产劳动，并认为那些研制生产配方、专利技术诀窍的科技劳动就是这种类型的生产劳动。这种观点显然是被在技术分工基础上的社会分工所造成的假象所迷惑，在这种由社会性分工所造成的假象中，脑力劳动与体力劳动不仅在个人的生理上，也不仅在企业内部的总体工人中，而且更在不同行业甚至不同的民族与国家之间的社会的或国际的分工中实现分离。然而事实上，即使是在发达国家这些在国际间分工中被作为专事脑力劳动的国度，其脑力劳动的科技成果除了必须通过纸张、胶片等物化载体实现付形之外，也必须通过已在国际间实现分工的体力劳动的辅助才能形成有形的物质产品，否则这种精神劳动的产品就不具有任何意义。这就表明，作为脑力劳动的科技劳动不仅只有在与它们具有短程的也即是技术性关联的体力劳动中，而且还只有在与它们具有长程的也即是社会性关联的体力劳动中才能实现其活劳动的凝结并最终变身为生产劳动；而所谓无形科技成果实际上不过是活劳动的还没有真正实现凝结的存在方式而已，它在其孤立的形式上并不具有任何生产劳动的性质。

总之，在由基础研究、应用研究和开发研究所构成的科技劳动的整体中，并不是任何的科技劳动都是政治经济学生产劳动理论所指谓的生产劳动，只有那些应用研究与开发研究中辅助于体力劳动而将其活劳动凝结在劳动产品中的科技劳动才是生产劳动。需要指出的是，我们对科技劳动生产性的分析是以这种劳动与资本相交换为前提的，这无论对于资本主义商品经济还是社会主义商品经济来说都是如此。

二、管理劳动生产性的个案分析

管理劳动是指一种为实现预期目的而进行的有效的监督与指挥活动。在最广泛的意义上，管理劳动是一个包括经济管理、行政管理、军事管理以及社会公共管理等各种形式的管理劳动的总体，而政治经济学的生产劳动理论所关注的管理劳动则主要还是指经济活动中的管理劳动，只有在那些将生产劳动的外延扩展到上层建筑领域的观点才会偶尔将其思维的视角伸展到非经济的管理劳动中。但是，即使是经济活动中的管理劳动也有狭义和广义的区分。狭义上的经济管理劳动主要是指直接生产过程中的监督与指挥劳动，而广义上的经济管理劳动则不仅限于直接的生产过程，而是还包括贯穿于经济活动各个环节的一切管理劳动。为了分析的简化，我们将分析的视域限定在狭义的也即是直接生产过程的管理劳动方面。

在新时期马克思生产劳动理论的争论中，关于管理劳动是否具有生产性的争论也主要存在着两种对立的观点，一种观点认为管理劳动并不创造具体的使用价值，因而是不创造价值的非生产性劳动；而另一种观点则认为管理劳动不仅是一种创造价值的生产劳动，而且是一种能够在相同时间内创造更多价值的复杂的生产劳动。在这两种对立的观点中，认为管理劳动是一种创造价值的生产劳动的观点又是生产劳动理论争论中的主流话语。但是，绝不可简单地认为这种主流话语的形成是由于它比前者能更加契合于经济发展的现实，因为它还具有来自于马克思《资本论》及其相关经济学著作的强有力的文本学支持。因此，在阐述关于管理劳动的生产性问题上的基本观点之前，我们首先需要审慎地分析马克思在管理劳动问题上的相关论述。

与在科技劳动问题上的相关论述相比较，马克思在管理劳动问题上的论述要丰富得多，这自然是由于马克思主义政治经济学所面对的资本主义生产方式，已不是在封建社会占主导地位的个体生产，而是以机器生产为主体的社会化大生产，而作为直接生产过程中监督与指挥活动的管理劳动本身直接地就是社会化大生产的产物。但是，认真审视马克思的相关论述我们发现，马克思在管理劳动问题上的观点却也是以矛盾的形式存在的，这表现在，当侧重于"由一切结合的社会劳动的性质引起的特殊职能"

的角度展开分析时，马克思趋向于认为管理劳动是一种创造价值的生产劳动，而当侧重于由生产资料所有者和单纯的劳动力所有者之间的对立所引起的职能的角度展开分析时，马克思则更趋向于认为管理劳动是一种不创造价值的非生产性劳动。自然，造成这种状况的原因首先是因为在马克思看来，资本主义生产方式条件下的管理劳动具有管理与剥削的双重性质。

马克思指出，资本主义生产实际上是以同一个资本同时雇佣较多的工人为前提的，而较多的工人在同一生产过程中有计划地一起协同劳动就叫做协作；而随着许多雇佣工人的协作，资本家的指挥也就发展成为劳动过程本身的进行所必要的条件，成为实际的生产条件。那么，这种监督与指挥的劳动是否是一种生产劳动呢？马克思指出，凡是有许多个人进行协作的劳动，过程的联系和统一都必然要表现在一个指挥的意志上，表现在各种与局部劳动无关而与工场全部活动有关的职能上，就象一个乐队要有指挥一样。这是一种生产劳动，是每一种结合的生产方式中必须进行的劳动。但是，在资本主义生产方式条件下，由生产过程的协作性质所产生的管理劳动是与由生产过程的阶级对抗性质所产生的作为剥削劳动的管理劳动结合在一起并通过后者来实现的，正如马克思所指出的，"一旦从属于资本的劳动成为协作劳动，这种管理、监督和调节的职能就成为资本的职能。这种管理职能作为资本的特殊职能取得了特殊的性质。"① 那么，对于这种同时表现为剥削劳动的管理劳动马克思又持怎样的观点呢？马克思在分析为资本家辩护而提出的"难道他（指资本家——引者注）自己没有劳动吗？难道他没有从事监视与监督纺纱工人的劳动吗？他的这种劳动不也形成价值吗？"的诘难时做了这样的回答："他的监工和经理耸肩膀了，而他得意地笑了笑，又恢复了他原来的面孔。他用一大套冗长无味的空话愚弄了我们。为此他不费一文钱。他把这一类虚伪的遁词和空话都交给他为此目的雇佣的政治经济学教授们去讲。他自己是一个讲求实际的人，对于业务范围之外所说的话，虽然并不总是很好地考虑，但对于业务范围之内所做的事，他始终是知道的。"② 显然，马克思是将资本家的同时作为管理劳动的剥削劳动排除在生产劳动之外的。但是，由于资本家的管理劳动与剥削劳动是一体的，因而关于资本家的同时是剥削劳动的管理劳动是否具有生产性的理解就势必要处于一种两难的困境之中。尤其需要说明的是，关于资本家的同时是剥削劳动的管理劳动是否具有生产性的问

---

① 马克思：《资本论》第 1 卷，人民出版社 1975 年版，第 367～368 页。

② 马克思：《资本论》第 1 卷，人民出版社 1975 年版，第 218～219 页。

题还涉及资本家的劳动是否存在剥削的复杂问题。但是，马克思显然也意识到了对资本家管理劳动生产性的认定所导致的矛盾与冲突，于是，在关于"企业主收入"的相关论述中，马克思对于上述的矛盾与冲突做了这样的解释："只要资本家的劳动不是由单纯作为资本主义生产过程的那种生产过程引起，因而这种劳动并不随着资本的消失而自行消失；只要这种劳动不只限于剥削别人劳动这个职能；从而，只要这种劳动是由作为社会劳动的劳动的形式引起，由许多人为达到共同结果而形成的结合和协作引起，它就同资本完全无关，就象这个形式本身一旦把资本主义的外壳炸毁，就同资本完全无关一样。"① 在这里，马克思趋向于认为，作为协作性质的管理劳动是可以同作为剥削劳动的管理劳动相分离的，而由于这种分离，资本主义生产方式初期由两种职能的合一所造成的矛盾与冲突就可以通过"有别于资本家的"的职业经理阶层的出现而自然消解。但是，问题显然并不像马克思所想象的那样简单。因为在资本主义生产方式条件下，专事管理劳动的职业经理阶层并不仅仅是由资本家出钱招雇的雇佣劳动者，他的更重要的角色是生产过程中资本家或资本家的代理人，这样，马克思试图通过资本家与职业经理阶层的分离而消除的矛盾与冲突就会在职业经理阶层身上以原生形态重复出现。显然，由于从劳动二重性的角度所展开的对管理劳动生产性的分析，马克思似乎将我们带到了一种不能超脱的两难困境之中。

那么，怎样才能消解上述的两难困境呢？由于关于管理劳动生产性问题的争论大都将管理劳动的生产性问题与管理人员收入的合理性问题不加区分的纠缠在一起，因此，我们的分析将首先着眼于管理劳动的非生产性质，进而在此基础上分析管理人员收入的合理性。

如前所述，在关于管理劳动生产性问题的争论中，有一种观点认为管理劳动不仅是一种创造价值的生产劳动，而且是一种能够在相同时间内创造更多价值的复杂的生产劳动。但是，坚持管理劳动为生产劳动的观点似乎始终没有意识到这样一个问题，那就是，如果管理劳动能够像直接的雇佣劳动者一样创造价值，为什么资本家不像雇佣工人那样雇佣更多的管理人员以创造更多的价值呢？我们知道，直接参与生产过程的雇佣工人的劳动之所以被称为生产劳动，主要是因为他们的劳动在再生产出自己的劳动力价值之后，还能够为资本家创造出可以使其无偿占有的剩余价值。由于生产工人的劳动能够以创造方式再生产出自己的劳动力价值，因而尽管从

---

① 马克思：《资本论》第 3 卷，人民出版社 1975 年版，第 435 页。

形式上来看劳动力价值具有"从资本家私人基金中预付的价值的性质"，但它实际上不过是"资本家把工人自己的物化劳动预付给工人"，正如斯密所指出的："manufacturer〈即制造业工人〉的工资虽然由雇主预付，但实际上雇主没有破费什么，因为工资的价值通常总是带着利润，在工人的劳动加于其上的对象的增大的价值中又被创造出来。"① 这样，一方面是实际上不费资本家分文的工资预付，另一方面则是对超出劳动力价值的剩余价值的创造与无偿占有，使直接生产过程的雇佣工人的劳动具有一种价值不断增殖的生产性，从而也使资本家总是希望通过雇佣更多的工人以使生产在不断扩大的规模上重复进行。显然，如果管理人员的劳动，不论是最初的资本家的管理劳动还是后来的职业经理人的劳动也是一种生产劳动，那就意味着他们的劳动也像一般雇佣工人的生产劳动一样，不仅可以再生产出自身劳动力的价值，而且还能够创造出超出自身价值的剩余价值，并因而不费"资本家私人基金"的分文，因而资本家也就应该像总是希望雇佣更多的一线生产工人那样雇佣更多的管理人员，而丝毫不应该受到所谓生产规模的限制。但是实际上，资本家并不在生产的任何规模上都像雇佣一线生产工人那样"慷慨而大方"地雇佣管理人员，而是像亚当·斯密所说的那样，只有"在那些生产规模等等允许有充分的分工，以致可以对一个经理支付特别工资"的时候，或者像马克思所说的，只有在企业达到相当大的规模因而"足以为这样一个经理（manager）支付报酬"的时候，资本家才会考虑像雇佣一线生产工人那样雇佣管理人员。② 这就充分说明，管理人员的工资只不过是"以经理的薪水的形式纯粹地表现出来"的利润，而管理人员的监督与指挥劳动也不过是一种完全不创造价值和剩余价值的非生产劳动。事实上，只要我们立足于管理劳动是一种作用于劳动者而非劳动资料和劳动对象的劳动来理解，管理劳动作为一种不创造价值的非生产性劳动的观点就可以得到极其简明的理解，因为管理劳动不作用于劳动资料和劳动对象的特点意味着它所耗费的无差别的人类劳动并没有注入劳动对象之中，因而也就不可能形成商品的价值。在这里，为了规避管理劳动由于不作用于劳动资料和劳动对象的特点所显现出来的非生产性质而创造一种所谓的"管理劳动依附论"，③ 实无异于托勒密为了使其宇宙模型契合于宇宙的实际而不断附加的各种辅助性

---

① 转引自马克思：《资本论》第 1 卷，人民出版社 1975 年版，第 624 页。

② 马克思：《资本论》第 3 卷，人民出版社 1975 年版，第 431、434 页。

③ 程恩富、汪桂进、朱奎：《劳动创造价值的规范与实证研究》，上海财经大学出版社 2005 年版，第 274 页。

条件，在这种不断的附加中，宇宙模型与宇宙的实际的倒是越来越表现出精确的契合性，但它距离其宇宙模型的科学性事实上却越来越远，因为科学的真理必然是简单的。至于由于管理劳动提高劳动生产率所导致的商品价值量的增加，我们已经在前面的分析中说明，这只有在供求关系相应变化的条件下才是可能的，它并不能说明这种增加的价值表现为管理劳动的创造。①

如果说管理劳动是一种不创造价值的非生产性劳动，那么管理人员的以工资形式存在的收入是否具有合理性呢？由于资本主义生产方式与社会主义生产方式由生产资料所有制所导致的社会形式上的根本异质性，我们对这两种生产方式条件下管理劳动收入的合理性作为两个具有质性区别的问题来加以分析。

从将管理劳动视为创造价值的生产劳动的观点出发，马克思自然趋向于承认资本主义生产方式下管理劳动工资收入合理性。例如，他说："产业利润中也包含一点属于工资的东西（在不存在领取这种工资的经理的地方）。资本家在生产过程中是作为劳动的管理者和指挥者（captain of industry）出现的，在这个意义上说，资本家在劳动过程本身中起着积极作用。但是，只要这些职能是产生于资本主义生产的特殊形式（也就是说，产生于资本对作为它的劳动的劳动的统治，从而对作为它的工具的工人的统治；产生于作为社会的统一体，作为在资本上人格化为支配劳动的权力的社会劳动形式的主体而表现出来的资本的性质），那么，这种与剥削相结合的劳动（这种劳动也可以转给经理）当然就与雇佣工人的劳动一样，是一种加入产品价值的劳动，正如在奴隶制下奴隶监工的劳动，也必须和劳动者本人一样给予报酬。"② 但是，当我们将管理劳动看作是一种不创造价值的非生产性劳动时，包括资本家在内的管理人员的工资收入是否还具有合理性呢？答案自然是否定的。因为虽然作为非生产性劳动的管理劳动对于以协作为主要特征的资本主义生产过程来说是必要的，并且在这个意义上我们似乎应该承认管理人员收入的合理性，但是一方面，虽然管理人员特别是与资本家相分离的管理人员表现为监督与指挥单个工人或工人小组的"特种的雇佣工人"，正如霍吉斯金所指出的："师傅和他们

---

① 需要指出的是，我们所谓非生产劳动的管理劳动主要是指那种与剥削活动合一并处于企业高层的管理劳动而言的，而对处于企业基层的管理劳动的生产性则并不持有异议。事实上，在新时期马克思生产劳动理论的争论中的管理劳动主要的这种与剥削活动合一并处于企业高层的管理劳动。在这里，就我们对其生产性的分析来说，管理劳动的分层处理也还是十分必要的。

② 《马克思恩格斯全集》第 26 卷 III，人民出版社 1974 年版，第 550～551 页。

的帮工一样是工人。在这一点上，他们的利益和他们帮工的利益完全相同。但除此之外，他们还是资本家或是资本家的代理人，在这方面他们的利益和工人的利益则截然相反"。① 另一方面，在资本主义生产方式下的社会化生产过程无论怎样表现出全社会财富的性质，它在其直接的意义上都不过是资本家榨取雇佣工人剩余价值的工具。如果说作为资本家或是资本家的代理人，管理人员不可能不像其所代理的甚至自己本身就是的资本家那样从直接雇佣工人的身上获取自己的工资收入，并因而与资本家的剥削行为表现为同质的不合理性，那么他们的劳动作为为资本家榨取工人剩余价值工具的社会化生产过程服务的必要环节，在一般公理的意义上也不应该要求被资本家榨取剩余价值的工人再为其服务于资本家的剥削行为支付工资，这正如一个强盗集团不应该在抢劫之后再要求受害者为其支付生活费一样，除非这里执行的是作为强势群体的强盗的逻辑。当然，这里所谓的资本主义生产方式条件下管理劳动收入的不合理性是从雇佣工人的角度来认定的，它意味着，并且仅仅意味着管理人员是同资本家一样是雇佣工人的剥削者。

但是，在以公有制为基础的社会主义生产方式下的管理劳动的收入则具有完全的合理性，但这并不是因为社会主义的生产制度会使管理劳动具有在资本主义制度下所没有的生产性，而是因为由于生产资料公有制，具有协作性质的社会化生产过程不再像资本主义社会那样表现为为资本家私人服务的工具，而是具有了为社会全体劳动人民服务的性质。因此，尽管社会主义生产方式条件下的管理劳动同样不具有创造价值的生产性，但他们从生产劳动所创造的剩余价值中领取自己因为社会化生产过程提供服务的报酬是完全合理的，也是极其正当的。在这里，无论因资本主义生产方式下管理劳动从剥削工人角度来看的收入的不合理性而否定社会主义条件下管理劳动收入的合理性，还是以社会主义生产方式下管理劳动收入的合理性而否定资本主义生产方式下管理劳动从剥削工人角度来看的收入的不合理性，都将严重混淆资本主义与社会主义生产方式由于生产资料所有制形式的不同所造成的质性区别，抹杀资产阶级政治经济学与马克思主义（社会主义）政治经济学由于对两种不同生产方式的反映所导致的政治立场的尖锐对立。

---

① 马克思：《资本论》第 3 卷，人民出版社 1975 年版，第 438 页。

三、服务劳动生产性的个案分析

从劳动活动的内涵方面来看，服务劳动应该是指一种基本物质生产部门以外的为物质生产活动和人民日常生活提供辅助的劳动活动。但是，同管理劳动一样，服务劳动也可以有广义和狭义的区分：在广义上，服务劳动是指一切为物质生产与人们生活提供服务的劳动活动，它既包括交通运输、物资供销以及金融、保险等直接和间接为生产活动服务的部门的劳动活动，又包括教育、文化、医疗卫生以及社会福利等直接和间接为人民生活服务的部门的劳动活动，还包括党政机关、社会团体以及军队、警察等公共服务部门的劳动活动；而在狭义上，服务劳动则单指那些被纳入商品经济或市场经济体系并完全按照商品经济或市场经济规则运行的劳动活动，这也就是说，它并不包括由国家或私人以非商品经济或半商品经济方式提供的各种服务劳动，如政府机关的公共管理服务、私人以志愿者身份从事的服务劳动等。显然，我们这里所关注其生产性的服务劳动应仅仅是指其狭义的范围。需要指出的是，在新时期关于马克思生产劳动理论的争论中，服务劳动常常与第三产业混同看待，而据有关的分析，第三产业与服务业并不是同一的概念，它们之间既有一致的地方又有不同之处。因此，在下面的分析中，我们将把思维视域严格限定在服务劳动的范围之内，以减少由于范围的交叉而导致的混乱。

在新时期马克思生产劳动理论的争论中，关于服务劳动的生产性问题常常被作为马克思生产劳动理论以及劳动价值理论的重要理论生长点，而之所以出现这种似乎有些匪夷所思的理论趋向，是因为据说在马克思生活的19世纪中叶，服务劳动部门"同整个生产比起来是微不足道的，因此可以完全置之不理"。然而，随着经济的发展与社会的进步，在马克思当年研究中那个被认为"可以完全置之不理"的服务劳动在今天已经发展成为非常庞大的产业，其在国民生产总值中所占的比重也越来越大。在这种情况下，当我们在分析商品生产和价值创造问题时，就不可能将眼光仍然局限在物质产品生产的传统领域，而必须突破马克思传统生产劳动理论的局限，将分析的重心从物质产品生产领域转向非物质产品生产领域，转向服务行业的服务劳动。[①] 但是必须指出，这种对马克思生产劳动理论以及劳动价值理论的指责是极其草率的。因为正如在前面所指出的，不仅在

---

① 参阅王峰明：《马克思劳动价值论与当代社会发展》，社会科学文献出版社 2008 年版，第 103~104 页。

马克思的时代，即使在古典经济学创立者的亚当·斯密的时代，服务性劳动与价值创造之间的关系问题也已经成为劳动价值论激烈辩论的中心问题，唯其如此，斯密将家仆、医生、律师等从事服务劳动的人员排除在"生产劳动者"之外的观点才在资产阶级经济学界引起巨大的波澜。而马克思在《1861—1863 年经济学手稿》中关于服务劳动的大量论述也说明他并没有忽略在亚当·斯密的时代就已成为重要争论焦点的服务劳动与价值创造的关系问题。但是，我们也必须看到，虽然马克思存有大量的关于服务劳动的论述，与在《资本论》中所阐述的其他经济学理论观点相比较，马克思关于服务劳动的这些论述还是很不成熟的，其中存在着诸多或理论观点或逻辑叙述上的不一致，而正是这些理论观点或逻辑叙述上的不一致为新时期马克思生产劳动理论争论中各种对立的观点提供了相互攻讦的依据。例如，马克思将服务按其活动或服务的结果区分为"体现为商品"和"不是可以出卖的商品"的观点就极其明显地为肯定和否认服务劳动是创造价值的生产性劳动的观点提供了文本学上的根据。① 自然，在新时期马克思生产劳动理论的争论中，正如在科技劳动、管理劳动问题上所表现出来的那样，肯定服务劳动是创造价值的生产性劳动的观点同样是这场争论中站主流地位的观点。因此，我们对服务劳动生产性问题的分析也就首先从对这种观点的分析开始。

正如马克思所指出的："服务这个名词，一般地说，不过是指这种劳动所提供的特殊使用价值，就象其他一切商品也提供自己的特殊使用价值一样；但是，这种劳动的特殊使用价值在这里取得了'服务'这个特殊名称，是因为劳动不是作为物，而是作为活动提供服务的。"② 这就是说，虽然服务劳动也像一般生产劳动提供物质商品那样提供服务，但它所提供的服务却并不是劳动的物化形式，而是还未借助于劳动对象实现凝结的活的劳动过程。尽管马克思说商品如果不表现为"物的形式"，也"永远不能直接表现为活劳动本身"，③ 但如果与一般生产劳动所提供的物化商品相比较，服务劳动所提供的服务显然更接近于这种被马克思认为是不能直接表现的"活劳动本身"，因为这种"活劳动本身"就是内涵在同样还没有实现物化的活的具体劳动过程之中的，并且活劳动之所以没有实现凝结也恰恰是因为具体的劳动过程还没有实现对劳动对象的积极改造。但是，

① 《马克思恩格斯全集》第 26 卷 Ⅰ，人民出版社 1972 年版，第 436 页。
② 《马克思恩格斯全集》第 26 卷 Ⅰ，人民出版社 1972 年版，第 435 页。
③ 《马克思恩格斯全集》第 26 卷 Ⅰ，人民出版社 1972 年版，第 164 页。

按照马克思劳动价值论的基本观点，价值作为商品的社会属性是与商品联系在一起的，如果某种物品不是商品，则生产这种商品所耗费的劳动时间便不能成为价值。因为商品的概念本身包含着劳动体现、物化和实现在自己的产品中的意思，这就是说，劳动只有在其凝固的状态中，因而也就是只有在物化的形式上才能成为价值。因此，作为活的劳动的服务劳动本身，"在它的直接存在上，在它的活生生的存在上，不能直接看作商品。"① 可是，如果服务劳动在它的直接的、活生生的存在上不能被直接看作商品，那么，服务劳动的过程本身又怎么能被认定为生产劳动呢？坚持服务劳动为生产性劳动的观点认为，服务劳动所提供的服务是一种可称之为"劳务"的服务产品，尽管这种服务产品具有其不同于物质产品的特殊性，它也同其他的物质商品一样具有使用价值和价值的商品二因素，因而也是一种具有使用价值与价值双重规定的特殊商品。具体说来，一方面，劳务同其他商品一样具有"靠自己的属性来满足人的某种需要"的使用价值；另一方面劳务也同其他商品一样具有价值，因为劳务的输出过程同样就是劳动者脑力和体力的耗费过程，尽管其脑力和体力的耗费并没有像物质产品那样实现凝结。但是，抛开劳务也具有使用价值这种明显是同义反复的表述，因为作为活的劳动过程的劳务本身就是作为一个服务的过程而存在的，说劳务具有服务的使用价值无异于说服务具有服务的属性，问题还在于，如果说劳务也像物质商品一样具有价值，那么它的价值量又该如何决定呢？在坚持服务劳动为生产性劳动的观点看来，同物质商品的价值规定一样，劳务商品的价值量也是由劳务生产的社会必要劳动时间来决定的，而生产劳务的社会必要劳动时间则是指服务生产者的具有平均服务水准的劳动时间。但是，如前所述，作为一种服务过程的劳动本身就是一个以具体劳动形式为外壳的活劳动的耗费与支出过程，如果劳务的价值是由生产劳务的社会必要劳动时间决定，那无异是说劳务的价值是由自己决定的。这样，关于劳务的价值决定就必然会遭遇马克思曾经批判过的"劳动价值"由它所包含的劳动量来计量，因而一个12小时工作日的价值是由其中所包含的12劳动小时决定的"同义反复"的尴尬。况且正如马克思在分析劳动的价值时所指出的，如果劳动能够作为商品在市场上出卖，无论如何必须在出卖以前就已存在，而劳务正如劳动一样不可能在出卖以前就已经存在。② 可见，作为服务劳动的劳务正如生产工人的劳动

---

① 《马克思恩格斯全集》第26卷 I，人民出版社1972年版，第163页。
② 马克思：《资本论》第1卷，人民出版社1975年版，第585～586页。

一样不是以价值为其社会属性的商品。

但是，如果服务劳动不是商品，那么在形式上以服务劳动为标的的交换过程，如表演艺术家靠自己的表演服务取得报酬的买卖关系又应该做何种理解呢？马克思指出，如果商品不表现为物的形式，它就只能表现为劳动能力本身的形式。这也就是说，如果说劳动本身在它的直接存在上，在它的活生生的存在上，不能直接看作商品，那就"只有劳动能力才能看作是商品，劳动本身是劳动能力的暂时表现"。① 因此，在形式上表现为表演艺术家与观众以表演服务为标的的买卖关系，实际上是以表演艺术家的劳动力为商品的买卖关系，而表演艺术家通过表演所取得的报酬也并不是其所提供的表演服务的报酬，而是其劳动力的价值或价格。需要指出的是，虽然劳动力成为商品是资本主义生产方式的客观基础，也是资本主义经济形态的客观现实，但马克思对于将劳动力作为像其他物质商品一样的商品标签出卖始终是作为商品经济高度的然而也因此是畸形的发展现象来加以批判的，因为在这种表面上自由、平等的假象下所掩盖着的正是对于人的尊严与价值的极度贬抑与蔑视。然而奇怪的是，一些人却始终在以极其幸喜的神色通过对劳动力价值量的计算彰显自己思想的科学性。这是否是科学的某种人文精神的衰退与堕落呢？

但是，在我们试图通过否定服务劳动的商品性进而否定服务劳动是创造商品价值的劳动时，在那些坚持服务劳动为生产劳动的观点那里，商品概念的外延早已从物质的有形产品扩展到了非物质的无形产品，因为在他们那里，物品的商品性是通过劳动的生产性来确定的。因此，我们单纯从服务劳动商品性的角度所展开的分析是远远不够的。另外，按照我们的解释，服务劳动并不是商品，因而作为一个活的劳动过程的服务劳动也并不是生产劳动的过程。但是，服务劳动作为一个活的劳动过程却是实实在在的。如果我们从否定服务劳动为商品进而否定服务劳动过程为生产劳动过程，那么就必须进一步解释，这个已被否定是生产劳动过程的作为活的劳动过程的服务劳动究竟是什么？我们的答案是，作为活的劳动过程的服务劳动是一个以交换和（再）分配为中介而以劳动力商品为标的的消费过程。

所有坚持服务劳动为生产性劳动的观点都注意到一个明显的事实，这就是作为生产性劳动的服务劳动的生产与消费的同时性，这种同时性具体表现在，在物质产品的生产中，生产这种商品的过程并不需要消费者的参

---

① 《马克思恩格斯全集》第 26 卷 I，人民出版社 1972 年版，第 163 页。

与，这意味着产品的生产过程完全是一个相对于消费过程而言的外在与先在过程；然而在服务劳动中，服务产品的生产过程却总是伴随着消费过程，生产过程一结束，消费过程也就同时结束了。但是，如果我们不是就服务劳动的由所谓劳务商品的买卖所表现出来的外观与形式去理解，而是将其看作在本质上是服务劳动者劳动力商品的买卖关系，那么服务劳动就将立刻失去其在坚持服务劳动为生产性劳动的观点那里表现出来的生产性的外观而变成服务劳动者劳动力商品的消费过程。例如，在坚持服务劳动为生产性劳动的观点看来，一个按摩师为顾客提供 1 小时的按摩服务是提供了 1 小时的作为活的劳动过程的劳务商品，而顾客为此支付的例如 50 元人民币的报酬也是 1 小时的劳务商品的价值。但是，如果按摩师的按摩活动不能作为商品出售，按摩师与顾客之间的关系因而也不是所谓劳务商品的买卖关系而是按摩师劳动力商品的买卖关系，那么，顾客为享受 1 小时按摩而支付的 50 元价值就不是 1 小时的劳务商品的价值，而是按摩师 1 小时劳动力商品的价值或价格；而顾客享受按摩师的按摩服务，正如一切物质商品的消费一样是一个在交换因而也是在生产之后才开始的过程。这里丝毫不存在坚持服务劳动为生产性劳动的观点所理解的那种生产与消费过程的同时性。当然，按摩师劳动力商品的买卖从而一切劳动力商品的买卖与一般物质产品的买卖之间还是存在重要的区别，这就是由于劳动力商品不能像一般物质商品那样因买卖而与他的所有者相分离，因而劳动力商品的消费就必须而且也只有在其所有者同时在场并实际参与的情况下才能进行。而就物质产品的消费而言，一旦被出售，商品就将同它的所有者完全分离，因而商品的消费过程也就与它的所有者完全无关了。

作为消费过程的服务劳动一方面是服务劳动者劳动力商品的消费过程，另一方面也是与劳动力商品的消费相辅助的各种生产资料与生活资料的消费过程，而正是在这种与劳动力商品的消费同时进行的生产资料与生活资料的消费中，服务劳动表现出消费过程与生产过程的同时性特征。观众要欣赏作曲家的乐曲先要有演奏家将乐谱转换成声乐，顾客品尝美味的肉食先要有厨师将生肉加工成可口的熟食。在这里，消费过程的确表现出必须有类似于生产过程的加工制作过程相伴随才能实现的特征，但是，这种加工制作过程并不是真正的生产过程，而只不过是消费过程的前期准备，因而它在实质上不过是总体消费过程的一个环节，这正如吃苹果先要削皮，穿衣服先要浆洗一样，它虽然是消费的必要环节，但却绝不因此就是一个消费也必须从属于它的生产过程。另外，消费过程，正如人们通常所理解的那样，可以区分为个人消费与社会消费，个人消费是一个可以通过个人或家庭来进行的消费过程，而所谓社会消费则是指那种借助于个人与家庭之外的经济单位来进行的消费过程。随着消费过程日益社会化的发展，原先仅仅作为个人消费过程的加工与制作环节不断地从个人消费的总体中游离与独立出来，并取得了与个人消费相对立的独立的生产形式的外观，在这方面，娱乐业与餐饮业无疑是最典型的例证（而随着消费过程某些环节的日趋社会化，劳动者的工资与薪金收入中也必然包含个人的需要通过社会消费来支出的部分）。但是，无论采取怎样的社会化的形式，这种加工过程与制作环节都不能改变其在消费过程的总体中所承担的职责，因而也并不能改变其作为消费过程的性质与特征。况且，在这种加工与制作过程后迅速继起的消费过程对物质产品使用价值的消耗也是其不可能实现生产劳动所要求的产品的累积性要求。

最后，我们要说到与资本相交换而非单纯与收入相交换的服务劳动。如果一个按摩师投身于一个私营企业并据此为顾客提供按摩服务，他就首先表现为与资本之间的交换而不是与顾客收入的直接交换，这样就构成了直接与资本相交换的服务劳动。如果说生产劳动是指与资本相交换并因而获取剩余价值的劳动，那么与资本相交换的服务劳动似乎应该属于生产劳动的范畴。但是，正如直接为商品生产服务的与资本相交换的商业劳动并不属于生产劳动一样，这种与资本相交换的服务劳动也并不是生产劳动，这一方面是因为这种服务劳动身处远离生产过程的消费领域；另一方面则是因为服务资本通过将服务工人的劳动时间延长到其劳动力价值以上所获得的剩余价值不过是生产过程中已经被生产出来而以被服务者收入形式存在的社会财富的再分配，它并没有在任何的意义上增加社会财富的哪怕是一丝一毫。因此，无论是否与资本实现交换，服务劳动都是一种不创造价值的非生产性劳动。

第三节 复杂劳动及其还原

一、马克思的复杂劳动理论及其在新时期劳动价值论争论中的凸显

在马克思主义政治经济学中，关于复杂劳动问题的论述主要集中在劳动价值论和剩余价值理论中。在劳动价值论关于劳动二重性问题的论述中，马克思指出："比较复杂的劳动只是**自乘的**或不如说**多倍的**简单劳动，因此，少量的复杂劳动等于多量的简单劳动。经验证明，这种简化是

经常进行的。一个商品可能是最复杂的劳动的产品，但是它的**价值**使它与简单劳动的产品相等，因而本身只表示一定量的简单劳动。各种劳动化为当作它们的计量单位的简单劳动的不同比例，是在生产者背后由社会过程决定的，因而在他们看来，似乎是由习惯确定的。为了简便起见，我们以后把各种劳动力直接当作简单劳动力，这样就省去了简化的麻烦。"① 在剩余价值理论关于价值增殖过程的论述中，马克思指出："比社会平均劳动较高级较复杂的劳动，是这样一种劳动力的表现，这种劳动力比普通劳动力需要较高的教育费用，它的生产要花费较多的劳动时间，因此它具有较高的价值。既然这种劳动力的价值较高，它也就表现为较高级的劳动，也就在同样长的时间内物化为较多的价值。""在每一个价值形成过程中，较高级的劳动总是要化为社会平均劳动，例如一日较高级的劳动化为 x 日简单的劳动。因此，只要假定资本使用的工人是从事简单的社会平均劳动，我们就能省却多余的换算而使分析简化。"② 除此之外，马克思关于"生产力特别高的劳动起了自乘的劳动的作用"以及劳动强度随机器进步而增加的论述也可以被看作是疑似复杂劳动的论述。③ 虽然生产力特别高的劳动和劳动强度比较大的劳动并不一定就是复杂劳动，但它们在相同的时间之内能够创造比生产力比较低和劳动强度比较小的劳动更多的价值，却起着与复杂劳动完全相同的作用。因此，在新时期马克思劳动价值论的争论中，许多人都将生产力特别高的劳动和劳动强度比较大的劳动直接认作是复杂劳动的重要甚至是主要的表现形式。④

根据以上相关论述，我们可以大致概括出马克思复杂劳动理论的如下要点：

第一，关于复杂劳动的含义问题。在马克思看来，所谓复杂劳动是指那种需要花费较高的教育费用和较多的劳动时间才能生产出来的劳动力的使用过程。由于只有花费较高的教育费用和较长的劳动时间才能生产出来，从事复杂劳动的劳动者的劳动力就具有比从事简单劳动的劳动者的劳动力更高的价值。当然，这种规定劳动力具有相对较为复杂的性质的较高的教育费用和较多的劳动时间是相对于从事的简单劳动过程的简单劳动力

① 马克思：《资本论》第 1 卷，人民出版社 1975 年版，第 58 页。
② 马克思：《资本论》第 1 卷，人民出版社 1975 年版，第 223、224 页。
③ 马克思：《资本论》第 1 卷，人民出版社 1975 年版，第 354、449～450 页。
④ 参阅程恩富、汪桂进、朱奎：《劳动创造价值的规范与实证研究》，上海财经大学出版社 2005 年版，第 97 页；罗雄飞：《转形问题与马克思劳动价值论的拓展》，中国经济出版社 2008 年版，第 114 页。

而言的，这种简单劳动力虽然在不同的国家和不同的时代具有不同的规定，但在一定的社会里却是一定的，这就是它是每个没有任何专长的普通人的机体平均具有的简单劳动力的耗费。因此，从某种意义上说，复杂劳动与简单劳动的区别，也就是"包含着需要耗费或多或少的辛劳、时间和金钱去获得的技巧和知识的运用"① 方面的区别。第二，关于复杂劳动在价值创造中的作用问题。在马克思看来，同简单劳动相比较，复杂劳动在相同的劳动时间内可物化较多的价值因而是自乘的或不如说多倍的简单劳动；而由于复杂劳动在相同的劳动时间内可物化较多的价值，所以商品价值量是与劳动的复杂程度成正比的。关于复杂劳动为什么能够在相同的劳动时间内物化较多的价值马克思并没有作出过专门的分析，但从马克思劳动价值论关于活劳动是商品价值创造的唯一源泉的理念中，我们应该能够推断出这是由于复杂劳动在相同的劳动时间内耗费了相对于简单劳动的更多的抽象人类劳动，而马克思关于生产力特别高的劳动通过"提高劳动力的紧张程度，更紧密地填满劳动时间的空隙"从而增加劳动强度的论述也可以在相当的程度上印证这种推论。第三，关于复杂劳动的还原问题。由于形成和决定商品价值的劳动是简单平均劳动，因而复杂劳动的产品的价值计量就要还原或换算成为作为商品价值度量尺度的简单平均劳动，只有这样，复杂劳动的产品与简单劳动的产品之间才具有商品交换所要求的可同约性，从而复杂劳动是自乘的或不如说多倍的简单劳动之类的观点也才具有真正的可理解性。马克思认为，各种劳动化为当作它们计量单位的简单劳动的不同比例，是在生产者背后由社会过程决定的，因而在他们看来，似乎是由习惯决定的。只是在经过较长时间的商品交换并因而使各种复杂劳动产品与简单劳动产品之间形成较为稳定的换算比例之后，商品交换之间的一定比例才变成对于这种社会过程而言似乎是先验的东西。实际上，如果说生产商品的劳动之间总是存在着或大或小复杂程度上的差异，那么任何商品之间的交换也就断然不能离开换算复杂劳动与简单劳动之间比例的社会过程。

从政治经济学的历史发展来看，以亚当·斯密和大卫·李嘉图为代表的古典政治经济学无疑是复杂劳动理论的最初建立者。例如，亚当·斯密在提出商品的价值量同生产中所耗费的劳动时间的量成正比的观点时就明确地提出了简单劳动与复杂劳动的区别及其还原的思想，他说，两种不同的工作所费去的时间，往往不是决定这一比例的唯一因素，它们的不同困

---

① 《马克思恩格斯选集》第 3 卷，人民出版社 1995 年版，第 542 页。

难程度和精巧程度，也须加以考虑。一个钟头的困难工作，比一个钟头的容易工作，也许包含有更多劳动量；需要十年学习的工作做一小时，比普通业务做一月所含劳动量也可能较多。因此，"一点钟艰苦程度较高的劳动的生产物，往往可交换两点钟艰苦程度较低的劳动的生产物。"① 李嘉图在分析商品价值量的决定时也注意到了简单劳动与复杂劳动之间的关系问题，他说："当我说劳动是一切价值的基础，相对劳动量是几乎唯一的决定相对价值的因素时，决不可认为我忽视了劳动的不同性质，或是忽视了一种行业一小时或一天的劳动与另一种行业同等时间的劳动相比较的困难。为了实际目的，各种不同性质的劳动的估价很快就会在市场上得到十分准确的调整，并且主要取决于劳动者的相对熟练程度和所完成的劳动的强度。"② 由此可见，同劳动价值论的其他理论构件一样，马克思的复杂劳动理论也多来源于对资产阶级古典政治经济学复杂劳动理论的批判与继承。

但是，尽管表现为一种批判与继承基础上的发展，马克思的复杂劳动理论绝不是十分完善的，这不仅对于那些在马克思《资本论》中已相对成熟的理论构件来说是如此，即对于那些如生产劳动理论之类只在手稿中获得表达的思想来说也是如此。这当然并不是因为马克思的复杂劳动理论没有像生产劳动理论那样的丰富而翔实的论述，而主要是因为其所存在的疏漏与局限。例如，在概念的内涵上，马克思有时将复杂劳动与简单劳动的区别看作是教育与培训程度上的区分，有时却又将这种区别看作是劳动熟练程度与劳动强度上的差异；在复杂劳动为什么能够在相同的劳动时间内创造更多价值的问题上，马克思有时将其归因于劳动力因教育与培训所生成的较高价值，有时又将其归因于由劳动强度的增加所耗费的更多劳动，有时还归因于除这两种因素以外的其他因素。此外，马克思在复杂劳动问题上所表达的与劳动价值论其他理论观点的不一致也是其缺陷的重要方面。但是，相对来说，马克思复杂劳动理论的最重要缺陷还在于其为了"简便起见"而省去的复杂劳动的还原问题，这种省略使今天的许多人为了劳动价值论与社会现实问题的形式上的契合，不顾马克思"在生产者背后由社会过程决定"的训诫而致力于建立复杂劳动还原的各种技术操作，并最终将马克思的复杂劳动理论与劳动价值理论带到了极其难堪的境地。

---

① 亚当·斯密：《国民财富的性质和原因的研究》上卷，商务印书馆1972年版，第42页。
② 大卫·李嘉图：《政治经济学及赋税原理》，商务印书馆1976年版，第15页。

但是无论如何，复杂劳动理论在马克思主义政治经济学及其劳动价值论中都算不上是一个重要的理论构件，并且也正是因为它的不重要，马克思才为了简便而"省去了简化的麻烦"。因为马克思主义政治经济学所研究于资本主义生产过程的是表现为本质特征的价值增殖过程，而对于价值的增殖过程来说，资本家占有的劳动是简单的社会平均劳动，还是较复杂的、比重较高的劳动，是毫无关系的。马克思指出，无论纺纱工人的劳动和珠宝细工的劳动在程度上有多大差别，珠宝细工用来补偿自己的劳动力价值的那一部分劳动，与他用来创造剩余价值的那一部分追加劳动在质上完全没有区别。可见，在这两种场合，剩余价值都只是来源于劳动在量上的剩余，来源于同一个劳动过程——在一种场合是棉纱生产过程，在另一种场合是首饰生产过程——的延长。因此，在谈论"容易计算的"劳动的量时，虽然假定纺纱劳动是简单的、社会平均劳动，但相反的假定也不会对问题有丝毫的影响。① 但是，在新时期马克思劳动价值论的争论中，复杂劳动理论却逐渐从一个并非重要的理论问题上升为基本的理论问题，并成为马克思劳动价值论理论论争的核心问题之一。这又是为什么呢？

　　首先，这是由新时期社会财富价值向量巨量增长与活劳动投入量减少之间的矛盾所促成的。如前所述，随着第二次世界大战之后新技术革命的兴起以及由此引起的生产力的发展和产业结构的调整，传统物质生产部门的活劳动投入量呈现逐渐下降的趋势。从理论上说，这种状况意味着整个社会以价值计算的财富量也将呈现下降趋势，因为根据马克思劳动价值论的基本观点，活劳动是社会财富价值向量增长的唯一源泉。但是，现实的状况却是，一方面，物质生产部门活劳动投入量呈现逐渐下降的趋势，而另一方面，整个社会以价值量计算的财富量却呈现空前增长的态势。这样，新的经济现实就与马克思劳动价值论的基本理念就形成了尖锐的矛盾与冲突，并构成对马克思劳动价值论基本理念的严峻挑战。为了消解新的经济现实对马克思劳动价值论的严峻挑战，有论者提出了通过将许多在传统马克思主义政治经济学中排斥于生产劳动范畴之外的劳动重新纳入生产劳动之中并大幅度提高其劳动复杂程度的解决方法。在他们看来，由于劳动生产力的发展，整个社会生产商品劳动的复杂程度普遍提高，人类逐渐摆脱了过去以人的体力为活劳动主要耗费方式的劳动样态，进入以人的脑力和智力为主要耗费方式的新时代；而由于社会生产力的发展，整个社会对科技、管理等高技术含量劳动的需求也日益增长，从而使整个社会劳动

----

① 马克思：《资本论》第 1 卷，人民出版社 1975 年版，第 223、214 页。

体系中以高教育支出为特征的复杂劳动的比重迅速上升。这样，整个社会生产部门的劳动样式就呈现出日趋复杂化的态势。由于复杂劳动是自乘的或不如说多倍的简单劳动，它在相同的劳动时间内能够比简单劳动创造更多的价值，这样，社会财富价值向量巨量增长与活劳动投入量减少之间的矛盾就可以从根本上得到缓解甚至消除。但是，复杂劳动是自乘的或不如说多倍的简单劳动不能仅仅被作为一种消解理论矛盾的实用主义的工具被理解，它必须而且也只有在向简单劳动的还原中，从而在由这种还原所实际地表现出其自乘或多倍于简单劳动的性质与特征中才能有效地消解上述的矛盾。这样，以向简单劳动的还原为主题的复杂劳动理论就构成了新时期马克思劳动价值论争论的核心问题。

其次，这是由新时期以私营企业主为代表的高收入阶层的分配问题所促成的。改革开放之后，随着个体经济与私营经济的发展，在中国社会的分配层级中出现了私营企业主的高收入分配阶层，他们以高出普通劳动者几倍、十几倍甚至几十倍的收入成为率先富裕起来的社会阶层。与此同时，伴随着新的科学技术的运用以及企业组织与管理机构的复杂化而涌现出来的科技人员和管理人员，也以他们远高于一般劳动者的薪金收入成为类似于西方中产阶级的新的劳动阶层。但是，按照马克思劳动价值论的基本观点，直接劳动者的活劳动才是价值创造的唯一源泉，而如果说直接劳动者的活劳动是价值创造的唯一源泉，那么，就应该是那些直接从事物质资料生产过程的劳动者，而不是那些并不直接参与生产过程的私营企业主以及科技人员和管理人员具有更高的薪金收入；如果说在存在剥削关系的资本主义生产方式中还不可能达到这一点，那么在消灭了剥削关系的社会主义经济制度中就理应而且必须实现这一点，否则人们就有理由对社会主义对立于资本主义的正当性提出质疑。从根本上说，这里存在的实际上是以私营企业主义为代表的高收入阶层的收入分配的合理性问题，它构成了新时期马克思劳动价值论面临的新的理论课题。为了解释以私营企业主为代表的高收入阶层收入分配的合理性，占据主流地位的理解思路是，首先将科技劳动、管理劳动等在传统观点中被排斥于生产劳动之外的劳动类型归入生产劳动的范畴，继而又将这种新的生产劳动归入自乘的或多倍于简单劳动的复杂劳动的范畴。由于复杂劳动是自乘的或多倍的简单劳动，在相同的劳动时间之内可以创造更多的价值，因而作为这种复杂劳动承担者的私营企业主以及科技人员和管理人员所具有的远高于普通劳动者的薪金收入也就具有了理论上的正当性与合理性。不过，正如我们在前面指出的，由于整个社会劳动复杂程度的提高主要就是通过私营企业主以及科技人员和管理人员的复杂劳动的形式表现出来的，因而他们的劳动如何表现出倍加于普通劳动者的简单劳动的特点，仍然是需要通过复杂劳动的还原问题来说明的。这样，问题就在其根源处合并于复杂劳动的还原这一复杂劳动理论的核心问题中。

最后，就是由上述的两个问题所引发的马克思劳动价值论对社会经济现实的解释效力问题所促成的。因为如果马克思的劳动价值论不能合理地解释复杂劳动的还原问题，并因而不能合理地解释社会财富价值向量巨量增长与活劳动投入量逐渐下降的矛盾以及以私营企业主为代表的新社会阶层高收入的合理性问题，它就不具有经济理论应该具有的对现实经济问题的解释效力，马克思的劳动价值论也就必然不能免于被不断发展的社会现实所淘汰的命运。因此，马克思的复杂劳动理论在新时期马克思劳动价值论的争论中上升为一个具有核心地位的复杂理论问题，这绝不是由于"少数煽动者的恶意"，而是社会现实发展的必然。

由于复杂劳动的还原问题成为新时期马克思复杂劳动理论研究的核心问题，而新时期复杂劳动理论研究的成果也主要集中在这一问题上，我们就首先需要对各种复杂劳动的还原思路进行必要的评述，然后再形成我们据以现实与理论的双重维度而对这一问题的深度解析。

二、复杂劳动的还原思路及其评析

对于复杂劳动的还原问题，目前理论界大致存在着两种对立的观点：一种观点坚持还原问题的合理性与正当性，并试图通过各种社会的或技术的手段解决复杂劳动的还原问题；而另一种观点则对还原问题持怀疑甚至否定的态度，认为复杂劳动的还原问题有可能将马克思主义政治经济学置于难堪的境地。例如，一些西方经济学家认为，一旦引起异质劳动概念，马克思的价值理论就会和他的"一般的剩余价值率"假设相矛盾，并有可能导致对马克思劳动价值论的否定。但是，由于承载着消解社会财富价值向量巨量增长与活劳动投入量减少之间的深刻矛盾，诠释新时期以私营企业主为代表的非劳动收入的合理性问题的沉重理论责任，坚持还原问题的合理性与正当性，并试图对之作出社会的或技术的解释的观点最终还是成为理论角力中主流与强势的一方。

坚持还原问题的合理性与正当性的观点认为，简单劳动是普通劳动者平均具有的简单劳动力的耗费过程，而复杂劳动则是超过平均水平的也即是简单劳动力的复杂劳动力的耗费过程，这两种类型的劳动在各个国家的不同历史时期都是客观存在的。如果两个生产者要交换各自的通过不同复杂程度的劳动所生产的产品，就必须计算出各自产品所内含的劳动量，这种劳动量可以通过市场交换后最终反映出来的复杂劳动超过简单劳动的具体数量表现出来。这就说明复杂劳动是可以折算为若干简单劳动的。相反，如果复杂劳动不能折算为简单劳动，那么市场交换就会因两种劳动不能比较在量上的大小而停止。① 那么，如何实现复杂劳动向简单劳动的还原呢？这里存在着两种截然相反的思路。第一种思路是将复杂劳动的还原交付于市场交换的社会过程，认为复杂劳动的还原不是一个算术计算过程，而是一个通过复杂劳动产品与简单劳动产品相交换来实现的社会过程。这种思路认为，人类历史的劳动总是从最简单的劳动开始的，随着生产力的提高和生产经验的积累，劳动的复杂程度才会逐渐增大。因此，从最简单的劳动慢慢地变为复杂劳动，这个过程既有可能发生在同一劳动者身上，也有可能发生在其他劳动者身上。如果是发生在同一劳动者身上，那么这个劳动者就可以非常清楚地知道复杂劳动的耗费比简单劳动耗费多若干；而如果是发生在不同劳动者身上，那么由于生产者之间比较接近，加之这时复杂劳动又是简单劳动最直接的发展，他们彼此也较清楚这种复杂劳动的耗费一般比简单劳动的耗费多若干。即使在交换中，一方有可能感到不平等交换，但在市场的同类交换中，交换的比例会趋于某个确定的水平，能得到校正。因此，复杂劳动还原为简单劳动，是按照最为简单到逐步复杂这么一种顺序来进行的，不是没有规律性的。用数学形式来表示，即为 A→B→C→D……而不是直接从 A→D 或 A→……其他类型。在现实中，我们是没有办法直接比较设计汽车的劳动和传达室门卫的劳动的，而是通过简单→复杂→再复杂这样一个历史过程来进行比较的，也就是说是由生产者背后的社会过程决定的。② 第二种思路则是将复杂劳动的还原交付于算术计算的技术过程，认为只有通过算术计算从技术上解决复杂劳动与简单劳动之间的数量比值，才能从根本上解决复杂劳动的还原问题。而在这方面，首先有由希法亭等人最早提出的生产成本法和间接劳动还原法，也有新近由一些研究者所提出的以基期"简单平均劳动"或生产价格为基础的"基期劳动还原法"。生产成本还原法假定各种工人创造价值的能力与各自劳动力再生产的成本成比例，并把这个比例作为复杂劳动还原的倍加系数；而间接劳动还原法则把全部熟练劳动分解为各个时期

---

① 程恩富、汪桂进、朱奎：《劳动创造价值的规范与实证研究》，上海财经大学出版社2005年版，第96页。

② 程恩富、汪桂进、朱奎：《劳动创造价值的规范与实证研究》，上海财经大学出版社2005年版，第99页。

所创造的非熟练劳动的加总。据以对这两种还原方法"都缺乏具体的现实的可操作性"的质疑，有论者提出了可称之为"基期劳动还原法"的还原方法。这种方法具体包含着两种不同的思路：一是以基期各部门的生产商品的平均耗费的直接劳动时间即基期的社会必要劳动时间为基期各部门的"简单平均劳动"，然后根据"同质等量劳动产品'价值量'相等"的原则，以不变价格计算不同报告期的所有物量，从而得到不同报告期的总价格，并通过该部门基期的价格—价值系数换算成"总价值"。二是以基期生产价格为基础进行还原，基本方法是：首先从所有产品中选取一种产品作为基准产品，并求出所有产品与基准产品的比价系数以及以基准商品为基准的理论价格。在此基础上，首先把单位基准商品的平均耗费的直接劳动时间作为"简单平均劳动"，通过基准商品确定的价格—价值系数确定其他商品的"简单平均劳动"，然后再确定不同报告期的"价值总量"。由于这一分析是在假定所有劳动为生产劳动的条件下进行的，因而还必须将非生产部门的收入所体现的价值作为一种变相的利润回归到生产部门。①

但是，正如提出"基期劳动还原法"的论者所指出的，所有关于复杂劳动量化还原的研究思路的最大困难在于如何克服和解释"同质等量劳动产品'价值量'相等"的原则与马克思劳动价值论既有观点之间的矛盾，也就是劳动生产力与商品价值总量成正比同一定劳动时间内商品价值总量不变之间的表面矛盾。这种表面的矛盾不解决，两者就难于纳入同一个理论体系中。在论者看来，单纯的逻辑分析和技术处理不可能在同一条件下既使劳动生产力与商品价值总量成正比，又使商品的价值总量保持不变。为此，论者将对这一困难的解读思路牵引到劳动价值论的唯物主义哲学基础之中，并认为从这种唯物主义哲学基础的角度来看，一定劳动时间的商品价值总量不变是以社会必要劳动为一般人类劳动的表现形式和价值量的计量单位的；而商品"价值总量"与劳动生产力成正比则是以"简单平均劳动"为一般人类劳动的表现形式和"价值量"的计量单位的。它们处于不同的理论层面，体现了不同的理论特征，承担着不同的理论任务，因而它们之间的矛盾仅仅是形式上的而非实质上的。②

但是，无论做怎样的辩解，坚持复杂劳动还原研究的思路最终逃匿到

---

① 罗雄飞：《转形问题与马克思劳动价值论的拓展》，中国经济出版社 2008 年版，第 129 ~ 130、3 页。

② 罗雄飞：《转形问题与马克思劳动价值论的拓展》，中国经济出版社 2008 年版，第 136 ~ 142 页。

哲学的思辨王国是毋庸置疑的，而哲学的思辨王国到底能够在多大的程度上合理地解释这种"形式上"的矛盾实际上仍然是值得怀疑的。不过，复杂劳动的还原研究大可不必为这种"形式上"的矛盾而烦恼，这不仅是因为这种"形式上"的矛盾在马克思劳动价值论关于复杂劳动是自乘的或多倍的简单劳动与劳动生产力与商品价值量成反比的论述中就已经实际地存在，而且更因为在那些据以这种劳动而力主发展马克思劳动价值论的观点中，劳动生产力与商品价值量之间反比关系的原理已基本上被抛弃。当然，这绝不意味着复杂劳动的还原研究就是合理的，恰恰相反，这种通过抛弃一方来消解矛盾的方法才能够使我们更清楚地认识到复杂劳动还原研究所存在的局限与困难。

我们知道，在马克思的劳动价值论中，由于商品价值被理解为无差别的人类劳动的单纯凝结，商品的价值量从而也就是形成价值实体的劳动的量就只能用劳动的以小时、日等时间单位作尺度的持续时间来计量。而正是在这样一种设定的基础上，才形成了马克思劳动价值论关于"作为价值，一切商品都只是一定量的凝固的劳动时间"，[①] 以及商品价值量与生产商品的社会必要劳动时间成正比，与生产商品的劳动生产力成反比等一系列基本原理。但是，如果我们像复杂劳动的还原研究那样将不同复杂劳动的异质性引入无差别的人类劳动之中，那么，无差别的人类劳动就变成了有差别的人类劳动，劳动时间也就不能再作为度量商品中所凝结的劳动量以及由此决定的商品价值量的单一尺度，这样，一切包含着以持续时间作为度量劳动量与价值量的单位的劳动价值论的基本原理就将完全失去效力，而劳动价值论也将因此面临着整体崩溃的危险。也许有人会说，我们可以通过数值计算将复杂劳动还原成为某种平均的简单劳动的系数，这正是复杂劳动还原研究思路的工作。但正如这种研究在目前的现状所显示的，它除了使劳动价值论陷于劳动复杂系数问题的泥潭之外并不能得到任何实质性的东西。不仅如此，由于马克思主义政治经济学包括剩余价值学说在内的基本原理几乎也都是以由持续时间为劳动量与价值量的度量单位的，如果由持续时间来度量劳动量与价值量的尺度失效，那么，由此所引起的劳动价值论的崩溃危险就将进一步牵连到马克思主义政治经济学以劳动价值论为理论基础的一切理论构件。例如，在生产价格转形问题上，马克思假定资本有机构成不同的五个生产部门的剩余价值率都是100%。显然，这个假设的核心并不在于剩余价值率的100%，而在于资本有机构成

---

① 马克思：《资本论》第1卷，人民出版社1975年版，第53页。

不同的各生产部门剩余价值率相等；而剩余价值率的相等实际上意味着资本有机构成不同的各生产部门劳动复杂程度的等同，因为如果不同物质生产部门的劳动复杂程度不同，那么它们在相同的劳动时间之内就既不可能创造相同的价值也不可能形成等量的剩余价值量。初看起来，这种剩余价值率相等的假设似乎是随意的，但如果仔细分析则全然不是如此。众所周知，生产价格转形问题的关键是剩余价值或利润率的平均化，而利润率平均化的客观要求则来自于资本有机构成不同的各生产部门利润率的不等；而其利润率的不等恰恰是与剩余价值率的相等有关的。在如资本有机构成分别为 80C：20V 和 70C：30V 的两个生产部门，由于剩余价值论均为 100%，它们各自的剩余价值分别为 20M 和 30M，而其利润率则为 20% 和 30%。显然，如果说生产价格转形问题的核心在于利润率的平均化，那么利润率平均化的必要就恰恰在于由于剩余价值率在不同资本有机构成部门之间在理论假设上的相等。如果我们假设不同资本有机构成的生产部门由于劳动复杂程度的不同而具有不同的剩余价值量，例如，资本有机构成为 80C：20V 的生产部门的剩余价值率为量为 50%，而资本有机构成为 70C：30V 的生产部门剩余价值率为 30%，从而两个生产部门的剩余价值量均为 10m，我们就会发现，由于剩余价值率不等，两个资本有机构成不同的生产部门的利润率却是相等的，都是 10%。显然，在这种情况下，由于两个部门的利润率相等，利润率的平均化从而生产价格转形问题就没有任何意义了。也许有人会说，上述的情况只能是一种在假设中才会出现的可能性。但是请不要忘记，马克思以利润率平均化为核心的生产价格转形问题恰恰是与利润率的必然不等为前提的，抛弃了这种前提的必然性存在就不能否定与此相反的情况以可能性形式的存在。这是模态判断对当关系的基本逻辑性质。由此可见，复杂劳动的还原研究引入异质劳动概念还将把马克思主义政治经济学的理论整体置于尴尬的境地。

由引入复杂劳动而导致的劳动量与价值量的计量困难以及由此造成的在诸如生产价格转形问题等一系列问题上的尴尬，使我们必须将对问题的思考转向那种对复杂劳动还原研究持怀疑甚至否定态度的观点之上。在这里首先应该提到的是曾经被恩格斯列为重要批判对象的欧根·杜林。在《国民经济学和社会经济学教程》一书中，杜林对马克思关于复杂劳动与简单劳动的观点进行了批判。杜林指出，根据我们的理论，只有通过所耗费的劳动时间才能计量经济物品的自然成本，从而计量经济物品的绝对价值，然而这一点却必须以"每个人的劳动时间应该认为从一开始就是完全相等的"为前提。因此，事情并不像马克思先生模模糊糊地想象的那样：某个人的劳动时间本身比另一个人的劳动时间更有价值，因为其中好像凝结着更多的平均劳动时间；相反，一切劳动时间毫无例外地和在原则上（因而不必先得出一种平均的东西）都是完全等价的，只是就一个人的劳动来说，正像任何成品一样，必须注意到，在好像纯粹是自己的劳动时间的耗费中可能隐藏着多少别人的劳动时间。① 但是，虽然杜林提出了对马克思复杂劳动理论的批判，但他却并没有提出支持这种批判的任何经济上的理由，而仅仅将马克思关于复杂劳动与简单劳动的区分的"错误"归结为"有教养的阶级的传统的思维方式"，指出在有教养的阶级看来，承认推小车者的劳动时间和建筑师的劳动时间本身在经济上完全等价，好像是一件非常奇怪的事情。因此，除了首开批判的先河之外，杜林对马克思复杂劳动理论的批判几乎没有什么积极的经济学意义。

　　另一个必须提及的对马克思复杂劳动理论展开批判的人是现代西方边际效用学派奥地利分支学派的著名代表庞巴维克。庞巴维克首先对马克思关于复杂劳动与简单劳动的区分提出怀疑，他举例说，假定一位雕塑家 1 天劳动的产品等于一位碎石工 5 天劳动的产品，依照马克思的思想，他们的产品之所以能够相等，是因为它们中间包含着等量的生产要素，而且这个共同要素必定是劳动和劳动时间。那么这个劳动是否是一般的劳动呢？按照马克思的说法必定是的。"然而，这里显然有问题，因为 5 天劳动同 1 天劳动显然不是相等的量。因而马克思在这里不再照旧谈劳动，而是谈普通劳动。……如果我们接着对此加以冷静考查，就会发现情况仍然很糟，因为在雕塑作品中根本不存在普通劳动，更不消说其中的普通劳动等于碎石工 5 天的劳动了。其实，事情的真相是：这两种不同量产品体现的是不同种的劳动，每个不怀偏见的人都会承认，这里所反映的情况同马克思所想要证明而且坚信的情况，即他们体现的同种等量的劳动，正好相反！"② 同时，庞巴维克还对马克思关于复杂劳动化为简单劳动的方式提出质疑，认为马克思通过生产者背后的"社会过程"实现复杂劳动向简单劳动的还原的观点存在着循环论证，因为"研究的课题正是商品的交换关系"，而马克思却将商品的交换关系的解释交付于交换关系本身。从上述的批判可以看出，庞巴维克并非不承认人们的劳动之间存在着复杂与简单的区别，而是认为在复杂劳动与简单劳动之间并不存在马克思所理解的借助于生产者背后的"社会过程"所实现的转换。但是，由于在马克

---

① 转引自《马克思恩格斯选集》第 3 卷，人民出版社 1995 年版，第 540～541 页。
② 转引自晏智杰：《劳动价值学说新探》，北京大学出版社 2001 年版，第 279 页。

思劳动价值论的理论框架中，任何商品都是不同复杂程度的劳动的产物和结果，因而商品的交换也就是不同复杂程度的劳动之间的交换，如果简单劳动与复杂劳动之间存在着按照庞巴维克所理解的不可同约性，那就在实质上已经取消了以劳动时间为基础的商品交换的可能性。因此，庞巴维克批判马克思复杂劳动理论的真实意图在于从根本上否定马克思的劳动价值理论。

但是，庞巴维克关于简单劳动与复杂劳动之间的不可同约性的观点与我们分析复杂劳动还原研究所指证的问题却是一致的，而从这一点以相反的方向引申开去，就是我们关于马克思复杂劳动理论的基本观点。

三、复杂劳动还原问题的重新解读

同马克思劳动价值论的其他理论构件一样，关于复杂劳动还原问题的研究也负载着极其沉重的理论职责，但是，这种理论职责之所以背负在复杂劳动的还原问题上，又是以复杂劳动在新时期劳动形态中日趋增长的比重为前提的。鉴于复杂劳动在新时期劳动形态中越来越大的比重实质地构成了复杂劳动还原问题的深刻根据，我们的分析就首先从对在新时期劳动形态的变化开始。

有论者认为，在马克思的时代，社会经济活动中的主要劳动形态是从属于机器的具有简单重复性的体力劳动；机器大工业的发展虽然部分地取代了传统的手工操作，但绝大多数的经济实体所采取的仍然是一种以体力劳动为主的生产方式。但是，自20世纪60~70年代以来，随着科学技术的迅猛发展、第三产业的迅速崛起以及企业组织结构的急剧变化，以科技劳动、管理劳动和部分服务劳动为主体的脑力劳动或智力劳动在整体劳动形态中的比重迅速上升。由于科技劳动、管理劳动等脑力劳动或智力劳动是一种需要经过长期学习和训练的复杂劳动，相对于简单劳动而言，它能够在相同的劳动时间之内创造更多的价值。因此，通过复杂劳动的还原研究就可以合理地解释社会现实与马克思劳动价值论的深刻矛盾，恢复马克思劳动价值论对现实经济问题的理论解析力。然而，首先的问题必须是，新时期科技劳动、管理劳动等脑力劳动或智力劳动真的提升了生产劳动的复杂程度吗？

以通过使用新的机器设备提高劳动生产力为例。在有的论者看来，通过使用新的机器设备提高劳动生产力会相应地提升劳动的复杂程度，因为新的机器设备往往是由需要经过长期而专门的学习与训练的技术人员来操作的，因而这些技术人员的脑力劳动或智力劳动的介入就必然相应地增加由新的机器设备参与其中的劳动过程的复杂程度。但实际上，这种认识仅仅是形式上。如果我们从这种新机器设备的使用到底使生产商品的劳动本身变得相对于劳动者而言更为简单还是更为复杂的角度来看，问题就完全是另外一种答案。从理论上说，劳动过程的简单与复杂在其主要的意义上并不取决于劳动者而是取决于商品的构造与性能，商品的构造与性能越是复杂，生产商品的劳动环节就越是繁难而复杂；而生产商品的劳动环节越是繁难而复杂，其对承担劳动过程的劳动者本人的劳动技能的要求也就越是严格。因此，生产商品的劳动过程的复杂程度与其对劳动者本人劳动技能的要求呈正相关的关系。但是，如果从使用新的机器设备从而提高了劳动生产力的劳动过程的角度来看，这种劳动过程与对劳动者劳动技能的要求就并非完全如此了。因为无论生产商品的劳动过程使用先进机器设备的目的为何，它的客观效果都是用新的机器设备代替那些本来需要劳动者来完成的劳动过程。但机器设备并不仅仅替换由劳动者从事的生产与劳动过程的某些环节，它还通过对这些环节的替换代替由劳动者从事的复杂劳动过程。这就是说，包含先进科学技术的机器设备在代替劳动者具体劳动环节的同时也代替了过去只能由高技能劳动者来承担的复杂劳动过程，而劳动者本身的劳动技能也就因此由对商品的直接生产转向对机器的技术操作，这种转向使劳动过程变得相对于劳动者而言不是更为复杂而是更为简约。如果使用新的机器设备使生产商品的劳动过程变得相对于此前更加复杂，从而使其对于劳动者技能的要求比此前更趋严格，先进科学技术在生产过程中的使用就失去了应有的意义。

马克思在分析机器生产对工人直接影响的问题时曾经指出，在机器生产条件下，"年轻人很快就可以学会使用机器，因此也就没有必要专门培养一种特殊工人成为机器工人"。因此，资本家不仅在生产中大量吸收无论在体力还是在智力方面都远逊色于男劳动力的女工和童工，从而造成男劳动力商品价值的大幅贬值，而且还由于将大量的未成年人也变成单纯制造剩余价值的机器而"人为地造成了智力的荒废"。① 按照马克思关于复杂劳动的论述，复杂劳动是指这样一种劳动力的表现，这种劳动力比普通劳动力需要较高的教育费用，因而也具有较高的价值。但是，年轻人很快就可以学会使用机器，因而不必做专门的培养以及女工与童工的广泛使用又说明了什么呢？它说明使用机器并没有像有论者所想象的那样提升劳动的复杂程度。必须注意，马克思所说的现象绝不是资本主义初期的特殊现

---

① 马克思：《资本论》第 1 卷，人民出版社 1975 年版，第 462、439 页。

象，因为即使在今天，如像电脑等复杂机器的操作也往往并不需要经过长期的专门培训，在一些青年人那里，甚至并不需要某种专业的学习就可以达到相当高的技术水平；而一些在个体生产条件下需要经过长期经验积累才能掌握的劳动技能（如木工）也往往由于机器的使用而变得非常简单。因此，那种认为先进科学技术的使用将导致劳动过程日趋复杂的观点是不能成立的。

　　复杂劳动是否能够在比简单劳动在相同时间内创造更多的价值呢？坚持复杂劳动还原研究的人们对此深信不疑。但是，正如生产劳动由于先进科学技术的采用而日趋复杂化的倾向事实上并不存在一样，所谓复杂劳动能够比简单劳动在相同时间内创造更多的价值的观点事实上也是不能够成立的。首先，从理论上来看，复杂劳动能够在相同的劳动时间内创造更多价值的观点是与马克思劳动价值论的历史性内涵相矛盾的。按照马克思劳动价值论的观点，商品价值量是与劳动生产力成反比的，这种反比关系一方面标志着作为生产过程的资本主义经济是一种包含着超越自己的，对早先的历史生产方式加以说明的历史形式；另一方面又是预示着未来的先兆，变易的运动，这就是："一旦直接形式的劳动不再是财富的巨大源泉，劳动时间就不再是，而且必然不再是财富的尺度，因为交换价值也不再是使用价值的尺度。群众的剩余劳动不再是发展一般财富的条件，同样，少数人的非劳动不再是发展人类头脑的一般条件。于是，以交换价值为基础的生产便会崩溃，直接的物质生产过程本身也就摆脱了贫困和对抗的形式。"① 但是，如果复杂劳动能够在相同的劳动时间内创造更多的价值，而整个社会又由于采用先进科学技术而使劳动的复杂程度越来越高，那么，我们离马克思所说的劳动时间不再是"财富的尺度"的时代就不是越来越近而是越来越远了。其次，从实践上来看，复杂劳动能够在相同的劳动时间内创造更多的价值的观点也是与经济发展的事实相背离的。对于坚持复杂劳动还原研究的人们来说，一个必须正视的基本问题是，复杂劳动何以能够在相同的劳动时间之内创造更多的价值。对此，最具代表性的解释是所谓劳动密度的增加。这种观点认为，复杂劳动之所以能够在相同的劳动时间内创造高出于简单劳动的价值量，是因为其劳动的连续性强；由于劳动的连续性强，劳动的有效性高，活劳动的耗费也就大，因而创造的价值就大。但是，这种观点对于机器生产初期的状况来说或许是适用的，因为机器的最初使用的确通过增加劳动力的紧张程度和更紧密地

---

① 《马克思恩格斯全集》第 46 卷（下），人民出版社 1979 年版，第 217~218 页。

"填满劳动时间的空隙"而比相同时间的简单劳动增加了活劳动的消耗，但对于逐步过渡到微电子技术时代的社会化大生产来说则断然是不适用的，因为微电子技术的广泛使用不仅使资本主义生产方式下的雇佣工人摆脱了繁重的体力劳动，而且也逐步摆脱了工人最初必须遵从它的节奏来工作的机器本身的牵制。可以说，雇佣工人像身负重载的马牛的时代已经由于新技术革命而一去不复返了。在这种历史条件下，我们怎么能够说复杂劳动会增加劳动过程的连续性并进而造成活劳动耗费的增加呢？

如果否认生产劳动伴随劳动生产力的提高而日趋复杂化的趋势，而特别是否认所谓复杂劳动能够在相同的劳动时间内创造更多的价值，那就事实上否定马克思复杂劳动理论的合理性。事实确是如此。在《资本论》第1卷第三篇中，马克思对于复杂劳动和简单劳动的关系有一个以脚注形式出现的补充说明，他说："较高级劳动和简单劳动，熟练劳动和非熟练劳动之间的区别，一部分是根据单纯的幻想，或者至少是根据早就不现实的、只是作为传统惯例而存在的区别；一部分则是根据下面这样的事实：工人阶级的某些阶层处于更加贫困无靠的地位，比别人更难于取得自己劳动力的价值。在这方面，偶然的情况起着很大的作用，以致这两种劳动会互换位置。"① 有论者认为，马克思关于复杂劳动与简单劳动的这个说明事实上"否定了"较高级劳动和简单劳动之间的区别，这等于取消了复杂劳动还原的必要性。② 我对这一认定表示认同。

如前所述，在马克思的劳动价值论中，由于将商品价值理解为凝结在商品中无差别的一般人类劳动，商品的价值量，从而也就是凝结在商品中的以物化形式存在的抽象劳动的量，就只能用日、小时等时间单位来度量；而正是在时间尺度的基础上，马克思最终形成了社会必要劳动时间这一关于商品价值量规定的关键范畴。但是，长期以来，无论是在传统马克思主义政治经济学那里还是在各种非马克思主义的政治经济学那里，社会必要劳动时间都被理解成思想观念领域平抑不同复杂程度劳动的抽象观念，而认为在资本主义生产方式的现实经济活动中实实在在存在着的仍然是只有借助于复杂系数才能还原为同质状态的各种不同复杂程度的劳动。但是，实在说来，这种认识是极其错误的。因为如果说在简单商品经济条件下还存在着诸如推小车者与建筑师之间劳动的形式上的区别，那么资本

---

① 马克思：《资本论》第1卷，人民出版社1975年版，第224页。
② 参阅罗雄飞：《转形问题与马克思劳动价值论的拓展》，中国经济出版社2008年版，第104页。

主义商品经济的以分工和协作为基本技术特征的生产方式则趋向于从根本上消解不同劳动在复杂程度上的区别。

当说到复杂劳动或简单劳动时，我们总是习惯于将思维的视角聚焦在从事这种劳动的劳动者身上。但是，正如前面所指出的，所谓劳动的复杂与简单首先和主要地是指由商品构造与性能的不同所决定的生产环节的繁复与简约，只是在这种生产环节需要劳动者的相应的技能时，劳动的复杂与简单才会牵连到劳动者本人劳动能力或劳动活动的复杂与简单上。如果一种商品由于构造的复杂需要繁复的生产环节才能够生产出来，那么它显然比那种只需通过简单的生产环节就能生产出来的商品的劳动过程要复杂得多。如果这种商品是通过技术条件非常简单的手工劳动来生产的，那么，由于商品的生产往往需要商品生产者独立地顺序完成所有的生产环节才能实现，因而也就自然需要劳动者具有更为复杂的劳动能力。但是，在以分工和协作为技术特征的资本主义生产方式中，一个商品的过去往往需要一个人来完成的全部生产工序现在借助于分工变成了许多同时或顺序进行的劳动者的局部技术操作，而整个商品的生产则变成了许多从事局部技术操作的劳动者的协作。这样，最初对于一个劳动者而言极其复杂的劳动过程就由于这种分工而变成对于进行局部操作的劳动者而言非常简单的事情，因为一个劳动者不再需要掌握所有生产环节的劳动技能了。马克思所提到在纽伦堡的制针匠要依次完成的 20 种制针技术操作的工序，而在英国的工场手工业生产方式中则变成 20 个制针匠同时进行的工作就是这种情况的典型事例。① 在技术条件进一步发展了的机器生产条件下，在工场手工业生产中仍然需要由局部工人来完成的生产环节在这里变成了各种专门化的工作机的工作程序，而劳动者则变成了"用肉眼看管机器和用手纠正机器差错"的监督者与管理者，这样，劳动者劳动能力之间由于从事不同工种而造成的某种复杂程度的差别在这里就被逐渐消除了。对于在一个经济单位内部在分工基础上从事生产活动的不同劳动者来说是如此，对于在不同生产部门从事生产劳动的劳动者来说同样如此，因为正是机器生产在各物质生产部门中作为一种"普照的光"的地位的确立铸就了资本主义生产方式的真正的物质技术基础。

对于资本主义由于分工和协作所导致的不同劳动的这种同质化，马克思是这样说的：物化为价值的劳动，是社会平均性质的劳动，也就是平均劳动力的表现。但是平均量始终只是同种的许多不同的个别量的平均数。

---

① 马克思：《资本论》第 1 卷，人民出版社 1975 年版，第 375 页。

在每个产业部门，个别工人，彼得或保罗，都同平均工人多少相偏离。这种在数学上叫做"误差"的个人偏离，只要把较多工人聚集在一起，就会相互抵消。而著名诡辩家和献媚者艾德蒙·伯克甚至根据他当租地农场主的实际经验也懂得，只要有五个雇农这样小的队伍，劳动的所有个人差别就会消失，因此任意五个成年英国雇农在一起，和其他任何五个雇农一样，可以在同样长的时间内完成同样多的劳动。因此，"对单个生产者来说，只有当他作为资本家进行生产，同时使用许多工人，从而一开始就推动社会平均劳动的时候，价值增殖规律才会完全实现。"① 这就是说，资本主义生产方式以之为历史与逻辑起点的分工与协作关系会平抑掉进行协作劳动的劳动者在体力、技巧和勤劳等方面的差别并形成社会平均劳动；而社会平均劳动的形成正是资本主义价值增殖规律发生作用的基本前提。② 其实，如果将复杂劳动的同质化置于资本主义的生产方式之中，这种同质化原本极其简单与明了：资本主义生产方式不可能允许任何劳动形式特权上的差别，这正如马克思恩格斯在《共产党宣言》中所说的一句话："资产阶级抹去了一切向来受人尊崇和令人敬畏的职业的神圣光环。它把医生、律师、教士、诗人和学者变成了它出钱招雇的雇佣劳动者。"③ 因此，我们的结论是，在马克思劳动价值论的理论框架中不应该存在劳动复杂程度的差异问题，这是对马克思劳动价值论唯一不包含任何逻辑矛盾的合理解释。

当然，这里仍然有两个与此牵连的问题，一是为什么在形式上劳动生产力特别高的劳动会具有一种自乘的劳动的作用；二是为什么那些被认为是从事复杂劳动的劳动者会具有远高于简单劳动者的薪金收入。对于前一个问题，除了我们已经在前面的分析中指出过的由于供求关系中社会需求伴随劳动生产力提高而顺时增长的原因之外，杜林在批判马克思复杂劳动理论时所指出的"在熟练劳动的情况下，在一个人的个人劳动时间之外还有别人的劳动时间共同起作用……例如，以使用的工具的形式起作用"④ 所造成的假象可能也是一个重要的原因。对于后一个问题，则必须指出，劳动者薪金收入的高低只是表示这种劳动力商品的生产所花费

---

① 马克思：《资本论》第1卷，人民出版社1975年版，第359～360页。

② 在资本主义生产方式下，个体工人在协作生产中"出工不出力"的情况是完全不必加以考虑的。因为资本主义以剩余价值为目的的生产以及雇佣工人只能挣得劳动力价值或价格的薪金收入的客观规律将对此作出严格的社会关系的约束，而资本主义劳动过程的分工和协作特征则将为此提供强有力的物质技术保证。

③ 《马克思恩格斯选集》第1卷，人民出版社1995年版，第275页。

④ 参阅《马克思恩格斯选集》第3卷，人民出版社1995年版，第540页。

的更高费用，而这种更高的费用与其劳动的复杂程度以及创造价值的多少之间并没有必然的联系，这就好比一个人并不会因为带着的是一块劳力士金表就比一块普通的电子手表具有更多的效用一样，这两种手表价值方面的巨大差异所显示的仅仅是生产费用上的不同；另外，可能还有如从事某些劳动的劳动者（如一些科技和管理人员）因其特殊的角色而参与了剩余价值的分配，以及某些工种在某一特定历史条件下的供求关系所引起的与实际情况的严重偏离等原因。一个极其明显的事例是，尽管技术工人劳动的复杂程度远逊于硕士和博士生的劳动，但是在有些地区，由于技术工人的严重短缺，如模具工、炼油工之类的技术工人的年薪收入已上涨到远超出一般硕士生和博士生的 7 万 ~9 万元，有的更上涨到 16 万元的天价。[①] 显然，这种状况并不能构成某些工种复杂程度的正当参照。

四、社会财富价值向量巨量增长与活劳动投入量减少之间矛盾的最终解决

众所周知，在新时期马克思劳动价值论的争论中，关于社会财富价值向量巨量增长与活劳动投入量减少之间的矛盾，除去如"广义价值论"、"多元要素价值论"等完全违背马克思劳动价值论基本理念的观点之外，大都是通过扩展生产性劳动的范围和提高劳动复杂程度的思路来解决的，而提高劳动的复杂程度无疑又是其中极其重要的一环。那么，当取消了管理劳动、服务劳动以及基础性科学劳动的生产性资格，并像马克思那样将复杂劳动与简单劳动的区别归之于"单纯的幻想"之后，我们又该如何来消解这种矛盾呢？其实，问题的根本也许并不在于我们通过何种方式消解这种矛盾，而在于首先需要确定，这种所谓的矛盾到底是否真的存在，抑或只存在于人们的想象中？

在这里，首先遇到的问题是社会财富价值向量的数值计算问题。在所有承认社会财富价值向量巨量增长与活劳动投入量减少之间矛盾实际存在的人们那里，社会财富价值向量的巨量增长一般都是借助于国内生产总值（GDP）来说明的。那么，国内生产总值是否能够准确地反映社会财富或国民财富价值向量的增长状况呢？答案是否定的。其主要的原因在于，从劳动价值论关于生产劳动创造价值的观点来看，国内生产总值存在着多方面的重复计算问题。其一，劳务价值的重复计算。从生产劳动的观点来看，服务劳动是并不创造价值的非生产劳动，而仅仅是生

---

① 宗寒：《不要忽视体力劳动》，载《高校理论战线》2003 年第 4 期。

产劳动所创造价值的再分配过程或消费过程，因而服务劳动的价值不应计算在社会财富价值向量的增长上。但是，国内生产总值在做统计计算时却将劳务价值与生产劳动创造的价值合并计算，从而将在生产劳动中所创造价值的一部分又作为劳务价值予以加总计算，这显然是一种重复计算。正如有论者所做的比喻：这有点像一个农户一方面将其一年所生产的农产品净值进行计算，而另一方面又将其家人所做的家务性劳动作为自己家庭所创造的价值予以统计并和其所生产的农产品的净值进行加总。但现实中显然并不存在这样的农户。因为虽然农户并不知道其家人的家务性劳动所创造的价值实际上已经包含在其所生产的农产品净值之中，但是他凭直觉，是不会再将其家人的家务性劳动再作为创造价值的劳动而予以重复计算的。① 其二，收入的重复计算。国内生产总值在做收入统计时，不仅统计了所有雇佣劳动者的工资收入，而且也统计了被资产阶层所占有的地租、利息（股息）和利润。从表面上看，这似乎没有什么不妥之处。但问题在于，在所有雇佣劳动者的收入中，还包括被资产阶层直接雇佣（如仆人）和间接雇佣（即社会非物质生产部门为其提供的服务性劳动）的劳动者的收入，而这一类收入实际上已经以地租、利息（股息）和利润的形式被计算在资产阶层的非劳动收入之中了，因而它在收入计算中与其他收入形式的加总仍然是一种重复计算。② 其三，固定资本折旧的重复计算。从价值形态上看，国内生产总值是一国（地区）所有常住单位在一定时期内生产的全部货物和服务价值与同期投入的全部非固定资产货物和服务价值的差额，但是极其明显的是，这一差额并没有将固定资本的折旧部分除去，这意味着随生产过程转移到新产品中的固定资本折旧价值也被计算在内。但是，由于固定资产的价值通过以折旧形式的收回是社会再生产的基本前提，因而是不能也不应该被计算在新创造价值的数值之内的。因此，同劳务价值与收入一样，固定资产折旧也是被做了重复的计算。由于存在着从生产劳动与价值创造的观点来看的诸多重复计算的问题，国内生产总值就没有而事实上也不可能精确地反映一个国家（地区）所有常住单位在一定时期内生产劳动所创造的价值总量。也许有人认为，这种重复计算并不能否认国内生产总值对于一个国家（地区）所有常住单位在一定时期内生产劳动所创造的价值总量的大致反映，因为由这些重复计算所造成的误差是相当有限的，但是，如果注意到今天以服务性劳动为主的第三产业的飞速发展以及由于资本有机构成和资产折旧费

---

①② 邓本愚：《政治经济学的基础理论创新》，中国经济出版社 2008 年版，第 276 页。

率的逐步提高所导致的物化劳动在总价值中所占比例的增大，我们就会发现这种误差绝不是相当有限的。

实际上，国内生产总值作为一个国家（地区）所有常住单位在一定时期内生产活动的最终成果，本身就不是一个反映一国（地区）所有生产部门新创造价值的数量指标，而仅仅是反映一国（地区）经济总体运行状况的数量指标。因此，如果将国内生产总值作为我们分析新创造价值的参考数值或许是可以的，但如果将其直接等同于生产部门新创造价值的数量指标则断然是错误的，尽管我们并不能因此否认国内生产总值在研判一个国家（地区）宏观经济运行状况和据此制定正确的宏观经济政策的重要意义。而事实上，当中国在 20 世纪 90 年代取消产生于苏联的国民经济核算体系而代之于西方发达市场经济国家的国内生产总值体系时，并没有人想到要用国内生产总值作为衡量生产劳动新创造价值的数量指标，只是在"有好事者"（钱伯海等人）试图为国内生产总值体系的引入寻找理论根据并创立"社会劳动价值论"时，才有人直接或间接地将国内生产总值与生产劳动新创造价值的问题链接在一起。这显然并不是国内生产总值本身的过错。

其次，关于与国内生产总值相对应的活劳动的投入问题。在谈到社会财富价值向量巨量增长与活劳动投入量减少之间矛盾的时候，许多人常常以美国等西方发达国家在第二次世界大战之后第一、第二产业就业工人趋于下降，而国内生产总值却迅速上升作为事实上的例证。但是实际上，这种将第一、第二产业活劳动量的投入仅仅局限于一国或一地区内部的认识是极有问题的。让我们从一个看起来非常遥远的话题展开对这一问题的分析。在《德意志意识形态》中，马克思恩格斯曾经提出过一个在后来被普遍认为是错误的观点，这就是，"共产主义只有作为占统治地位的各民族'一下子'同时发生的行动，在经验上才是可能的，而这是以生产力的普遍发展和与此相联系的世界交往为前提的。"① 实际上，如果我们回归到马克思恩格斯思考问题的理论语境之中，这一论断就极容易理解。我们知道，马克思所设想的共产主义理想是以推翻资本主义生产方式为前提的，而这种推翻之所以必需是因为资本主义经济带有在简单商品经济阶段就已经以萌芽形式存在着的，而在资本主义阶段更以极端的形式存在着的以价值规律为主导的异己力量，这种异己力量所造成的普遍的经济危机以及无产阶级的贫困化等问题集中反映了资本主义社会的反人道性质。但

---

① 《马克思恩格斯选集》第 1 卷，人民出版社 1995 年版，第 86 页。

是，资本主义经济只是商品经济的发达的形式，因而要推翻资本主义生产方式就必须首先消灭经济的商品形式。但是，商品经济是一种以社会分工和私有制为基础而以交换为目的的经济形式，因此要消灭商品经济就必须通过消灭分工和私有制以消灭商品交换，这也就是马克思恩格斯早期"消灭分工"以及"私有制的消灭"思想的由来。① 但是，由于社会分工的日益国际化，"单个人随着自己的活动扩大为世界历史性的活动，越来越受到对他们来说是异己的力量的支配（他们把这种压迫想象为所谓的宇宙精神等等的圈套），受到日益扩大的、归根到底表现为世界市场的力量的支配"的情况，即使在马克思恩格斯生活的年代也已经成为经验的事实，因而单独在一国或一地区内部通过消灭分工和私有制而消灭商品交换并不能消灭其所受到的已经扩展到世界市场的异己力量的支配，因此，仅仅作为地域性的东西而存在的共产主义实质上是不可能的。其实，马克思恩格斯的观点归结为一点，那就是商品经济并不是一种以国界为边缘的局域性的存在，而是一种以分工和私有制为基础的广域性存在，它的存在的广域范围并不会受到国界或地域的局限，而只会受到私有制和社会分工范围的局限。当我们从一个看起来非常遥远的话题的分析中得出商品经济并不是一种地域性存在的特征的时候，它与我们所要分析的与国内生产总值相对应的活劳动的投入问题之间的关联也就呼之欲出了。当还在马克思生活的年代时，资本主义就已经不再是一种民族性的存在而是世界性的存在了，而在当今世界，由于经济全球化以及更广泛的国际分工的发展，越来越多的在以前游离于商品经济之外而以自然经济为主要经济形式的国家和地区被纳入商品经济和资本主义经济的洪流之中。例如，中国在20世纪80年代借助于改革开放的国策调整以前所未有的规模与速度融入世界经济的洪流之中就是一个极其典型的例证；而这些伴随着经济全球化融入到商品经济和资本主义经济洪流之中的国家和地区，不仅会将大量的在自然经济中以隐匿形式存在的劳动力抛撒到商品交换的市场之中，从而引起整个商品经济世界活劳动投入的绝对量的增长，而且还为西方发达国家劳动密集型产业的国际间转移提供必要的条件，从而造成西方发达国家活劳动投入量日趋减少，而整个社会以价值形式计算的财富却日益巨量增长的假象。实际上，如果我们不是将一国或一地区的地理边界看作考察商品经济诸问题的外延，而是将商品经济看作是一个以社会的分工和交换为基础的有机整体，那么在发达国家以典型形态表现出来的所谓社会财富价值向

---

① 《马克思恩格斯选集》第1卷，人民出版社1995年版，第83、89页。

量巨量增长与活劳动投入量减少之间的矛盾就会消失，因为在以地理边界为外延的国家和地区中不能体现出来的活劳动投入将会在我们考察范围的延展中直观地浮现出来。

再其次，关于以劳动者的劳动工资代替活劳动投入量的问题。在所谓社会财富价值向量巨量增长与活劳动投入量减少之间的矛盾中，活劳动的投入量不仅存在着以国家或地区，而不是以商品经济本身为考察范围的问题，而且还存在着以劳动者的劳动工资代替活劳动投入量的问题。众所周知，在马克思的剩余价值理论中，作为"资本的产品"而被生产的商品的价值的形成过程在本质上是一个价值增殖过程，而在这个以价值增殖过程为本质特征的价值形成过程中，雇佣工人形成商品价值的活劳动投入被分为两个部分的相互对立，一部分是用来补偿劳动力价值的必要劳动量，另一部分则是为资本家生产剩余价值的剩余劳动量。因此，雇佣劳动者在整个劳动过程中的活劳动投入量应该是用于补偿劳动力价值的必要劳动量和用于为资本家生产剩余价值的剩余劳动量的加总。而如果注意到雇佣工人所投入的用于补偿劳动力价值的必要劳动量仅仅能够满足劳动力本身为重新投入生产过程的维持与延续，那么它在雇佣劳动者整体的活劳动投入量中所占的比重必然是相对较少的，这不仅在资本家以绝对剩余价值方式榨取工人剩余价值的资本主义初期阶段是如此，就是在资本家以相对剩余价值方式榨取工人剩余价值的资本主义发达阶段也是如此。但是，在对社会财富价值向量巨量增长与活劳动投入量减少之间所谓矛盾的分析中，许多人却有意无意地将在雇佣劳动者活劳动投入总体中只占相对较少比例而表现为劳动工资的劳动力价值代替雇佣劳动者的全部活劳动量的投入，而后再将由此造成的活劳动投入与价值产出之间的差额归功于劳动的复杂程度的增长或生产过程中的各种非劳动要素的"贡献"。这显然只能算是一种瞒天过海、偷天换日的计谋。当然，将用劳动者的劳动工资代替活劳动投入量的问题完全看作是一种经济问题研究中瞒天过海或偷天换日的计谋也许并不公平，因为资产阶级的政治经济学一般也都是将雇佣劳动者的劳动工资与其投入生产过程中的活劳动量等同看待的，现代西方经济学中将工人的劳动工资直接看作是雇佣工人在生产过程中的贡献的边际效用学派自不必说，就是资产阶级古典经济学创始人的亚当·斯密也常常将雇佣工人的工资看作是"劳动的价格"，尽管他有时又将工人的工资仅仅看作是工人劳动生产物的一部分。从这里不难发现一些人以在西方古典或现代经济学影响下所形成的思维定势思考问题的顽固印迹。

最后，关于活劳动投入量与商品价值量之间的关系的问题。如前所述，在马克思的劳动价值论中，价值范畴具有双重规定，即商品中凝结的劳动量的实体性规定和以供求关系为实物内涵的社会关系的形式性规定，而在这两个方面的规定中，商品的价值量并不仅仅取决于商品中凝结的劳动量的实体性规定，而且还取决于以供求关系为实物内涵的形式性规定。这就是说，在商品中凝结的劳动量因商品生产过程的终结而一定的情况下，单纯由于供求关系的变化同样有可能引起商品价值量的变化，从而使相同的价值量代表不同的劳动量或相同的劳动量表现为不同的价值量。正如马克思所说的，商品的价值"总是由社会必要劳动计量的，因而也总是由现有的社会条件下的必要劳动计量的"，因而同一数量的棉花在歉收时比在丰收时代表更多的劳动（价值）量；① 而如果一些发明使原先需要6 个小时才能生产出来的某种商品现在只用 3 个小时就可以生产出来，那末，**连已经生产出来的商品的价值也会降低一半**。② 在当今世界，由于高新科学技术的广泛应用以及由此引起的工业经济生产过程的不断创新，社会生产力的发展已经达到如此之高的程度，以至于国民经济中不到30%的经济活动就足于提供社会需要的全部物质产品。③ 这就是说，在较高劳动生产力的条件下，能够满足社会需要的等量使用价值可以通过较少劳动量的耗费来实现。在这种情况下，如果整个社会对某种商品的社会需求保持相对稳定，而且实际上市场对某种商品的需求又总是具有一定的增长边界或极限的，并在这个极限之内是相对稳定的，那么，尽管商品生产的活劳动投入量趋向减少，但由于整个社会的需求并未发生明显变化，商品的价值量也就同样不会发生明显的变化，这样就造成了商品价值相对稳定甚至稳定增长而生产商品的活劳动投入量却日渐减少的现象。在这种情况下，同等的价值量所代表的并不是与以前完全等量的劳动量，而是一种被虚化的劳动量，并且这种被虚化的劳动量还会由于货币超出社会实际需求的增量发行而进一步加剧。因此，如果理解马克思劳动价值论关于商品价值的双重规定，我们就应该意识到，商品的价值与商品中所物化的劳动量从来就不是直接一致的。

以上就是我们关于社会财富价值向量巨量增长与活劳动投入量减少之间的矛盾的最终解析。如果联系到上述各个方面的问题，我们还能够在多

---

① 马克思：《资本论》第 1 卷，人民出版社 1975 年版，第 236 页。
② 马克思：《资本论》第 1 卷，人民出版社 1975 年版，第 587 页。
③ 张彤玉等：《嬗变与断裂：如何认识资本主义发展的历史进程》，中国人民大学出版社2004 年版，第 76 页。

大程度上认同困扰马克思劳动价值论的这种矛盾呢？实际上，当谷书堂通过对所谓"价值总量之谜"的解析认识到在社会财富价值向量巨量增长与活劳动投入量减少之间的矛盾中所说的劳动量仅仅是指劳动工资所代表的必要劳动量，而不是包括剩余劳动在内的全部活劳动投入量的时候，①他应该意识到，所谓社会财富价值向量巨量增长与活劳动投入量减少之间的矛盾有多大的成分是建筑在沙滩之上的。

①　参阅晏智杰：《经济剩余论》，北京大学出版社 2009 年版，第 31 页。

第五章　劳动价值论的适用范围与生产价格转形问题

在新时期马克思劳动价值论的争论中，关于劳动价值论的适用范围与理论前提问题是在有关劳动价值论是否过时的争论中逐步展开的。因此，要科学地认识和理解马克思劳动价值论的适用范围与理论前提问题，就必须首先分析在新时期马克思劳动价值论争论中如雨后春笋般涌现出来的各种"过时论"的观点。分析和批判马克思劳动价值论"过时论"的各种观点，对于我们在新的历史时期坚持和发展马克思的劳动价值论具有十分重要的理论意义和实践意义。

第一节　马克思劳动价值论"过时论"及其解析

一、马克思劳动价值论"过时论"的一般情势

与任何理论观点都是自己的具有特定经济、政治与文化内涵的时代的产物一样，马克思劳动价值论"过时论"的产生与演变也与我们的时代具有致密的关联。而根据时代内涵的演变，我们大致可以将马克思劳动价值论"过时论"的各种观点归结到两个世纪之交的名下，这就是19世纪末20世纪初以伯恩施坦修正主义为代表的劳动价值论"过时论"和20世纪末21世纪初在中国新时期马克思劳动价值论争论中出现的劳动价值论"过时论"。分析这两个阶段具有代表性的马克思劳动价值论"过时论"，有助于我们深刻地透视其产生的根源，准确地把握其思想的实质。

从19世纪70年代开始，伴随着以电、电动机和内燃机的发明及广泛应用为标志的第二次科学技术革命，资本主义世界发生了一系列新的变化，产生了一系列新的现象。在经济领域，由第二次科技革命所引发的产

业结构的调整加速了生产与资本的集中，从而使资本主义开始从自由竞争阶段向垄断阶段过渡。由于私人垄断资本是比自由竞争阶段的私人资本具有更高社会化程度的资本占有形式，它能够在其限度之内容纳具有更高发展程度的生产力并促进生产力的巨大发展，因而，伴随着第二次科技革命和私人垄断资本阶段的到来，资本主义迎来了其发展史上的第二个黄金时代：由电力动力所引发的机器生产体系的根本性变革推动了生产力的飞速发展；由钢铁、石化、汽车等新型重化工业的建立所导致的产业结构的调整促进了主要资本主义国家从以轻纺工业为主导的工业化国家向以重工业为主导的工业化国家的转形；由科技革命所带动的经济的高速发展为雇佣工人就业人数的增加与劳动、生活条件的显著改善创造了条件。在政治领域，由于私人垄断资本的出现，资本主义所固有的生产社会化与生产资料私人占有之间的矛盾得以暂时缓和，这种状况再加上垄断资产阶级及其执政党政策与策略的调整，使无产阶级与资产阶级之间矛盾与斗争的态势发生了新的变化：资本主义的比较健全的以代议制民主、政党政治和公民自由为特征的政治模式开始形成，这为无产阶级以合法的方式进行经济与政治斗争提供了重要条件；由于资本主义初期阶段尖锐对立的阶级矛盾开始出现缓和迹象，无产阶级革命的政治形势变得比以前更加遥远；由于雇佣工人实际工资的提高，中产阶级作为一个相对独立的阶层开始出现在资本主义的政治生活中，并开始作为一种中间阶层发挥其对于阶级矛盾的缓冲作用；在各种因素的综合作用下，少数工人阶级中的上层分子逐渐蜕变成为工人贵族。在思想领域，由于第二次科技革命和生产力的高速发展所造成的主要资本主义国家一方面实物产量迅速增加，另一方面物价跌落、工人失业、企业亏损的"富裕中的贫困"现象的出现，资产阶级政治经济学的研究重心开始从古典经济学所关注的物质财富的生产领域转向供应、消费、需求等要素的相互关系问题上，这样，古典经济学在"生产一般"基础上建立起来的劳动价值论就不能再适应隶属于资产阶级的政治经济学的理论要求了。同时，古典经济学以之为基础的劳动价值论一方面在李嘉图学派的解体中陷于困境，另一方面又在空想社会主义以及马克思主义政治经济学的借用中发生变异与叛卖的历史与理论境遇，也使资产阶级政治经济学必须寻找新的理论根据以构建自己的理论体系。在这种条件下，就出现了以奥地利学派和洛桑学派为主要分支学派的边际效用学派。边际效用学派"以欲望为出发点，以效用为中心，以所谓边际分析主观评价价值和其他经济现象"，是19世纪末20世纪初资产阶级经济学各流派中影响最大的一个新流派。①

亦如麦克莱伦所言，伯恩施坦是一位密切关注时代趋势的观察家，这使他能够比许多同时代的"马克思主义者"更清楚地洞察到 19 世纪末 20 世纪初资本主义世界从经济、政治到思想的一系列新的变化和新的现象。根据这些新的变化和新的现象，伯恩施坦断言，资本主义已经获得了一种自我调节的能力；而由于这种自我调节能力的获得，资本主义将不可能再遇到"一向的那种商业危机"，当然更不可能有德国社会民主党纲领中预言的资本主义制度崩溃的可能性。另一方面，伯恩施坦又从"诸如肖（Shaw）和韦伯（Webb）等费边派那里学到了有关杰文斯（Jevons）边际学说的好多东西"，而边际学派的庞巴维克以及他的《卡尔·马克思及其封闭体系》正是当时批判马克思劳动价值论与经济学说中最具影响力的人物和著作。② 这样，在各种因素的交互作用下，就催生了在伯恩施坦那里第一次出现的关于马克思劳动价值论"过时论"的观点。

伯恩施坦认为，马克思的劳动价值论存在以下几个方面的主要失误：其一，马克思在提出价值学说时做了"一系列的抽象和还原"，即抽象了商品的使用价值，抽象了劳动的具体形式，也抽象了价格与价值相背离的现象；而由于这"一系列的抽象和还原"，"价值就失去了任何衡量性，成了纯粹的思维的构想"。其二，劳动价值论在古典政治经济学家亚当·斯密和大卫·李嘉图那里就已经得到了充分的论述，而马克思只是对古典经济学的劳动价值论做了更为系统和规范的论述。除此之外，经济思想史上已经存在的劳动价值论，"在马克思的体系中原则上也没有什么不同"。其三，由于对商品及其价值的考察缺乏"现实中"能够"衡量每个时期的总需求的尺度"，马克思的劳动价值论缺乏现实可行性；而就马克思在劳动价值论中所作的"抽象"而言，它也"仅仅在一定限度内才能生效"。伯恩施坦由此断言，马克思的劳动价值论与庞巴维克、杰文斯的"边际效用价值论"并无二致。其四，伯恩施坦认为，恩格斯在编辑《资本论》遗稿时对马克思劳动价值论的缺憾所做的弥补并没能奏效，而恩格斯在《资本论》第 3 卷增补《价值规律与利润率》中对劳动价值论所做的历史的和逻辑的说明，也同样"缺乏令人信服的证明力"。③ 在否定

---

① 陈孟熙、郭建青：《经济学说史教程》，中国人民大学出版社 1992 年版，第 409 页。

② 戴维·麦克莱伦：《马克思以后的马克思主义》，中国人民大学出版社 2004 年版，第 27 页。

③ 参阅顾海良：《马克思经济思想的当代视界》，经济科学出版社 2005 年版，第 448～449 页。

马克思劳动价值论的基础上，伯恩施坦还进一步否定了马克思的剩余价值理论。自然，伯恩施坦对于马克思劳动价值论的否定遭到了坚持马克思劳动价值论科学性的人们的激烈批判，尽管从今天的观点来看，伯恩施坦的某些观点也并非全无道理，而他密切关注时代趋势的风格则尤其值得称道。

经过两次世界大战的灾难，资本主义世界迎来了第三次科技革命的浪潮，而伴随着新的科技革命的浪潮所出现的一系列新的社会历史现象，也因此成为孕育马克思劳动价值论"过时论"的新的思潮的温床。所谓第三次科技革命是指以微电子、原子能、宇航和激光技术为内容的科学技术革命，同前两次科技革命相比，这次科学技术革命在更广泛、更深刻的意义上影响了资本主义世界的经济、政治与思想的发展。在经济方面，新的科技革命首先引起了生产力的高度发展与产业结构的进一步调整，生产方式开始从机械化进一步向自动化方向发展，生产过程对劳动力的需求趋于下降，在某些发达资本主义国家甚至出现"无人工厂"；第一产业和第二产业在国民经济中的比重开始下降，以服务业为主导的第三产业迅速崛起，成为国民经济发展的新的产业支柱。伴随着生产力的高度发展和产业结构的进一步调整，资本主义开始从私人垄断资本主义逐步过渡到国家垄断资本主义，国家垄断资本开始成为与私人垄断资本相对立的重要的资本占有形式。由于国家垄断资本比私人资本和私人垄断资本具有更高的社会化程度，适应了科技革命对生产力发展的进一步要求，从而缓和了生产社会化与生产资料私人占有制之间的矛盾，并使资本主义世界迎来了第二次世界大战之后长达半个世纪之久的"长期繁荣"局面。资本主义经济的"长期繁荣"不仅无限期地推迟了马克思恩格斯所预言的资本主义世界的无产阶级革命，延缓了帝国主义垂死与腐朽的历史进程，更使资本主义世界的西方马克思主义者们产生了自马克思主义诞生以来从未有过的沮丧甚至绝望。在政治方面，由于西方世界长期"和平演变"的策略以及社会主义在自身建设方面所出现的诸多问题，在20世纪80年代末90年代初，社会主义遭遇到其自诞生以来最为严重的挫折，这就是以东欧剧变、苏联解体为主要内容的大曲折。东欧剧变与苏联的解体提出了在经济文化落后的国家如何建设社会主义、如何发展社会主义的严峻课题。汲取苏联、东欧剧变的沉痛教训，中国共产党在邓小平理论的指导下逐步探索出一条具有中国特色的社会主义建设道路，这就是在基本的经济制度方面实行以公有制经济为主体、多种所有制经济共同发展的多元所有制结构，以及与此相联系的以按劳分配为主体、多种分配方式并存的多元分配格局。以多元化为主导旋律的中国特色社会主义建设不仅引发了自新中国成立以来中国最深刻的制度变革，而且也引起了思想领域中传统与现代的激烈冲突，如何看待非社会主义性质的经济成分在社会主义经济结构中的地位和作用，如何看待以私营企业主利润为代表的各种非劳动收入的合理性则成为这种激烈冲突的焦点。从某种意义上说，在20世纪末21世纪初所出现各种马克思劳动价值论"过时论"的观点或多或少都与这些由体制变革所引发的理论争论有着直接和间接的联系。在思想领域，已经庸俗化了的资产阶级政治经济学开始成为凯恩斯主义与新自由主义激烈争锋的战场。第二次世界大战前后，伴随着资本主义从私人垄断资本主义向国家垄断资本主义的过渡，崇尚国家干预的凯恩斯主义逐渐占据了现代西方经济学的正统地位，并成为西方各国制定宏观经济政策的主要理论依据。凯恩斯主义认为，由于市场本身存在着内在的缺陷，政府不应当听任经济自由波动，而应当用"看得见的手"对经济运行过程进行适当的干预，这样才能保障经济的正常运行。但是20世纪70年代以后，西方经济出现"滞涨"现象，政府的扩张性财政政策不仅没有能够改善就业率等经济指标，反而导致持续居高不下的通货膨胀，这使得凯恩斯主义的政府干预论受到严峻挑战。于是，作为对凯恩斯政府干预主义的适当反拨，出现了米尔顿·弗里德曼和哈耶克等人为代表的新自由主义经济思想。新自由主义一方面反对凯恩斯主义的政府干预论，认为市场经济完全可以凭借市场的"看不见的手"实现自动调节，政府对经济活动的干预不仅不会保障经济的平稳运行，反而是导致经济动荡的根源；另一方面则在经济体制上大力倡导以私有化为主要内容的新自由主义改革，认为只有以私有制为基础的市场经济体制才是最具活力的经济体制。这样，自20世纪80年代以后，新自由主义就逐渐取代凯恩斯主义成为西方资本主义国家经济政策的主要理论依据。①

马克思主义政治经济学及其劳动价值论在西方经济理论领域的命运常常与西方经济运行的现实环境存在极大的关联，这正如由2008年的金融风暴所引发的全球性经济危机使西方的许多政治家重新拾捡起早已淡忘了的《资本论》那样，第二次世界大战之后西方世界普遍的经济繁荣使马克思劳动价值论首先在西方经济学界迎来了第二轮"过时论"的高潮。例如，在马克思主义阵营内部有西方马克思主义法兰克福学派的著名代表哈贝马斯的观点。哈贝马斯认为，由于科学技术已成为主要的生产力，

---

① 参阅车铭洲等：《现代西方思潮概论》，高等教育出版社2001年版，第193～205页。

"马克思的劳动价值学说的应用前提便从此告吹了"，因为"直接从事生产的劳动者变得越来越不重要了"。[①] 而在马克思主义阵营外部则有萨缪尔森等人的观点。萨缪尔森认为，劳动价值论只有在两种条件下才能成立，这就是斯密所说的还没有发生土地私有和资本积累的人类早期原始状态，或各行业资本有机构成相等的资本主义社会。然而，人类早已超越了斯密所设想的人类的早期的原始状态，由于各行业资本有机构成不可能完全一致，劳动价值论也不可能适用于现实的资本主义社会。[②] 但是，相对于 20 世纪末 21 世纪初在中国经济学界所出现的现象来说，这些首先在西方经济学界出现的观点，只能算是刚刚拉开了马克思劳动价值论"过时论"的序幕。伴随着中国改革开放政策的实施所出现的一系列深层次的理论问题以及裹挟着马克思劳动价值论"过时论"的西方经济思潮的广泛传播，从 20 世纪末期开始，在中国经济学界出现了一股比以往任何一个时期都更加凶猛的马克思劳动价值论"过时论"的浪潮。在各种花样迭出的马克思劳动价值论"过时论"的观点中，既有全盘否定马克思的劳动价值论的现实适用性而主张用各种实质上不过是效用价值论翻版的价值理论取而代之的观点，也有仅仅否定马克思劳动价值论个别理论构件的现实适用性而主张做局部调整的观点；既有从生产力的发展和经济形式变革的角度论证马克思劳动价值论全体或部分"过时"的观点，也有从中国社会由社会主义革命到社会主义建设转型的角度论证马克思劳动价值论全体或部分"过时"的观点。这样，借助于经济与社会发展的时代背景和在西方经济学界徐徐拉开的序幕，马克思劳动价值论的"过时论"终于在中国改革开放的特定条件下蔚成大观。

虽然同时出现在世纪之交的两次马克思劳动价值论"过时论"相隔百年之久，而这百年之久的时间间隔蕴涵着经济、政治与思想的巨大变革，但这并不意味着它们之间不存在形成背景上的相似性。恰恰相反，如果我们认真分析就会发现，这两次马克思劳动价值论的"过时论"存在着形成背景上的惊人的相似之处，这就是它们都与时代的经济发展、政治变革与思想转向有着密切的关联：在经济方面，两次马克思劳动价值论的"过时论"的出现都与生产力的巨大发展以及由此引起的资本主义发展的历史阶段性有关；在政治方面，两次马克思劳动价值论的"过时论"的

---

① 转引自朱炳元、朱晓：《马克思劳动价值论及其现代形态》，中央编译出版社 2007 年版，第 71 页。

② 参阅朱炳元、朱晓：《马克思劳动价值论及其现代形态》，中央编译出版社 2007 年版，第 71 页。

出现都与无产阶级与资产阶级之间矛盾与斗争的发展状态有关；而在思想方面，两次马克思劳动价值论的"过时论"的出现又都与现代西方新的经济理论的出现以及对马克思主义政治经济学的攻击有关。如果说两次马克思劳动价值论的"过时论"的产生背景有什么不同的话，那就是新时期马克思劳动价值论的"过时论"所依存的时代条件相对于以前具有更为深刻和久远的变革意味，并且也正是由于这一点，新时期马克思劳动价值论的"过时论"比此前的伯恩施坦和庞巴维克更为重视从这些时代条件的变革中生发它们对于马克思劳动价值论"过时论"的理解。

那么，这些在新时期具有更为深刻和久远变革意味时代条件是否能够真正支撑起各种马克思劳动价值论"过时论"的观点呢？在下面的内容中，我们将具体分析新时期的经济、政治和思想变革与马克思劳动价值论"过时论"之间的关系，作为对这一问题的正面回答。

二、新时期的经济变革与马克思劳动价值论"过时论"

在马克思劳动价值论"过时论"所依存的时代条件中，首先应该提及的是社会生产力的发展以及由此引起的社会经济形态的变革，这不仅是因为社会生产力的发展和经济形态的变革常常构成马克思劳动价值论"过时论"的主要论证依据，而且还因为马克思劳动价值论在新时期所遭遇到的诸多挑战也大多与社会生产力的发展和经济形态的变革有关，而深刻地解析这些挑战恰是我们回应各种马克思劳动价值论的"过时论"所必需的。

马克思劳动价值论"过时论"认为，马克思劳动价值论产生的时代是以瓦特发明蒸汽机为标志的第一次产业革命的时代。在第一次产业革命之前，资本主义占主导地位的生产方式是以分工为基础的简单协作和工场手工业，这种曾经在16世纪中叶至18世纪末叶占统治地位的生产方式"除了同一资本同时雇佣的工人较多而外，和行会手工业几乎没有什么区别"，① 它除去依靠协作而产生的"集体力"之外，主要还是依靠雇佣工人的手工劳动完成生产过程的相关环节。因此，资本主义初期阶段的生产方式基本上还是应该归入到手工劳动的范畴。但是，以瓦特发明蒸汽机为标志的第一次产业革命却带来了生产方式的根本性变革，这种变革主要表现在机器生产逐渐取代手工生产成为资本主义世界占主导地位的生产方式。而伴随着机器生产取代手工生产成为主要的生产方式，机器生产也逐

---

① 马克思：《资本论》第1卷，人民出版社1975年版，第358页。

渐成为提高生产效率、增加社会财富的主要手段，而直接从事生产活动的人们也逐渐摆脱了繁重的体力劳动，从"作为单纯动力的人"变成了"作为真正操作工人的人"。正如马克思所说的："一旦人不再用工具作用于劳动对象，而只是作为动力作用于工具机，人的肌肉充当动力的现象就成为偶然的了，人就可以被风、水、蒸汽等等代替了。"① 与此相联系，在简单协作和工场手工业仍然作为主要生产方式的时候，资本主义工业经济还仅仅是以农业为其产业基础的自然经济形态的附庸，自然经济仍然是掩映其他一切色彩的"普照的光"。而伴随着机器生产作为主要的生产方式的变革，工业经济逐步取代以农业为产业基础的自然经济形态成为资本主义世界占主导地位的经济形态。李嘉图曾经指出："说到商品、商品的交换以及规定商品相对价格的规律时，我们总是指数量可以由人类劳动增加，生产可以不受限制地进行竞争的商品。"② 马克思对李嘉图的观点表示认同，并认为李嘉图实际上指出了，"价值规律的充分发展，要以大工业生产和自由竞争的社会，即现代资产阶级社会为前提。"③ 这就说明，无论是李嘉图还是马克思都将机器大工业以及以机器大工业为产业基础的工业经济看作是劳动价值论的基本适用依据。

自从 1946 年美国莫尔学院的第一台电子计算机问世后，信息技术开始以惊人的速度发展起来。1947 年半导体晶体管的发明导致了电子真空管的革命，20 世纪 60 年代大规模集成电路的出现和小型计算机的发明，又从根本上改变了电子技术的面貌，使其迅速向小型化的方向发展。这样，伴随着比以往任何一个时期都更加密集的科学与技术的发明，人类继前两次科技革命之后又迎来了生产力发展史上的第三次科学技术革命。第三次科学技术革命一方面有力地推动了工业经济生产力更大幅度的提高；另一方面则通过生产运能从传统工业经济向高科技行业的转移促进了高科技服务性行业的迅速发展，并在第二次世界大战后短短半个世纪左右的时间内迅速在西方发达国家成为掩映其他色彩的新的"普照的光"。伴随着新的科技革命所引起的生产力的巨大发展，社会的经济形态也开始进入与传统工业经济相对应的知识经济的时代，这也正是被马克思劳动价值论"过时论"所看重并作为主要立论依据的知识经济时代。那么，知识经济为什么会成为马克思劳动价值论"过时论"的主要立论依据呢？这是因

---

① 马克思：《资本论》第 1 卷，人民出版社 1975 年版，第 412 页。
② 大卫·李嘉图：《政治经济学及赋税原理》，商务印书馆 1976 年版，第 7 页。
③ 《马克思恩格斯全集》第 13 卷，人民出版社 1962 年版，第 50 页。

为在一些论者看来，知识经济有许多相对于传统工业经济的质的变化：
（1）动力不同。工业经济的推动力量是蒸汽技术和电气技术，而知识经济的推动力量则是电子与信息革命。（2）产业内容不同。工业经济的主体是制造业，而知识经济时代则是制造业和服务业的一体化，提供知识和信息服务将成为社会的主流。（3）效率标准不同。工业经济时代的效率标准是劳动生产率，而知识经济时代的效率标准则是知识生产率。（4）管理重点不同。工业经济时代的管理重点是生产，而知识经济时代的管理重点则是研究与开发、销售以及职工培训。（5）生产方式不同。工业经济时代的生产方式是标准化与集中生产，而知识经济时代则是非标准化与分散生产。等等。由于知识经济时代的到来，生产关系也将发生重要的变化，具体表现在：（1）知识经济的发展趋势是"人本主义"、"知本主义"以及"智本主义"，它将取代"资本主义"；（2）资本所有者居于次要和从属地位。在知识经济发达的地区，知识所有者实际上控制着企业，从而导致资本所有者地位的弱化；（3）资本等待智能雇佣，其突出的例子是风险投资资本。只要有好的想法（idea），就会吸引大量的风险投资；（4）专家运作经济。知识经济是专家运作的经济，而物质资本所有者反倒显得无足轻重。① 据以从生产力到生产关系的一系列重要变化，坚持马克思劳动价值论"过时论"的观点认为，马克思劳动价值论的全部理论而至少部分理论已经"过时"，我们必须根据这些变化的新情况丰富和发展马克思的劳动价值论。

那么，由第三次科技革命所引发的新时期经济变革是否能够成为我们宣称马克思劳动价值论已经"过时"的依据呢？

为了论证马克思的劳动价值论已经"过时"，有论者还参仿马克思的社会形态理论，根据生产力发展的历史轨迹，参考劳动与资本结合的不同形态，将人类社会划分为农业经济时代、工业经济时代和知识经济时代，借以说明由于目前人类文明正处于由后工业经济时代向知识经济时代的跨越过程，马克思的劳动价值论必须随着时代的发展而发展。② 我们知道，从威廉·配第创始劳动价值论的基本理念起，劳动价值论就是关于商品经济的最一般理论，因此，劳动价值论是否过时的基本判明依据只能是以交换为目的的商品经济的历史存在性，而不应该是以产业基础来划分的经济

---

① 参阅逄锦聚：《马克思劳动价值论的继承与发展》，经济科学出版社 2005 年版，第 131 ~ 132 页。

② 逄锦聚：《马克思劳动价值论的继承与发展》，经济科学出版社 2005 年版，第 121 页。

时代的变迁，无论这种经济时代的变迁是否引起以及在多大的程度上引起商品经济本身的变化。从这个意义上说，通过以产业基础来划分的经济时代的变迁证明马克思劳动价值论的"过时论"不过是一种似是而非的做法。实际上，我们没有必要通过重新确定历史分期的办法来证明马克思劳动价值论的历史暂时性，因为在马克思那里原本就有足以证明劳动价值理论历史暂时性的历史分期理论，这就是马克思关于三大社会形态的历史分期理论。马克思指出："人的依赖关系（起初完全是自然发生的），是最初的社会形态，在这种社会形态下，人的生产能力只是在狭窄的范围内和孤立的地点上发展着。以物的依赖性为基础的人的独立性，是第二大形态，在这种形态下，才形成普遍的社会物质交换，全面的关系，多方面的需求以及全面的能力的体系。建立在个人全面发展和他们共同的社会生产能力成为他们的社会财富这一基础上的自由个性，是第三个阶段。"[①] 不难判断，在马克思的三大社会形态理论中，"以物的依赖性为基础的人的独立性"的社会形态正是既与过去的自然经济相对立，又与未来共产主义社会的产品经济相对应的商品经济形态。而在这三种社会形态依次更替的历史中，商品经济的社会形态显然仅仅是通过社会形态的依次更替所表现出来的人类历史长河中一个具有历史暂时性的阶段。显然，如果说劳动价值论是关于商品经济的最一般理论，而商品经济则仅仅是一种具有历史暂时性的社会经济形态，那么劳动价值论也就只有在商品经济的历史暂时性中才具有存在的合理性，一旦商品经济被未来的产品经济所取代，劳动价值论也就丧失了其存在的合理性而变成相对于产品经济而言的"过时"的理论了。那么，商品经济形态在什么样的历史条件下会丧失其存在的合理性呢？如果说作为一种以交换为目的而进行生产的经济形式，商品经济的产生与存在依赖于社会分工的出现和生产资料私有制的产生，那么商品经济的消亡也就必然依赖于这两方面条件随着人类历史发展的消亡。事实确是如此。在《德意志意识形态》中，马克思正是从消灭社会分工和消灭私有制两个方面阐述其消灭以异己力量的存在为特征的商品经济形态的。例如，关于消灭社会分工，马克思指出，只要分工还不是出于自愿，而是自然形成的，那么人本身的活动对人来说就成为一种异己的、同他对立的力量，这种力量压迫着人，而不是人驾驭着这种力量。[②] 因此，要消除由社会分工所导致的异己力量的存在就只有"消灭分工"。他还指出，

---

① 《马克思恩格斯全集》第46卷（上），人民出版社1979年版，第104页。
② 《马克思恩格斯选集》第1卷，人民出版社1995年版，第85页。

生产力、社会状况和意识，彼此之间可能而且一定会发生矛盾，因为分工不仅使精神活动和物质活动、享受和劳动、生产和消费由不同的个人来分担这种情况成为可能，而且成为现实，而要使这三个因素彼此不发生矛盾，则只有再消灭分工。① 关于消灭私有制。马克思指出，共产主义和过去的运动不同的地方在于：它推翻一切旧的生产关系和交换关系的基础，并且第一次自觉地把一切自发形成的前提看作是前人的创造，消除这些前提的自发性，使它们受联合起来的个人的支配。而随着现存社会制度被共产主义革命所推翻以及与这一革命具有同等意义的私有制的消灭，单个人随着自己的活动扩大为世界历史性的活动，越来越受到对他们来说是异己力量的支配这种对德国理论家来说是如此神秘的力量也将被消灭。② 需要指出的是，由于在马克思看来，分工和私有制讲的是同一件事情，因而分工发展的各个不同阶段同时也就是所有制的各种不同形式，③ 因而在《德意志意识形态》以后马克思再提到推翻商品经济形态时就只提消灭私有制而不再提消灭社会分工了。例如，在《共产党宣言》中马克思恩格斯指出，共产主义的特征并不是要废除一般的所有制，而是要废除资产阶级的所有制。因为现代资产阶级私有制是建立在阶级对立上面、建立在一些人对另一些人的剥削上面的产品生产和占有的最后而又最完备的表现。而从这个意义上说，共产党人可以把自己的理论概括为一句话：消灭私有制。

如果说商品经济只有通过消灭私有制从而消灭社会分工才能被推翻，那么以商品经济形态为客观依托的劳动价值论也就只有在把私有财产变为公共的、属于社会全体成员的财产时才会过时。当然，这里所说的生产资料的全社会占有既不是指在中国的生产资料所有制结构中表现出不同层级的生产资料公有制，甚至也不是指曾经在东欧的一些社会主义国家中施行过的所谓社会所有制，而是完全打破国家与地域的世界范围的公共占有制，因为单独一国内部的公有制并不能消除不同国家之间由于国际间分工所导致的商品交换。可是，这是否意味着劳动价值论的过时与社会生产力的发展以及由此引起的社会经济形态的变革完全无关呢？

我们知道，马克思生活的 19 世纪 40 年代是一个到处充斥的激荡的革命热情的年代，在这样的年代，既有将共产主义仅仅理解为"只是为了赢得尊崇"的实在的人道主义，又有将革命解释为"少数煽动者的恶意"

① 《马克思恩格斯选集》第 1 卷，人民出版社 1995 年版，第 83 页。
② 《马克思恩格斯选集》第 1 卷，人民出版社 1995 年版，第 122、89 页。
③ 《马克思恩格斯选集》第 1 卷，人民出版社 1995 年版，第 68 页。

的唯心主义。但是，马克思对于这些解释都是持激烈的批判态度的。因为尽管马克思提出了消灭私有制的激进口号，但他并不认为以消灭私有制为其历史使命的无产阶级革命是一种可以按照个人的主观意志随意发动的行为。马克思指出，对实践的唯物主义者即共产主义者来说，全部的问题都在于使现存世界革命化，实际地反对和改变现存的事物。但是，一切历史冲突都根源于生产力和交往形式之间的矛盾，这就是说，在这种矛盾中，只有当以生产资料私有制为基础的一定的交往形式不仅不能成为生产力发展的形式反而成为生产力发展的桎梏时，变革交往形式的社会革命才有可能爆发。因此，如果共产主义运动要推翻一切旧的生产关系和交换关系的基础，并且第一次自觉地把一切自发消除的前提看作是前人的创造，消除这些前提的自发性，使它们受联合起来的个人的支配，就必须"以生产力的巨大增长和高度发展为前提"。1847 年，自由派小官吏卡尔·海因岑攻击共产主义教义的核心"简单说来就是废除私有制和作为这种废除的必然结果的共同利用人间财富的原则"。恩格斯批判这是对废除私有财产的条件的"极端无知"，竟认为"共同利用人间财富"是废除私有财产的结果。恩格斯指出，其实恰恰相反。因为大工业和机器设备、交通工具、世界贸易发展的巨大规模使这一切越来越不可能为个别资本家所利用，因为日益加剧的世界市场危机在这方面提供了最有力的证明，因为现代生产方式和交换方式下的生产力和交换手段日益超出了个人交换和私有财产的范围，总之，因为工业、农业、交换的共同管理将成为工业、农业和交换本身的物质必然性的日子日益逼近，所以私有财产一定要被废除。恩格斯还指出，如果海因岑先生把废除私有财产同这种废除本身的条件分离开来，那么，废除私有制就只能是一种"纯粹的空谈"。① 不难发现，恩格斯同样是将生产力的巨大增长和高度发展作为废除私有财产的基本前提的。

如前所述，由于以商品经济为其客观的依托，劳动价值论是只有在把私有财产变为公共的、属于社会全体成员的财产的时候才会过时的。但是，由于私有财产的废除与公有财产的建立又是以生产力的巨大增长和高度发展为前提的，因此，劳动价值论的过时就是与社会生产力的巨大发展以及由此引起的社会经济形态的变革绝对有关的。但是，由于劳动价值论更直接地联系到私有财产，因而我们要判定第二次世界大战之后新技术革命所引起的社会生产力的发展以及经济形态的变革是否会导致马克思劳动价值论的"过时"，也就首先要看这种变革是否会导致私有财产向公有财

---

① 《马克思恩格斯选集》第 1 卷，人民出版社 1995 年版，第 211~212 页。

产的过渡。我们发现，在西方发达国家，尽管由于生产力的巨大发展引起了生产资料之资本主义占有形式的进一步调整，并因而出现了法人资本占有制等更具社会化的占有形式，但这种生产力的发展还是远没有发展到使生产资料私有制整体崩溃的程度，也正是因为如此，商品经济直到今天仍然是一种具有历史合理性的经济形式。因此，对于新时期的经济变革而言，所谓马克思劳动价值论的"过时论"仍然是一种过于超前的想法。

三、新时期的政治变革与马克思劳动价值论"过时论"

从马克思劳动价值论的创立到我们现在，不仅社会生产力以及由此决定的社会经济形式有突飞猛进的发展，而且社会的生产关系和阶级关系也发生了深刻的调整和变革。自然地，这种社会生产关系与阶级关系的调整与变革也成为马克思劳动价值论"过时论"借以立论的重要依据。

马克思劳动价值论"过时论"认为，马克思劳动价值论创立的时代不仅是第一次工业革命引起社会生产力巨大发展的时代，而且也是由这种生产力的巨大发展引起社会生产关系和阶级关系急剧变革的时代，而这种生产关系和阶级关系急剧变革的最突出的表现，就是无产阶级与资产阶级之间的矛盾与斗争逐渐上升为社会的主要矛盾，正如马克思恩格斯所指出的："我们的时代，资产阶级时代，却有一个特点：它使阶级对立简单化了。整个社会日益分裂为两大敌对的阵营，分裂为两大相互直接对立的阶级：资产阶级和无产阶级。"[1] 伴随着无产阶级与资产阶级之间的矛盾与斗争上升为社会的主要矛盾，无产阶级反对资产阶级的斗争也日渐高涨起来，并从 19 世纪 30 年代开始逐步从分散的破坏机器行动经过有组织的联合行动发展为政治斗争和武装斗争。但是，尽管作为机器大工业的产物因而是最先进、最具有远大前途的阶级，如果没有科学理论的指导，无产阶级的政治斗争同样不可能成功。正是在这种背景下，马克思以历史唯物主义世界观为指导观察和分析资本主义社会，创立了劳动价值论以及以此为基础的剩余价值学说，为无产阶级的政治斗争提供了科学的理论武器。因此，从劳动价值论创立的第一天起，它就肩负着为无产阶级推翻资本主义制度和建立新的社会制度奠定理论基础和提供理论指导的历史使命。而正是这种历史使命决定了，虽然马克思的劳动价值论也揭示了商品生产、商品交换的本质和客观规律，但它的基本宗旨却是要揭示资本主义制度的内在矛盾以及最终为社会主义所取代的历史必然性；虽然马克思的劳动价值

---

① 《马克思恩格斯选集》第 1 卷，人民出版社 1995 年版，第 273 页。

论也反映了人类社会发展的客观规律在商品经济形式下的特殊历史形态，但它的基本性质却是一种指导无产阶级政治斗争的革命的理论。

但是，伴随着第二次世界大战之后社会主义革命在一些国家中取得成功和逐步走上社会主义的建设道路，世界历史的主题也在悄然发生转变，这就是从 20 世纪上半期的战争与革命主题向 20 世纪下半期和平与发展的主题的转变。就世界格局来说，社会主义革命的成功使世界格局发生了革命性的变化，社会主义开始作为一种可以与资本主义制度相抗衡的新的社会制度发挥作用。但是，一方面，资本主义显然并没有进入经典作家所预言的垂死与腐朽的阶段，而是在不断的调整与变革中迎来了新一轮的快速发展；另一方面，社会主义也并没有能够延续其借助于第二次世界大战之后世界范围内的民族民主运动而蓬勃发展的态势，而是进入一种以自身制度巩固与建设为主题的新的发展时期。这样，社会主义与资本主义就不可避免地进入了一种将在相当长的时期内对立与共存的状态。但是，由于并没有能够像马克思所预言的那样至少在西方主要发达国家，而是首先在俄国、中国这样一些经济文化相对落后的国家取得胜利，社会主义自身的发展与完善需要更多地依赖甚至仰仗西方发达国家经济上的支持，这就在事实上提出了必须重新认识从前作为社会主义革命的对象，而今则作为社会主义建设和发展的倚重力量的资本主义的严峻问题。如果说在世界范围内重新认识资本主义的课题对于我们而言还显得相当遥远的话，那么中国自 20 世纪 80 年代开始的经济体制改革却使这一问题实实在在地摆在了我们面前。伴随着 1956 年对生产资料私有制社会主义改造的基本完成，中国进入了全面建设社会主义的历史新阶段，中国国内的主要矛盾也由工人阶级与资产阶级之间的矛盾转变为经济文化相对落后的现状与人民群众迅速增长的物质文化需要之间的矛盾。但是，由于传统计划经济体制所存在的局限，中国在逐步的调整与改革中走上了社会主义市场经济的发展道路，而在传统计划经济体制下作为资本主义"尾巴"而被割掉的各种非社会主义经济成分而特别是私营经济成分则作为社会主义市场经济的必要组成部分得以恢复和发展。这也就是说，那些以前作为社会主义革命对象的经济成分在今天已摇身而变为社会主义市场经济建设必须倚重的经济力量了。

各种非社会主义性质的经济成分特别是私营经济成分从社会主义革命的对象到社会主义建设的倚重力量的转变，带来了一系列严峻而复杂的理论问题，如作为生产过程必要条件的资本的作用问题，私营企业主以利润形式存在的非劳动收入的合理性问题，私营企业主的管理劳动的生产性问题等。众所周知，在以劳动价值论为理论基础的马克思主义政治经济学中，这些问题大都是以被批判的形式出场，这种鲜明的价值倾向性显然适应了私营经济成分作为无产阶级革命对象的现实需要。但是，在许多人看来，当私营经济成分变身为社会主义市场经济建设的倚重力量时，它就不能再以被批判的形式出场了，而这实际上也就意味着马克思主义的政治经济学以及与之为理论基础的劳动价值论无法再对私营经济成分作出与其作为社会主义市场经济建设倚重力量相符合的合理解释。因此，当时代主题由战争与革命转变为和平与发展时，马克思的劳动价值论就不能再适应时代的需要而必须在与时俱进中"被"发展和创新了。按照马克思劳动价值论"过时论"的说法，这种发展与创新的终极目标是使马克思的劳动价值论从一种"革命的理论"转变为"建设的理论"。

如果我们对马克思劳动价值论"过时论"的上述分析做一简单的概括，那无非是说马克思的劳动价值论是一种为无产阶级革命"量身定做"的经济理论，是一种基于不同阶级立场的有意识的"范式"选择；而如果对马克思主义政治经济学中具有最鲜明阶级倾向性的剩余价值学说与劳动价值论之间的关系做一非中立性的分析，我们也的确可以在两者之间发现逻辑上逆向推理的痕迹：为了确定在资本主义生产中必然出现的剩余价值为工人的剩余劳动所创造因而必须归工人所有的理论结论，自然就应该而且必须确认一切在生产过程中生成的价值都是工人在生产过程中的直接创造。那么，马克思劳动价值论的"过时论"是否因此就具有客观的真理性呢？

如果一种理论具有鲜明的阶级倾向性，那首先是因为作为这一理论研究对象的客观或主观事实具有以阶级对立为内涵的矛盾特征，例如，无论研究者自身具有怎样的阶级倾向性，他都不可能使关于物理、化学等并不具有阶级对立矛盾特征的自然现象的科学理论带有阶级的性质。如前所述，劳动价值论是关于商品经济的一般经济理论，这意味着，如果说劳动价值论具有鲜明的阶级倾向性，那就首先是由于作为其研究对象的以分工和私有制为基础的商品经济表现为一种以阶级对立为特征的矛盾事实，那么，商品经济是否是一种以阶级对立为特征的矛盾事实呢？如果将视野局限在作为商品经济发达形式的资本主义经济，我们的确可以在其中见诸阶级矛盾的尖锐存在。但是，这种尖锐对立的阶级矛盾的存在并不是商品经济的固有特征，而仅仅是其伴随着生产力的发展和生产关系的调整所衍生出来的次生现象。按照恩格斯的说法，在人类历史的最初时期，产品是由生产者自己消费的，这些生产者自发地组织在或多或少是按共产主义方式组织起来的公社中；用这些产品的余额和外人进行交换，从而引起产品到商品的转换，是以后的事，这种交换起先只是发生在各个不同的氏族公社之间，但后来在公社内部也实行起来，于是大大地促使公社分解为大小不等的家庭集团。① 由此可见，在商品经济的最初起源阶段，甚至连真正的私有制都还没有出现，自然也就谈不上什么阶级之间的矛盾与对立了。随着私有制的出现，人类历史逐渐进入了阶级对立的社会中，最初是以奴隶主与奴隶的阶级对立为特征的奴隶社会，而后则是以地主和农民的阶级对立为特征的封建社会。但是，无论是奴隶主与奴隶之间的阶级对立还是地主和农民之间的阶级对立，都并不是商品经济发展的直接结果。相反，当商品经济从最初在氏族公社的边界地带产生到后来出现直接"为交换而生产"的手工业，商品经济自身的阶级分化都还没有真正出现。因为如果以后来资本家与工人的角色来衡量，借助于自己所有的生产资料进行商品生产的个体手工业者既是占有生产资料的"资本家"，又是直接参与生产过程的"雇佣工人"。资本家与工人之间在手工业者身上的角色分化是商品经济在包括地理大发现以及商品经济由于竞争所导致的两极分化等诸多偶然与必然因素的交互作用中实现的。因此，从其历史的缘起来看，商品经济绝不是一个可以使其理论反映具有鲜明阶级倾向性的经济形式。也许有人会说，商品经济固然在其初始的起源中没有表现出阶级对立的色彩，但当它运行到其发达形式的资本主义阶段时，由于无产阶级与资产阶级之后矛盾与对立的产生，商品经济就必然地具有了在阶级对立中运行的特征，而资本主义商品经济恰恰就是马克思劳动价值论分析的重心。但是，虽然资本主义的发达商品经济是马克思主义政治经济学分析的重心，但却绝不是马克思劳动价值论理论分析的直接原型，因为当马克思建立起劳动价值论的基本原理时，他是将理论思维的视角借助于商品价值形式回溯到了以物物交换为特征的简单商品经济的时代，而这恰恰也就是商品经济刚刚在氏族公社的边缘地带萌生的时代。正如前面的分析所指出的，这是一个甚至还没有产生真正的私有制的时代，更遑论无产阶级与资产阶级之间的尖锐对立了。

如果商品经济并不是一个以阶级矛盾与阶级冲突为特征的经济形式，那么与这种经济形式为研究对象的劳动价值论也就不可能具有什么阶级的倾向性。例如，当用马克思的劳动价值论分析由个体商品生产者所生产的商品价值时，我们显然不能说它体现了为谁服务的阶级倾向性，因为个体

---

① 马克思：《资本论》第3卷，人民出版社1972年版，第1015页。

的商品生产者既是生产资料的所有者又是直接参与生产过程的劳动者。当然，当以个体商品生产者为经济主体的简单商品经济过渡到资本主义的发达商品经济时代时，劳动价值论就不可避免地体现出其倾向于雇佣劳动者的阶级倾向性，但是，这绝不意味着马克思劳动价值论就是为说明资本主义社会中剩余价值归雇佣工人所有而作出的理论预设，恰恰相反，倒是资本主义社会中剩余价值为雇佣工人所创造的观点表现为商品价值为劳动所创造的必然逻辑结论。因为，当以个体商品生产者为经济主体的简单商品经济过渡到资本主义发达商品经济时代时，原先既作为生产资料的所有者又作为直接参与生产过程的劳动者的个体商品生产者就分解为单纯的生产资料所有者（资本家）和单纯的雇佣劳动者，而在由这种角色分化所导致的阶级对立中，马克思劳动价值论倾向于雇佣劳动者的立场是很自然的事情。如果劳动价值论在这种阶级对立中对商品价值做倾向于生产资料所有者的理解，那就同自己在对简单商品经济分析中形成的理论结论相矛盾了。也正是因为如此，基辅大学的政治经济学教授尼·季别尔先生才说，马克思的"价值、货币和资本的理论就其要点来说是斯密—李嘉图学说的必然的发展"。①

那么，为什么包括马克思劳动价值论"过时论"的许多观点会认为劳动价值论具有鲜明的价值倾向性呢？我们发现，这主要是由于他们将马克思在劳动价值论基础上建立起来的剩余价值学说的阶级倾向性直接看作是马克思劳动价值论本身的阶级倾向性，这也就是说，他们是将在一种价值中立的理论学说基础上形成的具有阶级倾向性的理论结论，直接看作是作为其基础的理论学说的阶级性。毫无疑问，这是一种逻辑的倒置，而且是一种不应有的逻辑的倒置。但如果说这是马克思劳动价值论"过时论"者们的有意的作为，似乎也有失公允。

我们知道，在马克思主义的发展史上，曾经发生过以卢卡奇为代表的西方马克思主义对第二国际正统马克思主义的批判事件。第二国际正统马克思主义坚定地持守着对马克思主义的科学化理解，认为马克思主义实际上并不是一种哲学，而是和达尔文进化论具有同样性质的"经验科学"。而基于对马克思主义的科学化理解，第二国际正统马克思主义认为，马克思主义所预言的无产阶级革命并不是一个由个人的主观意志随意发动的暴力行为，而是可以"用数学的精确性"来计算其时日的必然过程。因此，无产阶级及其政党所要做和所能做的也许就是坐等革命时日的到来。但

① 马克思：《资本论》第 1 卷，人民出版社 1975 年版，第 19 页。

是，第二国际正统马克思主义的观点遭到后起的西方马克思主义的激烈批判。在西方马克思主义看来，第二国际正统马克思主义确是在追求一种对马克思主义的科学化理解，但他们在这种对科学化的追求中所丢掉的恰恰是对资本主义的阶级批判的立场，这就使马克思主义丧失了革命的和批判的维度，变成了一种对资本主义社会中各种客观事实的经验描述和理论确认。因此，要将马克思主义的革命的和批判的维度释放出来，就必须彻底废弛对马克思主义的科学化理解，并将马克思主义直接建立在无产阶级的立场上。事实上，第二国际的正统马克思主义固然在对科学的过度迷信中表现出对于无产阶级自觉革命的"深层次的消极感"，① 但西方马克思主义却在其严重的"左派"幼稚病中表现出对于马克思主义阶级性的极度肤浅的理解。不可否认，马克思主义是一种具有鲜明阶级倾向性的理论，并且正像人们一般所指出的，马克思主义从来不隐瞒而是公开申明其为无产阶级服务的阶级性。但是，这绝不意味着马克思主义（包括其剩余价值理论）就是一种直接站立在其自身所要维护的阶级立场上的理论，因为这种理论除了能在短时间内激发其人们的政治义愤之外并不具有什么实际的意义。马克思主义的阶级倾向性深深扎根于价值中立的科学的立场上，它是从这种价值中立的科学的立场上生发出对于资本主义的（理论的和实践）的批判维度的。因此我们看到，马克思一方面公开申明其理论的阶级倾向性，另一方面则一再强调他决不用玫瑰色描绘资本家和地主的面貌，因为这些人不过是经济范畴的人格化，是一定的阶级关系和利益的承担者。② 因此，虽然马克思主义具有鲜明的阶级倾向性，但是，这绝不是说我们就可以或应该在其理论机体的根基中理解这种阶级性。相反，这种阶级性只能在科学理论的"神经末梢"处加以理解和把握，否则我们必然陷于西方马克思主义的"左派"幼稚病中。

可是，我们怎么才能保证这种在其根基表现为价值中立的科学理论必然是服务于无产阶级的呢？这里用得着恩格斯的一句名言来做回答："科学越是毫无顾忌和大公无私，它就越符合工人的利益和愿望。"③

四、现代西方经济理论与马克思劳动价值论"过时论"

在 19 世纪的 20～30 年代，伴随着李嘉图学派的解体，资产阶级的政

---

① 戴维·麦克莱伦：《马克思以后的马克思主义》，中国人民大学出版社 2004 年版，第 33 页。

② 马克思：《资本论》第 1 卷，人民出版社 1975 年版，第 12 页。

③ 《马克思恩格斯选集》第 4 卷，人民出版社 1995 年版，第 258 页。

治经济学开始进入它的庸俗化发展阶段，这里既包括这一时期在法国出现的以萨伊为代表的资产阶级庸俗经济学，也包括在 19 世纪 70 年代掀起"边际革命"的新古典经济学，还包括凯恩斯革命之后出现的以萨缪尔森等人为代表的新古典综合派。马克思批判指出，从威廉·配第以来的古典经济学研究了资产阶级生产关系的内部联系；"而庸俗经济学却只是在表面的联系内兜圈子，它为了对可以说是最粗浅的现象作出似是而非的解释，为了适应资产阶级的日常需要，一再反复咀嚼科学的经济学早就提供的材料。"① 但是，如果事物的表现形式和事物的本质会直接合而为一，一切科学就都成为多余的了。因此，资产阶级的庸俗经济学立足于经济过程的现象层面来构建其经济理论的做法是一种极其粗浅的经验主义。但是现在，这种内含着极其粗浅的经验主义的庸俗经济学却也成为判别马克思劳动价值论是否"过时"的重要理论依据。

有论者指出，古典经济学将确定支配分配的法则作为政治经济学的重要问题，但他们对这一问题的研究所深入的商品价值构成及其源泉的决定问题即所谓的价值理论问题，却是一个现代经济学者早已不想涉足其间的"带有相当成分的形而上学色彩的论题"。因为，在商品经济下，人们所能观察到的只是商品、商品生产以及不同商品在交换中的相对价格。然而，亚当·斯密等古典经济学者受到 18 ~ 19 世纪盛行的乐观开朗的理性主义的影响，他们总想为社会经济生活寻找到他们所谓的"自然秩序"。就商品的价值构成及其源泉的决定问题而言，他们试图在日常的商品交换及其相对价格的背后找出一个不变的法则或衡量的准绳——商品的交换价值及其本质。很自然地，他们把这种交换价值与生产商品的劳动联系起来了，并且以为已经把握住了交换价值的本质。古典经济学以为，依据由劳动决定的商品价值理论便可以为社会各阶级的收入分配确定一个"自然法则"。但是，即使是在古典经济学占统治地位的 18、19 世纪期间，劳动决定商品价值以及由此引申出来的分配的"自然法则"都是一个长期争论却终无定论的问题。其所以如此，是因为古典经济学的价值问题是一个带有相当形而上学色彩的问题，它已经在某种程度上超出了作为经验科学的一般经济学所能涉足的范围。但是，现代西方的经济学在根本转变古典学者对生产过程的研究视角的同时，已全然摒弃了对生产理论的种种带有形而上学色彩的东西，经济学被限定于纯粹经济现象的经验观察，一切超验的东西全部都被摒弃了。因此我们看到，诸如自然秩序、价值之类的论

① 马克思：《资本论》第 1 卷，人民出版社 1975 年版，第 98 页。

题，在新古典经济学中也已全然不见了。论者指出，对于那些深深眷恋着古典主义的人们来说，这种做法免不了引起某种隐隐约约的失落感，但它比起古典经济学所纠缠不休的那些教条似乎更接近于现实。因此，从这个意义上说，新古典经济学对于那些带有形而上学色彩的超验东西的摒弃"也不失为一种理论进步"。① 很明显地，相对于"不失为一种理论进步"的新古典经济学来说，深深眷恋着古典主义的古典经济学就不能不作为一种"过时"的理论来看待了。需要说明的是，虽然论者并没有直接针对马克思的劳动价值论提出质疑，但其暗含着的锋芒却恰是针对马克思的劳动价值论的，这不仅是因为马克思的劳动价值论"就其要点来说是斯密—李嘉图学说的必然发展"，而且还因为在当前主题极其明确的理论争论中，如果这种观点不是针对马克思的劳动价值论则显然就是一种无的放矢的议论了。

其实，相对于论者的闪烁其词而言，对于马克思的价值理论以及整个政治经济学的形而上学指责早就在其他对马克思政治经济学的攻击中得到明确而直白的表达。例如，还在马克思《资本论》刚刚问世的 19 世纪 60 年代，即有巴黎的《实证论者评论》指责马克思"形而上学地研究经济学"，而没有为未来的食堂开出适合孔德主义口味的调味单。20 世纪初期，边际效用学派的重要代表人物庞巴维克继续借"转形"问题对马克思的劳动价值论发起攻击。庞巴维克认为，马克思的经济学说中存在着劳动价值理论与生产价格理论两套价值理论，而生产价格理论的出现使商品的价值成了"商品既不按它来出售，也不能按照它来出售"的毫无实际意义的东西。因此，马克思的劳动价值论只不过是"一种形而上学的公设"。20 世纪 70 年代，以赛顿回应"转形"问题的论文为契机，新古典综合学派的代表人物、美国著名经济学家萨缪尔森再次对马克思劳动价值论的必要性提出质疑。他使用一系列假设和演算详细地论述了价值体系与价格体系之间的不相容性，指出马克思《资本论》第 1 卷中的劳动价值论完全是一种"不必要的迂回"，"对于理解竞争资本主义运行是不必要的，而其剩余价值理论对于公认的不完全竞争和垄断的重要分析也几乎没有或者完全没有帮助。"② 不难发现，尽管这些对马克思劳动价值论的攻击立足的视角不尽相同，但就其指认马克思劳动价值论为"带有相当形

---

① 林金忠：《经济学三种分配理论的评析》，载俞可平等：《马克思主义研究论丛》（第 4 辑），中央编译出版社 2006 年版。

② 转引自逢锦聚：《马克思劳动价值论的继承与发展》，经济科学出版社 2005 年版，第 69 页。

而上学色彩的命题"来说却是完全一致的。那么，为什么说"带有相当形而上学色彩的命题"的指认实质上是一种关于马克思劳动价值论"过时论"的指认呢？

我们知道，伴随着近代"分科之学"的兴起，作为"知识总汇"和"科学之科学"的形而上学（思辨哲学）逐渐趋于衰落，各种各样在"分科"中兴起的具体科学不断地脱离其形而上学的"母体"走上独立的实证发展道路。但是，尽管纷纷摆脱形而上学而独立，形而上学作为一切科学的"母体"却不可避免地使一切在分科中兴起的具体实证科学表现为一个从形而上学向实证科学的演变过程。在这方面，政治经济学并不具有完全异质于其他具体科学的特殊性可以摆脱从形而上学到实证科学演变的历史宿命。因此我们看到，一方面，从古典经济学创始人的威廉·配第开始，政治经济学就试图用"数字、重量和尺度的词汇"分析经济现象；另一方面，经济学家们又常常不是从经济活动的本身中，而是从经济活动外部的思辨的或神学的场域中引述政治经济学的理论根据。例如，重农学派一方面承认经济过程存在着像自然过程一样的客观规律，并认为政治经济学的任务就在于认识这种客观规律；另一方面又将"自然秩序"作为其整个学说的基础，它们所谓的"自然秩序"并不是经济活动的固有规律，而是上帝为了人类的幸福而给予宇宙的物理构造。如果我们揭去其所披着的宗教的外衣，重农学派的"自然秩序"不过就是形而上学的超验实体而已。作为古典政治经济学理论体系的建立者，亚当·斯密一方面不再把重农学派的"自然秩序"看作是一种由外界某种势力强加于人类的东西，而是看作一种根源于人们自发经济活动中的因而可以根据对事物的观察在因果联系中加以认识的东西；另一方面却又将自己的学说建立在抽象的利己主义的"人类的本性"上，并将这种事实上是资产阶级的唯利是图的本性当作永恒不变的"人类的本性"，从而将资本主义的生产方式当作是永恒的一般生产方式。这说明，在政治经济学从其萌芽到亚当·斯密的整个发展中始终都留存着一个形而上学超验实体的"尾巴"，这种"尾巴"的存在意味着政治经济学还没有从作为其学科母体的思辨哲学中真正脱胎出来走上完全实证化的道路。19 世纪初，在资产阶级的意识形态中出现了边沁的功利主义伦理学，边沁不承认重农学派和斯密学说从启蒙学者那里借鉴来的"自然秩序"或理性观念，认为作为社会的基础的个人寻求快乐和逃避痛苦的功利主义追求才是人类行为的基本准则。边沁的功利主义作为近代思辨哲学超验本体的重要的理论解毒剂，对于政治经济学从追求超验本体的思辨哲学中脱胎出来并成长为真正的实证科学具有重要的意义。在边沁功利主义伦理学的影响下，资产阶级政治经济学通过大卫·李嘉图和让·萨伊的政治经济学理论逐渐摆脱了思辨哲学的桎梏，成为最先走上实证化发展道路的社会科学。如果将实证科学从思辨哲学母体中的脱胎以及在实证化道路上的发展看作是一种理论的进步，我们也就很容易辨识马克思劳动价值论"带有相当形而上学色彩的命题"何以在一些论者的指认中表现为一种"过时"的理论，因为这意味着马克思的劳动价值论还没有完全隔断与思辨哲学的联系实现真正现代的科学化。

严格说来，论者对亚当·斯密政治经济学的"形而上学"指认是不准确的，因为亚当·斯密政治经济学的形而上学色彩并不是体现在其对价值概念的理解中，而是体现在对"人类的本性"指认中；而亚当·斯密一再地在交换价值的意义上理解价值并将"交换价值的真实尺度"作为努力阐明的重要问题本身则说明他主要还是在经验的层面理解价值问题的。但这无关紧要，要紧的是这种指责对于马克思的劳动价值论恰是非常适用的，因为正是马克思严格区分了交换价值和价值，从而使价值变成了一种如洛利亚所说的"商品既不按它来出售，也不能按它来出售的"的抽象而超验的东西。那么在马克思那里，价值概念是否是一个如洛利亚所理解的抽象而超验的东西呢？答案是否定的。马克思指出，当我们为了考察作为商品的劳动产品而抽象掉其有用性的时候，它就只剩下一种"同一的幽灵般的对象性"，这就是无差别的人类劳动的单纯凝结，即不管以哪种形式进行的人类劳动力耗费的单纯凝结。但是，这种"同一的幽灵般的对象性"不过就是在商品的交换关系或交换价值中表现出来的共同的东西，它是我们的研究进程从交换价值这一价值的必然的表现方式借助于抽象思维进一步推进的逻辑结果，而不是某种按照形而上学思维方式预先设定的先验存在。因此，在形式上以"幽灵般的对象性"存在的价值绝不是一种对人而言的抽象而超验的东西，而是一种在作为其"必然的表现方式"的交换价值中显现出来的经验的存在，而它作为一种"共同的东西"则不过是科学思维对经验事实的抽象而已。那么，价值又为什么会表现为一种"幽灵般的对象性"呢？按照马克思的说法，这主要是由于我们不管价值的必然表现形式来考察价值的结果。因此我们看到，尽管马克思将价值与交换价值严格地区分开来，但他却很少在完全撇开交换价值的前提下理解价值。例如，他说："同商品体的可感觉的粗糙对象性正好相反，在商品体的价值对象性中连一个自然物质的原子也没有。因此，每一个商品不管你怎样颠来倒去，它作为价值总是不可捉摸的。但是如果我们记住，商品只是作为同一的社会单位即人类劳动的表现才具有价值对象性，因而它们的价值对象性纯粹是社会的，那末不要说，价值对象性只能在商品同商品的社会关系中表现出来。我们实际上也是从商品的交换价值或交换关系出发，才探索到隐藏在其中的商品价值。"① 需要指出的是，尽管有马克思如上极其明确的论述，对于马克思劳动价值论的传统理解还是常常完全撇开交换价值的价值形式而在"裸体"的劳动时间的形式上理解价值，而在讲到交换价值的形式时又常常过于强调交换价值作为价值形式对于价值本体的扭曲作用，而忽视和弱化其作为价值的"必然的表现方式"所具有的表现作用，这就不可避免地使价值变成一种被价值形式所掩盖着的经验论不可知主义视野中的超验本质。这只能被理解为是对马克思价值概念的严重误解。遗憾的是，马克思劳动价值论的"过时论"却正是在这种误解的基础上展开批判的，这就不能不使他们的批判表现为一种误解的批判。

但是，马克思劳动价值论的"过时论"的指责也绝不是完全的误解，因为对马克思劳动价值论形而上学色彩的指责还隐含与超验实体相对应的东西，这就是形上哲学的思辨方法。虽然形上哲学思辨方法的运用必然与对形而上学超验实体的确认相联系，因而如果在其理论体系中不存在超验实体也就不可能存在形上哲学思辨方法的运用。但如果将形上哲学的思辨方法理解为辩证的方法，我们就会发现马克思的劳动价值论恰是运用了这种实质上是辩证方法的思辨方法。那么，对于政治经济学的研究来说，这种形上哲学的思辨方法是否表现为一种相对于一切实证科学都应该采用的实证方法而言的"过时"的东西呢？

无论是自然科学还是社会科学，一切实证的科学都应该严格地以实证方法为其治学的基本方法论，但是，如果将这种实证方法仅仅理解为在自然科学的实际运用中鲜明地表现出"形而上学性"（这里的形而上学是指那种孤立、静止和片面地反问题的方法）的方法则显然是片面的，因为就是在自然科学在近代的发展中，实证方法也以康德的星云假说为契机开始了从形而上学实证方法向辩证的实证方法转变的历程，这种辩证的实证方法，按照恩格斯的解释，是从作为"一切现有逻辑材料中至少可以加以利用的唯一材料"的黑格尔辩证法改造过来的。② 但是，正如恩格斯所指出的，无论是在自然科学中还是在社会科学中，这种从形而上学实证方

---

① 马克思：《资本论》第 1 卷，人民出版社 1975 年版，第 61 页。
② 参阅赵庆元：《在思辨终止的地方：历史唯物主义实证性质研究》，河北人民出版社 2009 年版，第 139～147 页。

法向辩证的实证方法转变的历程都是十分艰难的。例如，在德国，虽然康德的星云假说从 18 世纪开始就打开了这种转变的缺口，然而在 19 世纪却又出现了旧的形而上学及其固定不变的范畴在科学中重新开始其统治的状态，这一方面是由于在 19 世纪初德国人以异乎寻常的精力开始的自然科学研究中思辨倾向从来没有多大地位，另一方面则是因为费尔巴哈宣布废弃思辨概念导致黑格尔学派的销声匿迹。① 当然，这种状况不会导致实证科学从形而上学实证方法向辩证的实证方法转变的历程的中断，而只会使实证科学在一个较长的时间内维持一种形而上学实证方法与辩证的实证方法对等共存的状态，而或者马克思主义政治经济学与现代西方政治经济学的并世而立就是这两种实证方法对等共存的典型样态。如果以两种实证方法并世而立的状态来看待马克思的劳动价值论，那么它所使用的辩证的实证方法显然并不是"过时论"所指认的过时的思辨哲学方法；而如果将辩证的实证方法看作是最终必将取代形而上学实证方法的最科学方法，则这种辩证的实证方法则不仅没有过时，而且还具有对于现代西方政治经济学而言的超前的意义。因此，即使从方法论的角度来指认，马克思的劳动价值论也绝不是什么"过时"的理论。

总之，无论是从经济、政治或理论的哪一种角度来分析，马克思劳动价值论"过时论"的观点都是不能成立的。但是，正如前面所指出的，关于马克思劳动价值论适用性问题的争论实际上是在一个多元化的理论界面上展开的，这种多元化的理论界面凸显了问题的广谱与宽频性质。但是相对而言，其中最具理论色彩的研究界面还是晏智杰在《劳动价值学说新探》一书中提出的关于马克思劳动价值论的"三个暗含前提"问题。因此，在对马克思劳动价值论适用性问题的进一步分析中，我们就将视野转向晏智杰所谓马克思劳动价值论的"三个暗含前提"问题。

第二节　马克思劳动价值论的"三个暗含前提"以及适用范围争论的深化

一、马克思劳动价值论的"三个暗含前提"问题

2001 年，晏智杰教授出版了他以"新探"为理论主旨的专著《劳动

---

① 《马克思恩格斯选集》第 2 卷，人民出版社 1995 年版，第 40～41 页。

价值学说新探》。尽管在一些批评者看来晏智杰所谓的"新探"不过是在拾取 20 世纪初期西方经济学家庞巴维克等人的"牙慧",但有一点却是不能否认的,这就是晏智杰教授在书中第一次提到所谓马克思劳动价值论的分析前提问题。他说:"要了解马克思的劳动价值论究竟说了些什么,首先要看马克思分析商品价值时依据的前提条件。有什么样的前提和条件,就会有什么样的结果。"① 那么,在晏智杰教授看来,马克思的劳动价值论"暗含"了哪些前提和条件呢?晏智杰教授认为,概括起来有三个方面:第一,马克思价值分析暗含的前提条件是物物交换,而且是人类历史上最初的原始的实物交换。在这种交换中,没有货币居间,准确地说,货币无论在理论上还是历史上都还没有登上舞台,当然更没有资本存在的余地,而是纯粹的实物同实物的交换。第二,马克思价值分析暗含的前提条件是假定劳动以外的要素都是无偿的。就是说,除了劳动之外,对其他一切用于交换的对象都不必付出代价,这包括树上的果实、河中的鱼、森林中的野兽、土地上的树木,等等。这意味着,生产者可以无偿地采集、捕捞、狩猎和砍伐,而交换双方在以自己的产品交换对方的产品时,均不对这些要素索取代价,不将其视为交换的条件。第三,马克思价值分析暗含的前提条件是假定生产商品的劳动是简单劳动,如果是复杂劳动,也被认为是可以化为倍加的简单劳动。这就是说,在马克思对劳动的理解中,并没有知识和技术的地位,也没有经营管理的地位,或者至少其中的"科技含量"甚微,实际所指仍然是单纯的体力劳动。晏智杰指出,上述的分析条件表明,马克思设想分析商品价值存在和表现的理想环境,是人类历史上最初的最简单的实物交换,在这种条件下,重复地说,只有实物交换而没有货币与资本,在交换中只有劳动索取代价而其他要素都是无偿的,而这个劳动也只是体力劳动而不是富有科学技术含量的高级劳动。②

晏智杰关于马克思价值分析"三个暗含前提"的观点一经提出,就在新时期马克思劳动价值论的研究中引起巨大的波澜。反对者认为,马克思关于商品和价值的理论,是最基本也是最简单的规定。马克思分析商品和价值所运用的方法,是由简单到复杂、由抽象到具体的方法,是历史与逻辑相一致的方法。《资本论》第 1 卷第 1 章中所阐述的商品和价值的原理和规律,适用于一切商品生产方式,因而只能是也必然是最一般、最抽

---

① 晏智杰:《劳动价值学说新探》,北京大学出版社 2001 年版,第 24 页。
② 晏智杰:《劳动价值学说新探》,北京大学出版社 2001 年版,第 24~26 页。

象、最简单的规定。他在研究价值与交换价值或价格的关系时，运用了抽象方法，暂时撇开即舍了供求的不平衡，假定供求是一致的，从而也就暂时舍象了多方面竞争力量的消长关系；那些暂时被舍象了的关系在后面的分析中会加进来，由抽象上升到具体。因此，马克思关于商品和价值的理论，是随着他的经济理论研究的展开而不断拓宽和深化的；而要正确理解和把握马克思的劳动价值理论也就不能囿于《资本论》第 1 卷第 1 章的内容，而是需要系统地掌握三卷《资本论》其他篇章的有关内容，直至《剩余价值理论》和经济学手稿以及其他论著中的相关内容。①

那么，我们应该如何看待晏智杰关于马克思价值分析"三个暗含前提"所由引发的争论呢？首先来看没有货币居间的物物交换问题。为什么晏智杰特别强调劳动价值论前提中没有货币居间这一条件呢？晏智杰解释说，因为这"指的是马克思对价值性质及实体的研究，这种研究是他价值论的核心，是他的价值原理本身。"② 这个解释仍然有些费解。我认为晏智杰强调"没有货币居间"的含义是这样：在劳动价值论看来，商品交换无非是相互交换的商品所内含的劳动量之间的交换。在没有货币居间的物物交换中，这种劳动量之间的交换能够以纯粹的方式表现出来，而商品的以劳动时间来计量的价值也通过与它相交换的另一商品直观地表现出来。但是，当金银从其他商品中分离出来并作为商品交换的媒介货币出现时，商品之间的交换就不再直观地表现为相交换商品之间的劳动量的交换，商品的价值量也不再通过另一商品获得直观的表现，而是通过货币这一"价值物"以间接的方式表现出来。由于货币供应量以及商品供求关系等多重因素的影响，以货币计量的商品价值量并不直接对应于商品所内含的活劳动量，而是存在着相互背离的可能性与现实性。这样，劳动价值论关于商品价值是凝结在商品中的无差别的一般人类劳动，以及投入商品生产上的活劳动量是商品价值的唯一决定因素等就不再具有物物交换那样的直白性。如果从这个意义上来说，晏智杰关于"货币居间"的问题并非全无道理。恩格斯在《价值规律与利润率》一文分析商品价值由劳动时间决定的问题时也曾明确地提到金属货币的出现所由产生的影响，他说："最重要和最关键的进步，是向金属货币的过渡。但是这种过渡也造成了如下的后果：价值由劳动时间决定这一事实，从此在商品交换的表面

---

① 卫兴华：《深化劳动价值论要有科学的态度与思维方式》，载《高校理论战线》2002 年第 3 期。

② 晏智杰：《本本主义不是科学的研究态度和思维方式》，载《高校理论战线》2002 年第 9 期。

上再也看不出来了。从实践的观点来看，货币已经成了决定性的价值尺度；而且进入交易的商品种类越是繁多，越是来自遥远的地方，因而生产这些商品所必需的劳动时间越是难于核对，情况就越是这样。此外，货币本身最初多半来自外地，即使本地出产贵金属，农民和手工业者一方面仍然无法近似地估计出花费在贵金属上的劳动，另一方面，对他们来说，由于习惯于用货币进行计算，关于劳动是价值尺度这种属性的意识已经变得十分模糊；货币在人民大众的观念中开始代表绝对价值了。"[①] 但是，金属货币的出现一方面使"劳动是价值尺度这种属性的意识变得十分模糊"，另一方面也使人们对于商品价值由劳动量来决定的认识成为可能。因为对人类生活形式的思索，从而对它的科学分析，总是采取同实际发展相反的道路，劳动产品只是在交换中，才取得一种社会等同的价值对象性，而这种社会等同的价值对象性的最终标志就是从劳动产品中分离出来，并使商品价值以价格形式来表现的货币"价值物"。因此，"只有商品价格的分析才导致价值量的决定，只有商品共同的货币表现才导致商品的价值性质的确定。"[②] 此外，正如晏智杰自己所指出的，"尽管简单商品交换比起实物交换关系多了货币这个尺度和手段，然而在货币尚未转化为资本的条件下，交换关系还没有发生质的变化"。[③] 因此，将劳动价值论的适用范围限定在"没有货币居间"的实物交换显然又是不合理的。总体来看，虽然货币居间会对价值由劳动时间来决定这一劳动价值论的基本理念构成一种"模糊"的威胁，但却并不能构成其适用范围的关节点或临界点，因此，晏智杰教授将"没有货币居间"作为劳动价值论的前提条件是不能成立的。

其次来看科技含量"甚微"的体力劳动问题。如前所述，晏智杰认为在马克思的劳动价值论中创造价值的劳动"仍然是单纯的体力劳动"。那么，为什么晏智杰特别强调作为劳动价值论前提的劳动是"单纯的体力劳动"呢？晏智杰教授并没有做正面的系统分析，而只是认为将马克思劳动价值论中创造价值的劳动的内涵从"单纯的体力劳动"扩展开去，有可能导致"李嘉图学派的解体和劳动价值论破产的历史教训"。客观地说，晏智杰对马克思"劳动"概念的理解并不十分全面和合理。因为虽然马克思并没有像亚当·斯密那样有一个专释生产劳动的理论，但他对劳

①　马克思：《资本论》第3卷，人民出版社1975年版，第1018页。
②　马克思：《资本论》第1卷，人民出版社1975年版，第92页。
③　晏智杰：《本本主义不是科学的研究态度和思维方式》，载《高校理论战线》2002年第9期。

动的分析与解释还是相对清晰的。而在对"总给工人"、"协作"劳动等问题的分析中，马克思已经明确地将管理劳动、科技劳动等非体力劳动涵盖在了生产劳动的名义之下。即使是在对价值概念内涵的最初规定中，即将商品价值规定为"人的脑、肌肉、神经、手"等人类劳动力的耗费时，马克思也没有将生产商品的劳动完全限定在体力劳动的限域之内，因为作为劳动力耗费的人的脑力不过就是对各种非体力劳动的"生理学意义上"的说明。另外，晏智杰对"单纯体力劳动"的限定也并非全无道理。如前所述，在马克思的劳动价值论中，价值是凝结在商品中的无差别的一般人类劳动，然而，问题的关键也许并不在于价值在本质上表现为人类劳动，而在于这种人类劳动的"凝结"，这不仅是因为人类劳动只有在凝固的状态中，在物化的形式上才成为价值，而且还因为这种人类劳动最初只是在活的人体中以流动的形式存在着。那么，怎么才能使最初以流动状态存在着的人类劳动实现凝结并进而成为价值呢？这就必须通过劳动过程对劳动对象的实际改造。显然，无论表现为人类何种劳动力的耗费，这种劳动都必须具有能够引起劳动对象实际改变的体力劳动的色彩。而用马克思的话来说，就是这种劳动必须具有与抽象劳动相对应的具体劳动形式的物质外壳，唯有如此，劳动过程才能真正表现为现实的东西和现实的东西的对立，才能凭借其"主观的内在的本性以规定并改造这聚集体"。也正是因为如此，马克思不仅在简单商品经济阶段具体地分析了生产商品的劳动二重性，更在资本主义商品经济阶段系统地分析了资本主义商品生产的劳动过程，用于说明抽象劳动物化凝结的前提与基础。因此，如果我们否认人类劳动可以在人与劳动对象之间以"超距"方式实现"隔空"传递，如果我们否认抽象劳动可以不借助于劳动的具体形式而实现凝结，那么就必须承认体力劳动是马克思劳动价值论的一种条件，尽管这里的体力劳动并不简单地等同于与脑力劳动相对立的体力劳动，而是指一切劳动活动都必然具有的具体形式。

最后来看除劳动以外的生产要素的无偿性问题。首先应该指出的是，虽然现今关于生产要素的理解已经从过去劳动、土地、资本的三要素扩展为包括知识、技术、管理等在内的 N 要素，但其核心要素仍然是劳动、土地、资本的三要素，而晏智杰所谓除劳动以外的生产要素都是无偿的条件所"暗含"的意思也主要是对土地而首先是资本无偿性的指证。因此，晏智杰所谓除劳动以外的生产要素都是无偿的问题在其本质上就是指资本使用的无偿性问题。那么，马克思的劳动价值论中是否暗含着资本的无偿使用问题呢？众所周知，晏智杰关于包括资本在内的生产要素的无偿性问题在马克思劳动价值论的研究中引起激烈的争论，反对者列举马克思的大量相关论述证明马克思并没有将资本当作一种无偿使用的条件，以说明资本的无偿使用并不是马克思劳动价值论的暗含条件。但是，我们在前面已经通过详细的分析指出，这些对晏智杰的批评实际上却是对马克思劳动价值论的误解。因为虽然以资本形式存在的生产资料是有偿的，并且由于这种有偿性，生产资料的价值（或价格）在它作为新产品原材料的生产中会转移到新产品中并成为新产品价值构成的一部分，这样一来，商品的价值就不再像劳动价值论所说的那样单一地决定于生产商品所耗费的活劳动量，而是还取决于生产资料的价值。但是，当按照劳动价值论的观点进一步追索以资本形式存在的生产资料的价值，以及作为这种生产资料的原材料的价值，并最终追溯到马克思所说的"一种不借人力而天然存在的物质基质"时，我们就会发现，它们的价值的唯一来源恰是生产商品所耗费的活劳动量，因为这时的商品生产虽仍然需要原材料才能够进行，但那种"不借人力而天然存在的物质基质"的天然原材料已不可能具有什么价值了。只是在这个意义上，也就是说，在将这种"不借人力而天然存在的物质基质"也理解为一种"资本"（像李嘉图那样）的意义上，晏智杰对于马克思劳动价值论暗含资本不付偿代价的前提分析是正确的。

但是，资本（以及土地）不付偿任何代价显然并不是晏智杰所说的全部，晏智杰关于资本不付偿代价的真实意图是要说明，当资本被作为一种价值物而被有偿使用时，商品经济的发展就越出了马克思劳动价值论的时代，而这一点却恰恰是那些批判晏智杰的观点所没有意识到的，而且也正是因为他们没有意识到这一点，他们才大量地援引马克思的相关论述，用于说明"马克思从来没有也不会讲什么除劳动以外'其他一切用于交换的对象都不付出代价'这类违反常识与事实的话"。① 那么，为什么说当资本作为一种价值物而被有偿使用时，商品经济的发展就越出了马克思劳动价值论的时代呢？这是因为当资本作为一种价值物而被有偿使用时，商品的价值构成就将发生重大的变化。这就是，当资本还没有作为有偿物来使用时，商品价值单一地由生产商品所直接耗费的劳动量来决定。但是，当资本作为一种价值物而被有偿使用时，首先，商品的价值量就不再单一地由生产商品所直接耗费的劳动量来决定，而是还取决于以资本形式存在的生产资料价值的大小；其次，正如马克思所指出的，资本并不是一

---

① 卫兴华：《深化劳动价值论要有科学的态度与思维方式》，载《高校理论战线》2002 年第 3 期。

般以物的形式存在的生产资料，而是能够带来更多价值的价值。这就是说，资本的所有者绝不仅满足于在商品的生产中收回消耗预付的生产资料价值和劳动力价值，而是还期望获得超出预付资本价值的价值即剩余价值。这样，商品的价值就不是由最初以劳动报酬形式存在的劳动力价值 V 和生产资料的价值 C 构成，而是还包括超出劳动力价值之外的剩余价值 M，即 C + V + M。不过，这仍然不是问题的关键。因为按照马克思的剩余价值理论，剩余价值不过是超过劳动力价值补偿这个一定点而延长了的价值形成过程，它在本质上仍然是劳动者活劳动的耗费；而生产资料的价值虽然并不是本期劳动过程的直接耗费，但仍然可以看作是前期劳动过程中活劳动的耗费，就像李嘉图将其看作一种间接劳动量那样。问题的关键在于，由于雇佣劳动者数量的差别，不同的资本所有者无偿占有劳动者创造的剩余价值量是不同的，但资本之间的相互竞争却会使所有的资本所有者按照等量资本获取等量利润的原则获取平均利润 P。这样，尽管每一商品自身的实际价值（劳动时间）由 C + V + M 构成，但商品最终的社会价值却是由 C + V + P 构成。由于平均利润 P 在劳动时间的意义上并不是某一商品在生产过程中实际耗费的剩余劳动量，而是整个竞争经济条件下所有商品剩余劳动量的平均值，这样，商品的价值量就不可避免地与生产商品所实际耗费的劳动时间相脱节，变成了并不随劳动时间变化而即时变化的东西。显然，这种状况的出现与马克思劳动价值论关于商品价值决定于生产商品所耗费的劳动时间的观点是相互冲突的。而当分析到这一步时，我们也就应该理解晏智杰关于资本不付偿代价作为马克思劳动价值论暗含前提的某种合理性，这也可以被看作是晏智杰关于马克思劳动价值论"三个暗含前提"中唯一具有合理性的问题，这种合理性将马克思劳动价值论的适用范围限定在了资本主义以前的社会状态。

但是，这分明就是在西方经济理论界已争论百年之久而被称为政治经济学"哥德巴赫猜想"的生产价格转形问题。而实际上，生产价格转形问题早在亚当·斯密和大卫·李嘉图的古典经济学中就已经以问题的形式出现了。因此，我们还是先来看一看古典经济学在这一问题面前所遭遇的处境。

二、生产价格转形问题与古典经济学劳动价值论适用性的困境

在古典经济学的历史上，亚当·斯密的经济理论并没有像大卫·李嘉图那样直接触及生产价格转形问题，但这并不意味它没有内含着生产价格转形问题以及由此衍生出来的劳动价值论的适用性问题。

众所周知，亚当·斯密是古典经济学发展史上第一个建立起较为完备的劳动价值理论的经济学家。斯密指出，任何一种物品的真实价格，即要取得这物品实际所付出的代价，乃是获得它的辛苦和麻烦，而且获取各种物品所需要的劳动量之间的比例，似乎是各种物品相互交换的唯一标准；而如果一个人占有某物，但不愿自己消费，而愿用以交换他物，对他来说，这货物的价值，等于使他能购买或能支配的劳动量。但是，斯密并不认为这种由"耗费的劳动"或"购买和支配的劳动"决定商品价值的劳动价值论适用于一切商品经济的时代，他认为这种劳动价值论仅仅适用于资本累积和土地私有尚未发生以前的"初期野蛮社会"，而对于资本累积和土地私有权发生以后的"进步社会"则并不适用。斯密指出，在资本累积和土地私有尚未发生以前的"初期野蛮社会"，获取各种物品所需要的劳动量之间的比例，似乎是各种物品相互交换的唯一尺度。例如，狩猎民族捕杀海狸一头所需的劳动，若二倍于捕杀野鹿一头所需的劳动，那么海狸一头当然要换野鹿二头。"在这种社会状态下，劳动的全部生产物都属于劳动者自己。一种物品通常应可购换或支配的劳动量，只由取得或生产这物品一般所需要的劳动量来决定。"[1] 但是，"资本一经在个别人手中积聚起来，当然就有一些人，为了从劳动的生产物的或劳动对原材料增加的价值上得到一种利润，便把资本投在劳动人民身上，以原材料与生活资料供给他们，叫他们劳作。与货币、劳动或其他货物交换的完全制造品的价格，除了足够支付原材料代价和劳动工资外，还须剩有一部分，给予企业家，作为他把资本投在这企业而得的利润。所以，劳动者对原材料增加的价值，在这种情况下就分为两个部分，其中一部分支付劳动者的工资，另一部分支付雇主的利润，来报酬他垫付原材料和工资的那全部资本。"[2] 因此，"在这种状态下，劳动的全部生产物，未必都属于劳动者，大都须与雇佣者的资本所有者共分。一般用于取得或生产任何一种商品的劳动量，也不能单独决定这种商品一般所应交换、支配或购买的劳动量。很明显，还须在一定程度上由另一个因素决定，那就是对那劳动垫付工资并提供材料的资本的利润。"[3] 同样，"一国土地一旦完全成为私有财产，有土地的地主像一切其他人一样都想不劳而获，甚至对于土地的自然生产物也要求地租。……劳动者要采集这些自然生产物，就必须付出代价，取得准

① 亚当·斯密：《国民财富的性质和原因的研究》上卷，商务印书馆 1972 年版，第 42 页。
② 亚当·斯密：《国民财富的性质和原因的研究》上卷，商务印书馆 1972 年版，第 43 页。
③ 亚当·斯密：《国民财富的性质和原因的研究》上卷，商务印书馆 1972 年版，第 44 页。

许采集的权利；他必须把他所生产或所采集的产物的一部分交给地主。"①

斯密的上述分析简单地说就是，在资本累积和土地私有尚未发生以前的"初期野蛮社会"，商品价值单一地由劳动者的劳动报酬（或工资 V）决定，而在资本累积和土地所有权发生以后的"进步社会"，商品价值则由工资、地租与利润决定（还应该包括生产资料价值 C）。但是，从马克思劳动价值论的观点来看，由资本累积和土地私有所引起的商品价值构成的变化并不能导致劳动价值论的失效，因为生产资料价值不过是间接耗费的劳动量，而地租与利润则不过是劳动者在生产商品时所付出的劳动总量扣除劳动力价值所代表的劳动量之后的剩余，它在本质上仍然是劳动者活劳动的耗费。但是，问题的关键在于，在斯密看来，在资本累积和土地私有尚未发生以前的"初期野蛮社会"，劳动者一方面通过付出一定的劳动量获取某种物品；另一方面又通过这种物品交换其他物品构成其类似于资本主义生产方式下的工人工资 V 的自然报酬，并且这种类似于工资的自然报酬恰是等于劳动者在这种商品的生产中所耗费的所有劳动量。但是，在资本累积和土地私有发生以后的"进步社会"，由于企业家仍然要支付劳动者与其个体生产时的自然报酬一样的工资，而这似乎意味着工人的工资也像劳动者个体生产是一样所得到的是其全部劳动的报酬，这样，地租与利润就变成了似乎是工人在生产商品中所耗费劳动时间以外的东西。众所周知，斯密将其归之于资本家在交换中所购买到的劳动量。但是，尽管斯密将这一问题看作是劳动价值论不适用于"进步社会"的原因，但它对于劳动价值论适用性来说显然并不是什么关键的问题，因为这一问题可以通过马克思关于劳动与劳动力之间的严格区分获得完满的解决。问题的关键在于作为商品价值重要构成因素而必须在交换中实现的利润。马克思在批判斯密时指出，斯密在谈到资本家和工人之间的交换时，强调"现在商品的价值已经不再决定于商品本身所包含的劳动量，而决定于这个商品可以支配即可以买到的、和商品本身包含的劳动量不同的别人活劳动的量，实际上这种说法绝不意味着，商品本身现在已经不按照商品所包含的劳动时间来进行交换。这只是意味着，**发财致富**，商品所包含的价值的增殖以及这种增殖的程度，取决于物化劳动所推动的活劳动的量。"② 马克思的分析并非全无道理，因为就某一企业主生产的商品来说，他的价值构成的确包含着这种增殖的剩余价值，但是马克思所说的剩余价值并不同于

---

① 亚当·斯密：《国民财富的性质和原因的研究》上卷，商务印书馆 1972 年版，第 44 页。
② 《马克思恩格斯全集》第 26 卷 I，人民出版社 1972 年版，第 55 页。

斯密所说的利润。因为利润在交换中的实现和获得实际上已经不再是某一企业主生产的剩余价值的全额，而是那种在马克思的理解中被平均化了的东西。这样，正如我们在前面的分析中所指出的，这种包含平均利润的商品价值与其在实际生产过程中所耗费的劳动时间并不是等同的，而这实际上只是意味着而且也只能意味着，商品本身现在已经不再按照它所实际包含的劳动时间来交换了——资本累积和土地私有权发生以后的"进步社会"越出了劳动价值论的时代。通过这种越出，斯密也将劳动价值论的适用范围严格地限定在了资本累积和土地私有尚未发生以前的"初期野蛮社会"。

　　但是我们知道，斯密关于劳动价值论仅仅适用于资本累积和土地私有尚未发生以前的"初期野蛮社会"的观点遭到其后继者李嘉图的激烈批判。李嘉图指出："亚当·斯密虽然完全承认以下原理，即取得不同物品所需劳动量之间的比例是能为这些物品的交换提供任何尺度的唯一条件，然而他又把这一原理限于应用在资本累积和土地占有之前的早期原始社会状态中，好像是，在要支付利润和地租时，这两种因素就会与单纯的生产所需要的劳动量无涉地对商品相对价值发生一些影响。"① 李嘉图认为这是亚当·斯密"在价值方面的原始错误"。② 李嘉图从商品价值完全取决于各商品上所耗费的劳动量的观点出发认为，具有效用的商品的相对价值或交换价值的变动只取决于生产商品"所需劳动量的多寡"和"资本耐久性的大小"，并且前者绝不会被后者所代替，而只是受后者的限制，"只要竞争是能充分发挥作用的，商品的生产是不受大自然的限制的，例如某些酒类的生产，则最终支配这些商品的交换价值的，将视其生产的难易程度。"③ 因此，无论是在资本累积和土地私有尚未发生以前的"初期野蛮社会"还是资本累积和土地私有发生以后的"进步社会"，劳动价值论关于"商品的价值或其所能交换的任何另一种商品的量，取决于其生产所必需的相对劳动量"的观点都是普遍地适用的。

　　但是，问题显然并不像李嘉图所想象的那样简单。如前所述，由于在李嘉图看来商品的相对价值或交换价值的变动只取决于生产商品"所需劳动量的多寡"和"资本耐久性的大小"，因而斯密的伴随着资本积累而带来的利润和工资的变动关系在李嘉图那里就不会导致商品相对价格的变

　　① 大卫·李嘉图：《李嘉图著作和通信集》第 1 卷，商务印书馆 1981 年版，第 17 页。
　　② 转引自王璐、柳欣：《马克思经济学与古典一般均衡理论》，人民出版社 2006 年版，第126 页。
　　③ 大卫·李嘉图：《李嘉图著作和通信集》第 1 卷，商务印书馆 1981 年版，第 21 页。

化。但李嘉图随即发现，工资的变动不会影响商品价值的论断似乎仅仅适用于各个生产部门的资本都花费在雇佣工人上，或各个生产部门的资本构成都是相同的情况，而对于各个生产部门的资本构成并不相同的情况，则工资的变动似乎也会影响商品的价值。假定有三种商品即谷物、毛呢和棉织品，生产每一种商品的总资本都是 100 镑。但是，谷物生产的固定资本（不变资本）与流动资本（可变资本）的比例为 20：80；毛呢生产的固定资本与流动资本的比例为 50：50；棉织品生产的固定资本与流动资本的比例为 80：20。假定各个生产部门中的固定资本都在一个周转期间被全部消耗掉，资本的利润率为 20%，则商品的相对价值或价值为 120 镑。现在假设工资上涨 10%，在其他条件不变的情况下，谷物生产的资本增加到 108 镑，毛呢生产的资本增加 105 镑，棉织品生产的资本增加到 102 镑。根据李嘉图的劳动价值论，工资的涨落只会影响利润而不会影响商品的相对价值或价值。但是，李嘉图却在上述例子中感觉到了矛盾：其一，如果工资上涨 10% 以后，商品仍旧按照原来的相对价值，即按照 120 镑出售，那么谷物生产的利润率为 $11\frac{1}{9}\%$，毛呢生产的利润率为 $14\frac{2}{7}\%$，而棉织品生产的利润率则为 $17\frac{11}{17}\%$。这就是说，等量资本得不到等量利润。其二，如果工资上涨 10% 以后，等量资本仍然得到等量利润，那么新的平均利润率应为 $14\frac{2}{7}\%$。这样，三种商品的相对价值或价值则要相应地改变为 123.43、120 和 116.57。这就是说，在等量资本得到等量利润的条件下，工资的变动以及由此引起的工资与利润之间分配关系的变动将影响商品的相对价值或价值，而不像李嘉图劳动价值论所认定的那样，单单生产物由于资本积累而被分解为工资和利润的事实并不足以影响价值规律。① 这正如罗宾逊夫人所说的，是"分配的变化改变了要分配的东西"。② 显然，工资与利润之间分配关系的变动对商品的相对价值或价值的影响使劳动价值论关于商品相对价值由投入商品的相对劳动量单一调节的基本观点遭遇困难，这种困难甚至使李嘉图萌生了修改劳动价值论的念头。李嘉图说："严格地说，当投入商品的只有劳动，而且劳动的时间相等时，投入商品的相对劳动量调节商品的相对价值；当劳动的时间不等

---

① 鲁友章、李宗正：《经济学说史》（上册），人民出版社 1979 年版，第 264~265 页。

② 引自王璐、柳欣：《马克思经济学与古典一般均衡理论》，人民出版社 2006 年版，第 141 页。

时，投入商品的相对劳动量仍然调节它们相对价值的主要成分，但它不是唯一成分，因为商品价格除了补偿劳动以外，还必须补偿在商品能够送往市场以前一定要花费的时间。……必须承认，价值这一问题已陷入重重困难，……我有时想，若重写关于价值一章，我应当承认，商品的相对价值不是由一个原因而是由两个原因来调节，即生产商品所必需的相对劳动量，以及商品送往市场前资本处于静止时期的利润率。也许我将发现，我对这个问题的这一看法与我曾经有过的看法有着几乎一样大的困难。"①

那么，工资与利润之间分配关系的变动对商品的相对价值或价值的影响与劳动价值论适用性问题之间到底有怎样的关系呢？我们用霍华德和金的例子来说明这一问题。② 霍华德和金假定有两个产业：一个生产钢材，一个生产谷物。它们的生产情况是：第一个产业，80 吨钢材和 40 天的直接劳动生产出 120 吨钢材；第二个产业，10 吨钢材和 50 天的直接劳动生产出 60 夸脱谷物。假定两个产业的工资率和利润率相等，则有等式：

$$(80P_1 + 40W)(1 + r) = 120P_1 \qquad (5-1)$$

$$(10P_1 + 50W)(1 + r) = 60P_2 \qquad (5-2)$$

式（5-1）表明资本家的收入，即 120 吨钢材产出必定等于生产成本（$80P_1 + 40W$）加上 100% 的资本利润；式（5-2）表明资本家的收入，即 60 夸脱谷物产出也必定等于总成本加上同一水平的利润。

现在有两个等式，但却有 4 个未知数：P_1（钢材的价格）、P_2（谷物的价格）、W（工资率）、r（利润率）。用 P_2（将谷物作为价值尺度）同除这两个等式可消除一个未知数，即：

$$(80P_1/P_2 + 40W/P_2)(1 + r) = 120P_1/P_2 \qquad (5-3)$$

$$(10P_1/P_2 + 50W/P_2)(1 + r) = 60 \qquad (5-4)$$

在这里，（P_1/P_2）就是用谷物表示的钢材的价格，或交换 1 吨钢材所需的谷物量；（W/P_2）是用谷物表示的工资，或真实工资；r 就是利润率。如果固定这三个变量中的一个，则由式（5-1）和式（5-2）就可以求解另外两个变量。

———————————

① 转引自王璐、柳欣：《马克思经济学与古典一般均衡理论》，人民出版社 2006 年版，第 139 页。

② 转引自王璐、柳欣：《马克思经济学与古典一般均衡理论》，人民出版社 2006 年版，第 133～135 页。

在这里，霍华德和金分别列举了三种情况，而从这三种情况中，可以清楚地看到李嘉图劳动价值论中存在的问题。

第一种，假定利润为零 $r=0$（即不存在资本主义生产关系，生产资料不作为能够带来剩余价值的价值出现），整个经济状态处于简单商品生产经济，则：

$$P_1/P_2 = 1, \quad W/P_2 = 1 \qquad\qquad (5-5)$$

这时，相对价格显然就等于劳动价值的比率（黄金的价值 = 谷物的价值 = 1 单位）。

第二种，引入资本主义的社会关系，则利润为正，即 $r>0$，假定 $r=17.5\%$，由式（5-3）和式（5-4）可得：

$$P_1/P_2 = 1.356, \quad W/P_2 = 3/4 \qquad\qquad (5-6)$$

这时，相对价格就不再等于劳动价值的比例了。

第三种，进一步增加利润率至 $r=33.3\%$，这样就可以得到一个更低的真实工资率和一个大幅增加的钢材的相对价格：

$$P_1/P_2 = 2, \quad W/P_2 = 1/2 \qquad\qquad (5-7)$$

因而，随着 r 的增加，真实工资 W 会不断下降，相对于劳动密集型产业（谷物生产）而言，资本密集型产业（钢材生产）的相对价格就会上升，从而越来越偏离相对劳动价值的比率。

由于只有在假定利润为零 $r=0$，即只有在整个经济状态处于简单商品生产经济时，商品的相对价格或价值才能与生产商品所耗费的劳动量成比例；而一旦引入资本主义生产关系从而使利润率 $r>0$，则商品的相对价格就不再与生产商品所耗费的劳动量成比例。因此，"李嘉图所一贯坚持的劳动价值论只是有效于他所设定的简单商品经济的条件下，从而只能是一种简单的劳动交换价值学说。"[①] 这就是说，李嘉图并没有能够像他在批判斯密时所乐观地预想的那样将劳动价值论的适用范围从简单商品经济阶段贯通到发达的资本主义商品经济阶段，他的理论结论使他最终又无奈地回归到了他所批判的斯密的立场上。

最终，李嘉图不得不对他所坚持的劳动价值论进行修正。他说："经

---

① 王璐、柳欣：《马克思经济学与古典一般均衡理论》，人民出版社 2006 年版，第 135 页。

济学家所能做到的是，承认商品价值变动的主要成因是生产商品时所必需的劳动量的较多或较少，但是还有一个力量较弱的成因，那是起因于劳动者的处境有所改善或退化，或者是对劳动者的生存所必不可缺少的必需品，于生产时变得较难或较易而引起的在制造业中业主与个人之间分配比例的变动。"① 不过，作为劳动价值论的坚定拥护者，李嘉图还是坚持认为"工资上涨对商品相对价格的最大影响不能超过百分之六或百分之七，因为利润在任何情况下都不能有超过这个限度的普遍和持久的跌落。……我总认为商品相对价值的一切巨大变动都是由于生产时所必需的劳动量时时有所增减而引起的。"著名经济学家乔治·斯蒂格勒由此撰文戏称"李嘉图的劳动价值论是一个93%的劳动价值论"。② 但是，李嘉图的修正既未能消解劳动时间决定价值的规律与等量资本得到等量利润规律之间的矛盾，也未能通过这种修正延续劳动价值论的自配第开始的历史传统。伴随着劳动价值论自身矛盾的内部困扰和资产阶级庸俗经济学的外部攻击，李嘉图学派迅速趋于瓦解，而作为资产阶级政治经济学理论基础的劳动价值论也逐渐地被以萨伊为代表的效用价值论所取代。劳动价值论最终完成了它在资产阶级古典经济学中的历史使命。

三、生产价格转形问题与马克思劳动价值论适用性的困境

作为斯密—李嘉图学说的必然的发展，马克思的劳动价值论同样面临着李嘉图所面临的劳动时间决定价值的规律与等量资本得到等量利润的规律之间的矛盾，也正因为如此，对这一矛盾的分析与消解也始终是马克思劳动价值论的核心理论问题。马克思首先从方法论的角度分析了李嘉图劳动价值论的矛盾，认为这种矛盾的方法论根源在于其"强制的抽象"。马克思指出，由于资产阶级立场的局限性，李嘉图从来没有将资本主义生产方式看作是一种历史性的存在，而是看作一种永恒的、自然的生产方式，这种认识反映在政治经济学的研究方法上，就是不懂得从最简单的范畴逐步上升到更复杂的范畴，而是跳过一些必要的中间环节直接去论证各种经济范畴的一致性。马克思认为，有些经济范畴如价值与生产价格并不是直接一致的，而是必须经过如剩余价值转化为利润、利润转化为平均利润等中间环节才能解释。由于李嘉图的研究跳过了必要的中间环节，所以在他

① 转引自王璐、柳欣：《马克思经济学与古典一般均衡理论》，人民出版社2006年版，第138页。

② 转引自王璐、柳欣：《马克思经济学与古典一般均衡理论》，人民出版社2006年版，第137页。

的理论体系中就产生了许多矛盾，以致最后陷入走投无路的困境，甚至宣布需要修正作为自己理论体系基础的劳动时间决定商品价值量的原理。显然，在马克思的理解中，如果要消解价值规律与等量资本取得等量利润之间的矛盾，就必须运用"至今还没有在经济问题上运用过"的从抽象上升到具体的方法。

在具体分析了剩余价值转化为利润和剩余价值率转化为利润率后，马克思开始分析一般利润率（平均利润率）的形成和商品价值转化为生产价格问题。马克思指出，所谓生产价格就是商品的成本价格（即商品价值中用于补偿所消耗的生产资料价值 C 和劳动力价值 V 的部分，即 C + V①）加上一般利润率，按百分比应加到这个成本价格上的利润，即商品的成本价格加上平均利润，因此，生产价格以一般利润率为前提；而这个一般利润率，又以每个特殊生产部门的利润率已经分别化为同样大的平均率为前提。② 当然，还有至关重要的一点，那就是这些特殊的利润率要从商品的价值中引申出来，没有这种引申，一般利润率从而商品的生产价格就是一个没有意义、没有内容的概念。"由于投在不同生产部门的资本有不同的有机构成，也就是说，由于等量资本按可变部分在一定量总资本中占有不同的百分比而推动极不等量的劳动，等量资本也就占有极不等量的剩余劳动，或者说，生产极不等量的剩余价值。根据这一点，不同生产部门中占统治地位的利润率，本来是极不相同的。这些不同的利润率，通过竞争而平均化为一般利润率，而一般利润率就是所有这些不同利润率的平均数。按照这个一般利润率归于一定量资本（不管它的有机构成如何）的利润，就是平均利润。一个商品的价格，如等于这个商品的成本价格，加上生产这个商品所使用的资本（不只是生产它所消费的资本）的年平均利润中根据这个商品的周转条件归于它的那部分，就是这个商品的生产价格。""因此，虽然不同生产部门的资本家在出售自己的商品时收回了生产这些商品所用掉的资本价值，但是他们不是得到了本部门生产这些商品时所生产的剩余价值或利润，而只是得到了社会总资本在所有生产部门在一定时间内生产的总剩余价值或总利润均衡分配时归于总资本的每个相应部分的剩余价值或利润。"③

当马克思通过对一般利润率的分析引申出由成本价格与平均利润的加

①　马克思：《资本论》第 3 卷，人民出版社 1975 年版，第 30 页。
②　马克思：《资本论》第 3 卷，人民出版社 1975 年版，第 176 页。
③　马克思：《资本论》第 3 卷，人民出版社 1975 年版，第 177 页。

总所构成的生产价格时，他也就走到了在李嘉图那里表现为与劳动时间决定价值的规律相矛盾的老路上去了。但是，马克思显然并没有将这种生产价格直接看作是由生产商品所耗费的劳动量所决定的相对价格或价值。相反，马克思一方面强调这种生产价格必须伴随着各生产部门的特殊利润率而从商品价值中引申出来，因而强调生产价格不过是商品价值的"一个转化形式"；另一方面则不仅具体地指出这种"引申"的逻辑路径，这就是从剩余价值转化为利润和剩余价值率转化为利润率的逻辑环节以及不同生产部门特殊利润率的平均化，而且还指出这种逻辑转化的客观依据，这就是生产部门之间因利润率的不同而引发的相互竞争。马克思指出，竞争首先在一个部门内部实现，是使商品的各种不同的个别价值形成一个相同的市场价值和市场价格；而后则是不同部门的资本的竞争，并通过这种竞争形成那种使不同部门之间的利润率平均化的生产价格。通过上述分析，马克思发现和建立了从商品价值到生产价格的历史的与理论的关联。而借助于这种理论的与历史的关联，马克思有理由相信，通过商品价值向生产价格的转形，他比李嘉图更为合理地解决了困扰李嘉图和李嘉图学派的理论难题。

但是，问题显然也并没有马克思所想象的那样简单。在马克思刚刚去世不久的 1883 年 4 月，意大利经济学家阿基尔·洛利亚就发表文章称，马克思所谓一个资本主义企业所生产的剩余价值的量取决于它所使用的可变资本的观点是同事实相矛盾的，因为实际上利润不是取决于可变资本，而是取决于总资本。而马克思将这个矛盾的解决寄托于一个尚未出版的续卷不过是"在拿不出科学论据时使用的一种诡计"。但是，当内含着生产价格转形问题的《资本论》第 3 卷经恩格斯整理出版后，洛利亚又在 1895 年 2 月发表文章，指责马克思从《资本论》第 1 卷的劳动价值论转向第 3 卷的生产价格论是"十足的谬论"、"重大的理论上的破产"，并指出，任何一个稍有点理智的经济学家都不会，而且将来也不会去研究这样一种价值，商品既不会按照它来出售，也不能按照它来出售。与此同时，德国社会民主党内的威纳尔·桑巴特和康拉德·施米特等人也对马克思的劳动价值论产生了错误的理解，认为价值规律不过是"思想上的、逻辑上的事实"或"理论上必要的虚构"。① 为了回击洛利亚对马克思劳动价值论的攻击，澄清桑巴特等人对马克思劳动价值论的误解，恩格斯于 1895 年 5 月写作《价值规律与利润率》一文，在重复马克思的相关论述

---

① 马克思：《资本论》第 3 卷，人民出版社 1975 年版，第 1006、1013 页。

之后，对生产价格转形问题进行了更深一层的分析与说明。

恩格斯指出，无论是桑巴特还是施米特都没有充分注意到，这里所涉及的，不仅是纯粹的逻辑过程，而是历史过程和对这个过程加以说明的思想反映，是对这个过程的内部联系的逻辑研究。恩格斯指出："具有决定意义的是马克思在《资本论》第 3 卷（上）第 154 页上的一段话：'全部困难是由这样一个事实产生的：商品不只是当作商品来交换，而是当作资本的产品来交换。这些资本要求从剩余价值的总量中，分到和它们各自的量成比例的一份，或者在它们的量相等时，要求分到相等的一份。'为了说明这种区别，我们现在假定，工人占有自己的生产资料，他们平均劳动时间一样长，劳动强度一样大，并且互相直接交换他们的商品。这样，两个工人在一天内通过他们的劳动加到他们的产品上的新价值一样多，但是，每个人的产品却会由于以前已经体现在生产资料中的劳动不等而具有不同的价值。已经体现在生产资料中的价值部分代表资本主义经济的不变资本；新追加的价值中用在工人生活资料上的部分代表可变资本；新价值中余下的部分代表剩余价值，这部分价值在这里属于工人。因此，两个工人在扣除只是由他们预付的'不变'价值部分的补偿以后，会得到相等的价值；但代表剩余价值的部分同生产资料价值的比率——它相当于资本主义的利润率——对二者来说却是不同的。不过，因为他们每个人在交换的时候都使生产资料的价值得到了补偿，所以这件事情也就无关紧要了。'因此，商品按照它们的价值或接近于它们的价值进行的交换，比那种按照它们的生产价格进行的交换，所要求的发展阶段要**低得多**。而按照它们的生产价格进行的交换，则需要资本主义的发展达到一定的高度……因此，撇开价格和价格变动受价值规律支配不说，把商品价值看作不仅**在理论上**，而且**在历史上**先于生产价格，是完全恰当的。这适用于**生产资料归劳动者所有**的那种状态；这种状态，无论在古代世界还是近代世界，都可以在自耕农和手工业者那里看到。"① 不难看出，马克思的这些论述实际上不过是对生产价格转形问题的逻辑必须与之相统一的历史的概括的说明。但由于仅仅是一个仍然需要"大大地加以发挥"概括的说明，作为对马克思论述的补充，恩格斯又对此进行了更为详尽的阐释。

恩格斯指出，我们都知道，在社会的初期，产品是由生产者自己消费的，只是由于这些最初被组织在原始公社中的生产者用产品的余额同外人

---

① 马克思：《资本论》第 3 卷，人民出版社 1975 年版，第 1013 ~ 1015 页。

进行的交换，才引起产品到商品的转化，而这种转化又大大促进了原始公社的解体和向以家庭为主体的生产单位的转化，并使最初在氏族公社之间发生的商品交换转变成了家庭之间的交换。由于这些家庭在生产相交换商品时所耗费的只是劳动，他们为补偿工具、为生产和加工原料而花费的只是他们自己的劳动力。如果不按照花费在他们这些产品上的劳动的比例，他们就不能把这些产品同其他从事劳动的生产者的产品进行交换。因此，花费在这些产品上的劳动时间是商品交换的"唯一合适的尺度"。从价值由劳动时间决定这一点出发，全部商品生产，以及价值规律的各个方面借以发生作用的多种多样的关系就开始发展起来，而其中最重要和最关键的一步是向金属货币的过渡，这种过渡造成了如下的结果：价值由劳动时间决定这一事实，从此在商品交换的表面上再也看不出来了。随着商人的出现，出现了利润和利润率的问题，而利润率也第一次首先在商业利润之间开始了平均化的历程，尽管这种平均化首先是在一个民族内部通过竞争来实现的，因为利润要按照投资的大小来分配是理所当然的事情。"因此，相等的利润率，在其充分发展的情况下本来是资本主义生产的最后结果之一，而这里在其最简单的形式上却表明是资本的历史出发点之一，甚至是马尔克公社直接生出的幼枝，而马尔克公社又是原始共产主义直接生出的幼枝。"① 在商业资本以及高利贷资本的基础上是产业资本的发展。产业资本首先在航运业、采矿业以及纺织业通过直接雇佣工人或自身直接变成包买商等形式发展出其萌芽的形式，而后则是在 17、18 世纪工场手工业和机器大工业的基础上形成其最初的和完成的形式。借助于机器大工业所引发的生产革命，产业资本不仅无情地排挤掉以往的一切生产方式，而且还使不同商业部门和工业部门的利润率平均化为一个一般的利润率，因为它把一向阻碍资本从一个部门转移到另一个部门的绝大部分障碍清除掉了。这样，对整个交换来说，价值转化为生产价格的过程就大致完成了。恩格斯指出，这种转化是在当事人的意识或意图之外，依照客观规律进行的。②

毫无疑问，通过上述的分析，恩格斯将马克思关于生产价格转形问题论述中并没有充分阐述的历史意蕴充分地阐释了出来。但是，这种充分的阐释是否有效地消解了人们对马克思劳动价值论的由洛利亚的攻击所产生的疑虑呢？我们来看恩格斯的下述结论："总之，只要经济规律起作用，

① 马克思：《资本论》第 3 卷，人民出版社 1975 年版，第 1021 ~ 1022 页。
② 马克思：《资本论》第 3 卷，人民出版社 1975 年版，第 1027 页。

马克思的价值规律对于整个简单商品生产时期是普遍适用的，也就是说，直到简单商品生产由于资本主义生产方式的出现而发生变化之前是普遍适用的。在此之前，价格都以马克思的规律所决定的价值为中心，并且围绕着这种价值来变动，以致简单商品生产发展得越是充分，一个不为外部的暴力干扰所中断的较长时期内的平均价格就越是与价值趋于一致，直至量的差额小到可以忽略不计的程度。因此，马克思的价值规律，从开始出现把产品转化为商品的那种交换时起，直到公元十五世纪止的这个时期内，在经济上是普遍适用的。但是，商品交换在有文字记载的历史之前就开始了。在埃及，至少可以追溯到公元前三千五百年，也许是五千年；在巴比伦，可以追溯到公元前四千年，也许是六千年；因此，价值规律已经在长达五千年至七千年的时期内起支配作用。"①

如果将洛利亚的攻击局限于所谓商品价值是一种"商品既不会按照它来出售，也不能按照它来出售"的东西，那么我们就的确可以从恩格斯的论述中找到对这一问题的具有丰富历史内涵的说明，而且发挥作用的五千年至七千年的历史对于马克思的劳动价值论来说也的确是"够长"的了。但是，尽管将作用范围延展到了五千年至七千年的历史，恩格斯的论述却忽略了一个极其重要的问题，这就是马克思劳动价值论对于现实资本主义社会的适用性问题。而从恩格斯的论述来看，由于五千年至七千年发挥作用的历史是以从17、18世纪开始的以工场手工业和机器大工业为标志的资本主义生产方式的时代为截止点的，正如有论者所指出的，这等于承认马克思的劳动价值论仅适用于前资本主义的生产方式，而不适用于资本主义的生产方式。这为后来一些人的进一步质疑提供了口实。② 但是，劳动价值论对于资本主义生产方式的适用性问题绝不是一个枝节性的理论问题，而是一个关系整个马克思主义政治经济学科学性和真理性的重大理论问题，因为劳动价值论是马克思整个政治经济学体系的理论基础，如果劳动价值论不能适用于资本主义生产方式，那么马克思以劳动价值论为理论基础而对资本主义生产方式的以剩余价值为核心的分析就不能成立，正如比利时著名马克思主义经济学家曼德尔在反击萨缪尔森对马克思劳动价值论的攻击时所指出的，马克思的劳动价值论"发现了价值这一组成因素，便掌握了解决一系列实际问题的钥匙。没有劳动价值论便没有剩余价值论，也就没有办法把利润、利息和地租归到唯一的根源上来，也

---

① 马克思：《资本论》第3卷，人民出版社1975年版，第1018～1019页。
② 罗雄飞：《转形问题与马克思劳动价值论拓展》，中国经济出版社2008年版，第63页。

就没有办法理解最近一百五十年来工农业生产神秘的波动。没有劳动价值论，平均利润率下降趋势的理论便不能自圆其说，经济危机便不能有首尾一贯的理论。"① 其实，将恩格斯的论述简单地指认为承认马克思的劳动价值论不适用于资本主义生产方式是一种简单而肤浅的认识，因为不论是马克思还是恩格斯都不否认其劳动价值论对于资本主义生产方式的适用性。但他们显然也并不像有论者那样，认为简单商品经济阶段的劳动价值论会以其原生形态毫无挂碍地适用于资本主义生产方式；而且实际上，他们对于生产价格转形问题的分析与阐释就是在努力证明劳动价值论对于资本主义生产方式的历史适用性，只是说他们没有能够将这种适用性从他们关于生产价格转形问题的一系列论述中清晰地辑录出来。正如我们所知道的，这种局限构成了西方经济理论界对马克思生产价格转形问题持续百年的争论。

那么，我们该如何从生产价格转形问题中辑录出马克思劳动价值论对于资本主义生产方式的历史适用性呢？

第三节　生产价格转形问题与马克思劳动价值论的正解

一、生产价格转形问题的争论与两对总量相等问题

如前所述，在马克思的理解中，商品从价值向生产价格的转形是通过从剩余价值转化为利润、剩余价值率转化为利润率以及利润率转化为一般利润率等与历史过程相统一的逻辑中介来实现的。为了具体说明这种转形过程，在《资本论》第 3 卷第 9 章，马克思假定了一个由五个不同生产部门组成的经济体系。② 在这个由五个不同生产部门组成的经济体系中，投在每个生产部门的资本均为 100，因而投在五个部门的资本总额等于500。但是，分别投在五个生产部门的资本的有机构成却各不相同，分别为：$80c : 20v$、$70c : 30v$、$60c : 40v$、$85c : 15v$、$95c : 5v$。假定各生产部门的剩余价值率均为 100%，则各部门剩余价值、产品价值以及利润率可如表 5 - 1 所示。

①　转引自程恩富、汪桂进、朱奎：《劳动创造价值的规范与实证研究》，上海财经大学出版社 2005 年版，第 309 页。

②　马克思：《资本论》第 3 卷，人民出版社 1975 年版，第 173 ~ 1176 页。

表 5 - 1

资　本	剩余价值率	剩余价值	产品价值	利润率
I . 80c + 20v	100%	20	120	20%
II. 70c + 30v	100%	30	130	30%
III. 60c + 40v	100%	40	140	40%
IV. 85c + 15v	100%	15	115	15%
V . 95c + 5v	100%	5	105	5%

在假定各生产部门可变资本 v 周转期为 1 年,而相同周转期内各部门不变资本 c 的周转部分分别为 50、51、51、40、10 的条件下,马克思用算术例子论证了其中平均利润率的形成和商品价值向生产价格的转化问题。这一转化过程如表 5 - 2 所示。

表 5 - 2

资　本	剩余价值	商品价值	商品成本价格	商品价格	利润率	价格同价值的偏离
I . 80c + 20v	20	90	70	92	22%	+ 2
II. 70c + 30v	30	111	81	103	22%	- 8
III. 60c + 40v	40	131	91	113	22%	- 18
IV. 85c + 15v	15	70	55	77	22%	+ 7
V . 95c + 5v	5	20	15	37	22%	+ 17

在表 5 - 2 中,五个生产部门资本的平均构成为 390c : 110v,平均利润率为 22% ,平均利润为 22,将这个通过平均利润率与各部门资本的乘积所得出的平均利润加在其商品的成本价格上,就构成了由商品价值转形而来的生产价格。从剩余价值和平均利润之间的关系来说,虽然不同生产部门的资本家并不是得到本部门生产这些商品时所生产的剩余价值或利润,而只是得到了社会总资本在所有生产部门在一定时间内生产的总剩余价值或总利润均衡分配时归于总资本的每个相应部分的剩余价值或利润,因而其所实际获得的剩余价值或利润总是同其实际生产商品时所生产的剩余价值或利润相偏离,但由于加入某种商品的剩余价值多多少,加入另一种商品的剩余价值就少多少,因此商品生产价格中包含的偏离价值的情况会相互抵消;与此相联系,从生产价格与价值的关系来看,生产价格不过是商品的成本价格与平均利润的加总,而所有生产部门平均利润的总和不过其生产的总剩余价值或总利润,而成本价格则不过是用来补偿生产部门

预付中用掉的资本部分，因此，尽管每个部门商品的生产价格都与其价值发生了偏离，而所有生产部门商品的由成本价格总和加上所生产的剩余价值或利润的总和所构成的总生产价格与所有生产部门商品中所包含的过去劳动和追加劳动的总和所形成的总价值则必然是相等的。这样，就出现了全社会总生产价格等于总价值，而总利润等于总剩余价值的所谓两对总量相等。正如马克思所指出的："一切不同生产部门的利润的总和，必然等于剩余价值的总和；社会总产品的生产价格的总和，必然等于它的价值的总和。"① 而总生产价格与总价值、总剩余价值与总利润的两对总量相等意味着，生产价格不过是价值的变异形式，价值规律仍然支配着生产价格的运动，这就是生产上所需要的劳动时间的减少或增加，会使生产价格降低或提高。②

　　1896 年，奥地利著名经济学家庞巴维克出版《卡尔·马克思及其体系的终结》一书，指责马克思《资本论》第 1 卷的劳动价值论与第 3 卷的生产价格理论之间存在着相互矛盾，由此拉开了生产价格转形问题争论的帷幕。庞巴维克指出："马克思在第一卷中强调一切价值都以劳动而且仅仅以劳动为基础，商品价值与其生产所必需的劳动时间成比例，这些命题是直接和唯一地从商品的'内在的'交换关系中归纳和提炼出来的。……现在在第三卷，我们却被告知，各个商品之间必定是按不同于其中所包含的劳动量的比例进行交换的，而且这还不是偶然和暂时的，而是必然和持久的。我在这里看到的不是对矛盾的解释和调和，而是赤裸裸的矛盾本身，所以马克思的第三卷同第一卷是矛盾的，平均利润率和生产价格论不能同价值论相协调。"③ 针对庞巴维克的攻击，马克思主义经济学家希法亭发表《庞巴维克对马克思的批评》的文章，反驳庞巴维克关于所谓导致"终结"的"矛盾"而提出的对整个马克思经济理论体系的责难。与此同时，对马克思主义抱有同情的俄籍德国学者鲍特基维茨在1906～1907 年发表了关于生产价格转形问题的两篇著名文章，一方面反驳了庞巴维克关于马克思的劳动价值论与生产价格理论之间存在矛盾的观点，认为价值计算和价格计算的并列、由价值派生出价格和由剩余价值派生出利润恰是"马克思体系中的独创性"所在；另一方面则指出马克思对生产价格转形问题分析存在缺陷，这就是只把产出的价值转化为生产价

　　① 马克思：《资本论》第 3 卷，人民出版社 1975 年版，第 193 页。
　　② 马克思：《资本论》第 3 卷，人民出版社 1975 年版，第 200 页。
　　③ 转引自王璐、柳欣：《马克思经济学与古典一般均衡理论》，人民出版社 2006 年版，第 286 页。

格，而没有同时把投入的生产资料和劳动力的价值也转化为生产价格，从而造成"两个总量"不相等或只有在特殊条件下才相等的结论。鲍特基维茨的观点经过美国学者斯威齐1942年《资本主义发展理论》一书的介绍在西方经济学界引起极大反响，其所提出的两对总量能否同时相等的问题也借此成为了20世纪40~50年代西方经济学界关于生产价格转形问题争论的核心主题。20世纪70~80年代以后，西方经济理论界关于马克思生产价格转形问题的争论逐步转向劳动价值论是否必要的问题，而美国著名经济学家萨缪尔森在20世纪50年代和70年代发表、出版的论文与著作集中表达了这一时期关于马克思生产价格转形理论争论的主题。在这些论文与著作中，萨缪尔森运用繁杂的数学公式详细地论述了价值体系与价格体系之间的不相容性，说明价格可以直接由技术的生产函数导出，而根本无需像马克思的生产价格转形理论所认为的那样从价值体系导出，从而说明马克思《资本论》第1卷的劳动价值论显然是一种迂回，对于理解竞争资本主义运行是不必要的，而其剩余价值理论对于公认的不完全竞争和论断的重要分析也几乎没有或者完全没有帮助。20世纪90年代以后，西方经济学界对马克思生产价格转形问题的争论逐渐趋于冷却。

在从19世纪90年代到20世纪90年代的百余年历史中，西方经济理论界关于马克思生产价格转形问题的争论先后经历了19世纪末20世纪初《资本论》第1卷、第3卷是否矛盾、20世纪40~50年代两对总量能否同时相等和20世纪70~80年代劳动价值论是否必要三个阶段。而在这三个阶段中，正如有论者所指出的，除了庞巴维克提出的质疑外，其他针对"转形问题"的几乎所有疑问，都直接或间接涉及由鲍特基维茨提出的两对总量能否同时相等的问题。因此，我们对马克思生产价格转形问题的以劳动价值论适用性为目的的分析也就首先从鲍特基维茨关于两对总量能否同时相等的问题开始。

在1906年和1907年，鲍特基维茨先后发表了《马克思体系中的价值与价格》和《论〈资本论〉第3卷中马克思的基本理论结构的改正问题》两篇文章，在文章中，鲍特基维茨首次尝试用数学语言考察投入和产出两方面同时进行价值向生产价格转形的情况下两对总量的关系问题。鲍特基维茨假定：（1）全部垫支资本一年更新一次，并再现于年产品的价值或价格中；（2）经济体系由三个生产部门组成，部门 I 生产生产资料，部门 II 生产工人的消费品，部门 III 生产资本家的消费品；（3）生产为简单再生产。鲍特基维茨用 C、V、S（i＝1，2，3）分别表示各部门所消耗的不变资本价值、可变资本价值和剩余价值，进而用下面的方程列出以价值表述的简单再生产关系：

$$I . C_1 + V_1 + S_1 = C_1 + C_2 + C_3$$
$$II . C_2 + V_2 + S_2 = V_1 + V_2 + V_3$$
$$III . C_3 + V_3 + S_3 = S_1 + S_2 + S_3$$

引入生产价格之后，上面的方程改写为：

$$I . P_1 C_1 + P_2 V_1 + \pi(P)(P_1 C_1 + P_2 V_1) = P_1(C_1 + C_2 + C_3)$$
$$II . P_1 C_2 + P_2 V_2 + \pi(P)(P_1 C_2 + P_2 V_2) = P_2(V_1 + V_2 + V_3)$$
$$III . P_1 C_3 + P_2 V_3 + \pi(P)(P_1 C_3 + P_2 V_3) = P_3(M_1 + M_2 + M_3)$$

经整理得：

$$I . [1 + \pi(P)](P_1 C_1 + P_2 V_1) = P_1(C_1 + C_2 + C_3)$$
$$II . [1 + \pi(P)](P_1 C_2 + P_2 V_2) = P_2(V_1 + V_2 + V_3)$$
$$III . [1 + \pi(P)](P_1 C_3 + P_2 V_3) = P_3(M_1 + M_2 + M_3)$$

这里的 P_1、P_2、P_3 分别是第一、第二、第三部门的生产价格同商品价值的比率，即生产价格系数；$\pi(P)$ 是用生产价格表示的一般利润率。可以看出，这里有 3 个方程和 4 个未知数。为了求解，鲍特基维茨假定第三部门生产以黄金为代表的奢侈品，并规定黄金的价格 $P_3 = 1$。这样，在简单再生产条件下，总利润量必然等于总剩余价值量。而是否能够同时满足总生产价格等于总价值，则视第三部门的资本有机构成是否等于社会平均资本有机构成而定：如果第三部门的资本有机构成 $C_3 : V_3$ 恰好等于社会平均资本有机构成，总生产价格等于总价值；如果第三部门的资本有机构成不等于社会平均资本有机构成，则总生产价格不等于总价值。[①] 不难发现，鲍特基维茨关于马克思生产价格转形问题的解法所得出的理论结论与马克思关于两对总量必然同时相等的结论是不一致的。但是，马克思关于生产价格不过是价值的变异形式，"价值规律仍然支配着生产价格的运动"的理论结论恰是以两对总量必然同时相等为前提的，因此，严肃的问题应该是，如果两对总量不相等或只有在特殊条件下（第三部门的资

---

① 参阅罗雄飞：《转形问题与马克思劳动价值论拓展》，中国经济出版社 2008 年版，第 75 页；程恩富、汪桂进、朱奎：《劳动创造价值的规范与实证研究》，上海财经大学出版社 2005 年版，第 350 页。

本有机构成恰好等于社会平均资本有机构成）相等，生产价格是否还是价值的变异形式，价值规律是否还能够成为生产价格运动的背后推手就成了必须被质疑的问题。正是在这个意义上，鲍特基维茨关于两对总量不能同时相等的理论结论扭转了 20 世纪 40～50 年代开始的新一轮马克思生产价格转形问题争论的理论主题。

　　1942 年，美国学者斯威齐在《资本主义发展理论》一书中对鲍特基维茨关于马克思生产价格转形问题的解法与结论做了详细的介绍与评价。斯威齐对于鲍特基维茨关于马克思转形问题的分析做了充分的肯定，在此基础上，它使用鲍特基维茨的数据和实例，指出总价值与总价格在多数情况下是不相等的，即不一致是通则，而一致则是特例，这等于进一步确认了鲍特基维茨研究的结论。但斯威齐认为这种偏离并不是什么严重的理论问题，而只不过是一个计算单位问题。如果在价值和价格场合都使用劳动作为计算单位，则两个总量就是相等的；相反，正是因为用货币作为计量单位才导致偏离。因此，他说："借助于鲍特基维茨的方法，我们可以说明能够从一种价值计算体系中得出价格计算体系，这才是马克思真正感兴趣的问题。……通过这个成就，马克思为最终阐明劳动价值论铺平了道路。"①

　　但是，斯威齐对于两对总量是否同时相等的问题的重要性的理解显然过于轻率了，这不仅是因为那些力图推翻劳动价值论并据此全盘否定马克思主义政治经济学的现代西方主流经济学始终以两对总量是否同时相等的问题作为攻击的逻辑基点，而那些同情与赞成马克思劳动价值论的经济学家们则始终无法在这种不断的攻击中轻松地抽身出来，而且还因为对于两对总量到底是否同时相等，或是否能够同时相等的问题至今都是一个没有定论的"悬案"。例如，斯威齐以及以后温特尼茨、米克、迪金森等人都认为两对总量不相等是由于"价值和价格具有不同的量纲，因而是用不同单位来计量的，如价值用劳动时间来计量，而价格用货币量"；如果价值与价格都用同样的计量单位来计算，则两对总量必然是相等的。② 但有论者则通过分析指出，"无论以劳动时间为计价物，还是以黄金为计价物，投入转形后的货币利润率与先前的价值利润率存在不能忽视的差异。投入未转化时的总价值、总剩余价值和商品生产价格与投入转化后总价

　　① 引自王璐、柳欣：《马克思经济学与古典一般均衡理论》，人民出版社 2006 年版，第292 页。
　　② 引自王璐、柳欣：《马克思经济学与古典一般均衡理论》，人民出版社 2006 年版，第295 页。

格、总利润以及商品的相对价格也不一致。"① 被萨缪尔森誉为在转形问题上"说出了最后的话"的塞顿在《价值转化问题》一文中，运用数学方法对转形问题进行了更为精密的梳理，对半个世纪以来有关转形理论的逻辑结论进行了进一步的完善。在此基础上，塞顿宣称，"马克思的转化过程概念的内在连续性和确切性，以及他由此概念引出的正式推论，已充分证明是正确的"，因为他通过运用数学方法对转形问题的更为精密的梳理，指出马克思关于两对总量相等的公式可以同时成立。这似乎意味着他更为合理地解决了转形问题。但有论者指出，由于塞顿的转形模型所依存的假设条件，如社会经济部门简化为三个部门、简单再生产以及部门Ⅲ的资本有机构成等于社会平均的资本有机构成，同时也是鲍特基维茨解法的前提条件，"塞顿模型与鲍特基维茨—斯威齐的解法相比，没有任何进展"。因此，这意味着塞顿颇费周折地证明马克思的两个不变性方程可以同时成立的模型也只是以一定的特殊条件为前提的，这就是说，他"在转形问题上没能够论证出劳动价值论在一般条件下的真理性"。② 此外，白暴力根据马克思关于平均利润是总剩余价值均衡分配归于总资本的每个相应部分的剩余价值的观点指出，平均利润不过是社会总剩余价值的分配形式，生产价格不过是社会总价值的分配形式；既然平均利润不过是剩余价值的分配、生产价格不过是价值的分配，那么，（以价值计量的）利润量总和等于剩余价值，社会（生产）价格总和等于价值量总和这两个原理，就既不是假定，也不是需要进一步用数学方法从量上求证的命题，而是马克思价值理论的自然结论，是价值转化为生产价格、剩余价值转化为平均利润理论中量的关系的自然前提。另一方面，白暴力也不得不承认总剩余价值与平均利润之间、总价值与总生产价格之间存在着不一致的差额，但他认为，这种差额不过是社会总剩余价值按平均利润分配、社会总价值量以生产价格分配并不一定能够尽分而出现的"平分余量"。③ 可见，白暴力也并没有能够否认总剩余价值与平均利润之间、总价值与总生产价格之间所存在的不一致，他与其他观点的区别仅仅在于对这种差额之原因与性质的解释。

尽管西方经济理论界关于生产价格转形问题的争论在塞顿之后发生了主题的转换，但是，两对总量能否同时相等的问题却并没有因此得到真正

① 罗雄飞：《转形问题与马克思劳动价值论拓展》，中国经济出版社 2008 年版，第 84 页。

② 程恩富、汪桂进、朱奎：《劳动创造价值的规范与实证研究》，上海财经大学出版社 2005 年版，第 380~381 页。

③ 白暴力：《劳动创造价值论》，中国人民大学出版社 2004 年版，第 255~256 页。

的解决。我们看到，在西方理论界仍不时有关于生产价格转形问题的新思路、新观点和新方法出现；而在中国，生产价格转形问题的研究却似乎刚刚伴随马克思劳动价值论的研究映入人们的眼帘。这一方面说明生产价格转形问题作为一桩历史"悬案"的存在，另一方面也说明这一问题在许多人心目中的重要性。但是，无论是在西方理论界还是在中国理论界，对于生产价格转形问题的研究所直接或间接关联的问题都不单单是一个简单的数值计算问题，而是马克思的劳动价值论在实现了生产价格转形之后的资本主义阶段的历史适用性问题。那么，对于马克思劳动价值论在生产价格转形之后的历史适用性问题来说，两对总量同时相等的问题真的如此重要吗？让我们通过对两对总量不等原因的深层分析解答这一问题。

二、两对总量相等问题与商品价值的社会关系内涵

对于两对总量不等问题的原因存在着多种不同的解释，如白暴力将其理解为社会总剩余价值按平均利润分配、社会总价值量以生产价格分配并不一定能够尽分而出现的"平分余量"等。但是我们知道，在西方经济理论界关于生产价格转形问题的争论中首次提出两对总量不相等问题的是鲍特基维茨，因此，我们对两对总量不相等原因的分析就首先从鲍特基维茨对生产价格转形问题的分析开始。

如前所述，在为回应庞巴维克对马克思劳动价值论的攻击所写的关于生产价格转形问题的文章中，鲍特基维茨一方面对庞巴维克关于马克思的价值理论与生产价格理论之间存在矛盾的指责提出批评，认为马克思关于生产价格转形问题的一系列分析都是正确的；另一方面也指出马克思对转形问题的分析存在缺陷，这就是马克思只将产出品的价值形式转化为了生产价格，而生产这个产品的投入即不变资本和可变资本（C＋V）却仍然是价值形式，没有实现向生产价格的转化。因此，马克思的转形过程实际上只完成了一半。那么，鲍特基维茨对马克思转形问题的理解是否正确呢？

我们知道，马克思的生产价格转形理论包含着极其重要的理论意图，但这种理论意图的主要方面并不是像那些对生产价格转形问题做过度诠释的人们所认为的那样，是为了说明从以商品价值为交换依据的简单商品经济阶段向以生产价格为交换依据的资本主义商品经济的历史过渡，而主要是为了说明在生产过程中生产出来的剩余价值借助于利润率的平均化而在各个职能资本家之间的平均分配。由于这种平均分配是以利润率转化为平均利润率为前提的，因此，平均利润率的形成同时也就是生产价格形成的

关键，而要说明价值向生产价格的转形也就必须首先说明利润率在部门内部和部门之间由于不断的竞争而实现的平均化。这也正是马克思在生产价格转形问题中并没有将转形本身而是将利润率的平均化作为分析与思考的重心的根本原因。但是，如果按照鲍特基维茨的观点，将生产商品时投入品的价值也转化为生产价格，这样的确可以消解在马克思那里由于产出品与投入品价值形态的不一致所造成的缺陷，但由于投入品的生产价格仍要以平均利润率的存在为前提，因而如果要保持投入品以生产价格形式投入，那就意味着试图通过生产价格转形问题予以说明的利润率平均化的问题在这里变成了一种无需说明也无法说明的既成事实。这不仅有违马克思生产价格转形问题的理论初衷，而且还会由于确定平均利润率需要首先确定资本总量、而资本总量的确定又需要首先确定在平均利润前提下的生产价格总量（这意味着资本的度量不能离开利润率而单独决定）而陷入逻辑循环。① 而且我们发现，正是在鲍特基维茨将投入品也生产价格化的修正中出现了长期困扰马克思生产价格转形理论的两对总量不等问题，而这一问题在马克思的没有将投入品生产价格化的原始模型中却并不存在。事实上，马克思并非没有意识到投入品与产出品在价值形态上的不一致，也并非没有意识到由于这种不一致所导致的问题。他说：商品的这个价值部分自然会形成它们的价格的一部分"这个论点好象和下述事实相矛盾：在资本主义生产中，生产资本的要素通常要在市场上购买，因此，它们的价格包含一个已经实现的利润，这样，一个产业部门的生产价格，连同其中包含的利润一起，会加入另一个产业部门的成本价格，就是说，一个产业部门的利润会加入另一个产业部门的成本价格。"② 由于生产资本以生产价格而非价值形式投入下一期的生产过程，对商品成本价格的定义就必须做修改："我们原先假定，一个商品的成本价格，等于该商品的生产时所消费的各种商品的**价值**。但一个商品的生产价格，对它的买者来说，就是成本价格，并且可以作为成本价格加入另一个商品的价格形成。因为生产价格可以偏离商品的价值，所以，一个商品的包含另一个商品的这个生产价格在内的成本价格，可以高于或低于它的总价值中由加到它里面的生产资料的价值构成的部分。必须记住成本价格这个修改了的意义，因此必须记住，如果在一个特殊生产部门把商品的成本价格看作和生产该商品所

① 参阅王璐、柳欣：《马克思经济学与古典一般均衡理论》，人民出版社 2006 年版，第 242 页。

② 马克思：《资本论》第 3 卷，人民出版社 1975 年版，第 179 页。

消费的生产资料的价值相等，那就总可能有误差。"① 但是，马克思认为，对我们的研究来说，由这种修改所导致的误差并"没有进一步考察的必要"，因为无论如何，商品的成本价格总是小于商品价值这个论点，在这里仍然是正确的，并且无论商品的成本价格能够怎样偏离商品所消费的生产资料的价值，这个过去的误差对资本家来说是没有意义的。② 因此，如果说马克思已经先于鲍特基维茨确认了产出品与投入品价值形态上的不一致，也先于鲍特基维茨确认了投入品的生产价格化对于转形问题的影响，那么鲍特基维茨对马克思转形问题理论缺陷的指认就是不合适的。

但是，这绝不意味着鲍特基维茨对马克思转形问题理论缺陷的指认是完全错误的。因为任何生产要素投入下一期生产过程的投入行为都不是一种在企业自身内部进行的单纯的技术行为，而是严格遵循市场交换规则的市场交换行为，这种市场交换行为决定了投入品不可能以劳动时间的原始价值形态，而必然以价格化的价值形态投入下一期生产过程，而在存在利润率平均化的条件下，则必然以包含平均利润的生产价格形式投入下一期生产过程。因此，无论以何种价值样态被生产出来，投入品都只能以价格或生产价格形态投入下一期生产过程。从这个意义上说，鲍特基维茨对马克思转形模式的投入品做生产价格化的修正无疑又是正确的，而马克思的转形模式没有将投入品生产价格化则显然是一种不能忽视的缺陷，尽管马克思在生产价格转形问题的补充说明中已经通过对成本价格定义的修正意识到这种缺陷的存在。

那么，将投入品的投入行为看作是一种严格遵循市场交换规则的市场交换行为的意义何在呢？其根本的一点在于生产价格与价值的背离。马克思指出，在资本主义生产中，由于生产资本的要素通常要在生产上通过生产价格来购买，而生产价格是一个由最初以价值形态存在的成本价格加总平均利润形成，而这种平均利润又与原先在生产商品时所凝结的剩余价值量不同，这样，最终投入下一期生产过程的投入品的生产价格就会与其初期包含剩余价值的价值形态发生偏差与背离。马克思分析指出："一个产品的价格，例如资本 B 的产品的价格，同它的价值相偏离，是因为实现在 B 中的剩余价值可以大于或小于加入 B 的产品价格的利润，除此之外，在形成资本的不变部分的商品上，以及在作为个人生活资料因而间接形成资本 B 的可变部分商品上，也会发生同样的情况。先说不变部分。不变

---

① 马克思：《资本论》第 3 卷，人民出版社 1975 年版，第 184~185 页。

② 马克思：《资本论》第 3 卷，人民出版社 1975 年版，第 185 页。

部分本身等于成本价格加上剩余价值，在这里等于成本价格加上利润，并且这个利润又能够大于或小于它所代替的剩余价值。再说可变资本。平均的日工资固然总是等于工人为生产必要生活资料而必须劳动的小时数的价值产品；但这个小时数本身，由于必要生活资料的生产价格同它的价值相偏离又不会原样反映出来。"因此，"总的说来，在整个资本主义生产中，一般规律作为一种占统治地位的趋势，始终只是以一种极其错综复杂和近似的方式，作为从不断波动中得出的、但永远不能确定的平均情况来发生作用。"① 从马克思的论述中可以确认，生产价格转形问题中两对总量不相等的问题就其初始的根源来说正是与投入品价值与生产价格的偏离相关联的，而这种偏离又是投入品以市场交换方式转投于下一期生产过程的必然结果。而如此也就可以确认，只要投入品以生产价格方式投入下一期生产活动，两对总量的不相等就是必然的，除非投入品的价值与其由市场交换所决定的生产价格完全一致。按照一些论者的理解，这一点正是马克思生产价格转形模式成立的主要前提。②

事实上，生产价格转形问题的诸多解法与模式，大都已经意识到两对总量不等与市场交换行为之间的内在关联，鲍特基维茨自不必说，斯威齐和迪金森将总价值与总价格的偏离看作是一个计算单位问题，米克试图通过总价格和总价值的比例而非绝对量相等解决转形问题的尝试，都说明他们已经在一定程度上意识到了市场交换行为对于两对总量相等问题的影响。但是，这些解法与模式显然又没有能够充分地意识到投入品以市场交换行为的投入对于解决转形问题的深刻意义，这使他们或者执拗地试图钻通两对总量不等的"牛角"，或者干脆承认生产价格转形作为一种"问题"的客观存在。例如，程恩富等人在通过使用迭代方程分析总生产价格与总价值不一致的根源时即指出，t 期 n 个部门经济体系的总生产价格与总价值不相等是与其投入要素的总生产价格与总价值不相等为前提的，而 t 期投入要素总生产价格与总价值不等，又是以 t－1 期总产出中未进入 t 期再生产过程的产品（即 t－1 期总产出中对于 t 期来说为非投入品的部分）的总生产价格与总价值不相等为前提的。但是，对于 t－1 期的总产出为什么没有能够全部进入 t 期再生产过程，程恩富等人却并没有做进一步的追究，这显然没有意识到投入品以市场价换行为的投入对于生产价格转

① 马克思：《资本论》第 3 卷，人民出版社 1975 年版，第 181 页。
② 程恩富、汪桂进、朱奎：《劳动创造价值的规范与实证研究》，上海财经大学出版社 2005 年版，第 292 页。

形问题的意义。① 那么，投入品以市场交换行为的投入对于生产价格转形问题的解决到底具有怎样的意义呢？

我们知道，根据马克思劳动价值论的基本观点，商品交换是以由社会必要劳动时间所决定的价值量为基础的，而社会必要劳动时间作为商品价值量的决定因素并不仅仅取决于商品所实际包含的个别劳动时间，而且还决定于商品供求关系由于各种复杂因素的影响所发生的变化。因此，所谓商品价值由社会必要劳动时间决定，商品交换以社会必要劳动量为基础，绝不意味着它仅仅受到商品所实际包含的劳动量的影响，而是意味着它同时还受到除这种劳动量以外的商品供求关系的影响。正如 R. 罗斯道尔斯基所指出的，"马克思所说的'生产价格'在现实上绝不是'价格'，只不过是由于平均利润加入后所修改了的价值"。② 在生产价格转形问题的争论中，已有越来越多的人意识到马克思的生产价格并不是价格而是价值，无论其是否以货币形式来计算。如果说马克思的生产价格就是在形成平均利润的资本主义市场经济阶段的商品价值，那末这种作为生产价格的价值就如同简单商品经济阶段的商品价值一样，一方面反映和体现商品所实际包含的劳动时间，另一方面又反映和体现着该商品所身处其中的市场供求状况。于是我们就会发现与简单商品经济阶段相同的状况：如果某种商品的产量超过了当时社会的需要，社会劳动时间的一部分就会浪费掉，这时，这个商品量在市场上代表的社会劳动量就比它实际包含的社会劳动量小得多，因为这些商品必然以低于社会价值的市场价格出售，其中一部分甚至根本卖不出去。如果用来生产某种商品的社会劳动的数量，同要由这种产品来满足的特殊的社会需要的规模相比太小，结果就会相反。但是，如果用来生产某种物品的社会劳动的数量，和要满足的社会需要的规模相适应，从而产量也和需求不变时再生产的通常规模相适应，那末这种商品就会按照它的市场价值来出售。③ 因此，如果一种商品的包含剩余价值的个别价值与这种包含着平均利润的社会价值不一致，那么，其不一致的部分就会在商品的市场交换行为中被过滤掉。这样，我们就看到了由于市场交换行为所造成的在程恩富那里被表述为 t－1 期的总产出不能够全部进入 t 期再生产过程的现象，以及由此所引起的两对总量不等的问题。

<hr>

① 程恩富、汪桂进、朱奎：《劳动创造价值的规范与实证研究》，上海财经大学出版社2005年版，第340页。

② 引自程恩富、汪桂进、朱奎：《劳动创造价值的规范与实证研究》，上海财经大学出版社2005年版，第311页。

③ 马克思：《资本论》第3卷，人民出版社1975年版，第209页。

因此，如果说两对总量在生产价格转形前后是不一致的，那么这种不一致并不是由于什么别的原因所引起，而是同简单商品经济阶段的商品所内涵的劳动量与商品的由社会承认的价值量之间的不一致一样，是由作为资本品的商品身处其间的供求关系所引起的。如果按照我们前面的解析，将商品的供求关系看作是以物的形式所表现出来的人与人之间的社会关系，那么供求关系之对两对总量的关系的影响实际上也正是作为商品重要内涵之一的社会关系对商品价值决定作用的表现。需要指出的是，正如在前面已经指出的，由于社会关系在根本的方面决定着在生产商品的劳动过程中所耗费的劳动量是否能够（即在质的方面）和在多大程度上（即在量的方面）转形为价值，生产价格转形问题中前一期产出品通过生产价格转形而实现的投入过程也就是生产商品中耗费的劳动量借助于市场交换转形为作为"资本的产品"的商品价值的过程，而并不是已经形成的价值向生产价格的转形。这就是说，在这种转形之前只存在与生产价格相对应的以一定持续时间来计量的劳动量，而并不存在生产价格由以转形的商品价值。① 因此，一直以来的那种将生产价格转形问题理解为商品价值向生产价格转形的观点是错误的，而那种认为马克思劳动价值论"多余"的观点也是不能成立的，因为生产价格理论就是马克思关于资本主义商品经济阶段的劳动价值论。

如果说两对总量不等的问题是以供求关系为其表现形式的社会关系对商品价值（量）决定作用的表现，那么对于两对总量之是否相等的问题也就的确像马克思所说的"没有进一步考察的必要"了，② 因为它已经不再是总剩余价值与总利润、总价值与总生产价格在投入与产出过程中的单纯的数量转换，而是更多地取决于相对于这种总量关系而言的社会关系的外在因素。但是我们知道，许多人执拗于两对总量相等的问题，甚至马克思也在生产价格转形理论中强调两对总量相等的问题，其真实的理论意图并不是在单纯地追求一种数量关系的完美，而是因为两对总量能否同时相等的问题密切地关联着劳动价值论在生产价格阶段的历史适用性。因此，如果将两对总量不等的问题归咎于以供求关系为其表现形式的社会关系对商品价值的决定作用（柳欣据以这种作用将马克思的劳动价值论极端地

---

① 对于生产价格转形问题并不是价值向生产价格的转形而是资本主义商品经济阶段劳动时间向商品价值的转形，侯雨夫先生也表达了极为类似的观点。参阅侯雨夫：《马克思的劳动价值论研究》，社会科学文献出版社 2010 年版，第 534～551 页。

② 马克思：《资本论》第 3 卷，人民出版社 1975 年版，第 185 页。

称为"社会关系决定价值的理论"①），我们要解决马克思劳动价值论在生产价格阶段的历史适用性问题，就必须进一步说明，在两对总量是否同时相等问题中表现出来的社会关系对商品价值的决定作用是否符合马克思劳动价值论的基本理念。这一问题也是我们在马克思生产价格转形问题中最后要说的话。

三、社会关系的决定作用与马克思劳动价值论的正解

当我们将作为商品价值社会形式的人们之间的社会关系理解为这种关系借以表现和实现的商品之间以供求关系为实质内核的交换关系时，社会关系对商品价值所具有的决定作用很容易使我们联想到与劳动价值论尖锐对立的供求关系决定论，并据此将上述的观点归之于对马克思劳动价值论的严重背离。但是，如果我们不是把社会关系单纯地看作物与物之间的交换关系，而是进一步看作通过物与物关系的虚幻形式所反映出来的人与人之间的关系，并从这种人与人之间的关系进一步追溯它原初的基点，那么理论的结论就有可能完全是另一种模样。我们先来看在我们的分析中对商品生产价格（包括简单商品经济阶段的商品价值）具有决定作用而以物与物关系的虚幻形式表现出来的人与人之间的关系的实质内涵。

当分析商品价值借助于平均利润而生产价格化时，我们这里所涉及的社会关系首先是各个职能资本家（或者还应该包括土地所有者）之间的关系。由于生产的各种技术条件的千差万别，各个职能资本的有机构成必然也是不同的，由于资本有机构成的不同在任何时候都取决于所使用的劳动力和所使用的生产资料的技术比例以及劳动力和生产资料的价值，资本家无偿占有的剩余价值又是直接由雇佣劳动者所创造的，因而即使等量的资本也会由于资本有机构成的不同而"占有极不等量的剩余劳动"，并因而具有极不相同的利润率。正如马克思在分析一般利润率通过竞争而平均化的问题中所显示的，这种状况必然引起各个职能资本家之间为追逐最大化利润而展开相互竞争，从而促使利润率的平均化。因此，生产价格转形问题首先反映了各个职能资本家之间以"等量资本获得等量利润"为原则的关系。但是，通过各个职能资本家之间的竞争而被平均化了的利润不过是由雇佣劳动者所创造的剩余价值，这种剩余价值总是只有在被创造出来之后才能在资本家之间实现分配；而剩余价值被创造又依赖于资本家与工人之间雇佣劳动关系的存在。因此，在生产价格转形问题所反映出来的

①　王璐、郭金兴、王彩玲：《资本理论与货币理论》，人民出版社 2006 年版，第 32 页。

社会关系中，除了由各个职能资本家之间以平均利润为物化形式的社会关系之外，还有在更深的生产层次上存在的资本家与雇佣工人之间以劳动力商品为标的的买卖关系以及以此为基础的生产关系，而众所周知的是，工人之所以与资本家之间以劳动力商品为标的的买卖劳动关系又是以生产资料与劳动者的分离并集中在资本家手里为前提的。相对于生产价格转形阶段的资本主义商品经济来说，简单商品经济阶段的商品价值所反映的社会关系要相对简单得多，这主要是因为由于还没有像资本主义时代那样实现生产资料与劳动者的分离，简单商品经济阶段作为生产主体的个体商品生产者同时又是生产资料的所有者，但这并不意味着这里不存在像资本主义阶段那种劳动者与表现为资本的生产资料之间的结合关系，只不过这种结合关系并不是建立在劳动力商品买卖关系的基础上，而是建立在直接结合的基础上。另外，简单商品经济阶段的商品价值除了在生产上受制于这种劳动者与生产资料所有者的直接统一关系之外，还在生产过程后受制于类似于资本主义商品经济阶段各个职能资本家之间关系那样的各个商品生产者之间的关系，正是各个商品生产者之间的在价值规律作用之下的激烈竞争导致了商品价值不能由生产商品的个别劳动时间决定而只能由社会必要劳动时间来决定的状况。从上述的分析可以看出，无论是资本主义的发达商品经济还是前资本主义的简单商品经济，商品价值及其生产所受制的社会关系都主要表现为两个方面：一是由社会分工和生产资料私有制所决定的各个经济主体之间以等价交换原则交换其劳动的社会关系，具体表现为资本主义商品经济阶段各个职能资本家之间的关系和简单商品经济阶段各个商品生产者之间的关系；二是生产资料与直接劳动者之间的结合关系，或一般生产资料所有制所指谓的人与人之间针对生产资料所发生的关系，具体表现为资本主义商品经济阶段资本家和雇佣劳动者之间的间接结合关系和简单商品经济阶段商品生产者与自己所有的生产资料的直接结合关系。

那么，为什么在许多人的理解中，商品价值受制于社会关系的状况被看作是对劳动价值论的背离呢？这主要是因为在他们那里，无论哪一种关系都是外在于创造商品价值的劳动过程的。那么，这些社会关系真的是一种相对于生产商品的劳动过程而言的外在关系么？

如果像马克思所批判的庸俗经济学家那样"只是在表面的联系内兜圈子"，我们自然很容易形成这种直观的观念。但是，如果不是滞留于这种直观的观念，而是进一步追溯这些社会关系的历史的生成，我们就很容易建立起这些社会关系与劳动过程之间必须作为一个有机整体来理解的密切联系。正如马克思所指出，一切人类生存的第一个前提，也就是一切历史的第一个前提，这个前提是：人们为了能够"创造历史"，必须能够生活。但是为了生活，首先就需要吃喝住穿以及其他一些东西。因此第一个历史活动就是生产满足这些需要的资料，即生产物质生活本身。但是，"人们在生产中不仅仅影响自然界而且也相互影响。他们只有以一定的方式共同活动和互相交换其活动，才能进行生产。为了进行生产，人们相互之间便发生一定的联系和关系；只有在这些社会联系和社会关系的范围内，才会有他们对自然界的影响，才会有生产。"① 但是，生产者相互发生的各种社会关系并不仅仅是生产的随物质内容的变化而变化的被动形式，它同时还在积极的意义上构成这种生产过程借以展开和实现的社会形式，正如马克思所指出的，在过去一切历史阶段上产生受生产力制约而又同时制约生产力的交往形式，这些交往形式作为个人相互交往的条件，在它们之间的矛盾产生以前是与他们的个性相适应的条件。但这些条件并不是什么外部的东西，它们是这样一些条件，生存于一定关系中的一定的个人独立生产自己的物质生活以及与这种物质生活有关的东西，因而这些条件是个人的自主活动的条件，并且是由这种自主活动产生出来的。② 因此，作为人类历史基本前提的劳动，既不是一种剥去一切社会形式从而被永恒化了的人与自然之间的物质变换过程，当然更不是脱离任何物质变换过程的空洞的社会形式，而是一个作为物质内容的人与自然的关系与作为社会形式的人与人之间社会关系（或交往形式）的统一体。如果说劳动是物质内容与社会形式的有机统一，那么我们对它就不能在其内容与形式彼此相互分离的意义上理解，这就是说，既不能在纯粹物质内涵的意义上理解，也不能在纯粹社会形式的意义上理解。我们知道，资产阶级古典经济学恰是惯于将某种而事实上仅仅是资本主义的由特定的社会形式所决定，因而具有特殊性的生产方式或劳动方式看作是永恒的存在，并且正是因为这一点遭到马克思的严厉批判。马克思指出：一切生产都是个人在一定社会形式中并借这种社会形式而进行的对自然的占有，而"生产的一切时代有某些共同标志、共同规定。生产一般是一个抽象，但是只要它真正把共同点提出来，定下来，免得我们重复，它就是一个合理的抽象。不过，这个一般，或者说，经过比较而抽出来的共同点，本身就是有许多组成部分的、分为不同规定的东西。其中有些属于一切时代，另一些是几个

---

① 《马克思恩格斯选集》第 1 卷，人民出版社 1995 年版，第 344 页。
② 《马克思恩格斯选集》第 1 卷，人民出版社 1995 年版，第 123 页。

时代共有的。［有些］规定是最新时代和最古时代共有的。没有它们，任何生产都无从设想；但是，如果说最发达的语言和最不发达的语言共同具有一些规律和规定，那么，构成语言发展的恰恰是有别于这个共同点的差别。对生产一般适用的种种规定所以要抽出来，也正是为了不致因为有了统一而忘记本质的差别。那些证明现存社会关系永存与和谐的现代经济学家的全部智慧，就在于忘记这种差别。"①

对一般意义上的劳动过程的理解是如此，对于商品经济条件下作为商品价值源泉的劳动过程的理解同样应该如此。正如在一般历史观框架中常常抛开具体形式而在生产一般的意义上理解生产那样，资产阶级的古典经济学也常常抛开特定的社会形式理解创造价值的劳动过程。例如，斯密是将资本主义的生产方式看成是永恒的、自然的生产方式，但是他还曾经区分过社会的"原始状态"和他当时的"进步社会"；而李嘉图则不但不作这种区分，反而把资本主义生产方式永恒化的观念发展到极致，把原始时代的渔夫和猎人也看作是资本家。这样，生产商品并因而创造价值的劳动就变成了与任何社会形式无关而贯通一切社会形态的东西。同斯密和李嘉图一样，马克思也有对于创造价值的劳动过程的深刻理解。例如，在生产商品的劳动二重性学说中，马克思曾将生产商品的劳动过程拆分为具体劳动和抽象劳动两个方面，并将抽象劳动理解为凝结在商品中的、以持续时间来计量的无差别的一般人类劳动。而在对资本主义劳动过程的分析中，马克思又将劳动看作是人和自然之间的过程，理解为人以自身的活动来引起、调整和控制人和自然之间的物质变换的过程，并对劳动过程的简单要素以及人类劳动过程的特点等问题进行了详细的分析，建立起了非常完备的关于生产商品的劳动过程的一般理论。但是，马克思的这些分析也使人们常常有意无意地疏失他在这些分析中所预设的前提条件，这就是他对劳动过程的"撇开各种特定的社会形式"②的考察。事实上，马克思一方面曾经"撇开各种特定的社会形式"来考察生产商品的劳动过程，另一方面又总是更多地联系和结合曾经被撇开的"各种特定的社会形式"来考察劳动。在谈到资本主义的生产方式时马克思指出，作为一种特殊的、具有独特历史规定性的生产方式，资本主义生产方式是以生产条件的一定的社会形式为前提，这种社会形式表现在"物质劳动条件和工人相对立而具有一定的社会性质"，因而在生产中，工人同劳动条件的所有者之间，

---

① 《马克思恩格斯选集》第 2 卷，人民出版社 1995 年版，第 3 页。
② 马克思：《资本论》第 1 卷，人民出版社 1975 年版，第 201 页。

并且工人彼此之间，是处在一定的关系中。这些劳动条件转化为资本这个事实，又意味着直接生产者被剥夺了土地，因而存在着一定的土地所有权形式。因此，正是"资本和雇佣劳动的关系"决定着资本主义生产方式的全部性质。① 如果说在分析资本主义生产方式时马克思主要侧重于从"生产条件的所有者同直接生产者的直接关系"方面分析劳动过程的社会形式，那么在分析商品世界的拜物教性质时，马克思就主要是从商品生产者之间社会关系的角度分析劳动过程的社会形式。他说，上述的分析②表明，商品世界的这种拜物教性质"是来源于生产商品的劳动所特有的社会性质"，这具体表现在，"使用物品成为商品，只是因为它们是彼此独立进行的私人劳动的产品。这种私人劳动的总和形成社会总劳动。由于生产者只有通过交换他们的劳动产品才发生社会接触，因此，他们的私人劳动的特殊的社会性质也只有在这种交换中才表现出来。换句话说，私人劳动在事实上证实为社会总劳动的一部分，只是由于交换使劳动产品之间、从而使生产者之间发生了关系。因此，在生产者面前，他们的私人劳动的社会关系就表现为现在这个样子，就是说，不是表现为人们在自己劳动中的直接的社会关系，而是表现为人们之间的物的关系和物之间的社会关系。"③

如果将在资本主义生产方式中生产条件的所有者同直接生产者的直接关系和简单商品经济条件下商品生产者之间的关系看作是生产商品的劳动所特有的社会形式，那么，在生产商品的劳动过程中所耗费的以持续时间来计量的劳动量显然就是这种劳动过程的与社会形式相对立的物质内容，这种物质内容因其特有的社会形式的变化而改变自己的价值与非价值，以及价值与生产价格的不同形式。因此，同一般意义上的生产劳动一样，生产商品并因而创造商品价值的劳动也同样是物质内容与社会形式的有机统一。在这方面，任何对于这种表现一个有机整体的劳动过程的分离的理解都将扭曲劳动本身的真实样态。那么，当依据马克思的相关论述指明生产商品的劳动正如一般意义上的劳动过程一样是物质内容与社会形式的辩证统一的时候，我们又该如何理解马克思劳动价值论关于劳动创造价值的基本理念呢？这就是由于生产商品价值的劳动是物质内容与社会形式的辩证统一，因而商品价值由以决定的就绝不仅仅是脱去了社会关系形式的单纯

① 马克思：《资本论》第3卷，人民出版社1975年版，第993~995页。
② 参阅马克思：《资本论》第1卷，人民出版社1975年版，第88~89页。
③ 马克思：《资本论》第1卷，人民出版社1975年版，第89~90页。

活劳动的耗费与凝结，当然更不可能是"复兴的重商主义"所看到的"没有实体"的社会形式的单独创造，而是劳动过程的物质内容与社会形式相互作用的结果。毫无疑问，也正是这一点决定了商品价值在我们前面的分析中所具有的双重内涵。因此，我们强调在本质上表现为劳动过程社会形式的社会关系对于商品价值的决定作用并不违反马克思劳动价值论的基本理念；相反，坚持作为劳动过程社会形式的社会关系对于商品价值的决定作用才是对马克思劳动价值论的唯一正确的理解。对于作为劳动过程物质内容的活劳动凝结与社会形式的社会关系在商品价值决定中各自起怎样的作用，我们已经在前面的相关内容中（第三章第一节）做了详细分析，这里不再赘述。需要指出的是，由于作为价值创造源泉的劳动是马克思劳动价值论的具有基础意义的范畴，因而确立科学的劳动理论也是我们正确理解马克思劳动价值论的关键；而由于作为马克思劳动价值论基础性范畴的重要性，劳动问题也构成了新时期马克思劳动价值论争论的重要理论视点。但是，通过对各种争论观点的深刻分析我们发现，新时期马克思劳动价值论的争论对于劳动问题的研究大都聚焦在劳动外延的扩展方面，绝少将劳动作为一个物质内容与社会形式的有机整体来理解的趋向，这种偏向作为新时期马克思劳动价值论研究的某种局限，是我们不得不严肃地加以指出的。[①]

如果将社会关系在商品价值形成中的作用置于一种更广的理论语境中我们发现，这种作用将牵连出极其复杂的理论内涵，这就是在古典经济学以及马克思的劳动价值论中所内含的与现代西方经济学的技术关系分析方法尖锐对立社会关系分析方法。对这种经济分析方法的进一步扩展的分析将构成第六章的主题。

---

① 钱津曾提出"劳动整体创造价值"的观点，但他所谓的"劳动整体"并不是指劳动的物质内容与社会形式的统一，而是指劳动主体与劳动客体的统一，因而并不是我们所指谓的对劳动整体的理解。参阅钱津：《劳动价值论》，社会科学文献出版社 2005 年版，第20页。

第六章　劳动价值论的社会关系分析传统及其意义

社会关系分析方法和技术关系分析方法，就其展开的成熟形态而言，一般被看作是内含在古典经济学的劳动价值论和现代西方经济学的边际效用价值论中的两种不同的分析传统。作为古典经济学劳动价值理论的忠实传承者，马克思的劳动价值论浸透着浓重的社会关系分析方法的传统。深刻地分析社会关系分析方法的内涵与特点，对于中国今天剧烈分层的现实社会具有十分重要的理论价值和实践意义。

第一节　政治经济学分析方法的历史演变与两种分析方法的对立

一、政治经济学分析方法的历史演变

在《马克思经济学与古典一般均衡理论》一书的绪论中，柳欣指出："回顾两个世纪以来经济分析的发展历程，作为纯理论争论的一个核心与焦点，价值和分配理论的论争经历了各种不同分析方法的更迭与交替，至今依然是困扰着诸多经济学家的难题。总的来讲，不外乎两种分析方法的对立：一种是古典传统剩余理论的'社会关系'分析，另一种是新古典传统供求理论的'技术关系'分析。"① 那么，在所谓社会关系分析方法和技术关系分析方法更迭与交替的意义上，政治经济学的分析传统经历了一个怎样的历史演变呢？

按照柳欣的解释，虽然社会关系分析方法是古典经济学及其劳动价值论的分析传统，在这种分析传统中，它们主要立足于社会关系而非技术关

---

① 王璐、柳欣：《马克思经济学与古典一般均衡理论》，人民出版社 2006 年版，第 1 页。

系解释商品的交换价值，然而事实上，在西方古典经济学产生之前的经济思想中，人们对交换价值的分析与解释基本上也都是以社会关系为核心的。例如古希腊的亚里士多德和中世纪的阿奎那从"公平价格"的角度来解释交换的观点就表现了一种社会关系的分析传统。在西方有文字记载的古希腊和古罗马时代，商品价值的观念就已经随着商品交换的出现而产生了，这就是在古希腊思想家那里所形成的朴素的"值"的概念。作为古希腊思想的集大成者，亚里士多德也持有这种客观的价值观念，但他更强调从交换的角度来考察这一问题。他认为，公正的原则要求在交换前和交换后双方都没有盈余或亏损，其所保有的"值"仍然一样。虽然交换双方可能是不同职业的人，但为了使交换能够公正地进行并互换一切，必须能依据某种方法互相比较，从而使职业不同的、不平等的人的工作成为平等的，即交换的可能性是以交换诸商品的等一性为基础的，在交换中必须由同一物来衡量，并由此还原为相等的。在这些思想中，表现出亚里士多德从社会关系角度解释价值问题的核心质点在于商品在等价交换中所表现出来的等一性，它表明亚里士多德将商品的价值或"值"理解为一种商品之间的等同关系。对于亚里士多德的观点，马克思曾给予很高的评价，认为亚里士多德"最早分析了价值形式"，并且看到了"包含着这个价值表现的价值关系本身"。① 中世纪时期，亚尔贝兹·马格努及其弟子、被奉为中世纪神学泰斗和官方哲学代表的托马斯·阿奎那不仅继承了早期经济思想中的朴素的客观价值观念，而且将这种客观的价值观念与人类劳动联系在一起，从而形成了"公平价格"的观念。在《亚里士多德的〈尼克马赫伦理学〉诠释》以及《神学大全》等著作中，阿奎那不但认为所有人都应该劳动，而且更加强调商品与货币之间的均等以耗费的劳动为依据的原则。例如，他认为，在用房屋交换鞋子时，应当为房屋多付出代价，因为造房屋的人"在劳动的耗费与货币的支出上都超过鞋匠"。著名马克思主义经济学家米克认为，阿奎那等人的"公平价格"观念比后来的重商主义更接近于古典学派，它们的相似之处在于"它们都是一种用于分析社会关系的客观的价值理论"。② 中世纪之后，伴随着西欧封建制度的解体和资本主义生产方式的产生，社会关系分析方法也在重商主义以及重农学派等早期资产阶级经济学说的孕育中得到发展。重商主义作为资本主义的最初经济学说，以商品货币关系获得极大发展为基础的资本主义生

---

① 王璐、柳欣：《马克思经济学与古典一般均衡理论》，人民出版社 2006 年版，第 12 页。
② 王璐、柳欣：《马克思经济学与古典一般均衡理论》，人民出版社 2006 年版，第 15 页。

产方式作为研究的出发点，从流通领域来研究商业资本的运动，但其真正具有意义的或许是提出了通过贱买贵卖使预付货币实现增殖的货币价值概念，因为这里既包含着作为"预储资财"的资本概念，也包含着实质上是剩余价值的利润概念，而这些概念都与其所研究的资本主义生产方式及其生产关系具有密切的关联。此外，重商主义还具有一种主要从宏观经济的增量角度来考虑经济活动的特点，这种特点被认为"适合于其总量分析或与有效需求问题相联系"，而后来建立起完备的社会关系分析传统的"古典学派和马克思经济学关于价值理论的讨论则正是要建立这种总量分析的基础"。① 以"自然秩序"为整个经济思想体系基础的重农学派第一次明确地指认人类社会存在着不以人们的意志为转移的客观经济规律，这为政治经济学研究提出了认识客观规律的理论任务，并为古典经济学以后的发展指明了方向，直到马克思主义政治经济学将政治经济学的研究对象明确地定义为"资本主义生产方式以及和它相适应的生产关系和交换关系"。但是，重农学派对于社会关系分析方法的最为实质性的发展却是其以"纯产品"学说为理论基础的社会阶级结构理论。虽然重农学派对于"纯产品"的分析带有某种技术关系分析的味道，但由于其所说的农业并不是封建生产方式下的个体生产，而是按照资本主义方式经营的农业，因而它所谓的作为新创造出来的农产品超过该产品生产费用余额的"纯产品"就不是一般意义上的农业生产的剩余，而是资本主义生产中由直接从事土地耕作的工资劳动者为资本家创造的超出其劳动力价值的剩余价值。这里所反映出来的实质上是农业资本家与雇佣劳动者之间的阶级关系，这种阶级关系连同在"纯产品"的分配中所表现出来的生产阶级（租地农业资本家和农业工人）同土地所有者阶级（地主及其从属人员、国王、官吏等）之间的阶级关系所构成的资本主义社会的完整阶级结构，正是重农学派阶级关系分析方法的客观基础。霍华德和金认为，重农学派依据人们经济活动能否创造出纯产品来划分阶级的分析方法是后来古典理论和马克思经济学所继承的最为重要的方法。②

从18世纪开始，伴随着封建性行会手工业的解体，资本主义工场手工业得到了广泛发展。工场手工业的发展以及市场需求的增长又促进了各种新的技术发明在生产上的广泛运用，并从而推动了英国社会生产力的更大发展，这些因素再加上由18世纪60年代兴盛一时的殖民掠夺和海外扩

---

① 王璐、柳欣：《马克思经济学与古典一般均衡理论》，人民出版社2006年版，第19页。
② 王璐、柳欣：《马克思经济学与古典一般均衡理论》，人民出版社2006年版，第23页。

张所加速变化的社会经济关系，就形成了在亚当·斯密那里几乎以完成形式出现的社会关系分析方法。在 1776 年出版的《国民财富的性质和原因的研究》一书中，斯密指出，无论在哪个文明社会，只要产生资本累积和土地私有权，就会出现资本家、地主和劳动者，这三者"构成社会的三个基本阶级"。斯密指出，劳动的全部生产物全部都属于劳动者自己，它构成劳动的自然报酬或自然工资。但是一方面，资本一经在个别人手里积聚起来，当然就有一些人试图从劳动生产物的售卖或劳动对原材料增加的价值上得到一种利润，这样，劳动者对原材料增加的价值就必须分出一部分，用于支付雇主的利润，来报酬他垫付原材料和工资的那全部资本；而另一方面，一国的土地一旦完全成为私有财产，有土地的地主就会像一切其他人一样，都想不劳而获，甚至对土地的自然生产物也要求地租，试图将劳动生产物作为其自然报酬或自然工资的劳动者就必须将他所生产或采集的产物的一部分交给地主。这样，在资本主义生产方式下生产的商品的价值就不再决定于生产中耗费的劳动量，而是决定于工人、资本家和地主三大阶级的工资、利润和地租收入。因此，"工资、利润和地租，是一切收入和一切可交换价值的三个根本源泉。"① 虽然斯密三种收入决定价值的观点常常被指责为对劳动价值论基本立场的背离，但它也恰是在这种"背离"中体现出社会关系分析方法的传统。另外，绝不可将斯密的社会关系分析方法仅仅看作是对资本主义阶级关系的理论反映，因为在其劳动价值论创始的初始，斯密就规定价值学说的任务：讨论人们在以货币交换货物或以货物交换货物时所遵循的法则，这些法则决定所谓商品相对价值或交换价值。斯密的所谓交换价值在其本质上并不是马克思那里以持续时间来度量的劳动量，而是"由于占有某物而取得的对他种货物的购买力"，它表示"获得各种物品所需要的劳动量之间的比例"或在商品交换中所能购买到或所能支配的他人劳动量。显然，虽然交换价值在其直观的形式上表现为物与物之间的量的比例关系，但正如马克思所说，这是那种以物的形式表现出来的人与人之间（即商品生产者之间）的社会关系，这显然是一种更具原生态意味的社会关系分析方法，这种分析方法再加上通过资本对劳动者活劳动的购买这一中介，就可以建立起与三种收入决定价值的社会关系分析方法的逻辑联系。因此，正如霍华德和金所说，亚当·斯密是"将劳动价值理论建立在对社会关系的质的分析基础之上的第一位经济学家"。而在斯密与马克思的关系上，则正如米克所指出的，

---

① 亚当·斯密：《国民财富的性质和原因的研究》上卷，商务印书馆 1972 年版，第 47 页。

对于这种在经济研究过程中始终强调社会关系分析方法的做法，"毫无疑问，斯密必定是马克思传统最伟大的先驱，……因为斯密为马克思（当然也包括李嘉图）对资本主义社会的研究提供了一个在阶级关系特征分析框架下的全新的模型。"①

按照柳欣的解释，1870 年前后发生的"边际革命"是西方政治经济学分析方法历史转换的时间节点，自此以后，西方政治经济学逐渐抛弃了古典经济学和马克思经济学的社会关系分析方法，转向一种以新古典生产函数为基础的纯粹的技术关系分析方法。但是，如果要追寻政治经济学分析方法转换的历史源头，我们或许还是应该首先关注作为资产阶级庸俗经济学理论肇始的法国经济学家让·巴蒂斯特·萨伊对政治经济学研究对象的厘清。众所周知，正如斯密的《国民财富的性质和原因的研究》所显示的，政治经济学是研究国民财富的性质与原因的科学，而以斯密为代表的古典经济学者的特点则在于将国民财富的增长归因于雇佣劳动与资本之间的关系。对此，萨伊提出了尖锐的批评。他在《政治经济学概论》一书中指出，以往的一些经济学家在长久时间内，将严格地局限于研究社会秩序所根据的原则的政治学，和阐明财富是怎样生产、分配、消费的政治经济学混为一谈，这种混同不仅不能把问题弄明白，而且使它含糊不清，因此应该受到谴责。萨伊认为，政治学是研究社会秩序所根据的原则的，而政治经济学则是阐明财富怎样生产、分配与消费的，财富是不能依靠政治的，因而政治学和政治经济学也是不同因而必须加以区分的。② 显然，在萨伊的理解中，政治经济学要阐明财富的生产、分配与消费，就不能像古典经济学那样立足于人们之间特别是各个阶级之间的社会关系，而是必须抽象掉人与人之间的关系而专注于人与物之间的关系，或者说必须使政治经济学蜕去"政治"的色彩而转向纯粹的经济学。当现代西方新古典经济理论将诸如工会问题、公司权力结构、总需求状态、政府有关收入和价格的政策等资本主义经济中必然存在的各种问题统统推给"社会学"，而仅仅用技术、消费者偏好和给定的要素供给来解释资本主义的工资和利润问题的时候，③ 我们是不难判断它们与萨伊的庸俗经济理论之间的历史上的传承关系的。另外，古典经济学的创始人斯密和李嘉图把资本主义制度的产生和这一时期的主要问题资本积累作为研究的基本问题，但随着资

---

① 引自王璐、柳欣：《马克思经济学与古典一般均衡理论》，人民出版社 2006 年版，第 44 ~ 45 页。

② 萨伊：《政治经济学概论》，商务印书馆 1963 年版，第 15 页。

③ 王璐、柳欣：《马克思经济学与古典一般均衡理论》，人民出版社 2006 年版，第 318 页。

本主义制度的建立，经济学的研究开始转向相对价格的决定等更广泛的问题，这种转向同样在相当程度上影响了政治经济学分析方法的转变。1848年，李嘉图学说庸俗化的后继者约翰·穆勒出版的《政治经济学原理》一书，开始系统地用劳动价值论来解释相对价格问题。穆勒把技术关系引入古典学派理论来解释相对价格，其中不同的商品由不同的假设或因素所决定，这种解释方法导致了严重的逻辑矛盾，这种矛盾作为以后"边际革命"建立者主要的批判目标，构成了诱发政治经济学"边际革命"的重要因素。总之，一方面是萨伊对政治经济学研究对象的重新厘定从根本上扭转政治经济学研究的方向；另一方面则是李嘉图学派的解体所导致的社会关系分析方法的颓势，使政治经济学最终迎来了它技术关系分析方法统制的时代。

19世纪70年代，以英国的杰文斯、瑞士的瓦尔拉斯和奥地利的门格尔几乎同时提出的边际效用论为标志，西方政治经济学迎来了一场被称为"边际革命"的理论转向。通过这场理论转向，政治经济学改变了古典学派以总量关系为基础的"宏观经济学"的研究方向，转向以资源配置为理论主题的"微观经济学"。而借助于这场"边际革命"，崇尚边际分析的新古典学派开始登上现代西方经济理论的王座。当然，对于政治经济学的这种理论转折也绝不能单单从理论本身的矛盾与冲突中去理解；相反，"这种政治经济学研究方向的转变与当时的历史发展或所要解释的经济问题是密切相关的，即随着资本主义经济制度的建立，资本主义产生时期的资本积累已经完成，经济学开始转向相对价格的决定和资源配置的优化问题。"[①] 按照英国学者琼斯的观点，新古典经济理论"指的是这么一种经济理论的主干，该理论或者通过一般的、'理性的'、极大化和微观经济学的方法来研究经济现象，或者通过利用特殊的理论和概念——如以边际生产力来解释工资、或以完全竞争和所有价格具有完全可变性的思想来具体地体现19世纪新古典学派的某些中心思想。"[②] 而如果从分析方法转换的角度来看，新古典学派对于古典经济学的变革在于完全抛弃基于社会关系的传统分析方法，转向一套以新古典生产函数为基础的技术关系分析思路来解释相对价格问题以及现实社会的经济问题。正如美国著名马克思主义经济学家斯威齐所指出的，新古典经济学家完全抛弃了生产和分配中的

---

① 柳欣、郭金兴、王彩玲：《资本理论与货币理论》，人民出版社2006年版，第6页。

② 引自王璐、柳欣：《马克思经济学与古典一般均衡理论》，人民出版社2006年版，第315页。

社会（人与人之间的）关系，所研究的只是"一个与世隔绝的人（如鲁宾逊）是怎样在创造实际收入和享受闲暇之间分配其时间"的问题，也就是说，"各种经济理论工作都被主要看作是概念的构想和联结过程，而这些概念的特定的社会内容则已被抽掉了。"①

当然，新古典学派以边际分析为核心的技术关系分析方法也不可能长期地独占经济理论的门庭。20 世纪 50～60 年代，以英国剑桥大学经济学家琼·罗宾逊等为代表的新剑桥学派与以美国麻省理工学院教授萨缪尔森等人为代表的新古典综合学派之间，就资本、分配等一系列经济问题展开了激烈的论战。在这场被称为"剑桥资本争论"的论战中，新剑桥学派一方面极力曝光新古典学派诸如"资本计量"、"技术再转换"、"资本倒流"等理论缺陷；另一方面则秉承古典经济学的社会关系分析传统，强调社会经济关系在经济变量决定中的最终作用，从而表现出现代西方经济理论向古典经济理论社会关系分析方法的复古与回归。

那么，起先是在古典经济学与现代西方经济学的新古典学派之间，而后则是在新剑桥学派和新古典综合学派之间以对立形式出现的社会关系分析方法与技术关系方法到底是一种怎样的经济分析方法呢？让我们从其借以进行分析的社会关系与技术关系的内涵说起。

二、社会关系分析方法与技术关系方法的分歧与对立

在《马克思经济学与古典一般均衡理论》、《资本理论与货币理论》等经济学著作中，柳欣以技术关系分析方法和社会关系分析方法的分歧与对立解读 20 世纪 60～70 年代的"剑桥资本争论"，甚至在《资本理论与货币理论》一书中还专辟了"技术关系与社会关系"一节来讨论这两种分析方法借以分析的技术关系与社会关系。但是，在柳欣的这些著作中，我们却几乎找不到对技术关系分析方法和社会关系分析方法的完整介绍，而在"技术关系与社会关系"一节中也几乎看不到对技术关系与社会关系内涵的确切说明。因此，我们只能从柳欣著作对大量具体问题的分析中解析技术关系与社会关系的确切内涵以及与此相关联的经济分析方法。

首先来看所谓社会关系及其分析方法。

在分析马克思经济学时，柳欣指出，马克思经济学并不是要在古典经济学和李嘉图的体系中加入社会学，而是在于通过揭示李嘉图体系的混乱

---

① 引自王璐、柳欣：《马克思经济学与古典一般均衡理论》，人民出版社 2006 年版，第 184 页。

建立一种完全排除技术关系的理论体系，来表明资本主义的经济关系。这就是说，马克思把政治经济学的研究对象明确地定义为生产关系，或更进一步说是资本主义生产关系。在这种资本主义的生产关系中，由资本所体现的雇佣劳动者与资本家占有剩余价值之间的关系，即资本和劳动的对立关系是占统治地位和具有决定性的资本主义经济关系。在分析平均利润率时，柳欣指出，由于劳动是为资本所支配的，从而等量资本必然要求获得等量利润，由此将决定着存在一个"统一的利润率"的原则，商品的相对价格将由预付的工资（和其他生产资料）乘以统一的利润率所决定。这种均衡的存在和稳定性来自于资本家之间为获取更高的利润率的竞争所形成的资本在各个部门之间的流动，从而使统一的利润率成为"重力的中心"。在这里，资本主义的经济关系是指各个职能资本家之间（在某种意义上也包括资本家与地主之间）为获得最大利益所发生的关系。在分析斯密的社会关系研究方法时，柳欣指出，在"边际革命"之后兴起的新古典经济学家们常常把斯密的"看不见的手"仅仅作为一种完全排除经济制度与社会关系的纯粹的技术关系，而实际上，在斯密的研究中从来都没有而且也根本不可能舍弃对社会关系的关注。相反，对整个社会阶级关系或明或暗的剖析，正是贯穿于斯密《国富论》五篇内容的主线，其全部的理论如分工和交换，价值和价格、剩余分配理论以及资本积累理论等，在斯密那里都是围绕这一主线依次展开的。在这里，资本主义的经济关系包括地主、劳动者和资本家这三大基本阶级之间的经济关系。此外，除了以社会关系作为研究论域的核心之外，柳欣还认为，斯密的古典传统分析的特征还在于它是历史、制度、经济等诸种因素的结合，这些因素既包括经济发展程度和社会各不同阶级间的收入分配等客观因素，也包括那些受习惯、社会准则和时尚影响的主观因素。[①]

从柳欣的上述论述可以看出，就资本主义社会这一具有独特特征的社会而言，作为社会关系分析方法基础的社会关系主要包括：第一，劳动者与生产资料之间以雇佣劳动关系为基本结合形式的社会关系以及由此决定的雇佣劳动与资本之间的关系，这种关系构成资本主义经济关系的基础与主体，它实质上也就是在一定的社会生产方式中与生产力相对应的以生产资料所有制为基础的生产关系。第二，生产资料所有者之间以市场竞争和利润率平均化为表现形式的物质利益关系，就生产关系而言，这种物质利益关系是以雇佣劳动为特征的资本主义生产关系在交换分配等领域的进一

---

① 王璐、柳欣：《马克思经济学与古典一般均衡理论》，人民出版社 2006 年版，第 43 页。

步扩展。第三，以地主、劳动者和资本家这三大基本阶级为主干的社会阶级关系，这种阶级关系是资本主义生产关系在政治与社会领域的进一步扩展。当然，这种阶级关系是只有在物质利益关系的意义上才能被归入到社会关系分析方法所蕴涵的社会关系之中的。第四，历史、政治、文化以及习惯、准则、时尚等社会因素。那么，对于这些社会关系，我们应该具有怎样的认识呢？首先，这些社会关系是物质生产过程中人与人之间的关系，而作为人与人之间的关系，它构成了人类物质生产得以展开的与人与自然的关系相对应的基本前提。正如马克思在《〈政治经济学批判〉导言》所指出的，摆在我们面前的对象，首先是物质的生产，因而进行生产的个人的一定的物质生产自然是出发点。但是，这些从事物质生产的个人，绝不是处于某种虚幻的离群索居和固定不变状态中的人，而是处于一定的社会关系之中并借这种社会关系而进行生产的个人。因为我们越是往前追溯历史，个人，从而也是进行生产的个人，就越表现为不独立，从属于一个较大的整体。最初还是十分自然地在家庭和扩大成为氏族的家庭中，后来是在由氏族间的冲突和融合而产生的各种形式的公社中，再后来则是在18世纪由于人们的相互交往而形成的"市民社会"中。因此，孤立的个人在社会之外进行生产，就像许多人不在一起生活和彼此交谈而竟有语言发展一样，是不可思议的。① 其次，这些社会关系是物质生产中伴随着物质生产的发展而不断变化的历史性存在。例如，在简单商品经济阶段，社会关系在生产资料所有制层面表现为生产资料与劳动者的直接结合，而在社会层面则表现为既是生产资料所有者又是直接劳动者的商品生产者之间以等价交换原则互换其劳动的关系。由于生产资料所有者和直接劳动者的统一，资本与雇佣劳动之间的阶级对立在这里还不存在或仅仅以潜伏的状态存在。在资本主义的发达商品经济条件下，社会关系在生产资料所有制层面则表现为生产资料与劳动者以雇佣劳动形式的间接结合，在社会层面则表现为雇佣劳动者与资本家之间、地主与资本家之间以及各个职能资本家之间的复杂物质利益关系。由于生产资料所有者与直接劳动者的分离，阶级关系变成了这一时期社会关系最直观的表现。由于社会关系的这种变化，个人的只有在一定的社会形式中并借这种社会形式才能进行的物质生产便具有了一种历史的特征。

所谓经济学研究的社会关系分析方法，就是指那种以社会关系作为研究经济现实问题以及经济理论问题的基本视点的方法论。如果在经济理论

---

① 《马克思恩格斯选集》第 2 卷，人民出版社 1995 年版，第 2 页。

问题层面将政治经济学定义为以价值和分配问题为理论主干的科学学科，那么社会关系分析方法的基本要求就是将社会关系作为分析价值问题与分配问题的基本依据。在这方面，亚当·斯密关于三种收入决定价值的观点无疑是社会关系分析方法最经典的范例。此外，在分析方法方面表现出某种向古典传统回归迹象的以罗宾逊夫人为代表的新剑桥学派的经济分析方法也具有鲜明的社会关系分析方法的色彩，正如英国学者琼斯所指出的，"一般说来，剑桥学派，特别是罗宾逊夫人，和古典经济学一样更倾向于……'宏伟'理论，即在这种理论中，各种社会的、心理的、历史的因素和理论与一个模型结构中的经济要素交织在一起。"这就是说，像大多数的古典学者一样，新剑桥学派也强调了明确财产所有权对于获得不同收入的不同阶级之间的社会关系所具有的重要作用。①

其次来看所谓技术关系及其分析方法。

在分析马克思经济学与新古典理论之间的区别时，柳欣指出，新古典理论把经济分析的基础建立在生产函数的基础上，其理论的核心是资源配置的技术关系，其对所有现实问题的解释完全从技术关系的分析入手；而马克思经济学所要探讨的并不是生产的技术关系，作为技术关系的按比例分配社会劳动的要求一直存在于所有的社会制度中，他所要说明的是资本主义经济制度实现这种按比例分配社会劳动的特殊形式，即雇佣劳动和剩余价值。在分析新古典学派所理解的生产过程时，柳欣指出，在主流新古典理论中，生产是由厂商把作为生产要素的劳动和资本（这种资本是实物的资本品或机器）按照技术关系组合在一起，市场供求的"竞争"形成各种要素按照其边际产品或稀缺性决定的价格，并决定收入分配。

从柳欣的分析可以看出，作为技术关系分析方法依据的技术关系主要包括以下几个方面：第一，按比例分配社会劳动于社会各分工领域的关系。正如马克思所指出的，按一定比例分配社会劳动的必要性，绝不可能被社会生产的一定形式所取消，而可能改变的只是它的表现方式。无论什么样的社会制度，要保证社会生产和再生产的顺利进行，都需要生产资料、劳动力等生产要素在社会各生产部门之间按照一定比例的分配，否则就会造成各个生产部门发展的不平衡以及社会资源的浪费。因此，按比例分配社会劳动是一切社会物质生产正常进行的基本前提。第二，社会生产过程中的投入与产出关系。应该说，社会生产中投入与产出关系是一个交织着技术关系与社会关系的复杂关系网络，但新古典学派仅仅从技术关系

———————————

① 王璐、柳欣：《马克思经济学与古典一般均衡理论》，人民出版社 2006 年版，第 374 页。

角度理解物质生产的投入与产出关系，认为生产过程仅仅是按照一定的技术要求组合在一起的各种生产要素的投入与产出的物质转换关系，这种物质转换关系完全可以用生产函数从数量上加以描述，其经典的简化形式为：$Y = F(L, K)$（其中，Y、L、K分别表示生产过程的产出、劳动力和资本[①]）。第三，以供求关系为内涵的市场竞争关系。无论是在古典经济学还是新古典经济学中，市场竞争关系都是一种非常重要的经济关系。但是，技术关系分析方法中以技术关系形式出现的竞争却与社会关系分析方法中的竞争有明显的区别。在马克思经济学那里，资本主义经济关系中的竞争是指通过提高劳动生产率以获取超额剩余价值所表现出来的人们之间的利益冲突，而在技术关系分析中的竞争关系则完全抽象掉了人们之间的利益冲突或社会关系，而只涉及如信息传递等技术关系。第四，生产要素所有者之间的关系。在社会关系分析方法中，各生产要素所有者之间表现为一种阶级对立的关系，但是在技术关系分析方法中，无论地主、资本家还是劳动者都是作为一个拥有某种可以出售的商品的所有者出现的；而作为商品所有者，他们是站在一个完全平等的地位上，彼此间的关系并不是人格身份制度里的主仆关系，而是"自由平等的人与人之间的契约关系"。[②] 显然，尽管生产要素所有者之间的关系也是人与人之间的关系，但这种关系已全然没有社会关系分析方法中阶级关系的色彩，变成一种抽象而一般的人们之间的关系了。

作为一种在技术关系分析方法中被倚重的关系，技术关系具有与社会关系完全不同的性质和特点：首先，这些技术关系并不是人与人之间的社会联系，而是社会生产中人与物之间、物与物之间或人与自然之间的关系。正如亨特在比较马克思经济学与新古典学派时所指出的："马克思用人与人之间的社会关系来解释历史的发展，而新古典学派却使用物与物之间的关系；也就是说，后者指的是人与自然、技术之间的关系，而前者描述的则是'人与人在组织生产中结成的社会关系'。"[③] 其次，这些技术关系都是任何经济形式下进行的生产所必然具有的关系，因而是一切社会生产的永恒条件。正如马克思在提到生产一般时所指出的，尽管说到生产，总是指一定社会发展阶段上的生产——社会个人的生产。但是生产的一切时代又有某些共同标志，共同规定，没有它们，任何生产都无从设

---

① 王璐、柳欣：《马克思经济学与古典一般均衡理论》，人民出版社2006年版，第319页。
② 王璐、柳欣：《马克思经济学与古典一般均衡理论》，人民出版社2006年版，第197页。
③ 王璐、柳欣：《马克思经济学与古典一般均衡理论》，人民出版社2006年版，第183页。

想。例如，没有生产工具，哪怕这种生产工具不过是手，任何生产都不可能。没有过去的、积累的劳动，哪怕这种劳动不过是由于反复操作而积聚在野蛮人手上的技巧，任何生产都不可能。资本，别的不说，也是生产工具，也是过去的、客观化了的劳动。可见资本是一种一般的、永存的自然关系。①

如果说技术关系具有与社会关系完全不同的特点，那么以这种技术关系为基础所展开的对经济现实问题与经济理论问题的分析自然也就具有与社会关系分析方法完全不同的结论。例如，在古典经济学的社会关系分析方法中，简单商品经济条件下的商品价值由生产商品所耗费的劳动量决定，而这一劳动量等于购买到的劳动力价值；但是在出现土地私有和资本累积的资本主义条件下，商品的价值就不再单一地由劳动力价值决定，而是由劳动力价值、土地所有者的地租以及资本家的利润构成。商品价值的这种构成体现了雇佣劳动者、土地所有者以及资本家之间以物质利益为纽带的社会关系。但是，新古典学派的边际生产力理论（克拉克）则使用边际分析方法，借助于企业追求利润最大化的行为假设，通过把要素组合方式、产品市场和要素市场三个方面相联系来说明商品价格的决定，而市场供求因素和要素之间的技术关系则被看作是决定商品价格的关键因素。这就是说，在竞争均衡的条件下，商品价值决定于各生产要素的边际生产力，商品价值不过是各生产要素边际生产力的加总。由于一方面无论在什么地方，实际的经济发展都不会原始到绝对不使用资本的地步，亦如庞巴维克所说的"赤手空拳的生产"；另一方面在边际生产力理论的理解中，资本只是一种与其他生产要素一样的生产资料，正如李嘉图将原始人自己制造的打猎武器也当作资本那样，因此，商品价值就不会像古典分析方法所认为的"有了地主和雇主，才有了这种巨大的变化"。② 也就是说，不可能有商品价值由于社会关系的变化所引起的原始经济与现代经济的区别。这样，正如柳欣所指出的，资本主义制度的特定社会关系也就失去了任何意义。

作为两种不同的经济分析方法，社会关系分析方法和技术关系分析方法之间的区别是显而易见的，而这种区别的最为显见的方面则在于，技术关系分析方法在将那些物质生产的永恒条件作为经济分析的前提与基础的

---

① 《马克思恩格斯选集》第2卷，人民出版社1995年版，第3页。
② 引自王璐、柳欣：《马克思经济学与古典一般均衡理论》，人民出版社2006年版，第317页。

同时，也抛弃了包括价值、分配在内的一切经济问题随社会关系的变化而变化的历史性质，从而使那些在事实上只能归属于历史范畴的东西变成永恒的东西。这可以被看作是技术关系分析方法相对于社会关系分析方法的最为严重的局限。而事实上，这种将历史的东西永恒化的倾向在崇尚社会关系分析方法的古典经济学中也不同程度地存在着，因此也才会有恩格斯的如下批评："在他们看来，新的科学不是他们那个时代的关系和需要的表现，而是永恒的理性的表现，新的科学所发现的生产和交换的规律，不是这些活动的历史地规定的形式的规律，而是永恒的自然规律；它们是从人的本性中引申出来的。"① 但是，社会关系分析方法与技术关系分析方法也不是截然对立的，因为正如社会关系分析方法不可能完全脱离生产的技术关系那样，技术关系分析方法也不可能完全摆脱社会关系的纠缠，它们的问题仅仅在于将历史的社会关系看作是一种同技术关系一样的生产的永恒前提。从这个意义上说，所谓社会关系分析方法和技术关系分析方法的区别也仅仅表现在对经济问题的解析重心方面。

三、社会关系分析方法与技术关系分析方法的分歧 与对立在劳动价值论内部的体现

在谈到马克思的劳动价值论时，柳欣指出，当马克思将价值理解为通过市场上个人交换客体的货物所体现出来的人与人之间关系的时候，他就表现出社会关系分析方法而非技术关系分析方法的典型样态。因为当马克思将作为商品基本规定性的价值理解为人与人之间的社会关系的时候，它就不包含任何使用价值的原子而与技术关系完全无关。这似乎意味着，只要一种经济理论将商品（交换）价值理解为人与人之间的社会关系，其所包含的分析方法就具有社会关系的性质。当柳欣将社会关系分析方法与技术关系分析方法之间的分歧与对立一般地看作是古典经济学与马克思经济学同居于主流地位的现代西方新古典经济学之间分析方法的分歧与对立的时候，他也是明确地将社会关系分析方法看作是以劳动价值论为理论基础的古典经济学的分析传统。但是，实际情况可能要复杂得多，因为不仅在古典经济学与马克思经济学同现代西方新古典经济学之间存在着社会关系分析方法与技术关系分析方法的分歧与对立，就是在古典经济学的劳动价值论内部也存在着这两种分析方法的分歧与对立，而古典经济学的劳动价值论内部这两种分析方法之间的分歧与对立正是我们理论分析的核心

---

① 《马克思恩格斯选集》第 3 卷，人民出版社 1995 年版，第 493 页。

内容。

众所周知，古典经济学并没有从对交换价值的分析中抽象出价值概念，他们对商品价值的分析与考量基本上都是在交换价值的意义上进行的，而交换价值作为一种使用价值同另一种使用价值相交换的量的关系或比例，其所体现的社会关系是非常明显的，因为各种物品之间的交换关系不过是以物的形式表现出来的商品生产者之间的关系，正如霍奇森所指出的，"商品是一种为了交换而生产出来的货物或者劳务，这种交换就包含着一种特殊的社会关系的制度"。① 因此，尽管常常将自己的视野局限于这种社会关系的物的表现形式，对于古典经济学来说，要在这里确立一种对商品价值的基于社会关系的分析与认识却并不是一件十分困难的事情。这一点或许也正是古典经济学形成社会关系分析传统的主要原因。进一步说，正如马克思在对交换价值的分析中所指出的，不同使用价值之间以一定量的关系或比例而进行的交换意味着它们都包含着某种共同的东西，而这种共同的东西不可能是商品的几何的、物理的、化学的或其他的天然属性，而只能是生产商品所付出的"辛苦和麻烦"，仍用马克思的话来说就是凝结在商品中的无差别的人类劳动。那么，这种作为交换价值真实尺度的无差别的人类劳动是否也具有像交换价值一样的社会关系的特性呢？答案是肯定的。因为"使用物品成为商品，只是因为它们是彼此独立进行的私人劳动的产品。这种私人劳动的总和形成社会总劳动。由于生产者只有通过交换他们的劳动产品才发生社会接触，因此，他们的私人劳动的特殊的社会性质也只有在这种交换中才表现出来。换句话说，私人劳动在事实上证实为社会总劳动的一部分，只是由于交换使劳动产品，从而使生产者之间发生了关系。"② 然而，具有不同使用价值的商品要能够交换就必须具有量上的可比较性或可通约性，这就需要从相交换但又具有不同使用价值的商品中抽象出某种共同的东西，这就是凝结在商品中的无差别的人类劳动。因此，凝结在商品中的无差别的人类劳动之所以能够"取得一种社会等同的价值对象性"，甚至表现出与感觉上各不相同的使用价值的分离，主要的还是由于商品生产者互换其劳动的需要，因而仍然是人与人之间，而事实上是商品生产者之间一定社会关系的体现。

但是，无差别的人类劳动尽管表现为商品交换中的共同的东西，但却绝不是只在人的思维中存在的抽象的东西。相反，它表现为人们在生产商

---

① 霍奇森：《资本主义、价值和剥削》，商务印书馆1990年版，第44页。
② 马克思：《资本论》，人民出版社1975年版，第89页。

品的劳动过程中实实在在的脑力与体力在生理意义上的耗费。它之所以具有一种等同性也绝不是因为至少主要不是因为人类的抽象思维，而是因为市场交换对不同质与量的劳动过程的同质化还原。也正因为如此，这种抽象劳动才不是只能做质上的分析，而是还可以做量上的考察，这就是可以通过持续时间的长短来确定劳动量的多少，进而确定商品价值量的大小。正如马克思所指出的：使用价值或财货具有价值只是因为有抽象人类劳动体现在或物化在里面，而其价值量的计量则"是用所包含的'形成价值的实体'即劳动的量来计量。劳动本身的量是用劳动的持续时间来计量，而劳动时间又是用一定的时间单位如小时、日等作尺度。"但是，当借助于持续时间的长短来考量商品的以抽象劳动量来计量的商品价值量时，我们也就进入到了在经济分析方法的区分中应属于技术关系的领域。首先，作为商品价值的抽象劳动的耗费反映了生产过程中人与自然之间的关系。正如马克思所指出的，价值是凝结在商品中的一般人类劳动，是人类劳动力即人的脑、肌肉、神经、手等等的耗费，这也就是说，它在其原始的形式上就是人类的劳动力。但是，不仅这种最初只在劳动者身上以可能性形式存在的劳动能力不是商品的价值，就是其借助于其他的生产要素而在生产商品的劳动过程中以流动形式存在的人类劳动力同样不是价值。要使这种处于流动状态的人类劳动力或人类劳动形成商品的价值，就必须使其处于"凝固的状态中"或"物化的形式上"。那么，怎么才能使最初以可能或流动状态存在的人类劳动处于"凝固的状态中"或"物化的形式上"呢？这就是必须通过具体的劳动过程实现对劳动对象的积极改造。这里不仅需要在价值的社会关系分析方法中被抽象掉的人与劳动对象之间，而实际上也就是人与自然之间改造与改造的关系，因为抽象劳动的凝结只能是通过对被改造对象的改造并在被改造劳动对象的身上实现，而且也需要在马克思的劳动二重性学说中被抽象掉了的与抽象劳动相对应的具体劳动形式，因为只有借助于劳动的具体形式，劳动对象才能被实际地改造。因此，以一定的持续时间来计量的抽象劳动量绝不只在人类劳动等同性的意义上反映商品生产者之间的一定的社会联系或社会关系，它还在其必须被凝结与物化的意义上体现着人与自然之间的一定关系。其次，作为商品价值的抽象劳动的耗费反映了生产过程中人与技术之间的关系。我们知道，商品的价值量取决于生产商品所耗费的同时也是凝结在劳动对象中的劳动量，但是如果我们要进一步考察凝结在劳动对象中的抽象劳动的量就必然涉及人与自然之间以一定的技术条件所决定的关系，这不仅对于决定商品个别价值的个别劳动时间来说是如此，而且对于决定商品社会价值的社会必要劳动时间来说也是如此。在谈到决定商品社会价值的社会必要劳动时间时马克思指出，生产商品所需要的劳动时间随着劳动生产力的每一变动而变动。劳动生产力是由多种情况决定的，其中包括：工人的平均熟练程度，科学的发展水平和它在工艺上应用的程度，生产过程的社会结合，生产资料的规模和效能，以及自然条件。不难发现，凝结在商品中的劳动量的多少从而商品（社会）价值量的大小更多地取决于表现为技术条件的劳动生产力。对于个别商品生产者来说，由各种相关因素所引起的劳动生产力的变化虽然并不会引起个别商品的由社会必要劳动时间度量的价值量的即时变化，但却可以引起凝结在商品中的个别劳动量的变化，并从而造成劳动生产力与商品个别价值之间的反比关系。显然，如果忽视人与生产的物质技术条件之间的技术性关系，我们就不可能获得对凝结在商品中的劳动量的正确理解。最后，作为商品价值的抽象劳动的耗费反映了商品生产甚至一般使用价值生产的永恒条件。如前所述，作为商品价值的抽象劳动的耗费是只有在人与自然之间的关系中，并借助于生产商品的具体劳动形式才能够实现的，但是，人借助于一定的具体劳动形式改造自然对象，并在这种改造中实现人与自然之间的物质变换与能量变换，并不仅仅是商品生产的物质技术条件，它同时也是人类一切生产得以展开的永恒技术条件。因为人与自然之间的关系只有通过劳动的具体的有用的形式才能展开，而人与自然之间的关系借劳动的具体的有用的形式的展开也就是人以自身的活动来引起、调整和控制人与自然之间物质变换的劳动过程，这种劳动过程用马克思的话来说，就是"制造使用价值的有目的的活动，是为了人类的需要而占有自然物，是人和自然之间的物质变换的一般条件，是人类生活的永恒的自然条件，因此，它不以人类生活的任何形式为转移，倒不如说，它是人类生活的一切社会形式所共有的。"① 另一方面，正如马克思所指出的，如果我们将生产活动的特定性质撇开，从而把劳动的有用性质撇开，那么生产活动就都只剩下一点：它是人类劳动力的耗费。但是，这种人类劳动力的耗费并不仅仅是生产商品的缝和织的不同有用劳动的共同性，它还是生产作为商品的劳动产品的劳动和生产不是商品的劳动产品的劳动的共同性，它们之间的区别不在于是否耗费人类的劳动力，而在于人类劳动力的耗费在何种条件下转形成为价值。因此，作为商品价值的抽象劳动的耗费绝不仅仅在人与自然之间的物质技术关系上反映了人类物质生产条件的永恒性，同时它还在人类劳动力耗费的意义上体现

---

① 马克思：《资本论》第 1 卷，人民出版社 1975 年版，第 208～209 页。

了人类物质生产条件的永恒性。

据以前述对于社会关系与技术关系的区分，我们把那种仅仅立足于或主要立足于人与人之间社会关系的角度理解商品价值问题的分析方法称为社会关系分析方法，而将那种仅仅立足于或主要立足于商品价值量中所反映出来的技术关系的角度理解商品价值问题的分析方法称为技术关系分析方法。正如现代西方经济学新古典学派和新剑桥学派之间的争论表现为两种分析方法上的对立那样，在古典经济学的劳动价值论内部，社会关系分析方法和技术关系分析方法也曾经是两种具有鲜明对立色彩的分析方法。

正如许多斯密价值学说的研究者所指认的，斯密"在决定价值的劳动概念上有着二元论的观点"，这具体体现在，他一方面将商品价值的决定归结为商品生产中所耗费的劳动即"获得它的辛苦和麻烦"，另一方面又将商品价值的决定归源于在交换中"购买或支配的劳动"。如果我们做认真分析就会发现，斯密关于商品价值的二元决定正是体现了社会关系分析方法与技术关系分析方法的并列与共存。由于简单商品经济阶段在商品生产中所"耗费的劳动"与在交换中"购买或支配的劳动"是等同的，因而社会关系分析方法与技术关系分析方法在斯密劳动价值论中的并存没有表现出根本的矛盾。但是，当人类历史从"初期的野蛮社会"进入土地私有和资本累积的"进步社会"时，商品生产中所"耗费的劳动"与在交换中"购买或支配的劳动"的不等就使斯密转向由交换中"购买或支配的劳动"单一决定的一元决定论，这就是三种收入决定商品价值的观点。这说明斯密最终抛弃了技术关系分析方法而转向了社会关系分析方法。但是，斯密关于商品价值决定于在交换中"购买或支配的劳动"的观点遭到其后继者李嘉图的激烈批判。在李嘉图看来，那些数量可以有人类劳动增加、生产可以不受限制地进行竞争的商品的价值"取决于其生产所必需的相对劳动量"，而价值量的大小则与这种劳动量成正比。他说："如果体现在商品中的劳动量规定商品的交换价值，那末，劳动量每有增加，就一定会使在其上施加劳动的商品的价值增加，劳动量每有减少，也一定会使之减少。"① 基于这种观点，李嘉图批评斯密基于资本累积和土地私有所发生的由"耗费的劳动"决定价值的原则向"支配的劳动"决定价值的原则的转变，并认为这是亚当·斯密"在价值方面的原始错误"。但是，正如我们在生产价格转形问题的分析中所指出的，李嘉图对斯密的批评是站不住脚的，因为他在坚持商品价值量由生产商品所耗

① 大卫·李嘉图:《政治经济学及赋税原理》，商务印书馆 1976 年版，第 9 页。

费的劳动时间决定的观点的同时又遭遇到劳动时间决定价值的规律同等量资本得到等量利润的规律之间的深刻矛盾，而等量资本得到等量利润恰是由于资本累积和土地私有所引起的资本主义社会关系的深刻变化。那么，问题的症结到底在哪里呢？罗宾逊夫人对马克思经济学的一段评述或许能给我们予深刻的启示，她说："马克思接受了李嘉图关于收入分配的许多思想的要旨，但是他断定李嘉图分析的问题不对头。要分析剩余产品的来源才能理解资本主义的性质，而剩余产品的来源不能单从技术关系方面进行探索。"① 这就是说，李嘉图价值理论的自身矛盾源于其单纯的技术关系分析方法。举一个简单的例子。在斯密那里，资本一经在某些人手中累积起来，就必然作为一种欲图获得更多价值的价值而存在，而在这个意义上，资本就不再是一般意义上的生产资料，而是体现在物上的"一定的、社会的属于一定历史的社会形态的生产关系"。但是在李嘉图那里，资本就是资本主义生产中资本家所拥有的机器、厂房等生产工具，这种生产工具与猎人捕猎猎物时所使用的生产工具并没有什么本质的区别。可见，在李嘉图那里，资本所承载的资本主义的社会关系的意义被完全抛弃而只留下一个纯技术性的生产要素了，而立足于这种纯技术性生产要素的经济分析当然也就只能是一种的单纯的技术关系分析方法了。

但是，在劳动价值论内部，所谓的技术关系分析方法与社会关系分析方法原本并不具有它在斯密与李嘉图的价值理论中所演绎的那种复杂的矛盾性，这种矛盾性更多的还是由于他们过于褊狭的思维方式的结果。因为正如我们在对马克思价值概念的解析中所指出的，商品价值包含着以持续时间来计量的劳动量与社会关系的双重内涵，因而商品价值也就只能在技术关系与社会关系的双重方法论中获得释读。也许有人会说，其实，无论是斯密还是李嘉图，从某种意义上说，他们都已经意识到了商品价值的双重决定，斯密关于商品价值的双重决定以及李嘉图在坚持商品价值决定于耗费的劳动量的同时坚持等量资本得到等量利润，都可以说明这一点。因此，问题的关键就不仅在于在一般的意义上认识到技术关系与社会关系的双重决定，而且还在于必须在更深刻的意义上认识到双重决定以及由此所决定的技术关系分析方法与社会关系分析方法之间的辩证联系。从劳动价值论的历史发展来看，由于李嘉图学派的解体和由此引起的劳动价值论在古典经济学中的衰落，这一理论任务就最终降临到了马克思劳动价值论的肩上。

---

① 引自王璐、柳欣：《马克思经济学与古典一般均衡理论》，人民出版社 2006 年版，第177 页。

第二节 马克思劳动价值论的社会关系分析方法及其科学性

一、马克思劳动价值论经济分析方法的社会关系性质

如果说在古典经济学的劳动价值论内部存在着经济分析方法的二元矛盾，那么马克思的劳动价值论所运用的又是一种怎样的经济分析方法呢？柳欣认为，马克思的价值理论是在批判地继承古典学派理论的基础上发展起来的，而古典学派的价值理论所运用的是社会关系分析方法，这种由社会关系分析方法所解析的价值概念区别于新古典学派由技术关系决定的相对价格的地方，在于存在着由社会关系所决定的价格的变形或转形，即无论商品的交换比例怎样由技术关系决定或如何符合资源配置优化的要求，这些比例都必须转化为由社会关系所决定的价值单位。而这种价值量是一种特殊的总量关系，它不表示任何技术上或实物上的计量，而是要表示由社会关系决定的收入分配关系。而在《资本论》第 1 卷第 1 章中，马克思从商品二重性和劳动二重性出发，把由技术关系所决定的使用价值和具体劳动与作为社会关系的价值与抽象劳动加以明确地区分，借以表明价值只取决于社会关系而与技术关系完全无关。① 此外，马克思关于社会必要劳动时间的定义以及关于劳动生产率与价值量成反比关系的论述，在柳欣看来，也正是为了把技术关系完全排除在价值决定之外，从而表明技术或劳动生产率只与使用价值有关，而与价值无关，价值所表示的只是人们之间的社会关系，而不包含任何使用价值的原子。因此，马克思劳动价值论的经济分析方法只能是延续了古典经济学的社会关系分析方法。而据以对马克思劳动价值论经济分析方法的社会关系指认，柳欣甚至将马克思的价值理论极端地称为"社会关系决定价值的理论"，这种"社会关系决定价值的理论"不仅是坚定地立足于人们"在商品生产中所结成的社会关系"来分析价值问题，而且完全排斥一切立足于技术关系的解读意向。但是，在对马克思价值理论分析方法的指认中也还存在着另一种观点的尖锐对立，这就是坚持从持续劳动时间的长短来分析商品的价值，轻视、忽视和否认社会关系对商品价值的影响。例如，在对马克思劳动价值论的传统理解中，劳动价值论关于商品和价值的原理和规律常常被看作是必然地适用

---

① 王璐、柳欣：《马克思经济学与古典一般均衡理论》，人民出版社 2006 年版，第 186 页。

于一切商品生产形式的最一般、最抽象、最简单的规定，而忽视或否认了劳动价值论及其所揭示的原理和规律随社会关系的变化所发生的变化。事实上，正如我们在对生产价格转形问题的分析中所指出的，商品价值形态从最初由耗费的劳动时间决定到后来由斯密"购买的劳动"决定的转形正是社会关系由生产资料资本占有形式的变化所引起的结果，而与生产商品所耗费的劳动时间的技术因素没有关系；随着商品内含的劳动量从价值向生产价格的转形，劳动价值论也就必然从其适用于简单商品经济的原生形态过渡到适用于资本主义商品经济的次生形态（生产价格理论）。再如，在对马克思劳动价值论的传统理解中，商品价值常常被看作是"按照马克思的生产、分配、交换和消费一般关系的原理"而仅仅"属于生产领域的范畴"，因而它只与生产商品所耗费的劳动时间有关而与供求关系的变化无关。而沿着这样的逻辑理路推论下去，商品的价值就不可能是在马克思那里反映"人们自己的一定社会关系"而由社会必要劳动时间所决定的社会价值，只能是丁宝骏所理解的"只是反映了产品与劳动耗费之间的关系，根本不反映任何人与人之间交换劳动的关系，甚至也不反映这个物和人的需要之间的关系"的、由个别劳动时间所决定的个别价值。① 不难发现，尽管也是坚持了一种劳动时间决定价值的理念，这种对马克思劳动价值论的理解确实更多地强调了劳动时间所内涵的技术关系，而忽视或否认了社会关系对商品价值的决定和影响，因而只能被看作是一种对马克思价值理论分析方法的具有鲜明技术关系色彩的指认。

那么，马克思的劳动价值论所运用的到底是一种怎样的经济分析方法呢？尽管不太认同柳欣基于社会关系分析方法的运用而对于马克思劳动价值论所谓"社会关系决定价值的理论"的偏执指认，我们还是更倾向于认为，马克思劳动价值论所运用的是一种与技术关系分析方法不同的社会关系分析方法。我们知道，在马克思关于"三大社会形态"的理论中，资本主义社会同奴隶社会与封建社会这些以私有制为基础的社会一样都属于"以物的依赖性为基础"的社会，但是，相对于奴隶社会与封建社会，资本主义社会显然又是一个"物的依赖性"高度发展的社会，这表现在"资本主义生产方式占统治地位的社会财富，表现为'庞大的商品堆积'"，而这种物质财富的"庞大"堆积常常障碍甚至像亚当·斯密这样的卓越经济学家的"法眼"，使其常常在物的依赖关系的过度倚重中疏失由这种关系所表现的人与人之间的关系，并使事实上正是在他们的时代

---

① 参阅侯雨夫：《马克思的劳动价值论研究》，社会科学文献出版社 2010 年版，第 185 页。

形成的社会关系分析方法表现出浓重的"物化"色彩。但是，马克思与这些经济学家之间不同的地方，在于他总是能够从这些庞大的商品堆积以及由此表现出来的物与物的关系中揭示出人与人之间社会关系的身影，正如列宁所指出的："凡是资产阶级经济学家看到物与物关系的地方，马克思都揭示了人与人之间的关系。"① 毫无疑问，马克思价值理论中的社会关系分析方法正是从这种被古典经济学家所疏失的社会关系中引申出来的。那么，马克思为什么总是要撇开物与物之间的关系，去揭示隐藏在其后面的人与人之间的关系呢？

我们知道，虽然亚当·斯密和大卫·李嘉图是马克思经济理论的重要先驱，但马克思对古典经济学却始终采取严肃批判的态度。在马克思经济学看来，古典经济学的根本缺陷在于，在把新的科学所发现的生产和交换的规律看作是从人的本性中引申出来的规律的同时蜕变变成了辩护资本主义制度的理论工具。但是，自从做《莱茵报》主编触及社会现实问题开始，马克思就逐渐确立了批判资本主义制度的理论立场，而在这方面，黑格尔的历史主义对马克思批判立场的确立提供了巨大的学理启示，这就是历史也同认识一样，永远不会把人类的某种完美的理想状态看作尽善尽美的；完美的社会、完美的"国家"是只有在幻想中才能存在的东西；相反，一切依次更替的历史状态都只是人类社会由低级到高级的无穷发展进程中的一些暂时阶段。每一个阶段都是必然的，因此，对它发生的那个时代和那些条件来说，都有它存在的理由；但是对它自己内部逐渐发展起来的新的、更高的条件来说，它就变成过时的和没有存在的理由了；它不得不让位于更高的阶段，而这个更高的阶段也要走向衰落和灭亡。② 显然，以这样的启示去做一种推断，那也就是说，资本主义社会并不是坚实的结晶体，而是一个能够变化并且经常处于变化过程中的有机体，是一个虽然对当下的条件来说具有存在的理由但却最终必然走向衰败和灭亡并不得不让位于更高阶段的历史的、暂时的社会形态。正是从这样的立场出发，马克思一方面坚持认为人类历史的不同阶段都有它自己的规律，一旦生活经过了一定的发展时期，由一定阶段进入另一阶段时，它就开始受另外的规律的支配；另一方面则坚决批判资产阶级经济学家关于经济生活永恒规律的看法，认为那种不管是应用于现在或过去都是一样的"经济生活的一般规律"是不存在的。但是，通过对人类历史而特别是资本主义社会的

① 《列宁选集》第2卷，人民出版社1995年版，第312页。
② 《马克思恩格斯选集》第4卷，人民出版社1995年版，第216~217页。

考察马克思发现，这里存在着技术关系（自然关系）和社会关系的交互作用，其中的技术关系或自然关系，无论是在资产阶级经济学著作中被归之于"生产一般"的生产要素，还是按比例分配社会劳动的必要性，都是一切社会形态所共有的，因而也是人类历史变化和发展的永恒的自然必然性；而其中的社会关系特别是生产资料的所有制关系，却由于一开始是人们自主活动的条件而后又变成它的桎梏而"在整个历史发展中构成一个有联系的交往形式的序列"。显然，由于"**生产关系总和起来就构成**所谓**社会关系，构成为所谓社会，并且构成为一个处于一定历史发展阶段上的社会，具有独特的特征的社会**"，① 人类社会的变化与发展，从而资本主义社会由这种变化和发展所造成的历史暂时性就首先应该从社会关系而首先是生产资料所有制关系的变化与发展中去理解，而不是、也不能从那些反映人类历史变化和发展的永恒的自然必然性的技术关系中去理解。正是在这样一种理论逻辑的基点上，马克思把政治经济学的研究对象明确地定义为生产关系，而更确切地说是资本主义的生产关系。那么，怎么研究资本主义的生产关系呢？众所周知，资本主义经济是商品经济的发达的形式，因而资本主义的复杂社会关系也就是那些在简单商品经济阶段以胚胎与萌芽形式存在的社会关系的更趋成熟的状态。因此，从抽象上升到具体以及逻辑与历史相统一的方法论原则来看，要分析与研究资本主义之历史暂时性借以表现的复杂社会关系就必须首先研究这些关系在简单商品经济中以胚胎与萌芽形式的存在，这就是商品通过其交换价值和价值所表现出来的人与人之间的关系。这样，正如柳欣所说："作为社会关系代表的'价值'，在马克思那里就成为了揭露这种资本主义生产关系性质和矛盾的最基本的分析工具和基础。而马克思也正是通过在对劳动及劳动价值的阐述中发现了剩余价值的秘密，从而揭示了资本主义产生、发展和灭亡的历史规律。"② 因此，如果要问马克思为什么一定要在对商品价值的研究中通过揭示人与人之间的关系贯彻一种社会关系分析方法，我们就首先要从马克思劳动价值论的历史使命中去理解，因为正是这种历史使命使马克思比作为其理论先驱的古典经济学坚持了一种更彻底的社会关系分析方法。

那么，马克思的劳动价值论对商品价值问题的分析中到底怎样贯彻了

① 《马克思恩格斯选集》第 1 卷，人民出版社 1995 年版，第 345 页。
② 王璐、柳欣：《马克思经济学与古典一般均衡理论》，人民出版社 2006 年版，第 175 ~ 176 页。

一种更为彻底的社会关系分析方法呢？这就是始终坚定地立足于人与人之间的社会关系理解商品价值。具体说来，第一，立足于社会关系理解商品价值的质的规定，从而将商品的价值理解为人与人之间的以物的形式所表现出来的社会关系。正如马克思所指出的，商品形式和它借以得到表现的劳动产品的关系"只是人们自己的一定的社会关系"，只不过由于生产商品的劳动所特有的社会性质，劳动的那些社会规定借以实现的生产者的关系"反映成存在于生产者之外的物与物之间的社会关系"。如前所述，马克思对商品价值的分析是从交换价值入手的，而在商品的交换价值中，人们是比较容易确立一种社会关系的分析思路的，这一点也正是古典经济学家对于马克思经济学的有限贡献。而马克思的劳动价值论则不仅将对商品交换价值的认识推进到了价值层面，而且正是在价值这一更深层次的基点上揭示了其社会关系的性质。马克思指出，完全不同的劳动之所以被化为完全同质的人类劳动力的耗费，不是因为在他们看来这些物只是同种人类劳动的物质外壳。恰恰相反，他们在交换中使他们的各种产品作为价值彼此相等，也就使他们的各种劳动作为人类劳动而彼此相等。这里所体现的恰恰是加里阿尼所说的人与人之间的关系。显然，这是一种比资产阶级古典经济学更深刻的指认。第二，立足于社会关系理解商品价值的量的规定，从而将商品的价值理解为由人与人之间的社会关系所规定的东西。众所周知，与古典经济学的劳动价值论一样，马克思也是以劳动时间的持续对商品价值做量的规定的，但马克思并没有像古典经济学那样在直接的"耗费的劳动"的意义上，而是在社会必要劳动时间的意义上理解商品的价值量，从某种意义上说，在直接的"耗费的劳动"的意义上理解商品的价值量恰是古典经济学劳动价值论诸多矛盾的根源。而社会必要劳动时间中的"社会"恰是凝聚各种社会关系的焦点。正如马克思所说，社会必要劳动时间中的"社会"有许多含义，它不仅包含着生产同种商品的商品生产者之间为使商品形成一个相同的"市场价值或市场价格"而形成的社会关系，而且包含着生产不同种商品的商品生产者为实现其劳动产品的交换而形成的社会关系。只有在这些社会关系中并借助于这些社会关系的作用，生产中耗费的劳动才能最终转形为价值，成为与商品使用价值相对应的另一个属性。因此，不仅对商品价值的质的规定的理解不能脱离这些社会关系，就是对商品价值的量的规定的理解也不能脱离这些社会关系。第三，立足于社会关系的历史发展理解商品的价值形态（或形式），从而将商品价值理解为伴随社会关系而不断变化的存在。正如马克思所指出的，劳动产品分裂为有用物和价值物，实际上只是发生在交换已经十分广泛和十分重要的时候，对商品价值立足于社会关系的理解还包含着一种的历史的维度。因为社会关系作为人类物质生产中的历史因素总是处于不断的变化和发展之中，而随着社会关系的不断变化与发展，商品价值也就必然采取不同的历史形态。如果我们将马克思关于价值形式从简单的、偶然的价值形式，经由总和的、扩大的价值形式、一般价值形式直到货币形式的发展看作是这种价值形式在简单商品经济阶段的历史样态，并且在这一阶段，商品价值直接表现为其内涵的劳动量，那么，在资本主义的自由竞争阶段，作为"资本的产品"的商品价值就不再表现为与其内涵的劳动量的完全或基本一致，而是表现为符合等量资本获取等量利润要求的生产价格，因为在这个阶段不仅存在着在简单商品经济阶段不可能存在的雇佣劳动与资本之间的关系，而且还存在着地主与资本家之间以及各个职能资本家之间以争取平均利润为目标的物质利益关系，这就使商品价值必须采取与简单商品经济阶段不同的历史形式。同样，当资本主义由自由竞争阶段进入到垄断阶段之后，由于垄断组织的存在所衍生的新型经济关系，商品价值又将采取与生产价格不同的形式，这就是包含垄断利润的垄断价格。因此，正如有论者所指出的，商品以生产价格进行交换比以价值进行交换所要求的社会生产发展阶段要高得多，而以垄断价格进行交换又比以生产价格进行交换所要求的社会生产发展阶段高得多。①

但是，尽管坚持了彻底的社会关系分析方法，马克思的劳动价值论绝不是一种"社会关系决定价值的理论"，因为马克思的社会关系分析方法并不像柳欣所理解的那样完全排斥技术关系。这一点作为马克思经济学区别于古典经济学社会关系分析方法上的重要之点，也构成了马克思劳动价值论社会关系分析方法的根本特征。进一步解析这种根本特征是我们深化对马克思劳动价值论社会关系分析方法认识的基本要求。

二、马克思社会关系分析方法的根本特征

在《马克思经济学与古典一般均衡理论》中，柳欣认为，马克思继承了李嘉图关于价值与分配问题的基本理论框架，但鉴于李嘉图由于混淆技术关系与社会关系而造成的矛盾，马克思批评了李嘉图把劳动价值论与技术上的劳动生产率相联系的做法，从而建立了一种完全排除技术关系的理论体系来表明资本主义的经济关系。因此，马克思的经济分析方法是一种完全排斥技术关系解读思路的纯粹的社会关系分析方法。我们认为，这

① 白暴力：《劳动创造价值论》，中国人民大学出版社 2004 年版，第 142 页。

种认识是片面的。如前所述，由于将资本主义的生产关系所标称的资本主义的历史暂时性作为主要的研究对象，马克思在劳动价值论的理论体系中坚持和贯彻了一种比之于古典经济学更为彻底的社会关系分析方法。但是，马克思与古典经济学经济分析方法的区别在于他并没有对技术关系采取一种完全拒斥的态度，而是始终在社会关系与技术关系相统一的基础上展开对劳动价值论一系列相关理论问题的分析与研究，并由此显示出其经济分析方法的鲜明特质。下面，我们以资本作为一个例证来分析马克思社会关系分析方法的根本特征。

正如马克思所指出的，资本不是物，而是一定的、社会的、属于一定历史的社会形态的生产关系。但是，在政治经济学的历史发展中，并不是马克思才第一次认识到资本作为一种社会关系的存在，作为古典经济学理论体系建立者的亚当·斯密就已经在某种程度上意识到资本作为一种社会关系的存在，这就是一旦有了资本累积和土地私有，劳动产品就不能完全归劳动者所有，而必须从中分出一部分给资本作为利润和另一部分给土地作为地租。因此，在资本主义生产方式中，资本代表了一种资本家占有生产资料进行生产以获取利润的资本主义生产关系。不难发现，斯密是坚定地站在社会关系的角度分析资本的性质的，而就这一点而言斯密的认识远胜于将资本只作为一般生产工具的李嘉图。但是，当进一步分析关于利润问题的认识时我们发现，斯密的观点将使我们陷入难以自拔的矛盾与混乱之中。斯密一方面将资本的利润看作是"从劳动产品中的一种扣除"，认为在资本主义生产方式的条件下，由于资本从劳动生产物的售卖或劳动原材料的增加价值上获得利润的需要，劳动者对原材料增加的价值就分为两部分，一部分用于支付劳动者的工资，另一部分支付雇主的利润，来报酬他垫付原材料和工资的那全部资本；另一方面斯密又认为，在社会的初期野蛮时代，劳动的全部产品都属于劳动者所有，一种物品所能购得或支配的劳动量，只是由取得这种物品所需要的劳动量决定。而在资本累积和土地私有的文明社会中，由于资本所有者获得利润的需要，劳动生产物的价格除了补偿原材料的代价和作为劳动者全部劳动所得的工资以外，还要有一部分剩余作为投资利润归资本所有者所有。在这个意义上，利润就不是表现为"从劳动产品中的一种扣除"，而是表现为劳动工资之外的一种附加。这两种理解的分歧与矛盾在于，在第一种理解中，利润表现为由雇佣劳动者创造的剩余价值，它在整体上属于由劳动者通过活劳动耗费所决定的商品价值的构成部分；而在第二种理解中，利润随也表现为一种资本的价值增殖，但它在总体上并不属于雇佣劳动者的价值创造，而属于资本家在交换中购买到的多余劳动量，因为劳动者的工资正像初期野蛮时代那样是劳动者创造的全部产品。通过对这种认识上的矛盾的深入分析我们发现，这是由于斯密将资本累积和土地私有以前的初期野蛮时代劳动者由全部劳动生产物所构成的劳动报酬，与资本主义生产方式条件下由劳动者的劳动力价值所构成的劳动报酬简单地混为一谈，事实上，在初期野蛮时代劳动者的劳动报酬虽然由劳动者的全部生产物构成，但这种全部的劳动生产物不过是生产力极低条件下的劳动力价值而已。如果做进一步的分析我们还会发现这里存在着经济分析方法上的矛盾与混乱，这就是斯密没有能够在社会关系分析方法之中坚持和贯彻一种坚定的技术关系分析方法，从而坚定地将资本家的利润看作是"从劳动产品中的一种扣除"。从这个意义上，李嘉图对斯密所谓背离劳动价值论的指责也不是全无道理的。

下面我们来看马克思如何坚持了一种社会关系与技术关系相统一的经济分析方法。

如前所述，马克思将资本看作是一种社会的生产关系，在这种生产关系中，资本表现为一种能够给资本带来更多价值的价值。由于剩余价值只有在资本家与雇佣工人之间的雇佣关系中才能实现，因此，资本作为一种能够不断实现增殖的价值正是体现了资本家与雇佣工人之间的关系，而资本的价值增殖也只能从这种资本家与雇佣工人之间的关系中才能理解。但是，如果仅仅从资本家与雇佣工人之间的关系中理解资本价值的增殖，那么马克思的分析势必要重蹈亚当·斯密的覆辙。因此，马克思的分析并没有止步于资本家和雇佣工人之间的社会关系，而是进一步分析在这种社会关系中所隐含着的物质技术关系，从而说明资本的价值增殖并不是资本家和雇佣工人之间社会关系的直接创造，而是以内含在这种社会关系之中的物质技术关系为基础的。

我们还以马克思关于棉纱生产的例子来作说明。马克思指出，假定这个产品是棉纱。生产棉纱必须消耗一定量的棉花、纱锭等生产资料。假定生产 10 磅棉纱需要耗费 10 磅棉花，其价值为 10 先令；棉花加工时消费的纱锭代表用掉的一切其他劳动资料，价值为 2 先令。如果 12 先令的金额是 24 小时或 2 个工作日的产物，那末首先可以得出，2 个工作日物化在棉纱之中。由于棉花和纱锭的价值构成棉纱价值的组成部分，而棉花和纱锭的价值作为新产品价值的构成部分主要是通过生产棉纱的具体劳动过程来实现，期间也并没有发生自身价值的变化，因此，马克思将重点放在纺纱工人本身的劳动加在棉花上的价值部分。马克思假定劳动力的日价值为 3 先令，而在 3 先令中体现了 6 个劳动小时，而这也就是生产出工人每天平均的生活资料量所需要的劳动量。现在如果纺织工人在 1 个劳动小时内把 $1\frac{2}{3}$ 磅棉花变成 $1\frac{2}{3}$ 磅棉纱，他在 6 小时内就会把 10 磅棉花变成 10 磅棉纱。因此，在纺纱过程中，棉花吸收了 6 个劳动小时。这个劳动小时表现为 3 先令金额。这样由于纺纱本身，棉花就被加上了 3 先令的价值。现在来看作为劳动产品的 10 磅棉纱的总价值：在这 10 磅棉纱中物化着 $2\frac{1}{2}$ 个工作日：其中 2 日包含在棉花和纱锭中，$\frac{1}{2}$ 日是在纺纱过程中被吸收的。这个劳动时间表现为 15 先令金额。因此，同 10 磅棉纱的价值相一致的价格是 15 先令，1 磅棉纱的价格是 1 先令 6 便士。但是，"我们的资本家愣住了"。因为这 10 磅棉纱的价格是 15 先令，而在商品市场上为购买产品的各种要素所花掉的也是 15 先令，产品的价值等于预付资本的价值，预付资本并没有实现增殖，没有产生剩余价值。因此货币也没有转化为资本。那么，如何才能使预付资本在资本家与雇佣工人的雇佣关系实现增殖并进而转化为资本呢？马克思指出，假定劳动力的日价值是 3 先令，而 3 先令的劳动力价值中体现了半个工作日即 6 个劳动小时。但是，工人在工场中遇到的绝不是 6 小时而是会多于 6 小时如 12 小时劳动过程所必需的生产资料。如果 10 磅棉花吸收 6 个劳动小时，变为 10 磅棉纱，那末 20 磅棉花就会吸收 12 个劳动小时，变成 20 磅棉纱。"我们来考察一下这个延长了的劳动过程的产品。现在，在这 20 磅棉纱中物化着 5 个工作日，其中 4 个工作日物化在已消耗的棉花和纱锭量中，1 个工作日是在纺纱过程中被棉花吸收的。5 个工作日用金来表示 30 先令，或 1 磅 10 先令。因此这就是 20 磅棉纱的价格。1 磅棉纱仍然和以前一样值 1 先令 6 便士。但是，投入劳动过程的商品的价值总和是 27 先令。棉纱的价值是 30 先令。产品的价值比为了生产产品而预付的价值增长了 $\frac{1}{9}$。27 先令变成了 30 先令，带来了 3 先令的剩余价值。戏法终于变成了。货币转化为资本了。"最后，马克思指出，如果我们把简单商品经济条件下商品的价值形成过程与资本主义商品经济条件下资本的价值增殖过程比较一下就会知道，"价值增殖过程不外是超过一定点而延长了的价值形成过程。如果价值形成过程只持续到这一点，即资本所支付的劳动力价值恰好为新的等价物所补偿，那就是单纯的价值形成过程。如果价值形成过程超过这一点，那就是价值增殖过程。"①

由此可见，资本之所以能够在资本家与雇佣工人之间的雇佣关系中实

---

① 马克思：《资本论》第 1 卷，人民出版社 1975 年版，第 211～221 页。

现增殖，是以劳动过程延长到超出生产劳动力价值所需要的社会必要劳动时间的物质技术关系为前提的。当然，强调作为物质技术关系的劳动时间的延长对于资本价值增殖的意义并不是要否认资本家与雇佣工人之间的雇佣关系对于资本价值增殖的意义，因为如果没有资本家与雇佣工人之间雇佣关系的存在，资本就既没有价值增殖的必要，因为正是资本家获取剩余价值的欲望才促使劳动过程延长到劳动力价值之外；也没有增殖的可能，因为正是资本家所购买到劳动力这一特殊的商品所具有的创造价值的功能才能在延长了的劳动过程中形成价值。如果考虑到资本家通过剩余价值的生产所实际得到的并不是其雇佣工人所直接创造的剩余价值，而仅仅是其按照等量资本获得等量利润所得到的平均利润，则对资本价值增殖的理解还不能离开各个职能资本家之间由商品交换所形成的社会关系。而单纯地立足于劳动时间的物质技术关系，却忽视各个职能资本家由商品交换所形成的社会关系恰是李嘉图劳动价值论局限的真正根源。

实际上，如果全面地而不是片面地理解马克思的相关论述我们就会发现，马克思对资本绝不是从技术关系或社会关系的单一视角来理解的，而是从技术关系和社会关系的有机统一中来理解的。他一方面强调"资本也是一种社会生产关系。这是资产阶级的生产关系，是资产阶级社会的生产关系"；另一方面又强调作为"资产阶级的生产关系"而存在的"资本是由用于生产新的原料、新的劳动工具和新的生活资料的各种原料、劳动工具和生活资料组成的。"① 因此，如果要对马克思对资本的分析做一种方法论上的定性分析，我们就只能说它是一种社会关系与技术关系相统一的经济分析方法。

那么，为什么马克思会坚持一种既不同于斯密也不同于李嘉图的、社会关系与技术关系相统一的经济分析方法呢？从直接的原因来说，这是由于马克思通过对商品二重性的严格界定建立了被称为"理解政治经济学枢纽"的劳动二重性学说；而从深层的原因来说，则是由于马克思所创立的用于指导其政治经济学"研究工作的总的结果"的历史唯物主义。就劳动二重性学说来说，虽然马克思一直是在抽象掉使用价值与具体劳动的意义上考察商品的价值，但他从来也没有否定掉这种只有在抽象中才能舍象的因素对于商品价值的意义；而在考察资本主义生产方式中作为"资本的产品"来生产的商品时，马克思则不仅没有抽象掉只有在思维中才能抽象掉的具体劳动过程，反而将这种具体劳动过程作为分析资本主义生产关系的物质技术基础。这无论是在绝对剩余价值的生产中对一般劳动

---

① 《马克思恩格斯选集》第 1 卷，人民出版社 1995 年版，第 345 页。

过程的分析，相对剩余价值的生产中对协作、工场手工业和机器大工业生产方式的分析还是在资本积累中对资本有机构成的分析，都可以很清楚地看出来。从历史唯物主义的指导原则来看，虽然马克思重视社会关系特别是生产关系的重要性，并将人们相互之间一定的社会联系和社会关系作为物质生产的基本前提，但就生产关系与生产力之间的关系而言，历史唯物主义显然是将生产力置于比生产关系更为重要的位置上。因为各个人借以进行生产的社会关系，即社会生产关系，是随着物质生产资料、生产力的变化和发展而变化和改变的。这正如随着新作战工具即射击火器的发明，军队的整个内部组织，各个人借以组成军队并能作为军队行动的那些关系以及各个军队相互间的关系也必然发生改变一样。① 因此，对于马克思的劳动价值论来说，坚持和贯彻一种社会关系与技术关系相统一的经济分析方法是很自然的事情。

这里还有两个问题需要做进一步的解释：其一，既然马克思如此明确地坚持和贯彻了一种社会关系与技术关系相统一的经济分析方法，为什么柳欣却坚持认为马克思"建立了一种完全排斥技术关系的理论体系来表明资本主义的经济关系"呢？我认为这主要是由于柳欣片面地立足于利润率平均化和生产价格转形问题来理解马克思经济分析方法的缘故。因为虽然利润率的平均化和生产价格转形问题也牵涉商品价值构成的变化，但其所反映的主要问题并不是商品的价值决定问题，而是剩余价值借商品价值构成的变化而在各个职能资本家之间实现分配的问题，这种分配问题在其直接的意义上，正如柳欣所言，主要依赖于各个职能资本家因市场交换而结成的社会关系，而与社会关系具有同等决定作用而主要体现在生产过程中的技术关系之间却并没有太多的直接联系。但是，在马克思所分析的资本主义生产关系中，正如在其他的一切生产关系中一样，分配与生产、交换和消费是一个有机统一的整体，舍去在生产关系中具有决定意义的生产环节而专注于由生产所决定的分配问题是不可能不使我们的理论结论出现偏颇的。其二，关于李嘉图经济理论体系的矛盾问题。如前所述，李嘉图经济理论体系的主要缺陷之一就是劳动时间决定价值的规律与同等量资本得到等量利润之间的矛盾。正如柳欣所正确指出的，古典经济学的这种"逻辑矛盾正是来自于其中加入了技术关系，即认为技术关系与收入分配的社会关系共同决定相对价格"。② 如果说马克思也坚持了一种社会关系

---

① 《马克思恩格斯选集》第 1 卷，人民出版社 1995 年版，第 344~345 页。
② 王璐、柳欣：《马克思经济学与古典一般均衡理论》，人民出版社 2006 年版，第 171 页。

与技术关系相统一的经济分析方法，那岂不是意味着马克思经济学也将陷于李嘉图古典经济学体系的"逻辑矛盾"吗？我认为，李嘉图古典经济学体系的"逻辑矛盾"除了马克思所指出的由于分析方法的非历史性所造成的"不经过必要的中间环节"的"强制的抽象"以外，主要还是由于李嘉图没有能够科学地解决技术关系与社会关系在商品价值决定中虽然是同等的但却是不同的作用，这必然使商品的价值出现决定于社会关系还是决定于技术关系的尴尬。如果按照我们前面的分析，离间出社会关系与技术关系作用的不同特点，李嘉图古典经济学体系的"逻辑矛盾"是不难消解的。

需要指出的是，虽然马克思的劳动价值论坚持了一种社会关系与技术关系相统一的经济分析方法，但社会关系分析方法仍然是对马克思经济分析方法的准确认定，因为如果我们将一直试图寻找资源配置一般规律的现代西方经济学的经济分析方法看作是技术关系分析方法的典型模式，那么，以资本主义生产方式以及和它相应的生产关系和交换关系为研究对象的马克思经济学的经济分析方法显然就只能被置于与这种分析方法相对立的位置上了。

三、马克思社会关系分析方法的科学性

正如马克思所指出的："社会关系与生产力密切相联。随着新生产力的获得，人们改变自己的生产方式，随着生产方式即谋生的方式的改变，人们也就会改变自己的一切社会关系。"① 众所周知，在原始社会中，人们之间的社会关系主要表现为氏族内部各个成员之间以及作为人的集合体的氏族之间的关系，但是，由于这种社会关系仅仅与原始社会极低的生产力水平相适应，因而不可能是一种永恒的社会关系，它必然随着社会生产力的发展而不断地改变自己的形式和内容。历史的发展的确如此。随着社会生产力在原始社会末期的进一步发展以及由此造成的分工与私有制的出现，人们之间在氏族内部和外部形成的社会关系就逐渐趋于瓦解并被新的社会关系所取代，这就是经济利益尖锐冲突的阶级关系，而伴随着阶级关系的产生，人类社会也就进入了以阶级矛盾为直接动力的阶级社会。由于在阶级社会中阶级关系成为人们之间社会关系的主要方面，劳动价值论中的社会关系分析方法也就必然以阶级关系作为经济分析的主导性社会关系。在这个意义上，所谓社会关系分析方法也就只能是一种阶级（关系）

---

① 《马克思恩格斯选集》第 1 卷，人民出版社 1995 年版，第 142 页。

分析方法。这无论是对于资产阶级的古典经济学还是马克思主义经济学来说都是如此。但是，阶级分析方法的贯彻将不可避免地使劳动价值论以及以此为基础的经济理论成为一种关于"阶级斗争的政治学说或带有政治色彩的经济理论"，① 因而，这样的问题的提出也就显得格外地顺理成章：具有强烈的阶级属性和鲜明的政治色彩的社会关系分析方法是否还能保持其价值中立的科学性呢？

　　问题的解答似乎首先应该从阶级的实质说起。因为上述的疑问隐含着对阶级实质的严重误解，这就是在将贯彻阶级分析方法的劳动价值论及马克思主义政治经济学看作是一种关于"阶级斗争的政治学说"的同时，将阶级在实质上看作是一个政治问题；而由于将阶级在实质上看作是一个政治问题，贯彻着阶级分析方法的劳动价值论以及马克思主义政治经济学自然也就变成了一种为某一特定社会阶级服务的理论工具。由于科学在价值上是中立的，因而如果劳动价值论及马克思主义政治经济学只是一种为某一特定社会阶级服务的工具，它就不可能成为一种价值中立的科学理论。那么，阶级在实质上到底是一个什么问题呢？

　　众所周知，自原始社会末期开始，伴随着生产力的发展和私有制的产生，人类历史逐步过渡到了以阶级对立为主轴的阶级社会，而人类的历史也由此嬗变为"阶级斗争的历史"。由于阶级斗争特别是其中的政治斗争形式主要是围绕着夺取国家政权的最高政治问题展开的，因此，从阶级斗争特别是政治斗争的视角来理解的阶级问题也就首先和主要的是一个政治问题。但是，这只是由于仅仅从"事物的表现形式"方面来理解而导致的对阶级实质的严重误解，如果从政治经济学以及马克思历史唯物主义的角度来看，问题的结论就远不是这样。列宁指出："所谓阶级，就是这样一些大的集团，这些集团在历史上一定的社会生产体系中所处的地位不同，同生产资料的关系（这种关系大部分是在法律上明文规定了的）不同，在社会劳动组织中所起的作用不同，因而取得归自己支配的那份社会财富的方式和多寡也不同。所谓阶级，就是这样一些集团，由于它们在一定社会经济结构中所处的地位不同，其中一个集团能够占有另一个集团的劳动。"② 列宁关于阶级实质的论述告诉我们，阶级首先是一个经济实体，它是由在特定经济结构中处于不同地位的人们所组成的社会集团。那么，为什么说阶级首先是一个经济实体呢？

　　① 柳欣、郭金兴、王彩玲：《资本理论与货币理论》，人民出版社 2006 年版，第 21 页。
　　② 《列宁选集》第 4 卷，人民出版社 1995 年版，第 11 页。

首先，从根源上来说，阶级是基于人们对生产资料占有关系的不同而形成的利益根本对立的社会集团。这就是说，人们之间的阶级划分主要是由其在特定的社会经济结构中所处不同地位与所结成不同的关系决定的。但是，绝不要以为这仅仅是马克思历史唯物主义的认识，因为它同时还是，并且首先还是古典经济学对阶级实质的认识。例如，亚当·斯密曾经在《国富论》中对阶级问题进行过系统的论述。他说："一国土地和劳动的全部年产物，或者说，年产物的全部价格，自然分解为土地地租、劳动工资和资本利润三部分。这三部分，构成三个阶级人民的收入，即以地租为生、以工资为生和以利润为生这三种人的收入。此三阶级，构成文明社会的三大主要和基本阶级。"① 粗看起来，斯密主要是从收入方式及其源泉的角度谈论阶级的，但是，由于在斯密的理解中，收入方式及其源泉的不同又是以对生产资料的占有状况相联系的，这就是，资本一经在个别人手中积聚起来，当然就会有一些人要从劳动生产物的售卖或对原材料增加的价值上得到一种利润，这样就形成了资本家阶级的利润收入；一国土地，一旦完全成为私有财产，有土地的地主，像一切其他人一样，都想不劳而获，甚至对土地的自然生产物，也要求地租，这样就形成了地主阶级的地租收入。由于资本在个别人手中的积聚，劳动人民就丧失了对于生产资料的所有权，他们只能以资本家阶级投在他们身上的原材料和生活资料才能进行劳作，这样就形成了工人阶级的工资收入。因此，从更为深刻的根源上来看，亚当·斯密主要还是从生产资料的占有状况及占有方式方面来理解阶级问题的。亚当·斯密对阶级根源的从经济地位方面的理解说明，即使在古典经济学的理论体系中，阶级也首先是一个立基于经济结构的经济实体。其次，从起源上来说，阶级是伴随着社会生产一定程度的发展而产生的利益根本对立的社会集团。如果说阶级对立存在的客观意图在于"一个集团能够占有另一个集团的劳动"，那么阶级的产生就只有在出现剩余产品的时候才有可能，因为一个集团能够占有另一个集团的只能是它的剩余劳动（剩余产品）。因此，在原始社会初期，由于没有剩余产品，不存在一个集团占有另一个集团的劳动的可能性，因而也就不可能存在一个集团占有另一个集团的劳动的阶级。而原始社会之所以没有剩余产品则是因为其生产力水平的极其低下，因此正如马克思所说的，阶级的存在仅仅同生产发展的一定历史阶段相联系。从原始社会末期开始，伴随着

① 亚当·斯密：《国民财富的性质和原因的研究》上卷，商务印书馆1972年版，第240～241页。

金属工具的使用所促动的生产力的发展，作为阶级产生经济前提的剩余产品开始出现，而阶级的产生也由此具有了现实的可能性。当然，剩余产品的出现仅仅为阶级的产生提供现实的可能性，如果说阶级是基于人们对生产资料占有关系的不同而形成的利益根本对立的社会集团，那么阶级的产生就还有赖于生产资料私有制的出现，因为只有生产资料私有制才会导致最初以血缘关系为纽带而在氏族中生存的人们之间的阶级分化。此外，阶级的出现还与社会分工的出现密切相关，因为无论是生产资料私有制的产生还是最初在以血缘关系为纽带的氏族中生存的人们因生产资料私有制而导致阶级的分化都无一例外的是通过社会分工的方式来实现的，而社会分工的发展程度，正如马克思所指出的，恰是"一个民族的生产力发展的水平"的"最明显"的"表现"。① 由此可见，正如阶级的根源一样，阶级的起源也密切地关联着社会经济的发展，是一定时代"生产关系和交换关系的产物"，是自己时代"经济关系的产物"。② 再次，从阶级之间的冲突上来看，阶级是"为着真正的利益而进行战争"的社会集团。如前所述，由于阶级斗争主要是围绕着夺取国家政权的最高政治问题来展开的历史境遇，人们总是喜欢将阶级首先设想为一个为政治利益而斗争的政治集团。但是，伴随着社会生产力的发展和阶级之间以更为简化的形式所构成的对立，阶级之间冲突与对立的经济根源也以更为直观的方式表现出来。实际上，还在历史唯物主义诞生之前的 19 世纪初期，在法国近代激烈政治斗争中诞生的复辟时代的历史学就已经意识到阶级斗争的经济根源。例如基佐认为，阶级斗争的根源在于各阶级之间财产利益的矛盾，并认为由于这种矛盾的不可调和，各阶级之间也就不可能有和平。恩格斯则更明确地指出，一切政治斗争都是阶级斗争，而一切争取解放的阶级斗争，尽管它必然地具有政治的形式，归根到底都是围绕着经济解放进行的。恩格斯还指出，初看起来，那种大的、曾经是封建的土地占有制的起源，还可以（至少首先）归于政治原因，归于暴力掠夺，但是对于资产阶级和无产阶级，这就说不通了。在这里，显而易见，这两大阶级的起源和发展是由于纯粹经济的原因。而同样明显的是，土地占有制和资产阶级之间的斗争，正如资产阶级和无产阶级之间的斗争一样，首先是为了经济利益而进行的，政治权力不过是用来实现经济利益的手段。资产阶级和无产阶级这两个阶级是由于经济关系发生变化，确切些说，是由于生产方式

---

① 《马克思恩格斯选集》第 1 卷，人民出版社 1995 年版，第 68 页。
② 《马克思恩格斯选集》第 3 卷，人民出版社 1995 年版，第 739 页。

发生变化而产生的。① 因此，如果不是采取简单的经验主义的观点来看问题，我们应该且必须承认，阶级斗争根源于阶级之间物质利益的尖锐对立，根源于社会经济关系的根本冲突。

当然，单纯来自于根源或起源的分析还不足以说明阶级作为政治经济学研究对象的经济性质。换句话说，对于阶级的经济性质还必须具有更为直观的说明。如前所述，由于生产资料占有状况的不同所造成的阶级分化与对立是通过社会分工所造成的人们之间的分化来实现的，这意味着阶级之间的分化与对立是以社会分工为基本的实现方式的。但是，社会分工并不仅仅会使对生产资料具有不同占有状况的人们分化为不同的社会集团，它还会通过使人分化为不同的社会集团造成用现代经济学术语来说的各生产要素之间关系的分化以及旧有关系的重新调整，正如马克思所指出的："分工从最初起就包含着劳动**条件**——劳动工具和材料——的分配，也包含着积累起来的资本在各个所有者之间的劈分，从而也包含着资本和劳动之间的分裂以及所有制本身的各种不同的形式。"② 但是，由分工所造成的人们之间的阶级分化与各生产要素或劳动条件之间的劈分并不是完全无关的，这就是，由于分工所造成的人们之间的阶级分化在每一阶段上都会决定的个人的与劳动材料、劳动工具和劳动产品有关的相互关系并从而构成所有制的各种不同形式，人们之间的阶级分化在实际上又构成了这些生产要素或劳动条件在这些阶级之间劈分的前提条件。而生产要素或劳动条件在不同阶级之间因分化所造成的劈分又造成了不同的生产要素在不同阶级之间的累积。正如马克思在提到城市与乡村的分离所造成的一极是人口、生产工具、资本、享受和需求的集中，而另一极则是隔绝与分散的集中那样，由人们之间的阶级分化所造成的生产要素或劳动条件的劈分的基本态势，是生产资料以生产资料私有制形式在生产资料所有者那里实现的集中和"现实的劳动"在完全丧失了生产资料的劳动者那里实现的集中，并且这种状况在现代资产阶级社会中比在其他的社会中以更为典型的方式和更为巨大的规模存在。马克思指出："随着私有制的发展，这里第一次出现了这样的关系，这些关系在我们考察现代私有制时还会遇见，不过规模更为巨大而已。一方面是私有财产的集中，这种集中在罗马很早就出现了（李奇尼乌斯土地法就是证明），从内战发生以来，尤其是在王政时期，发展得非常迅速；另一方面是由此而来的平民小农向无产阶级的转

① 《马克思恩格斯选集》第 4 卷，人民出版社 1995 年版，第 250~251 页。
② 《马克思恩格斯选集》第 1 卷，人民出版社 1995 年版，第 127 页。

化，然而，后者由于处于有产者公民和奴隶之间的中间地位，并未获得独立的发展。"① 当私有财产的集中和平民小农向无产阶级的转化在资本主义社会中由于大工业的发展而获得更为典型的方式和更为巨大的规模的时候，各个人的一切生存条件、一切制约性、一切片面性就都融合为两种最简单的形式——私有制和劳动，积累起来的劳动或私有制以及现实的劳动。不难发现，这种状况恰是可以被看作现代资本主义社会的劳资对立关系的另一种表述，这种关系再加上土地以私有制形式在地主手中的集中，就构成了资本主义社会阶级关系的完整样态，它反映了生产资料（资本）、土地和劳动这些用现代经济学术语来说的生产要素在资本家、地主和雇佣工人手中的集中。

但是，正如马克思所指出的，现代的经济学家如西斯蒙第、舍尔比利埃等人将个人的联合同资本的联合对立起来，而实际上，由于工人本身完全屈从于分工，这些生产要素又被置于相互依赖的关系之中。虽然这些生产要素由于社会分工而分属于不同的社会集团，它们却只有以一定的形式结合起来才能构成现实的物质生产过程；而这些要素要以一定的形式结合起来构成现实的物质生产过程又必须以掌控这些生产要素的社会阶级之间一定的阶级关系为前提。例如，同任何的社会一样，现代的资产阶级社会也必须以物质资料的生产过程作为其存在和发展的前提，但是，由于资本、土地和劳动分别集中在资本家、地主和雇佣工人手中，资本主义社会物质资料生产过程的展开就必须以资本、土地和劳动之间以一定形式的结合为前提；而资本、土地和劳动以一定形式的结合，又必须以资本家、地主和雇佣工人之间的一定的阶级关系为前提，只有那些以对立形式存在的社会阶级以一定的形式结合起来构成整个社会的阶级结构，由他们所掌控的生产要素才能够以一定的形式结合起来构成现实的物质生产过程。我们知道，就资本主义社会的特定阶段而言，政治经济学的研究对象是资本主义的生产方式以及和它相适应的生产关系和交换关系，而资本主义的生产方式，正如一切社会的生产方式一样，取决于资本、土地和劳动等各生产要素以一定的技术形式和社会形式的结合。而由于各生产要素在不同社会阶级手中的集中所隐含的社会阶级关系，只有深入地研究社会的阶级关系，也才有可能理解那些生产要素甚至以一定的物质技术形式所实现的结合。显然，如果政治经济学以一定社会的生产方式为研究对象，它就不可能完全摆脱社会的阶级关系去研究那些生产要素以一定形式的结合。在这

---

① 《马克思恩格斯选集》第 1 卷，人民出版社 1995 年版，第 69 页。

里，我们不仅可以体会到阶级关系所具有的经济性质，而且还可以体会到它作为政治经济学研究对象的理论上的必然性。当然，我们这里提到各社会阶级以生产要素为标的所实现的结合，但是且不可像现代西方经济学那样将这种结合看作是各个阶级之间完全平等基础上的协作，那只是从物质技术关系角度来看的虚假的幻象。

揭示了阶级关系所具有的客观的和经济的性质，也就从根本上说明了以阶级关系为核心的社会关系分析方法的科学性。但是，这既不意味着政治经济学由此可以达到自然科学的价值中立性，也不意味着自然科学本身已经在客观上实现了完全的价值中立性。换句话说，切不可对自然科学的价值中立性采取完满的理想主义的态度。

第三节　马克思劳动价值论社会关系分析方法的现实意义

一、经济问题的时代凸显及其解读思路

改革开放以来，中国经济经历了 30 余年快速而持续的增长态势，一方面伴随着经济快速而持续的增长，中国国家的综合国力与广大人民群众的生活水平也有了大幅度的提高，各种过去由于综合国力的羸弱和人们生活水平的低下所导致的经济与社会问题从根本上得到缓解。另一方面，正如邓小平在谈到分配问题时所尖锐指出的，发展起来以后的问题并不比不发展时少。这就是说，即使是经济建设搞好了，还会出现一些其他难以解决的问题，而如果这些问题解决不了，同样会危及中国经济与社会的健康发展。事实确实如此。伴随着改革开放之后经济快速而持续的增长，中国经济生活中的各种问题以及由此造成的理论与实践的诸多矛盾与冲突也在以各种各样的方式积聚与增长，特别是许多在贫困条件下没有的或是以并不十分明显的方式存在的问题以极端的放大的形式表现出来，并成为影响中国经济发展与社会稳定的严峻问题。实际上，邓小平在与邓垦的谈话中告诫的分配问题就是一个鲜明的例证。在过去传统的计划经济体制之下，中国在现实分配机制中所实行的是在实践上带有明显平均主义色彩的按劳分配制度，改革开放打破了过去单一的按劳分配机制，实现了分配机制的分散化和多元化。但与此同时，人民收入分配上的两极分化态势也越来越明显，并成为影响中国经济与社会发展的严重经济问题。从 20 世纪 80 年代开始，中国反映居民收入分配状况的基尼系数连续突破 0.4，1995 年甚

至高达 0.5173。而在基尼系数 0 ~ 1 的取值范围之内，国际上一般将 0.4 视作判断贫富差距的警戒线。这就是说，自改革开放以来，中国的居民收入差距一直是在超越警戒线的高位上运行。正是基于这种认识，邓小平在谈话中强调："这个问题要解决"。虽然"解决这个问题比解决发展起来的问题还困难"，但是一定"要利用各种手段、各种方法、各种方案解决这些问题"，否则，"发展下去总有一天会出问题。"① 劳资关系是在中国改革开放条件下由经济快速增长所引发的另一严重经济问题。自改革开放以来，中国劳资纠纷案件数量不断上升，近几年来更由于劳资纠纷问题的尖锐化而演变为频繁的罢工事件。2010 年 5 月的广东佛山本田罢工事件就是一个典型的例子。2010 年 5 月 17 日，位于广东省佛山市的本田汽车零部件制造有限公司数百名员工因对工资和福利不满举行罢工。由于 5 月 20 日下午本田汽车零部件制造有限公司高层与员工代表的谈判并未达成一致意见，5 月 21 日晚，南海本田零部件公司的工人再次罢工。相对于 17 日的部分性罢工，本次罢工为全厂停工，在勤的四五百名工人全线罢工。5 月 24 日，本田零部件公司依据约定日期在下午 3 时左右通过广播答复工人薪金待遇，但由于对厂方所给出的答复不满，罢工仍然继续。受罢工事件影响，本田在中国的三家整车厂全部停工。因本田汽车零部件公司的停产，加上本田在华的三家合资企业——本田汽车（中国）有限公司、广州本田和东风本田共 4 家工厂面临着每天 2 亿元以上的产值损失。2010 年 6 月 4 日，由于全国人大代表、广汽集团总经理曾庆洪的成功斡旋，经过 6 个小时的艰难谈判，劳、资、政府三方终于签订协议，广东南海本田汽车零部件公司罢工事件才最终宣告结束。广东佛山本田罢工事件作为劳资纠纷的一个局部缩影，可以集中反映中国改革开放条件下劳资之间的深刻矛盾，由这种矛盾所产生的影响，无论是对于企业的生产经营活动来说还是对整个社会的经济发展来说，都是不难想见的。除此之外，在科学技术革命条件下的经济增长问题、私营企业的剥削问题也都是中国与改革开放的时代条件密切关联的经济（理论的或实践的）与社会问题。

诸多经济问题的迭次出现需要当代的经济理论作出合理的解释，而在中国当代的经济理论中，无论是马克思主义以劳动价值论为基础的经济理论还是那些深受以边际效用价值论为基础的当代西方经济理论影响的经济理论，也大都在努力尝试对这些经济问题作出这样或那样的解释。那么，

---

① 宋福范：《邓小平对中国发展道路的反思》，载《学习时报》2009 年 7 月 1 日。

从我们对经济分析方法所做的技术关系分析方法与社会关系分析方法的区分中，这些经济理论对现实经济问题的解释又贯穿了一种怎样的经济分析方法呢？我们试以剥削问题和两极分化问题为例来分析其经济分析方法的特点。

众所周知，剥削理论作为马克思经济理论的重要组成部分，主要反映剥削阶级（主要指资本家）与被剥削阶级（主要指雇佣工人阶级）之间因生产资料的私人占有而形成的经济利益关系，而在这种理论背景中的剥削则主要是指剥削阶级借助于生产资料的私人占有对他人剩余劳动的无偿占有。因此，表现为人与人之间关系的生产资料私有制的存在，无论是奴隶社会的生产资料奴隶主占有制还是资本主义社会的生产资料资本家占有制，都是这种剥削关系兴废存续的基本决定因素。但是，由于如此理解的剥削将把中国目前的经济政策置于鼓励私营经济的发展即是在鼓励剥削，而要消灭剥削就必须消灭私营经济的难堪境地，有论者就尝试对剥削做另一种与马克思经济理论完全不同的解释。论者指出，剥削一词来自于开发（Exploitation），开发就是指为某种目的而利用某物，它包含着两重内涵：如果你利用某物得到的利益是取利于他人，开发明显包含着不道德因素；而如果你所利用的对象即这个人处于一种劣势，或他此时已经处于无能为力的状态，开发就包含着压迫的成分。马克思把开发的上述内容扩大到资本和劳动的关系，结果开发就演变成现在的剥削，这种剥削的基本含义是指"资本在未支付任何等价物的条件下，就无偿地得到了工人在剩余劳动里生产的剩余价值"的经济行为。接着，论者提出这样的问题："假定资本对劳动的剥削关系成立，在商品经济的历史条件下，这种剥削有没有避免的可能性？假定这种剥削是可以避免的，无疑这是资本家的个人行为所致，属于道德范畴。如果是不可避免的，那就要弄清楚剥削在怎样的条件下必然是不可避免的。"论者指出："在资源短缺的经济条件下，由于每个人的能力与所处的经济环境不同，资源在社会成员之间的分配不可能是平等的，当资源市场化进程和生产力发展到一定阶段时，拥有较多社会资源的生产者就会把这些资源当作资本来运作，他会自发地把属于自己占有的资源作为社会上一个独立的生产单位的原始资本，交换并组织他生产所必需的其他资源，这些资源有生产特定物品所需要的物质资料和劳动力，这些生产要素都会按市场价格购进，并经资本所有者的组织使它们结合在一起，开始预先计划好了的生产过程。生产的结果是新的产品，在市场上卖掉，除去各种成本，资本所有者获得利润。在这里，要重新认识这个过程的资本剥削。在资源短缺的商品经济条件下，社会的资源分配是不均等的，而这种不均等的资源分布在短缺经济条件下又是无法改变的。社会只要生存和发展，就要生产，而生产需要生产单位或生产组织者。谁去充当组织社会生产单元的主体？只有那些拥有一定社会资源的生产者。对于生产组织者来说，生产活动的组织一定要为生产性的各种资源支付价格，而且还要对生产要素进行有计划的配置管理，这才能保证生产活动的正常进行。生产过后，当他的商品销售完毕时，去掉各种成本就是利润，就是他所得到的盈利，而占有这个盈利就是我们通常所讲的剥削。我们再去设想一个没有剥削的可能方案，在短缺经济条件下，资源分配是不平等的，为了避免剥削的发生，谁也不会把自己拥有的资源当作资本来运作，生产者普遍不肯冒险去组织生产而成为社会上可能的生产单元，即便去组织也只是局限于小业主的社会生产水平。这样，生产领域就死气沉沉，生产规模受到人为的限制，大型的社会组织形成不了，整个社会生产缺乏刺激的基本动力，人们只能在极低的生产水平下艰难地生存，整个社会的经济与政治就必然处于较低的历史水平，当这种状况持续到一定历史时期，经济发展的虚弱性可能导致社会的崩溃。"因此，"人们面临两种社会制度的选择，要么为了消灭剥削，禁止人们生产方式的自由选择，要么为了发展生产，使社会持续繁荣，有效地利用剥削为人类造福。如果剥削和一定历史时期的生产活动本身，甚至和一定历史时期的生产方式紧紧捆绑在一起，那么消灭剥削的同时，也就消灭了人类自身生存和可能发展的历史机会，也就消灭了人类在那个时代的生产方式本身。"①

　　但是，绝不要以为对剥削现象的这种解读仅仅是现实经济问题解读思路的孤独个案。例如，一些论者对两极分化问题的解释所使用的就是与对剥削现象的解释几乎如出一辙的分析方法。针对中国由经济的高速增长所引发的日趋加剧的两极分化现象，一些人提出了通过一定手段（如通过调整收入分配和增加税收）控制两极分化持续加剧的观点。但是，这种观点迅即被有论者斥之为"杀富济贫"而加以激烈反对。反对者指出，从库兹涅茨通过对资本主义的长期观察所得出的著名的倒"U"曲线的角度来看，两极分化与经济增长阶段之间存在较强的对应关系，因为库兹涅茨倒"U"曲线所显示的是，在一个国家进入现代经济增长以前，居民收入差距相当小；当进入现代经济增长阶段以后，居民收入差距逐渐扩大；

---

① 赵学增：《收入分配领域若干基本理论探讨》，载王振中：《市场经济的分配理论研究》，社会科学文献出版社 2004 年版。

而当进入现代经济增长（工业化）完成或接近完成的阶段以后，居民收入差距又开始逐渐缩小。这意味着，两极分化作为收入分配的结果是客观的、不以人的意志为转移的。论者对有些人提出的借以支持其理论主张的马克思的"资本主义积累的一般规律"提出质疑，认为马克思所指出的无产阶级伴随资本积累而持续贫困化的状况（而不是如库兹涅茨所谓的倒"U"曲线式的变化）是建立在资本有机构成而主要是资本技术构成不断提高的基础之上的，但是，随着社会总资本规模的不断扩大、生产复杂程度的相应增加和原有的简单化生产模式被相继破坏，新的生产模式逐渐建立；而新的生产模式的建立将通过直接增加对技术与管理等手段的需求和增加人力资本投入造成资本有机构成的下降趋势。在此基础上，论者提出了对于经济增长与两极分化的基本判断：（1）经济增长与社会两极分化程度之间并没有绝对的关系，它依赖于经济增长方式的选择。如果要改变两极分化，不仅要做大饼子，还需要考虑做大的方式（选择合适的经济增长模式）。（2）经济增长方式的选择取决于要素的相对稀缺性，由此决定经济增长的方式是客观存在的。（3）经济增长方式一般体现为，在经济发展的初期以外延式扩大再生产为特征，而在后期以内涵式扩大再生产为特征，因此，收入分配差距在经济增长的后期有缩小趋势。（4）在经济发展的初期，政府如果以"降低社会两极分化程度"为目标，势必要改变经济增长方式，从而否定要素相对稀缺性的客观性，造成资源误置。①

从上述对于剥削现象和两极分化现象的解释可以看出，论者虽然也是立足于不知什么原因被组织社会生产的主体不平等地占有的原始资本，但对于这种原始资本论者却无意于通过揭示其所承载着的社会关系来解释剥削与两极分化现象，从而说明这些现象来自于资本获取剩余价值的客观本性，而是主要从社会资源的短缺性的角度说明问题。但是我们知道，社会资源的短缺性是一切社会所共有的普遍现象，而不仅仅是某一经济形态，例如商品经济形态所特有的现象。这样，论者事实上就不是将剥削与两极分化理解为一种与特定社会制度（社会关系）密切相关的问题，而是理解为一种贯通一切社会形态而不可能通过一定物质的和精神的方式加于消除的永恒的自然现象。撇开理论上的合理性问题不说，论者的这种解释所运用的恰恰是与马克思社会关系分析方法尖锐对立的技术关系分析方

---

① 冯子标：《历史地客观地认识两极分化》，载王振中：《市场经济的分配理论研究》，社会科学文献出版社 2004 年版。

法，而将一定社会形态所特有的经济与社会问题归咎于某种物质的或技术的因素并据此将其看作是一种永恒的而非历史的现象恰是这种技术关系分析方法在内涵方面的典型特征。

如果说立足于技术关系理解现实的经济问题是技术关系分析方法在内涵方面的基本特征，那么运用数学语言表达物质生产过程中的各种技术要素及其相互关系则是这种技术关系分析方法的形式上的特征。与技术关系分析方法的运用相对应，一些论者普遍效仿现代西方经济学模式，普遍运用数学语言分析与解释现实经济问题。例如，有论者在对现代世界经济增长问题的解释中就借鉴新古典经济增长理论的代表人物索洛（R. Solow）的数学模型，将经济增长的复杂经济问题转换为数学中自变量与因变量之间的函数关系，并通过这种函数关系解释经济的增长问题。正如有论者分析指出的，运用数学语言解析经济问题可以带来论述精确、减少歧义的好处，有些命题只有通过数学工具的精确计算才能清楚地说明其内涵，而马克思甚至还可以被看作是经济学研究中运用数学方法的重要先驱。① 但是经济学研究的是经济活动中人与人之间的关系，而人与人之间的关系不仅无法用数学工具来加以分析，而且还往往通过其抽象能力将本来掩盖人与人之间关系的表面物象变成冷冰冰的数字符号，从而使人与人之间的关系更加远离经济研究的视野。这说明，数学语言工具的运用将进一步强化现实经济分析中技术关系分析方法的色彩。

那么，对现实经济问题的技术关系分析思路是否正确的呢？问题的关键显然并不在于这种分析方法是否通过数学化的分析工具实现了科学研究的精确性，而在于这种分析方法是否反映了现实经济问题的客观真实。这就是说，如果以上述问题为例证的现实经济问题的确是由于物质生产过程中的技术关系所引起的，那么技术关系的分析思路就是正确的；相反，如果现实经济问题并不是由于，或者并不主要是由于物质生产过程中的技术关系所引起的，那么技术关系的分析思路就是错误的。这样，对现实经济问题的技术关系分析思路正确性的判定就使我们必须深入到现实经济问题之中去做一种更具现实意味的分析。

二、中国现实经济问题根源的深层解读

如前所述，技术关系分析方法将现实经济问题的根源归因于物质生产

---

① 程恩富、汪桂进、朱奎：《劳动创造价值的规范与实证研究》，上海财经大学出版社2005年版，第320~321页。

过程中的生产要素以及生产要素的相对稀缺性等技术关系。但是，正如英国学者霍奇森在分析新古典理论完全排除社会关系的技术关系分析方法时所明确指出的："生产要素的相对稀缺性的确是个问题。但这种稀缺不是一种自然现象而是一种社会现象，它取决于财产的分配。同时，这种社会状况的稳定程度又决定于在此基础上收入分配关系的稳定程度……所以，如果忽略了在资本主义制度中财产的分配以及它对收入分配的作用，则新古典经济学就找不到一个坚实的目标来作为其自身的公理和分析的立脚点了。"① 这就是说，在被新古典理论认定为单纯技术关系的生产要素的相对稀缺性问题的背后其实还隐含着不同的社会制度和社会关系以及由此决定的分配的更深层次的原因。同样，在被新古典理论的技术关系分析方法认定为单纯技术关系的各生产要素之间按一定的技术要求所结成的关系背后，也隐含着这些生产要素所有者之间的一定的社会关系或社会联系。例如，资本主义的生产固然是通过社会化的生产资料与劳动力之间以一定技术要求的结合方式来实现的，但是，由于社会化生产资料在资本家手中的集中和劳动力在工人身上的积聚，如果脱离资本家与雇佣工人之间的社会关系，我们就不可能实现对这种生产方式的正确理解。那么，在被技术关系分析思路认定为现实经济问题深层根源的技术关系的背后是否也隐含着这种社会关系的更深层原因呢？当对这一问题的分析最终触及中国改革开放之后社会结构剧烈分层的问题时，我们发现，问题的答案似乎只能是肯定的。

我们知道，在还没有对农业、手工业和资本主义工商业进行社会主义改造之前，新中国所延续的旧中国的社会阶级与阶层结构表现为主要由依据生产资料取得收入的地主阶级、富农阶级、资产阶级（官僚资产阶级和民族资产阶级）所组成的剥削阶级与主要由农民阶级、工人阶级和知识分子所组成的劳动者阶级之间的对立以及处于两大对立阶级之间的以生产资料的个体所有为基础的小资产阶级。1952 年，中国开始对农业、手工业和资本主义工商业进行社会主义改造，由于社会阶级结构对生产资料所有制形式的基本的依存关系，社会主义的改造运动也必然引起中国社会阶级结构的剧烈变动。三大改造完成后，由于各种形式的生产资料私有制完全变身为生产资料的全民所有制或集体所有制，依据对生产资料占有状况取得收入的地主、富农阶级和民族资产阶级、小资产阶级基本上都被消

---

① 引自王璐、柳欣：《马克思经济学与古典一般均衡理论》，人民出版社 2006 年版，第 3 页。

灭了，中国社会的阶级阶层结构由此进入了一个单纯的由工人阶级、农民阶级和知识分子所组成的"两个阶级一个阶层"的状态。相对于旧中国的阶级阶层结构，新中国由"两个阶级一个阶层"所组成的阶级阶层结构实际上是一个由单纯的劳动者阶级所组成的单级阶级结构。由于生产资料私有制被消灭，工人阶级、农民阶级和知识分子已完全丧失了在生产资料占有状况方面的任何区别，变成了完全平等地以公有方式占有全民或集体所有的生产资料的新社会的成员；由于对生产资料平等的公共占有，工人阶级、农民阶级和知识分子实际上也丧失了以个体方式对生产资料的实际支配权，变成了通过自己的活劳动取得收入报酬的新型劳动者，它们之间所谓的阶级差别已不再具有生产资料占有关系上的意义，变成了主要由劳动对象和劳动过程的差异所导致的职业和身份的差别，它们之间的阶级关系也不再是经济利益的尖锐对立关系，而是在生产资料公共占有基础上的民主、平等的互助合作关系。不难想见，在这样的单一阶级结构中不可能存在剥削、两极分化以及劳资关系等在我们今天社会中被广泛关注的经济问题。

但是，20 世纪 80 年代以后，伴随着改革开放政策的深入贯彻，中国社会的阶级结构在经过 20 余年基本稳定的单级结构之后开始迅速演变与分化，一方面，"两个阶级一个阶层"的传统阶级结构状态迅即被打破；另一方面，独立于传统阶级结构之外的新的社会阶层迅即生成，成为新的社会阶级结构的重要组成部分。具体说来，根据相关资料的分析，经过 30 余年社会阶级阶层结构的分化与演变，除传统的社会阶级之外，中国已经逐渐形成一个由私营企业主、个体工商户、职业经理人、专业技术或特殊技能人员、农民工等所构成的新兴阶层。（1）个体劳动者和个体工商户阶层。这是指以少量私人资本和以自己劳动为主体赚取利润的小业主和个体劳动人员。该阶层最初脱胎于 20 世纪 80 年代城镇的失业、待业人员和游走于农村和小城镇之间的能工巧匠一类的农村剩余劳动力。90 年代以后，由于国有企业的改革和产业结构的调整，个体劳动者和个体工商户阶层又吸收了大批国有企业工人和城市居民以及稍富裕的进城无正式工作的农民。这是市场经济建设的一支重要力量，对于活跃经济、便利居民和吸纳劳动力都立下了汗马功劳。（2）私营企业主阶层。这是指拥有一定数量的私人资本、雇工达到一定数量、自主经营、自负盈亏的企业主阶层，也是在改革中获益较大、影响最大的新生力量。他们最初主要源于乡村和城镇贫困阶层中迫于生计而突破当时僵硬的政策体制成功的个体经营者，后来逐渐增加具有某种技术专长的专业户、文化水平较高信息畅通的乡村干部和头脑灵活的离退职工。到了20世纪90年代，具有较高文化和专业知识的原国有、集体企业的管理人员、技术人员和机关干部开始大量涌入，成为市场经济中最为活跃的力量。（3）职业经理人阶层。在改革开放以前，经理主要指国有企业的厂长。20世纪90年代，随着市场经济目标的确立，国有企业改组、改制逐渐纳入正轨，国有企业向着现代企业模式公司制发展，再加上私营企业、三资企业利用后发优势直接进行公司制建制，中国出现了具有相当规模的专业、职业经理人员。这些专业、职业经理人员既包括所谓"老总"式总经理，也含纳各种部门经理，分散于国有企业、私营企业或高科技民营企业、三资企业等各种企业中非业主身份的高中层管理人员，亦即"两权分离"享有经营权者。（4）专业技术人员、特殊职业者阶层。专业技术人员、特殊职业者阶层大体上由两个群体人员组成，即专业技术人员和特殊技能人员。前者是指在各种经济成分的机构（包括政府政党组织和企、事业单位）中专门从事各种专业性工作和科技工作的人员；后者主要包括中介组织从业人员和自由职业者。自由职业者以歌星、影星、体育明星、职业经纪人、自由撰稿人等为代表。（5）农民工阶层。广义的农民工阶层既包括离土不离乡的乡镇企业职工，又包括离土又离乡的进城民工。农民工阶层是新的社会阶层结构中较为特殊的部分，因为他们相当部分人的生活方式已经城市化了，但他们的身份和户籍仍属于农民、农村。改革开放以来，中国保持了相当长时间的经济高速增长，农民工阶层得以长足发展。仅1997年当年常年流动的农民工就达6000万人次左右。虽然在由改革开放所催动的中国阶层分化中传统的农民阶级一直是几大新兴阶层的重要来源，从而也是农民工阶层的直接来源，但与传统的农民阶级相比，农民工阶层在经济创收、专业技能、观念更新、文化素养等诸多方面都取得了长足进步，成为中国现代化进程中重要的生力军。① 以上几个新兴社会阶层的出现构成了中国改革开放之后社会阶级结构最为明显的变化。事实上，早在2001年，江泽民就在庆祝中国共产党成立80周年大会上的讲话中确认了中国社会阶层结构的巨大变化，他说："改革开放以来，中国的社会阶层构成发生了新的变化，出现了民营科技企业的创业人员和技术人员、受聘于外资企业的管理技术人员、个体户、私营企业主、中介组织的从业人员、自由职业者等社会阶层。而且许多人在不同所有制、不同行业、不同地域之间流动频繁，

---

① 刘卓红：《论建立市场经济体制过程中新社会阶层的形成及其积极影响》，载《当代世界社会主义问题》2003年第4期。

人们的职业、身份经常变动。这种变化还会继续下去。"①

　　但是，正如有论者在谈到中国新的历史时期需要有新的阶级阶层分析方法时所指出的，这些新兴社会阶层的划分所依据的是一个"以职业分类为基础，以组织资源、经济资源和文化资源的占有状况为依据的多元阶层分析标准"，而不是像传统的阶级划分那样主要以生产资料所有制为基础的生产关系为依据。② 这种划分标准的"混淆"或"偷换"在相当的程度上模糊了不同社会阶级阶层之间所客观存在的利益关系。如果回归以生产资料所有制为基础的生产关系的标准，结合传统阶级结构的"两个阶级一个阶层"，我们大致可以将目前中国社会阶级阶层结构划分为以下几个层次：（1）传统的工人阶级和农民阶级，即仍然依存于生产资料的全民所有制和集体所有制中而主要根据劳动过程的差异所区分的两大社会集团。由于生产资料的公有制，无论是工人阶级还是农民阶级都不是一个集团占有另一个集团的劳动的阶级对立关系中的一极，因此在他们那里并不存在今天社会中被高度关注的劳资关系、两极分化以及剥削问题，他们之间的区别更多和更主要的是职业分工和劳动报酬方式方面的区别。（2）私营企业主和雇佣劳动者阶层，即中国在大力鼓励私营经济发展的背景下产生的两大社会集团。由于生产资料的私人占有制，私营企业主和雇佣劳动者之间存在着明显的利益对立关系，而如果联系资本主义社会中的阶级对立关系我们就会发现，中国私营企业主和雇佣劳动者之间的阶层对立关系实际上是资本家阶级与雇佣工人阶级之间阶级对立关系在社会主义市场经济条件下的变异形式。（3）中产阶层，即由职业经理人以及专业技术人员等组成的特殊社会集团。在私营经济的生产关系中，中产阶层一方面是受雇于私营企业主的雇佣劳动者，另一方面又是私营企业主在生产经营活动中的直接体现，因而具有以管理为其职能形式的企业主与雇佣工人的双重身份。但是，这种双重的身份也使他们常常成为私营企业主和雇佣劳动者之间利益冲突舒缓与激化的焦点。（4）个体劳动者和个体工商户阶层，这是一个以少量私人资本和自己劳动为主体而进行生产的社会集团。如果说小生产是经常地、每日每时地、自发地和大批地产生着资本主义和资产阶级的，那么作为个体经济主体的个体劳动者和个体工商户阶层就是一个还未实现资本主义性质阶级分化的混沌体，因而就它自身而言同样不存在鲜明的利益对立关系。但是，这绝不妨碍它在总体上与其他生产方式之间以

---

① 　江泽民：《论"三个代表"》，中央文献出版社 2001 年版，第 169 页。
② 　陆学艺：《当代中国社会阶层研究报告》，社会科学文献出版社 2002 年版，第 7~8 页。

市场竞争为表现形式的利益冲突关系。知识分子，正如它在传统社会中的情形那样并不是一个具有绝对独立性的社会阶层。由于知识分子并不在直接的形式上构成同其他社会阶层之间的利益对立关系，因而并不构成我们阶级阶层分析的直接对象。在上述的社会阶级与阶层结构中，就由于改革开放政策的实施所引起的变化而言，最为重要的阶级或阶层关系的变化自然是私营企业主和雇佣劳动者之间的关系的生成与发展，因为所谓的中产阶层实际上是这种关系的更为成熟发展的产物，而所谓的个体劳动者和个体工商户阶层则不过是这种关系尚处于胚胎与萌芽时期的状态。

如果从通过生产资料所有制关系而重新梳理了的中国社会阶级阶层结构的角度，而特别是其中最为重要的私营企业主和雇佣劳动者阶层之间关系的角度来看，我们就很容易揭示出那些被现代社会所高度关注的问题的根源。不用说，剥削现象、两极分化现象以及劳资关系问题的出现都是由于出现私营企业主和雇佣劳动者之间的关系，出现了隐含在这种阶级阶层结构中尖锐对立的经济利益关系所引起的。即使是那些看来具有中性色彩而似乎主要由物质技术关系所引发的经济与社会问题，也不能完全排除人与人之间的社会关系所产生的影响。例如，就改革开放之后中国社会经济持续增长的问题而言，也不能在强调物质技术关系的多种因素之后忽略私营经济中私营企业主和雇佣劳动者之间社会关系的作用，因为改革开放之后中国经济的持续增长固然有科技革命等物质技术因素的重要作用，但是，一方面，如果没有当利润达到50%时就会铤而走险，而当利润达到100%时就会践踏人间一切法律，当利润达到300%时就会甘冒杀头的危险的私人资本，就不可能有经济增长在利益驱动之下的可能性；另一方面，正如马克思的剩余价值理论所揭示的，如果没有从传统的工人阶级和农民阶级中脱离出来而单靠出卖自己的劳动力为生的雇佣劳动者阶层，也不可能有经济增长在利益驱动之下的现实性。因此，那些在今天社会中被广泛关注的问题的出现只能从由于改革开放所引起的社会关系的深刻变化中加以理解，而技术关系分析方法所倚重的物质技术关系在这个意义上不过是那些不断变化的社会关系借以实现的方式罢了。

改革开放缘何会引起中国社会阶级阶层关系如此剧烈的变化并不是我们所要讨论的主题。但是，如果说一定的社会关系总是同一定的生产方式相联系的话，那么，改革开放之后中国社会阶级阶层关系的剧烈变化就只有从生产方式的变革来寻求说明，更具体地说，就是要从个体经济与私营经济的与社会主义生产方式不同的生产方式的引入与复辟中寻求说明。而政治生活中的腐败、国有经济部门的垄断以及不同地区经济发展的不平衡等经常被某些人作为社会两极分化等问题的主要因素的观点，从某种意义上说，不过是一定的生产方式和社会关系用来推卸与逃避自己应该承担的社会责任的遁词。

如果说剥削现象、两极分化以及劳资关系等在今天社会中被广泛关注的问题的出现归因于个体经济与私营经济等相异于社会主义的生产方式的引入所引起的社会关系的激烈变化，那么对这些问题的唯一正确的认读方式也就只能是马克思的社会关系分析方法，而我们所寻求的对这些问题的从根本上的解决也就只能从对这些变化了的社会关系的重新调整与变革入手。正是在这里，马克思劳动价值论的社会关系分析方法显现出它时代的意义。我们应该以这些时代的问题为契机，努力复活在对现实经济问题的解析中常常被遗忘了的社会关系分析方法，为中国经济与社会的持续繁荣与发展服务。

三、马克思社会关系分析方法的重置及其意义

当通过对现实经济问题根源的分析深入社会关系的深层时，我们也就确认了马克思社会关系分析方法的正确性。但是，确认马克思社会关系分析方法的正确性并不是我们的根本目的，我们的根本目的在于，借助于对马克思社会关系分析方法正确性的认知求得对现实经济问题的正确解决，而马克思社会关系分析方法的深刻的现实意义也正是潜藏于我们所欲寻求的现实经济问题的正确的解决方案中。如前所述，贫富分化、劳资关系等已成为当前困扰中国经济与社会发展的严峻问题，这种困扰一方面表现在经济领域，这就是这些经济问题严重地影响到中国经济形势的健康发展；另一方面则表现在政治、文化等超经济的领域，这就是这些经济问题还严重地影响到中国政治的稳定和文化的和谐。因此，如何有效地解决这些问题是摆在中国经济理论面前的严峻课题。但是，当借助于一定的经济分析方法分析现实经济问题的时候，我们发现，经济分析方法不仅对于我们形成关于问题的正确结论具有关键的意义，而且对于我们形成关于问题的解决方法也具有关键的意义。因为经济分析的不同方法不仅决定着我们对问题的不同认识，而且也决定着我们对于问题的不同解决。这意味着，如果我们要求对现实经济问题的正确解决，就必须首先确立正确的经济分析方法。毫无疑问，正确的方法在这里仅仅意味着马克思的社会关系分析方法。

如前所述，社会关系分析方法是首先在以亚当·斯密为代表古典经济学中产生并在马克思的政治经济学中得以发展和完善的。然而实际上，还

在与马克思政治经济学并行的时代，古典经济学就开始走向衰落并逐渐被后起的以萨伊等人为代表的庸俗经济学所取代。而伴随着古典经济学的衰落和庸俗经济学的发展，古典经济学的社会关系分析方法也就逐渐被抛弃并被技术关系分析方法所取代。因此，"到马克思《资本论》第二、三卷由恩格斯分别于1885年和1894年整理发表时，经济学界已经被以马歇尔（Marshall）的《经济学原理》（1890）为代表的研究稀缺资源配置的新古典相对价格理论所统治。"① 自此以后，伴随着边际效用学派在19世纪末20世纪初的发展和20世纪40～50年代新古典综合派的兴起，发端于庸俗经济学的技术关系分析方法就逐渐成为现代西方经济理论分析方法的正统。与西方经济学方法论从古典到庸俗的变化不同，马克思经济学似乎始终坚持了一种与技术关系分析方法相对立的社会关系分析方法，这从马克思主义劳动价值论与政治经济学始终坚持价值、资本等核心范畴作为一种社会关系的存在中可以得到明显的体现。但是，不仅在马克思经济学内部存在着从斯密到李嘉图那里延续下来的技术关系分析方法与社会关系分析方法的对立，现代西方经济学与马克思主义经济学之间冲突而至交流与融汇，也使作为西方经济学方法论正统的技术关系分析方法不断地浸淫与渗透到马克思经济学的理论肌体中。现在，不仅对于我们在前面所指出的剥削、两极分化等现实经济问题许多人已经习惯于运用技术关系分析方法来加以解析，就是对于那些基础性的理论问题（如劳动生产率与价值量的关系问题，科学技术革命条件下的经济增长问题等）许多人也总是喜欢并试图抛开复杂的社会关系而从单纯的技术关系中寻求说明。在这样的历史背景下，当我们说现实经济问题的正确解决有赖于马克思的社会关系分析方法的预先确立时，人们自然会提出这样的问题，缘起于古典经济学的社会关系分析方法是否已经落后于今天的时代。

对于社会关系分析方法，我们已经分析了太多的有助于我们回答此问题的东西，这里只需强调现代西方经济学在20世纪50～60年代的"剑桥资本争论"中所隐约出现的社会关系分析方法的回归这一点，来作为我们对这一问题的进一步加强的回答。

如前所述，新古典经济理论所推崇的是技术关系分析方法，这种技术关系分析方法"仅仅用技术、消费者偏好和给定的要素来解释资本主义的工资和利润"。而对于资本主义社会中与社会关系而特别是阶级关系相关联的各种问题，"诸如工会问题、公司权力问题、总需求状态、政府有

---

① 王璐、柳欣：《马克思经济学与古典一般均衡理论》，人民出版社2006年版，第3页。

关收入和价格的政策等等所有这些看来与收入分配有关的因素”，则正如萨伊主张将政治经济学中的“政治”交还给政治学那样，就都被新古典理论想方设法地推给“社会学”。但是，“社会学”既不能宽泛到去解决那些本质上由作为经济关系的社会关系所引发的问题，政治经济学也不可能在不联系社会关系的情况下成功地解释社会的经济问题，正如罗宾逊夫人所中肯地指出的，新古典经济学“不能完全忽视阶级的存在”。基于对新古典学派理论局限的深刻剖析，新剑桥学派继承了古典经济学而至马克思经济学的社会关系分析传统，强调社会经济关系在经济分析过程中的作用，从而在一定程度上复兴了在现代西方主流经济学中被遗忘了的社会关系分析方法。例如，新剑桥学派认为，“要包括在任何一种分析中的最根本因素是表明它要进行分析的社会制度的性质。经济关系是人们之间的关系。人类同物质世界的技术关系规定了人们过着的经济生活的条件，虽然人类社会的技术发展水平对社会中的各种关系有着重大影响，但技术条件并不能完全决定人类社会的各种关系……同时，在一个经济社会里，人们之间的关系则对它所发展的工艺影响很大……人类关系和工艺关系的相互作用是经济分析的论题。”因此，“一种收入分配理论不能单从技术条件引申出来，而不考虑它要在其中应用的经济关系关于财产与权力分配的情形。”那么，在人们之间的关系中最基本的决定的因素是什么呢？新剑桥学派认为是财产所有权关系：“正是在于发现了通过对资本品所有权而建立起来的利润和储蓄之间的基本关系，而这个关系是单纯地根据制度上的原则得出的：即利润按照对资本品所有权的数量成比例地加以分配，而资本品所有权又来自于被积累起来的储蓄。”① 社会关系分析方法在新剑桥学派身上的复归为马克思经济学提供了重要的理论启示，这就是从古典经济学而至马克思经济学的社会关系分析方法并没有过时，马克思经济学应该在一种“回到马克思”的旗帜之下重置社会关系的分析方法。那么，在重置马克思社会关系分析方法的条件下，我们该如何寻求对现实经济问题的解决方法呢？

如前所述，无论是在现代西方的经济理论中还是在马克思经济理论的当代发展中，技术关系分析方法都有成为经济分析方法正统的趋向，而与这种趋向相对应的解决思路就是在割断社会关系与现实经济问题之间的关联的基础上，规避和推卸国家政权机关在解决现实经济问题过程中的责

---

① 引自王璐、柳欣：《马克思经济学与古典一般均衡理论》，人民出版社 2006 年版，第380、377 页。

任。例如，对于中国伴随经济高速增长所出现的两极分化问题，有论者提出通过政府增加对高收入阶层的税收，并通过转移支付等方式提高低收入阶层收入的解决方法。但是这种方法迅即遭到一些人的反对。在反对者看来，收入分配状况在根本上取决于生产要素的稀缺程度。如果政府通过税收等方式调整收入分配状态并使之向低收入阶层倾斜，则势必要改变要素的相对价格；而价格的变化又会导致生产要素供求关系的相应变化，并最终使经济陷于低水平循环的状态。那么，如何消除两极分化的局面呢？反对者将希望寄托于库兹涅茨"倒 U 曲线"，认为两极分化程度在经济增长的后期将会有缩小的趋势，我们应以经济增长所体现的效率原则指导现实的经济生活，在经济（的自发）增长中逐渐缩小收入差距。从这里不难看出，如果说社会关系分析方法在经济政策方面的主张在于加强国家政府机关在解决现实经济问题中的作用以消弭经济生活的自发性所导致的问题，那么技术关系分析方法的政策主张就恰恰是反对国家政权对经济生活的干预而强调经济运行的自发性。因此，如果我们要在重置马克思社会关系分析方法的条件下寻求对现实经济问题的解决方法，就是要加强国家政权机关对经济社会关系的调节作用。

那么，国家政权机关应该如何发挥它在调节经济社会关系方面的作用呢？

受西方经济学思潮的深刻影响，甚至也包括主张通过国家干预来实现较为公平的分配的新剑桥学派思想的影响，长期以来，有相当一部分人认为，中国当前经济生活中的两极分化、劳资关系等问题在本质上是一个收入分配问题，因此解决问题的根本方法，就是政府要在分配与再分配领域中通过运用税收政策、转移支付等财政手段与法制手段，增加就业，提高最低工资，缩小两极分化的现象，缓和劳资之间的矛盾。但是，更深入的分析使我们意识到，这种认识虽然不是完全错误的，但却是非常肤浅的。因为分配关系固然是生产关系的一个方面，但它在本质上又决定于一定的生产方式并与生产方式中的生产关系相适应。因此，如果国家政权机关要着力于社会关系的调整，就必须超脱分配领域的羁绊，将调整的视域转向生产过程中的生产关系或社会关系。第一，大力调整所有制结构。改革开放后，通过所有制结构的大力调整，中国逐步建立起以公有制经济为主导、多种所有制形式并存的所有制结构，从而彻底改变了传统计划经济体制之下公有制经济一统天下的局面。由于个体经济、私营经济等非社会主义性质经济成分的引入，各种非社会主义性质的生产关系也成为中国社会生产关系体系中的重要组成部分。应该说，剥削、两极分化以及劳资关系等问题的出现正是与这些非社会主义性质生产关系的植入密切相关的。但是，在相当长一段时间内，这些问题不仅没有达到今天这样受关注的程度，相反，它作为对传统计划经济体制之下平均主义的适度矫正还获得了社会相当程度的理解和认可，否则我们就不能理解最初打破"大锅饭"广受欢迎的场景。然而，随着国有企业的"民营化"改制，公有制经济的比重急剧缩小，非公有制经济的比重急剧放大。有资料显示，2000～2004年，在中国东部某省的不同所有制结构中，国有和集体资本所占比重从36.36%急剧下降到13.6%，而私人资本则从9.42%快速上升到17.6%，外商和中国港澳台资由32.03%上升到45.2%，法人资本由22.19%上升到23.5%。① 与此相对应的是，居民收入差距明显扩大，10%的最高收入居民与10%最低收入居民的收入比，从5.39倍急剧上升到10.7倍；城镇居民的基尼系数从0.29显著上升到0.358。② 事实表明，所有制结构朝非公有制经济方向的倾斜是居民收入差距扩大的主要原因，而公有制经济的存在与发展则是居民收入平衡的基本保证。因此，如果我们要从根本上解决两极分化等现实经济问题，就必须将所有制结构的调整作为首选的现实课题。第二，大力调整生产过程中人与人之间的关系。按照历史唯物主义的基本观点，所有制关系不仅决定着产品的分配关系，而且首先决定着人们在生产过程中的地位和相互关系。由于非公有制经济而特别是私营经济的发展，私营企业主与工人之间的雇佣劳动关系成为现实经济生活中人与人之间关系的最重要方面。但是，私营企业主和工人之间的雇佣劳动关系绝不像新古典学派所认为的那样是一种互助友爱的平等关系，而只能是一种不平等的剥削和压迫关系，只不过这种不平等的剥削和压迫关系在社会主义市场经济条件下受到相当的压制。但是不可否认的是，尽管受到相当的压制，这种在本质上不可能保持平等的社会关系，在多重因素的交错下仍然构成了中国目前劳资关系紧张对峙的严重局面。另外，在公有性质的经济成分中，由于生产资料的公共占有，人们之间是一种与私营企业劳资关系完全不同的平等的互助合作关系，但由于在制度与体制方面所存在的缺陷与局限，这种平等的互助合作关系并没有能够在现实的生产活动中完全体现出来。据此，生产过程中人与人之间关系的调整就应该区分为私营经济与公有制经济两个方面。在私营经济方面，可仿照

---

① "现在中国国有工业经济在国民经济中所占比重已经很小，在国民经济中，包括国有和集体经济的公有制经济所占比重已下降到不足40%，非公有制经济所占的比例已经远远高于公有制经济所占的比重。"卫兴华：《"国进民退"之辨》，载《高校理论战线》2010年第4期。

② 何干强：《唯物史观的经济分析范式及其应用》，中国经济出版社2009年版，第535页。

现代西方企业制度中"管理民主化"的做法，通过吸收工人参与企业的经营管理工作等方式来调动工人的积极性，缓和劳资关系的紧张状态；而在公有制经济方面，则应通过更为切实的制度安排与机制建构，使管理者与一般工人之间的平等的互助合作关系从一种单纯的理论关系变成现实经济活动中的实际存在的关系。只有在上述两个方面的调整之后，才能谈得上一般所谓分配关系即所谓初次分配与再分配的方式的调整。虽然这种局限于分配关系的调整没有、也不可能触动现实经济问题的根源，由于分配关系是生产过程中人与人之间关系的最为直观也最为敏感的部分，因而这种关系的调整对于缓和以致最终消除剥削、两极分化以及劳资矛盾等问题同样具有十分重要的意义。问题的关键只是在于，在目前的条件下，这些关系的调整均应该在国家政府机关的强力主导之下来进行，否则所谓的调整只能是一句空话。

需要指出的是，是否应该加强国家政权机关对于经济社会关系的干预作用在今天不仅是现代西方经济理论凯恩斯主义与新自由主义激烈争论的重大理论问题，而且也是对中国目前经济与社会发展具有重大影响的经济现实问题。然而，一些在客观公正的幌子下所进行的所谓科学研究却常常通过其具有明显倾向性的理论结论误导我们的经济政策。例如，有论者曾以日本 20 世纪 60 年代的经济增长为例，说明日本政府在地区收入平均化过程中的作用很小，而排斥政府作用的库兹涅茨倒"U"曲线却在以自发的方式发挥对于缩小或消除地区差距的作用。但是，更为公正的研究却显示，正是日本政府一系列经济措施对于"增加劳动力就业"、"积极地消除低所得者阶层"等问题的"特别的考虑"，才使日本经济在不断地缩小或消除地区差距的过程中走向了平衡发展的轨道。① 这是我们在宏观经济政策的制定中不能不严肃审视的问题。

总之，重视和加强国家政权机关在调节社会关系中的主导作用是重置马克思社会关系分析方法对于我们最为深刻的启示。只有重视和加强国家政权机关在调节社会关系中的主导作用，我们才能够有效地解决现实经济生活中的诸多热点问题，将中国的经济形势进一步引向健康发展的轨道，在这方面，任何理论与实践上的犹豫徘徊都有可能使中国的经济发展重蹈西方资本主义国家经济危机的覆辙。我们知道，在现代西方经济理论中，新剑桥学派也曾提出消灭私有财产集中、抑制食利者阶层收入增长等一系

---

① 王振中：《经济发展中的收入分配问题必须予以高度关注》，载王振中：《市场经济的分配理论研究》，社会科学文献出版社 2004 年版。

列政策主张，意图调整和改进资本主义制度的收入分配问题。但是在资本主义的制度安排下，这些政策主张注定是一厢情愿的空想和幻想，而这一点似乎也正是新剑桥学派虽然在理论上将新古典综合派辩驳得体无完肤却始终不能登上西方主流经济学王座的根本原因。然而，在中国社会主义的制度安排下，这些社会关系的政策性调整应该不是一种一厢情愿的空想和幻想了吧！

第七章　价值创造、价值分配与
马克思的分配理论

　　私营企业主以利润形式存在的非劳动收入的合理性是新时期马克思劳动价值论争论中激烈交锋的问题之一。如果说社会财富价值向量的巨量增长与活劳动投入量减少之间的矛盾等理论问题更多牵连着的是价值创造的基础理论问题，那么私营企业主以利润形式存在的非劳动收入的合理性问题就不仅牵连着价值创造的基础理论问题，而且牵连着价值分配的现实经济问题，因而是一个交织着理论与现实双重意味的复杂理论问题。在对私营企业主以利润形式存在的非劳动收入合理性问题的深度解析中，我们还将把马克思的包括按劳分配在内的分配理论作为理论反思的重要对象。

第一节　价值创造与价值分配的关系与
马克思一般分配理论的反思

一、私营企业主非劳动收入（利润）合理性问题的凸显及其影响

　　在中国于1978年开启的以所有制结构的调整为核心课题的经济体制改革中，非公有制经济而特别是私营经济无疑是其中最重要的内容，尽管个体经济的发展必然的是这种私营经济发展的前身。因为正是私营经济的产生与发展最终改变了非公有制经济作为公有制经济的"必要的、有益的补充"的局面，并由于与个体经济一起作为社会主义市场经济的重要组成部分最终形成了以公有制经济为主体、多种所有制成分共同发展的经济格局。但是，生产资料所有制不仅是一定社会生产关系中最主要的方面，而且是生产关系的基础，因而所有制结构的变革势必会引起以这种所有制结构为基础的生产关系其他方面的变革。因此我们看到，与中国逐渐确立的公有制经济为主体、多种经济成分共同发展的所有制结构相对应，

也就出现了"按劳分配为主体、多种分配方式并存"的分配格局。而在这多种分配方式的并存中,私营企业主以利润形式存在的非劳动收入无疑是一个极其重要的组成部分。但是必须指出,私营企业主以利润形式存在的非劳动收入并不是中国目前多元化分配格局中普通的部分,而是今天中国经济生活中最受理论焦点和公众议论关注的部分,而私营企业主以利润形式存在的非劳动收入之所以受到理论焦点和公众议论的关注绝不仅仅是因为它是中国多种分配形式并存分配格局中最特异的部分,这就是它是与各种劳动性收入最具有排异性色彩的分配形式,而且还因为与这种分配形式的存在和发展相伴生的中国社会阶级阶层结构的剧烈变化与马克思主义经济理论之间的激烈冲突,以及由此引起的对中国经济与社会改革政策逻辑走向的潜在影响。

我们先来看通过2005年《中国私营企业调查报告》所反映出来的私营企业主的非劳动收入以及与雇佣劳动者的劳动收入的差别状态,这个报告是由中共中央统战部、全国工商联、中国民(私)营经济研究会组织的"中国私营企业研究"课题组通过对全国私营企业的抽样调查形成的。据2005年私营企业调查报告的数据:2003年私营企业主的个人年收入与家庭年收入都有所增长。例如,2002年调查的私营企业主个人年收入平均值为13.8万元,中位数为5万元;这一次调查发现,私营企业主个人年收入平均值为20.2万元,中位数为6万元,分别比前者高出46.7%与20%。被访业主的家庭年收入同样呈现明显的增加趋势:上次被访业主的家庭年收入平均值为18.5万元,中位数为8万元;这一次被访业主的家庭年收入平均值为26.7万元,中位数为10万元,分别比前者高出44.3%与25%。家庭人均收入水平的提高也非常明显。上一次被访业主家庭的人均收入为3.88万元,人均收入中位数为1.67万元;这一次被访业主家庭人均收入和人均收入中位数分别高出64.1%与37.7%。数据同时显示,2003年私营企业雇工全年平均工资加奖金加部分分红,总数是8 033元。而2002年调查报告数据显示,2001年私营企业职工年均收入10 250.73元,中位数为8 000元。这意味着2003年私营企业职工年均收入相对于2001年反而下降了。而同期国有单位在岗职工年平均工资是14 577元,集体单位在岗职工为8 678元。这意味着私营企业雇工工资不仅低于国有企业,而且也低于集体企业。①

_____

① 《2005年私营企业调查报告 业主人均年收入20万》,载《中华工商时报》2005年2月3日。

2005 年的《中国私营企业调查报告》从一个短期时间界面反映了私营企业主的收入状况以及与职工收入状况之间的差别。在这里，有必要对私营企业主（及其家庭）的收入做一个类别上的分析，否则将有可能使我们的对私营企业主非劳动收入的分析丧失原有的意义。有论者在分析剥削在私营企业主收入中的比重时认为，剥削在资本的正常收入中其实只占非常小的比例，因为论者认为在对资本正常收入的分析中，必须扣除那些被认为是"非剥削性"的因素，这些因素包括：资本所有者作为经营者经营管理的收入、作为资本所有者应得的相当于银行存款的各种资本投入成本部分的利息收入、生产中各种技术要素投入的经济回报、资本投入的风险收入、优越区位的级差收入以及资本向国家缴纳的税收。只有在扣除这些收入之后才可能来计算剥削在资本全部收入中所占的比重。而这样一来，资本的剥削余额在资本的总收入中所占的比重应该是很有限的。因此，"我们没有必要无限夸大这个资本部分的份额，也没有必要把剥削看得特别严重，而是要淡化剥削观念，扭转在剥削问题上不必要的误解和盲目的理论认识。"① 这当然只能是笑话。如果将那些应该归属于剥削收入的部分都作为合理的收入排斥在剥削之外，剥削在资本的收入中所占的比重当然是"很有限的"。再者，如果说资本家应该获得如论者所说的资本投入的风险收入、优越区位的级差收入以及资本向国家缴纳的税收等收入，那么，雇佣工人是否也应该获得某种用现在的话来说应该叫做人力资本或劳动力资本"投资"的"风险收入"呢？要知道，在今天雇佣劳动者人力或劳动力资本中同样存在着"投资"的巨大风险，各种各样拖欠、克扣工人工资的现象就是这种"投资"风险最明显的表现，这还不包括由于企业真实的或虚假的破产所导致的风险。其实，在以资本所有者身份参与生产过程的私营企业主的收入总体中的确存在着在各种类别上的不同，资本的利润收入，土地的租金收入，存入银行本金的利息收入等都是这种总体收入中的不同类别，而其中的利润收入也就是所谓的剥削收入。但是，如果说私营企业主是以资本所有者的身份而不是像雇佣劳动者那样以劳动力所有者的身份参与生产过程的，那么他的任何收入就都是非劳动的收入。那么在这些非劳动收入中，作为剥削收入的利润收入是否像论者所说的那样在全部收入中所占比重"很有限"呢？据 2005 年《中国私营企业调查报告》数据显示，私营企业主的家庭财富主要由家庭金融资产、

---

① 赵学增：《收入分配领域若干基本理论探讨》，载王振中：《市场经济的分配理论研究》，社会科学文献出版社 2004 年版。

住房原值以及业主个人在其企业中拥有的所有者权益这三项收益构成，其中，私营企业主在企业拥有的所有者权益占85.4%，住房原值占8.3%，家庭金融资产占6.3%。这说明，私营企业主的主要财富在其企业里，表现为企业资产。① 因此，在私营企业主的所有非劳动收入中，借助于资本组织生产活动而获得的利润收入无疑是其中最主要和最重要的部分。

如果抛开其他类型的收入所表现出来的复杂性（而且正如前面所指出的，非利润性收入在私营企业主及其家庭收入总额中的比重较小）而将私营企业主的非劳动收入定位在利润这样的简单的形式上，我们就能够很快意识到它作为一种问题的存在，这就是作为私营企业主非劳动收入的利润的合理性问题。众所周知，利润在一般的意义上是指商品价值超出预付资本的余额，它表现为由全部预付资本所带来的价值意义上的经济剩余。但是，按照马克思劳动价值论关于劳动者的活劳动是商品价值创造的唯一源泉的观点，预付资本借助于生产过程而实现的价值增殖不可能来自于除劳动者活劳动以外的任何其他生产要素，而只能同商品价值的其他构成部分一样来自于雇佣工人活劳动的创造。而在雇佣工人活劳动创造的意义上，表现为经济剩余的资本家预付资本的增殖实质上也就是由马克思的剩余价值理论所揭示的剩余价值，它表现为资本家与雇佣工人之间一定的剥削关系。当然，正如马克思的剩余价值理论所揭示的，利润并不直接就是剩余价值，而是剩余价值的转化形态，并且正是这种转化形态掩盖了在剩余价值身上所直接表现出来的资本家与工人之间的剥削关系。由于表现为资本家与工人之间的剥削关系，利润在马克思的剩余价值理论中一直都是以被批判的形式出场的，而由这种批判所展示的人类历史的未来景象，就是通过消灭生产资料的资本主义私人占有制实现剩余产品被全体劳动者共同占有。当然，这并不是说马克思完全否认资本家获取利润的某种正当性，对此我们将在以后的内容加以详细的分析，但利润在马克思剩余价值理论中主要以批判的形式的出场至少说明，马克思的剩余价值理论对于资本家的利润的基本价值取向是否定的。我们知道，中国社会主义市场经济条件下的私营经济并不直接就是作为资本主义生产方式主体的私营经济，而是社会主义市场经济的重要组成部分，私营企业主也并不直接就是资本主义生产方式下的资本家，而是"有中国特色社会主义事业的建设者"。但是，这并不能否定两种私营经济所具有的从物质技术基础到社会结合形式的同质性。从物质技术基础上来说，两种私营经济都是以协作生产或机

---

① 《2005年私营企业调查报告 业主人均年收入20万》，载《中华工商时报》2005年2月3日。

器生产为主体的社会化生产；而从社会结合形式上来看，两种私营经济都是资本家与工人之间以劳动力商品的买卖关系为前提的雇工生产。因此，正如资本主义条件下的利润一样，社会主义市场经济条件下私营企业主的利润收入同样只能被看作是私营企业主借助于资本而对雇佣工人剩余价值的无偿占有。不难发现，这样的认定实质上否定了私营企业主非劳动收入的合理性。但是，我们显然不能简单地认同这种从逻辑上来说完全自洽的认定，因为如果说理论应该而且必须为实践服务，我们就必须在作出这种认定的同时悉心倾听实践的呼声。

众所周知，私营经济是在中国改革开放鼓励多种经济成分共同发展方针指导下出现的异质于社会主义的经济成分。但是，自从私营经济作为一种相对独立的经济成分出现以后，党和国家就一直采取鼓励与支持其发展的方针与政策，从1987年中共中央《关于把农村改革引向深入的决定》中提出的对私营企业"允许存在、加强管理、兴利除弊、逐步引导的方针"，到1988年《中华人民共和国宪法修正案》将私营经济作为"公有制经济必要的有益的补充"，再到1999年《中华人民共和国宪法修正案》进一步将私营经济规定为中国"社会主义市场经济的重要组成部分"，党和国家无论是在理论的认识上还是政策的调整上都在极短的时间之内实现了极其重要的历史性跨越。而伴随着党和国家支持与鼓励政策的实施，中国的私营经济也在极短的时间内得到了快速而迅猛的发展，其作为中国所有制结构中不可缺少的重要内容和国民经济发展的有生力量，对中国经济与社会发展的作用也越来越重要。据2005年《中国私营企业调查报告》显示，截止到2004年，中国私营企业计有344万户，注册资本42 146亿元，从业人员4 714万人，产值20 083亿元，社会消费品零售额10 603亿元，出口创汇企业74 443户，出口创汇1 749.68亿元。随着私营经济的不断发展，私营企业的纳税额也在同步增加。2003年年底，工商局调查企业的缴税金额的中位数为8万元，与销售额中位数（200万元）的比率约为4.0%。工商联调查企业的缴税金额中位数为25万元，与销售额中位数（640万元）的比率约为3.9%。① 在这样的实践背景下，如果我们否定了私营企业主非劳动收入的合理性，就不仅可能将中国改革开放以来支持和鼓励私营经济发展的方针政策置于尴尬的境地，而且有可能使私营经济在其蓬勃发展的基础上对中国经济与社会发展的巨大贡献陷于非法。

当然，实践的呼声也绝不是完全正面的。如前所述，伴随着改革开放

---

① 《2005年私营企业调查报告　业主人均年收入20万》，载《中华工商时报》2005年2月3日。

的深入发展，在中国的经济生活中出现了诸如两极分化加剧、劳资关系紧张等一系列严重问题。这些问题出现的原因固然是多方面的，但私营企业主以利润形式存在的非劳动收入问题无疑是其中极其重要的原因。因为尽管私营企业主的非劳动收入作为私营经济收入分配关系的重要一环决定于生产过程的其他因素，但它无疑又是这些决定它的其他因素最主要和最直观的体现。而当私营企业主的非劳动收入必然地以资本积累的形式重新投入生产过程并使生产过程以日益扩大的规模重复进行时，社会财富与贫困就必然地在私营企业主与雇佣工人的两极之间反向积累，两极分化以及由此所引起的劳资关系紧张的局面的出现也就必不可免。在这方面，正如列宁所说小生产是"经常地、每日每时地、自发地和大批地产生着资本主义和资产阶级"的一样，私营经济也是"经常地、每日每时地、自发地和大批地产生着"两极分化的现象。因此，如果要从现实经济生活中理解两极分化、劳资关系等经济问题，就必须从私营企业主的非劳动收入中探寻其根源。邓小平曾经指出："社会主义的本质，是解放生产力，发展生产力，消灭剥削，消除两极分化，最终达到共同富裕。"① 这不仅是将解放与发展生产力作为社会主义的本质在社会形态运动规律上的体现，而且是将"消灭剥削，消除两极分化，最终达到共同富裕"作为社会主义本质在社会主体价值目标上的体现。如果问题在严重的程度上进一步发展而不能得到有效的遏制，两极分化、劳资关系的问题就将严重影响中国社会主义建设在社会主体价值目标上的实现，并从根本上背离社会主义的本质要求。显然，在伴随着私营经济的发展所出现的两极分化、劳资关系等问题中同样内含着说明私营企业主义非劳动收入合理性问题的迫切要求。

总之，私营企业主非劳动收入的合理性问题已经成为无论是经济理论还是经济实践都必须严肃地面对的问题。从理论上来说，马克思的劳动价值论遭遇到了有史以来理论说明上的严重困难，它似乎必须在否定资本家利润收入的合理性和肯定私营企业主非劳动收入的合理性的夹缝中以自我矛盾的形式生存；而近几年来中国经济理论界的一系列争论，从微观的贫富差距、两极分化问题到宏观的经济改革与马克思主义经济学的主导地位问题，也大都直接或间接地与对私营企业主非劳动收入合理性问题的诠释有关。从实践上来说，由于经济生活中一系列矛盾、问题的出现，经济改

---

① 《邓小平文选》第3卷，人民出版社1993年版，第373页。

革进程的确使"中国又走到了一个历史性拐点",① 这个"历史性拐点"影响甚至决定着中国经济改革的实际走向,考验着党和政府在解决现实经济问题、导引经济发展态势方面的能力与智慧。

那么,如何才能对私营企业主的非劳动收入作出合理的解释呢?如前所述,私营企业主非劳动收入的合理性是一个牵连极其广泛的理论问题,这就是它一方面牵连着价值创造的基础理论问题,另一方面又牵连着作为经济理论应用部分的分配问题。因此,对于私营企业主非劳动收入的合理性问题也就具有从关于价值创造(价值理论)和价值分配(分配理论)两个角度来加以说明的趋向,从而也就必然地涉及价值创造与价值分配的关系问题。实际上,在新时期马克思劳动价值论的争论中,有关私营企业主非劳动收入合理性问题的讨论也首先和主要的是从价值创造与价值分配的关系问题中展开的。那么,价值创造与价值分配的两种解读趋向到底怎样来解释私营企业主非劳动收入的合理性问题,而这两种理解之间又具有怎样难解难分的矛盾与冲突呢?

二、基于价值创造与价值分配的不同关系对私营
企业主非劳动收入合理性的解释及其矛盾

如前所述,自 20 世纪 80 年代以来,支持、鼓励和引导私营经济的健康发展,推动中国社会主义市场经济体制的不断完善一直是党和政府坚定不移的既定方针,而且毫无疑问的是,这一既定方针将在中国社会主义市场经济建设的相当长时间之内延续下去。正因为如此,我们发现,尽管存在着与马克思劳动价值论和剩余价值理论的某种矛盾与冲突,从合理价值取向的角度解释私营企业主的非劳动收入一直是中国经济理论界占据主导地位的说辞,而不合理的认定则只有在极其正统的观点中才以微弱的声音存在。但是,这并不意味着那些合理性的解释不存在相互之间的矛盾与冲突,恰恰相反,解释的矛盾与冲突恰恰存在于表面上都认定为合理的解释之中。

众所周知,根据马克思劳动价值论的基本观点,直接劳动者的活劳动是商品价值创造的唯一源泉,而包括资本、土地在内的各种非劳动生产要素都只能转移自身价值而不能创造价值。而如果说只有直接劳动者的活劳动才是商品价值创造的唯一源泉,剩余价值就同商品的其他价值构成一样

---

① 皇甫平:《改革不可动摇》,载刘贻清、张勤德:《"刘国光旋风"实录》,中国经济出版社 2006 年版。

属于直接劳动者活劳动的创造，那么，根据简单商品经济阶段劳动者的"劳动生产物构成劳动的自然报酬或自然工资"的思维定势，剩余价值也就只能归作为其创造者的劳动者所有。但这样一来，作为生产资料所有者的私营企业主占有事实上属于剩余价值范畴的非劳动收入就是不合理的。显然，这种理论结论并没有能够对私营企业主的非劳动收入作出合于中国支持和鼓励私营经济发展的经济政策的认定。于是，正如我们在经济理论的争论中惯常看到的，这种观点遭到人们一致的批判与否定。

有论者认为，马克思的劳动价值论没有能够对私营企业主的非劳动收入问题作出合理解释表明，它已经过时了，已经不能再适应新的社会历史条件了，它必须通过实质性的"发展"才能适应中国社会主义市场经济的基本要求，求得对新的社会现象与社会问题的合理解释。基于这种认识，他们一方面反对马克思劳动价值论关于活劳动是商品价值创造的唯一源泉的观点，认为这种观点只有经过发展才能有效地"解释现实经济生活而获得存在的价值"，另一方面则提出"广义价值论"、"新劳动价值论一元论"、"物化劳动创造价值论"、"生产要素创造价值论"之类的新的价值理论，试图通过这些发展了的新的价值理论实现对现实经济问题的合理解释。例如，由谷书堂和柳欣提出的"新劳动价值论一元论"即认为，劳动生产要素和非劳动生产要素在价值决定过程中都起作用，都创造价值，"只要明确了决定价值的社会必要劳动时间的具体规定，而价值量又只是社会财富的计量单位和符号，说社会必要劳动时间创造价值与说劳动自身的生产力与劳动的资本生产力以及劳动的土地生产力创造价值，都是符合劳动价值论的。"由于劳动、资本、土地等生产要素在价值形成中都发挥作用，所以，工资、利润、地租不过是根据劳动、资本、土地等生产要素所做的贡献而给予这些要素所有者的报酬，这就是"生产要素按贡献参与分配论"。① 无独有偶，钱伯海的物化劳动创造价值论也提出物化劳动同活劳动一样创造价值的观点，认为"从社会来看的活劳动创造价值＝从企业看的物、活劳动共同创造价值"，"因为从微观看，企业活劳动与物化劳动共同创造价值，实际就是从宏观看的社会活劳动创造价值，任何一个企业单位的物化劳动——正是其他众多企业活劳动投入产生的成果。"因此，物化劳动与活劳动共同创造价值的观点并不违背马克思的劳动价值理论和剩余价值理论。由于生产诸要素共同创造价值，所以，"按

---

① 谷书堂编：《社会主义经济学通论》，高等教育出版社 1989 年版，第 140 页。

资分配，给以相应的报酬并不存在剥削问题"。① 而晏智杰的"生产要素创造价值论"的观点则认为，不仅物化劳动创造价值，而且除劳动以外的土地、资本、企业经营管理、科学技术、知识信息等生产要素也都具有生产性，都是对商品价值与使用价值的形成和增加不可缺少的因素。不难发现，这些新的价值理论尽管具体的理论观点不尽相同，但基本的理论倾向却是完全一致的，这就是都否认活劳动是价值创造的唯一源泉的传统观点，认为物质生产要素同活劳动一样创造价值；而由于物质生产要素同活劳动一样创造价值，私营企业主依据生产资料在价值形成或价值创造中的"贡献"占有相应的实质上是由它们创造的非劳动收入就是完全合理而正当的。当然，"生产要素按贡献参与分配论"并没有完全肯定私营企业主非劳动收入的合理性，这表现在他们肯定私营企业主非劳动收入并不是剥削收入的同时又承认私营经济中剥削现象的存在，并且认为剥削在这里同样表现为对他人劳动的无偿占有，但它所依赖的已不单单是传统分配理论所认定的生产资料私有制，而是还包括政治权利在内的各种非经济因素。在传统观点看来这是不可思议的。但这也绝不是什么新鲜的东西，它不过是西方经济学"没有劳动价值论的剥削理论"的翻版。不过，承认这种剥削的存在丝毫无损于它们对私营企业主非劳动收入作为非剥削收入的合理性认定。

但是，正如有论者明确指出的，尽管这些新的价值理论常常以劳动价值论的继承与发展的面目出现，但它们在本质上却是违背马克思劳动价值理论的基本观点的。因为马克思劳动价值论的基本观点是只有直接劳动者的活劳动才能创造价值，除活劳动以外的其他生产要素都只能转移自身价值而不能创造价值；而且从历史的渊源上来看，"物化劳动创造价值"之类的价值理论将资本、地产和劳动等生产要素做与利润、地租和工资等收入形式的以贡献为依据的对应性理解的观点，不过是由斯密创始并由萨伊所完善化的"三位一体"公式的翻版。而萨伊的"三位一体"公式与马克思的劳动价值论是两种根本对立的价值理论，其根本区别在于，在资本主义社会中，前者是资产阶级维护资本主义剥削制度的理论工具，而后者则是无产阶级反对资本主义剥削制度的理论武器。因此，正如我们所看到的，这种观点理所当然地遭到了各种正统观点的激烈批判。

可是，如果说"广义价值论"之类的价值理论是不合理的，我们又该从何处求得对现实社会问题的合理解释呢？有论者认为，上述观点的根

① 钱伯海：《社会劳动创造价值之我见》，载《经济学家》1994 年第 2 期。

本问题在于将价值创造与价值分配相混淆，将价值创造看作是价值分配的客观基础，因此要破解上述观点所导致的理论困境，就必须将价值分配从与价值创造的过分粘连中解放出来。正是在这种背景下，以历史唯物主义基本原理为依据的"按生产要素所有权分配论"就出现了。这种观点认为，劳动价值论与收入分配问题属于不同层次的理论探讨，劳动价值论作为抽象的理论分析所要解释的是价值如何创造以及创造价值的主体问题，最终要说明资本主义生产方式运行和发展的一般规律；而价值分配论作为具体的应用分析则是研究分配领域中价值在各经济主体之间进行分配以及按什么原则进行分配的问题，两者各自研究的内容和要解决的问题都是不同的。因此，从某种意义上说，价值创造与价值分配是两个完全不同的问题。但是，如果价值分配与价值创造完全无关，价值分配的理论基础又该做何解释呢？这种观点根据历史唯物主义关于生产资料所有制形式决定产品分配形式的观点认为，价值分配的主要依据是生产资料所有权在具体生产过程中体现出来的生产要素所有权。因此，私营企业主非劳动收入的合理性并不是由于其所据有的生产资料对价值创造活动的参与，而是由于其对生产要素的私人所有权。不难发现，如果说"广义价值论"之类的观点是试图从价值创造的领域解释私营企业主非劳动收入的合理性，那么"按生产要素所有权分配论"的观点则是试图在割裂价值创造与价值分配之间关系的基础上，单纯从生产资料所有制关系引出对私营企业主非劳动收入的合理性说明。相对于那种以价值创造与价值分配的统一为基础的解释来说，这种解释的"长处"或"优点"是显而易见的：这就是它一方面"解释"了私营企业主非劳动收入的合理性，从而合理地解释了现实的经济问题，另一方面又在承认私营企业主非劳动收入合理性的前提下坚持了马克思劳动价值论的真理性，从而消解了马克思经济理论所深陷的困境。但是，如果一方面坚持私营企业主的非劳动收入与其生产要素在价值形成过程中的"贡献"无关，另一方面又承认马克思劳动价值论关于商品的包括剩余价值在内的一切价值都无一例外地由劳动者的活劳动创造的观点，那岂不是意味着私营企业主凭借生产要素所有权所获取的非劳动收入实质上是对由劳动者创造的剩余价值的无偿占有，并因而是不合理的吗？而且传统马克思主义政治经济学正是借助于劳动价值论的这一基本观点反观出资本主义生产方式的剥削性质的。事实确实如此。"按生产要素所有权分配论"并不否认私营企业主非劳动收入的剥削性质，但它认为在中国生产力还没有得到高度发展因而还需要借助于私营经济来发展生产力的历史背景下，剥削的存在具有其历史的必然性，因而也具有历史的合理性。不难发现，同"生产要素按贡献参与分配论"相比较，"按生产要素所有权分配论"表现了一种对私营企业主非劳动收入合理性的带有消极意义的肯定。

但是，"按生产要素所有权分配论"绝不因此就提供了一种完全合理的解释。正如有论者所指出的，"按生产要素所有权分配论"虽然在对价值创造与价值分配的割裂中维护了马克思劳动价值论的基本立场，但却不能说明以下问题："其一，单纯的要素所有权为什么能给要素所有者带来收入，如果说非劳动要素的所有者可以凭借着非劳动要素的所有权获得唯一由劳动所创造的剩余价值，那么，为什么劳动者不能凭借劳动的所有权获得劳动所创造的全部价值？其二，各种要素的收入是如何决定的？为什么资本家只得到平均利润，而土地所有者则得到超额利润？为什么土地所有者不能凭借其土地所有权的垄断而得到土地的大部分乃至全部产品？同样的问题也适用于资本和劳动。"① 对于"按生产要素所有权分配论"来说，论者所提出的问题毫无疑问是极其尖锐的。一方面，无论处于何种所有制形式之下的生产要素都不可能在其闲置的状态之下为所有者带来收益，它只有在直接参与到具体生产过程的前提下才能成为生产要素并为所有者带来收益。如果生产要素所有者可以凭借不直接参与生产过程的生产要素而获得收益，那无疑是说生产要素所有者可以单纯凭借生产要素所有权的经济强权占有直接由劳动者创造的价值。这显然已经不再是经济学意义上的剥削，而是法律意义上的抢劫了；另一方面，生产要素要参与到具体的生产过程中，就不仅会有作用方式上的不同，而且会有作用大小上的区别，这正如不同的劳动者会由于其在生产过程中付出的活劳动不同而具有不同的作用一样；而生产要素在生产过程中的不同作用不可能不对价值分配产生影响，否则生产要素是否参与具体的生产过程就变得毫无意义了。归结起来，"按生产要素所有权分配论"的问题，一方面在于理论依据说明的缺失，另一方面在于数量关系解析的局限，而由于自身所存在的缺失与局限，"按生产要素所有权分配论"同"广义价值论"之类的观点一样不可能对于私营企业主非劳动收入的合理性作出恰切的说明。

如果将"按生产要素所有权分配论"与"广义价值论"之类的观点做一比较我们就会发现，"按生产要素所有权分配论"缺失与局限的根源恰是在于完全割裂了价值创造与价值分配之间的关系。因此，如果"按生产要素所有权分配论"要能够坚挺自己的理论主张，就必须解释生产

---

① 蔡继明：《从按劳分配到按生产要素贡献分配》，人民出版社 2008 年版，第 17 页。

要素所有者借生产要素所有权获取收益的进一步的理论依据。事实上，"按生产要素所有权分配论"的确也在自身的进一步深化和发展中开掘着深层的理论依据。但是，当沿着"按生产要素所有权分配论"的理论思路审视其所依存的理论根据时我们发现，在这个问题上，"按生产要素所有权分配论"所由产生的内部分歧并不亚于它们与"广义价值论"在马克思劳动价值论问题上的分歧。例如，有论者认为，按生产要素所有权分配的理论依据在于生产要素参与价值创造，因为所有权本身并不创造收益，它不过是把各生产要素所创造的收益转归各生产要素所有者。因此，要阐明各种要素的收入是如何决定的，就必须说明各种生产要素在价值形成中所起的作用或所作出的贡献；而有的论者则认为按生产要素所有权分配的依据在于生产要素参与使用价值（或社会财富）的创造，因为活劳动是价值创造的唯一源泉，除活劳动以外的其他生产要素都只能转移自身价值而不能创造价值。因此，按生产要素所有权分配的依据只能是生产要素在生产财富即使用价值中的贡献，而不是指它们在创造价值中的贡献。但是，简单的比较就可以发现，认为生产要素参与价值创造的观点不过是"广义价值论"之类的价值理论的翻版，因为"广义价值论"之类的价值理论正是将生产要素创造价值视作最核心的理论质点并据此求得对私营企业主非劳动收入的合理说明的；而认为生产要素参与使用价值创造的观点则不过是萨伊"效用价值论"的重演，因为萨伊正是在对"价值"做了与古典经济学不同的"效用论"的解读之后才赋予资本参与价值分配的当然资格。这说明，当"按生产要素所有权分配论"试图通过对理论依据的进一步发掘以克服自身缺失与局限的时候，它实际上就又回到的被指责为将价值创造与价值分配过分粘连的老路上去了，而立足于价值创造与价值分配的统一而对私营企业主非劳动收入的解释，已经由于对马克思劳动价值论的背离而被正统观点所否定。因此，据以一定的理论依据而被解析了的"按生产要素所有权分配论"仍然是不合理的。

上述的分析使我们不得不确认这样的事实，这就是无论是坚持价值创造与价值分配相统一的"生产要素按贡献参与分配论"还是坚持价值创造与价值分配相分离的"按生产要素所有权分配论"都没有能够对私营企业主非劳动收入的合理性作出令人满意的解释。但是，在这两种并不令人满意的解释中我们却"意外"地发现了马克思分配理论的两个不同版本，这就是按（活）劳动分配与按生产要素所有权分配，而"生产要素按贡献参与分配论"与"按生产要素所有权分配论"在这个意义上不过是马克思两种不同分配理论的自我冲突。由于在对私营企业主非劳动收入的解释中出现了马克思两种不同分配理论的自我冲突，我们就首先必须在消除这种自我冲突的过程中厘定马克思的科学的分配理论，并据此为对私营企业主非劳动收入的合理说明提供澄明的理论前提。

三、马克思分配理论的重新反思与界定

在《劳动价值学说新探》一书中晏智杰指出：马克思"在《哥达纲领批判》中论及未来的分配制度时所依据的理论依据之一不是别的，恰恰就是劳动价值论……这说明以为马克思关于社会主义分配制度的理论同其劳动价值论无关的看法其实是一种误解。实际上在中国经济理论界以往占支配地位的正统理论中，也主要是依据马克思在《哥达纲领批判》中的教导才一直将劳动价值论也作为我们论证按劳分配的依据之一，用劳动价值论说明按劳分配的源泉、依据及分配制度的合理性，这是不争的事实……马克思的劳动价值论是他关于资本主义生产方式和分配制度的理论的基础；也是社会主义政治经济学长期以来用以论证按劳分配合理性和必然性的理论根据之一。"晏智杰还对某些与他相左的观点进行了反驳。他说，有人认为"马克思虽然创立劳动价值论，但是并没有以此作为说明资本主义分配的根据。据说劳动价值论和剩余价值理论是用以解释资本主义的内在经济关系的，而不是说明分配的依据的，资本、土地等生产要素参与分配的根据据说是其对生产要素的产权。这种说法不免让人感到意外。""如果承认社会主义分配制度与马克思的劳动价值论无关，那就应当得出结论：探讨现阶段分配制度改革的理论基础也就同马克思的劳动价值论没有关系了"，这种观点显然与某些人提倡的在坚持劳动价值论的基础上深化分配制度改革的说法自相矛盾。① 客观地说，虽然马克思并没有明确劳动价值论作为其分配理论的基础，但他的确是从劳动价值论的视角来反观资本主义以剩余价值为核心的分配制度的不合理性并为社会主义分配制度所取代的历史必然性的。在这个意义上，说马克思坚持了一种以（活）劳动为基础的分配理论也并不是一种过度的诠释。

但是，在马克思以后逐渐系统化了的历史唯物主义中，我们又分明看到了马克思的另一种分配理论，这就是以生产资料所有制为基础的分配理论。对于历史唯物主义以生产资料所有制为基础的分配理论的最简练的表述见于斯大林的《苏联社会主义经济问题》一书，在这本书中，斯大林具体分析了生产关系三个方面的内容，即生产资料的所有制形式、各种社

---

① 晏智杰：《劳动价值学说新探》，北京大学出版社 2001 年版，第 10~12 页。

会集团在生产中的地位以及他们的相互关系和产品分配形式，并明确指出"产品分配形式"是完全以"生产资料的所有制形式"和"由此产生的各种社会集团在生产中的地位以及他们的相互关系"为转移的。① 而事实上，在稍早的列宁的一些论述中我们也能够看到可以被看作是斯大林观点雏形的论述。例如，列宁在分析分配和交换对于生产关系的依存性问题时指出："如果我们一贯把'生产'看作生产中的社会关系，那末无论'分配'或'消费'都会丧失任何独立的意义。如果生产中的关系阐明了，各个阶级获得产品的份额也就清楚了。因而'分配'和'消费'也就清楚了。相反地，如果生产关系没有阐明……关于消费和分配的任何论断都会变成废话，或者变成天真的浪漫主义的愿望。"② 同样，在对阶级本质问题的分析中列宁更明确地强调，不同阶级"取得归自己支配的那份社会财富的方式和多寡"取决于这些阶级"同生产资料的关系"和它们"在社会劳动组织中所起的作用"。由此可见，马克思的历史唯物主义的确坚持了一种似乎与其政治经济学不同的分配理论。

如果从马克思两种不同的分配理论的角度来分析，我们发现在对私营企业主非劳动收入合理性问题的说明中所出现的"生产要素按贡献参与分配论"与"按生产要素所有权分配论"之间的争论，正是这两种不同分配理论相互冲突的具体体现。例如，卫兴华在反驳晏智杰关于马克思分配理论的基础是劳动价值论的观点时指出，马克思在《哥达纲领批判》中论述社会主义实行按劳分配的"首先或决定的因素"绝不是劳动价值论而是"生产资料所有权"。他说，社会主义实行按劳分配的根据是，首先实现了公有制，因而每个社会成员能向社会提供的只有自己的劳动，从社会领取的只能是个人消费品；其次则是在社会主义阶段劳动还仅仅是谋生的手段，劳动又存在差别，旧的社会分工还存在；再则就是社会主义阶段的生产力还没有达到实行按需分配的高度。等等。③

虽然在马克思的政治经济学和历史唯物主义中包含着两种分配理论的确实存在，但我们也必须注意到，无论是马克思的政治经济学还是在以后被发展了的历史唯物主义都没有关于这两种分配理论的微观说明。在马克思的劳动价值论中，我们能够隐约地觉知到以劳动为基础的分配理论的存

---

① 《斯大林文集》，人民出版社 1985 年版，第 655 页。

② 引自康斯坦丁诺夫编：《马克思列宁主义的历史过程理论》，上海人民出版社 1986 年版，第 273 页。

③ 卫兴华：《深化劳动价值论研究要有科学的态度与思维方式》，载《高校理论战线》2002 年第 3 期。

在，但这种分配理论似乎只是作为一种"价值悬设"来存在的，其目的就是为了反观资本主义分配制度的不合理性。但价值悬设显然并不是实际的行政，因而也不能实际地说明资本主义分配制度的现实。资本主义现实的分配制度似乎仍然只能从生产资料的所有制中加以说明，这一点只要联系马克思关于资本是一种能够带来剩余价值的价值的观点就可以得到有力的证明。但另一方面，对于以生产资料所有制为基础的分配理论，马克思的历史唯物主义理论似乎也从未作出过有说服力的说明。例如，苏联的《马克思列宁主义的历史过程理论》一书在分析生产关系对分配关系的制约作用时，也只是简单地说"社会个人在生产过程中的地位取决于他们对生产资料的关系；他们的地位决定他们取得社会财富的方式和数额，而这些财富却是他们共同拥有的。分配关系在这方面构成了生产关系的相反的方面"等等，① 而生产关系对分配关系的决定作用的从"何以"到"怎样"的问题却并没有能够作出详细说明。这种状况又使我们有理由怀疑马克思是否真的提出过这两种相互对立的分配理论。那么，马克思是否真的提出过两种相互对立的分配理论呢？让我们回到马克思和恩格斯对分配问题的相关论述中求解问题的答案。

我们先来看恩格斯对相关问题的分析。

在《社会主义从空想到科学的发展》一文中，恩格斯以中世纪的简单商品生产为起点展开对分配问题的分析。恩格斯指出："在中世纪得到发展的那种商品生产中，劳动产品应当属于谁的问题根本不可能发生。当时个体生产者通常都用自己所有的、往往是自己生产的原料，用自己的劳动资料，用自己或家属的手工劳动来制造产品。这样的产品根本用不着他去占有，它自然是属于他的。因此，产品的所有权是以**自己的劳动**为基础的。即使利用过别人的帮助，这种帮助通常也是次要的，而且往往除工资以外还得到别的报酬：行会的学徒和帮工与其说是为了吃饭和挣钱而劳动，不如说是为了自己学成手艺当师傅而劳动。后来生产资料开始集中在大的作坊和手工工场中，开始变为真正社会的生产资料。但是，这些社会的生产资料和产品还像从前一样仍被当作工人的生产资料和产品来处理。从前，劳动资料的占有者占有产品，因为这些产品通常是他自己的产品，别人的辅助劳动是一种例外，而现在，劳动资料的占有者还继续占有产品，虽然这些产品已经不是**他的**产品，而完全是**别人劳动**的产品了。这

---

① 引自康斯坦丁诺夫编：《马克思列宁主义的历史过程理论》，上海人民出版社1986年版，第273页。

样，现在按社会方式生产的产品已经不归那些真正使用生产资料和真正生产这些产品的人占有，而是归**资本家**占有。"① 从恩格斯的论述中我们发现，虽然简单商品生产中的产品分配与生产资料所有制之间表现出比资本主义社会更为简明而直接的对应关系，但恩格斯在上述分析中却并没有将劳动产品归劳动者所有简单地归因于劳动者对其劳动资料或生产资料的所有权，而是归因于劳动者"**自己的劳动**"及其对劳动产品的生产，这就是所谓的"**以自己的劳动**为基础"。因此，在恩格斯看来，产品的分配并不是像斯大林所说的那样简单地由生产资料的所有制形式决定而是由劳动者"**自己的劳动**"所决定的。当然，"**自己的劳动**"并不仅仅意味着劳动者所提供的可以用持续时间来计量的劳动量，它还意味着"劳动"所具有的某种归属性。这就是说，在简单商品生产中的"**自己的劳动**"之所以能够决定产品归劳动者自己所有，除了自己必须具有的"劳动"以外，还有必须归属于"自己"并能为自己支配的"劳动"，只有在"劳动"归属于自己的情况下，劳动产品的所有权才具有以"**自己的劳动**为基础"的特点。那么，简单商品生产条件下"劳动"归劳动者自己所有的前提又是什么呢？这就是恩格斯所说的个体生产者"自己所有的、往往是自己生产的原料"和"自己的劳动资料"即生产资料的私人占有制。因此，作为简单商品经济条件下产品分配基础的"**自己的劳动**"实际上包含着从劳动者所提供的劳动到劳动者对生产资料的私人占有的双重内涵。如果我们将"**自己的劳动**"作为由劳动者提供的劳动与生产资料私有制有机统一的整体来看待，那么恩格斯"**自己的劳动**"所标志的就是中世纪简单商品生产条件下人们获取物质生活资料具体样式或形式的特定生产方式，它意味着，产品的分配方式既不是单一地决定于生产资料的所有制，也不是单一地决定劳动者提供的劳动量，而是决定于一定社会获取物质生活资料具体样式或形式的生产方式。事实上，在文章第三部分的一开始，恩格斯就简要地概括了历史唯物主义关于分配问题的基本观点，他说："在每个历史地出现的社会中，产品分配以及和它相伴随的社会之划分为阶级或等级，是由生产什么、怎样生产以及怎样交换产品来决定的"。② 由于这里所谓的"生产什么、怎样生产"明显是指一定社会的生产方式，因此，恩格斯的这一概括与他以中世纪的简单商品生产为例证而对分配问题的具体分析结论是一致的，它们都具体地指认了产品的分配形式与一定

---

① 《马克思恩格斯选集》第 3 卷，人民出版社 1995 年版，第 743～744 页。
② 《马克思恩格斯选集》第 3 卷，人民出版社 1995 年版，第 740～741 页。

社会生产方式之间的内在的必然的联系，说明了马克思分配理论的核心质点既不在于直接的劳动决定分配方式，也不是生产资料所有制形式决定分配形式，而在于物质资料的生产方式决定分配形式。需要指出的是，由于生产资料所有制伴随着不同生产发展水平的历史变异，以"**自己的劳动**"表现出来的生产方式也必然具有不同的形式和特点，这就是说，劳动可能并不像简单商品生产阶段那样直接归劳动者自己所有，尽管这种变化并不会改变"**自己的劳动**"所指涉的生产方式的内涵。

如果进一步向前追溯，我们还可以从马克思的相关论述中求得对恩格斯关于生产方式决定分配方式的更具原始意味的理论论据。在《资本论》第 1 卷对劳动价值论问题的论述中，马克思以商品生产所具有的生产关系的物化神秘性开始，顺序地分析了在"生活于孤岛上的鲁宾逊"、"欧洲昏暗的中世纪"、"为了自身需要而生产粮食、牲畜、纱、麻布、衣服等等的那种农村家长式生产"直到未来社会的"自由人联合体"那里所存在的相同的事实：劳动时间既是计量生产者个人在共同劳动中所占份额的尺度，又是计量生产者个人在共同产品中所占份额的尺度。① 自然，马克思也指出，由于一定社会生产方式的不同，人们的劳动与劳动产品之间并不是都具有它在"自由人联合体"中那种"简单明了"的特点。在分析剩余价值转化为资本的问题时马克思指出，在简单商品经济条件下，由于互相对立的仅仅是权利平等的商品所有者，占有别人商品的手段只能是让渡自己的商品，而自己的商品又只能由**自己的劳动**创造，因此，至少我们应当承认这样的假定，"所有权（这里的所有权是指对劳动产品的所有权而不是生产资料的所有权——引者注）似乎是以**自己的劳动**为基础"的，这是"以商品生产和商品流通为基础的占有规律或私有权规律"；并且这种产品占有规律"在产品归生产者所有，生产者用等价物交换等价物，只能靠自己劳动致富的初期"，和"在社会财富越来越多地成为那些能不断地重新占有别人无酬劳动的人的财产的资本主义时期"都是有效的，因为这不过是"通过它本身的内在的、不可避免的辩证法变为自己的直接对立物"的同一个规律。② 在《哥达纲领批判》中马克思更明确地指出："消费资料的任何一种分配，都不过是生产条件本身分配的结果；而生产条件的分配，则表现生产方式本身的性质。"③ 但是我们知道，坚持

---

① 马克思：《资本论》第 1 卷，人民出版社 1975 年版，第 96 页。
② 马克思：《资本论》第 1 卷，人民出版社 1975 年版，第 640、644 页。
③ 《马克思恩格斯选集》第 3 卷，人民出版社 1995 年版，第 306 页。

"按生产要素所有权分配论"的人们对自己观点的论证也到处都是以马克思的相关论述为依据的，例如他们认为，马克思关于"一定的分配关系只是历史规定的生产关系的表现"，① 以及"所有权对于资本家来说，表现为占有别人无酬劳动或产品的权利"② 的论述正是生产关系，而实质上是所有制关系决定分配关系的理论依据。因此，我们必须对马克思的相关论述作出必要的辨识。必须指出，将上述论述作为"按生产要素所有权分配论"的理论依据存在着严重的误读，因为马克思在上述论述中所说的"生产关系"并不是指生产资料的所有制关系，而是指"人们在他们的社会生活过程中、在他们的社会生活的生产中所处的各种关系"或"生产当事人之间的一定的社会关系"，且这种生产关系也并不像传统观点所理解的那样仅仅决定于生产资料的所有制关系，而是还决定于"生产条件的一定的社会性质"；上述论述中所指的"所有权"则根本不是通常所谓的生产资料所有权，而是资本家对于工人剩余劳动的占有权。③ 此外，还有论者将马克思对资本—利润、地产—地租和劳动—工资之间的对应关系的分析作为马克思坚持按生产要素所有权分配的理论依据。但是，如果认真分析马克思例如在《〈政治经济学批判〉导言》中的相关论述我们就会发现，马克思的这些论述并没有明显地表现出传统观点所认定的生产资料所有制形式决定分配形式的内涵，相反的倒是，在《资本论》第3卷中，马克思明确地把资本—利润、地产—地租和劳动—工资之间的对应关系归结为"三位一体"公式，并将其作为将事物的表现形式和事物的本质"直接合二为一"的资产阶级的庸俗经济学加以系统的批判。

事实上，在由私营企业主非劳动收入的合理性问题所引发的关于马克思分配理论的争论中，许多人都意识到了马克思分配理论以生产方式为基础的特质，并将之看作是超越任何一种资产阶级经济学的分配理论的"一个极其深刻的见解"，④ 但他们既没有意识到马克思分配理论的这种特质所具有的意义，也没有意识到这种分配理论与传统历史唯物主义关于所

---

① 马克思：《资本论》第3卷，人民出版社1975年版，第997页。

② 马克思：《资本论》第1卷，人民出版社1975年版，第640页。

③ 在这里，我们当然也不排除这种可能性，这就是马克思为了某种特定的理论意图而单独地强调生产资料或劳动在分配关系中的作用。这需要我们把马克思的相关论述作为一个有机统一的整体来看待。

④ 林金忠：《经济学三种分配理论的评析》，载俞可平等：《马克思主义研究论丛》（第4辑），中央编译出版社2006年版；并参阅卫兴华：《深化劳动价值论研究要有科学的态度与思维方式》，载《高校理论战线》2002年第3期。

有制形式决定分配形式的分配理论之间的区别，这就使他们常常有意无意地将两者混为一谈，从而错过了澄清马克思分配理论、说明私营企业主非劳动收入合理性问题的大好机会。那么，马克思以生产方式为基础的分配理论与传统历史唯物主义的以生产资料所有制形式为基础的分配理论之间到底存在怎样的区别，这种区别又在怎样的程度上有助于我们澄清私营企业主非劳动收入的合理性问题呢？

第二节 马克思分配理论的重新厘定

一、生产方式、分配方式及其决定关系

如果说马克思分配理论的核心质点是物质资料的生产方式决定分配形式，那么我们要获得对马克思分配理论的完整理解，就必须在正确理解生产方式与分配形式这两个基本概念的前提下揭示它们之间在马克思分配理论中所表现出来的本质的、必然的和稳定的联系。

首先来看生产方式这一概念。

众所周知，无论是对于马克思主义的政治经济学还是马克思主义哲学的历史唯物主义，生产方式都是一个极其重要的概念，在马克思主义政治经济学中，马克思曾经将资本主义的生产方式以及与它相适应的生产关系和交换关系作为经济理论的研究对象；而在马克思主义哲学的历史唯物主义中，马克思则将生产方式看作是社会发展的决定力量和"有法律的和政治的上层建筑竖立其上并有一定的社会意识形式与之相适应的现实基础"。但是，对于这样一个极其重要的概念，马克思在其极其频繁的使用中却始终没有赋予确切的含义，作出严格而规范的界定。根据有关研究，马克思在《资本论》的不同场合所使用的"生产方式"大致有四个方面的含义：第一，作为生产过程一般内容的物质生产方式，它表示生产者与生产资料的技术结合方式以及在此基础上形成的劳动者之间的技术结合方式；第二，作为生产过程社会形式的社会生产方式，它表示生产者之间的一定的社会结合方式；第三，作为物质生产方式和社会生产方式中介的"劳动方式"，它表示"个人之间的相互关系"和"他们对无机自然界的一定的实际关系"，并因而表现为"一定的劳动方式"；第四，作为生产力与生产关系，或物质生产方式和社会生产方相统一的生产方式，它表示生产力与生产关系的统一体。但研究同时认为，尽管存在着理解上的诸多

歧义，马克思对"资本主义生产方式"的科学分析却可以使我们对生产方式的含义有较确切的把握。马克思指出："对资本主义生产方式的科学分析却证明，资本主义生产方式是一种特殊的、具有独特历史规定性的生产方式；它和任何其他一定的生产方式一样，把社会生产力及其发展形式的一定阶段作为自己的历史条件，而这种条件又是一个先行过程的历史结果和产物，并且是新的生产方式由以产生的现成基础；同这种独特的、历史规定的生产方式相适应的生产关系，——即人们在他们的社会生活过程中、在他们的社会生活的生产中所处的各种关系，——具有独特的、历史的和暂时的性质；最后，分配关系本质上和生产关系是同一的，是生产关系的反面，所以二者都具有同样的历史的暂时的性质。"① 从马克思的这段论述可以看出，作为《资本论》研究对象的"资本主义生产方式"应该是："一种特殊的、具有独特历史规定性的生产方式"，这种生产方式一方面决定于"社会生产力及其发展形式的一定阶段"，另一方面又有生产关系即"人们在他们的社会生活过程中、在他们的社会生活的生产中所处的各种关系"与之相适应。因此，这种由生产力发展的历史条件所决定，并有一定的生产关系与之相适应的"独特的、历史规定的生产方式"，既不是指单纯的物质生产方式或社会生产方式，也不是指作为二者有机统一的生产方式或经济形态，而只能是指作为物质生产方式和社会生产方式中介的"劳动方式"。②

如果说物质生产方式表现为人与自然之间以劳动资料（或生产工具）为中介的物质关系或技术关系，而社会生产方式表现为人与人之间以生产资料所有制为基础的社会关系或社会联系，那么作为物质生产方式和社会生产方式中介的"劳动方式"就必然地将物质生产方式和社会生产方式作为自身统一体的两个方面，并因而具有物质生产方式和社会生产方式的双重属性。例如，资本主义的生产方式作为物质生产方式和社会生产方式的中介范畴，必然体现资本主义物质生产方式和社会生产方式的本质特征，从而构成作为资本主义生产方式的独特的历史规定性。这种生产方式的独特的历史规定性，一方面表现在作为物质技术基础的机器生产上，这种机器生产区别于前资本主义社会各种以手工工具为物质技术基础的生产方式，另一方面则表现在社会形式上资本与劳动之间的雇佣关系，这种雇佣劳动关系不仅区别于奴隶社会与封建社会中奴隶和农民对于奴隶主和地

---

① 马克思：《资本论》第3卷，人民出版社1975年版，第993页。
② 张彤玉等：《〈资本论〉导读》，南开大学出版社2003年版，第2~4页。

主的完全的和不完全的人身依附关系，而且也区别于未来社会在消灭了生产资料私有制基础上的各个劳动者之间的平等的互助合作关系。将这两个方面统一起来，就是资本主义的"特殊的、具有独特历史规定性"的生产方式，它是一种以机器生产为物质技术基础并以资本与雇佣劳动的结合为社会形式的生产方式。因此，将生产方式理解为作为物质生产方式和社会生产方式中介的"劳动方式"，并不意味着我们必须在完全脱离的物质生产方式和社会生产方式的前提下理解生产方式。相反，倒是只有联系物质生产方式和社会生产方式的这两个方面，我们才能获得对作为其中介的"劳动方式"的正确理解。

其次来看分配方式这一概念。

在最一般的意义上，分配是指一国在一定时期内的经济活动成果在各经济主体之间的劈分。按照马克思的理解，社会经济活动是一个由生产、分配、交换和消费所构成的有机整体，而在这一有机整体中，分配一方面与直接的生产活动相联系，另一方面又与作为经济活动终点的消费过程相联系，因而表现为连接生产与消费的中间环节。但是一方面，分配并不单纯在消极的意义上，即在被生产的成果所规定并因而只是作为生产活动的接续环节的意义上与生产相联系，它还在主动的意义上，即在作为一种生产活动的前提并因而也规定生产活动的意义上与生产相联系；如果从与生产的这种双重关系中来理解我们就会发现，分配可以区分为两种类型，即作为生产活动前提的生产要素的分配和作为生产成果的社会总产品或总价值的分配。所谓生产要素的分配是指作为生产的条件和前提的生产工具和社会成员在各类社会生产之间的分配；而所谓社会总产品或总价值的分配则是指直接生产过程中的劳动产品在直接参与生产过程的社会成员之间的分配。另一方面，由于一切生产活动的最终目的都是为了消费，而生产成果只有通过分配才能最终进入消费领域，因而分配又表现出与消费之间完全不同于生产的联系。但是，由于社会中的不同个人与直接生产活动之间的不同联系，产生于直接生产活动过程中的生产成果并不是能够通过一次分配就可以直达个人消费的领域，变成供个人享受而满足个人需要的生活资料，而是往往需要通过多重的分配环节才能达到这一目的。这样，作为生产成果的社会总产品或总价值的分配就可以根据不同的环节分为初次分配与再分配两个层次。初次分配指国民收入在物质生产领域内部所进行的分配，再分配则是在初次分配基础上在全社会范围内所进行的进一步分配。由此可见，正如生产方式具有各种不同的含义一样，分配也具有各种复杂的类别。那么，在我们厘定的马克思的以生产方式决定分配方式为核心质点的分配理论中，与生产方式相对应的分配方式到底是指什么呢？

从以《资本论》为完成形态的政治经济学体系来看，马克思几乎研究到了分配的各个类型和环节，但是，如果就与生产方式之间的对应关系来说，这里的分配主要应该是指社会总产品或总价值的（初次）分配。首先，就生产要素的分配来说，虽然马克思曾经较为详细地分析过这种分配，但如果我们认真研判马克思的分析就不难发现，生产要素的分配实际上不过是生产方式的另一种说法。其次，就初次分配和再分配来说，虽然再分配与初次分配都是社会总产品或总价值进入消费领域的必由环节，但再分配不过是在初次分配基础上的进一步分配并且更多地取决于各种非生产的因素，它并不构成分配理论的核心关注点。因此，只有立足于社会总产品或总价值的（初次）分配才能正确理解生产方式与分配方式之间的关系，也才能正确理解马克思的分配理论。另一方面，虽然马克思的分配理论关注的是社会总产品或总价值的分配，但分配的核心问题却是社会总产品或总价值中由雇佣劳动者在一定时期内新追加价值的分配，因为只有这一部分价值才在以后的分配中被分解为工资、利润、地租等收入分配的特定形式，而只有分配的这些形式才鲜明地体现出生产中人与人之间的关系。需要指出的是，有论者在将分配区分为社会再生产过程中总产品、总价值的分配和个人消费品的分配的基础上，把马克思分配理论的核心关注点确定为个人消费品的分配，并将工资、利润、利息、地租等收入分配形式归结为个人消费品的分配。① 这显然是错误的。因为马克思的分配理论主要关注的是在资本主义生产过程中表现不同阶级之间关系的分配，而绝不可能是个人消费品的分配，而例如工资的分配也绝不能仅仅作为个人消费品的分配形式来理解，因为它同时还是资本主义社会再生产过程的必要环节。

现在我们来看生产方式与分配方式之间在马克思的分配理论中所具有的决定的关系。

正如马克思所指出的，一切生产都是个人在一定的社会形式中并借这种社会形式而进行的对自然的占有，但是，一切社会中的个人之所以要实现对自然的占有绝不是为了要通过这种占有充作自然的主人，而是为了据此获取自身生存和发展所需要的生活资料，借以维持自身的生存和发展。在这个意义上，物质生活资料的获得无疑是作为人对自然的占有的生产过程的最主要目的。但是，生产并不仅仅是物质生活资料的创造，它还直接

---

① 逢锦聚：《马克思劳动价值论的继承与发展》，经济科学出版社 2005 年版，第 299 页。

就是消费，不仅是占有自然所需要的各种生产资料的使用和消耗，而且是个人在生产过程中发展起来的个人的劳动能力的支出与消耗。由于个人劳动能力的支出与消耗，在生产过程中所创造的物质生活资料的获得就不再显得仅仅是对辛勤劳动的一种馈赠，而首先是对在生产过程中人的劳动能力支出与消耗的补偿。如果说在今天生产力相对发达的历史条件下生产过程中人的劳动能力的消耗相对于他们生活资料的获得来说显得并不具有十分特别的意义，那么在生产力相对落后的条件下劳动成果对于劳动消耗的补偿就具有关键的意义，因为如果人们的劳动消耗不能在劳动成果的获得中得到必要的补偿，他们的生产活动从而他们的生存活动就会受到威胁。因此，也只有在这样的历史条件下，我们才能够更容易理解亚当·斯密的这句实质上并不仅仅适用于生产力相对落后条件的论述：劳动生产物构成劳动的自然报酬或自然工资，因为它最鲜明地体现了作为劳动的自然报酬或自然工资的劳动生产物对于劳动消耗的补偿意义。如果与马克思分配理论的某些方面相联系我们就会发现，斯密的这句话似乎正是提供了马克思分配理论以（自己的）"**劳动**"为基础的原型。但是正如前面所指出的，劳动总是由作为主体的人来承担的，这意味着劳动总是具有它的主体意义上的归属性，并且劳动只有在一定的归属形式中并借助于这种归属的形式才能成为分配形式的基本前提；而劳动的归属性所内含着的生产资料所有制形式又使生产或劳动带有不同的形式和特征。这样，原初意义上的劳动的内核与由生产资料所有制所决定的一定的社会形式的结合，就形成了作为马克思分配理论关键概念的生产方式或劳动方式，而马克思关于生产方式决定分配方式的分配原则至此已获得了它完全的意义。

马克思指出，在分配是产品的分配之前，它首先是生产工具的分配和社会成员在各类生产之间的分配，这种分配包含在生产过程本身中并且决定生产的结构，如果在考察生产时把包含在其中的这种分配撇开，生产显然是一个空洞的抽象。显然，尽管将其归结为一种先于生产的分配，马克思所说的这种生产要素的分配实际上就是一定社会的生产方式或劳动方式，而并不像人们一般所理解的生产资料所有制或所有权。例如，马克思指出，资本主义生产方式就是以生产条件的这种一定的社会形式为前提的，在这里，物质劳动条件和工人相对立而具有一定的社会性质，因而在生产中，工人与劳动条件的所有者之间，并且工人彼此之间，是处在一定的关系中。有了这种本来构成生产的一个要素的分配，产品的分配自然也就确定了。马克思指出，资本主义生产方式一开始就有两个特征：第一，它生产的产品是商品，这就是说成为商品是它的产品的占统治地位的、决定的性质。这意味着，工人自己也只是表现为商品的出售者，因而表现为自由的雇佣工人，这样，劳动就表现为雇佣劳动。① 第二，剩余价值的生产是生产的直接目的和决定动机，这种直接目的和决定动机包含着一种不断发生作用的趋势，要把生产商品所必需的劳动时间，也就是把商品的价值，缩减到当时的社会平均水平以下。② 而与生产方式的这种特征相联系，资本主义的分配也就表现出这样的形式：第一，与雇佣劳动相对应的分配形式是工资。"如果劳动不是规定为雇佣劳动，那么，劳动参与产品分配的形式，也就不是表现为工资，如在奴隶制度下就是这样"。③ 第二，与资本相对应的分配形式是利润。由于生产资料采取资本的形式，产品价值的一部分才表现为剩余价值，并进而表现为利润，表现为资本家的赢利。第三，与地产相对应的收入分配形式是地租。当土地是以作为生产要素的大地产而不是以土地一般参与生产过程时，它参与分配的最发达的形式就是地租，这种地租不同于土地的封建地主占有制条件下的地租。当然，如果资本主义的生产方式有新的变化，那么分配的形式也便会有相应的调整。例如马克思指出，利润分割为企业主收入和利息，就是资本主义生产过程的一定的社会形式发展的结果："它从他自身发展了信用和信用制度，因而也发展了生产的形式。利息等等这些分配形式，是作为决定的生产要素加入价格的。"由此可见，通过对资本主义生产方式和与之相适应的分配方式之间关系的分析，马克思对生产方式决定分配方式的基本原则做了最为精细的说明。④ 需要指出的是，正是由于坚持生产方式与分配方式之间的决定性关系，马克思才对小资产阶级经济学家如西斯蒙第与蒲鲁东颠倒或割裂生产与分配之间的关系，并试图抛弃生产方式而单独在分配领域内消解资本主义的不平等现象的经济思想进行了批判。这种批判无疑是从反面印证了生产方式与分配方式之间的决定性关系。

那么，马克思以生产方式决定分配方式为核心理念的分配理论是否排斥在历史唯物主义的分配理论中被认定为分配基础的生产资料所有制形式的作用呢？如果答案是否定的，生产资料所有制形式在产品的分配形式中又将起怎样的作用呢？

---

① 马克思：《资本论》第3卷，人民出版社1975年版，第994~995页。
② 马克思：《资本论》第3卷，人民出版社1975年版，第996页。
③ 《马克思恩格斯选集》第2卷，人民出版社1995年版，第13页。
④ 《马克思恩格斯选集》第2卷，人民出版社1995年版，第13~14页；马克思：《资本论》第3卷，人民出版社1975年版，第994、998页。

二、生产资料所有制形式及其在分配中的作用

生产资料所有制关系是马克思主义理论体系中具有重要意义的基本理论问题。在马克思主义的理解中，生产资料的所有制是指生产资料归谁所有、为谁支配的问题，它以实际的占有为基础，同时也包括对生产资料的以占有为基础的使用、收益和处分的权利，因而是占有、使用、收益和处分权利的有机统一。同人与自然之间的关系一样，生产资料的所有制关系也是人类物质生产中的基本的、具有决定意义的关系，因为虽然人类的任何生产都需要在人与自然之间的关系中展开，但只有在人们通过生产资料所有制关系解决了生产资料的归属问题，实现了生产过程中人（劳动者）与物（生产资料）的要素的结合之后，他们才能针对自然界发生关系并使现实的生产过程得以展开。在马克思的理解中，生产资料所有制关系的出现与社会分工是密切联系的，因为分工的每一阶段都决定着个人的与劳动资料、劳动工具和劳动产品的相互关系。马克思指出："分工包含着所有这些矛盾（指生产力、社会状况和意识之间的矛盾——引者注），而且又是以家庭中自然形成的分工和以社会分裂为单个的、互相对立的家庭这一点为基础的。与这种分工同时出现的还有分配，而且是劳动及其产品的**不平等**的分配（无论在数量上或质量上）；因而产生了所有制，它的萌芽和最初形式在家庭中已经出现，在那里妻子和儿女是丈夫的奴隶。"① 由于分工与所有制之间的这种密切联系，分工发展的各个不同阶段，同时也就是所有制的各个不同形式，因而伴随着分工的不断发展，生产资料所有制关系也就必然具有了各种不同的历史形式。毫无疑问，这种以各种不同形式存在的生产资料所有制关系，也即我们一般所谓的生产资料所有制形式，才是在物质生产过程中实际行政的所有制关系。如前所述，与传统历史唯物主义赋予生产资料所有制形式决定分配形式的全权不同，我们所厘定的马克思的分配理论认为只有物质资料的生产方式才是分配形式的基本的决定的因素。但是，这并不意味着马克思的分配理论完全否认生产资料所有制形式在分配形式中的作用。实际上，由于物质资料的生产方式内含着生产资料的所有制形式并以这种所有制形式为其重要的内涵，马克思的分配理论并不排斥生产资料所有制形式在分配形式中的作用。那么，在马克思的分配理论中，生产资料所有制形式到底具有怎样的作用呢？我们以生产资料所有制形式在资本主义生产过程中的特殊表现的生产资料资本占

---

① 《马克思恩格斯选集》第 1 卷，人民出版社 1995 年版，第 83 页。

有制为例来具体地分析这种作用。

斯密在分析"人依靠资本,可以获得什么"的问题时曾经指出:"例如,继承了一大笔财产的人并不因而直接获得政治的权力。拥有这种财产所直接赋予他的那种权力是购买力,也就是说,是对于别人的一切劳动或者说对当时出现在市场上的这种劳动的一切产品的支配权。"① 马克思对斯密的这一观点表示认同。他在《1844年经济学哲学手稿》中指出:"资本是对劳动及其产品的支配权。资本拥有这种权力并不是由于他的个人的或人类的特性,而只是由于他是资本的所有者。他的力量就是他的资本的那种不可抗拒的购买力。"② 在《资本论》第1卷分析剩余价值问题时马克思进一步指出:"资本不仅象亚·斯密所说的那样,是对劳动的支配权。按其本质来说,它是对无酬劳动的支配权。一切剩余价值,不论它后来在利润、利息、地租等等哪种特殊形式上结晶起来,实质上都是无酬劳动时间的物化。资本自行增殖的秘密归结为资本对别人的一定数量的无酬劳动的支配权。"③ 因此,就在资本主义特殊生产过程中的作用来说,生产资料的资本占有制表现为对于他人劳动力的支配权。那么,为什么生产资料的资本占有制会表现为对于他人劳动力的支配权呢?

众所周知,作为人的要素的劳动者和作为物的要素的生产资料的结合是现实生产过程的基本前提,在劳动者与生产资料的这两个要素中,我们一般认为,生产资料只是生产过程中"死的劳动"和受动的因素,劳动者才是生产过程中"活的劳动"和能动的因素,因为劳动对象和劳动资料即生产资料只有在活劳动参与的情况下才能形成现实的生产力。但是,这显然只触及问题的一个方面。如果说生产资料在没有活劳动参与的情况下只是可能的生产力,那么同样地,活劳动在没有生产资料参与的情况下也只是可能的生产力,因为人的活劳动仅仅是人的劳动能力即劳动力,它只有在使用中从而也就是只有在与生产资料的结合中才能变成现实的劳动过程。因此,正如马克思所指出的,谁谈论劳动能力并不就是在谈劳动,正像谈消化能力并不就是谈消化一样。但是,这绝不是说就现实的生产过程而言劳动力会与生产资料处于完全对等的地位。如果说由劳动力与生产资料的结合所形成的现实的生产过程对于劳动者而言表现为其获取被斯密称为劳动的自然报酬或自然工资的劳动生产物的过程,那么这种结合对于

---

① 引自马克思:《1844年经济学哲学手稿》,人民出版社1979年版,第18页。

② 马克思:《1844年经济学哲学手稿》,人民出版社1979年版,第18页。

③ 马克思:《资本论》第1卷,人民出版社1975年版,第584页。

劳动力的所有者即劳动者而言就具有比生产资料所有者更加关键的意义，因为它意味着劳动者只有在这种结合中才能挣得维持其进一步的生存和发展所需要的生活资料。问题的关键还在于，正如马克思所指出的，虽然劳动力是以商品的形式存在的，但劳动力商品的存在却与其他商品有很大的不同，这就是劳动力商品是以活的个体的存在为前提的，只有在活的个体存在的条件下作为商品的人的劳动能力才能存在；而活的个体只有在获得一定的生活资料的前提下才能维持自己的存在。因此，谁谈劳动能力，谁就不会撇开维持劳动者活的个体存在所必需的生活资料，正如罗西所说的，如果"在考察劳动能力时，撇开生产过程中维持劳动的生存资料，那就是考察一种臆想的东西"。① 在这个意义上，如果劳动者不能同生产资料相结合，这还不是说劳动者因此不能获得只有通过与生产资料的结合才能挣得的维持其进一步生存和发展所需要的生活资料的问题，而是说劳动者劳动能力借以维持的活的个体的存在都将受到威胁，所以马克思指出："劳动能力不卖出去，对工人就毫无用处，不仅如此，工人就会感到一种残酷的自然必然性：他的劳动能力的生产曾经需要一定的生存资料，它的再生产又不断地需要一定量的生存资料。于是，他（罗西——引者注）就和西斯蒙第一样地发现：'劳动能力……不卖出去，就等于零。'"② 显然，尽管劳动力同样表现为与资本一样的不可缺少的因素，在资本家与工人之间由生产资料与劳动力的结合所展开的较量中，胜利必定属于资本家，因为"资本家没有工人能比工人没有资本家活的长久"。③ 因此，对于工人而言劳动力与生产资料结合的愿望远比对于资本家而言生产资料与劳动力结合的愿望要来得强烈，这种更为强烈的愿望再加上资本家对于劳动力价值的预先支付，就使生产资料的资本占有制表现为对于他人劳动力的支配权。

正如马克思所指出的，劳动力成为商品的基本历史条件之一就是作为劳动力所有者的工人是自由人，他能够把自己的劳动力当作商品来支配。这就是说，在劳动力商品出卖给资本所有者之前，它是一个通过作为它的所有者的工人体现出来的完全独立的存在。但是，由活的个体的存在的"残酷的自然必然性"所导致的劳动力商品对资本的依存性却使它只有出卖给资本所有者才能体现出自身的价值。而当劳动力商品通过出卖成为资

① 引自马克思：《资本论》第1卷，人民出版社1975年版，第196页。
② 马克思：《资本论》第1卷，人民出版社1975年版，第195~196页。
③ 马克思：《1844年经济学哲学手稿》，人民出版社1979年版，第5页。

本所有者的私有物，并进而通过资本所有者进入劳动力商品的消费过程而实际上也就是资本的生产过程的时候，劳动力商品就完全丧失了通过它的自由的所有者所表现出来的完全独立的个性，变成了资本的与表现为生产资料的不变资本相对应的可变资本的形式。这样，当资本所有者再在市场上像购买劳动力商品那样购买到生产过程所需要的生产资料的时候，由于作为生产要素的生产资料和劳动力都被资本所有者所占有，资本主义的生产过程就表现出两个特点：其一，工人在资本家的监督下劳动，他的劳动隶属于资本家。其二，产品是资本家的所有物，而不是直接生产者工人的所有物。马克思分析指出，资本家例如支付劳动力一天的价值。于是在这一天之内，劳动力就象出租一天的任何其他商品（例如一匹马）一样，归资本家使用。商品由它的买者使用，劳动力的所有者提供他的劳动，实际上只是提供他已出卖的使用价值。从他进入资本家的工场时起，它的劳动力的使用价值，即劳动力的使用，劳动，就属于资本家了。资本家购买了劳动力，就把劳动力当作活的酵母，并入同样属于他的各种形成产品的死的要素。从资本家的观点来看，劳动过程只是消费他所购买的劳动力商品，而他只有把生产资料加到劳动力上才能消费劳动力。这样，劳动过程就变成了资本家购买的各种生产要素之间的过程，即变成了归属于资本家所有的各种物之间的过程。劳动过程归属于资本家，一方面意味着资本家具有对于劳动过程的从组织、管理到监督，从而维持劳动过程在符合生产的技术规范和生产的社会规范基础上的正常运行的职权；另一方面则意味着劳动过程的产品归资本家所有，正象他的酒窖内处于发酵过程的产品归他所有一样。①

由于生产资料的资本占有制对他人劳动力的支配和由此所导致的生产的过程和结果归资本家所有，它自然也就成为了资本主义分配过程的重要主导因素。具体来说，生产资料的资本占有制对分配过程中的作用主要表现在两个方面：其一，生产资料的资本占有制决定劳动产品的主体归属，并进而决定劳动产品的一定形式的分配。这是生产资料资本占有制对于分配形式的质上的决定作用。例如，在农业的资本主义经营中，资本的私人占有决定了劳动产品中以利润形式存在的部分归资本家所有，而土地的私人占有则决定劳动产品中以地租形式存在的部分归地主所有。显然，利润和地租这两种分配形式都不过是生产资料的私人占有制在分配形式上的具体体现，而生产资料的资本占有制之所以能够表现在分配的形式中又是缘

① 马克思：《资本论》第1卷，人民出版社1975年版，第210页。

于它对生产的过程和结果的控制和决定。其二，生产资料的资本占有制决定产品分配的一定的量的关系或比例，这是生产资料资本占有制对于分配形式的量上的决定作用。例如，就生产资料的资本占有制来说，无论是在一般抽象的意义上还是在具体的实践的意义上，利润的分配比例都与资本家占有的资本的量的比例之间存在正向的比例关系：在一般的抽象的意义上，资本家占有的资本越多，其所能支配的劳动力也就越多，因而其所占有的剩余价值也就越多；在具体的实践的意义上，资本家占有的资本越多，资本家按照等量资本得到等量利润原则所得到的平均利润也就越多。因此，生产资料的资本占有制绝不像有论者在对生产资料所有形式的作用的分析中所指出的那样，仅仅涉及"分配关系的本质，而未涉及分配的数量"，尽管生产资料的所有权本身并不因此就同活劳动一样是价值和财富的创造者。

但是，生产资料的资本占有制在分配中所发挥的作用并不意味着它对分配形式具有决定与支配的全权。例如，同样是基于土地的私人占有，资本主义生产方式中的地主与封建生产方式之中的地主对于剩余劳动的占有状况就是完全不同的。在封建生产方式之下，封建地主可以占有由农民租种土地而创造的全部剩余劳动；而在资本主义生产方式之下，作为地产占有者的地主却只能占有由租地农场主雇佣农业工人所创造剩余价值的一部分。造成这种状况的原因显然并不在于土地私人占有的不同，而在于农业生产所采取的资本主义经营方式。那么，农业生产的资本主义经营方式为什么会引起这种分配形式上的变化呢？我们自然会想到渗入农业生产的资本攫取剩余价值的天然本性。但是，如果农业部门的劳动者由于生产力水平低下不能在为地主提供地租之后再为资本家提供利润，农业产品的分配就不可能有如此形式上的变化，甚至不可能有资本向农业生产部门的渗透。正如马克思所指出的："如果工人需要用他的全部劳动时间来生产维持他自己和他的家庭所必需的生活资料，那末他就没有时间来无偿地为第三者劳动。没有一定程度的劳动生产率，工人就没有这种可供支配的时间，而没有这种剩余时间，就不可能有剩余劳动，从而不可能有资本家，而且也不可能有奴隶主，不可能有封建贵族，一句话，不可能有大私有者阶级。"① 因此，"资本并没有发明剩余劳动。凡是社会上一部分人享有生产资料垄断权的地方，劳动者，无论是自由的或不自由的，都必须在维持自身生活所必需的劳动时间以外，追加超额的劳动时间来为生产资料的所

---

① 马克思：《资本论》第 1 卷，人民出版社 1975 年版，第 559 页。

有者生产生活资料"。① 这就是说，农业生产部门劳动产品分配形式的变化必然是与其由劳动生产率所反映的生产力的一定发展水平相联系的。但是，当深入到劳动生产率以及生产力的一定发展中的时候，我们也就深入到了以所有制为社会形式的生产方式之中，这样，我们对于农业生产部门劳动产品的分配形式的理解就必然联系到一定的生产方式。因此，马克思关于生产方式决定分配方式的基本分配理念并不同于传统历史唯物主义在割裂价值创造与价值分配关系基础上所形成的所有制形式决定分配形式的观点。当然，这种分配的基本原则也不同于那种在与价值创造简单对应关系中理解价值分配的倾向，因为这种分配原则并没有赋予一定生产方式的各个生产要素如农业的资本主义生产方式中的资本和土地同雇佣劳动一样的创造价值的能力。需要指出的是，我们这里只是从理论上即马克思的相关论述中和实践上即现实事实的例证中，通过揭示生产方式与分配方式之间的对应关系说明了马克思关于生产方式决定分配方式的基本分配原则，而并没有揭示从一定的生产方式到一定的分配方式过渡与转换的内在机理。关于这种过渡与转换的内在机理，我们将在以后的内容中加以说明。

由于生产资料的资本占有制仅仅是生产资料所有制形式在资本主义生产方式中的特殊表现形式，因而我们关于生产资料资本占有制作用的分析也仅仅是在一种特殊的形式上的分析。这意味着，如果从上面关于生产资料的资本占有制对于资本主义分配形式的作用关系抽象开去，就是我们在生产资料所有形式在分配形式作用问题上的基本观点，它一方面并不否认生产资料所有制形式对于分配形式的作用，从而体现了与传统观点的某种关联，另一方面又坚称生产资料所有制形式只有在与一定社会生产力的辩证统一中才能实现这种作用，从而又体现了与传统观点的明显分歧。

三、私营企业主非劳动收入合理性问题的深层解读

如果说马克思分配理论的核心理念是生产方式决定分配方式，那么我们对于私营企业主以利润为主要表现形式的非劳动收入的合理性问题自然就需要，也应该在这一核心理念的基点上求得理解。正如我们在前面的分析中所指出的，生产方式在这里的内涵主要是指作为物质生产方式和社会生产方式中介的"劳动方式"，而其更具体的内涵则是马克思和恩格斯所称的"自己的劳动"。需要说明的是，由于私营企业主的非劳动收入与资

---

① 马克思：《资本论》第 1 卷，人民出版社 1975 年版，第 263 页。

本主义社会中资本家无偿占有雇佣工人剩余价值的问题之间的某种同质性，我们对于私营企业主非劳动收入合理性问题的分析就主要根据马克思恩格斯的相关论述而在资本家无偿占有雇佣工人剩余价值的问题上展开。

在这里，我们首先要指出传统观点对马克思劳动价值论的某种误解，这种误解认为，既然直接劳动者的活劳动是价值创造的唯一源泉，那么一切价值就都应该毫无争议地归劳动者所有。事实上，还在通过李嘉图的经济学思想刚刚完成在古典经济学阶段的发育时，对劳动价值论的类似误解就在社会主义经济学家和资产阶级经济学家中出现了，对马克思劳动价值论的误解则不过是这种在历史上早已出现的误解的继续。例如，空想社会主义经济学家们正是从劳动是一切价值的唯一源泉中得出有利于工人的结论，认为既然劳动创造价值，那么劳动者对于用正当劳动所获得的一切东西就都具有不容置辩的权利，因为"如果他占有了他自己的劳动果实，那末他对其他人并没有作出任何不公正的行为；因为他丝毫没有侵犯别人这样做的权利"；① 而资产阶级经济学家则据以相同的根据将劳动价值论关于劳动是财富的唯一源泉的观点看作是"一个错误而又危险的学说"，"因为它不幸给予某些人以口实，他们主张一切财产属于工人阶级，而其他人所获得的部分是对工人的掠夺和欺诈"。② 固然，不论是在古典经济学中还是在马克思主义政治经济学中，劳动价值论的基本理论质点都是直接劳动者的活劳动创造价值，但由这样的理论前提并不能简单地推论出价值应无条件地归劳动者所有的结论，这倒并不是因为作为生产方式的劳动者"自己的劳动"不具有对于分配形式的决定作用，而是因为这种观点并没有切实地注意到由于劳动力作为商品而在劳动者与资本家之间的买卖所引起的"自己的劳动"的某种形式上的变化。

如果按照马克思和恩格斯的说法，产品的分配是以"自己的劳动"为基础的，那么我们就首先要面对这样的诘难：为什么并没有参与直接劳动过程的资本家却能够占有由工人"自己的劳动"创造的剩余价值呢？这正如马克思所指出的，以简单商品生产和商品交换为基础的占有规律或私有权规律是以"自己的劳动"为基础的，如果要占有别人的商品就必须首先让渡自己的商品。而从这样的占有（分配）规律来衡量，资本主义的占有方式好像是与以"自己的劳动"为基础的占有规律相矛盾的，因为资本家占有剩余价值并不是以"自己的劳动"为基础的。但是，马

---

① 《马克思恩格斯全集》第 4 卷，人民出版社 1968 年版，第 111 页。

② 引自米克：《劳动价值学说的研究》，商务印书馆 1979 年版，第 137 页。

克思又明确指出，无论它们之间如何矛盾，资本主义占有方式的产生绝不是由于这些规律遭到违反，相反地，是由于这些规律得到应用。马克思指出，当资本家用以原始方式积累起来的一定"价值额"通过购买劳动力而转化为资本的时候，他是完全按照等价交换的规律来进行的。契约的一方（工人）出卖自己的劳动力，而资本家则购买劳动力；工人通过出卖取得自己商品的价值，从而把这种商品的使用价值即劳动让渡给资本家，而资本家则借助于现在也归他所有的劳动，把已经归他所有的生产资料转化为一种新产品，这个产品在法律上也归他所有。① 但是，这也正是使我们感到困惑的问题：为什么工人自己生产的劳动产品从而剩余价值会"合法"地归资本家所有呢？我们先来看恩格斯的解释。

恩格斯指出，在简单商品生产条件下，劳动资料的占有者占有产品，因为这些产品通常是他自己的产品，别人的辅助劳动只是一种例外。而现在，当生产资料开始集中在大的作坊和手工工场中，开始变为真正社会化的生产资料的时候，这些社会的生产资料和产品还象从前一样被当作个人的生产资料和产品来处理。这也就是说，劳动资料的占有者还继续占有产品，虽然这些产品已经不是**他的**产品，而完全是**别人劳动**的产品了。这样，现在按社会方式生产的产品已经不归那些真正使用生产资料和真正生产这些产品的人占有，而是归资本家占有。生产资料和生产实质上已经变成社会的了，但它们仍然服从于这样一种占有形式，这种占有形式是以个体的私人生产为前提，因而在这种形式下每个人都占有自己的产品并把这个产品拿到市场上出卖。生产方式虽然已经消灭了这一占有形式的前提，但是它仍然服从于这一占有形式。这样，社会的生产与资本主义（产品）的占有之间的不相容性就必然越加鲜明地表现出来。② 恩格斯的解释是说，资本家之所以能够无偿占有工人的剩余价值，主要是由于已经实现了社会化的资本主义生产延续了简单商品生产"以个体的私人生产为前提"的产品占有（分配）方式，并且，也正是由于"以个体的私人生产为前提"的产品占有（分配）方式在资本主义社会中的延续，造成了资本主义生产社会化与（产品）占有形式之间的深刻矛盾。但是，如果说分配方式是由生产方式所决定的，那么当生产方式从封建社会以手工工具为主的个体生产方式转变为资本主义以机器为主的社会化生产方式的时候，分配关系就应该伴随生产方式的变化而变化，从而也就不可能出现恩格斯所

---

① 马克思：《资本论》第 1 卷，人民出版社 1975 年版，第 641 页。
② 《马克思恩格斯全集》第 3 卷，人民出版社 1968 年版，第 744 页。

说的生产方式与产品占有方式之间的深刻矛盾了。因此,对简单商品生产"以个体的私人生产为前提"的占有方式何以会植根于资本主义以机器为主的社会化生产方式之中还需要有进一步的说明。

　　如前所述,以商品生产和商品交换为基础的占有规律或私有权规律是以"自己的劳动"为基础的,这似乎意味着剩余价值应该归劳动者所有。但是正如我们在前面的分析中所指出的,在资本主义生产方式条件下,劳动力是一种同其他的劳动产品一样可以出卖的商品,而由于工人与资本家之间以劳动力商品为标的的买卖关系,工人的劳动虽然没有,而事实上也不可能像一般商品那样通过买卖实现与其所有者在物理空间意义上的交割与让渡,它却已经实实在在地由于这种买卖关系完全变成了资本家的所有物,变成了隶属于资本家的东西。正如马克思所指出的:"工人出卖的是他的劳动力。当工人的劳动实际上开始了的时候,它就不再属于工人了,因而也就不再能被工人出卖了。"① 因此在这里,决定分配的劳动仍然是"**自己的劳动**",但它已经不是劳动者"自己的劳动",而是资本家的"自己的劳动"。由于产品的分配是以"自己的劳动"为基础的,因而资本家占有只在物理上仍然归属于工人的"劳动"的产品也就是理所当然而无可争议的事情了。如果在这种情况下,即在通过买卖而使劳动归属于资本家的情况下,劳动产品仍要归工人所有,那倒是非常奇怪的事情。在这里,资本家占有工人剩余价值的理论或现实根据并不是资本参与价值或财富的创造,也不是生产资料私人占有的经济强权,而恰恰在于以"自己的劳动"为基础的产品占有规律。因此,舍尔比利埃无奈地承认,资本家对别人劳动产品的所有权"是占有规律的严酷的结果,但这个规律的基本原则却是每个工人对自己的劳动产品拥有唯一所有权"。② 事实正如马克思所说的,以商品生产和商品交换为基础的占有规律或所有权规律,通过它本身内在的、不可避免的辩证法转变为自己的直接对立物,这就是,"商品生产按自己本身内在的规律越是发展成为资本主义生产,商品生产的所有权规律也就越是转变为资本主义的占有规律"。③ 但是我们知道,包含在劳动力中的过去劳动和劳动力所能提供的活劳动是两个完全不同的量。前者决定它的交换价值,而后者则构成它的使用价值。这就是说,劳动力是一种具有特殊使用价值的商品,它能够创造高于自身价值的

---

　① 马克思:《资本论》第 1 卷,人民出版社 1975 年版,第 587 页。
　② 引自马克思:《资本论》第 1 卷,人民出版社 1975 年版,第 210 页。
　③ 马克思:《资本论》第 1 卷,人民出版社 1975 年版,第 644 页。

价值。作为契约一方的资本家所购买并最终支付的仅仅是劳动力的价值，而他所获得的却是劳动力在使用中所创造的所有价值。因此，资本家与工人之间的契约关系仍然是不公平的。但是，正如马克思所指出的，虽然劳动力是一种具有特殊使用价值的商品，但劳动力的卖者，与任何别的商品的卖者一样，实现劳动力的交换价值而让渡劳动力的使用价值。他不交出后者，就不能取得前者。而当劳动力的卖者交出劳动力的使用价值之后，劳动力的使用价值即劳动本身就不再归劳动者所有了，这正如已经卖出的油的使用价值已经不归油商所有一样。因此，这种情况尽管对于买者来说是一种特别的幸运，而对于卖者来说也绝不是不公平。① 马克思还指出，就商品经济的交换规律来说，它所要求的只是彼此出让的商品的交换价值相等，它甚至从来就要求商品的使用价值不相等，并且同它们的消费毫无关系，因为消费只是在买卖结束和完成以后才开始的。因此，资本家获得剩余价值也绝不是由于卖者被欺诈。②

我们发现，正是由于对以"自己的劳动"为基础的产品占有规律的严格遵循，马克思并没有否认而恰恰是承认资本家占有工人剩余价值的合理性。因此，当资产阶级学者阿·瓦格纳将工人生产的剩余价值被资本家不合理地"剥取"的观点强加于马克思时，马克思气愤地质问："什么叫'对工人的剥取'，剥取他的皮，等等，无法理解。""我的论断完全相反，商品生产发展到一定的时候，必然成为'资本主义'的商品生产，按照商品生产中占统治地位的价值规律，'剩余价值'归资本家而不归工人。""资本家只要付给工人以劳动力的实际价值，就完全有权利，也就是符合于这种生产方式的权利，获得剩余价值。"③ 自然，我们还是应该指出，正如马克思的剩余价值理论所揭示的，由于没有耗费任何东西，资本家对工人剩余价值占有又是不合理的，并且正是通过对这种不合理占有的深刻揭示，马克思的剩余价值理论揭露了资本家剥削工人的秘密，启发了无产阶级和广大劳动者的政治觉悟。但是，正如资本家占有工人剩余价值的合理性来自于对以"自己的劳动"为基础的产品占有规律的严酷的结果那样，它的不合理性也同样只有在这种占有规律中才能得到说明，因为如果不是决定资本主义"生产方式的全部性质"的"资本和雇佣劳动之间的关系"的存在，原本属于工人的"自己的劳动"也不可能仍然在"自己的劳动"的意

---

① 马克思：《资本论》第 1 卷，人民出版社 1975 年版，第 219 页。
② 马克思：《资本论》第 1 卷，人民出版社 1975 年版，第 641 页。
③ 《马克思恩格斯全集》第 19 卷，人民出版社 1963 年版，第 401～428 页。

义上变成资本家的劳动。由此可见，在马克思的分配理论中，资本家无偿占有工人剩余价值的问题绝不像资产阶级政治经济学和空想社会主义所简单认为的合理或不合理，而是既有其合理性的一面也有其不合理性的一面。

指认资本家无偿占有工人剩余价值的问题具有合理与不合理的双重属性，无疑是把马克思的分配理论置于一种自相矛盾的尴尬境地，但是，这种自相矛盾的尴尬境地仅仅意味着我们的认识还停留在浅表的层面。因为如果说生产方式才是分配形式的深刻基础，那么我们对于资本家无偿占有工人剩余价值的问题也就不能简单地停留在分配领域合理与不合理的纠缠之中，而应该从资本主义的生产方式中求得深层说明。因此我们看到，与小资产阶级的经济学家们不同，马克思从来没有将对资本主义分配问题的批判单纯地停留与限定在分配领域。我们知道，以亚当·斯密和大卫·李嘉图为代表的资产阶级古典经济学大都是立足于生产方式来理解分配方式的，这种倾向之在古典经济学中的牢固确立使他们"直觉地把分配形式看成是一定社会中的生产各要素借以得到确定的最确切的表现"。但是，由于将资本主义生产方式看成是一种永恒的、自然的生产方式，资产阶级古典经济学也就将以这种生产方式为基础的分配方式看成是一种天然合理的分配方式。这种观点自然不能得到从另一视角看待经济问题的如西斯蒙第、蒲鲁东等小资产阶级经济学家们的认可。但是，继承古典经济学某些衣钵的小资产阶级经济学家们似乎也不能从与资本主义生产方式的天然统一中发现分配方式的问题，于是，他们就将生产方式与分配方式相割裂，在承认资本主义生产方式作为一种永恒的、自然的生产方式的同时将批判的矛头指向资本主义的分配方式本身，试图通过对分配方式的批判论证资本主义制度的不合理性，提出改造资本主义、建立更美好社会制度的设想。例如，西斯蒙第将不公平的分配看成是资本主义社会一切灾难和贫困的根源，而蒲鲁东则试图通过"人民银行"的无息贷款解决生产与分配的矛盾。正如前面所指出的，这种观点自然遭到了马克思的严肃批判。马克思一方面批判西斯蒙第将生产方式与分配方式割裂开来的观点，指出这种观点只是对资产阶级经济学开始的、但具有局限性的批判；另一方面也批判蒲鲁东试图通过分配关系的调整取消资本主义罪恶的做法，指出"把信贷制度的特殊应用，利息的表面上的废除，变为社会改造的基础"的做法，完全是"已经由17世纪英国小资产阶级的经济学上的代言人详细发挥过了"的"小市民的幻想"。① 马克思还在《哥达纲领批判》中批

---

① 《马克思恩格斯选集》第2卷，人民出版社1995年版，第620页。

判拉萨尔的"不折不扣的劳动所得",指出"庸俗的社会主义仿效资产阶级经济学家（一部分民主派又仿效庸俗社会主义）把分配看成并解释成一种不依赖于生产方式的东西，从而把社会主义描写为主要围绕着分配兜圈子。既然真实的关系早已弄清楚了，为什么又要开倒车呢?"① 在马克思看来，要消除资本主义分配制度的不合理，不能仅仅将视野局限在分配领域，而必须通过消灭生产资料的私人占有制以及由此造成的资本与工人之间的雇佣劳动关系，从根本上改造同样表现为一种历史性存在的资本主义生产方式。

由于社会主义市场经济条件下的私营企业主与资本主义条件下的资本家之间经济活动的内在同质性，马克思对资本家占有工人剩余价值合理性的论述也可以毫无障碍地适用于中国私营企业主的非劳动收入问题。需要说明的是，对于私营企业所采取的，也是中国目前所鼓励其发展的以雇佣劳动关系为其"全部性质"的资本主义生产方式的合理性问题，马克思已经在其关于资本主义生产方式是一种历史性存在的认定中得到说明，这种说明对于中国目前的生产力发展水平和社会经济结构的特征来说无疑也是完全适用的。

第三节　马克思的分配理论与按劳分配

一、马克思按劳分配理论的基本内涵

众所周知，按劳分配理论是马克思分配理论的重要组成部分，但是从社会主义思想发展史的角度来看马克思却并不是按劳分配设想的最早提出者。根据有关资料，把社会主义的分配原则规定为"按劳分配"的思想萌芽，最早见于法国空想社会主义者圣西门及其门徒的著作。但是，由于过于浓重的平均主义色彩和未能从根本上解决社会主义从空想到科学的发展问题，空想社会主义的按劳分配方案具有很大的非科学性。按劳分配原则从空想到科学的发展是在马克思的科学社会主义思想中最终完成的。

马克思按劳分配理论的历史起源大约可以追溯到19世纪40年代的《德意志意识形态》以及50年代以《〈政治经济学批判〉导言》和《1857～1858年经济学手稿》为标志的政治经济学研究，但它的成熟发展则只能后延

---

① 《马克思恩格斯选集》第3卷，人民出版社1995年版，第306页。

到 60 年代的《资本论》和 70 年代的《哥达纲领批判》。在 1867 年出版的《资本论》第 1 卷中，马克思曾借助于对"商品的拜物教性质及其秘密"问题的分析，第一次较为清晰地阐述了他关于未来社会个人消费品实行按劳分配的基本设想。马克思指出："让我们换一个方面，设想有一个自由人联合体，他们用公共的生产资料进行生产，并且自觉地把他们许多个人劳动力当作一个社会劳动力来使用。……这个联合体的总产品是社会的产品。这些产品的一部分重新用作生产资料。这一部分依旧是社会的。而另一部分则作为生活资料由联合体成员消费。因此，这一部分要在他们之间进行分配。这种分配的方式会随着社会生产机体本身的特殊方式和随着生产者的相应的历史发展程度而改变。仅仅为了同商品生产进行对比，我们假定，每个生产者在生活资料中得到的份额是由他的劳动时间决定的。这样，劳动时间就会起双重作用。劳动时间的社会的有计划的分配，调节着各种劳动职能同各种需要的适当的比例。另一方面，劳动时间又是计量生产者个人在共同劳动中所占份额的尺度，因而也是计量生产者个人在共同产品的个人消费部分中所占份额的尺度。在那里，人们同他们的劳动和劳动产品的社会关系，无论在生产上还是在分配上，都是简单明了的。"① 但是，由于马克思的"自由人联合体"主要是着眼于消除商品经济社会所出现的商品拜物教现象所做的"假定"，因而其中的按劳分配很难被看作是马克思对未来社会个人消费品分配原则的真实定义。

19 世纪 70 年代，伴随着《资本论》研究的深入，马克思关于未来社会及其个人消费品分配原则的设想在经过几十年的漫长孕育之后趋向成熟。这样，当带有浓重拉萨尔主义色彩的《哥达纲领》被作为以马克思主义为指导而有德国社会民主工党参加的德国社会主义工人党的纲领而出炉时，马克思就借对《哥达纲领》的批判第一次完整地阐述了他的按劳分配理论。在这篇著作中，马克思一方面批判了《哥达纲领》关于共产主义社会的所谓"公平分配"、"不折不扣的劳动所得"之类的观点，阐明了在一个集体的、以生产资料公有为基础的社会中社会总产品的分配原则；另一方面则严格区分了共产主义社会的不同发展阶段，并依据共产主义第一阶段的发展状况提出了个人消费资料的按劳分配原则。马克思指出，如果我们把"劳动所得"这个用语首先理解为劳动的产品，那么"把劳动资料提高为社会的公共财产"的共产主义社会的集体的"劳动所得"就是**社会总产品**。但是，在这个社会总产品作为个人消费资料分配

---

① 马克思:《资本论》第 1 卷，人民出版社 1975 年版，第 95~96 页。

之前首先应当扣除"在经济上是必要的"用来补偿消耗掉的生产资料的部分、用来扩大再生产的追加部分、用来应付不幸事故、自然灾害等的后备基金或保险基金；其次还应该扣除同生产没有直接关系的一般管理费用、用来满足学校、保健设施等的共同需要的部分，以及为丧失劳动能力的人设立的基金等。只有在做了这些扣除之后才谈得上纲领在拉萨尔的影响下狭隘地专门注意的那种分配，即集体中生产者之间关于消费资料的分配。但是，在这种情况下，拉萨尔的"不折不扣的劳动所得"已经不知不觉地变成"有折有扣的"了，虽然从一个处于私人地位的生产者身上扣除的一切，又会直接或间接地用来为处于社会成员地位的这个生产者谋利益。马克思进一步指出，作为共产主义社会第一阶段的社会主义社会"是这样的共产主义社会，它不是在它自身基础上已经发展了的，恰恰相反，是刚刚从资本主义社会中产生出来的，因此它在各方面，在经济、道德和精神方面都还带着它脱胎出来的那个旧社会的痕迹。所以，每一个生产者，在作了各项扣除以后，从社会领回的，正好是他给予社会的。他给予社会的，就是它个人的劳动量。例如，社会劳动日是由全部个人劳动小时构成的；各个生产者的个人劳动时间就是社会劳动日中他所提供的部分，就是社会劳动日中他的一份。他从社会领得一张凭证，证明他提供了多少劳动（扣除它为公共基金而进行的劳动），它根据这张凭证从社会储存中领得一份耗费同等劳动量的消费资料。他以一种形式给予社会的劳动量，又以另一种形式领回来。"① 马克思同时指出，按劳分配所贯彻的仍然是调节商品交换的等价交换原则，这对于资本主义社会的不平等的分配来说自然是一种进步。但是，"在这里平等的权利按照原则仍然是资产阶级的权利"，因为生产者权利的平等在于以统一尺度"劳动"来衡量，但是在劳动的同一尺度中所体现出来的"平等的权利"对于不同等的劳动来说又是不平等的权利，它只承认每一个人同其他人一样只是劳动者，而不承认他们之间任何其他的差别。马克思指出，只有在共产主义社会的高级阶段，平等的权利才能最终超越"资产阶级的框框"："在共产主义社会的高级阶段，在迫使工人奴隶般地服从分工的情形已经消失，从而脑力劳动和体力劳动的对立也随之消失之后；在劳动已经不仅仅是谋生的手段，而且本身成了生活的第一需要之后；在随着个人的全面发展，他们的生产力也增长起来，而集体财富的一切源泉都充分涌流之后，——只有在那个时候，才能完全超出资产阶级权利的狭隘眼界，社会才能在自己的旗

---

① 《马克思恩格斯选集》第 3 卷，人民出版社 1995 年版，第 304 页。

帜上写上：各尽所能，按需分配！"①

从马克思的相关论述中，我们可以大致归结出按劳分配理论的几个基本要点：第一，作为社会主义的基本分配原则，按劳分配并不是关于社会总产品的分配原则，而仅仅是社会总产品中用来作为消费资料的部分的分配原则。由于这种消费资料的分配是在做了包括对扩大再生产的追加部分、应付不幸事故、自然灾害等的后备基金或保险基金以及满足学校、保健设施等共同需要的部分的扣除之后进行的，而这部分需要一般只能从作为"剩余劳动的那个部分的产品"② 中来扣除，因而消费资料的分配就大致相当于资本主义分配形式中雇佣工人以劳动力的价值或价格参与社会总产品分配的部分。这意味着，消费资料的分配并不是马克思关于社会主义社会分配形式的完整描述，按劳分配也并不是马克思关于社会主义分配理论的全部阐释。第二，按劳分配以生产者个人给予社会的劳动量为依据。这就是说，按劳分配原则在将劳动者在生产过程中所付出的劳动量作为其取得消费资料的唯一尺度的基础上，一方面完全排斥了凭借生产资料的占有关系无偿占有他人劳动成果的可能性，从而从根本上消除了剥削现象的存在；另一方面则否定了资本主义社会个人消费资料的分配与劳动者所提供的劳动量完全脱节的现象，建立了个人所付出的劳动量与其收入报酬之间的具有数学意义的对应关系。这种对应关系用列宁的话来说就是多劳多得、少劳少得，不劳动者不得食，"对等量劳动给予等量产品"。这说明，至少从理论上来说，按劳分配原则并不具有它在实践的贯彻中所涂抹的过于浓重的平均主义色彩。③ 第三，生产者个人为社会提供的劳动量是以持

① 《马克思恩格斯选集》第 3 卷，人民出版社 1995 年版，第 305～306 页。
② 马克思：《资本论》第 3 卷，人民出版社 1975 年版，第 992 页。
③ 长期以来，对于按劳分配是否一种带有浓重平均主义色彩的分配原则在中国理论界一直存在着严重的分歧。蔡继明等人认为，片面地强调和实施按劳分配只能导致"平均主义和效率低下"（参阅蔡继明：《从按劳分配到按生产要素贡献分配》，人民出版社 2008 年版，第 32 页）；而卫兴华等人则认为在中国传统分配体制中出现的平均主义并不是贯彻而恰恰是违背按劳分配原则的结果（卫兴华：《深化劳动价值理论研究要有科学的态度与思维方式》，《高校理论战线》2002 年第 9 期）。实际上，这两种观点并不存在它们在激烈交锋中所表现出来的严重对立。从理论上来说，按劳分配原则强调按照个人为社会付出劳动量的多少取得劳动报酬，因而如果个人为社会付出的劳动量不同则其取得劳动收入的多少也就不同，因而并不存在所谓平均主义的问题；而平均主义现象的出现则只能如卫兴华所言被看作违背按劳分配原则的结果。但是从实践上来说，按劳分配以个人为社会付出的劳动量为依据，而个人付出劳动量至少在现实的物质技术条件下只能唯一地以劳动时间的长短来度量，这意味着它实际上并不能客观地反映例如不同劳动者在相同时间内由于劳动积极程度的不同所付出的劳动量的差别，这样，出现"出工不出力"以及"干多干少一个样，干好干坏一个样"的平均主义现象也就不可避免。因此，平均主义并不是按劳分配原则本身所固有的内涵，但却是其在一定社会历史条件下的实施难于避免的现象。

续的劳动时间来计量并以一种非货币性的"纸质"凭证为依据的。由于被作为衡量个人消费资料分配的依据而变成了体现"平等权利"的"同一尺度"，个人为社会提供的劳动量就只能由劳动小时构成的社会劳动日来度量；而在不再存在商品货币关系的社会主义社会，由社会劳动日来度量的劳动又只能通过社会机构开具的"纸质"凭证来体现，正如马克思所指出的："在社会公有的生产中，货币资本不再存在了。社会把劳动力和生产资料分配给不同的生产部门，生产者也许会得到纸的凭证，以此从社会的消费品储备中，取走一个与他们的劳动时间相当的量。这些凭证不是货币。它们是不流通的。"①

　　但是，相对于我们所概括的基本要点来说，按劳分配理论的更为重要的问题或许在于它的逻辑前提问题，因为这些逻辑前提直接关系到按劳分配的实现条件。而马克思将按劳分配限定为共产主义第一阶段的分配原则实际上也已经内涵了它的作为首先条件的逻辑前提。马克思指出，共产主义社会的第一阶段是"一个集体的、以共同占有生产资料为基础的社会"，在这样的社会里，"生产者不交换自己的产品；用在产品上的劳动，在这里也不表现为这些产品的**价值**，不表现为这些产品所具有的某种物的属性，因为这时，同资本主义社会相反，个人的劳动不再经过迂回曲折的道路，而是直接作为总劳动的组成部分存在着。"② 结合马克思关于共产主义高级阶段实行按需分配的论述，按劳分配原则的实行至少需要具备如下的条件：第一，消灭了生产资料的私人占有制，实现了生产资料的全社会共同占有。如前所述，由于人类劳动只有在与生产资料的结合中才能实现，而作为生产过程中的物的要素的生产资料表现为对人的劳动的支配权。当生产资料私有制还处在其初级的形式也即是生产资料与个别劳动者直接结合的形式之中时，它仅仅表现为对自身劳动的支配，因而劳动者收入的多少是与其劳动量支出的多少成正比的。但是，当生产资料通过在个别人手中的积累造成生产资料所有者与直接劳动者的分离与对立，从而生产资料的私有制变成对他人劳动的支配权时，消费资料的分配就只能在对他人劳动具有支配权的生产资料所有者的主导下来进行，而不可能再按照劳动者劳动量的支出来进行。但是，由于生产资料的全社会共同占有，生产资料的所有权不再有任何意义，每个社会成员"除了自己的劳动，谁都不能提供其他任何东西。另一方面，除了个人的消费资料，没有任何东

　　① 马克思：《资本论》第 2 卷，人民出版社 1975 年版，第 397 页。
　　② 《马克思恩格斯选集》第 3 卷，人民出版社 1995 年版，第 303 页。

西可以转为个人的财产。"① 这样，每个有劳动能力的人就都必须参加劳动，并只有通过其所提供的劳动量的多少来获取消费资料。换句话说，他提供的劳动量的多少就成为了他获取消费资料的唯一标准。不难发现，就决定个人支出的劳动量成为其获取消费资料的唯一标准来说，生产资料的全社会占有无疑具有决定的意义。第二，没有商品货币关系，没有商品经济。商品经济以及商品货币关系的存在是以生产资料私有制和社会分工为前提的，这种前提一方面意味着个人的劳动只有在与其他劳动的交换中才能转化为社会的劳动，另一方面则意味着人们借以交换的劳动必须以价值的形式表现出来。这样，人们消费资料的分配就不可能直接以个人所支出的劳动量的形式，而只能以在价值规律的自发作用中漂移游离的价值形态来实现。但是，由于生产资料的全社会占有，未来社会主义社会将消灭商品货币关系，实现经济形态从商品经济到产品经济的过渡。与此相联系，由于个人的劳动不再需要经过迂回曲折的道路，而是直接作为社会总劳动的组成部分存在着，从而个人消费资料的分配也无需再通过劳动的价值形态，而是可以直接运用劳动券的形式来实现。这样，虽然"劳动者以活劳动形式给予社会的，又以物化的形式领取回来"，但这已经不再是商品的等价交换，而是等量劳动领取等量产品。第三，社会生产力还没有实现高度发展。正如恩格斯所指出的："分配方式本质上毕竟要取决于有多少产品可供分配，而这当然随着生产和社会组织的进步而改变，从而分配方式也应当改变。"② 在社会主义社会生产力水平相对较低因而其所提供的可供社会成员分配的消费资料还相对有限的时候，劳动还只能像马克思所说的"仅仅是谋生的手段"而不可能是"生活的第一需要"；由于劳动还"仅仅是谋生的手段"，个人劳动量的支出与消费资料的分配就不能像共产主义高级阶段的按需分配那样完全脱节，而必须通行"商品等价物的交换中通行的同一原则，即一种形式的一定量劳动同另一种形式的同量劳动相交换。"③ 另外，由于生产力水平相对较低，从而迫使个人奴隶般地服从分工的情形尚未消失，人们还被紧紧束缚于存在着或职业的或地位的或收入的较大差异甚至对立的旧式分工中，而不能实现马克思所说的"上午打猎，下午捕鱼，傍晚从事畜牧，晚饭后从事批判"之类的人的劳动方式的自由转换。这一方面意味着人不可能通过消除劳动的片面性实现

① 《马克思恩格斯选集》第 3 卷，人民出版社 1995 年版，第 304 页。
② 《马克思恩格斯选集》第 4 卷，人民出版社 1995 年版，第 691 页。
③ 《马克思恩格斯选集》第 3 卷，人民出版社 1995 年版，第 304 页。

全面的发展，另一方面则意味着各个劳动形式之间的差别甚至对立不能被消除。在这种状态下，消费资料按照各种具有差异甚至对立关系的劳动的量来分配也就是无可选择的事情了。

如果说在马克思恩格斯的时代按劳分配原则还由于无产阶级革命的尚未成功而只是理论上的可能，那么当无产阶级通过社会主义革命最终建立起社会主义制度时，按劳分配原则的实施就变成了一个非常现实的问题，因为社会主义制度的建立为按劳分配原则的实施提供了最基本的制度保证。但是，由于社会主义革命首先在经济文化落后国家取得胜利的历史际遇，目前的社会主义制度与马克思恩格斯的设想之间存在着相当的距离。在这种情况下，包括中国在内的社会主义国家是否能够实现按劳分配以及其所宣称实现的是否是真正的按劳分配就变成了一个颇具争议的问题。对这一问题的深刻反思将有助于我们形成一种全新的按劳分配的理念。

二、社会主义按劳分配原则的另类理解

如前所述，关于社会主义社会是否能够实行以及其所实行的是否是按劳分配的问题，在理论界存在着极大的争论，这种争论在中国实行社会主义市场经济的历史背景下变得愈加尖锐而突出。就中国生产资料公有制的情形而言，各种争论的观点归结起来可分为三种类型：第一种观点认为中国实行的是按劳分配原则，但并不是马克思所设想的那种按劳分配，而是具有中国社会主义初级阶段以及社会主义市场经济特点的按劳分配。这种观点一方面承认，由于现阶段各社会主义国家普遍没有能够实现完全的生产资料全社会占有以及在此基础上消灭商品货币关系，世界上至今还没有任何一个国家建成马克思所讲的社会主义社会，因而实际上包括中国在内也还没有任何一个国家实现过马克思所讲的那种完全意义上的按劳分配；另一方面又认为，由于中国在基本的经济制度上消灭了生产资料私人占有制从而在根本上消除了（在生产资料公有制的范围内）据以生产资料的不同占有而获取消费资料的可能性，中国实行的又必然是一种按劳分配的原则，只不过这种按劳分配原则是一种仍然带有商品货币关系的形式因而仅仅适用于社会主义初级阶段的"低级形式的按劳分配"。第二种观点也认为中国实行的是按劳分配原则，但认为这种按劳分配中的"劳"并不是马克思所说的个人为社会支出的活劳动量，而是劳动者的劳动能力、劳动者的劳动成果或劳动者的劳动力价值等非活劳动的因素。这种观点认为，按照劳动者提供的劳动的质和量进行分配，同按照劳动者的劳动能力即按照劳动者的"潜在劳动"进行分配，同按照劳动者的劳动成果进行

分配，或者同按照劳动者创造的价值进行分配，都是符合马克思按劳分配的原则的。因为按劳分配原则固然是以劳动为依据的，但作为分配依据的劳动其实又具有各种不同的存在形式，这就是劳动的潜在形态、流动形态和凝固形态。所谓劳动的潜在形态就是劳动力，劳动的流动状态就是劳动力的使用和消耗过程，而所谓劳动的凝固状态则是指劳动的结果。从理论上说，作为分配依据的劳动的最理想状态是流动状态的劳动，因为流动状态的劳动正是"劳动"自身，即劳动的本来面貌。但由于流动状态的劳动是转瞬即逝的，很难捕捉，也容易引起不同的评价，因此，以劳动的潜在形态（劳动力）和劳动的凝固形态（劳动的结果）为依据进行分配同样是可行的。① 如果说上述两种观点大都基于对马克思按劳分配原则的修正的理解承认按劳分配原则的现实存在性，那么第三种观点则对社会主义市场经济条件下的按劳分配原则持基本否定的态度。这种观点认为，在中国的社会主义市场经济体制中，所有制结构已由原来的单一所有制转变为多元所有制，非公有制经济已经成为社会主义市场经济的重要组成部分。而非公有制经济的劳动者，除了靠劳动获得收入外，还可以凭借自己对生产资料的所有权参与分配，甚至可以完全脱离劳动单纯地凭借生产资料的所有权获取收入，这样就形成了以非劳动要素所有权为依据的非劳动收入。在公有制经济内部，由于没有实现全社会范围内共同占有生产资料，而是存在着多种公有制形式。如果把各个全民所有制与集体所有制企业作为独立的劳动者联合体来看，仅仅由于它们各自所占有的生产资料的数量不等和质量不同，同量劳动所得到的收益也是不等的。另外，在所有权与经营权分离的情况下，无论是集体所有制企业还是全民所有制企业，都是自主经营、自负盈亏的商品生产者和经营者，各个企业的联合劳动，并不完全具有直接的社会性，而是先作为个别劳动存在，只有通过交换、以价值关系为媒介，其局部的、个别的劳动才能间接地转化为社会劳动。由于价值规律要求商品按价值进行交换，各企业的联合劳动在这种交换中也会由于生产资料的数量不等和质量不同以及其所生产的商品是否合于社会的需要量而出现与劳动量不成比例的变化。这种观点还认为，按劳分配原则与中国以多种所有制经济成分并存为基础的社会主义市场经济原则是相矛盾的，如果片面地强调按劳分配，最终只能导致平均主义和效率低下，这是由历史所充分地证明了的。②

---

① 蒋学模：《关于劳动形态和按劳分配》，载《学术月刊》1962 年第 4 期。

② 蔡继明：《从按劳分配到按生产要素贡献分配》，人民出版社 2008 年版，第 29 ~ 32 页。

客观上，第三种观点对问题的分析具有更为充分的理由，因为在对按劳分配原则的现实分析中，人们往往只注意到如公有制企业内部劳动者收入分配与劳动量支出之间的关系，却忽视劳动者身处的多种所有制形式并存的市场经济环境对收入分配的深刻影响。例如，单单是由于企业在生产资料占有方面的优势就可以获得其他企业不可能得到的超额利润，在不同企业之间就不可能实现等量劳动得到等量收益的按劳分配。那么，这是否意味着社会主义市场经济条件的分配原则不是按劳分配呢？我们先来对马克思按劳分配原则的实质做一番分析。

在《哥达纲领批判》中以经典的方式阐述了社会主义社会的按劳分配原则后，马克思又做了如下一段分析："显然，这里通行的是调节商品交换（就它是等价的交换而言）的同一原则。内容和形式都改变了，因为在改变了的情况下，除了自己的劳动，谁都不能提供其他任何东西，另一方面，除了个人的消费资料，没有任何东西可以转为个人的财产。至于消费资料在各个生产者中间的分配，那么这里通行的是商品等价物的交换中通行的同一原则，即一种形式的一定量劳动同另一种形式的同量劳动相交换。所以，在这里**平等的权利**按照原则仍然是**资产阶级权利**，虽然原则和实践在这里已不再互相矛盾，而在商品交换中，等价物的交换只是**平均来说**才存在，不是存在于每个个别场合。"① 如前所述，在关于马克思按劳分配原则理论基础的争论中曾有劳动价值论和生产资料所有制形式的争论，有论者认为马克思按劳分配原则的依据就是其劳动价值论，因为正是劳动价值论关于劳动者的活劳动是商品价值创造的唯一源泉的观点构成了劳动者应占有劳动创造的全部价值的理论依据，而反对者则坚持认为，劳动产品的按劳分配是以生产资料的全社会占有为基础的，它与马克思的劳动价值论之间没有任何关系。但是，如果我们认真分析马克思的上述分析，则不难发现按劳分配与劳动价值论之间所存在的某种关系。诚如马克思所言，由于一个人以一种形式给予社会的劳动量，又将以另一种形式领回来，按劳分配原则体现了一种与商品的等价交换相一致的原则，这种原则意味着劳动者的劳动收入与其支出的劳动量成正比例关系，而由这种正比例关系推论开去，就是多劳多得、少劳少得，不劳动者不得食。那么，为什么只有劳动者才能得到同样以劳动产品形式存在的劳动收入，而不劳动者则不能得到劳动收入呢？显然，这只能从劳动者是各种以收入形式存在的劳动产品的创造者中得到说明。唯一不同的是，马克思所说的内容和

---

① 《马克思恩格斯选集》第 3 卷，人民出版社 1995 年版，第 304 页。

形式在这里发生了变化，这就是由原先以货币价值形式表现的劳动量变成了以纸质凭证形式的劳动量。如果要问为什么要在劳动产品的分配中通行一种等价交换的原则，那就只能是由于劳动在这种历史条件下还仅仅是谋生的手段而不是生活的第一需要，如果劳动者在劳动过程中的付出不能在收入的分配中得到完全的补偿，则劳动过程的循环甚至劳动者的生存就将遭遇到困难。

但是，按劳分配具有怎样的理论基础并不是我们这里真正要说的，这里顺便提及仅仅是为了进一步印证按劳分配在马克思的上述分析中所指明的实质，这就是按劳分配是一种内涵了分配收入与劳动量支出之间等价交换关系的分配。在前面关于马克思一般分配理论的反思中，我们曾将马克思一般分配理论的核心质点厘定为生产方式决定分配方式，其中的生产方式在这里是指以"自己的劳动"的形式表现出来的劳动方式，它意味着，就马克思的分配理论来说，一定社会的分配方式是以表现为一定劳动方式的"自己的劳动"为基础。显然，这还只是对马克思分配理论的质性分析。但是，如果据此做进一步的量化分析我们就会发现，如果说产品的分配是以"自己的劳动"为基础的，那么产品分配的量的规定自然也就只能以"自己的"、而实际上也就是"自己"所实际支配的劳动的量来确定。例如，我们在前面已经通过分析指出，资本主义社会的收入分配正如中世纪的个体商品生产那样是以"自己的劳动"为基础的。对于个体商品生产者来说，劳动收入的量的规定是与隶属于它自己因而由他自己支配的劳动成正比的，这就是个体劳动者借助于自己占有的生产资料所能支配的"自己的劳动"越多，他所能获得的劳动收入也就越多。相反，个体劳动者借助于自己占有的生产资料所能支配的"自己的劳动"越少，他所能获得的劳动收入也就越少。对于资本家来说同样如此。资本家借助于对生产资料的私人占有所能支配的（雇佣）劳动越多，它所获得的以剩余价值为主要形式的分配收入也就越多。相反，资本家借助于对生产资料的私人占有所能支配的（雇佣）劳动越少，它所获得的以剩余价值为主要形式的分配收入也就越少。如果资本家还没有能够借助于对生产资料的私人占有来支配雇佣工人的劳动（如他还没有开始有效地组织生产），则他虽有对生产资料的私人占有也不可能获得包括剩余价值在内的任何收入。在这里我们发现，作为生产主体的资本家获得的分配收入与其借助于生产资料所能支配的劳动量同样成正向的比例关系，这种正向的比例关系恰与我们前面通过对马克思相关论述的分析所揭示出来的、与商品交换通行同一原则的按劳分配理论相一致。在这个意义上，我们将马克思的以生产方式决定分配方式为核心质点分配理论简约地理解为"按劳分配"。当然，这种按劳分配与我们通常理解的作为社会主义分配原则的按劳分配似乎是不一致的，因为它的基本内涵，从质的规定来说是一定社会作为物质生产方式和社会生产方式中介的劳动方式决定生产方式，而从量的规定来说则是生产主体在一定社会经济形式中所支配的劳动的量决定收入分配的量；而相反地，这里的"支配的劳动"与被人们称为亚当·斯密第二个价值规定中的"购买或支配的劳动"倒是具有更多相亲与相近的意义。

但是，绝不能简单地忽略这两种"按劳分配"，即作为社会主义分配原则的"按劳分配"与作为马克思一般分配理论的"按劳分配"之间的区别以及有可能导致的认识上的混乱，这种区别表现在，作为社会主义分配原则的"按劳分配"是指生产者个人消费资料的分配，而作为马克思一般分配原则的"按劳分配"则是指一定生产过程或经济活动的主体的并非一定是消费资料的分配。就一定生产过程或经济活动的主体而言，它既可以是如个体商品生产条件下的个体劳动者，也可以是资本主义商品生产条件下的私营企业，因而又并不是一种"生产者"的个体性存在；就分配的标的来说，它也不一定就是最后转入个人消费领域的消费资料，因为经济主体借助于对于劳动的支配所获得的收入既可以用于个人消费资料的分配，也可以转用于下一期的生产过程。但是，如果将两种按劳分配连接起来我们就会发现，作为社会主义分配原则的按劳分配不过是社会主义条件下相对于作为一般分配理论的按劳分配而言的次一级分配。

执念于马克思的相关论述也许会使我们难于认同将马克思一般分配理论解读为"按劳分配"，但是，如果能够指认出传统观点对马克思分配理论理解上的局限，我们的认同感就会巨大地提高。如前所述，马克思的按劳分配并不是社会主义条件下社会总产品的分配，而仅仅是指劳动者或生产者消费资料的分配。因此，如果我们将按劳分配的理解仅仅局限在劳动者或生产者消费资料的分配上，那无疑是正确的。但是，如果将这种分配理解为马克思关于社会主义的总的分配原则则显然是错误的，因为生产者个人消费资料的分配仅仅是社会总产品分配的局部环节，而传统的观点却往往在将按劳分配理解为生产者个人消费资料的分配的同时又轻率地将其拔升为社会主义的一般分配原则，这就使人们常常忽视在马克思论述中被扣除部分作为社会主义社会分配形式的重要环节的存在。实际上，如果联系被扣除的用来扩大再生产的追加部分以及用于社会公共福利的部分我们就会发现，马克思所论述的社会主义的分配形式其实是包括两个重要的环节，而生产者个人消费资料的分配仅仅是这个分配形式的后续环节。另外，被扣除部分作为社会主义社会分配形式的重要环节的被忽略还很容易使我们忽略另一个重要的问题，这就是在社会主义分配关系中同样必然存在的分配主体。在任何一种社会经济形式中，无论分配方式在怎样的意义上决定于生产方式，它都必须而且也只有通过在一定分配关系中起主导作用的分配主体才能实现，如原始氏族公社中的氏族共同体和资本主义社会中的资本家，而将在分配关系中起主导作用的分配主体隐去或错置则常常是一些人试图掩盖分配方式中所反映的真实社会关系的惯用伎俩。如果将分配主体揭示出来并重新回执于社会主义的分配形式中，那么在马克思所理解的社会主义社会，分配的主体就是在社会主义阶段也必然存在的、以"社会"代表的形式出现公共性社会结构，这意味着由全体社会成员生产的用于分配的劳动产品首先隶属于这个公共性社会机构并成为这个公共性社会机构的"社会总产品"。可是，用于分配的劳动产品首先隶属于这个公共性社会机构的根据又是什么呢？如果联系马克思一般分配理论的"按劳分配"我们就很容易理解，这是由于以一定的公共性社会机构为代表的"社会"借助于对生产资料的公共占有所获得的对生产者劳动的支配权。显然，在这个意义上，社会主义社会的分配方式又不过是作为马克思一般分配理论的"按劳分配"的具体体现。

众所周知，中国今天还没有能够实现马克思所设想的由一个统一的公共性社会机构来管理的社会主义，从我们今天的视角来看，这种社会主义仍显得太过高级。但是，这并不妨碍它的分配原则仍然是作为马克思一般分配理论的意义上的"按劳分配"的具体体现，这只需将社会主义阶段的经济主体由公共性的机构转换为各个以企业组织形式存在的、具有经营自主权的公有制经济实体就可以了。因此，在这个意义上，而且也只有在这个意义上，我们才可以说社会主义的分配原则是"按劳分配"。但是，如果将按劳分配理解为由经济主体所能支配的劳动决定分配，我们就会发现，由于不同经济形式中经济主体支配劳动的方式的不同，按劳分配也必然具有不同的历史形式。这自然是我们不能回避的另一个课题。

三、按劳分配形式的历史演变

同任何事物都有自身的历史发展一样，作为马克思一般分配理论的按劳分配也有一个历史的演变过程，在这种历史的演变中，无论内容和形式有怎样的变化，只要"这里通行的是商品等价物的交换中通行的同一原则，即一种形式的一定量劳动同另一种形式的同量劳动相交换"，它就可以归入被我们解读为"按劳分配"的马克思的一般分配理论的名下。按照我们的解释，"按劳分配"是指一种由经济主体所能支配的劳动量决定收入分配的分配形式，这意味着，按劳分配的形式上的变化主要取决于经济主体支配劳动的不同方式。因此，为了以后分析的简便，我们首先简要地分析一下经济主体支配劳动的不同方式。

如果说劳动就是劳动力的使用过程，就是劳动力借助于一定的生产资料消费自身和实现自身的过程，那么对于劳动过程的首先的支配力量就是作为劳动力所有者的劳动者本人。例如，我们可以像马克思设想的孤岛上的鲁宾逊那样，设想一种庞巴维克的"赤手空拳的生产"，如果在这种生产中，生产者具有无论是从经济地位还是政治地位上的完全的人身自由，这就是说，他的劳动过程完全受自身的支配，那么我们设想他的劳动成果在分配上也就自然地完全归劳动者自己所有，并因此构成亚当·斯密所说的劳动者的"自然报酬或自然工资"；并且正如商品等价物的交换一样，这里也通行着"一种形式的一定量劳动同另一种形式的同量劳动相交换"的原则，这就是劳动者自由支配的自身的劳动能力越强，他所能获得的作为其"自然报酬或自然工资"的劳动成果也就越多。我们不能设想一个完全自由的劳动者在山中采摘的无主野果会属于其他人。当然，"赤手空拳的生产"只是我们借庞巴维克所做的想象，现实的任何生产过程都不可能"赤手空拳"而不借助于任何生产资料，哪怕这种生产不过是原始社会中极低级的采集与狩猎的活动。而一旦生产过程要借助于一定的生产资料来展开，由于我们在前面分析过的原因，劳动过程就不一定再受作为劳动力所有者的劳动者的支配，而这一点自然又是同亚当·斯密所说的资本（生产资料）和土地在个别人手中的累积相联系的。但是，如果资本和土地虽然也在个别人手中累积起来，但由于这种累积尚没有能够达到一定的规模从而造成生产资料与劳动者的分离，那么由于生产资料所有者与直接劳动者的统一，劳动者就仍然能够像他在"赤手空拳的生产"中那样完全支配自己的劳动过程，并借此实现对劳动成果的完全支配。因此，从某种意义上说，只有在劳动者本人自己就是他使用的生产资料的所有者，即在个体私有制经济条件下所实行的才是按照他们生产的成果或者创造的价值进行分配的"按劳分配"。即使用马克思在《哥达纲领批判》中的论述来衡量，这种个体私有制经济条件下的产品分配形式也是最符合其本真含义的"按劳分配"的，因为只有这种个体私有制经济条件下的产品分配才与其劳动量的支出之间具有完全对应的关系。而马克思所分析的社会主义条件下的按劳分配由于它的"有折有扣"却变得并不纯正。然而，当生产资料在一些人手中累积最终造成生产资料与劳动者的分离时，由于生产资料嬗变为对他人（而不是自己）劳动的支配权，在"赤手空拳的生产"和个体私有制经济条件下的生产中那种劳动过程完全受劳动者自身支配的状况就被改变了，而结果正如亚当·斯密和马克思的经济学所分析指出的，产品的分配形式也由于劳动过程受劳动者以外的生产资料所有者的支配而发生深刻的变化。

必须注意到，劳动过程支配方式的变化还常常伴随着形式上的改变，而伴随着形式上的改变，内容也往往会具有不同的特点。例如，同样是基于生产资料对他人劳动的支配，奴隶社会和封建社会常常通过在经济的强权之外附加政治的特权来实现，这种特权使丧失对自己劳动支配权的奴隶与农民往往还同时丧失人格上的自由；然而，资本主义社会的生产资料所有者却在还劳动者以人身自由的基础上主要通过以经济强权为基础的雇佣劳动关系维系对劳动者劳动过程的支配。而伴随着支配方式的形式上的改变，劳动和分配及其关系的内容和形式也都会相应地发生变化，例如，劳动与收入在内容上不再直观地表现为劳动而是表现为价值，而在形式方面也不在表现为物质财富而是表现为货币。不过，我们这里隐去了作为劳动力成为商品重要前提的商品经济的产生和发展，因为只有在商品经济的经济形式中，劳动才能以价值的形式存在并以货币的形式来表现。另外，也不能忽视伴随着劳动支配方式的改变的经济主体形式的改变。例如，在"赤手空拳的生产"而特别是个体私有制经济条件下的生产中，所谓的经济主体往往只是以家庭为其存在形式的个体劳动者，它的社会化程度自然是很低的。但是，在生产资料的积累造成劳动者与生产资料分离的情况下，经济单位就往往会跃出家庭的个体生产者的范围，实现社会化程度在更大和更广范围上的发展，奴隶社会的和封建社会的庄园，资本主义社会中的企业集团都是这种条件下经济主体的典型表现形式。经济主体社会形式在资本主义企业集团基础上的进一步发展就是国家垄断资本主义的国家垄断资本和社会主义国家的国有经济，在这种经济形式中，经济活动的主体既不是个体劳动者，也不是以一定形式组织起来的经济集团，而是作为阶级统治暴力机器而在此主要执行经济职能的国家政权。我们这里之所以必须提到经济主体的演变，是因为在任何社会经济形式中的经济主体都无一例外地同时充当着分配主体的角色，这意味着经济主体实际上也就是从一定的劳动支配方式到一定分配方式转换的自觉实现因素，因此，如果不理解经济主体的这种演变也就不可能理解分配形式伴随劳动支配方式的改变而发生的改变。

由于一般认为马克思并没有在一般分配理论的意义上阐述过"按劳

分配"，因而我们在关于马克思"按劳分配"理论的分析中似乎也就难于找到作为一般分配理论的"按劳分配"的历史发展。其实不然。众所周知，马克思认为，在商品经济条件下，作为商品世界完成形式的货币以物的形式掩盖了私人劳动的社会性质以及私人劳动者之间的社会关系。但事实上，货币形式不仅掩盖私人劳动者之间的社会关系，它还借此掩盖了私人劳动者在生产过程中耗费的劳动量与其收入分配之间的、在其他的社会经济形式中"简单明了"的关系。于是，马克思借助于对商品拜物教的分析考察了那些没有被物的形式所掩盖的劳动量与其收入分配之间的关系，从而也就以不连贯的方式考察了"按劳分配"的历史发展。马克思首先考察了孤岛上的鲁宾逊，指出不管鲁宾逊生来怎样简朴，他终究要满足各种需要，因而要从事各种有用劳动，如做工具、制家居、养羊驼、捕鱼、打猎等。需要本身迫使他精确地分配自己执行各种职能的时间，而这种或那种职能所占比重的大小取决于他为取得预期效果所要克服的困难的大小。最后马克思指出，在鲁宾逊的账本中记载着他所有的各种使用物品、生产这些物品所必需的各种活动以及制造这种种一定量的产品平均花费的劳动时间。在这里，鲁宾逊和构成他自己创造的财富的物之间的全部关系是"简单明了"。而在这种"简单明了"的关系中，鲁宾逊生产各种物品的劳动和构成他收入而被他创造的财富的物之间正是构成了按劳分配意义上的决定的关系。之后马克思的分析转向欧洲昏暗的中世纪，在这里，物质生产的社会关系以及建立在这种生产基础上的生活领域都是以人身依附为特征的。但马克思指出，正是因为这种人身依附关系构成该社会的基础，劳动和产品也就用不着采取与它们的实际存在不同的虚幻形式。它们作为劳役和实物贡赋而进入社会机构之中。这说明，在这种以人身依附关系为基础的社会中，"社会机构"借助于人身依附关系对他人劳动的支配占有以劳役和实物贡赋形式存在的劳动产品，并形成一种正向的比例关系。随后，马克思又对农民家庭的个体生产进行了分析，指出在这种为了自身需要而进行的农村家长制生产中，作为家庭劳动产品的粮食、牲畜、纱、麻布以及衣服等等相互之间都不是作为商品发生关系。但是，在这种农村家长制生产中，作为经济主体出现的家庭与其作为收入的劳动产品之间的关系实际上也是一目了然的，唯其如此，恩格斯才说在这种生产中劳动产品属于谁的问题根本不可能发生，因为"产品的所有权是以自己的劳动为基础的"。最后，就是马克思对未来社会的"自由人联合体"中社会关系的分析。马克思指出，在这种自由人联合体中，劳动时间直接地就是计量生产者个人在共同劳动中所占份额的尺度，因而也是计量生产者个人在共同产品的个人消费部分中所占份额的尺度。这可以被看作是马克思对按劳分配原则最典型的论述。

借助于对经济主体支配劳动的方式的阐释以及马克思的相关论述，我们具体地分析"按劳分配"形式的一般历史发展。

原始社会作为人类历史的第一个社会形态，也是按劳分配产生与发展的第一个历史阶段。在这个历史阶段中，由于生产资料的全氏族共同占有，氏族共同体也就获得了对全体氏族成员劳动的完全支配权，因而所谓按劳分配也就是按照各氏族共同体所能支配的氏族成员的劳动而获得所有的劳动收入，在这里，在分配关系中发挥主导作用的自然是以各种公共机构形式表现出来的氏族共同体。而其分配的按劳分配性质则体现在，氏族共同体所能够支配的氏族成员的劳动越多，其所获得的能够支配的劳动收入也就越多；相反，氏族共同体所能够支配的氏族成员的劳动越少，其所获得的能够支配的劳动收入也就越少。自然，无需说明的是，氏族共同体所能够支配的氏族成员的劳动的多少取决于其以公有方式占有生产资料的多少以及内涵在这种生产资料之中的生产力水平的高低。至于氏族成员之间对于最初由氏族共同体统一占有和支配的劳动产品的平均分配，则只能被看作是相对于这种作为初次分配的按劳分配的次一级分配。

在原始社会末期，随着生产力的发展以及劳动产品的不平等的分配，生产资料开始在一些人手中累积起来，人类社会也因此逐渐进入以生产资料私有制为基础的社会。但是，在生产资料私有制的最初发生时期，由于生产资料社会化程度的低下以及生产资料的累积规模的狭小，生产资料在个别人手中的累积并没有能够造成直接劳动者与生产资料所有者的分离，这样就形成了从奴隶社会一直延续到今天社会主义社会的，从农业到手工业的个体劳动生产方式。在这种生产方式中，虽然生产资料同它在其他的社会形态中一样具有对于劳动的支配权，但由于这种支配权主要是劳动者对自己劳动的支配权，因而劳动者也只是在这种生产资料私有制的基础上才真正实现了庞巴维克"赤手空拳的生产"中劳动者个人完全支配自己劳动的情形。自然，由于劳动完全归直接占有生产资料的劳动者支配，按劳分配在这里就表现为劳动者完全占有由自己的劳动所创造的劳动产品，而他所获收入的多少也就完全取决于由他自己支配的、他与生产资料的结合所形成的劳动能力的高低。需要指出的是，在这种个体生产中，经济主体常常以家庭的整体形式出现因而劳动产品的按劳分配也常常表现为家庭整体的占有，但也正因为如此，这种最初由家庭整体占有的劳动产品最终还需要在家庭成员之间进行次生性的分配，尽管我们没有必要进一步分析这种次生分配所遵循的规则。

　　在由生产力的发展所引起的社会分工与生产资料的私有制的基础上产生了与自然经济具有完全对立形式的商品经济。众所周知，以劳动力是否被商品化为界标可以对商品经济做一种历史的分期，这就是前资本主义社会的不发达商品经济与资本主义社会的发达商品经济。应该说，在前资本主义社会的不发达商品经济阶段，由于其所依托的农业和手工业的产业基础仍然是一种个体化的生产方式，按劳分配的原则在这里并没有而事实上也不可能发生实质性的变化，作为经济主体的个体商品生产者所获劳动收入的多少仍然是以生产资料个体私人占有基础上他们所耗费劳动量的多少为基础的。但是，正如马克思所指出的，由于全部产品至少大部分产品采取商品的形式，按劳分配的"内容和形式都改变了"；在内容上，耗费的劳动与作为劳动产品的物化的劳动变成了抽象掉一切具体内涵的价值；而在形式上，作为商品世界完成形式的货币成了掩盖一切关系又度量一切东西的尺度。因此，只有在通行"以一种形式给予社会的劳动量，又以另一种形式领回来"的同一原则中，我们才能研判出其作为按劳分配具体表现形式的性质。

　　如果说原始社会生产资料与劳动者的直接结合在某种意义上是由于生产力和生产社会化程度的低下，那么伴随着生产力发展和生产社会化程度提高的就必然是直接劳动者与生产资料的分离。但是，尽管都以生产力的一定发展为前提，生产资料与劳动者的分离却可以通过不同的途径来实现，它既可以通过生产资料私有制的规模伴随生产社会化程度提高的扩大而在资本主义经济制度中实现，也可以通过无产阶级革命而在生产资料公有制的社会主义经济制度中实现，还可以在实现生产资料全社会共同占有的共产主义社会的高级阶段实现。在生活资料与劳动者分离的不同形式中，按劳分配也必然具有不同的形式和特点。在生产资料的资本主义私有占有制中，作为经济主体的是以私营企业形式出现的资本及其人格化形式的资本家，资本家借助于对生产资料的私人占有获得了对雇佣工人劳动的支配权，在这个意义上，按劳分配表现为以资本家所能支配（雇佣工人）的劳动来分配劳动产品，并且资本家所能支配的劳动越多，他所获得的劳动产品也就越多；而在实行生产资料公有制的社会主义阶段，即在经济主体变成以全民所有制或集体所有制形式存在的经济实体条件下，按劳分配表现为以这种经济主体所能支配的劳动者的劳动来分配劳动产品。马克思所论述的个人消费资料的按劳分配则表现为这种可称之为广义的按劳分配的局部环节。与公有制经济并存的非社会主义经济成分则以他们对于劳动的不同支配方式表现为按劳分配的不同形式。

最后，在实现生产资料全社会共同占有的共产主义高级阶段，劳动产品的分配也首先表现为全社会借助于对全体劳动者的劳动的支配占有所有的劳动产品，它与社会主义阶段的不同仅仅在于，它在个人消费资料的分配上实行类似原始社会平均分配的"按需分配"原则，这自然是由于生产力的巨大发展和和集体财富一切源泉的"充分涌流"。但这也正好证明，经济关系中分配形式表现为向初始形式的回归。

但是，将按劳分配理解为以经济主体所能支配的劳动来进行分配，那还仅仅是分析了一个社会的由生产方式决定的分配方式的初级环节，而并没有能够分析最初根据支配的劳动归属于经济主体的劳动产品的进一步分配。这自然是阙如不得的。对于这一问题，我们将在接下来的章节中详加分析。

第八章　马克思分配理论的一般程式及"生产要素按贡献参与分配论"

如果说按劳分配主要着眼于对马克思一般分配理论的解析，那么马克思分配理论的一般程式问题就必须着眼于分配形式的具体架构，也即劳动产品在现在一般所谓的各生产要素之间如何进行分配的问题。不难发现，这同样是一个极其繁难的问题。但是，这一问题的繁难却并不在于对马克思分配理论一般程式的解析，而在于对于这种一般分配程式具有实质对立关系的"生产要素按贡献参与分配论"的解析。由于"生产要素按贡献参与分配论"关联着以"经济人"假设为本体论根据的现代西方主流经济学。因此，现代西方主流经济学的"经济人"假设也必须在局部的意义上被纳入我们对上述主题的分析中。

第一节　马克思关于社会总产品或总价值分配的一般程式

一、社会总产品或总价值的分配与经济剩余分配传统

如前所述，马克思仅仅是在个人消费资料分配的意义上理解按劳分配原则的，这也就是说，这样理解的按劳分配撇开了在此之前被扣除的包括用于扩大再生产的追加部分等重要环节，而通过将这一重要环节恢复起来所形成的包括两个分配环节在内的整体，就是作为马克思一般分配理论的"按劳分配"，它表现为根据经济主体所能支配的劳动分配劳动产品。但是，经济主体借助于对劳动的支配所占有的劳动产品绝不是马克思按劳分配所指谓的单纯消费资料，而是表现为由支配的劳动所生产的全部劳动产品或全部价值。因此，如果以全社会的经济活动为分析范围，那么所谓分配也就是社会总产品或总价值的分配，它表现为一定社会所有经济主体支配的劳动所创造的社会总产品或社会总价值的分配。在这种社会总产品或

社会总价值的分配中，由单个经济主体支配的劳动所创造的全部劳动产品或其总价值的分配则仅仅表现为这种分配的局部形式以及我们对之进行理论分析的平均样本。但是我们知道，在政治经济学从古典学派到现代新古典学派的历史发展中存在着对于包括分配问题在内的经济问题的两种相互对立的分析方法，这就是由古典经济学所倡导并在新剑桥学派那里得到一定程度的继承和复兴的社会关系分析方法和由新古典学派所倡导并已逐渐演绎为现代西方经济学方法论正统的技术关系分析方法。而与这两种分析方法相对应则存在着两种对立的分析传统，这就是以社会关系分析方法为基础的经济剩余分析传统和以技术关系分析方法为基础的边际分析传统。分析这两种经济分析传统的对立以及马克思的经济分析方法对于我们理解马克思关于社会总产品或总价值的分配问题将具有关键的意义。

　　"经济剩余"概念最早是由现代美国最负盛名的激进政治经济学家保罗·巴兰提出来的。在保罗·巴兰的理解中，"经济剩余的最简短的定义，就是一个社会所生产的产品与生产它的成本之间的差额。剩余的大小是生产能力和财富的指标，是一个社会享有多大自由来完成它给自己树立的任何目标的指标。"① 具体来说，经济剩余分析方法"建立在把年社会产品区分为两部分的基础之上：一部分是社会再生产所必需的部分，一部分是可以为社会自由处置的部分，并构成了它的'纯产品'或'剩余'——社会产品除去工人必要的基本生活资料和生产资料的更换以后所剩余的部分。这里的剩余，作为归属于工人之外社会各阶级的产品份额，就是从产品中减除必要消费之后得出的余额（为了简便起见，已扣除生产资料的恢复额）。"可以用公式简单地表述为：

社会产品 − 必要消费 = 工资之外的份额（剩余）②

　　需要指出的是，古典经济学的经济剩余分析传统存在着必需指明的逻辑基础：第一，实际工资率和社会产品是在工资之外的产品诸份额决定之前预先决定的，即通常是把实际工资视为其中独立确定的量和既定的量，并认为其正常水平由"最低限度的生活资料"决定。因为经济剩余表现为社会总产品扣除工资之后的余额，因而工资的预先确定对于经济剩余的确定就具有关键的意义。③ 第二，资本作为"对劳动者预付工资"的存

　　① 巴兰、斯威齐：《垄断资本》，商务印书馆1977年版，第14～15页。
　　② 参阅王璐、柳欣：《马克思经济学与古典一般均衡理论》，人民出版社2006年版，第31～32页。
　　③ 参阅王璐、柳欣：《马克思经济学与古典一般均衡理论》，人民出版社2006年版，第32页。

在。资本作为"预付工资"的存在意味着它并不简单地是如土地、生产资料之类的普通生产要素，而是资本所有者借以获得超出预付资本之外的利润的手段，而只有在资本将获取利润作为其生产的主要目的的时候，社会产品才有可能出现超出个人必要消费的经济剩余。① 第三，劳动价值论将劳动视为社会产品的唯一价值单位。这自然首先是由于由各种不同生产要素的相互结合所生产的社会产品加总计量的问题，而加总计量是计算经济剩余的基本前提。例如，在斯密那里，资本品的加总计量通过将资本存量转化为劳动流量来实现的，而马克思则是通过将不变资本转化为"过去的劳动时间"来实现的。当然，正如我们在前面的分析中所指出的，用劳动量作为劳动产品的加总单位绝不是古典经济学的随意抽象，而是一般人类劳动实在地构成了劳动产品中的"共同的东西"。②

　　但是，"经济剩余"作为一个完全现代经济学概念的提出并不意味着它只是在现代的经济学中才成为一种分析的方法，因为在欧洲古代和中世纪时期的经济思想中就已经能够找到有关经济剩余的思想萌芽。不过，如果要论较为完整的经济剩余分析方法的提出则只能后延到西方近代伴随着经济研究重心从商业资本转向产业资本以及英法古典政治经济学的兴起。在古典经济学中，经济剩余分析方法的应用最早可以追溯到英国古典经济学的创始人威廉·配第。在劳动价值论和工资理论的基础上，威廉·配第在他的地租理论中认为，从农产品的价值中扣除由维持工人最低限度生活资料价值和种子构成的农产品的生产费用所剩余的部分就是地租，从而在对经济问题的分析中第一次贯彻了清晰的经济剩余分析方法。经过重农学派"纯产品"学说的进一步发育，经济剩余分析方法在亚当·斯密和大卫·李嘉图的经济学说中得到进一步的完善和贯彻。例如，在亚当·斯密的经济理论中，土地的地租与资本的利润就都被理解为一种经济剩余，看作是劳动产品价值在扣除维持工人及其家属生存和生活所必需的生活资料的价值即工资之外的余额，尽管斯密有时又背离这种分析方法，将利润看作是资本的"自然报酬"，将地租看作是土地的"自然的恩赐"。由此可见，自配第以来直到亚当·斯密和大卫·李嘉图，经济剩余分析方法始终是古典经济学最主要的经济分析方法。而正是据以这种占主导地位的经济分析方法，有论者将古典经济学称为"剩余经济学"即有关剩余产品产

---

① 参阅王璐、柳欣：《马克思经济学与古典一般均衡理论》，人民出版社2006年版，第33页。

② 参阅王璐、柳欣：《马克思经济学与古典一般均衡理论》，人民出版社2006年版，第32~41页。

生和分配的经济学，对于这种"剩余经济学"而言，政治经济学面临的基本问题是"对有关经济剩余的起源，数量大小和增长问题的研究"。①

英法古典经济学之后，西方经济学通过 19 世纪 70 年代的"边际革命"进入了新古典经济学的时代。从 19 世纪 70 年代开始新古典经济学的产生与演变大致经历了两代历史的传承，即 19 世纪 70 年代以杰文斯和瓦尔拉斯为代表的第一代边际主义和 80 年代以后以奥地利学派和美国学派为代表的第二代边际主义。从对于在古典经济学中作为经济分析重心的经济剩余的认识来看，新古典经济学并没有以极端的方式否认经济剩余的存在，但无论是从历史演变的总体趋向上还是从对经济剩余概念的重新解读上，两代边际主义者都力图通过消解经济剩余观念来颠覆古典经济学的经济剩余思想。新古典经济学首先将生产过程归结为纯技术性的投入与产出过程，在这个纯技术性的投入产出过程中，生产的产出被描述为某种生产要素投入的数学函数，只要确定生产要素的技术投入，产出也就在完全技术的意义上被规定了。例如，在新古典理论中，工资和每人的平均产量之间就是一种函数关系。不难看出，在这样的一种分析中，一切社会的和历史的视野都消失不见了。在对生产关系的技术解读基础上，新古典经济学借助于边际生产力理论建立起其分配理论，这种边际生产力分配论认为，每一种生产要素的产出取决于其边际生产力，而所谓边际生产力即在假定其他生产要素不变的情况下，通过不断追加这种生产要素所导致的生产力或生产量的变化；由于每一种生产要素的产出取决于其边际生产力，这种产出就自然地构成了这种生产要素据以其边际生产力的分配收益，而所有生产要素的收益之和正好等于其边际生产力的产出。这样，在古典经济学那里被理解为产出与投入之间差额的经济剩余概念就彻底消失了。因此，力图以生产要素的边际生产力说明要素收入来源和标准的边际主义经济学认为，在正常或静态条件下，各生产要素按照边际生产力这个尺度和标准取得报酬意味着，生产过程和初次分配过程完成之日便是新产品及其价值被尽分之时，因而并不会留下任何古典经济学所指谓的经济剩余。但是，新古典经济学也并没有完全否认经济剩余的存在，但他们认为经济剩余"只能出现在动态条件下，如率先使用先进技术的企业所获得的超额利润，然而他们指出这是暂时现象，一旦先进技术被普遍采用了，这种超额利润就消失了，即转化到其他要素的收入中去了，而且主要是增加到工资

---

① 引自王璐、柳欣：《马克思经济学与古典一般均衡理论》，人民出版社 2006 年版，第 29 页。

（包括企业经营利润）上去了，可见这种剩余是生产发展和技术进步的结果。"因此，"不管依照哪种观点，以往传统古典经济学（更不用说其中的马克思经济学）所关注的那种剩余，即唯一地由劳动所创造的超出维持劳动者生活资料的并被土地所有者和资本家扣除的那种剩余，总是不复存在了，古典经济学的经济剩余观就这样被完全颠覆了。"① 从新古典经济学的理论结论可以看出，他们所采用的是一种与古典经济学的经济剩余分析方法完全不同的边际分析方法，正是这种分析方法的贯彻和运用使其最终否定了经济剩余的存在。需要指出的是，在 20 世纪 50～60 年代的"剑桥资本争论"中，新古典经济学以之为方法论基础的边际生产力理论遭到新剑桥学派的激烈批判，而资本计量、资本再转轨以及资本回流等现象则被认为是新古典经济学的理论硬伤。但是，这种批判并没有能够使新古典经济学寿终正寝，也没有能够阻挡它在现代西方主流经济学中继续居于支配的地位。

那么，马克思经济学对于分配问题的分析贯彻了一种怎样的分析方法呢？如果说马克思经济学"就其要点来说是斯密—李嘉图学说的必然的发展"，② 那么它对于经济问题也就必然会贯彻一种与古典经济学一样的分析方法。事实确实如此。尽管从西方经济学的历史发展来看，马克思经济学恰是处于古典经济学通过其庸俗化形式向现代西方主流经济学的转折时期，但它的经济分析传统无疑仍然要归属于古典的阵列。经济剩余分析方法在马克思经济学中的贯彻，首先表现在马克思对在古典经济学中作为经济剩余分析方法基础的劳动价值论以及资本理论和工资理论的进一步继承、完善和发展，他把商品价值理解为撇开具体形式的抽象劳动的单纯凝结，把资本理解为能够为资本家带来更多价值的价值，把工人工资理解为生产、发展、维持和延续劳动力所必需的生活必需品的价值等对古典经济学理论观念的严格继承和发展，为他贯彻经济剩余分析传统奠定了坚实的理论基础。但是，经济剩余分析方法在马克思经济学中的贯彻更具体地还是表现在它对一般生产过程和资本主义生产过程的分析中，在这种分析中，承认经济剩余的既定存在是理解经济问题的首要的和基本的前提。

例如，关于一般生产过程。马克思指出："在任何社会生产（例如，自然形成的印度公社，或秘鲁人的较多是人为发展的共产主义）中，总是能够区分出劳动的两个部分，一个部分的产品直接由生产者及其家属用

---

① 晏智杰：《经济剩余论》，北京大学出版社 2009 年版，第 222～223 页。
② 马克思：《资本论》第 1 卷，人民出版社 1975 年版，第 19 页。

于个人的消费，另一个部分即始终是剩余劳动的那个部分的产品，总是用来满足一般的社会需要，而不问这种剩余产品怎样分配，也不问谁执行这种社会需要的代表的职能。"① 对于必要劳动与剩余劳动区分的意义，马克思指出："整个人类的发展，就其超出对人的自然存在直接需要的发展来说，无非是对这种自由时间的运用，并且整个人类发展的前提就是把这种自由时间的运用作为必要的基础。"② 不难发现，在马克思的理解中，整个社会生产被划分为必要劳动和剩余劳动两个部分是以这种生产为基础的社会形态存在与发展的基本前提。但是，马克思不仅将必要劳动与剩余劳动的区分看作是一切社会形态存在与发展的基本前提，在他看来，必要劳动与剩余劳动的这种区分在人类社会以后的发展中还构成了他致力于研究的以资本主义社会为典型形态的阶级社会的基础。他说："凡是社会上一部分人享有生产资料垄断权的地方，劳动者，无论是自由的还是不自由的，都必须在维持自身生活所必需的劳动时间以外，追加超额的劳动时间来为生产资料的所有者生产生活资料，不论这些所有者是雅典的贵族，伊特剌斯坎的僧侣，罗马的市民，诺曼的男爵，美国的奴隶主，瓦拉几亚的领主，现代的地主，还是资本家。"③ 最后，在马克思看来，包括资本主义在内的一切在阶级对立中运行的社会都不是永恒的，随着生产力的高度发展以及由此引起的社会关系的根本改造，劳动时间与剩余时间之间的对立将被扬弃，而"代替那存在着阶级和阶级对立的资产阶级旧社会的，将是这样一个联合体，在那里，每个人的自由发展是一切人的自由发展的条件"。④ 如果说马克思对一般生产过程的分析是贯彻了一种以经济剩余为基础的分析方法，那么他对既作为一般社会生产过程的一个历史规定的形式，又作为最具典型形态和向未来社会过渡的最后一个阶级社会即资本主义社会生产过程的分析就更要贯彻这种分析方法。众所周知，对于资本主义社会这样一个一般社会生产过程的历史规定的形式来说，与必要劳动和必要劳动时间相对立的剩余劳动和剩余劳动时间同样具有关键的意义。马克思指出，工人超出必要劳动的界限做工的时间，即虽然耗费工人的劳动和劳动力，但并不为工人形成任何价值的时间称为剩余劳动时间；而在这段时间之内耗费的劳动则称为剩余劳动。但是，这种剩余劳动的出现，一方面是由于劳动生产率的提高使工人在用来生产维持自己和家庭所必需

---

① 马克思:《资本论》第 3 卷，人民出版社 1975 年版，第 992～993 页。
② 《马克思恩格斯全集》第 47 卷，人民出版社 1979 年版，第 216 页。
③ 马克思:《资本论》第 1 卷，人民出版社 1975 年版，第 263 页。
④ 《马克思恩格斯选集》第 1 卷，人民出版社 1995 年版，第 294 页。

的生活资料的时间之外有了可供支配的剩余时间，另一方面则是由于资本家将工人劳动的时间人为地延长到了必要劳动时间以外。但无论如何，"把工作日延长，使之超出工人只生产自己劳动力价值的等价物的那个点，并由资本占有这部分剩余劳动，这就是绝对剩余价值的生产。绝对剩余价值的生产构成资本主义体系一般基础。"① 相反，如果工人需要用他的全部时间来生产维持他自己和他的家庭所必需的生活资料，那么他就没有这种可供支配的剩余时间；而如果没有这种剩余时间，就不可能有剩余劳动，从而也不可能有资本家。由此可见，正如对一般物质生产过程的分析所显示的那样，如果不是立足于在这里表现为剩余劳动和剩余劳动时间的"经济剩余"，马克思对资本主义的经济分析也就失去了前提与基础。

那么，马克思的经济剩余分析方法对于我们分析马克思关于社会总产品或总价值分配的一般程式有什么意义呢？这种意义就在于，它有助于我们确定马克思关于社会总产品或总价值分配程式的重心，因为经济剩余方法的贯彻意味着经济剩余必然是经济理论关注的重心与焦点。因此，如果说经济的剩余分析方法是马克思分析资本主义生产过程的基本方法论，那么作为经济剩余在资本主义条件下具体表现形式的剩余价值，以及在马克思那里被看作是社会总收入的劳动新创造价值在资本家与工人之间以剩余价值和工资形式所实现的分配就是马克思关于社会总产品或总价值分配的核心问题。下面我们具体分析马克思关于社会总产品或总价值分配的一般程式。

二、马克思关于社会总产品或总价值分配的一般程式

众所周知，在马克思关于分配问题的理论阐述中实际上存在着两种不同的分配形式，这就是一般所谓生产要素的分配与社会总产品或总价值的分配。在我们系统地分析马克思关于社会总产品或总价值分配的一般程式前，首先有必要对这两种分配形式及其关系做一简要的说明。

正如马克思所指出的，在分配是产品的分配前，它首先是生产工具以及社会成员在各类生产之间的分配，也即人们通常所说的物质生产过程借以进行的生产要素的分配，这种分配作为一种"先于经济的事实"是一切社会生产借以进行的前提和基础。按照马克思的说法，这种分配包含在生产过程本身中并且决定生产的结构，而产品的分配正是这种分配的结果。因此，"有了这种本来构成生产的一个要素的分配，产品的分配也就

---

① 马克思：《资本论》第 1 卷，人民出版社 1975 年版，第 557 页。

自然确定了"。① 但是，尽管表现为物质生产过程借以进行的前提与基础，生产要素的分配却并不同于人们把它和生产关系对立起来，并赋予它以一种历史性质时所理解的那种分配关系，也即人们用于表示对产品归个人消费的部分的各种索取权的那种分配关系。"前面所说的分配关系，却是在生产关系本身范围内，落到同直接生产者相对立的、生产关系的一定当事人身上的那些特殊社会职能的基础。这种分配关系赋予生产条件及其代表以特殊的社会性质。它们决定着生产的全部性质和全部运动。"② 因此，尽管"有了这种本来构成生产的一个要素的分配，产品的分配也就自然确定了"，但如果简单地用这种生产要素的分配来代替产品的分配，那就不可避免地会落入如李嘉图那样"不是把生产而是把分配说成现代经济学的主题"的资产阶级政治经济学的窠臼。与生产要素的分配相对应的是社会总产品或总价值的分配。根据马克思的价值理论，社会总价值的构成正如单个商品的价值一样是由生产资料的转移价值 C 和劳动者新创造价值两部分构成的，而劳动者新创造价值又是由再生产劳动力价值 V 和剩余价值 M 两部分构成的。因此，所谓社会总产品或总价值的分配也就是指由这些价值部分所构成的整体 C + V + M 在参与物质生产并因而构成一定生产方式的社会各阶级之间的劈分。另外，由于包括劳动者阶级在内的社会阶级主要是通过如劳动、生产资料、土地等生产要素参与物质生产过程的，因此，他们参与社会总产品或总价值的分配也就主要是通过其参与生产过程的各生产要素来实现的。在这个意义上，生产要素的分配和社会总产品或总价值的分配又具有某种内在的一致性，如果完全割裂这种内在的关联，那就有可能重蹈"试图把生产当作永恒真理来论述而把历史限制在分配范围之内的经济学家"的覆辙。

除去所谓生产要素的分配与社会总产品或总价值的分配的关系问题之外，还有关于分配的主体或主导问题，而人们在这一问题上的混乱并不亚于对前一问题上的认识。在提到资本累积和土地私有产生前后的"初期野蛮社会"与文明社会之间的区别时，亚当·斯密指出，在资本累积和土地私有尚未发生以前的"初期野蛮社会"，由于劳动的生产物构成劳动者的自然报酬或自然工资，因而"劳动的全部生产物都属于劳动者自己"；但是，在资本累积和土地私有发生以后的"文明社会"，由于资本（和土地）所有者要得到一种利润（和地租），劳动的全部生产物就不能

---

① 《马克思恩格斯选集》第 2 卷，人民出版社 1995 年版，第 14 页。
② 马克思：《资本论》第 3 卷，人民出版社 1975 年版，第 994 页。

都属于劳动者，而必须与雇佣他的资本（和土地）所有者共分。从上述的分析来看，斯密似乎是将分配理解为一种以雇佣工人为主体的经济行为，因为从"劳动的全部生产物就不能都属于劳动者"中，我们并不难体味在斯密的理解中劳动生产物初始时（似乎应该）归属于劳动者，而后才在工人与资本家之间的劈分的意涵。这显然是一种错觉，是由于"初期野蛮社会""劳动的全部生产物都属于劳动者自己"的思维定势所引起的错觉。现在，有些人依据边际生产力分配论而对中国私营经济分配问题的理解却又常常给人以这样的印象，似乎由私营经济组织生产的劳动生产物最初是一种不隶属于任何人的无主财富，然后则是包括工人、私营企业主、土地所有者以及科技人员和经营管理人员在内的各个社会集团根据其所占有的生产要素在物质生产过程中的不同作用，绝对平等而毫无争议地领取应得的份额。这同样是一种错觉，是由于劳动生产物似乎只是各个部分分配完毕之后才各归其主所引起的错觉。此外，还有一种观点是在取消主体存在的同时将分配的主导因素完全归之于市场交换，认为无论是劳动产品在资本家与和工人之间的分配还是在资本家之间的分配本质上都是通过市场交换的自发行为来实现的。① 这种观点同样是片面的。这一方面是因为社会总产品或总价值分配的某些环节的确是通过市场交换来实现的，但这并不是问题的全部甚至也不是主要的；另一方面则是因为这种观点只是看到了分配的某些形式上的特征而忽视了内在的本质。如果说一切经济活动总是通过一定的经济主体来实施的，而这种经济主体又总是表现为一个个相对独立的经济单位，那么以生产资料的资本主义私人占有为基础而以资本家为其人格化形式的私营企业就是资本主义社会经济活动的真正主体，它一方面表现为资本主义生产过程的实际组织者，另一方面也因此表现为资本主义分配程式的真正实施者。因为由于资本对于雇佣工人劳动的支配权，只有当资本家通过资本在市场上购买到称心如意的劳动力商品之后，现实的物质生产过程才有可以实施。但是正如马克思所指出的，由于劳动力商品从属于资本，资本主义的劳动过程就体现出两个特殊的现象，这就是工人的劳动过程以及劳动过程的产品全部归资本家所有。由于劳动产品全部归资本家所有，而不像亚当·斯密或有论者所理解的那样首先归劳动者所有或表现为一种无主的财富，劳动产品的分配也就只能首先在资本家的主导下来进行，尽管这并不意味着分配可以在资本家完全违背

---

① 白暴力、白瑞雪：《〈资本论〉方法论的若干思考（下）》，载《高校理论战线》2009 年第 10 期。

其阶级意志以及物质生产过程客观要求的情况下随意地进行。现在我们来看在马克思的理解中在资本家主导下的社会总产品或总价值分配的一般程式。

如前所述，所谓社会总产品或总价值的分配是指劳动者的劳动生产物在以一定生产要素方式参与物质生产过程的社会各阶级之间的劈分。但是，社会总产品或总价值的分配绝不因此仅仅是劳动成果为享受而做的瓜分，它在首先的意义上是社会生产与再生产正常进行的基本前提。因为作为社会生产与再生产过程的重要环节，劳动产品的分配一方面固然是其进入消费领域的重要前提，另一方面却又是其在生产中的耗费得以补偿的基本前提，从而也是社会再生产得以正常进行的重要前提。而要保证社会生产与再生产过程的正常进行，在由 $C+V+M$ 所构成的总体中，社会总产品或总价值的分配就首先应该是生产资料转移价值 C 的分配。众所周知，由于劳动过程与价值形成过程的统一，资本主义的剩余价值生产只有通过工人特有的生产劳动方式才能实现，而在工人特有的生产劳动方式上，社会总产品或总价值的生产过程同时也是一个机器、厂房以及原材料和辅助材料等生产资料的消耗过程。但是，由于工人加进价值的劳动的"自然恩惠"，生产资料的价值并不会因消耗而丧失，而会借助于特有的生产劳动方式转移到新产品中并作为新产品的价值构成。因此，如果要使生产过程连续不断地进行，哪怕是在原有规模上的重复进行，都必须使在生产过程中被转移到新产品中的价值全部收回并在相应的实物形式上得到补偿。自然，由于最初表现为资本家的先行预付物，生产资料转移价值在社会总产品或总价值分配中的归属就只能是资本家。需要指出的是，由于关系到资本主义剩余价值的生产与再生产，资本家通常只能将收回的生产资料价值重新投入生产过程，而不能像工资、利润或地租等收入形式那样完全或部分转入个人消费，因此，政治经济学一般并不将生产资料转移价值的分配作为收入形式的分配予以分析，正如斯托尔希在反驳萨伊的观点时所指出的，"难道一家人＜一个自耕农民的家庭＞能够住自己的粮仓或畜棚，吃自己的谷种和饲料，穿自己役畜的毛皮，用自己的农具当娱乐品吗？按照萨伊先生的论点，对所有这些问题必须做肯定的回答。""如果承认一个国家的收入等于该国的总产品，就是说不必扣除任何资本，那末也必须承认，这个国家可以把年产品的全部价值非生产地消费掉，而丝毫无损于该国的未来收入。""构成一个国家的资本的产品，是不能消费的。"① 但

---

① 引自马克思：《资本论》第 3 卷，人民出版社 1975 年版，第 957 页。

是我们知道，无论是萨伊还是亚当·斯密都有意无意地忽视生产资料转移价值 C 作为社会总产品或总价值的重要构成，从而也作为社会总产品或总价值分配的重要环节的地位，其所隐含着的主观意图无非是为了将资本家的利润收入看作是对生产中消耗生产资料的补偿，借以说明资本家利润收入的合理性。

在生产资料转移价值实现归属于资本家的预先分配后，社会总产品或总价值的分配就变成了劳动者在生产过程中新创造价值 V + M 的分配，也即马克思主义政治经济学中所谓总收入的分配。① 正如马克思主义政治经济学所指出的，总收入的分配包括工人与资本家之间以工资和剩余价值所实现的分配，以及剩余价值在资本家与地主之间以利润与地租形式所实现的分配以及职能资本家之间按平均利润率所实现的再分配三个环节。抛开职能资本家之间以平均利润率所实现的再分配，工资、利润和地租在劳动、资本和地产之间的分配正是在亚当·斯密以及让·萨伊的政治经济学中被经典地表述出来的三种基本收入形式，它们构成了资产阶级政治经济学从古典到庸俗形式的研究主题。但是必须指出的是，尽管工资、利润和地租作为收入形式表现出与生产资料转移价值分配不同的共性特征，这就是它们并不像生产资料转移价值的分配那样重新投入生产过程，用于补偿生产过程中的相应消耗，而是会退出直接的生产过程并转入执行生活职能的个人消费，但它们之间却存在着我们不能忽视的重要区别，这种区别体现在，就资本家与地主之间以及资本家之间剩余价值的分配来说，由于表现为附加在生产资料上并超过劳动力价值这个一定点而延长了的价值形成过程的产物，剩余价值是超出预付资本因而不要花费任何东西，也无须用来补偿任何东西的那种价值。这样，无论是利润还是地租就都变成了一种可供自由支配的追加财富，表现为一种对于资本家和地主而言的个人收入形式。但是，工人的工资尽管也具有收入分配的形式与特点，却与利润和地租的收入形式有质的区别。如果说从生产资料的角度来看社会总产品或总价值的生产过程表现为生产资料的消耗过程，那么从劳动力的角度来看社会总产品或总价值的生产过程就表现为劳动者的劳动力，即劳动者一定量的肌肉、神经、脑等在生理意义上的耗费过程。但是，正如资本主义的生产与再生产只有在补偿生产过程中所消耗的生产资料价值后才有可能一样，它还必须在补偿生产过程中所消耗的劳动力价值的基础上才能实现，

---

① 关于总收入与纯收入的区分，参阅马克思：《资本论》第 3 卷，人民出版社 1975 年版，第 951～952 页。

因为只有通过劳动力价值的补偿，在今天进行了劳动的劳动力所有者才"能够在正常生活状态下维持自己"，并"能够在同样的精力和健康条件下重复同样的过程"。① 因此，尽管工人用支付给他的货币购买和消费生活资料的过程似乎表现为一种像给蒸汽机添煤加水，给机轮上油一样的与资本主义生产过程无关的纯粹个人消费，但如果不是从孤立的商品生产过程以及单个工人来考察，而是从不断进行的资本主义生产与再生产过程来考察我们就会发现，从孤立的商品生产过程以及单个工人的角度来看已经退出直接生产过程的个人消费，在绝对必需的限度内，不过是把资本用来交换劳动力的生活资料再转化为可供资本重新剥削的劳动力，从而实现"资本家最不可少的生产资料即工人本身的生产与再生产"的过程，而在这个意义上，工人的个人消费，不论是在工场、工厂等以内或以外，在劳动过程以内或以外进行，都同生产资料转移价值的分配一样表现为资本生产和再生产过程的一个要素。② 自然地，由于与资本家与地主之间以及各个职能资本家之间剩余价值的分配相比较的这种不同特点，至少在逻辑上，工人以工资形式所实现的分配要先于资本家与地主之间以及各个职能资本家之间剩余价值的分配，并表现为一个与生产资料转移价值的分配具有同时性和同质性的过程。

从总收入分配的量的关系来看，如果说生产资料转移价值 C 一般以其转移到新产品中去的价值量为限，那么，工人工资 V 在总收入中的分配比例一般地就只能以他在生产过程中劳动力的消耗为限，因而也是以劳动力商品的价值量为限。正如马克思所指出的，劳动力价值作为生产和再生产劳动力所需要的生活资料价值是一个相对稳定的量，因而剩余价值的量就主要取决于资本家对工人的剥削程度。关于剩余价值在资本家与地主之间以及各个职能资本家之间的分配，正如马克思所指出的：如果把分配上的偶然变动撇开而只考察分配的调节规律，则"分配的界限——是作为一份份的股息，按照社会资本中每个资本应得的份额的比例，在资本家之间进行分配的。在这个形态上，剩余价值表现为资本应得的平均利润。这个平均利润又分为企业主收入和利息，并在这两个范畴下分归各种不同的资本家所有。但资本对于剩余价值或剩余产品的这种占有和分配，受到土地所有权方面的限制。正象职能资本家从工人身上吸取剩余价值，从而在利润的形式上吸取剩余价值和剩余产品一样，土地所有者也要在地租的

---

① 马克思：《资本论》第 1 卷，人民出版社 1975 年版，第 194 页。

② 马克思：《资本论》第 1 卷，人民出版社 1975 年版，第 627~628 页。

形式上，按照以前已经说明的规律，再从资本家那里吸取这个剩余价值或剩余产品的一部分。"①

当剩余价值或剩余产品在资本家与地主之间以及各个职能资本家之间分配完毕后，社会总产品或总价值在社会各阶级之间的分配也就结束了。首先是生产资料转移价值 C 的分配，然后是作为社会总收入的 V＋M 在工人和资本家之间以工资 V 和剩余价值 M 形式所实现的分配，最后则是作为纯收入的 M 在资本家与地主之间以及各个职能资本家之间（以平均利润 P 的形式）的分配，这就是马克思关于社会总产品或总价值分配的一般程式。需要指出的是，从社会生产与再生产的角度来看，社会总产品或总价值的分配又可以界化为以补偿消耗生产资料和劳动力价值为目的的补偿性分配和以劈分剩余价值为核心的收入性分配两个层次，其中，劳动力价值以工资形式实现的分配在形式上具有利润、地租等收入性分配形式的特点而在实质上更接近于生产资料转移价值的补偿性分配。这两个分配层次不仅具有逻辑上不可变更的先后次序，而且具有性质上不可混淆的质性区别。如果将分配的不同层次混为一谈，则势必会错乱某一分配形式所反映和表现的真实经济关系。例如，由亚当·斯密创始并为萨伊所完善化了的"三位一体"公式正是在将劳动者的工资收入与资本家和地主的利润与地租收入的并列中掩盖了资本主义剥削关系的本质。

三、劳资分配关系的变化与马克思的工资理论

如前所述，在马克思关于社会总产品或总价值分配的一般程式中，雇佣工人的工资收入具有关键的意义。按照马克思的工资理论，雇佣工人的工资表现为劳动力的价值或价格，它是由维持劳动者本人生存所必需的生活资料的价值、维持劳动者家属的生存所必需的生活资料的价值以及劳动者接受教育和训练所支出的费用等部分组成。由于劳动力价值主要由维持劳动力的生产与再生产所需要的生活资料价值决定而与劳动力在使用过程中创造的价值无关，因而表现为一个"在一定社会的一定时代"内的"不变量"。② 同时在马克思看来，由于劳动力价值的构成还包含着一个历史的和道德的因素，因而雇佣工人的工资收入在不同的国家甚至同一国家的不同历史时期往往又存在着差异，尽管这种差异并不影响劳动力价值从而工人工资收入由生活上不可缺少的生活资料的价值所决定的最低界限。

---

① 马克思：《资本论》第 3 卷，人民出版社 1975 年版，第 927 页。
② 马克思：《资本论》第 1 卷，人民出版社 1975 年版，第 567 页。

在 20 世纪以前的西方资本主义国家，正如马克思恩格斯在《资本论》以及《英国工人阶级状况》等著作中所详细描述的那样，雇佣工人的工资收入很低，其生活也始终处于一种食不果腹、饥寒交迫的悲惨状态。这种状况自然也使人们很容易认同马克思关于维持劳动力的生产与再生产所需要的生活资料价值的工资理论。但是，20 世纪 50 年代以后，西方各主要资本主义国家工人的实际收入有了较大幅度的提高。例如，1947年美国非农业部门平均工资小时实际工资为每小时 4.87 美元，1960 年为6.79 美元，1973 年达到 8.55 美元，在 1947~1973 年间，美国非农业部门的工人工资实际平均增长 37.9%。其他资本主义国家如英国工人实际收入 1951~1960 年年平均增长 2.68%，1960~1971 年为 3.03%；德国20 世纪 50~60 年代实际工资年均增长分别为 5.75%、5.60%。① 除工资收入之外，西方资本主义国家工人的如奖金、津贴以及来自于企业的和社会的各种福利等非工资性收入也大幅度增长。例如，英国 1997 年单是福利收入即达到人均 2000 英镑。② 收入分配的大幅提高不仅显著地改善了工人的生活与工作条件，而且还使其能够通过收入积蓄购买公司股票，成为凭借股票从企业获得红利收入的企业股东。由于西方资本主义世界工人收入分配状况的这种显著变化，在现今关于马克思分配理论的争论中，马克思的工资理论遭到普遍的质疑。例如，晏智杰在《经济剩余论》一书中即认为，马克思将工资定位于必要的或最低生活费用的观点是经不起推敲的，因为"先行工业化国家的实践早已证明了这一点"。晏智杰还指出，事实上，将工资定位于工人必要的最低生活费用，本来是英国古典政治经济学的传统信条，并曾以反对土地贵族和保卫资本利益的重要理论支点风靡 19 世纪上半期的英国古典经济学界。但这种工资论由于经不起实践的检验，最终于 1867 年被英国古典经济学的最后代表约翰·穆勒放弃。但是，这个学说的基本论断却被马克思所继承，并最终演化为连马克思本人也对之加以批判的拉萨尔的"工资铁律"，尽管马克思并没有放弃最低生活资料的工资论。③ 而杨文进在《市场经济的价值决定》一文中更详细地论证指出，由于工人工资不仅是影响利润高低的投资成本，而且还是增加社会有效需求的主要组成部分，因而提高工人工资固然会导致利润率的

① 张彤玉等：《嬗变与断裂：如何认识资本主义发展的历史进程》，中国人民大学出版社2004 年版，第 219~220 页。

② 张彤玉等：《嬗变与断裂：如何认识资本主义发展的历史进程》，中国人民大学出版社2004 年版，第 199 页。

③ 晏智杰：《经济剩余论》，北京大学出版社 2009 年版，第 189 页。

下降。但工资的提高同时也会增加社会的有效需求，从而最终为那些原本属于资本家消费范围的奢侈品开辟销售的渠道。这一方面会有助于资本家在生产过程中攫取的剩余价值的实现，另一方面则会使资本积累的物质成果"归社会全体人民所拥有"；而与此过程相伴的，则是"工人阶级的实际工资水平及其在总产品中所占比例的上升，是工人阶级的富裕化过程"。因此，"工人阶级的生活提高速度是与资本积累速度一致的。资本积累速度越快，短期内工人阶级与资本家阶级的分配差距就越大。但从长期看，工人阶级的工资提高或生活改善速度就越快。"① 显然，如果杨文进的观点能够成立，则即使马克思的工资理论在他生活的年代是正确，那么它在今天也早已因为资本积累的物质成果"归社会全体人民所拥有"以及由此引起的"工人阶级的富裕化过程"而过时了。那么，马克思的以维持劳动力的生产与再生产所需要的生活资料价值来诠释的工资理论是否真的过时了呢？我们首先借助于杨文进的思维路径展开一种反向的分析。

正如杨文进所指出的，工人工资一方面是厂商的生产成本，另一方面又是社会有效需求的重要组成部分，提高工人工资以增加社会有效需求会提高利润或使利润实现，但提高工资又会增加厂商成本从而减少利润，因此在这里，资本主义存在着两难选择，而正是这种两难选择会产生工资与利润的非均衡性变化，从而导致经济的非均衡性变化。但是，资本主义是否会由于资本家阶级对产品实际消费能力的局限无法消费大量地从生产结构的角度来看一开始是为资本家阶级生产的奢侈品而提高工人的工资，从而客观上导致积累的物质成果"归社会全体人民所拥有"呢？杨文进似乎正是这样认为的，因为在它看来资本家阶级对利润的追求虽然是无止境的，但他们的物质消费能力却是有限的，这种优先性必然使他们通过提高工人工资为这些奢侈品寻找消费的出路。但是，马克思显然并不这样认为。马克思指出："总商品量，即总产品，无论是补偿不变资本和可变资本的部分，还是代表剩余价值的部分，都必须卖掉。如果卖不掉，或者只卖掉一部分，或者卖掉时价格低于生产价格，那末，工人固然被剥削了，但是对资本家来说，这种剥削没有原样实现，甚至资本也会部分或全部损失掉。"但是，"直接剥削的条件和实现这些剥削的条件，不是一回事。二者不仅在时间和空间上是分开的，而且在概念上也是分开的。前者只受

---

① 杨文进：《市场经济的价值决定》，载王振中：《市场经济的分配理论研究》，社会科学文献出版社 2004 年版。

生产力的限制，后者受不同生产部门的比例和社会消费力的限制。但是社会消费力既不是取决于绝对的生产力，也不是取决于绝对的消费力，而是取决于以对抗性的分配关系为基础的消费力；这种分配关系，使社会上大多数人的消费缩小到只能在相当狭小的界限以内变动的最低限度。这个消费力还受到追求积累的欲望的限制，受到扩大资本和扩大剩余价值生产规模的欲望的限制。"另一方面，"决不应当忘记，这种剩余价值的生产——剩余价值的一部分再转化为资本，或积累，也是这种剩余价值生产的不可缺少的部分——是资本主义生产的直接目的和决定性动机。因此，决不能把这种生产描写成它本来不是的那个东西，就是说，不能把它描写成以享受或者以替资本家生产享受品为直接目的的生产。如果这样，就完全看不到这种生产在其整个内在本质上表现出来的特有性质。"因此，"生产力越发展，它就越和消费关系的狭隘基础发生冲突。在这个充满矛盾的基础上，资本过剩和日益增加的人口过剩结合在一起是完全不矛盾的；因为在二者结合在一起的时候，所生产的剩余价值的量虽然会增加，但是生产剩余价值的条件和实现这个剩余价值的条件之间的矛盾，正好因此而日益增长。"①

实际上，只要我们深刻地理解资本主义所处的两难选择，就不难理解资本家阶级不会也不可能使工人工资长久地、大幅度地偏离劳动力的价值或价格的这个中心点。于是我们看到，尽管在 20 世纪 50～60 年代美国工人的实际工资是不断增长的，但从 1973 年以后一直到 20 世纪 90 年代中期则几乎是直线下降。在 90 年代的经济复苏之中，美国工人的实际工资有所增长，到 2004 年，按 1982 年价格计算，美国工人的平均小时工资尽管达到了 8.27 美元，但是仍然大大低于 1973 年的 9.04 美元，甚至还不如 1967 年的 8.29 美元。这也就是说，现在美国工人的实际工资还不如 37 年以前。② 就中国的情形来说，一直以来有一种声音认为社会两极分化和工人购买力低下是制约是中国经济增长的重要因素，因而主张通过提高工人工资增强社会有效需求以刺激经济增长，工资制度改革也正是在这种历史背景下被一再提上议事日程。但是，从 2004 年至今，收入分配改革经历了 6 次征求意见讨论会，却一直没有明显的进展，直到 2010 年 7 月，才有消息说，由国家发改委牵头拟定的《关于加强收入分配调节的指导

---

① 马克思：《资本论》第 3 卷，人民出版社 1975 年版，第 272～273 页。
② 李民骐、朱安东：《当前世界的基本状况与资本主义的历史趋势》，载《高校理论战线》2005 年第 5 期。

意见及实施细则》已进入最后修改阶段，并有望在年内出台。① 为什么中国今天的工资制度改革如此艰难，根本的原因无非是职工工资的提高将影响到私营企业主的利润收入，而将职工工资始终长久地保持在与劳动力价值相一致的水平上则是保证私营企业主利润收入的基本前提。由此可见，马克思关于最低生活资料的工资理论在今天并没有过时。

这里需要解释的是西方资本主义国家工人工资在第二次世界大战以后的普遍与大幅度提高的问题。一直以来人们的解释是，这是由于资本主义经济在第二次世界大战之后的持续繁荣、工人阶级组织化程度的不断加强和经济政治斗争的蓬勃发展，以及具有改良意向的社会民主党的当政所施行的带有社会主义性质的普遍的福利政策。这显然是正确的。但是，如果说这些因素导致了工人收入状况的明显改善，那无疑承认了工人工资状况因提高而背离劳动力价值或价格的事实，从而也就承认了马克思工资理论已经过时。因此，这种解释并无助于对马克思工资理论的辩护。事实上，在马克思的工资理论中，参与社会总产品或总价值分配的雇佣工人从来就是作为一个总体的社会集团或社会阶级而存在的，而由于资本主义经济从一开始就是作为世界经济而非民族经济而存在的性质，特别是由于第二次世界大战之后垄断资本的国际扩张所形成的世界经济的一体化，雇佣工人早已不是局限于一个地区、一个国家或一个民族的地域性存在，而是一种超越一切地域与民族藩篱的世界性存在了。在这种条件下，我们对西方资本主义国家雇佣工人工资变化的考量，正如我们在前面分析社会财富价值向量巨量增长与活劳动投入量减少之间的矛盾时所指出的，就不应也不能单纯地局限于"西方"这一地理与经济、政治概念的范围，而必须扩展到一切在垄断资本的国际扩展和经济全球化中卷入一体化的世界经济之中而被无产阶级化的部分。在这样一个扩展的部分中，例如，在广大的发展中国家中，我们就可以看到大量的收入仅仅被维持在劳动力的生产与再生产水平，甚至被维持在"为使劳动者种族不致死绝而额外给他的聊足赡养家族的费用"的水平。② 毫无疑问，如果我们要考察雇佣工人的收入状况以及马克思的工资理论的现实适用性，西方发达国家雇佣工人提高的收入水平是必须要被发展中国家工人极低的收入状况来平衡的，只有这样，我们才有可能形成对工人收入状况的客观而公正的认识。正如马克思所指

---

① 吕天玲等：《收入分配改革加速工资条例有望年内出台》，http：//www.sina.com.cn，《南方日报》2010 年 7 月 30 日。

② 马克思：《1844 年经济学哲学手稿》，人民出版社 1979 年版，第 5 页。

出的，资本主义早已消灭了民族经济，并使民族经济被各民族的各方面的互相往来和各方面的互相依赖所代替，可是为什么我们却总还是习惯于在民族经济的范围内思考问题呢？另外，尽管西方发达资本主义国家雇佣工人的收入状况发生了显著的变化，但其中的某些变化并没有被有机地整合到反映劳动力价值或价格的工资收入之中，而只是以工资收入辅助的形式存在，这意味着这部分的收入并不像作为工人维持其劳动力生产与再生产的工资收入那样稳定和可靠，它必然伴随着经济增长状况的变化而变化。因此，一旦经济发展出现停滞或衰退的现象，工人就必然要面对生存境遇的严重威胁并不得不继续为自己生存状况的改善而奋斗。事实证明，那些作为辅助形式而存在的收入不过是资本家阶级为资本主义社会不平等的收入分配所零星点缀的华丽装饰。

那么，马克思是否像晏智杰、林金忠等人所宣称的那样在对拉萨尔"工资铁律"的批判中（至少在形式上）放弃了自己的工资理论呢？我们先来看马克思对拉萨尔所谓"工资铁律"的批判。马克思首先指出，《哥达纲领》的"废除工资制度（应当说：雇佣劳动制度）连同铁的工资规律"是胡说，因为"如果我废除了雇佣劳动，我当然也就废除了它的规律，不管这些规律是'铁的'还是海绵的。"显然，马克思在这里是批判拉萨尔从歌德那里抄袭而来、但却毫无意义的"铁的"一词，因为无论这种工资制度是"铁的"还是海绵的都是可以伴随雇佣劳动制度的废除而被废除的。在马克思看来，"铁的"一词只是作为正统的拉萨尔信徒相互识别的标记才有意义。但是，马克思对拉萨尔"铁的"工资规律的批判重心显然并不在这里。马克思指出，如果我接受带有拉萨尔印记因而是拉萨尔所说的意义上的规律，我就不得不连同他的论据一起接受下来。而这个论据就是朗格在拉萨尔死后不久所表明的马尔萨斯的人口论。①

先来看拉萨尔对其"铁的"工资规律的经典表述：在现今的关系下，在劳动的供求的支配下，决定着工资的"铁的"经济规律是这样的：平均工资始终停留在一国人民为维持生存和繁殖后代按照习惯所要求的必要的生活水平上。那么，为什么工人的实际工资只能围绕"一国人民为维持生存和繁殖后代按照习惯所要求的必要的生活水平上"这样一个中心点摆动呢？拉萨尔认为，这是由于如果实际工资长久地高于这个平均数，就会由于工人状况的改善而发生工人人口从而人手供应的增加，结果又会压低工资到原来的或者低于原来的水平；而如果实际工资长久地低于这个

---

① 《马克思恩格斯选集》第 3 卷，人民出版社 1995 年版，第 309~310 页。

平均数，又会由于发生人口外流，独身生活、节制生育等造成工人人数减少从而工人人手的供应短缺，从而使工资重新回到它原来的较高水平。①如前所述，马克思认为工人工资是由维持劳动力生产与再生产所需要的生活资料的价值决定的，这与拉萨尔关于平均工资决定于一国人民维持生存和繁殖后代按照习惯所要求的必要的生活水平的认定有相似之处，并且马克思也不否认这种平均工资会成为一个实际工资围绕变动的"中心点"。那么，为什么马克思还要批判拉萨尔的"铁的工资规律"呢？因为在马克思看来，工人实际工资的变动并不像拉萨尔所说的那样取决于工人人口绝对量的变化，它一方面取决于产业后备军的大小，正如马克思所说的："决定工资的一般变动的，不是工人人口绝对数量的变动，而是工人阶级分为现役军和后备军的比例的变动，是过剩人口相对量的增减，是过剩人口时而被吸收、时而又被游离的程度。"② 另一方面则取决于资本主义的再生产过程以及资本家在工资与利润之间的平衡，正如马克思所指出的："劳动力价值的最低限度或最小限度，是劳动力的承担者即人每天得不到就不能更新他的生命过程的那个商品量的价值，也就是维持身体所必不可少的生活资料的价值。假如劳动力的价格降到这个最低限度，那就降到劳动力的价值以下，因为这样一来，劳动力就只能在萎缩的状态下维持和发挥。"③ 由此可见，马克思的工资理论与拉萨尔的"铁的工资规律"具有不同的理论根据，而马克思所批判拉萨尔的也主要是作为其理论根据的马尔萨斯的人口论。显然，这种批判并不意味着马克思放弃了自己的工资理论。

第二节 "生产要素按贡献参与分配论"浅析

一、"生产要素按贡献参与分配论"的历史形成与基本内涵

在 2002 年中国共产党第十六次代表大会的报告中，江泽民同志明确指出：要"确立劳动、资本、技术和管理等生产要素按贡献参与分配的原则，完善按劳分配为主体、多种分配方式并存的分配制度"，从而进一

---

① 引自《马克思恩格斯选集》第 3 卷，人民出版社 1995 年版，第 820 页。

② 马克思：《资本论》第 1 卷，人民出版社 1975 年版，第 699 页。

③ 马克思：《资本论》第 1 卷，人民出版社 1975 年版，第 196 页。

步从政策上明确了党的十五大报告中提出的"按生产要素分配"的理论内涵。至此，在1988年由学术界首次提出的"生产要素按贡献参与分配论"最终在经济政策上得以确认。但是，无论是在理论界还是政策上，"生产要素按贡献参与分配论"都始终伴随着激烈的分歧与争论，简要回顾"生产要素按贡献参与分配论"在提出与确立过程中的激烈争论对于我们更为深入的分析无疑是十分必要的。

众所周知，传统的社会主义经济理论一直将按劳分配作为中国社会主义制度的唯一分配原则，而马克思主义关于生产资料所有制形式决定分配方式的一般分配理论和新中国成立以后所确立的单一的生产资料公有制结构则是支持这种分配原则的理论基础和客观根据。应该看到，尽管新中国成立以后关于按劳分配原则的某些问题也曾经在理论界引起争论，但按劳分配作为中国社会主义制度基本分配原则的合法性却从来没有遭到质疑。20世纪80年代以后，随着经济体制改革的深入以及由此引起的经济形式从传统的计划经济向商品经济和市场经济的转形，中国的所有制结构逐渐地从传统的单一公有制结构转化为以公有制为主体的多元所有制结构。而与多元所有制结构的形成与发展相适应，在分配领域则出现了按劳分配为主体、多种分配方式并存的格局：除了传统公有制经济中的按劳分配以外，还有个体劳动者阶层通过合法经营所获得的劳动收入，私营经济中私营企业主通过生产资料（资产）的私人占有所获得的利润收入等。与此相适应，从十一届三中全会党的工作重心的转移到第十三次代表大会社会主义初级阶段理论的提出，我们党逐渐确立了以公有制为主体、多种所有制经济共同发展的基本经济制度，和以按劳分配为主体、多种分配方式并存的基本分配制度。但是，以按劳分配为主体、多种分配方式并存的多元分配方式作为一个整体的质的规定是什么？其中每一种分配方式的本质规定和数量规定是什么？它们彼此之间的联系又是什么？由这些问题引发的激烈争论推动着人们认识的不断深化。[①] 1992年中国共产党第十四次代表大会的报告进一步确立中国经济体制改革的目标是建立社会主义市场经济体制，而1997年中国共产党第十五次代表大会的报告则进一步将非公有制经济作为中国社会主义市场经济的重要组成部分，纳入社会主义基本经济制度的规定中。与此相联系，十五大报告进一步提出在中国社会主义初级阶段，应"坚持按劳分配为主体、多种分配方式并存的制度，把按劳分配和按生产要素分配结合起来。"这样，"按生产要素分配"就第一次

---

① 蔡继明：《从按劳分配到按生产要素贡献分配》，人民出版社2008年版，第43页。

开始作为与按劳分配相并列的社会主义分配原则出现了。相对于十三大报告的"按劳分配为主体、多种分配方式并存","按劳分配和按生产要素分配结合"无疑对于中国社会主义初级阶段的分配关系做了更加具体和清晰的概括。但是一方面,按劳分配与按生产要素分配这两种长期以来被看作是根本对立的分配原则如何实现融合;另一方面,按生产要素分配的依据又是什么,是按照生产要素的所有权分配还是按生产要素在生产过程中的贡献分配仍然是极其繁难且激烈争论的问题。最终,2002年中国共产党第十六次代表大会的报告关于"确立劳动、资本、技术和管理等生产要素按贡献参与分配的原则"的论述为这一争论画上了句号。但是,这显然并不是一个圆满的句号,因为是按生产要素在物质财富创造中的贡献分配还是在价值财富创造中的贡献分配仍然是"生产要素按贡献参与分配论"没有能够解决的问题。因此,正如有论者所指出的,十六大报告关于"生产要素按贡献参与分配"的原则回答了按生产要素分配应遵循的原则,但"这个回答并不彻底",甚至可以说这个回答"给理论工作者出了一道更大的难题"。① 但无论如何,党的十六大报告标志着"生产要素按贡献参与分配论"在政策层面的最终确认。

相对于2002年十六大报告才在党的政策层面真正得到确认的历史境遇,"生产要素按贡献参与分配论"在学术界的提出要早得多。1988年,谷书堂、蔡继明在《中国社会科学》上发表《按贡献分配是社会主义初级阶段的分配原则》一文,认为中国现阶段多种分配方式的实质是按贡献分配,即按劳动、资本、土地、技术、管理等各种生产要素在社会财富(价值)的创造中所做的贡献分配,"这是在中国经济学界最早提出按贡献分配思想的文献,是对社会主义初级阶段收入分配关系进行理论概括的最初尝试。"② 1989年,谷书堂等人在《社会主义经济学通论》一书中对"按生产要素贡献分配论"的原则进行了更为详细的论证,从而标志着这一原则在理论层面的最终形成。在这本书中,谷书堂等首先提出,马克思关于"价值决定于社会必要劳动时间这一规定,本身就已经确定了非劳动生产要素在价值决定中所起的作用",因而"只要明确了决定价值的社会必要劳动时间的具体规定,而价值量又只是社会财富的计量单位或符号,说社会必要劳动创造价值与说劳动自身的生产力与劳动的资本生产力

① 敩华:《生产要素参与分配的理论依据、难题和途径》,载王振中:《市场经济的分配理论研究》,社会科学文献出版社2004年版。
② 蔡继明:《从按劳分配到按生产要素贡献分配》,人民出版社2008年版,第44页。

以及劳动的土地生产力共同创造价值，都是符合劳动价值论的"；继而提出"各种收入来源于各种生产要素在价值形成中所作的贡献"的观点，认为"所有权并不创造收入，它不过是使社会财富按照各种生产要素在财富生产中所作的贡献在各要素所有者之间进行分配的条件。由于劳动、资本、土地等要素在价值形成中都发挥着各自的作用，所以，社会主义的工资、利息和地租，不过是根据劳动、资本、土地等生产要素所作的贡献而给予这些要素所有者的报酬。社会主义的分配原则，就是在社会必要劳动所创造的价值基础上，按各种生产要素在价值形成中所作的贡献进行分配，或简称按贡献分配。按贡献分配是社会主义社会融合各种分配形式为一体的统一的分配原则。"① 对于要确定各种收入的数量关系而必须确定的各生产要素的贡献大小问题，谷书堂等认为，借助于美国资产阶级经济学家克拉克的"边际生产力理论"可以分别计算出各种生产要素在生产中的"边际收益"，而"各种生产要素的边际收益，可以相对地表现各种生产要素的贡献，而工资、利息、地租等收入的量应该决定于劳动、资本和土地的边际收益。"② 边际生产力理论认为，在一定的技术条件下，各种社会要素的不同组合所生产的某种物品的数量是不同的，而当其他生产要素保持不变时连续追加某一种生产要素，其增加的生产力在递增到一定点后，会发生递减的变化，而通过增加投入某一生产要素所增加的产品价值就是该生产要素的边际产品或边际收益。

但是，正如侯雨夫先生所指出的，谷书堂等"按贡献分配"论述中关于各生产要素在"财富生产"、"价值决定"、"价值形成"中所做的贡献，实质上就是这些生产要素在价值创造中所作的贡献。由于马克思劳动价值论否认除活劳动以外的其他生产要素在价值创造过程中的作用，因此，谷书堂等的"按贡献分配"是违背马克思劳动价值论的基本原则的。正是据以这种原因，卫兴华等人提出了对"生产要素按贡献参与分配论"的另一种解释，这就是生产要素按贡献参与分配是指按生产要素在生产财富即生产使用价值过程中的贡献分配，而不是按它们在价值创造中的贡献分配。两相比较，卫兴华等人对"贡献"的解释无疑更为符合马克思的劳动价值论。但是，各生产要素在生产财富即生产使用价值中的"贡献"到底是什么？这种"贡献"以何种方式体现在新产品中？又以何种方式实现与收入分配之间的决定性联系等？这些问题解答上的难度丝毫不亚于

① 谷书堂等：《社会主义经济学通论》，高等教育出版社1989年版，第112页。
② 谷书堂等：《社会主义经济学通论》，高等教育出版社1989年版，第12～13页。

那些通过"边际生产力理论"确定生产要素在价值创造中的数量关系所暴露出来的问题。因此，尽管谷书堂等对"按贡献分配"的解释存在着违背马克思劳动价值论的嫌疑，但相对于其他的解释而言，他们却至少提供了一种就其自身而言相对自洽的解释，这也使其最终成为对"生产要素按贡献参与分配论"占主流地位的解释。

归结起来，"生产要素按贡献参与分配论"包含着三个关键性的理论支点：其一，物质资料的生产过程是以由包括劳动、资本、土地以及技术、管理等生产要素按照一定方式的组合为前提的，这些生产要素在物质资料的生产过程中以不同的方式在价值创造或使用价值的生产中发挥着各自的作用，作出了相应的贡献；其二，生产要素在价值创造或使用价值的生产中所作出的贡献构成它们的所有者从劳动产品中获取相应收入份额的基本前提，而收入分配的数量关系则取决于生产要素在价值创造或使用价值的生产中所作贡献的大小；其三，各生产要素在价值创造中所做的贡献通过"边际生产力理论"中的边际分析方法，即通过增加投入某一生产要素所增加的产品价值来相对地确定。通过这三个关键性的理论支点，"生产要素按贡献参与分配论"形成了一个将定性分析与定量分析相结合的完整的分配理论。

现在我们来看"生产要素按贡献参与分配论"的基本形式。生产要素按贡献参与分配的基本前提是参与生产过程的生产要素，而由于社会生产的复杂程度的不同，在社会生产发展的不同阶段生产要素按贡献参与分配的具体形式也是不同的。例如，相对于近代主要由劳动、资本、土地三个基本要素所构成的较为简单的物质生产过程而言，生产要素按贡献参与分配的基本形式就是劳动—工资、资本—利润、土地—地租。而现在，由于物质生产过程的复杂化，参与生产过程的生产要素趋于多样化，因而生产要素按贡献参与分配的具体形式也就大大地扩展了。根据逄锦聚在《马克思劳动价值论的继承与发展》一书中的概括，现阶段中国包括劳动力在内的生产要素按贡献参与分配的基本形式主要有以下几种：

（1）资本收益。按照逄锦聚的解释，资本要素分配的实现形式有利息、红利、所得利润和证券收入等，其中主要形式是利润，其他形式则是利润派生的。逄锦聚认为，首先，对于国有企业来说，以各级政府为代表的出资者把国有资本投入企业，就要按要素分配的原则获得要素收入即利润，因而企业用从实现的利润中扣除各项公积金后以税收等形式上缴国家，其中包括企业由于国家投资差异而获得的级差收益。其次，对于民间资本和个人来说，当预期的利润高于利息率时，会将消费剩余资金以独资、合资等形式从事实业投资以获取投资利润，或将消费剩余资金通过买卖各种债券、股票等有价证券获取利息或红利收入；而当预期利润率小于利息率时，又往往会选择将消费剩余资金用于银行储蓄以获取利息收入。所有这些都属于资本收益的范围。

（2）工资收益。逄锦聚指出，在社会主义市场经济条件下，劳动者获得的工资，一方面是按劳分配的结果，另一方面也是市场对劳动力资源进行配置的结果。在劳动力市场上，工资水平受劳动力的供求影响。为了维护劳动者权益，工资除了要满足再生产劳动力的成本外，还应该根据劳动力市场的价位和供求关系、本企业的用工需求和生产经营状况以及当地劳动部门发布的工资指导线来确定。

（3）地租收益。逄锦聚指出，在中国，土地是国家或集体的公有财产而不能随便交易，但土地在一定时期的使用权却可以买卖。这种土地要素参与收益分配的形式就是地租。在计划经济条件下，国有企业使用土地都是无偿划拨的，或只出很少的地租。现在，要贯彻按要素分配原则，就必须在今后逐步采取土地有偿使用的多种实现方式，包括建立土地租赁制度，将地租从上缴利润中分立出来，作为一项独立的要素收入加以规范，将其扩大涵盖到所有使用公有土地的各种所有制经济，由经营运作国有土地的经济实体向使用者或逐年收取土地使用费（即地租），或将土地作价参股分红，或出卖一定时期内土地使用权（即一次性集中收取使用期内的地租），以优化土地资源配置，维护和增进公有土地的要素权益。此外，居民也可因拥有使用权而取得租金。农民土地流转获得的收益也可视为地租。

（4）技术收益。逄锦聚指出，技术要素的价格也就是技术要素投入者的收入，它的大小是由对科学技术的需求和技术的供给共同决定的，技术要素的收入又是通过技术市场上的买卖成交来实现的。技术参与收益分配的方式大约有以下几种：一是以专利的形式获取专利收益；二是股份式分成，相当于技术入股，在该技术开发成果使用期间，逐年按其所创收益分成支付报酬；三是技术开发成果作为商品，在专利市场或技术市场上买卖成交。逄锦聚认为，技术收益具体实现形式尚待进一步探索，目前包括技术项目招标制、技术服务目标责任制和技术任务承包制等。

（5）经营管理收益。逄锦聚指出，企业家才能也是一种生产要素，而且是一种稀缺的要素，这种要素的功能在于掌握市场动向、进行企业决策、经营管理创新等，使企业获得高的收益。这种要素理应得到经营收益，而且由于其稀缺性，收益应该是很高的。逄锦聚认为，中国应该大力推行经营者年薪制，年薪同其经营业绩挂钩，以此形成企业家的激励机制和约束机制。①

需要指出的是，逄锦聚关于生产要素按贡献参与分配基本形式的概括并不是十分完备的。例如，有论者指出，随着经济发展从传统的工业经济、后工业经济时代向知识经济时代的跨越，知识、科学、信息也将成为越来越重要的生产要素，如果知识、科学、信息也是重要的生产要素，那么它们自然也应该与传统的生产要素那样获得相应的收益。因此，对于生产要素按贡献参与分配的基本形式需要有一个伴随生产要素不断扩展的理解。

那么，我们应该如何看待这个堪与萨伊的"三位一体"公式相媲美的分配论呢？事实上，尽管"生产要素按贡献参与分配论"已经在党和国家的政策层面得到确认，这种确认却并没有消弭在此之前就已经在价值理论层面展开的激烈争论，也并不能掩饰"生产要素按贡献参与分配论"所存在的问题。但是，既然我们在前面已经深入分析了马克思关于社会总产品或总价值分配的一般程式，我们就应该从马克思关于社会总产品或总价值分配的一般程式的角度来分析"生产要素按贡献参与分配论"所存在的问题。

二、"生产要素按贡献参与分配论"的深层检视

根据马克思对资本主义社会总产品或总价值分配一般程式的分析以及其他相关理论，"生产要素按贡献参与分配论"的问题主要表现在以下几个方面：

第一，在分配前提问题上分配依据的曲解和分配主体的虚化。如前所述，根据马克思的分配理论，资本主义社会总产品或总价值分配的一般程式是一个在作为分配主体的资本家阶级支配下进行的活动。因为由于生产资料归于作为分配主体的资本家所有，资本家就借助于对生产资料的所有权获得了对他人劳动的支配权，并进而获得了对劳动过程以及劳动成果的所有权。这样，作为劳动成果的社会产品或社会价值的分配就自然地只能在资本家的主导下来进行。不难发现，在马克思关于社会总产品或总价值分配的一般程式中，生产资料归于不同的所有者对生产资料所有制以及由此确立的分配主体具有关键的意义。我们知道，"生产要素按贡献参与分配论"最初是从按生产要素（所有权）分配论演化来的，这种演化过程

---

① 逄锦聚：《马克思劳动价值论的继承与发展》，经济科学出版社 2005 年版，第 325～327 页。

一方面说明"生产要素按贡献参与分配论"并不认同按生产要素所有权分配论单纯从生产要素所有权的角度解释中国社会主义市场经济条件下的分配形式;另一方面也说明它并不完全否认生产要素所有权在它所理解的分配形式中的作用。例如,"生产要素按贡献参与分配论"一方面坚持生产要素在价值创造过程中的贡献;另一方面又强调生产要素的所有权在分配过程中的作用,认为生产要素的所有者只是借助于生产要素的所有权才能占有并最终获得由生产要素所创造的收益。那么什么是按生产要素分配呢?根据蒋学模在《高级政治经济学——社会主义本体论》中的定义,所谓按生产要素分配是指"不同经济主体凭借他们投入的资本、劳动力、土地、技术、管理能力等生产要素获取收入的分配方式,它的实质是按照生产要素的产权分配。"① 而生产要素所有权或产权又是指生产要素所有者对生产要素所具有的占有、使用、收益和处分的权利。那么,为什么生产要素所有者可以凭借对生产要素的所有权获得相应的收入份额呢?按生产要素分配论在这里借用了马克思主义关于生产资料所有制形式决定分配形式的观点作为自己的理论根据。但是,如果说生产要素所有权是生产要素所有者对生产要素所具有的占有、使用、收益和处分的权利,那它就绝不是马克思主义所说的生产资料所有制,因为马克思生产资料所有制中的生产资料仅仅是指生产过程中除劳动者以外的物的因素,它包括劳动资料和劳动对象两个方面。这就是说,生产要素所有权中的生产要素与马克思生产资料所有制中的生产资料是两个完全不同的概念。就生产要素来说,一切参与生产过程的要素都可以成为生产要素;而就生产资料来说,它仅仅是指参与生产过程的劳动资料和劳动对象。也许有人会觉得,由于生产要素也往往归于不同的所有者,因而生产要素所有权只不过是对马克思生产资料所有制形式的扩展。这显然过低估计了马克思所有制理论所具有的意义。因为生产资料所有制作为生产过程中人和物的结合方式是对他人劳动的支配权,表现为人与人之间的一定的社会联系或社会关系;而生产要素则显然只是从物质技术的角度对参与生产过程的各种要素的标称,它并不具有生产资料所有制的一定形式所表示出来的人们之间的社会联系。但是这似乎并不是主要的,主要的在于生产要素所有权在将单纯标志生产过程中物的要素的"生产资料"扩展到一切参与生产过程的要素时有意无意地提升了生产要素所有者的地位,从而使借助于一定的生产要素参与生

---

① 蒋学模:《高级政治经济学——社会主义本体论》,复旦大学出版社 2001 年版,第 172 页。

产过程的一切生产要素所有者都变成了平等的生产过程的参与者。例如，在以生产资料私有制为基础的资本主义生产过程中，拥有劳动力的工人不过是生产过程中出卖自己劳动力的雇佣劳动者，但是，在生产要素所有权的理解中，雇佣工人却作为人力资本（劳动力资本）的所有者变成了与拥有资本的资本家一样平等地参与生产过程的"资本家"。这样，正如现代西方主流经济学所诠释的，作为参与生产过程的生产要素的所有者，资本家、地主以及劳动者等之间就变成了一种"自由平等的人与人之间的契约关系"。而就对我们所理解的分配关系的影响而言，由于一切生产要素的所有者都变成了平等的生产过程的参与者，生产过程以及作为生产过程产物的劳动成果就不再像马克思对生产过程的诠释那样，表现为作为生产资料所有者的资本家的所有物，并最终在作为分配主体的资本家的主导下进行分配，而是表现为一个无主或所有参与生产过程的生产要素所有者共有的财富，然后他们再根据他们的生产要素在生产过程中的"贡献"合理而公平地（这里必须表现出生产要素所有者高尚的道德素养，使其对产品的分配绝对不超出其生产要素"贡献"的范围）占有相应的份额。可是，如果从生产过程到分配过程的一切都如理论的分析那样完美而和谐，我们又该从何处理解即使在中国也已成为显见的事实的资本与劳动之间的尖锐冲突呢？

第二，在分配环节问题上分配标的的错置和分配环节的缺失。就分配标的的错置来说，马克思在分析资本主义社会总产品或总价值的分配问题时曾经指出，每年的商品产品价值都可以分解成补偿预付不变资本价值的A和表现为工资、利润和地租这种收入形式的B两个部分。这也就是我们在前面所指出的生产资料转移价值C的分配与作为社会总收入的V＋M在工人和资本家之间以工资V和剩余价值M形式所实现的分配。但是马克思指出，在这两个环节的分配中，不仅后一个部分B和前一个部分A形成一种对立，后一个组成部分B本身又包含着对立。他说，利润和地租同工资的共同之处在于：三者都是收入的形式。尽管如此，它们有着本质的区别：利润和地租体现着剩余价值，即无酬劳动，工资则体现着有酬劳动。① 这就是说，就其分配的标的来说，工人在社会总产品或总价值分配中所获得的相当于劳动力价值的工资收入，并不是对他人劳动的无偿占有，而是他自己在劳动的过程中通过活劳动的消耗而创造的价值；而资本家和地主在社会总产品或总价值分配中所获得的利润与地租却并不是其资

---

① 马克思：《资本论》第3卷，人民出版社1975年版，第949页。

本、土地所创造的价值，而是其凭借对"生产方式所拥有的所有权"对他人剩余价值的无偿占有。因此，在形式上相同的收入形式实际上却反映着完全不同的经济关系。从这样的观点不难发现，"生产要素按贡献参与分配论"所设定的各生产要素与收入形式之间的对应关系并没有能够真实地反映各生产要素在分配标的，即有酬劳动与无酬劳动、成本价值与剩余价值上的质性区别。例如，就与劳动（力）相对应的收入形式而言，无论是补偿劳动力消耗的工资收入还是工资之外的奖金、福利收入，其在本质上都是工人自己在劳动过程中所创造的价值；而与资本、地产等非劳动生产要素相对应的收入形式在其主要的形式上则是对他人剩余价值的无偿占有。因此，如果说不同的分配标的反映着不同的经济关系，那么混淆各生产要素在分配标的上的质性区别则将掩盖由分配方式所反映的真实经济关系。就分配环节的缺失来说，如前所述，社会总产品或总价值的分配存在着以补偿消耗生产资料和劳动力价值为目的的补偿性分配和以劈分剩余价值为核心的收入性分配两个层次，而以补偿消耗生产资料和劳动力价值为目的的补偿性分配又可以区分为生产资料转移价值 C 的分配和劳动力价值以工资形式 V 的分配两个环节。从社会总产品或总价值分配的环节与层次来考量，"生产要素按贡献参与分配论"显然缺失了生产资料转移价值 C 的分配环节。如果这一环节的缺失仅仅是由于生产资料转移价值的分配不属于一般所谓收入形式的分配，我们显然不能将其指责为"生产要素按贡献参与分配论"存在的问题。但是真正说来，生产资料转移价值 C 分配环节的缺失具有更深层次的理论动机。我们知道，由斯密创始而由萨伊所完善化了的"三位一体"公式对分配问题的解析同样缺失了生产资料转移价值的分配环节，尽管斯密解释说这是因为生产资料的价值也是由工资、利润和地租三部分构成的，但我们从这种缺失中所看到的分明是，从斯密到萨伊的古典经济学都将资本家无偿占有的剩余价值看作是对在生产过程中所消耗的生产资料价值的补偿；而由于将剩余价值看作是对消耗生产资料价值的补偿，资本家获得的剩余价值就与工人的工资收入一样具有了补偿的性质，而资本家与工人之间的剥削关系也就被彻底消解了。事实上，虽然社会总产品或总价值的形成过程同时也是生产资料价值的消耗过程，但由于生产资料转移价值的分配，在生产过程中消耗的生产资料价值早已在社会总产品或总价值的补偿性分配中得到了实现。因此，将资本家无偿占有工人的剩余价值看作是对消耗生产资料价值的补偿是站不住脚的。显然，"生产要素按贡献参与分配论"犯了同萨伊"三位一体"公式一样的错误。除了在劳动与资本、地产等主要生产要素方面以外，"生产要素按贡献参与分配论"对于分配标的的错置和分配环节的缺失还表现在资本、技术、管理等生产要素的内部。例如，按照马克思的说法，企业主在社会总产品或总价值分配中所获得的利润收入，不仅包括劳动者在直接生产过程中所创造的剩余价值，而且也包括企业主作为劳动的管理者和指挥者所应得到的"属于工资的东西"，但在这两个方面中，利润收入属于以劈分剩余价值为核心的收入性分配，而"工资的东西"则属于补偿性分配的范畴。我们发现，由于在技术、管理、知识等非劳动生产要素内部对两种分配层次的混淆，我们甚至不能在形式上简单地断定这些生产要素参与社会总产品或总价值分配所类属的层次，而如果连这些生产要素参与分配所类属的层次都不能明确，我们又怎么能够从中辨识出真实的经济联系呢？

第三，在理论根据上对生产资料作用（资本）问题的误识。如前所述，作为按生产要素分配论的必然的逻辑发展，"生产要素按贡献参与分配论"在将马克思的生产资料所有制理论作了生产要素所有权的曲解之后移作了自己的理论前提，但是，"生产要素按贡献参与分配论"之所以表现为按生产要素分配的必然的逻辑发展是因为它比后者更为清晰地认识到，单纯的生产要素所有权或生产资料所有制并不足以完满地解释社会总产品或总价值在各生产要素之间的分配；而要完满地解释社会总产品或总价值的分配就必须从生产要素所有权进一步延伸到深层的"理论依据"问题。而正是在对这种深层"理论依据"的分析中，"生产要素按贡献参与分配论"触及被它们误读为生产要素的生产资料的作用问题，这种作用作为生产要素在生产过程中的"贡献"与生产要素的所有权一起构成了"生产要素按贡献参与分配论"的主要理论支柱。正如前面所指出的，在生产要素的作用或"贡献"问题上，"生产要素按贡献参与分配论"分为尖锐对立的两派：一派认为，由于马克思劳动价值论强调活劳动是商品价值创造的唯一源泉，因而"生产要素按贡献参与分配论"中的"贡献"只能是生产要素在社会财富或使用价值创造过程中的"贡献"；而另一派则认为，由于商品使用价值生产与价值创造的统一性，这种"贡献"只能是生产要素在价值创造过程中的"贡献"。此外，还有一种观点认为，在商品价值和使用价值的形成过程中，虽然作为生产要素重要组成部分的生产资料并不创造价值而仅仅是像马克思所说的转移自身价值，但它却为劳动创造价值的活动提供了条件，如果没有生产资料所发挥的作用，劳动就不可能创造价值。因此，生产要素的所有者参与产品与价值的分配同样是合理的。从前述的分析可以看出，各种形式的"生产要素按贡献参与分配论"都无一例外地将生产要素在生产过程中的作用或"贡献"看作是分配的重要依据。那么，生产资料在马克思所理解的生产过程中到底具有什么样的作用，这种作用又是否能够支持"生产要素按贡献参与分配论"所主张的观点呢？

众所周知，由于强调活劳动是商品价值创造的唯一源泉，在对资本主义商品生产的分析中，马克思否认以资本形式出场的生产资料在商品新价值创造过程中的作用。但是，这并不意味着马克思完全否认生产资料的作用，他一方面强调生产资料的价值会转移到新商品中并构成新商品价值的重要组成部分，另一方面则强调生产资料在形成新商品使用价值过程中的作用。但是必须指出，这种一方面为了规避与马克思劳动价值论的冲突，另一方面又竭力为"生产要素按贡献参与分配论"辩护而对马克思关于生产资料作用的解读是极其片面的，因为这些作用在马克思对生产资料作用的认识中甚至都不是最重要的。那么，马克思对生产资料的作用的最重要的认定是什么呢？在分析作为剩余价值生产的"基础和起点"的劳动生产率时，马克思指出，劳动生产率是同自然条件相联系的。这些自然条件都可以归结为人本身的自然和人的周围的自然。就资本主义生产而言，这些自然条件的作用表现在，资本主义生产一旦成为前提，在其他条件不变并且工作日保持一定长度的情况下，剩余劳动量随劳动的自然条件，特别是随土壤的肥力而变化。但是，良好的自然条件始终只提供剩余劳动的可能性，从而只能提供剩余价值或剩余产品的可能性，而绝不提供它的现实性。劳动的不同自然条件使同一劳动量在不同的国家可以满足不同的需要量，因而在其他条件相似的条件下，使得必要劳动时间各不相同。① 这就是说，这些能够提供更高劳动生产率的生产资料的作用绝不仅仅在于在创造使用价值的过程中转移自身价值，而且还在于为资本家"吮吸尽可能多的剩余劳动"提供条件。当这些生产资料在资本主义条件下借助于对他人劳动力的支配使"吮吸尽可能多的剩余劳动"成为现实时，它也就从作为生产要素的一般生产资料变身能够将劳动者的劳动时间延长到劳动力价值的"一定点"之外的资本，而它的作用也就远不是提供一种所谓的可能性，而是资本家榨取工人剩余价值的残酷的工具。正如马克思所指出的，资本只有一种生活职能，这就是增殖自身，获取剩余价值；而只要我们从价值增殖过程的观点来考察生产过程，"生产资料立即转化为吮吸他人劳动的手段"，"资本是死的劳动，它象吸血鬼一样，只有吮吸活

---

① 马克思：《资本论》第 1 卷，人民出版社 1975 年版，第 560～562 页。

劳动才有生命，吮吸的活劳动越多，它的生命就越旺盛。"① 显然，这种作用更不能为"生产要素按贡献参与分配论"提供学理上的支持。因此，试图从生产要素在生产过程中的作用来论证"生产要素按贡献参与分配论"的合理性同样是不能成立的。

当然，我们指证"生产要素按贡献参与分配论"存在的问题，并不是要否认"生产要素按贡献参与分配论"所反映的客观事实。事实上，劳动、资本、土地以及技术、管理等生产要素与相应的分配形式之间的对应关系不仅在我们今天，即就在萨伊以庸俗经济学的"三位一体"公式所反映资本主义的分配关系中也是无可争议的显见事实。可是，既然生产要素与一定分配形式之间的确存在着"生产要素按贡献参与分配论"所指证的对应关系，我们为什么又说"生产要素按贡献参与分配论"是错误的呢？这就要涉及马克思所说的"事物的表现形式"和"事物的本质"之间的关系问题了。

三、"生产要素按贡献参与分配论"的假象及其破解

如果要破解"生产要素按贡献参与分配论"的假象，我们就要将分析的视角转向亚当·斯密的三种收入决定价值的观点以及作为这种观点必然发展的让·巴蒂斯特·萨伊的"三位一体"公式，这不仅是因为古典经济学与庸俗经济学的这两位代表人物的观点构成了"生产要素按贡献参与分配论"的理论先驱，而且还因为需要破解的假象在他的理论先驱的身上就已经鲜明地表现了出来并被马克思以深刻的理论分析破解过。

资本—利润（企业主收入加上利息），土地—地租，劳动—工资，这就是资产阶级庸俗经济学家萨伊的被马克思称为"把社会生产过程的一切秘密都包括在内的三位一体公式"。马克思尖锐地指出，庸俗经济学所做的事情，实际上不过是对于局限在资产阶级生产关系中的生产当事人的观念，教条式地加以解释、系统化和辩护；他们对于各种经济关系的异化的表现形式感到很自在，而且各种经济关系的内部联系越是隐蔽，这些关系对庸俗经济学来说就越显得是不言自明的。但是，如果事物的表现形式和事物的本质会直接合而为一，一切科学就都成为多余的了。② 那么，资产阶级的庸俗经济学到底在怎样的意义上将事物的表现形式和事物的本质直接合而为一了呢？马克思指出，商品的价值构成是分配的基础，而由于商品总价值由生产资料转移价值 C、劳动力商品价值 V 和剩余价值 M 构

---

① 马克思：《资本论》第 1 卷，人民出版社 1975 年版，第 260、344 页。

② 马克思：《资本论》第 3 卷，人民出版社 1975 年版，第 923 页。

成，因而商品价值的分配也就自然地分解为生产资料转移价值的分配、商品新创造价值以工资和剩余价值形式的分配、剩余价值在资本家与地主之间以及各职能资本家之间的分配三个环节或层次。但是，商品价值分成各个特殊的组成部分，这些组成部分进一步发展成各种收入形式，转化为不同生产要素的不同所有者对这些个别的价值组成部分的关系，并按一定的范畴和名义在这些所有者之间进行分配，这丝毫也不会改变价值决定和价值决定的规律本身。利润的平均化即全部剩余价值在不同资本家之间的分配，和土地所有权部分地对这个平均化过程造成障碍，会使商品的起调节作用的平均价格偏离它的个别价值，这种情况也丝毫不会改变价值规律。但是，当商品价值的各个组成部分，特别是剩余价值转化为各个特殊的、互相独立的并且同各个生产要素有关的收入形式，即转化为利润、地租等形式的时候，人们就往往不是把商品的价值作为自己的源泉，而是把各个特别的物质生产要素作为自己的源泉。① 这样，这些分解成各种收入形式的价值组成部分就好像不是由商品的价值分解而成。相反，只是由于这些收入形式结合在一起才形成商品总体的价值构成，从而萨伊"三位一体"公式的假象，即由剩余价值的分解而来的各种收入形式是由与此相对应生产要素创造的假象也就出现了。事实上，在现今主张"生产要素按贡献参与分配论"的观点中，我们也很容易发现马克思在上述分析中指证的思路。例如，晏智杰是主张"生产要素按贡献参与分配论"的，所以他也激烈地反对马克思的剩余价值概念，认为"在资本主义社会的发展历史和现实生活中，实际存在的各种收入形式（包括劳动收入和非劳动收入在内），都是先于或独立于剩余价值论的客观存在，而不是从所谓一般的'剩余价值'中转化出来的具体形式。"② 那么，造成萨伊"三位一体"公式假象的深层原因是什么呢？马克思认为主要有三个方面。

首先，资本主义生产方式的神秘化。马克思指出，资本主义生产过程是一般社会生产过程的一个历史规定的形式。如果说"一般剩余劳动，作为超过一定的需要量的劳动，必须始终存在"，那么资本主义的生产过程也就必然地以从直接生产者身上榨取一定量的剩余劳动，即那种"资本家未付等价物而得到的"剩余劳动为目的，它与其他生产方式的区别，按照马克思的说法，仅仅在于"它榨取剩余劳动的方式和条件，同以前的奴隶制、农奴制等形式相比，都更有利于生产力的发展，有利于社会关

① 马克思：《资本论》第 3 卷，人民出版社 1975 年版，第 956 页。
② 晏智杰：《经济剩余论》，北京大学出版社 2009 年版，第 194 页。

系的发展，有利于更高级的新形态的各种要素的创造。"① 但是，由于资本主义生产方式是以由资本累积和土地私有所造成的资本、土地和劳动等生产要素的相互分离为前提的，因而实质上是由雇佣劳动所创造的商品价值和剩余价值（除去生产资料转移价值 C 的分配）就需要在作为各生产要素所有者的资本家、地主和雇佣工人之间按照利润、地租和工资的形式来进行分配。这种分配一方面割断了收入分配形式与其真正的源泉之间的联系，因为雇佣劳动并未获得全部的劳动生产物，只得到了相当于劳动力的价值或价格，资本也没有能够得到全部的剩余价值，而只能得到在扣除地租之后在各个职能资本家之间按照平均化原则得到的平均利润；另一方面也造成了一种与真实的情形相背离的假象，这就是本来是以作为物化的社会劳动的结果的总产品或总价值为前提的分配，变成了在生产当事人和生产的不同职能的承担者看来，"资本、土地所有权和劳动，是三个不同的、独立的源泉，每年生产的价值——从而这个价值借以存在的产品——的三个不同的组成部分，就是从这些源泉本身产生出来的。"② 这种假象又由于两个方面的原因而得到了进一步的加强：一方面，由于资本主义生产过程同任何社会的生产过程一样不仅是一个人类生活的物质生存条件的生产过程，而且还是一个在历史上经济上独特的生产关系中进行的过程，是生产和再生产着这些生产关系本身的过程，因而由资本主义生产方式产生的、在生产当事人和生产的不同职能的承担者看来以假象形式存在的生产要素与收入分配形式之间的关系就在资本主义生产与再生产过程中重复出现，并"在人们试图了解它们的内容而不是了解它们的历史性质（人们已经把这些形式看成是不变的了）以前，就已经取得了社会生活的自然形式的固定性"。③ 正如马克思所指出的，资本逐年为资本家提供利润，土地逐年为土地所有者提供地租，劳动力逐年为工人提供工资。它们好像是一棵生长树或者不如说三棵生长树上的每年供人消费的果实，它们形成三个阶级即资本家、土地所有者和工人的常年收入。④ 另一方面则正如马克思明确指出的，虽然各个相对独立的收入形式是分配的结果。因而也是在以分配为中介而建立起联系的生产过程的结果，但是，这些作为结果的收入形式又往往由于资本主义生产过程的循环而成为下一步生产过程的前提，这就是说，由商品价值分割产生的产物会不断地表现为价值形成本身

---

① 马克思：《资本论》第 3 卷，人民出版社 1975 年版，第 925～926 页。
② 马克思：《资本论》第 3 卷，人民出版社 1975 年版，第 929 页。
③ 马克思：《资本论》第 1 卷，人民出版社 1975 年版，第 92 页。
④ 马克思：《资本论》第 3 卷，人民出版社 1975 年版，第 928 页。

的前提："剩余价值所分成的这些部分，因为对单个资本家来说作为成本价格的要素是已定的，所以反而表现为剩余价值的形成要素；它们表现为商品价格的一个部分的形成要素，就象工资表现为商品价格的另一个部分的形成要素一样。"而造成这种状况的原因在于，"资本主义生产方式和任何别的生产方式一样，不仅不断再生产物质的产品，而且不断再生产社会的经济关系，即再生产产品形成上的经济的形式规定性。因此，它的结果会不断表现为它的前提，象它的前提会不断表现为它的结果一样。"①这样，当资本、土地、劳动不断地年复一年、日复一日地通过相应的生产要素为其所有者带来稳定的收入的时候，"只是在表面的联系内兜圈子"的庸俗经济学家们是不难将它们作为一种价值源泉来看待的，特别是当革命性已经在它们所代表的阶级身上完全消褪因而要求它们去做一种对不合理关系的合理辩护时。

其次，资本主义社会关系的物化。马克思指出，资本主义经济作为商品经济的发达的形式具有商品经济一般所具有的社会关系的物化性质，这就是"它把在生产中以财富的各种物质要素作为承担者的社会关系，变成这些物本身的属性（商品），并且更直截了当地把生产关系本身变成物（货币）。"一切已经有商品生产和货币流通的社会形态，都有这种颠倒。"但是，在资本主义生产方式下和在资本这个资本主义生产方式的占统治地位的范畴、起决定作用的生产关系下，这种着了魔的颠倒的世界就会更厉害得多地发展起来。"②而由于社会关系的物化所造成的颠倒，原本只是由以资本、土地等生产要素为物质担承的社会关系为资本家、地主带来的利润和地租，就变成了这种生产要素自身生产功能的产物了。当然，在马克思的分析中，资本主义社会的更为复杂的物化社会关系要彻底地将自己本身的属性移植到这些作为生产要素的资本、土地身上，还要经历一段较长的逻辑的、同时也是历史的过程。马克思指出，如果我们首先在直接生产过程中考察资本，把它看作是剩余劳动的吸收者，那末，这种关系还是非常简单的，实际的联系会强使这个过程的承担者即资本家接受。但是，甚至在这个没有中介的领域内，在劳动和资本之间的直接过程的领域内，事情也不会如此简单。随着相对剩余价值在真正的独特的资本主义生产方式下的发展，这些生产力以及劳动在直接劳动过程中的社会联系，都好象由劳动转移到资本身上了。因此，资本已经变成了一种非常神秘的对

---

① 马克思：《资本论》第3卷，人民出版社1975年版，第985页。
② 马克思：《资本论》第3卷，人民出版社1975年版，第934~935页。

象，因为劳动的一切社会生产力，都好象不为劳动本身所有，而为资本所有，都好象是从资本自身生长出来的力量。然后流通过程插进来了。不管资本在直接生产过程中吸取了多少剩余劳动并把它体现在商品中，商品中包含的价值和剩余价值都必须在流通过程中才能得到实现。于是，生产上预付的价值的收回，特别是商品中包含的剩余价值，似乎就不是单纯在流通中实现，而是从流通中产生出来的。① 此外，现实的生产过程，作为直接生产过程和流通过程的统一，又产生出种种新的形式，在这些形式中，内部联系的线索越来越消失，各种生产关系越来越互相独立，各种价值组成部分越来越硬化为互相独立的形式。例如，剩余价值转化为利润就既是由生产过程决定又是由流通过程决定的。但是，"利润形式的剩余价值却不再和它得以产生的投在劳动身上的资本部分相比，而是和总资本相比。利润受它本身的各种规律的调节；这些规律，在剩余价值率不变时，允许利润率发生变化，甚至决定利润率的变化。这一切使剩余价值的真正性质越来越隐蔽。而由于利润转化为平均利润，价值转化为生产价格，转化为起调节作用的平均市场价格之后，情况就更是这样了。在这里，一个复杂的生活过程插进来了。这就是资本的平均化过程。这个过程使商品的相对价格同它们的价值相分离，使不同生产部门的平均利润率同特殊资本对劳动的实际剥削相分离。在这里，不仅看起来是这样，而且事实上商品的平均价格不同于商品的价值，因而不同于实现在商品中的劳动；特殊资本的平均利润不同于这个资本从它所雇佣的工人身上榨取出来的剩余价值。"② 马克思指出，既然对劳动的直接剥削，允许资本家按照似乎和这种剥削无关但起着调节作用的市场价格来实现一个和平均利润相偏离的利润，那末利润就好象只是附带由对劳动的直接剥削决定，而正常的平均利润本身好象是资本所固有的，同剥削无关。这样，利润分割为企业主收入和利息，就完成了剩余价值的独立化，完成了它的形式对于它的实体，对于它的本质的硬化。而利息与地租也差不多是以同样的方式实现它的完全的独立化。③ 由此可见，同资本主义生产方式的神秘化一样，资本主义社会关系的物化同样是萨伊"三位一体"公式假象的重要原因。

再其次，物质生产关系和它的历史社会规定之间的直接融合。如前所述，在马克思的理解中，资本主义生产过程是一般社会生产过程的一个历

---

① 马克思：《资本论》第 3 卷，人民出版社 1975 年版，第 935 页。

② 马克思：《资本论》第 3 卷，人民出版社 1975 年版，第 936～937 页。

③ 马克思：《资本论》第 3 卷，人民出版社 1975 年版，第 937 页。

史规定的形式，而其历史的规定主要体现在以财富的各种物质要素为承担者的社会关系，由此，利润之于资本、地租之于土地在本质上也就表现为这种社会关系本身的产物。但是，在资产阶级庸俗经济学家与古典经济学的思维定势中，资本主义生产方式并不是物质生产的具有一定历史规定性的形式，而是一种永恒的自然的生产方式。于是，"雇佣劳动不再表现为劳动的社会规定的形式，而是一切劳动按它的性质来说都表现为雇佣劳动"，而雇佣劳动以外的物质劳动条件，即生产出来的生产资料和土地对于雇佣劳动所采取的一定的特有的社会形式，"也就直接地和这些劳动条件的物质存在，换句话说，和它们在实际劳动过程中一般具有的、不以这个过程的每一种历史规定的社会形式为转移，甚至不以任何社会形式为转移的形态合而为一了。因此，劳动条件的这种和劳动相异化的、和劳动相对立而独立化的、并由此形成的转化形态（在这种形态下，生产出来的生产资料已转化为资本，土地已转化为被人垄断的土地，转化为土地所有权），这种属于一定历史时期的形态，就和生产出来的生产资料和土地在一般生产过程中的存在和职能合而为一了。这样，这种生产资料就其本身来说天然是资本，而资本则不外是这种生产资料的纯粹'经济名称'；土地就其本身来说也天然是若干土地所有者所垄断的土地。"① 于是，正像在资本和资本家那里产品会成为对生产者独立的权力一样，土地也会人格化为土地所有者，也会用后腿站立起来，并且作为一种独立的权力，要求在它帮助下生产出来的产品中占有自己的一份。因此，"如果从作为雇佣劳动的劳动出发，以致一般劳动和雇佣劳动合而为一好象是不言而喻的事情，那末资本和被垄断的土地，也就必然会表现为劳动条件的自然形式，而与一般劳动相对立。现在，资本表现为劳动资料的自然形式，从而表现为纯粹物的、由劳动资料在一般劳动过程中的职能所产生的性质。因此，资本和生产出来的生产资料就变成了一个同义词。同样，土地和被所有权垄断的土地也变成了一个同义词。因此，天然就是资本的劳动资料本身也就成了利润的源泉，土地本身则成了地租的源泉。"② 当然，这里还有一个因素，这就是由于雇佣劳动和一般劳动合而为一，因而工资也就会和劳动的产品合而为一，工资所代表的价值部分也就和劳动所创造的一般价值合而为一。这样一来，其他的价值部分，即利润和地租也就会同工资相对立，这种对立使它们必须由它们自己的、和劳动根本不同并且不以劳动为

---

①　马克思：《资本论》第 3 卷，人民出版社 1975 年版，第 931~932 页。
②　马克思：《资本论》第 3 卷，人民出版社 1975 年版，第 932 页。

转移的源泉产生，它们必须由那些共同起作用的生产要素产生。"这样，利润就是由生产资料，即资本的物质要素产生的，地租就是由土地所有者所代表的土地或自然产生的。"①

最后，马克思总结指出，由于资本主义生产方式的神秘化，社会关系的物化，物质生产关系和它的历史规定性直接融合在一起，在资本—利润，土地—地租，劳动—工资中，这个表示价值和一般财富的各个组成部分同财富的各种源泉的联系的经济三位一体假象就形成了：这是一个着了魔的、颠倒的、倒立着的世界。在这个世界里，资本先生和土地太太，作为社会的人物，同时又直接作为单纯的物，在兴妖作怪。② 马克思同时指出，由于在直接生产过程中把商品的价值和剩余价值归结为劳动，古典经济学在某种程度上已经把"日常生活中的这个宗教揭穿了"，并认为这是"古典经济学的伟大功绩"。③ 因此，如果我们要破除这个"三位一体"公式翻版的"生产要素按贡献参与分配论"的假象，就必须坚持古典经济学以及马克思劳动价值论关于劳动是商品价值创造的唯一源泉的观点。④

---

① 马克思：《资本论》第3卷，人民出版社1975年版，第933～934页。

② 马克思：《资本论》第3卷，人民出版社1975年版，第938页。

③ 马克思：《资本论》第3卷，人民出版社1975年版，第939页。

④ 我们在这里对"生产要素按贡献参与分配论"提出了质疑，但是这种质疑很可能使人产生这样的误解，以为这种质疑主要是针对已被确立为中国社会主义市场经济基本分配原则的"生产要素按贡献参与分配论"本身的。为了消除这种误解，有必要指出的是，我们依据马克思的相关论述对"生产要素按贡献参与分配论"的质疑并不是对这种分配原则的形式的质疑，因为一定的分配原则总是由这种分配原则必须与之相适应的一定生产方式所决定的，只要我们采用了以生产资料私有制为基础并由雇佣劳动关系决定其全部性质的生产方式，我们也就必然要采取与这种生产方式相适应的一定分配形式。也正是因为如此，我们才在前面特别强调，指证"生产要素按贡献参与分配论"所存在的问题，并不是否认其所反映的分配领域的客观事实。我们质疑"生产要素按贡献参与分配论"的主要是其将生产要素的"贡献"理解为在商品价值创造过程中的作用的观点，因为正是这种观点存在着与马克思劳动价值论基本理念的严重冲突。这也就是说，我们质疑的核心问题并不是"生产要素按贡献参与分配论"中的"分配"而是"贡献"。而正如我们在前面的分析中已经指出的，在对生产要素所谓"贡献"的理解上，除了"生产要素按贡献参与分配论"将其理解为生产要素在价值创造过程中的作用的观点之外，还有将其理解为在使用价值创造过程中的作用的观点，这两种观点构成了生产要素"贡献"问题上尖锐对立的两级。但是，如果我们抛开传统的思维定式，即不是将生产要素的"贡献"理解为对价值或使用价值的创造，而是理解为由于生产要素（主要是资本）的投入而对生产资料效能的充分利用和剩余劳动力的有效吸纳以及由此促动的中国经济与社会的巨大发展，我们倒是有可能很好地消解在生产要素"贡献"问题上由于与马克思劳动价值论的冲突所引发的争论。并且，由于生产要素的这种"贡献"恰与中国大力支持与鼓励私营经济发展的方针与政策所欲达到的意图相吻合，我们对生产要素"贡献"的这种理解还可以很好地解释中国共产党自改革开放以来所采取的支持与鼓励私营经济发展的方针与政策的正当性，以及与此具有密切关联的私营企业主以利润形式存在的非劳动收入的合理性。

第三节　现代西方经济学"经济人"假设的反思与批判

一、现代西方经济学的历史发展及"经济人"假设在中国的影响

在对"生产要素按贡献参与分配论"反思的最后，我们要对现代西方经济学的"经济人"假设做一简要的反思与批判。这种反思与批判之所以必要，是因为就"生产要素按贡献参与分配论"而言，无论是作为其历史渊源的萨伊的"三位一体"公式还是现代版本的边际生产力分配论，尽管它们在具体的方法论方面存在明显的差异，但却无一例外的是以源自于亚当·斯密的"经济人"假设作为其本体论上的依据的，因而当"生产要素按贡献参与分配论"从萨伊的"三位一体"公式特别是现代西方经济学的边际生产力分配论中羽化出来时，它也就不可避免地要将其"经济人"假设作为深层的理论根据。对于这一点，只要我们看一看"生产要素按贡献参与分配论"对自身历史必然性与现实合理性的说明就可以得到充分的印证。不过，对"经济人"假设的反思与批判的必要绝不仅仅在于上述的理由。我们知道，由于一些崇尚现代西方经济学的经济学人的呐喊与鼓噪，在我们今天的社会生活中，"经济人"已远远超出了它作为政治经济学理论基础的地位，在与一些自私自利的陈腐观念的合流中泛化为一般的政治社会观念，严重地毒化了社会的风气，激化了社会的矛盾；而由此激起的在经济与一般社会层面对"经济人"假设的反思与批判又常常在对一般自私观念的批判中全盘否定"经济人"假设的合理性，从而又使理论"矫枉"存在着严重的"过正"倾向。对"经济人"假设的反思与批判有助于我们廓清理论地基，还原"经济人"假设的本真面目。

如前所述，19 世纪 70 年代的"边际革命"是西方经济学历史发展过程中具有重要意义的时间节点，这主要表现在它用以技术关系为基础的经济分析方法取代了古典经济学以社会关系为基础的分析方法。自此以后，经过以杰文斯和瓦尔拉斯等人为代表的第一代边际主义和以奥地利学派和美国学派为代表的第二代边际主义的历史发展，最终在 19 世纪末建立起以阿尔弗雷德·马歇尔为代表的、以均衡价格理论为核心的新古典学派的微观经济理论体系。从那时起直到 20 世纪 30 年代的世界性经济危机，马歇尔的新古典经济学一直是现代西方经济学占主导地位的经济学说。新古

典经济学从对边际生产力的分析出发，坚持所谓的"萨伊定律"，认为生产的目的是为了消费，供给可以自动地创造自己的需求，因而不会出现总需求不足的问题；它们认为价格、工资和利率都不存在刚性，在商品市场、劳动市场和资本市场出现供需矛盾的时候，价格、工资和利率可以通过其伸缩性调节供需之间的矛盾，自动地理顺供求关系。因此，资本主义的自由市场经济体制可以自动地使经济资源达到最佳的均衡配置，政府完全没有必要干预经济活动，而应当完全听任市场对经济活动的自动调节。1929 年，西方世界爆发了前所未有的经济危机，而对于这场严重的经济危机，崇尚自由竞争反对政府干预的新古典经济学无法从理论上作出令人满意的解释，从而使其在现代西方经济学中的主导地位发生动摇，正如弗尔德尔所说的："那时，古典理论信誉扫地，对市场自行调节力量的信赖让位给日益增长的怀疑主义。这样，经济危机成了古典理论的危机。"①

　　1936 年，凯恩斯的《就业、利息和货币通论》出版，这本书的出版标志着现代西方经济学进入到了凯恩斯主义的时代。相对于新古典经济学的微观经济理论体系，凯恩斯主义的经济学是一种以国民收入分析为基础，以就业理论为核心，以实现社会总供给与总需求相均衡为目标的宏观经济理论体系。针对新古典经济学关于市场机制可以自动地实现完全的经济均衡的观点，凯恩斯主义从资本主义经济存在有效需求不足的观点出发，引申出政府干预经济活动的必要性。所谓有效需求是指总供给价格与总需求价格处于均衡状态时的总需求，也就是厂商的生产达到最大利润时的总需求，而有效需求不足则是相对于满足充分就业所必需的总供给而言。凯恩斯认为，由于边际消费倾向递减、资本边际效率递减和流动偏好陷阱的"三大心理规律"，资本主义经济的现实有效需求经常小于充分就业所要求的需求，从而会造成有效需求的不足。基于有效需求不足的问题，凯恩斯主张政府应当用各种经济财政政策等"看得见的手"对经济活动给予适当干预，只有这样才能保障经济活动的正常运行。但是，凯恩斯着力于社会总供给与总需求等经济问题的宏观经济理论体系却缺失了微观经济学的基础，因为凯恩斯主义的主要研究目标是社会总供给与总需求的平衡问题，但是，社会总供给与总需求的平衡问题绝不仅仅是一个有关流通领域的问题，它更重要的是一个生产领域的问题，而对生产过程的研究，属于微观经济学领域的问题。这样，凯恩斯经济学付之阙如的微观经济学，主要是价值论和分配论以及连带的经济剩余问题，就成为了第二次

---

① 引自车铭洲等:《现代西方思潮概论》，高等教育出版社 2001 年版，第 193～194 页。

世界大战后凯恩斯主义经济学发展的重点之一。① 但是我们知道，在凯恩斯主义之前在西方经济理论中存在着两种根本对立的微观经济理论体系，这就是以劳动价值论为基础的资产阶级古典经济学和以边际生产力理论为基础的新古典经济学，这样，如何看待古典经济学与新古典经济学的理论传统就成为凯恩斯主义的基本理论问题。美国麻省理工学院教授萨缪尔森、索洛、莫迪利安尼等人将凯恩斯的宏观经济理论与新古典的微观经济理论体系结合起来，从而形成了新古典综合学派的经济理论体系；而英国剑桥大学的琼·罗宾逊、卡尔多和斯拉法等经济学家则将凯恩斯的宏观经济理论与亚当·斯密的古典经济理论相联系，从而形成了秉承古典经济学传统的新剑桥学派。这就是曾经在 20 世纪 50～60 年代展开过激烈论战的两大剑桥学派。不过，尽管在这场论战中新剑桥学派通过资本计量等问题揭示了貌似完美的边际生产力理论的缺陷，动摇了新古典综合派的理论核心与基础，新古典综合派在现代西方经济学中的主流地位并没有被动摇，况且尽管新剑桥学派与新古典综合学派承继了不同的微观基础，但它们在宏观经济理论的归属上都属于发端于资本主义经济危机的凯恩斯主义，因此，这种争论只不过是借助于资本主义经济危机登上现代西方主流经济学地位的凯恩斯主义的内部争论。

但是，正如马克思的经济危机理论所指出的，资本主义的经济危机的确是由于有效需求不足造成的，但有效需求不足的根源却显然主要并不是由于凯恩斯所说的三大心理规律，而在于生产资料的资本主义私有制以及由此导致的收入分配的严重不公，这意味着凯恩斯主义没有也不可能从根本上解决资本主义世界的经济危机。另外，政府通过财政经济政策对经济活动的强力干预还有可能引发新的经济问题。20 世纪 70 年代，西方经济出现严重的"滞涨"现象，这使人们又开始怀疑政府干预对经济运行产生的实际后果，并进而开始怀疑凯恩斯主义的经济理论。这样，主政西方主流经济学半个多世纪的凯恩斯主义走上末路，而以货币学派、理性预期学派，供给经济学派和弗赖堡学派等为代表的新自由主义经济学则逐渐取代凯恩斯主义成为现代西方的新主流经济学。作为以亚当·斯密为代表的资产阶级古典自由主义经济理论的继承者，新自由主义经济学在宏观经济理论上大力宣扬自由化、私有化、市场化和全球化，反对马克思主义和新老凯恩斯主义的国家干预政策，主张政府的作用仅限于"守夜人"的地位；而在微观经济理论上则主张多要素创造价值的分配观，否定活劳动

---

① 晏智杰：《经济剩余论》，北京大学出版社 2009 年版，第 262 页。

创造新价值和私有制具有经济剥削性质的观点。同时，新自由主义经济学不仅是 20 世纪 70 年代以后西方的新主流经济学，而且还是自此以后全球许多国家以"华盛顿共识"为基础的经济改革政策的理论基础。而西方资本主义国家 80 年代的私有化浪潮、俄罗斯的"休克疗法"则可以被看作是新自由主义经济政策的"经典之作"。

经过近一个世纪的历史演变，现代西方的主流经济学最终落脚在新自由主义的经济学身上，但是，这样的历史发展并不意味着新自由主义经济学脱离了西方资产阶级经济学的大道，因为，尽管新自由主义经济学与如凯恩斯主义的传统主流经济学有所不同，但它们在本质上却是一致的。正如马克思将"铁的"一词作为拉萨尔主义相互识别的共性标识一样，源自于亚当·斯密的"经济人"假设也是一切资产阶级政治经济学而特别是现代西方经济学的共性标识。刘国光指出，西方主流经济思想特别是新自由主义经济理论的前提和核心理论大体上包括四个方面：一是"经济人"假设，即认为自私自利是不变的人性；二是认为私有制是最有效率的，是永恒的，是最符合人性的，是市场经济的唯一基础；三是迷信市场自由化，市场原教旨主义，迷信完全竞争的假设和完全信息的假设；四是主张政府作用最小化，反对国家对经济的干预和调控。① 周新城则进一步认为，在这四个方面的要点中，第三点和第四点是新自由主义特有的基本特点，而这两点其实又是同一件事情的两个方面，因而可以合并在一起；而第一点和第二点则是西方经济学各个流派共同的理论前提和核心观点。而在这两点中，"经济人"假设又居于更为基础的地位，因为既然人的本性是自私的，那么，就只有私有制才最符合人的本性；既然自私自利是人的亘古不变的本性，那么，私有制也就应该是永恒的，而消灭私有制乃是违反人的本性的空想；既然追求个人私利的最大化最符合人的本性，那么，就只有实行私有化，把公有财产量化到个人，人们才会关心自己生产资料的保质和增殖，才有可能提高经济效率。② 而实际上，如果联系哈耶克等新自由主义经济学的代表人物对市场自由化的论证，我们就不难发现，即使是作为新自由主义经济学特有的基本观点的市场自由化（政府作用最小化只是它的反面）与"经济人"假设之间也存在着密切的关联，因为在新自由主义经济学的理解中，自由市场正是以享有平等的自由从事

---

① 刘国光：《对经济学教学和研究中一些问题的看法》，载《高校理论战线》2005 年第 9 期。

② 周新城：《西方经济学的理论前提和核心观点必须批判》，载刘贻清、张勤德：《"刘国光旋风"实录》，中国经济出版社 2006 年版。

经济活动的"经济人"为前提的。因此，如果我们进一步将作为现代西方主流经济学的新自由主义理论的前提和核心归结为核心之一点，那就只有同时也是西方各个经济学流派共同的理论前提和基础的"经济人"假设了。

新自由主义经济学崛起于现代西方经济理论界的 20 世纪 70 年代，也正是中国经过"文化大革命"的动荡转向改革开放道路的时候，但是，如果说这样的时间节点更多的还是具有一种历史巧合的意味的话，那么，随后的新自由主义经济学对中国的影响就绝不是一种历史的偶然。一方面，作为资本主义发展到以经济全球化为特征的国际垄断阶段的产物的新自由主义经济学，裹挟着以它为基础的政治学、社会学、历史学、法学等新自由主义思潮，构成了资本主义自产生以来最具侵略性的思想体系；另一方面则是这种最具侵略性的主流经济学向刚刚朝世界敞开国门的中国的蜂拥传播。我们不能确切地断定这种新自由主义经济理论在中国改革开放政策的确立与实施中的实际影响，因为尽管早就有西方新自由主义的经济学家为"引导中国的发展"而制定的渐进式的经济联邦制和私有化方案，也有国内新自由主义思潮的拥护和支持者主动地认领中国 30 余年改革开放的成就，这些成就还是更鲜明地反映和体现着以邓小平理论和"三个代表"重要思想为主导的中国改革开放的新的指导思想的深刻作用。另一方面，我们也绝不能低估新自由主义经济学在中国经济理论层面所生发的巨大影响，这一点，只要我们简单地联系以边际分析为方法论基础的"生产要素按贡献参与分配论"就可以得到充分的说明。但是，如果说"生产要素按贡献参与分配论"不过是作为西方经济学各个流派共同的理论前提和核心观点的"经济人"假设的显性表现，那么，新自由主义经济学的巨大影响就首先表现在"经济人"假设上。例如，有人正是在强调"经济人"假设的核心与基础地位的意义上将现代西方主流经济学解读为中国社会主义市场经济建设的指导思想，他们说，"现代市场制度是一种经过几百年演变形成的巨大而复杂的系统，如果按传统的某种理论指引来进行，它的建立和建设是不可能的，没有对反映这一系统运动规律的现代经济学的深切把握，没有以西方的理论为指导，这一艰巨的历史任务是不能完成的。"[1] 那么，什么样的现代经济理论才能指导我们建立现代的市场制度呢？王东京教授在《驾驭经济的理论支点——王东京教授在

---

[1] 引自胡均：《社会主义市场经济的理论依据是马克思主义政治经济学还是西方经济学》，载《高校理论战线》2004 年第 8 期。

中央党校省级干部班上的讲演》一文中说："现代经济学里，真正基本的、管用的理论，我认为就是三个假定、三个原理。这三个假定是：经济人假定、资源稀缺假定和保护个人产权假定；与此大致对应，便是三个原理：利润最大化原理、供求原理和等价交换原理。这六条，简单得令人吃惊，但却是经济学智慧的结晶，用个时髦词语，是精髓。……我们强调这些基本的理论原理，并不是说人们无需学习高深的经济理论。在我看来，基本的经济学原理，对领导干部来说，要更简捷、更实用一些。"① 由此可见，所谓"反映这一系统运动规律的现代经济学"就是以"经济人"假设为前提与基础，而以新自由主义经济学为主流的现代西方经济学。

当"经济人"假设在一些人的理解中被抬上中国社会主义市场经济建设指导思想的地位，抬上社会主义市场经济理论的基础与核心地位时，我们是不难理解它所遭到的来自对立面的激烈谴责的，而且事实上它也的确应该遭到这样的谴责。但是我们也注意到，在这些哄然而起的谴责声中，一些人将中国社会主义市场经济条件下沉渣泛起的拜金主义、享乐主义、利己主义倾向归咎于"经济人"假设，一些人则将在经济改革中出现的贪污腐化、权钱交易、以权谋私也归咎于"经济人"假设，似乎"经济人"假设就是中国社会主义市场经济的"万恶之源"。或许我们不能完全否认"经济人"假设与这些现象之间的某种关联，但完全否认"经济人"假设的合理性，并把现实生活中的各种丑陋现象主要甚至完全归咎于斯却也未必是理性与公允的，毕竟"经济人"假设支撑西方经济学从古典到现代的发展是不容忽视的客观事实。因此，在当前更多是急于道德义愤而发出的谴责声中，做一种更为理智的反思与批判是十分必要的。在展开对"经济人"假设的重新反思与批判前，让我们首先对"经济人"假设的历史、内涵以及当前批判的误区做一必要的梳理。

二、"经济人"假设的历史、内涵及当前批判的误区

在西方经济学的发展史上，关于"经济人"假设的最早而完整的论述见于亚当·斯密的《国民财富的性质和原因的研究》。在这本书中，亚当·斯密把自己生活于其中的社会看作是一个交换的联合，把作为"人类的本性"的人们之间"互通有无，物物交换，互相交易"的倾向看作是这种交换的联合的根源。但是斯密认为，人类彼此之间"互通有无，

---

① 王东京：《驾驭经济的理论支点——王东京教授在中央党校省级干部班上的讲演》，载《文汇报》2004 年 6 月 6 日。

物物交换，互相交易"的倾向并不是出于他们的利他主义，而是出于自身利己主义的考虑。斯密指出："别的动物，一达到壮年期，几乎全都能够自立，自然状态下，不需要其他动物的援助。但人类几乎随时随地都需要同胞的协助，要想仅仅依赖他人的恩惠，那是一定不行的。他如果能够刺激他们的利己心，使有利于他，并告诉他们，给他做事，是对他们自己有利的，他要达到目的就容易得多了。不论是谁，如果他要与旁人做买卖，他首先就要这样提议。请给我以我所要的东西吧，同时，你也可以获得你所要的东西；这句话是交易的通义。……我们每天所需要的食料和饮料，不是出自屠夫、酿酒家或烙面师的恩惠，而是出自于他们自利的打算。我们不说唤起他们利他心的话，而说唤起他们利己心的话。我们不说自己有需要，而说对他们有利。"① 在斯密的这一段论述中，以利己主义原则从事经济活动的"人"就是在以后逐步完善化的"经济人"。斯密认为，交换是人类利己主义的本性，而这种在利己主义本性驱使之下的交换行为又必然会引起分工，因为人类既然有交换的倾向，所以一个人就必须持有其他人所没有的东西，而要做到这一点就必须实行分工；但是，分工的出现又必然引出货币的产生，因为如果没有货币，人们在分工基础上的交换就会发生困难。通过这种方式，斯密借助于利己主义的"经济人"假设一步步推演出人类的其他经济活动和社会的复杂经济现象，并据此演绎出自己的完整的经济理论体系。因此，在资产阶级经济学的发展史上，亚当·斯密是系统地运用"经济人"假设解释人类经济活动和社会经济现象的第一人，也是以"经济人"假设为基础建立系统经济理论体系的第一人。

但是，以利己主义本性从事经济活动并不是斯密"经济人"假设的全部意义。在斯密看来，在利己主义本性驱使之下，每个人都必然以追求个人利益为目的，但是，由于追求个人利益必须通过刺激其他人的利己心，因而每个为自己利益打算的人就不能不顾及到其他为自己打算的人的利益，这样就自然而然地产生了相互的和共同的利益。但是，斯密认为个人利益不仅不同社会利益相矛盾，而且是相互一致的。不仅如此，斯密还认为每个人改善自身境况的一致的、经常的、不断的努力是社会财富、国民财富及私人财富所赖以产生的重大因素。斯密指出："各个人都不断地努力为他自己所能支配的资本找到最有利的用途。固然，他所考虑的不是社会的利益，而是他自身的利益，但他对自身利益的研究自然会或毋宁说

---

① 亚当·斯密：《国民财富的性质和原因的研究》上卷，商务印书馆1972年版，第13页。

必然会引导他选定最有利于社会的用途。"因为由于各个人都不断地努力为他自己所能支配的资本找到最有利的用途,因而"在同一地方内,假若某一用途,明显地比其他用途更有利或更不利,就会有许多人离去比较不利的用途,而挤进比较有利的用途。这样,这种用途的利益,不久便再和其他各种用途相等。"① 因此,各个人追求私人的利益,却最能使社会财富的分配达到平等的原则。但是,社会财富的分配之所以能够达到平等的原则也绝不仅仅是由于个人对私人利益的更有利的追求,在斯密看来,它还来自于商品经济"看不见的手"的指导。斯密指出:每个个人"通常既不打算促进公共的利益,也不知道他自己是在什么程度上促进那种利益。……由于他管理产业的方式目的在于使生产物的价值能达到最大程度,它所盘算的也只是他自己的利益。在这场合,象在其他场合一样,他受一只看不见的手的指导,去尽力达到一个并非他本意想要达到的目的。也并不因为事非出于本意,就对社会有害。他追求自己的利益,往往使他能比在真正出于本意的情况下更有效地促进社会的利益。"② 从这样的一种观点出发,斯密反对国家对经济生活的干预,主张"自由放任"的经济政策。斯密指出,一个人在使用资本时想到的只是个人利益,而没有想到社会利益,可是结果却自然而然地甚至必然地使他们选择对社会最有利的用途,这就是说,尽管每个资本家都是从个人利益出发来经营企业的,但却会自然而然地有益于整个社会。因此要增加一个国家的国民财富,最好的经济政策就是给私人的经济活动以完全的自由。在这里,斯密把充分的自由竞争看作是发挥社会每个成员主动性和积极性的重要先决条件。斯密的自由主义经济思想构成了 20 世纪 70 年代新自由主义经济理论的重要先驱。

斯密虽然并没有明确地提出"经济人"概念和"经济人"假设的相关命题,但从他的相关论述中我们却可以依稀辨识出在以后被概括出来的"经济人"假设的三个基本要点,这就是个人利己心、个人理性和市场自由。继斯密之后,穆勒第一次明确提出了"经济人"概念,并总结了"经济人"的三大基本特征,从而使"经济人"的内涵与特征变得更加明晰:一是利益最大化。即经济人是自利的,以追求个人利益最大化为经济行为的根本动机;二是完全理性。即"经济人"具有较完备的知识和计算能力,能够通过一定的成本—收益原则或趋利原则来对其所面临的一切

---

① 亚当·斯密:《国民财富的性质和原因的研究》上卷,商务印书馆 1972 年版,第 91 页。
② 亚当·斯密:《国民财富的性质和原因的研究》下卷,商务印书馆 1972 年版,第 27 页。

机会和实现目标的手段进行自由选择,实现自身利益的最大化;三是完全竞争。只要有良好的法律和制度的保证,"经济人"就会在"看不见的手"的调控下,在追求自身利益最大化的同时无意识地、有效地增进社会的公共福利。进入现代以后,西方经济学特别是新自由主义经济学不断地对"经济人"假设进行诠释、修正与补充,但都没有从根本上超出斯密以个人利益最大化为核心的"自利人"的思维模式。例如,是否应该把个人利益范围扩大到非物质领域,把一些精神追求包括进来;是追求"最大化的"还是"可满意的"利益较为现实;利己心是否有时也包括利他的因素;个人能否具有完全的理性,还是只具有"有限理性";个人能否得到足够的信息以做理性的判断;情感等非理性因素怎样支配个人行动;如何评价"看不见的手"的作用,是否需要看得见的手与之相配合;等等。

　　"经济人"假设一经提出即招致多方面的批判与指责。例如,德国历史学派经济学家李斯特在批判斯密的"经济人"假设及其理论体系时指出:"这个学说是以店老板的观点来考虑一切问题的","完全否认了国家和国家利益的存在,一切都要听任个人安排","利己性格抬高到一切效力的创造者的地位"。而美国经济学家凯里则批评穆勒的"政治经济学的对象实际上不是人,而是受最盲目的情绪驱策的想象的动物","他们的理论,讨论人性的最低级本能,却把人的最高尚利益看作是纯属干扰其理论体系的东西",因而是亵渎了大些的"人"。[①] 如前所述,随着新自由主义经济学在中国经济理论界的传播,"经济人"假设也遭到多方面而首先是来自经济理论方面的激烈批判。如果做一个简要的分析即可以看出,中国经济学界对"经济人"假设的批判主要表现在三个方面:第一,对"经济人"假设借以立论的思想基础的批判。例如,有论者指出,"经济人"假设的理论基础是资产阶级的抽象人性论,这种抽象人性论把个人利己主义理解为抽象的永恒的"人的本性",而资产阶级政治经济学的"经济人"假设就是这种抽象人性论的具体体现和运用。但是,在马克思主义的理解中,那种抽象的、永恒的、全人类的共同本质是不存在的,现实的人的本质总是具体的、历史的。因为人的本质并不是单个人所固有的抽象物,而是一切社会关系的总和;而社会关系总是具体的、历史的,因而由这些社会关系所决定的人的本质也就只能是具体的历史的。随着生产

---

　　① 引自程恩富:《用什么经济理论驾驭中国特色社会主义经济建设》,载《高校理论战线》2005 年第 9 期。

资料私有制的消灭以及公有制的建立和发展，人们必然会逐步摆脱自私自利观念的束缚，树立起与生产资料公有制相适应的大公无私的观念。有的论者则认为，"经济人"假设源于19世纪边沁的功利主义，这种功利主义将大小私有者在经济活动中自发产生的功利标准泛化到伦理领域，把最大限度地追求个人利益的自私精神说成是最大多数人获得最大幸福的途径。同时"经济人"假设还充斥着"历史唯心论的精神"，渗透着"形而上学的偏见"，因而在根本上是错误的。① 第二，对"经济人"假设借以展开的经济理论的批判。例如，有论者认为，以亚当·斯密为代表的古典经济学致力于对资本主义社会经济现象的观察与思考，但是，由于其"经济人"假设回避了商品关系的内部矛盾，掩盖了资本家和雇佣工人的区别，因而不可能对资本主义经济作出科学的说明。还有论者认为，商品经济是以商品生产者之间相互依赖的客观经济关系为基础的，但这种客观的经济关系源于使用价值和价值的矛盾，进一步说则是私人劳动与社会劳动的矛盾，即劳动的私人性质和社会性质之间的矛盾，马克思着力于研究的就是这种依赖关系的原因、意义和带来的问题。而古典经济学的"经济人"假设则将其解释为商品生产者追求自己利益自然会有利于社会，这必然掩盖商品经济内部真实的矛盾关系。同时，"经济人"假设还暗含着这样的逻辑，劳动力的买者和卖者即资本家和工人是和其他商品的买者和卖者一样的追求自己利益的"经济人"，这样，劳动力的买和卖就表现为两个所有者（一个有资本，一个有劳动力财产）之间的平等自由的交易。这就从根本上掩盖了资本家与工人之间真实的剥削关系，也暴露了"经济人"假设的欺骗性质。而马克思经济学正是由于将目光从商品交换的流通领域转向生产领域中资本家与雇佣工人之间的关系，才创立了科学的剩余价值理论，为无产阶级提供了推翻资本主义剥削制度的思想武器。② 第三，对"经济人"假设借以实现的社会作用的批判。例如，有论者指出，由于人性自私的"经济人"假设的影响，在中国国有企业改革中出现了许多以改革为名损害国家、人民利益的现象，如低估国资股，对国有企业实行"先搞死"使之破产，再通过私企"后搞活"的策略，使国有企业私有化等。这说明，在国有企业的改革中强调对管理者阶层的利益激励机制是有道理的，但将"经济人"假设作为国有企业改革的指导

---

① 参阅程恩富：《用什么经济理论驾驭中国特色社会主义经济建设》，载《高校理论战线》2005年第9期。

② 参阅李光远：《评"经济人"假设》，载《高校理论战线》2007年第8期。

思想却是根本错误的。①

我们不能说上述的批判是完全错误的，但其中所存在的问题也是必须指出的，这些问题主要表现在：第一，在将视角延伸到伦理道德领域的过程中对"经济人"假设做了一种无关联的批判。众所周知，无论是近代还是现代的西方经济学常常将人性自私作为"经济人"假设的最主要论据，古典经济学的亚当·斯密自不必说，现在的新自由主义经济学的崇尚者更是以直白的方式从人的自私本性中攫取"经济人"假设合理性的根据。但是严格说来，人性自私与"经济人"假设之间并没有推崇者和批判者所想象的那种致密的关联，因而驳倒了人天生自私的抽象人性论也并不一定就驳倒了作为经济学理论基础的"经济人"假设。从亚当·斯密的初始来看，他之所以将人性自私作为"经济人"假设的初始根由，固然具有从人性论角度提供论证的原因，但更重要的原因却在于古典经济学尚带有形而上学色彩的思维方式。我们知道，亚当·斯密所标志的古典经济学尚处于古典经济学从形而上学阶段向科学阶段的转折时期，这种转折所刻录的印痕使亚当·斯密也像此前如重农学派的"自然秩序"那样执意要在形而上学的思维定势中揭示"经济人假设"的超验本体，这种倾向也导致了马克思所批判的亚当·斯密经济学研究中的二元论倾向。事实上，这种倾向并不符合包括政治经济学在内的实证科学或经验科学在近代以后的发展轨道，因而我们看到，当李嘉图以边沁的功利主义作为其经济学的理论基础时，在亚当·斯密那里仍然以遗存形式存在的抽象人性论就被抛弃了。因此，当许多人仍然执著于人性自私的抽象人性论时，其对"经济人"假设的批判必然是一种无的放矢的批判。自然，这种批判也不可能真正达到驳倒"经济人"假设的目的。第二，在将视角扩展到经济理论领域的过程中对"经济人"假设做了一种虚假的批判。如前所述，有论者在对"经济人"假设的批判中，指责"经济人"假设回避了商品关系的内部矛盾，掩盖了资本家和雇佣工人的区别。这种指责显然是虚假的。我们知道，"经济人"假设是由亚当·斯密在《国富论》中做了第一次系统的表述，但是，也正是亚当·斯密继重农学派的魁奈之后在政治经济学的发展史上第一次将社会关系分析方法引入了政治经济学的研究，并建立起完整的社会阶级结构的理论；而李嘉图则不仅同样重视在工资、利润和地租中所反映出来的阶级对立关系，甚至还经典地得出了劳动力价值和剩余价值之间反向变动的三大基本规律，从而在马克思之前就以极其深

① 参阅林泰：《"经济人"假设与人性自私论》，载《高校理论战线》2006 年第 6 期。

刻的理论思维揭示了资本家和雇佣工人之间的阶级对立关系，并构成马克思政治经济学的重要理论来源。面对这样的理论事实，我们怎么能够说"经济人"假设会掩盖资本家和雇佣工人之间的阶级对立关系呢？显然，这只能被看作是一种不具有任何实质效力的虚假批判。第三，在将视角分散到社会作用的过程中对"经济人"做了过于泛化的批判。借助于对"经济人"假设的过度诠释，崇尚西方经济学的经济学人们在中国经济理论界掀起一股宣传、颂扬人性自私的思想逆流，但是，这股思想逆流在多大程度上形成了与官场、社会风气之间的共鸣关系，又在多大程度上构成了官场与社会风气毒化与衰败的根源却是值得怀疑的。因为官场与社会风气的毒化与衰败更多的还是与生产资料私有制的重新复萌有关，如果说对"经济人"假设的过渡诠释也与官场和社会风气的毒化与衰败有关，那也只能在推波助澜的意义上来理解。进而言之，对"经济人"假设中被过渡诠释的人性自私能够在许多人的思想上引起共鸣并泛化为经济理论领域的思想逆流也只能从生产资料私有制的膨胀中得到说明。因此，将官场与社会风气的毒化与衰败等问题统统归咎于"经济人"假设所内含的人性自私是不公正的。

上述问题出现的原因无疑是多方面的，但根本的原因则在于对"经济人"假设的误解。而正是这种误解也为我们提出了新的理论课题，这就是，如果我们要做一种富含效力的批判，就首先必须在深刻的反思中准确理解"经济人"假设的意义。

三、"经济人"假设的重新反思与批判

如果说一切科学研究的根本目的都在于揭示其所研究的对象的客观规律，那么政治经济学研究的目的，即使就它初始的起源来说，也就同一切科学研究一样在于揭示人类经济活动的客观规律，具体到经济活动的客观规律是像古典经济学所理解的永恒的、自然的规律还是马克思经济学所理解的具体的、"历史的"规律，则并不能实质性地影响到作为科学的政治经济学的这种研究目的。但是，人类经济活动的客观规律同人类社会中的其他客观规律一样是以人的自觉活动为前提的，因为正是人们的这种自觉活动所形成的平行四边形的合力，才"在历史领域内造成了一种同没有意识的自然界中占统治地位的状况完全相似的状况"。① 因此，要研究人类经济活动的客观规律就必须首先研究作为经济规律承担者的人类个体的

---

① 《马克思恩格斯选集》第4卷，人民出版社1995年版，第247页。

自觉经济活动。但是，人类个体的活动是多维度、多方面和多层次的，他不仅从事着政治经济学所研究的经济活动，而且还从事着政治学所研究的政治活动、伦理学所研究的伦理活动以及精神科学所研究的精神活动。显然，政治经济学研究要能够揭示出人们经济活动的客观规律就必须从人们相互交织与相互渗透的复杂活动中离析出经济活动，并在一种相对纯化的状态下进行研究。但是，政治经济学显然不可能像自然科学那样通过实验的人为设置实现对研究对象的纯化处理，而只能在思维中运用抽象方法抽象掉无关的人类活动。显然，亚当·斯密的"经济人"假设首先就是这种通过思维的抽象而形成的单纯从事经济活动的人，尽管这并不意味着作为这种"经济人"原型的现实生活中的人只从事单纯的经济活动。例如，亚当·斯密是经济思想史上第一个提出"经济人"假设的人，但也恰是亚当·斯密在《道德情操论》中深刻地论述了利他主义的伦理观。这说明，即使是在亚当·斯密的观念中，现实中的人也绝不像"经济人"假设所设想的那样仅仅从事单纯的经济活动。事实上，马克思也常常在这种单纯从事经济活动的意义上使用"经济人"概念来助推经济分析，例如，虽然孤岛上的鲁宾逊从事着包括祈祷在内的复杂活动，但出于分析在商品经济中被扭曲的社会关系的需要，马克思在提到孤岛上的鲁宾逊时，却撇开祈祷之类的活动而只分析其如"做工具、制家具、养羊驼，捕鱼，打猎"等"有用劳动"。但是我们知道，亚当·斯密所设想的"经济人"并不单单是指一种单纯从事经济活动的人，它在更重要的意义上是指一种以利己主义的自利性为根本属性的"自利人"。因此，进一步的问题就是，这种单纯从事经济活动的"经济人"为什么以带有浓厚利己主义色彩的自利性作为其最根本的属性呢？

我们知道，在人类自身所从事的各种类型的实践活动中，经济活动主要是指那种以物质资料的生产与再生产为目的的活动，而物质资料生产与再生产的直接的和首要的目的是为了获取物质生活资料，借以维持人类的生存，延续人类的发展，因此，马克思指出："一切人类生存的第一个前提，也就是一切历史的第一个前提，这个前提是：人们为了能够'创造历史'，必须能够生活。但是为了生活，首先就需要吃喝住穿以及其他一些东西。因此第一个历史活动就是生产满足这些需要的资料，即生产物质生活本身。"① 一方面，只有通过物质生活资料的生产与再生产才能获得人类生存和发展所需要的生活资料；另一方面，物质生活资料的生产与再

---

① 《马克思恩格斯选集》第 1 卷，人民出版社 1995 年版，第 78 ~ 79 页。

生产又必然会消耗人的在商品经济条件下表现为商品价值的人的脑力和体力，消耗一切重新作为生产资料纳入生产过程的劳动产品。而这种包括人的脑力和体力的消耗在内的生产耗费如果不能通过这些劳动产品的销售与消费得到补偿，那么物质资料的生产过程就不能顺利进行。具体来说，这里存在着两种不同的情况，一种是仅仅着眼于人类自身在原有状态下的生存，显然，这种状态只要求劳动产品能够完全补偿生产过程中的各种消耗；另一种情况则是着眼于人类自身在原有状态下的进一步发展，显然，这种状态就不只要求劳动产品能够完全补偿生产过程中的各种消耗，它还要求劳动产品在补偿消耗后能有一定的剩余，正如马克思所指出的，为了对偶然事故提供保险，为了保证必要的、同需要的发展以及人口的增长相适应的累进的扩大再生产，就需要一定量的剩余劳动。从这种意义上说，无论是哪一种社会形态的一定生产方式，也无论是哪一种生产方式下的哪一种情况，产出的成果与投入的消耗之间的这种数量关系都需要人们充分地加以考虑和精细地加以计算，并切实地在经济活动中实现产出与消耗的补偿，否则就有可能影响到人类自身的生存与发展。但是，尽管任何一种社会的生产方式都需要产出与投入之间的这种补偿关系，在不同的生产方式或不同的经济形式下，这种补偿的方式却是大不相同。例如，在马克思曾经提到的仅仅为了自身的需要而生产粮食、牲畜、纱、麻布、衣服的那种"农村家长制生产"中，由于生产的目的纯粹是为了自己消费，因而这种家庭经济单位所生产的产品并不需要通过像商品经济那样的转换而直接地就是社会的产品，也就是说，它完全是用自己的产品来补偿自己的消耗，甚至可以说它的劳动产品直接地就是作为一种"自然报酬"而对其消耗实行补偿。因此，这里并不存在个体与社会之间的矛盾与对立。但是，在以社会分工和生产资料私有制（或生产资料属于不同的所有者）为基础的商品经济中，商品生产者所生产的产品既不直接是为了满足自己的需要，因而并不直接地就是社会的产品，也不能像个体生产那样直接将劳动产品作为一种"自然报酬"补偿自己生产的消耗；另外，尽管商品生产者生产的产品并不是为了自己消费，但生产过程中的消耗却同样必须得到补偿，因为商品生产的根本目的同样是为了自身生存与发展的需要，如果生产过程中的消耗不能得到补偿，商品生产者的生产过程就不能顺畅地进行，而商品生产者的生存同时也将受到威胁。这样，就形成了商品经济所特有产出与消耗的补偿方式，这就是以解决私人劳动与社会劳动之间的矛盾为目的的市场交换，这种补偿方式区别自然经济条件下的补偿方式的地方在于它存在着一个由私人劳动与社会劳动之间的矛盾所表现出来的个体与社会之间的矛盾。当一种经济活动一方面致力于为他人和社会而生产（商品生产者通过交换而体现出来的为社会生产的目的）另一方面却又处处着眼和局限于生产者自身利益的考量（商品生产者生产与生活消耗的补偿以及由此决定的商品生产者的生存与发展）时，这种矛盾在道德层面就显得格外的醒目与显眼。这一点也正是我们常常感觉到商品经济条件下的经济单位有远胜于自然经济条件下经济单位的自利性的主要原因。不过，无论道德的天平倾向于何方，对于商品生产者而言矛盾的重心都确定无疑地会倾向于自身利益的考量方面，因为这关乎到它自身的生存与发展。而如果说对于商品生产者而言矛盾的重心确定无疑地会倾向于自身利益的考量，那么，我们也就找到了亚当·斯密的"经济人"所具有的利己主义的自利性的最深刻的根源。

　　但是，商品经济单位产出与消耗的补偿所借以进行的市场绝不是"农村家长制生产"中完全可以由生产者自己控制的自家庭院，在这里，在生产商品中所耗费的劳动采取了价值和价值量的形式，而价值量尽管是由商品生产者在生产过程中注入的劳动量凝结而成的，但它却只有通过商品之间的交换才能确定下来，这样就出现了马克思在商品拜物教中所分析的现象："价值量不以交换者的意志、设想和活动为转移而不断地变动着。在交换者看来，他们本身的社会运动具有物的运动形式，不是他们控制这一运动，而是他们受这一运动控制。"① 而造成这种状况的原因亦正如马克思所指出的，是因为"生产这些商品的社会必要劳动时间作为起调节作用的自然规律强制地为自己开辟道路，就像房屋倒在人的头上时重力定律强制地为自己开辟道路一样"。② 如果没有这种不以人的意志为转移的自然规律的强制作用，我们原本是可以设想商品经济中的"经济人"具有像自然经济条件下的"经济人"一样温和的利己的性格。但是，如果存在这种自发作用的规律，那么商品经济条件下的"经济人"具有的更为极端的利己性格也就不难理解了，因为它在这里有比自然经济条件下更为险恶的生存与发展环境。亦如马克思在讲到商品交换是所做的"惊险的跳跃"的比喻：这个跳跃如果不成功，摔坏的不是商品，但一定是商品所有者。因此，如果不是做一种与其理论语境完全无关的理解，那么我们应该说，"经济人"假设所具有的极端的利己主义性格是具有其充分的理论与实践上的合理性的。

---

① 马克思：《资本论》第1卷，人民出版社1975年版，第91页。
② 马克思：《资本论》第1卷，人民出版社1975年版，第92页。

最后我们要说到"经济人"假设中的"人"。如前所述,"经济人"是人们通过思维的抽象而形成的单纯从事经济活动的人,这意味着只有单纯从事经济活动的人才能称为"经济人"。但是,由于生产方式的不同或经济形式的差别,单纯的经济活动也往往具有不同的形式和特点并需要通过不同的"经济人"来实施。因此,正如一切作为生产的社会关系之理论表现的经济范畴都是"历史的、暂时的产物"一样,"经济人"实际上也是一个历史的范畴。在亚当·斯密最初设想"经济人"时,由于资本主义的生产还处在工场手工业阶段,而在工场手工业阶段从事经济活动的主要是刚刚从简单商品经济中转身而来的工场手工业业主,因而我们可以像亚当·斯密那样设想,所谓的"经济人"就是一种更多地类似于自然人那样的人。但是,当资本主义商品经济从手工工业转向社会化大生产时,由于生产社会化所导致的生产规模的扩大,从事经济活动的就主要是以资本家为人格化形式的资本主义私营企业,而在这个意义上,"经济人"就不再是或主要不再是那种自然人意义上的"人",而是一种以一定结构方式组织起来的企业实体。现在,由于出现法人资本所有制等新的生产资料所有制形式,资本主义市场经济中的"经济人"又变成了一种法人意义上的"经济人"。同样,在中国社会主义市场经济的改革中,由于个体经济与私营经济的发展,公有制经济与个体经济和私营经济作为市场竞争的平等实体,也就变成了一种同其他"经济人"一样的追求自身利益的"经济人"。如果说在这种情况下"经济人"主要是指以一定结构方式组织起来的企业实体,那么在它身上本然具有的利己性格的也就绝不是具有人性自私本性的自然人而是企业实体的"集体人"。因此,那种为了宣扬人性自私论而将"经济人"理解为单纯追求个人私利的自然人,并进而把国有企业的"经济人"的利益看作是其人格化的企业管理者自身的私利是错误的。另外,那种把国有企业"经济人"的利益直接看作是所谓"广大人民群众的利益"的观点也同样是错误的,因为尽管国有企业代表的是广大人民的利益,但由于所有权与经营权的分离,也就产生了以企业管理者为人格化代表的局部利益,它所代表的"广大人民群众的利益"是通过而事实上也只能通过企业的局部利益表现和实现出来;与此相联系,在社会主义市场经济条件下的国有企业也必须以追求自身局部利益的"经济人"角色从事经济活动。

如果据以上述的分析做一种综合性的说明,那么我们应该说,"经济人"是一种在理论思维的抽象中形成的"纯粹的思想创造物或纯粹的抽象",在这种抽象中,"经济人"并不是现实生活中从事多种活动因而也具有多种复合属性的多维度的人，而是一个单纯从事经济活动而以利己主义的自利性为基本属性的单向度的人；而"经济人"借以抽象的现实原型们由从事其他活动所具有的多维属性之所以不能作为"经济人"的属性，是因为它们并不符合政治经济学对人类经济活动规律研究的要求，这不仅对于资产阶级政治经济学来说是如此，对于马克思主义政治经济学来说同样如此。许多人批判"经济人"假设作为政治经济学理论基础的合理性，但实际上即使是马克思主义的政治经济学也是以自利"经济人"假设为前提的，试想，如果作为经济范畴人格化的资本家不是以理性的方式从事着以追求自身利益最大化为目的的经济活动，马克思又如何分析他所具有的剥削本性呢？同样，在我们今天社会主义市场经济的建设中，国有企业也必须以个体经济与私营经济一样以追求自身（局部）利益的最大化为基本准则，否则国有经济的发展与壮大就无从谈起，其所代表的国家与人民的利益也就只能是一句空话。我们并不否认他们还从事着并且也应该从事各种各样的利他活动，但这些行为更多的是政治、道德活动而不是经济活动，他们更多地应该在政治或道德层面而不是经济生活的层面被理解与弘扬。

但是，这种反思无疑使我们认可了"经济人"假设的合理性，那么，我们又该从何处生发出对"经济人"假设的批判呢？

如果抛开现实中的诸多误解并将批判严格地局限于政治经济学的领域，那么"经济人"假设的主要问题就首先在于其所内涵的经济自由主义思想，这种思想缘起于亚当·斯密和萨伊并在现在西方的新自由主义经济学中被发挥到极致。在经济理论层面，自由主义经济思想认为，在经济规律的"看不见的手"的指导下，在社会的良好的法律和制度的保障下，"经济人"单凭追求个人利益的主观动机就能够顺利地解决一切经济问题，使得经济资源获得最佳的配置，社会福祉得到最大的增进。而在经济政策层面，自由主义的经济思想则要求创造一切条件让市场自发地发挥作用，反对政府对国民经济的任何干预，主张政府职能的最小化，同时反对社会福利制度，反对工会维护个人利益的活动等。应该注意到，由于一些人在经济理论层面的长期宣传，在中国的经济政策层面也存在着新自由主义经济思想的严重浸染。例如，竭力推行私有化改革，主张"国退民进"，反对政府的宏观调控，反对分配制度的改革等都是这种思想在政策层面的直接体现。但是，如果说 20 世纪 30 年代的西方经济危机和凯恩斯主义的兴起宣告了老牌自由主义经济思想的破产，那么，2008 年由美国次贷危机所引发的世界范围的经济危机则宣告了新自由主义经济理论与政策的破产。而俄罗斯和东欧国家以及阿根廷等第三世界国家接受新自由主义经济思想，按照"市场经济万能论"制定和推行的改革措施所导致的严重的社会经济后果，则不仅宣告了新自由主义"市场经济万能论"的破产，而且也暴露了新自由主义经济思想在"科学理论"假象背后所包藏的政治祸心。因此，如果将经济自由主义思想看作是"经济人"假设的最基本内涵，而事实上无论是老牌自由主义还是各种新自由主义也都将经济自由主义看作是从"经济人"假设中引申出来的最重要内涵，那么，我们就必须将这一内涵作为最主要的批判对象。此外，非历史主义也是"经济人"假设必须予以批判的方面，这种非历史主义一方面表现在"经济人"假设将"经济人"固定于一种类似自然人的初始阶段，而不懂得其由社会生产方式和经济形式所决定的历史变化；另一方面则表现在将"经济人"本身看作是一种永恒的存在，而不懂得它也仅仅是一种历史的存在。因为"当劳动已经不仅仅是谋生的手段，而且本身成了生活的第一需要"时，当"随着个人的全面发展，他们的生产力也增长起来，而集体财富的一切源泉都充分涌流"时，人们就无需再以追求自身利益的"经济人"的身份与角色来从事经济活动了。而这一点实际上也内含着这样的意味，那就是，一方面，"经济人"假设的最终消除取决于社会生产力的极大发展和社会关系的根本改造，取决于生产资料私有制的彻底消灭和向更高级共产主义社会的飞跃；另一方面，在我们今天还远谈不上取消"经济人"假设的问题，因为在现实社会层面人类经济活动的开展，在科学理论层面经济理论研究的深化都还需要"经济人"假设的本体论支撑。让我们以"经济人"假设为基础，努力建设具有马克思主义理论特色的"主流经济学范式"！①

① 程恩富：《"刘国光热"强烈反映经济学研究和教学的严重问题》，载刘贻清、张勤德：《"刘国光旋风"实录》，中国经济出版社 2006 年版。

参考文献

（一）著作

[1]《马克思恩格斯全集》（中文第一版）1—50卷相关卷次，人民出版社1972年版。

[2]《马克思恩格斯选集》1—4卷，人民出版社1995年版。

[3] 马克思：《资本论》（1—3卷），人民出版社1972年版。

[4] 马克思：《1844年经济学哲学手稿》，人民出版社1979年版。

[5] 马克思：《剩余价值论》，人民出版社1975年版。

[6] 江泽民：《论"三个代表"》，中央文献出版社2001年版。

[7] 亚当·斯密：《国民财富的性质和原因的研究》（上、下），商务印书馆1972年版。

[8] 大卫·李嘉图：《政治经济学及赋税原理》，商务印书馆1976年版。

[9] 萨伊：《政治经济学概论》，商务印书馆1963年版。

[10] 穆勒：《政治经济学原理》上卷，商务印书馆1991年版。

[11] 王璐、柳欣：《马克思经济学与古典一般均衡理论》，人民出版社2006年版。

[12] 柳欣、郭金兴、王彩玲：《资本理论与货币理论》，人民出版社2006年版。

[13] 逄锦聚等：《马克思劳动价值论的继承与发展》，经济科学出版社2005年版。

[14] 逄锦聚等主编：《社会主义劳动和劳动价值论研究》，南开大学出版社2002年版。

[15] 朱炳元、朱晓：《马克思劳动价值论及其现代形态》，中央编译出版社2007年版。

[16] 鲁友章、李宗正：《经济学说史》（上、下），人民出版社1983年版。

[17] 陈孟熙、郭建青：《经济学说史教程》，中国人民大学出版社

1992 年版。

[18] 程恩富、汪桂进、朱奎：《劳动创造价值的规范与实证研究》，上海财经大学出版社 2005 年版。

[19] 侯雨夫：《马克思的劳动价值论研究：坚持、理解、完善、发展》，社会科学文献出版社 2010 年版。

[20] 卫兴华：《卫兴华经济学文集》第 3 卷，经济科学出版社 2005 年版。

[21] 刘贻清编：《"刘国光旋风"实录》，中国经济出版社 2006 年版。

[22] 顾海良：《马克思经济思想的当代视界》，经济科学出版社 2005 年版。

[23] 顾海良、张雷声：《20 世纪国外马克思主义经济思想史》，经济科学出版社 2006 年版。

[24] 白暴力：《劳动创造价值论》，中国人民大学出版社 2004 年版。

[25] 张彤玉等：《嬗变与断裂：如何认识资本主义发展的历史进程》，中国人民大学出版社 2004 年版。

[26] 张彤玉等：《〈资本论〉导读》，南开大学出版社 2003 年版。

[27] 何干强：《唯物史观的经济分析范式及其应用》，中国经济出版社 2009 年版。

[28] 车铭洲等：《现代西方思潮概论》，高等教育出版社 2001 年版。

[29] 邓本愚：《政治经济学的基础理论创新》，中国经济出版社 2008 年版。

[30] 蔡继明：《从按劳分配到按生产要素贡献分配》，人民出版社 2008 年版。

[31] 郑克中：《两大价值理论正误》，山东人民出版社 2008 年版。

[32] 王振中：《市场经济的分配理论研究》，社会科学文献出版社 2004 年版。

[33] 赵凌云：《劳动价值论新探》，湖北人民出版社 2002 年版，第 109 页。

[34] 罗雄飞：《转形问题与马克思劳动价值论拓展》，中国经济出版社 2008 年版。

[35] 俞可平等：《马克思主义研究论丛》（第四辑），中央编译出版社 2006 年版。

[36] 晏智杰：《经济剩余论》，北京大学出版社 2009 年版。

［37］晏智杰：《劳动价值学说新探》，北京大学出版社 2001 年版。

［38］丁堡骏：《马克思劳动价值论与当代现实》，经济科学出版社
　　　2005 年版。

［39］谷书堂：《社会主义经济学通论》，上海人民出版社 1989 年版。

［40］蔡继明、李仁君：《广义价值论》，经济科学出版社 2001 年版。

［41］王峰明：《马克思劳动价值论与当代社会发展》，社会科学文献
　　　出版社 2008 年版。

［42］钱津：《劳动价值论》，社会科学文献出版社 2005 年版。

［43］陆学艺：《当代中国社会阶层研究报告》，社会科学文献出版社
　　　2002 年版。

［44］邰丽华：《劳动价值论的历史与现实研究》，经济科学出版社
　　　2007 年版。

［45］赵庆元：《在思辨终止的地方：历史唯物主义实证性质研究》，
　　　河北人民出版社 2009 年版。

（二）期刊

［46］刘国光：《对经济学教学和研究中一些问题的看法》，载《高校
　　　理论战线》2005 年第 9 期。

［47］卫兴华：《深化劳动价值论研究要有科学的态度与思维方式》，
　　　载《高校理论战线》2002 年第 9 期。

［48］卫兴华：《怎样看待私营企业主的劳动与收入》，载《高校理论
　　　战线》2002 年第 2 期。

［49］白暴力、白瑞雪：《〈资本论〉方法论的若干思考（下）》，载
　　　《高校理论战线》2009 年第 10 期。

［50］李民骐、朱安东：《当前世界的基本状况与资本主义的历史趋
　　　势》，载《高校理论战线》2005 年第 5 期。

［51］胡钧：《社会主义市场经济的理论依据是马克思主义政治经济
　　　学还是西方经济学》，载《高校理论战线》2004 年第 8 期。

［52］程恩富：《用什么经济理论驾驭中国特色社会主义经济建设》，
　　　载《高校理论战线》2005 年第 9 期。

［53］林泰：《"经济人"假设与人性自私论》，载《高校理论战线》
　　　2006 年第 6 期。

［54］李光远：《评"经济人"假设》，载《高校理论战线》2007 年
　　　第 8 期。

［55］晏智杰：《本本主义不是科学的研究态度和思维方式》，载《高

校理论战线》2002 年第 9 期。

[56] 宗寒：《不要忽视体力劳动》，载《高校理论战线》2003 年第
4 期。

[57] 宋福范：《邓小平对中国发展道路的反思》，载《学习时报》
2009 年 7 月 1 日。

[58] 蒋学模：《关于劳动形态和按劳分配》，载《学术月刊》1962
年第 4 期。

[59] 吴朝震：《〈资本论〉的辩证法与联合劳动价值论》，载《当代
经济研究》2001 年第 6 期。

[60] 刘卓红：《论建立市场经济体制过程中新社会阶层的形成及其
积极影响》，载《当代世界社会主义问题》2003 年第 4 期。

[61]《2005 年私营企业调查报告　业主人均年收入 20 万》，载《中
华工商时报》2005 年 2 月 3 日。

[62] 王东京：《驾驭经济的理论支点——王东京教授在中央党校省
级干部班上的讲演》，载《文汇报》2004 年 6 月 6 日。

[63] 赵庆元：《困境与突破：关于马克思劳动价值论争论的深层思
考》，载《经济问题探索》2009 年第 2 期。

[64] 赵庆元：《对劳动价值论争论的深层思考》，载《改革与战略》
2009 年第 2 期。

[65] 赵庆元：《论唯物主义历史观在马克思思想体系中的地位》，载
《理论界》2010 年第 6 期。

[66] 赵庆元：《科学技术在价值创造中扮演的角色》，载《经济论
坛》2003 年第 15 期。

后　记

　　经过两年多时间的悉心研读和艰苦写作，这本关于新时期马克思劳动价值论研究的专著终于与读者见面了。在这本书即将与读者见面之际，我也想仿效马克思的做法，谈一下我自己研究政治经济学而特别是马克思劳动价值论的经过。

　　我在大学里长期从事的是马克思主义哲学原理公共课的教学工作，这种工作经历使我一直将马克思主义哲学原理作为理论研究的中心，而马克思的政治经济学以及劳动价值论则从未进入过我理论研究的视野。因此，当 2001 年江泽民同志在纪念中国共产党成立 80 周年大会上的讲话引起马克思劳动价值论的激烈争论时，只是在学校为我们每人免费征订的《高校理论战线》2002 年第 2 期上偶然看到"深化认识劳动和劳动价值理论学术研讨会"的一组"笔谈"文章之后，我才对新时期马克思劳动价值论的争论有所了解，并为此撰写了一篇题为《科学技术在价值创造中扮演的角色》（《经济论坛》2003 年第 15 期）的论文。从文章关于科学技术也能像活劳动一样创造价值的观点可以看出当时的我在马克思劳动价值论方面的知识是"多么不够"（恩格斯语）。2008 年，我已接近于完成由我承担的 2007 年度河北省社科基金项目"历史唯物主义实证性质研究"的研究工作，这一项目的研究使我确立了这样一种牢固的信念：历史唯物主义并不是任何意义上的哲学，而是"描述人们实践活动和实际发展过程"的"真正的实证科学"（参阅拙著《在思辨终止的地方：历史唯物主义实证性质研究》，河北人民出版社 2009 年版）。但是我们知道，在 1859 年《〈政治经济学批判〉序言》中，马克思明确指出，历史唯物主义只不过是其在政治经济学研究中得到的并且一经得到就用于指导其"研究工作的总的结果"。这意味着历史唯物主义并不存在一个由概念和判断遵从一定逻辑关系所构成的理论体系。但是，按照一般实证科学或经验科学的要求，作为"真正的实证科学"的历史唯物主义又必须具有一个由概念和判断遵从一定逻辑关系所构成的理论体系，正如黑格尔所说，"知识只有作为科学或体系才是现实的"（黑格尔：《精神现象学》（上），商务印书馆 1962 年版，第 14 页。）。这样，历史唯物主义的学科基础问题就现实地摆在了我的面前。通过对这一问题的研究，我所形成的理论结论是，在马克思的时代就已建立起完整理论体系的政治经济学才是马克思最具原生态意味的思想，而历史唯物主义不过是马克思政治经济学理论体系类似于资产阶级政治经济学的关于生产一般的"总论"。2009年，以这一理论结论为主题的"政治经济学与马克思原生态思想研究"获准立项为2009年河北省社科基金项目的年度课题。由于要证立政治经济学作为马克思原生态思想的理论结论，我开始关注马克思政治经济学研究的思想履历，从而也在对一些政治经济学专著的研读中更为详细地了解到了国内外关于马克思劳动价值论的研究状况。另外，2005年高等学校公共政治理论课进行调整和改革，原先的"马克思主义哲学原理"课调整为涵盖马克思主义哲学、政治经济学和科学社会主义的"马克思主义原理"课，这使我这个长期从事马克思主义哲学原理课教学的教师也不得不学习和讲授并不熟悉的政治经济学内容，这无意中使我更全面地了解了马克思劳动价值论的基本内容。这些对马克思劳动价值论及其争论问题的了解，构成了我研究马克思劳动价值论的前期基础，2008年5月我在教研室与其他教师偶然进行了一场关于私营企业主非劳动收入合理性问题的争论，在这次争论之后我将我的论点梳理出一篇4 000多字的提纲，而后在这篇提纲的基础上撰写了两篇标题几近一样的论文——《对劳动价值论争论的深层思考》，《改革与战略》2009年第2期；《困境与突破：关于马克思劳动价值论争论的深层思考》，《经济问题探索》2009年第2期并很快发表，这两篇论文的发表成为催生我研究马克思劳动价值论的真正契机。自此以后，我暂时中断了"政治经济学与马克思原生态思想研究"课题的研究工作，并开始有意识地转向马克思劳动价值论的研究。

对于我这样一个几乎是门外汉的人来说，政治经济学以及马克思劳动价值论研究的艰辛是不难想见的，而其中特别值得一提的是我研读王璐、柳欣的《马克思经济学与古典一般均衡理论》这部研究"纯粹的基础理论问题"的专著的经历。由于政治经济学相关知识的欠失以及此书的写作特点，我始终对其中关于劳动价值论以及生产价格转形问题的论述不得要领，由此造成的思想上的苦恼、沮丧与痛楚的煎熬使我几次在心里暗暗决定放弃对生产价格转形问题的关注，只是由于性格的执拗以及思考的惯性才使我一次次放下又一次次重新拾起这本书，并最终迎来了对生产价格转形问题与其他许多理论问题豁然贯通的快感。从某种意义上说，王璐、柳欣的《马克思经济学与古典一般均衡理论》在我劳动价值论的研究中起了一种其他任何一本书都没有能够起到的理论启蒙的作用，这使我无论如何必须在这里由衷地对两位老师道一声："谢谢"！当然，还有许多著作家的著作对我劳动价值论的研究产生了影响，如朱炳元、朱晓的《马克思劳动价值论及其现代形态》、逄锦聚的《马克思劳动价值论的继承与发展》、鲁友章、李宗正的《经济学说史》（1979年版）、晏智杰的《劳动价值学说新探》等，在这里恕不能一一列出。

新时期马克思劳动价值论的争论像一块巨大的磁石，无数的人在这块磁石的吸引下参与到新时期马克思劳动价值论的争论中，这其中不仅有许多经济学专业的研究人员而且也有许多并非经济学专业的研究人员。客观地说，有些非经济学专业的研究人员所发表的观点常常给人一种并非是在经济学理论语境中进行的非经济学专业研究的印象。我也是这样一个在劳动价值论争论磁石的吸引下偶然参与进来的并非经济学专业的研究人员，但我在这里要向读者们承诺的是，虽然我并不是经济学专业的研究人员，但这本关于新时期马克思劳动价值论研究的专著却绝对是在政治经济学理论语境中以真正政治经济学的术语所进行的专业的研究。2010年8月，在我的研究工作行将结束的时候，我买到了侯雨夫先生在2010年6月刚刚出版的新书《马克思的劳动价值论研究——坚持、理解、完善、发展》。由于担心这本书的观点干扰我的研究，我只是在研究工作完成之后才开始阅读。令我欣喜的是，侯雨夫先生与我在价值与生产价格转形问题上的观点有惊人的相似之处。这可以有力地印证我在上面向读者所做的承诺。

本书是国家社科基金后期资助项目的最终成果，成果在申报、评审以及出版过程中得到了国家哲学社会科学规划办公室以及相关专家学者、经济科学出版社的吕萍女士与段钢先生的宝贵支持。苏州大学政治与公共管理学院教授、博士生导师朱炳元老师为本书撰写了序言。在此谨表示由衷的敬意与谢意！

赵庆元

2012年10月30日于石家庄经济学院

图书在版编目（CIP）数据

马克思劳动价值论及其当代阐释／赵庆元著 . —北京：
经济科学出版社，2012. 11
国家社科基金后期资助项目
ISBN 978 - 7 - 5141 - 2517 - 7

Ⅰ. ①马…　Ⅱ. ①赵…　Ⅲ. ①马克思主义 - 劳动价
值论 - 研究　Ⅳ. ①F014. 2

中国版本图书馆 CIP 数据核字（2012）第 239212 号

责任编辑：段　钢
责任校对：徐领柱
版式设计：齐　杰
责任印制：邱　天

国家社科基金后期资助项目
马克思劳动价值论及其当代阐释
赵庆元　著
经济科学出版社出版、发行　新华书店经销
社址：北京市海淀区阜成路甲 28 号　邮编：100142
总编部电话：88191217　发行部电话：88191537
网址：www. esp. com. cn
电子邮件：esp@ esp. com. cn
北京万友印刷有限公司印装
710×1000　16 开　29 印张　520000 字
2012 年 11 月第 1 版　2012 年 11 月第 1 次印刷
印数：0001—5000 册
ISBN 978 - 7 - 5141 - 2517 - 7　定价：66. 00 元